◎林文肯 著

我的理论思考

WODE LILUN SIKAO

当代世界出版社

图书在版编目(CIP)数据

我的理论思考／林文肯编著. —北京：当代世界出版社，2011.5
ISBN 978-7-5090-0479-1

Ⅰ.①我… Ⅱ.①林… Ⅲ.①社会科学—文集 Ⅳ.①C53
中国版本图书馆CIP数据核字（2011）第099121号

书　　名：	我的理论思考
出版发行：	当代世界出版社
地　　址：	北京市复兴路4号（100860）
网　　址：	http://www.worldpress.com.cn
编务电话：	（010）83908400（传真）
发行电话：	（010）83908410
	（010）83908408
	（010）83908409
	（010）83908423（邮购）
经　　销：	新华书店
印　　刷：	北京欣睿虹彩印刷有限公司
开　　本：	787毫米×1092毫米　1／16
印　　张：	39.75
字　　数：	700千字
版　　次：	2011年7月第1版
印　　次：	2011年7月第1次
书　　号：	978-7-5090-0479-1
定　　价：	65.00元

如发现印装质量问题，请与印刷厂联系调换。
版权所有，翻印必究；未经许可，不得转载！

2006年8月14日批示："内容很丰富，很有见解，对学校的建设以及机关及直属单位的反腐败工作都有指导意义，建议整理一个综合的讲话内容下发。（可考虑搞二个摘要：1、反腐败工作，2、对学校建设。）"国务院侨务办公室副主任李海峰同志2006年8月17日批示："几篇讲话很有份量，对学校的发展有很强的针对性、指导性，值得一读。"

（2）对《在机关服务中心领导班子扩大会议上的讲话》（2007年6月27日），中共中央政治局常委、中央纪委书记吴官正同志2007年7月13日批示："林文肯同志讲得很好，请峰岩、惠令同志参阅。他在服务中心领导班子扩大会议上的讲话，希望我们的服务中心能借鉴，我们好的坚持，不够的完善。"中央纪委副书记刘峰岩同志2007年7月15日批示："我也收到了林的同样材料，转报社搞一新闻稿刊发。"国务院侨务办公室主任李海峰同志2007年7月30日批示："文肯同志在机关服务中心的讲话得到官正同志及中央纪委领导同志的充分肯定，我请文肯同志把近几个月的讲话送来，请党组同志学习。文肯同志近几年发表了许多重要文章和讲话，我拜读过几篇，受益匪浅，许多讲话都是即席讲的，有思想，有理论，有深度，又有很强的针对性，值得学习、思考。请秘行司将6月27日讲话印发各司学习，加强管理，不断提高工作水平。"

（3）对出访委内瑞拉、德国、西班牙的《在西班牙巴塞罗那市华侨华人座谈会上的讲话》等五个讲话（2007年5月19日至27日），中央纪委副书记夏赞忠同志2007年7月20日批示："文肯的几个讲话各有特色，且针对性强，文风庄重得体。我很受启发。"

（4）对《关于加强国务院侨办党风廉政建设的意见》（受党组委托2007年7月起草）、《学习胡锦涛同志在中央党校重要讲话的体会》（2007年7月16日），中共中央政治局常委、中央纪委书记吴官正同志嘱咐秘书田野同志，田野同志2007年8月11日来电话说："林文肯同志的两份材料，官正同志已批示给委部有关领导阅，官正同志向文肯同志问好，感谢他对中央纪委工作的支持。"中央纪委副书记刘峰岩同志批示："在中国纪检监察报头版头条，对侨办党组加强党组作风建设作报道。"

（5）对《在国内司学习党的十七大报告会上的发言》（2007年10月29日），国务院侨务办公室主任李海峰同志2007年11月20日批示："请党组同志传阅。时间允许，请办领导尽量参加支部学习讲座起到辅导作用。"侨务

序　言

　　《工作实践与理论探索》一书，收录的文章大多是报刊杂志上发表的，其中收录我在公务活动时的即席讲话（根据录音整理稿）大部分是有关领导同志作了批示的。本书收入的是1981—2010年的部分文章和讲话，保持原有的基本观点和基本内容，少数地方作了文字修改。本书近70多万字，我不好意思请人花费很多精力来审阅本书并写序言，因而自写序言。

　　本书分五个部分：一、党的基础理论研究，二、党风廉政建设理论研究，三、依法治国理论研究，四、学校建设管理工作研究，五、外宣与侨务工作研究。本书缺点错误难免，敬请读者批评指正。

　　每当我把自己在公务活动中的一些即席讲话录音整理稿报送给有关领导同志时（有的一次报送的讲话稿有几万字之多），他们总是在日理万机的百忙之中，挤出宝贵时间，或利用休息时间，不厌其烦地耐心审阅，并对这些讲话作了对工作有指导意义的批示，这要付出很多精力啊！每当我拜读领导同志的批示时，心情久久不能平静，批示的字里行间洋溢着他们对党的事业高度热忱和极端负责，饱含着他们对有关工作的密切关注和认真指导，蕴涵着他们对同志亲切关怀和热情勉励，体现他们襟怀坦白和博大宽广，他们虽身居高位却虚怀若谷，谦虚谨慎，学而不厌，诲人不倦，我怎能不为之深深感动和由衷感激！他们忘我工作精神和高尚思想品德，值得我好好学习，并向他们表示崇高敬意。

　　从2006年7月至2008年4月，我在国内调研和出国访问期间的30个即席讲话，中央纪委有六位领导同志、国务院侨务办公室有四位领导同志和国务院新闻办公室一位领导同志分别对30个讲话作了批示，下面列举几例。

　　（1）对《在华侨大学巡视调研时的10个讲话（2006年7月3日至7日）》，中央纪委副书记、监察部长李至伦同志2006年8月16日批示："请树贤、万祥同志阅。"国务院侨务办公室主任陈玉杰同志2006年8月30日批示："赞成泽彭、海峰同志的批示，请针对学校建设和资产管理、财务管理方面搞二个摘要，发给学校和有关单位。"国务院侨务办公室副主任刘泽彭同志办公室副主任马儒沛同志2007年12月26日批示:"转机关人事司阅。文肯同志的讲话很有思想和针对性,望认真学习。要进一步重视对干部的思想政治教育,把十七大对党建工作的各项要求落到实处。"

(6)对《在国务院侨务办公室新任司处级干部集体廉政谈话会上的讲话》(2007年11月21日),国务院侨务办公室主任李海峰同志2007年12月7日批示:"这是一篇党风廉政教育的好教材,转发给各支部党员干部学习讨论。请晓萍同志安排登在《侨务工作研究》上,供各地侨务干部学习。"中央纪委副书记李玉赋同志2007年12月23日批示:"讲得很好。有理有据,情理相融,有说服力,有感染力。"国务院侨务办公室副主任马儒沛同志2007年12月26日对《在国务院侨务办公室新任处司级班干部集体廉政会上的讲话》等两个讲话作批示:"这两次讲话站得高,立意深,很有思想性和针对性,是好的党性教育材料。我准备将这两次讲话批转给予机关党委、人事司,请他们认真学习。组织干部工作和纪检工作都是党的建设伟大工程的重要内容,望文肯同志发扬理论功底扎实的优势,为机关反腐倡廉建设作出更大贡献。"

(7)对《在中国新闻社巡视座谈会上的讲话》(2007年12月14日),国务院侨务办公室主任李海峰同志2007年12月27日批示:"登《侨情》"。中央对外宣传工作办公室副主任王国庆同志2008年1月14日批示:"认真拜读了您在中新社的讲话,感谢您对中央外宣工作的透彻理解、认识和支持。中新社是我国外宣的重要方面军,我们会尽职关心和支持中新社的工作和发展。"监察部副部长屈万祥同志2008年1月2日批示:"这个讲话很好,针对性强,政策把握得好,对工作推动性强。如果我们的纪检组长都能把专业问题讲到这种水平,我们的各项工作就会搞得更好。"

(8)对《在暨南大学和华侨大学巡视调研时的8个讲话(2008年4月15日至21日)》,国务院侨务办公室党组书记、主任李海峰同志批示:"请党委印发各支部及直属单位学习。"

我还衷心感谢各级领导同志和其他同志来电话或面谈给我指导和鼓励,衷心感谢有关部门对本书出版之前作了认真审核!

林文肯

2011年3月12日

目 录

一、党的基础理论研究

科学发展观：马克思主义哲学的生动体现
  （《求是》2004年第17期）……………………………………… 3
学习、宣传和捍卫马克思主义
  （《邓小平理论研究动态》2003年第2期）…………………… 7
坚持不懈地抓好领导干部作风建设
  （《求是》2007年第5期）……………………………………… 10
完善制约和监督机制　确保权力正确行使
  （《求是》2008年第13期）…………………………………… 14
依法行政与依法治国和依法执政的关系
  （中央党校《理论动态》1740期2007年4月20日）………… 18
坚持和加强马克思主义在哲学社会科学领域的指导地位
  （《邓小平理论研究动态》2003年第7期）…………………… 23
坚持马克思主义的指导地位要正确处理好几个方面的关系
  （中央党校《理论视野》2007年第3期）……………………… 26
深刻理解"三个代表"重要思想的科学内涵
  （《社科党建》2003年第8期）………………………………… 31
"马克思主义基本理论研究工程"访谈材料之68
  （《"马克思主义基础理论研究工程"调研访谈材料汇编》2003年7月16日）
  …………………………………………………………………… 60
社会主义民主问题的理论思考
  （2002年2月20日）…………………………………………… 76
关于"国家依法保护人权"的意见
  （全国政协十一届三次会议大会发言材料汇编）……………… 85

1

对《"党的先进性问题"研究报告》的想法

　　（2002年6月21日）·················89

加强党的执政能力建设对党的思想建设提出的新要求

　　（2004年7月20日）·················97

关于构建社会主义和谐社会的理论探讨

　　（《社科党建》2006年第8期）············103

伟大的成就　光辉的未来

　　（《人民》2007年第7、8期）············116

学习胡锦涛同志在中央党校重要讲话的体会

　　（2007年7月16日）················130

在学习党的十七大报告会上的发言

　　（2007年10月29日）···············137

壮大国有经济要有实实在在的措施

　　（《红旗文稿》2006年第24期）···········163

关于现阶段经济社会发展问题的思考

　　（《社科党建》2010年第3期）············170

论"各尽所能，按劳分配"

　　（《经济问题》1982年第2期）············176

加强社会主义精神文明建设

　　（《中国法制报》1984年3月30日）·········184

明荣辱　促廉政

　　（《求是》2006年第9期）··············186

树立社会主义荣辱观

　　（《紫光阁》2006年第5期）·············188

开展先进性教育关键要搞好整改推动工作

　　（2005年5月9日）·················193

二、党风廉政建设理论研究

反腐倡廉论

　　（《求是》2003年第3期）··············201

邓小平反腐败思想研究
　　（《社科党建》2003年第3、4期）·················208
坚持"三个代表"重要思想，坚定不移地反对腐败
　　（全国党建学会理论研讨会发言稿2000年）·········237
加强和改进党的作风建设　维护和促进哲学社会科学研究
　　（2001年10月12日）··························246
关于应当加强腐败根源问题研究的提案
　　（《把握人民的意愿》2008年卷，新世界出版社）····256
构筑惩治与预防腐败制度体系的探讨
　　（《社科党建》2004年第11期）·················258
反腐败理论创新的思考
　　（《社科党建》2004年第4期）·················· 270
论惩治腐败与预防腐败的辩证关系
　　（《社科党建》2005年第8期）··················279
认真探索反腐败规律　深入开展反腐败斗争
　　（《红旗文稿》2007年第9期）··················286
加强对权力制约和监督的思考
　　（《反腐败研究》2007年第7期）················292
加强廉洁从政思想建设　打牢反腐倡廉思想基础
　　（《社科党建》2008年第5期）··················304
推行院务公开所务公开　促进民主政治建设和党风廉政建设
　　（2003年10月15日）·························315
强化党风廉政建设责任制保证廉政勤政有效结合
　　（2004年10月20日）·························323
坚持反对腐败　保证廉洁执政
　　（1995年1月24日）··························330
标本兼治预防和治理腐败
　　（光明日报2001年11月3日）···················335
坚持清正廉洁　反对以权谋私
　　（《加强和改进党的作风建设的行动纲领》中国方正出版社2001年）
　　···338

在国务院侨务办公室新任司处级干部集体廉政谈话会议上的讲话
　　（《侨务工作研究》2007年第6期）……………………………354
加强党风廉政建设　促进后勤管理工作
　　（《国务院侨务办公室文件（秘行发[2007]44号）》）…………367
推行政府采购制度　努力预防工程建设和物资采购领域的腐败
　　（2005年10月24日）……………………………………………373

三、依法治国理论研究

加强党对依法治国的领导
　　（《求是》1998年第2期）………………………………………387
党必须在宪法和法律范围内活动
　　（《中州学刊》1983年第4期）…………………………………389
我国社会主义法律体系的基本特征初探
　　（《法学评论》1983年第3、4期）……………………………394
我国公民基本权利的现实性
　　（《解放军报》1983年1年18日）……………………………401
中国司法组织在刑事诉讼程序中的关系
　　（《法制建设》1990年第2期）…………………………………404
当前律师管理体制改革的目标刍议
　　（《中国律师》1988年第1期）…………………………………409
被告人有权获得辩护
　　（《学习与思考》1981年第4期）………………………………413
辩护律师在刑事诉讼中的法律地位
　　（《政治与法律》1983年第6期）………………………………419
发挥乡镇法律服务站作用　努力为经济社会发展服务
　　（1985年6月10日）……………………………………………424
谈社会治安综合治理
　　（中央党校《理论动态》1982年第364期）……………………429
综合治理　预防犯罪
　　（《上海司法》1982年第10期）…………………………………434

论我国刑法中的犯罪客体
　　（《法制建设》1984年第4期）·················438
论共同犯罪的构成
　　（《求索》1984年第2期）····················444
正确运用刑事法律同犯罪作斗争
　　（《河南司法》1982年第3期）·················449
论同过失犯罪作斗争
　　（《江淮论坛》1981年第6期）·················452
正确贯彻劳改、劳教工作方针
　　（《中国法制报》1985年6月14日）·············456
青少年犯罪的原因、实质和预防
　　（《现代法学》1990年第2期）·················459
社会主义制度为减少和消灭犯罪创造了条件
　　（《青少年犯罪研究》1984年第1期）···········465
《联合国少年司法最低限度标准规则》在中国的贯彻
　　（《中外法学》1991年第2期）·················471
国际社会中犯罪行为与预防犯罪的新领域
　　（《国外法学》1983年第6期）·················477

四、学校建设管理工作研究

加强和改善党的领导　促进学校全面发展
　　（2006年7月4日）··························485
坚持为国家工作大局服务　努力办好华文学院
　　（2006年7月7日）··························493
认真办好图书馆　为教学科研服务
　　（2006年7月5日）··························498
创新监管办法　提高财务工作水平
　　（2006年7月3日）··························501
认真探索和改进监管工作　努力实现资产保值增值
　　（2006年7月5日）··························505

创新机制和制度　加强对工程建设的管理和监督
　　　　（2006年7月7日）·································510
深入贯彻科学发展观　开创学校工作新局面
　　　　（2008年4月21日）································514
坚持正确办学方向　努力提高教学质量
　　　　（2008年4月19日）································524
坚持走科技成果产业化道路　促进教学科研的发展
　　　　（2008年4月18日）································529
将纠正不正之风寓于医院管理工作之中
　　　　（2008年4月21日）································534

五、外宣与侨务工作研究

树立世界眼光　开拓侨务外宣工作新局面
　　　　（《中新社业务通讯》2008年第3、4期）···············541
在涉外学术交流活动中要积极宣传我国的国情和政策
　　　　（《社科党建》2003年第12期）······················552
坚持一个中国原则　为实现中国统一大业而奋斗
　　　　（2006年5月20日）································557
开创中韩文化交流与合作的新局面
　　　　（《当代韩国》2002年冬季号）······················560
万水千山送亲情　海外赤子盼乡音
　　　　（2005年8月22日）································565
五星红旗把我们的心连在一起
　　　　（2005年8月24日）································567
高举"反独促统"的伟大旗帜奋勇前进
　　　　（2007年5月19日）································572
高扬中华民族精神　开辟前面伟大事业
　　　　（2007年5月23日）································575
华侨华人生存和发展的重要经验
　　　　（2007年5月25日）································580

侨胞既要融入当地社会　又要保持中华民族特性
　　（2007年5月27日）……………………………………584
广大侨胞联合起来　为共同事业而奋斗
　　（2007年9月18日）……………………………………590
华侨华人成就事业要正确处理若干关系
　　（2008年12月10日）……………………………………592
加强海外华文教育是一项植根工程
　　（2008年12月9日）………………………………………596
搞好海外华文教育必须解决的重要问题
　　（2008年12月9日）………………………………………598
祖国和人民时刻牵挂着侨胞
　　（2008年12月14日）……………………………………602
依法加强资金的募集、使用、管理和监督工作
　　（2008年12月23日）……………………………………605
办好中国华文教育基金会　促进海外华文教育的发展
　　（2009年12月30日）……………………………………607
关于认真落实胡锦涛同志"支持海外华人社会开展华文教育"指示的提案
　　（2010年3月12日）………………………………………609

　　附录一：作者人生足迹……………………………………611
　　附录二：作者文章发表简况………………………………617

党的基础理论研究

炭石化学工業の研究

科学发展观：马克思主义哲学的生动体现

(《求是》2004年第17期)

以人为本，全面、协调、可持续的科学发展观，建立在马克思主义哲学基础之上，包含着令人折服的深刻哲理。全面理解和正确把握科学发展观的哲学基础，对于统一思想，提高认识，自觉地用以指导各项工作，实现全面建设小康社会的宏伟目标，具有十分重大的意义。

发展是硬道理，解决中国所有问题的关键在于发展。但是，有什么样的发展方式，就会有什么样的发展结果，不同的发展方式往往会导致不同的发展结果。中国共产党历来十分重视发展问题。早在20世纪50年代，毛泽东同志就提出，社会主义建设要实行统筹兼顾的原则，并写出了《论十大关系》和《关于正确处理人民内部矛盾的问题》等光辉著作。在改革开放时期，以邓小平同志为核心的党的第二代中央领导集体，根据社会主义初级阶段的实际，制定了"一个中心，两个基本点"的基本路线和一系列方针政策。以江泽民同志为核心的党的第三代中央领导集体，则提出了要正确处理改革、发展、稳定等一系列重大关系和政策。进入新世纪新阶段，面对新形势和新任务，以胡锦涛同志为总书记的党中央顺应全面建设小康社会伟大实践的要求，从党和国家事业发展的全局出发，强调全党要牢固树立和认真落实以人为本，全面、协调、可持续的发展观，切实抓好发展这个党执政兴国的第一要务。科学发展观以马克思主义哲学为基础，揭示了经济社会发展的客观规律，反映了我们党对发展问题的新认识。

科学发展观是建立在历史唯物主义基础之上的。人民群众是历史的创造者，是社会物质财富和精神财富的创造者，是社会变革和发展的决定力量。人民，只有人民，才是创造世界历史的动力。科学发展观坚持以人为本，强调为最广大人民的利益谋发展，依靠最广大人民的力量谋发展，充分体现了这一历史唯物主义的基本原理。

坚持以人为本，就要以实现人的全面发展为目标，不断提高人民群众的思想道德素质和科学文化素质，不断提高人民群众的生活质量和医疗保障条件，增强人民群众的健康体质，不断改善人民群众的劳动条件，使劳动从作为谋生的手段逐步变为生活的第一需要。显然，这里说的人的全面发展目标，与马克思、恩格斯提出的共产主义要达到的人的自由全面发展的目标是一致的。这个目标虽然在社会主义阶段不可能完全实现，但是社会主义毕竟是向这一伟大目标迈进的一个历史阶段。在这一阶段我们就这样提出问题，对于把握前进方向，对于在社会主义现代化建设进程中减少盲目性、增强自觉性，具有十分重大的现实指导意义。

坚持以人为本，就要逐步健全社会主义经济制度，从经济制度上保障广大人民群众全面发展所需的物质条件。一切发展的政策都要以广大人民群众的根本利益作为出发点和归宿点，从人民群众的根本利益出发谋发展、促发展，使广大人民群众能够平等地享受经济社会发展的成果，逐步消除分配不公，消除贫富悬殊和两极分化现象，实现共同富裕。

坚持以人为本，就要加强社会主义民主政治制度建设，为人民平等享有政治、经济和文化权益提供制度保障，使广大人民群众依法行使民主选举、民主决策、民主管理、民主监督的权利，参与经济文化和其他社会事务的管理，使广大人民群众的主动性、积极性和创造性迸发出来，加快社会主义现代化建设的步伐。

坚持以人为本，就要始终重视发挥人民群众的历史主体作用。在谋取发展的过程中，要以大多数人作为依靠力量，尊重劳动、尊重知识、尊重人才、尊重创造，正确处理人民内部矛盾，调动一切积极因素，化消极因素为积极因素，团结一切可以团结的人，为社会主义现代化建设服务。

科学发展观也体现了辩证唯物主义的基本原理。辩证唯物主义关于用全面的、联系的、发展的观点及两点论与重点论观察问题的基本观点，在科学发展观中得到了充分体现。全面、协调、可持续三者是互相联系、相辅相成的。全面发展为可持续发展创造了条件，可持续发展为全面发展奠定了基础，协调发展体现在全面发展和可持续发展之中。

科学发展观要求用全面的而不是片面的观点看问题。全面发展是各方面的协调发展。全面发展才是真正的发展。因此，坚持全面发展，要以经济建设为中心，逐步实现工业、农业、国防和科学技术的现代化，推动物质文明、政治文明和精神文明协调发展，不断提高生产力水平和人民群众的物质文化生活水平，增强综合国力，把我国建设成为富强、民主、文明的社会主义国家。实现全面发展目标，要正确处理全局发展与局部发展的关系。全局发展是由局部发展组成的。

因此，既要在分析综合局部发展的基础上谋划全局的全面发展，又要把局部发展纳入全局发展的总体规划之中，进行精心策划，科学论证，使之符合全面发展的要求，加大宏观调控的力度。

科学发展观要求用联系的而不是孤立的观点看问题。事物是普遍联系的，任何一方面的发展都是与其他方面的发展相联系、相依存的。因此，要理顺发展中各方面的关系，把全面发展与可持续发展有机地结合起来。既要把全国发展作为一个大的系统工程，立足全局，实行全国一盘棋，统筹兼顾，又要把地方、部门和产业的发展作为全国发展系统工程的子系统。从宏观看，协调就是要搞好"五个统筹"，即统筹城乡发展，搞好城乡联动发展配套措施，改变农村发展缓慢状态，促进城乡发展一体化，逐步实现农村城市化、农民工人化、劳动群众知识化，逐步缩小城乡差别、工农差别、脑力劳动与体力劳动差别，防止三大差别不断扩大；统筹区域发展，发挥发达地区的带动作用，加速后进地区的发展，追赶发达地区，缩小区域发展差距，防止区域发展严重失衡；统筹经济社会发展，促进物质文明、政治文明和精神文明全面发展，防止片面发展而造成社会主义制度结构性的破坏；统筹人与自然和谐发展，保持人在改造自然过程中不断改善自然环境，防止只向自然索取、不治理和保护环境而遭到自然的严重报复；统筹国内发展与对外开放，把我国发展与经济全球化联系起来，注意趋利避害，既要充分发挥扩大开放对我国发展的促进作用，又要防止对外开放失度，使我国发展过分依赖外国而严重削弱独立自主和自力更生的能力。通过"五个统筹"，推进我国生产力和生产关系、经济基础和上层建筑相适应，推进经济、政治、文化建设的各个环节、各个方面相协调，推进农业、轻工业、重工业相协调和第一产业、第二产业、第三产业相协调，实现经济、政治、文化、教育、科技、卫生、国防等协调发展。

科学发展观要求用发展的而不是静止的观点看问题。对于发展要周密策划，推行可持续发展的前瞻性战略，把当前发展与长远发展结合起来，把全面发展建立在可持续发展的基础之上，把可持续发展寓于全面发展的过程之中。在谋求当前利益的同时，必须着眼于长远利益，防止为了当代人的利益而牺牲子孙后代的利益，防止只顾眼前发展而牺牲长远的持续发展。因此，坚持可持续发展，必须使生态环境得到改善，资源利用率显著提高，促进人与自然的和谐，实现经济发展与人口、资源、环境相协调，形成和建立"循环经济"的发展战略，坚持整个社会走生产发展、生活富裕、生态良好的文明发展道路，保证一代接一代地持续发展。

　　科学发展观要求用两点论和重点论相结合的观点来观察和解决发展中的各种矛盾和问题。对发展中的各种矛盾，要抓住主要矛盾，同时也要学会"弹钢琴"，注意解决次要矛盾。科学发展观突出了以经济建设为中心，这就抓住了我国发展中主要矛盾的主要方面，抓住了发展链条中的关键环节。发展，首要是经济的发展，要努力实现国民经济持续快速协调健康发展。只有在经济充分发展的基础上，才能更有效地解决各种矛盾，求得社会稳定，并在稳定的前提下谋求经济社会的全面发展。

　　（注：本文收入中共中央宣传部理论局编《用科学发展观统领经济社会发展全局》、中共中央宣传部舆情信息局编《党的十六大以来重大战略思想学习丛书》，学习出版社2005年、2007年出版）

学习、宣传和捍卫马克思主义

——纪念马克思逝世120周年

(《邓小平理论研究动态》2003年第2期)

马克思逝世120周年了,全世界无产者、共产党人和一切进步的人们,无不深深地怀念他。欧洲媒体在评选千年伟人时,马克思名列榜首。马克思为什么受到人们这样的崇敬?因为马克思把毕生精力和整个生命都献给了工人阶级解放事业,他和恩格斯创立的马克思主义至今依然照耀着全世界工人阶级争取解放的道路。缅怀马克思的伟大一生,我们不仅肃然起敬,而且更加激励我们为学习、宣传和捍卫马克思主义,实践和发展马克思主义而奋发努力。

马克思主义是工人阶级解放的思想武器。马克思主义的诞生具有划时代的历史意义,从此工人阶级自觉登上历史舞台,要扭转乾坤,为推翻资本主义旧世界、创造社会主义和共产主义新世界而斗争。马克思主义中有许多最重要的基本原理,值得我们反复学习,使之温故而知新。

这里,让我们重温一下大家所熟悉的马克思主义的一些基本原理:

一、马克思阐明了社会主义代替资本主义的历史必然性。他分析了资本主义社会生产社会化与私人占有性之间的矛盾、无产阶级与资产阶级之间的矛盾,这些矛盾的发展、激化和对抗,必然导致资本主义的灭亡和社会主义的胜利。当巴黎公社失败时,马克思满怀信心地说,巴黎公社是劳动在经济上获得解放的政治形式。巴黎公社的原则是永存的,是消灭不了的,在工人阶级得到解放以前,这些原则将一再地表现出来。

二、马克思阐明了工人阶级的历史地位。工人阶级不仅是受苦的阶级,而且是现代社会中最革命的阶级。工人阶级由于它在现代社会大生产中的地位和作用,使它成为与资产阶级对立的一切阶级中唯一彻底革命的阶级,成为劳动者争取解放的领导者。

三、马克思阐明了工人阶级的伟大历史使命。工人阶级是资产阶级的掘墓人。工人阶级必须为自身解放而斗争。消灭资本主义制度，建设社会主义、共产主义制度，解放工人阶级并解放全人类，是工人阶级的历史使命。

四、马克思阐明了建立工人阶级政党的必要性。工人阶级要作为一个阶级来行动，必须建立自己的政党——共产党。共产党人可以把自己的理论概括为一句话：消灭私有制。共产党的政策必须表现出工人阶级解放的条件。

五、马克思阐明了工人阶级通过阶级斗争是实现其历史使命的正确途径和方法。他主张工人阶级抛弃一切空想，以阶级斗争推翻资本主义制度。马克思主义的阶级斗争有其特定的含义，即：阶级存在仅仅与生产发展的一定历史阶段相联系；阶级斗争必然要导致无产阶级专政；这个专政是达到无阶级社会的过渡。

六、马克思阐明了通过暴力革命建立无产阶级专政是无产阶级革命的普遍规律。工人阶级必须建立自己的革命武装，打碎旧的国家机器，并以新型的国家即无产阶级专政的国家来代替。

七、马克思阐明了无产阶级民主的本质。无产阶级专政即无产阶级民主，由绝大多数人民享有民主，掌握国家政权，对少数剥削阶级实行专政，并实行公职人员选举制、撤换制和普通工人工资制这些无产阶级民主制的重要措施。

八、马克思阐明了建立公有制、解放和发展生产力是革命的根本目的。他指明最强大的生产力是革命阶级本身。工人阶级夺取政权后，要废除私有制，建立公有制，用自由的联合的劳动条件去代替劳动受奴役的经济条件，尽可能快地增加生产力的总量，创造比资本主义高得多的社会劳动生产率，使社会主义最终战胜资本主义。

九、马克思阐明了工人阶级在革命进程中要坚持改造社会与改造人相统一。共产主义革命就是同传统的所有制关系实行最彻底的决裂，它在自己的发展进程中要同传统的观念实行最彻底的决裂。工人阶级为了谋求自身的解放，同时达到现代社会由于本身经济发展而不可遏制地趋向着的更高形式，他们必须经过长期的斗争，必须经过一系列将环境和人完全改变的历史过程。

十、马克思阐明了"全世界无产者，联合起来"的极端重要性。全世界各国工人阶级在争取解放斗争中必须加强团结，互相支持，这是取得革命胜利的保证。这些基本原理是建立在历史唯物论和剩余价值论的理论基石之上的，是科学的学说。

马克思主义基本原理，在过去一个多世纪来，指引着全世界工人阶级和广大被压迫人民的革命斗争，取得许多辉煌的胜利。在当今经济全球化和霸权主义妄图主宰世界的历史条件下,马克思主义不但没有过时,而且更加闪耀着灿烂的光辉。马克思主义之所以没有过时,是因为世界范围内资本主义的基本矛盾不但依然存在,而且发展得更加广泛、更加深刻、更加尖锐了。苏联解体、东欧剧变,使世界共产主义运动遭到严重挫折而处于低潮,这并不是马克思主义本身的失败,而主要是苏联、东欧的共产党背离马克思主义的结果,也是帝国主义和平演变的结果。但是,并不是如帝国主义者所说的,共产主义将被消灭在20世纪。中国共产党人高举马列主义、毛泽东思想、邓小平理论的伟大旗帜,努力实践"三个代表"重要思想,使建设中国特色的社会主义充满着蓬勃生机和无限活力。中国社会主义的不断前进,极大地鼓舞着全世界工人阶级和广大劳动人民进行革命斗争,世界共产主义运动必将在曲折中走向一个新的高潮。

马克思主义,这是一个完备而严整的、开放的、与时俱进的科学思想体系。我们纪念马克思,要坚定不移地坚持马克思主义,又要在实践中不断地丰富和发展马克思主义,为开创中国特色社会主义事业新局面而努力奋斗!

| 我的理论思考 |

坚持不懈地抓好领导干部作风建设

（《求是》2007年第5期）

胡锦涛同志在中央纪委第七次全会上的重要讲话中，强调要全面加强和改进新形势下领导干部的作风建设，大力倡导八个方面的良好风气。这对于保持和发展党的先进性，提高全党贯彻落实科学发展观的能力，推进构建社会主义和谐社会的进程，必将产生巨大的推动作用。本文着重就学风、领导作风和工作作风建设谈一点学习体会。

一、坚持勤奋好学，学以致用，树立理论联系实际的学风

理论是行动的指南。没有正确理论的指导，就等于没有灵魂，就会丧失先进的价值目标和行动的合规律性。我们的各级领导干部是党和国家的骨干力量。有没有较高的马克思主义理论水平，有没有运用马克思主义指导工作的能力，直接关系到党和国家事业的兴衰成败。正是在这个意义上，毛泽东同志曾经语重心长地指出："在担负主要领导责任的观点上说，如果我们党有一百个至二百个系统地而不是零碎地、实际地而不是空洞地学会了马克思列宁主义的同志，就会大大地提高我们党的战斗力量。"（《毛泽东选集》第2卷第533页）但是，在现实中我们看到，有些领导干部的学习热情淡薄了，他们或者陷于日常事务不肯挤出时间学习，或者热衷于一些不必要甚至庸俗的活动而不肯抓紧时间学习，或者以其昏昏、使人昭昭，或者掉入错误理论的陷阱而不能自拔……现在，发展已进入关键时期，我们所处的环境比以往任何时候都更为复杂，我们的任务比以往任何时候都更加艰巨，我们面临的考验比以往任何时候都更加严峻，因而我们比以往任何时候都更加需要理论武装。

学理论要审问、慎思，深刻理解马克思主义理论的精神实质。革命导师之所以能够创造马克思主义学说，其中一个重要原因就在于他们善于学习、善于思考。列宁说过："凡是人类社会所创造的一切，他（马克思——引者注）都有批判地重新加以探讨，任何一点也没有忽略过去。凡是人类思想所建树的一切，他都放在工人运动中检验过，重新加以探讨，加以批判，从而得出了那些被资产阶级狭隘性所限制或被资产阶级偏见束缚住的人所不能得出的结论。"(《列宁选集》第4卷第284—285页）我们学习马克思主义理论要有所作为，就要详尽提问，缜密思考，辩证分析，弄清每一基本原理和观点是在什么历史背景下、根据什么条件和针对什么问题提出的，它们的含义和实质是什么，它们对现实有什么指导意义，应用它们的条件是什么，从而系统完整地领会和掌握马克思主义的思想观点和科学体系。而要做到这一点，就必须摒弃粗枝大叶、不求甚解的学风。

学理论要明辨是非、坚持原则，捍卫马克思主义的指导地位。马克思主义从来都是在同形形色色的错误思潮的斗争中不断发展并日益广泛地掌握广大群众的。对歪曲、篡改、诋毁马克思主义的思想观点，绝不能不闻不问，任其泛滥，而应当挺身而出，旗帜鲜明地进行有说服力的批判和斗争，以此来砥砺马克思主义的战斗锋芒，捍卫党的基本理论的纯洁性。

学理论要坚持学以致用，把马克思主义变为改造社会的物质力量。忽视了这一点，就把马克思主义变成了僵死的东西，就从根本上背离了它的哲学基础——唯物辩证法。所谓学以致用，就是要以我国改革开放和现代化建设的实际问题、以我们正在做的事情为中心，着眼于对实际问题的理论思考，着眼于新的实践和新的发展。

二、坚持心系群众，服务人民，树立密切联系群众的领导作风

群众观点是我们党的根本观点，群众路线是我们党的生命线。但是在新的复杂的国际国内形势下，在党长期执政和我国社会主义事业取得伟大成就的历史条件下，一些领导干部却逐渐淡忘了这个根本观点，脱离了这条生命线。他们看不到人民群众的伟力，对人民群众缺少感情；相反，却把自己看成高居于人民群众之上的"父母官"，为了贪图享乐而和一些"大款"们打得火热。问题就是这么严峻地摆在我们面前：是心系群众、服务人民还是高高在上、脱离群众，是衡量领导干部作风是否端正的试金石。

要做到心系群众，服务人民，领导干部就必须牢固树立历史唯物主义观点。在我国，人民群众是国家和社会的主人，是生气勃勃的社会主义事业的创造者。在任何时候，任何情况下，都不能颠倒主人与公仆的关系，要时刻牢记：是"民为父母"而不是"为民父母"，我们手中的权力是人民赋予的，只有运用权力为人民服务的义务，没有滥用权力谋取私利的权利。

要做到心系群众，服务人民，领导干部就必须真诚地而不是敷衍地坚持群众路线，坚持一切从群众中来到群众中去的工作方法，坚持依靠群众决策，使决策充分体现人民的意志和利益，依靠人民群众的力量去实施决策；就必须真正把人民群众当作亲人，深入到人民群众之中，与人民群众打成一片，做到情为民所系，权为民所用，利为民所谋，为群众办实事，办好事，特别是要着力解决群众反映强烈的突出问题。

要做到心系群众，服务人民，领导干部就必须牢牢把握社会主义的本质，朝着"解放生产力，发展生产力，消灭剥削，消除两极分化，最终达到共同富裕"的根本方向前进。在当前，要全面落实科学发展观，按照民主法治、公平正义、诚信友爱、充满活力、安定有序、人与自然和谐相处的总要求，努力构建社会主义和谐社会。

要做到心系群众，服务人民，领导干部就必须坚持在人民群众的火热斗争中不断锤炼自己，铸就崇高品德。要与人民群众同甘苦，共患难，同呼吸，共命运，使自己的思想感情与人民群众融为一体。马克思说：无产阶级只有解放全人类，才能最后解放自己。对于今天的中国共产党人来说，则必须具有先群众之忧而忧、后群众之乐而乐的宽广胸怀。为此，必须坚持廉洁奉公、勤政为民，反对以权谋私、贪污受贿；坚持艰苦奋斗、勤俭节约，反对好逸恶劳、挥霍浪费；坚持高尚操守、健康情趣，反对灯红酒绿、骄奢淫逸。这些要求，是党的领导干部的为政之德的底线。越过了这条底线，就不成其为共产党员。

三、坚持真抓实干，务求实效，树立艰苦奋斗的工作作风

真抓实干，就是要推动事业发展，要为人民群众谋实实在在的利益；务求实效，就是不来虚的，不搞形式主义，不做表面文章。

这就要求领导干部增强责任意识。领导干部一定要认识到自己从事的事业是党的事业、人民的事业，责任重于泰山。要坚决反对为了彰显"政绩"而盲目决策，给国家和人民生命财产造成损失的做法。对部署的工作，要抓紧不放，靠前指挥，督促检查，一抓到底，确保落实。在工作中如果有了错误，绝不能文过饰非、诿过于人，要虚心听取群众意见，认真进行自我批评，勇于承认错误，坚决改正错误。

这就要求领导干部增强又好又快发展的意识。要把握质与量的辩证法。没有数量，就是没有效率，没有速度，就不能实现跨越式发展，就不能在激烈的国际

竞争中立于不败之地；没有质量，就是没有实效，就是一堆废品，就是空耗资源和人力。因此，"好"必须居于首位。要做到又好又快发展，我们的领导干部就必须把锐意进取的精神和科学态度结合起来，把创造成绩和为广大人民群众谋利益结合起来。

这就要求领导干部增强创新意识。创新是一个民族的灵魂，是一个国家兴旺发达的不竭动力，也是一个政党永葆生机的源泉。如果永远墨守陈规、率由旧章，跟着前人或他人亦步亦趋，就永远不会有什么出息，就永远谈不上有什么实效，就永远不会有又好又快的发展。为了巩固我们党的执政地位，为了建设富强民主文明和谐的社会主义现代化国家，为了实现中华民族伟大复兴的崇高理想，我们的各级领导干部必须增强领导创新的能力，以改革为动力，积极推动理论创新、体制创新、机制创新、制度创新、管理创新。

作风，说到底是主体在实践过程中表现出来的素质、精神和品格。正是在这个意义上，我们说作风就是行动，作风就是形象，作风就是导向。党的作风，体现着党的宗旨，关系党的形象，关系党和国家的生死存亡。而领导干部的作风如何，则关系党的作风的好坏。我们的各级领导干部必须充分认识到自己在党的作风建设中的关键地位，对党和国家前途命运的重大责任，以如履薄冰、如临深渊的小心和谨慎，对待自己的一言一行、一举一动。各级纪检机关和纪检干部，要在加强自身作风建设的同时，加强对领导干部作风的监督和检查，从制度上和纪律上为全面加强领导干部作风建设提供坚实的保证。

| 我的理论思考 |

完善制约和监督机制 确保权力正确行使

(《求是》2008年第13期)

党的十七大强调,要完善制约和监督机制,保证人民赋予的权力始终用来为人民谋利益。这是对中国特色社会主义民主政治建设和反腐倡廉建设提出的重大任务。

一、加强制度建设,严格规范用权

加强制度建设是反腐败的治本之策。加强制度建设,既要构筑党内制约和监督权力的制度体系,又要构筑国家制约和监督权力的制度体系;既要保持制度体系的稳定性、连续性和权威性,又要根据形势的发展变化不断推进制度建设。以制度建设规范权力运行,就是要建立健全决策权、执行权、监督权既相互制约又相互协调的权力结构和运行机制,健全组织法制和程序规则,保证党和国家机关按照法定权限和程序行使权力,履行职责。为此,一方面要从实体上对权力作适当分解,使各种权力配置科学,分工明确,各负其责,各司其职;另一方面,要从程序上设计和构建权力的运行,使各项权力之间以及权力运行各个环节之间,既环环相扣又相互制约。

加强制度建设,要注意增强针对性、适用性、有效性。要根据腐败产生的原因、特点,查找已有制度中的缺陷和漏洞,在此基础上,有针对性地抓住关键领域、关键问题、关键环节,推进制度的创新和完善工作。当前,要着重抓好以下几方面的工作。

一是完善干部选拔任用工作制度。严格执行《党政领导干部选拔任用工作条例》和有关规定,扩大民主范围和渠道,改进和完善民主推荐、民主测评、实绩分析、任前公示工作,形成干部选拔任用的制约监督机制。

二是推行行政审批制度改革。抓住审批过程中容易发生问题的部位和关键环节,完善审批程序和审批方式,规范审批行为。特别是要进一步完善受理、审评、审批的"三分离"制度,实行审评主评集体负责制,审评人员公示制和审评审批责任追究制,做到制度完善、程序严密、操作规范、方法简便,保证公开、公平、公正。

三是深化财税、金融、投融资等体制改革。加强和改进对资金运行过程的监管,防范和化解金融风险;深化预算制度改革,推行和完善部门预算、国库集中支付制度,强化预算管理和监督;取消"小金库",严禁设立账外账,严格执行收支两条线制度;推行政府采购、招投标制度,等等。

加强制度建设,必须坚持和健全集体领导与个人分工负责相结合的制度。集体领导是防止个人或少数人专断的重要制度设计,必须完善和强化。当前,普遍存在着对主要领导干部监督乏力的情况。改变这种现象,最有效的办法就是完善集体领导制度,由领导集体决定重大问题和重要人事任免。同时,要把集体领导和个人分工负责有机结合起来,强化每一位领导者的个人责任,严格责任追究。领导班子集体要对领导工作负总责,其中主要领导人即"一把手"要负主要责任,领导成员根据分工对所分管的工作负具体责任。对领导集体作出的决策要按规定记录在案,以明确每个人的责任;对领导干部个人决定或批准的重要事项应备存字据,以便追究责任时有据可查。

二、推进政务公开,实行民主用权

推行政务公开,让权力在阳光下运行,是制约和监督权力、预防和治理腐败的有效举措。要围绕群众最关心、反映最强烈的突出问题推进政务公开,实现好、维护好、发展好人民群众的根本利益。要与行政管理体制改革相结合,推进政务公开,推动服务政府、责任政府、法治政府和廉洁政府建设,形成权责一致、分工合理、决策科学、执行顺畅、监督有力的行政管理体制。要不断总结政务公开经验,完善政务公开制度,使政务公开工作健康、有效进行。

一要明确政务公开的原则和目的。要依法公开除涉及国家秘密、商业秘密和个人隐私的有关事项,保证广大人民群众享有知情权。今年5月1日,《中华人民共和国政府信息公开条例》正式实施,这是进一步推进政务公开的重要举措,是建设廉洁、勤政、务实、高效政府的重要步骤,应抓紧做好实施工作,扎实推进民主用权。

二要规范公开内容。要把规范各类权力运行作为政务公开的重点内容,其中包括干部人事、工资分配、预算决算、资产管理、工程建设招投标、政府采购等方面的工作。要结合各地区各部门实际,动态地编制办事公开目录,实行主动公开和依申请公开相结合的制度。学校、医院和供水、供电、供热、供气、环保、公交等公共事业部门也要全面推行办事公开制度。

三要丰富公开形式。要因时因地制宜、形式多样地进行政务公开。如会议传达、文件通报、热线电话、公告公示、网络发布、电子屏显示、触摸屏查询等，都可以成为公开的形式。还可以通过推行电子政务增强政府工作透明度，重点是方便群众参与经济社会活动，监督行政行为。

四要科学设计政务公开程序。政务公开的各个环节要环环相扣、相互制约，做到有公开、有反馈、有办理、有检查，保证政务公开收到应有的实效。

三、整合监督力量，强化有限用权

要按照十七大提出的"增强监督合力和实效"的要求，把党内监督与人大监督、政府专门机关监督、政协监督、司法监督、群众监督、舆论监督等有机结合起来，以强化有限用权，防止权力腐败。

党委统一领导。党委要高度重视，统一领导，总揽全局，党政齐抓共管，纪委要积极协助党委，周密部署，组织力量，形成各监督部门、监督力量的联合。要建立健全统一指挥、运转协调、科学有效的监督工作机制，明确各监督部门的职责，形成上下联动、齐抓共管的监督工作格局。要广泛动员群众，形成监督工作人人有责、人人参与、人人尽力的局面。

突出监督重点。抓好监督工作，既要注重监督工作的方方面面，又要抓住主要矛盾，解决监督工作的重点问题，以重点监督带动全面监督。监督对象重点是各级领导干部，特别是主要领导干部。监督内容重点是领导干部执行党的路线方针政策、贯彻民主集中制和廉洁从政等方面的情况，重大事项决策、重要干部任免、重要项目安排、大额度资金使用的决定和执行情况，等等。

丰富监督形式。要进一步完善和落实党委会内部监督、民主生活会监督、上级和下级相互监督等监督形式。充分运用领导干部个人重大事项报告、民主生活会、述职述廉、民主评议、诫勉谈话和回复函询、干部交流、离任审计等形式加强监督。发挥巡视工作的独特作用，使同级监督不了、下级监督为难、群众监督困难的人和事，能够得到有力监督，切实解决监督不全面、不到位问题，特别是解决对主要领导干部监督不到位的问题。

发挥电子网络监控体系作用。运用网络公示重要事项，对与群众利益密切相关的重大事项的决策，对重要干部的任用，进行网络公示，征求群众意见，接受群众监督。运用网络监控行政审批，将每一件行政许可事项的内容、法律依据、条件、程序、时限、收费等规范性信息"照单录入"，将受理、承办、批准、办结和出证的每一个环节都记录在案，以作为行政审批工作考核与处罚的依据。运用网络推行网上采购，将政府采购的规章制度、采购范围、组织机构、实施程序、资金拨付、监督管理等在网上公开，实现公平交易，降低行政成本。运用网络完善社会管理，构建便捷、有序的信访、投诉和举报渠道，方便群众诉求，维护社会稳定。

依法行政与依法治国和依法执政的关系

（中央党校《理论动态》1740期2007年4月20日）

党的十五大确立依法治国、建设社会主义法治国家的基本方略，九届全国人大二次会议将其载入宪法。党的十六届四中全会所作的《中共中央关于加强党的执政能力建设的决定》，把依执政作为改善党的领导方式和执政方式的重要内容。国务院发布了《全面推进依法行政实施纲要》，加快推进依法行政工作。

依法治国既要求党必须依法执政，又要求政府必须依法行政。依法治国是党执政和政府行政共同承担的任务和共同追求的目标。为此，应该认真研究依法行政与依法治国、依法执政的关系，以推动全面实施依法治国、建设社会主义法治国家的基本方略。

一、依法行政是依法治国的主要体现和关键环节

实行依法治国、建设社会主义法治国家的基本方略，必然要求政府依法行政、建设法治政府。政府是国家机关重要的和主要的组成部分，依法行政是构成依法治国的主要部分。政府的行政权具有广泛性和主动性，政府的职能比其他国家机关的职能更加广泛，行政管理职能覆盖于社会的政治、经济、教育、科学、文化、卫生、治安、国防建设等方方面面，涉及全体公民、法人和其他组织权利的保障和义务的履行，对所有社会行政管理方面的法律关系无不涉及。而其他国家机关如审判机关、检察机关主要职能是负责处理社会关系中矛盾激化而构成犯罪案件、构成民事诉讼或行政诉讼的案件，解决这方面的矛盾，这是维护社会平等和正义的最后一道极为重要的防线。但它们也不如政府行政管理所涉及的范围广泛，不如政府与公民、法人和其他组织接触经常、繁多和密切，并且政府依法行政还对社会矛盾的激化、对纠纷、违法、犯罪的发生具有预防在前和从源头治理的重要作用。显然，政府依法行政，依照法律调整有关社会关系，是社会关系处于法治状态的重要保证，是维护国家机器按照人民意志正常运转的重要保证。因此，政府只有依法行政，才能建设社会主义法治国家。政府依法行政，是依法治国的主要体现和关键环节。从这个意义上讲，没有依法行政，就没有依法治国。

推进依法行政，必须根据依法治国基本方略的要求，贯彻有法可依、有法必依、执法必严、违法必究的根本指导方针。首先，有法可依是依法行政的前提条件。政府既要坚持认真执行宪法和法律，又要根据实际需要，建议国家立法机关对某些法律进行必要的"立、改、废"，或由全国人大及其常委会授权国务院起草某些法律草案，还要加强政府立法工作，按照政府的立法权限，以宪法法律为根据，从经济社会发展变化与行政管理的实际需要出发，制定行政法规和规章，使法律制度不断完善，为依法行政创造必要的法律制度。其次，有法必依是依法行政的行为规范。政府行政权的取得和行使由法律规定，法律无授权的不可为，违法行政要受追究责任。政府施行行政管理应当依照法律、法规、规章的规定进行；没有法律、法规、规章的规定，行政机关不得作出影响公民、法人和其他组织合法权益或者增加公民、法人和其他组织义务的决定。政府管理行政事务，只能依照法律，绝不能按"土政策"办事、按"长官意志"办事，绝不能以权代法、以权压法、以权乱法。其三，执法必严是依法行政的根本原则。政府执行法律，既要严格依照实体法，又要严格依照程序法。实体法与程序法的有机结合，构成了法律的生命。要纠正重实体法、轻程序法的错误倾向。政府执行法律，对任何政行对象都一样严格。执法不能失之于宽、失之于软，不能有私情偏向、厚此薄彼，对所有行政对象需要办理的事项，都要以事实为根据、以法律为准绳，凡是合法的应当予以支持和保护，凡是违法的应当予以纠正、处罚，做到公平、公正，体现公民在法律面前一律平等的原则。其四，违法必究是依法行政的有效保障。政府施行行政管理，要坚持违法必究，不仅要坚决追究公民、法人和其他组织违法行为，而且更重要的是贯彻有权必有责、用权受监督、违法要追究、侵权要赔偿的法律原则，坚决追究行政机关及其工作人员滥用职权、超越职权、徇私舞弊等违法行为。只有这样，才能有效纠正违法行为，保证依法行政顺利进行，使社会各种行政关系纳入法治轨道。反之，如果违法不究，依法行政就会遭到破坏，就是政府的失职渎职。一旦违法不追究的情况大量发生，就会极大地破坏法律的权威和政府的威信，使人们对法律和政府丧失信任和期待，从而蔑视法律和政府的权威，引发各种纠纷和犯罪，使社会陷入混乱。可见，有法可依、有法必依、执法必严、违法必究是构成政府依法行政的基本要件，缺一不可，政府应当认真遵行。

推行依法行政,必须根据依法治国基本方略的要求,政府在依法行政中要联系人民、依靠人民、服务人民。政府及其工作人员要坚持国家"一切权力属于人民"的观点,全心全意依靠人民群众,吸引人民群众参与,使群众对行政工作享有知情权、参与权、建议权和监督权;要实行政务公开,凡是不涉及国家秘密和法律规定的商业秘密和个人隐私的事项都要向社会公开,公开的信息要全面、真实、准确、及时,接受人民群众的监督,保证依法行政取得实效。

二、依法行政是依法执政的必由途径和重要形式

要正确处理依法执政与依法行政的关系,首先要弄清党执政的合法性在于依法执政。党要依法执政,前提是党应具有执政的合法性。我们党执政的合法性并不是自封的,而是党领导中国人民推翻了反动阶级的统治,掌握了国家的权力,并领导人民进行社会主义建设并不断取得胜利的必然结果,是历史的选择,是人民的选择。党执政的合法性,已经庄严地载入我国的宪法。我们党要保持执政的合法性,必须继续依法执政。我们党是以马列主义、毛泽东思想、邓小平理论和"三个代表"重要思想为指导的党,是以全心全意为人民服务为宗旨的党,是以"立党为公,执政为民"为执政理念的党。在我们党看来,人民至上,人民的利益和意志至上,反映人民利益和意志的法律至上。党依法执政,就是党服从人民意志这一本质的体现,表明党来自人民,代表最广大人民群众的根本利益,表明党执政具有民主性和合法性。依法执政,不仅要求党推行依法治国基本方略,领导人民制定和执行宪法和法律,而且要求党要以身作则,自觉用宪法和法律来规范自己的活动,在宪法和法律范围内执政。党如果不依法执政,就会违背广大人民的意志和利益,就得不到广大人民群众的拥护和支持,党就会失去执政的民主性和合法性,最终会丧失执政的地位。党如果不依法执政,把自己凌驾于宪法和法律之上,社会主义法治建设就会遭到彻底的破坏。所以,党依法执政是依法治国的核心和关键。

依法执政与依法行政之间有着密切的关系。我们党是社会主义事业的领导核心,是中华人民共和国的执政党,政府应当接受党的领导,执行党提出的依法治国基本方略,实行依法行政。依法行政,虽然是党的要求,但并不是党强加在政府头上的,而是人民政府本质的必然要求。因为我们的政府是人民的政府,人民是政府的主人,政府机关工作人员是人民的公仆。政府只有依法行政,做到公开、公平、公正和便民、诚信、廉洁、高效,才能取信于民。人民政府的权威就

在这里，人民政府的力量源泉就在这里。取信于民是政府依法行政的出发点和归宿，依法行政是政府取信于民的关键。可见，依法行政不仅是党依法执政的要求，而且是人民政府本质的使然。依法执政与依法行政两者之间有着内在的必然联系和辩证统一。

党依法执政，是党与时俱进，适应新的历史时期的执政要求，实现领导方式和执政方式的重大转变。党在执政中起着总揽全局、协调各方的领导核心作用。党依法执政，并不是党代替政府行使行政管理的职能。党依法执政，就社会事务的行政管理来讲，除了通过政府依照法律对社会事务施行行政管理而外，再别无途径。因此，政府依法行政就成为党依法执政的必由途径和重要形式。

要充分发挥党依法执政和政府依法行政的作用，根本问题是正确处理党与政府的关系。党领导政府，但党不是政府，党的职能与政府的职能是不同的，不能党政不分、以党代政，不能由党代替政府行使行政权力，直接管理社会行政事务。党对政府实行领导，通过政府和支持政府依法处理行政领域的法律关系，对社会施行行政管理。为了正确处理党与政府的关系，需要解决三个方面的问题：一要正确处理党的政策与法律关系的问题。党的政策对于社会而言具有指导性，不具有国家法律的强制性，不能把政策当作法律要求全社会一体遵行。政府处理行政领域的法律关系，要以法律为准绳而不能以政策为准绳。但法律的稳定性有时会滞后于社会发展，即社会发展的某些方面超过法律的规定，当这种情况发生时，需要运用党的政策具有灵敏性和先导性的特点，适应人民群众实践的要求，由党作出一些相对法律而言是超前的政策规定，指导政府做一些试验性的工作，为解决有关社会矛盾和立法积累经验。某一政策经广大人民群众反复实践证明是正确的、长期普遍适用的，应当按照法定的程序转变为法律，然后在全社会施行。二要正确处理党的政策领导与政府依法行政关系的问题。党领导政府依法行政，除了要求政府内部的党组织和党员在依法行政中发挥先锋模范作用之外，主要是加强对政府实行政策领导，推动政府依法行政。党要根据形势和社会发展制定方针政策，指导政府贯彻党的路线方针政策，坚持正确的政治方向，实现政府管理观念、管理机制和管理方式的创新，不断提高科学判断形势的能力、应对复杂局面的能力、依法行政的能力和统筹协调的能力；指导政府根据实际情况制定行政法规、规章，加大执法力度，保证行政法律有效实施；指导政府坚持科学发展观，依法决策、科学决策、民主决策，保证行政决策有利于加强国家宏观调控，促进经济社会全面、协调、可持续发展，有利于及时解决社会中难点、热点问题，化解社会矛盾，为改革发展稳定创造条件；指导政府吸引群众参与行政决策、行政立法、行政执法和行政监督，保证政府行政的民主性、合法性、公正性和有效性；指导政府自觉接受人大监督、政协和民主党派及人民团体的监督、专门机关和其他机关的监督、群众监督和舆论监督；指导政府加强公务员队伍建设，提高公务员的政治素质和业务素质，使他们政治坚定、崇尚法律、尊重法律、精通业务、纪律严明、清正廉洁、秉公执法，不断提高依法行政的能力。三要正确处理党的思想政治工作与政府依法执政关系的问题。党要发挥自己的政治优势，通过思想政治工作，广泛地宣传和教育广大人民群众学法、懂法、守法、护法，要求一切政党、公民、法人和其他组织必须遵守宪法和法律，忠实履行义务，正确行使权利，依法开展维权活动，并加强社会主义思想道德教育，营造法治与德治结合的氛围，为政府依法行政创造良好的社会条件。归根到底，发挥党依法执政和政府依法行政的作用，最重要的是党依法执政，改善和加强对政府的领导，保证政府忠实履行宪法和法律赋予的职责，依法行政。

  依法行政是时代的要求，人民的呼唤。依法行政要把维护最广大人民的根本利益作为政府工作的出发点，把坚持党的领导、人民当家作主和依法治国统一起来，把依法行政与维护宪法权威、确保法制统一和政令畅通统一起来，把依法行政与提高行政效率统一起来，把依法行政与廉政建设统一起来，把我们的政府建设成为民、勤政、廉洁、高效的法治政府，加快全面建设小康社会的步伐，努力营造社会主义和谐社会，开创中国特色社会主义新局面。

坚持和加强马克思主义在哲学社会科学领域的指导地位

——在全国社科院院长联席会议暨全国社科院系统邓小平理论研究中心第八届年会上的讲话

（《邓小平理论研究动态》2003年第7期）

[编者按]：2003年9月下旬，全国社科院院长联席会议、全国社科院系统邓小平理论研究中心第八届年会暨"三个代表"重要思想与全面建设小康社会研讨会在哈尔滨隆重召开。我院党组成员、中央央纪委驻我院纪检组组长林文肯同志出席了会议，并在开幕式上发表了讲话。现将林文肯同志的讲话在此发表。

同志们：

在全国兴起学习贯彻"三个代表"重要思想思想高潮、学习胡锦涛同志"七一"重要讲话的时候，全国社科院院长联席会议暨全国社科院系统邓小平理论研究中心第八届年会今天召开了。这是一件很有意义的事情。我代表中国社会科学院向大会表示热烈祝贺，向关心指导这次会议的黑龙江省委宣传部和主办这次会议的黑龙江省社会科学院表示衷心的感谢！

在现行的领导体制下，这样的会议是各社会科学院沟通信息、加强联系的好形式，是交流经验、互相学习的好形式，是研讨问题、促进理论创新的好形式。办好这样的会议，是大家的共同愿望。我院很关注这次会议，派我来参加，目的是向兄弟单位学习科研体制机制改革的经验、科研管理的经验、推动理论创新的经验。

繁荣和发展哲学社会科学是我们的共同任务。我院最近受中央委托，就如何繁荣发展哲学社会科学的问题进行研究。这项研究工作得到全国社会科学院包括黑龙江省社会科学院的大力支持。我们对大家提供的经验、意见和建议十分重视，把它体现到调研报告中来，为中央决策提供参考。

在哲学社会科学研究中，我们必须坚定不移地坚持和加强马克思主义的指导地位。马克思主义是颠扑不破的真理，是无产阶级的世界观和方法论，是我们认识世界和发行世界的思想武器。"三个代表"重要思想是马列主义、毛泽东思想、邓小平理论在新的历史条件下的继承和发展。哲学社会科学研究的本质和生命力在于与时俱进，推进理论创新。理论创新的方向和灵魂是马克思主义。只有坚持以马克思主义为指导，我们哲学社会科学研究中，特别是涉及社会发展中带有全局性、战略性、前瞻性的重大问题的研究中，才能以巨大的马克思主义理论勇气，解放思想，实事求是，勇于探索，敢于突破，创新理论，为治党治国、建设中国特色社会主义提供理论支持，推进社会主义物质文明、政治文明、精神文明的协调发展。

在哲学社会科学研究中，我们必须进一步加强政治敏锐性和政治辨别力。哲学社会科学属于意识形态，总的来说，是具有阶级性、政治性的。社会上上各种思潮反映着不阶级、阶层的利益和要求。各种思潮必然反映到哲学社会科学研究中来，社会科学院必然会成为各种思潮会聚的地方。因此，我们必须讲政治，始终坚持正确的政治立场、政治方向，坚定正确的理想信念，毫不动摇地坚持党的基本理论、基本路线、基本纲领、基本经验。坚持用马克思主义这个政治上的望远镜和显微镜来观察和分析社会上各种思潮，在大是大非面前，立场坚定，旗帜鲜明。在当今国际国内的新形势下，我们要保持清醒的头脑，清醒地看到复杂的国际形势带来的严峻挑战，清醒地看到经济和社会发展中存在的重大矛盾和问题，清醒地看到前进道路上的困难和风险。对西方敌对势力"西化"、"分化"、"和平演变"的政治图谋，要始终保持高度的警惕；对社会上一些错误思潮，尤其是打着理论创新旗号鼓吹多党轮流执政、三权鼎立、私有化、"民营化"的资产阶级自由化观点以及资产阶级的民主、人权、新闻自由的观点，要善于识别，敢于斗争，坚决抵制，用正确的理论维护改革发展稳定的政治局面。

在哲学社会科学研究中，我们必须贯彻"为人民服务，为社会主义服务"的方向和"百花齐放，百家争鸣"的方针。"二为"方向和"双百"方针是相互联系、相辅相成的，把二者对立起来、割裂开来是错误的，必须把二者有机地统一于哲学社会科学研究之中。只有这样，我们才能坚持正确的政治方向，坚持党的政治纪律，在政治上同党中央保持高度一致，为科研工作提供政治保证；也只有这样，我们才能为党为人民为社会主义，无私无畏地追求真理，探索真理，发现真理，坚持真理，做出无愧于时代的优秀科研成果。

哲学社会科学研究的特殊材料，决定了我们必须坚持用政治家的要求办好社会科学院。把社会科学院建成马克思主义的坚强阵地，这是党中央的要求，是我们的崇高崇高使命，是我们的奋斗目标。党中央提出要造就一大批忠于马克思主义、坚持走中国特色社会主义道路、会治党治国的政治家；要坚持用政治家的要求来办经济、办文化、办教育、办外交、办现代化建设的各项工作。对于社会科学院领导来讲，我们肩负着特殊的任务，应该坚持用政治家的要求来办好社会科学院。我们要进一步增强政治意识、大局意识、忧患意识，励精图治，锐意进取，努力开拓，扎实工作，把社会科学院办成马克思主义的坚强阵地，不辜负党的重托，不辜负人民的期望！

同志们，我们正处在大改革大变动的伟大时代，我们也面临着各种思潮相互激荡的严峻考验。为了使我们不迷失前进的方向，为了使我们有取得胜利的把握，让我们高举马列主义、毛泽东思想、邓小平理论的旗帜，认真贯彻"三个代表"重要思想，在全面建设小康社会，开创中国特色社会主义事业新局面的伟大实践中，把哲学社会科学不断地推向前进！

预祝大会圆满成功！

| 我的理论思考 |

坚持马克思主义的指导地位要正确处理好几个方面的关系

(中央党校《理论视野》2007年第3期)

《中共中央关于加强党的执政能力建设的决定》提出,"坚持马克思主义在意识形态领域的指导地位",这对于加强党的执政能力建设、对于繁荣发展哲学社会科学都具有十分重大意义。为此,必须正确处理好几个方面的关系。

一、正确处理政治问题与学术问题的关系

在哲学社会科学理论研究过程中,必须关注政治问题。邓小平指出:"马克思主义的理论工作者是不能离开现实政治的。我这里说的政治,是国内外阶级斗争的大局,是中国人民和世界人民在现实斗争中的根本利害。不能设想,离开政治的大局,不研究政治大局,不估计革命斗争的实际发展,能成为一个马克思主义的思想家、理论家。"(《邓小平文选》第2卷,第179页)按照邓小平的论述,我们必须讲政治,必须坚持用阶级斗争观点观察社会一切政治问题,提高政治警觉性和政治敏锐性,在社会科学理论研究中,坚持正确的政治方向。

社会科学属于意识形态范畴,具有阶级性。社会科学的多数学科具有明显的政治性。一般地说,学术问题与政治问题不可能绝对分开。在阶级存在的社会里,学术中或多或少含有政治,政治往往以学术形式表现出来。敌对势力与我们争夺思想文化阵地,企图颠覆我们党和国家政权,也往往打着学术研究的旗号,而将其真实的目的掩盖起来。我们应当保持高度的政治警觉性、政治敏锐性,对政治问题与学术问题要作具体分析。

就各门学科来讲,其政治性有强弱之分,要作具体分析,不能笼统而言之。我们大致可以把各门学科与政治关系强弱按顺序作如下的划分:一是许多学科本身就是政治性的学术问题,比如政治学、国际政治法学中涉及的现代国家的制度、国体与政体、民主与法制、政党与政权等,以及政治领域的选举、自由、平等、人权等，其中尤其是涉及现实的问题，就更具有强烈的阶级性，为哪个阶级服务就极其鲜明，在这方面如果不注意，就容易出现政治错误。二是一些学科与政治有直接关系，如政治经济学、新闻学、社会学等。就政治经济学来说，马克思主义的三个组成部分之一就是政治经济学，马克思曾形象地讲政治经济学的阶级性，他指出："在政治经济学领域内，自由的科学研究遇到的敌人，不只是它在一切其他领域内遇到的敌人。政治经济学所研究的材料的特殊性质，把人们心中最激烈、最卑鄙、最恶劣的感情，把代表私人利益的复仇女神召唤到战场上来反对自由的科学研究。"（《资本论》第1卷《第1版序言》，第12页）马克思两大贡献之一的剩余价值论就有鲜明的政治性，是直接指明消灭资本主义私有制和建立社会主义公有制的理论。再就新闻学研究来说，它涉及新闻为谁服务的问题，新闻宣传是为一定的阶级、集团利益服务的，是阶级的"话筒"，超政治性的新闻学是不存在的。三是有些学科与政治有比较密切的关系，比如在哲学、宗教学、历史学、民族学、文学等研究领域中，有时也会遇到比较尖锐的政治问题。就哲学来说，是有党性、阶级性的。马克思说："哲学把无产阶级当做自己的物质武器，同样地，无产阶级也把哲学当做自己的精神武器。"消灭一切奴役制度，使人类获得彻底解放，"这个解放的头脑是哲学，它的心脏是无产阶级。"（《马克思恩格斯选集》第1卷，第2版，第15页)马克思主义哲学是为无产阶级解放服务的。宗教学研究，一般只涉及唯物主义与唯心主义的思想认识问题，但少数情况下也会涉及政治问题，如错误的宗教观点有可能导致宗教闹事或不同教派之间的争斗。历史学研究，其中古代史一般政治性不强，但某些内容涉及我国领土完整时就有很强的现实政治性；还有中国现代史研究就有强烈的政治性，我们的研究是为了巩固共产党的执政地位和社会主义制度，可是有的人打着历史研究的幌子，企图通过否定我们党和新中国的历史来达到推翻共产党和社会主义制度的目的。再如民族学研究中出现的错误观点，一般不是政治错误，但如果对某一民族侮辱和歧视，或者把某一个民族排除于一个国家的民族构成之外，就会导致民族纷争，民族分裂，酿成政治错误。四是有些学科如人口学、考古学、语言学等，一般与政治没有很强的关系。比如，人口学研究科学控制与发展人口的问题，本身没有政治性，但它与社会发展有密切联系，有可能被某些敌对势力利用它作为"人权斗争"的工具，那就有很强的现实政治性。

在哲学社会科学研究领域，学术问题与政治问题是相互联系的，学术中有政治，政治寓于学术之中。但不能将学术问题等同于政治。这里所说的学术问题是指学术研究中的思想认识问题,政治问题是指学术研究中涉及的政治原则问题。因此,不能用处理政治问题的方法去处理学术问题。学术中的不同观点甚至错误的观点,只要不是反对党的基本理论、基本路线、基本纲领,就不能视为违反政治纪律的行为。

二、正确处理加强政治纪律与贯彻"双百"方针的关系

"百花齐放、百家争鸣"是毛泽东倡导的促进科学艺术发展的方针。邓小平在深刻总结了以往的经验教训后指出:"无论如何,思想理论的研究和讨论,一定要坚决执行百花齐放、百家争鸣的方针,一定要坚决执行不抓辫子、不戴帽子、不打棍子的'三不主义',一定要坚持解放思想、破除迷信、一切从实际出发的方针。"(《邓小平文选》第2卷,第183页)他还指出:"有些人把'双百'方针理解为鸣放绝对自由,甚至只让错误的东西放,不让马克思主义争。这叫什么百家争鸣?这就把'双百'方针这个无产阶级的马克思主义的方针,歪曲为资产阶级自由方针了。"(《邓小平文选》第3卷,第47页)只有坚持贯彻"双百"方针,社会科学理论研究才能繁荣和发展;背离"双百"方针,社会科学理论研究就会停滞和衰退。

遵守政治纪律与贯彻"双百"方针是辨证的统一,对于繁荣发展哲学社会科学来说是相辅相成的。用政治纪律来否定"双百"方针是错误的,用"双百"方针来否定政治纪律同样是错误的。遵守政治纪律本质上是坚持为人民服务、为社会主义服务的方向。实行"双百"方针是为了追求真理,哪有追求真理会违背政治纪律的本质要求、违背"二为"方向!实行"双百"方针,是受政治纪律保护;反之,打着"双百"方针的旗号来反对四项基本原则,要受到政治纪律的约束。我们要把遵守政治纪律与贯彻"双百"方针有机地结合起来,遵守研究无禁区、宣传有纪律的规定。

所谓研究无禁区,首先是指在坚持四项基本原则的前提下,社会科学涉及的所有学科,任何问题包括政治理论问题、政治制度和政策问题,都可以研究、讨论和争鸣,不设任何禁区。对学术理论上的是非问题,要用争鸣的方法来解决,开展积极的批评与反批评。没有学术理论界积极的争鸣,没有积极的讨论和辩论、善意的批评与反批评,学术研究就繁荣发展不起来,学术难以发展,理论难以创新。如果用行政命令的方法来确定学术上的是非问题,不但不能推进学术研究,反而会阻碍学术进步和理论创新。其次是学术自由要保护不同的学派,要保护少数人的理论创新。

所谓宣传有纪律，是指涉及与现行党和国家方针政策相反的某些研究成果或者某些需要保密的研究成果，只能在内部研究，而不能对外宣传，即实行内外有别的政策。如果我们的某些研究成果、特别是在敏感问题上，与党和国家的现行方针政策不一致，可以通过内部报送的方式向上级反映，公开发表就要遵守宣传纪律。不准散布反对党的基本路线和四项基本原则的言论；不准传播政治谣言，丑化党和国家形象；不准攻击我国社会主义制度和鼓吹在中国实行三权分立、多党制、私有化的资本主义制度；不准出版有严重政治错误的和反动的书籍，等等。如果没有纪律要求，各行其是，中央方针政策就会受到冲击，造成人们思想的混乱，社会就会陷入无序状态，给国家和广大人民群众的利益造成损害。

三、正确处理加强政治纪律与理论创新的关系

人们认识真理要随着实践的发展而发展，永远不可能有终极的、绝对的真理。世界在变化，中国在发展，特别是建设中国特色社会主义的实践在发展，反映这些变化和发展的社会科学理论必须随着发展。创新是对以往理论的再认识、辨析、丰富，是对其中非科学的内容的修正乃至否定。创新要有科学的态度、明确的方向、正确的方法，要求理论与实际相结合，经过艰苦探索，做出超越前人的创造。毛泽东思想、邓小平同志理论、"三个代表"重要思想和科学发展观都是马克思主义基本原理同与我国具体实践相结合的产物，是对马克思主义的丰富和发展。从本质上看，理论创新不会与体现党和国家根本利益的政治纪律相冲突。加强政治纪律不会阻碍理论创新，相反地，维护政治纪律是为了排除来自于各方面的干扰，营造良好的科研环境，保护和促进理论创新。要通过政治纪律的约束和监督，这主要是通过加强政治纪律教育，规范政治行为，纠正违犯行为，达到保护和促进理论创新的目的。当然，不是说在理论创新过程中不会有时陷入误区，不会产生失误。我们知道，理论创新往往是反复探索、经过多次失误才能获得成功。因此，我们应当允许在理论创新过程中发生失误。在实际工作中，不仅要十分注意把理论创新与违反政治纪律严格区别开来，而且还要把在理论创新中的失误与违反政治纪律严格区别开来，把执行政治纪律与保护理论创新相结合起来。只有这样，才能保护哲学社会科学工作者主动性、积极性和创造性，使他们大胆实践，勇于探索，突破旧观念，打破旧框框，不断推动理论创新。

四、正确处理加强政治纪律与学术自由的关系

哲学社会科学工作者善于理性思维,独立思考,提出独到见解,追求独立人格,渴望学术研究的充分自由。这是社会科学理论发展的需要。但必须明白,世界上只有具体的自由,没有抽象的自由,只有相对的自由,没有绝对的自由。自由是对纪律而言的,离开了纪律的所谓自由是不存在的。不受约束的自由,是无政府主义,最终还是失去自由。比如,我们北京这个大城市,如果司机们都不遵守交通规则,为所欲为,必然事故迭出,整个城市交通就会陷入瘫痪,试问司机们会有自由吗?市民们会有自由吗?完全没有,那种所谓自由一开始就成为灾难。因此,自由总是具体的、相对的。社会科学理论研究的自由,是在宪法、法律和纪律允许范围内的自由,超过这个范围,就没有自由。哲学社会科学工作者必须在宪法和法律的范围内进行活动包括从事理论研究,其中党员还要在党章范围内进行活动,才能有充分的自由。这样的自由,是政治纪律所要保护的自由。社会科学工作者有了这样的自由,就有纵横驰骋的广阔天地,能够施展自己的本领,发挥自己的天才,展示自己的聪明才智,在社会科学理论研究中做出无愧于时代的新成就。

学术自由并不是不受政治纪律约束的。有的同志错误地认为,学术自由就是不受任何约束,什么文章都可以公开在媒体上发表,什么言论都可以公开在讲坛上表达,什么资料都可以对外交流,也可以随意接受记者采访。这是对学术自由的曲解,将自由绝对化了。这种绝对自由在全世界任何国家都是不存在的。在我国,学术研究中任何问题都可以研究讨论,但有些研究讨论是有严格限制的,比如对四项基本原则规定的根本政治制度和政治原则,只能通过我们的研究来完善、加强、巩固和发展,而不能讨论要还是不要,如果说在学术问题上可以求同存异,但在这个政治原则上不能求同存异。就是说没有反对四项基本原则的自由,没有反对党的领导和反对社会主义制度的自由,没有反对人民的自由。如果允许这种自由存在,就会亡党亡国,广大人民就丧失自由。

注:本文主要内容是作者2002年在中国社会科学院纪检监察干部培训班上的讲话。中国纪检监察报等刊对该讲话内容作过报道。该讲话曾以《坚持马克思主义在哲学社会科学领域的指导地位》为题在《社科党建》2003年第10期上全文发表

深刻理解"三个代表"重要思想的科学内涵

(《社科党建》2003年第8期)

江泽民同志明确指出:"我们党必须始终代表中国先进生产力的发展要求,代表中国先进文化的前进方向,代表中国最广大人民的根本利益。""'三个代表'重要思想是对马克思列宁主义、毛泽东思想、邓小平理论的继承和发展,反映了当代世界和中国的发展变化对党和国家工作的新要求,是加强和改进党的建设、推进我国社会主义自我完善和发展的强大理论武器,是全党集体智慧的结晶,是党必须长期坚持的指导思想。"①江泽民同志对"三个代表"重要思想的高度评价和科学定位,为我们贯彻"三个代表"重要思想指明了正确的方向。贯彻"三个代表"重要思想,关键在坚持与时俱进,核心在坚持党的先进性,本质在坚持执政为民。贯彻"三个代表"重要思想,对于全面推进党的建设新的伟大工程,把党建设成为始终站在时代前列、带领人民前进的马克思主义政党,对于全面建设小康社会,开创有中国特色社会主义新局面都具有十分重要的现实意义和极其深远的历史意义。

"三个代表"重要思想贯穿着解放思想、实事求是、与时俱进的创造精神,内涵十分丰富,全面体现党的基本理论、基本路线、基本纲领和基本经验,在改革发展稳定、内政外交国防、治党治国治军各个方面,提出了一系列紧密联系、相互贯通的新思想、新观点、新理论,构成了一个系统的科学理论。其中三个基本观点是相互联系、不可分割、相辅相成的,是构成"三个代表"重要思想的基石。我们只有深刻理解它,才能自觉运用它。这里谈一谈对三个基本观点科学内涵的认识。

一、我们党始终代表中国先进生产力的发展要求

胡锦涛同志指出:"始终代表中国先进生产力发展要求,是对马克思主义关

---

①《江泽民文选》第3卷,第536页

于生产力和生产力关系、经济基础和上层建筑的辩证关系这一基本原理的运用和发展。"这就启示我们,要用历史唯物主义观点,从生产力和生产关系、经济基础和上层建筑的相互作用的矛盾运动中去把握"生产力发展要求",来认识生产力在社会历史发展中的地位和作用,认识中国共产党代表中国先进生产力发展要求的意义及其如何保证所采取的政策措施的正确性。

第一,在社会历史进程中,不同社会形态的更替,社会由低级向高级发展,归根到底,生产力发展水平是决定性的因素。马克思主义对生产力作用的肯定没有比这更多的东西。虽然生产力归根到底是历史发展的决定作用,但在一定的条件下,生产关系、上层建筑也会起决定作用。这一历史唯物主义观点告诉我们,生产力是最革命最活跃的因素,是社会发展的最终决定力量。社会形态的更替,归根到底都是生产力发展的必然结果。生产力主要包括劳动者、生产工具和生产资料诸因素。其中劳动者积累生产经验和技能,掌握科学技术和工艺,创新技术和生产过程的结合,他们是最活跃、最革命的因素,决定着生产工具的不断更新和生产资料的逐步综合利用和循环利用,使生产力日益提高。生产工具是物化的知识力量,是物化的科学技术力量,是生产力发展水平的标志。生产资料是劳动者运用生产工具对其加工成为产品的物质对象。生产力不会总是停留在一个水平上,它的总趋势是不断地向前发展的,推动社会不断进步。决定生产力水平的高低,不在于生产什么东西,而在于用什么样的生产工具进行生产。不同生产力水平决定着不同的社会形态,一定的生产力水平决定着一定的社会形态。青铜器产生奴隶制社会形态,铁器产生封建制社会形态,蒸汽机和电力产生资本主义社会形态,以电力为基础的机械化数字化大生产正在孕育着和创造着社会主义与共产主义的社会形态。

生产力归根到底对社会发展起着决定作用的观点,不仅使我们相信,历史进入资本主义和无产阶级革命时代之后,由于生产力发展的推动,代表先进生产力发展要求的无产阶级革命是不可避免的,社会主义代替资本主义也是不可避免的。在当前国际共产主义运动处于低潮和霸权主义横行嚣张的情况下,我们共产党人仍然坚信,社会主义制度终究要代替资本主义制度仍然是不依人们意志为转移的客观规律;而且使我们懂得,社会主义最终要战胜资本主义,归根到底,是社会主义必须而且能够创造比资本主义高得多的劳动生产率,而工人阶级正肩负着这一历史使命。作为工人阶级政党的中国共产党正在领导工人阶级和广大人民群众奋起直追,发挥社会主义制度的优越性,创造比资本主义高得多的劳动生产率。在霸权主义猖獗、国际形势严峻挑战的面前，我国"落后就要挨打"，就会被"开除球籍"。江泽民同志强调："发展是硬道理，这是我们必须始终坚持的一个战略思想。"①发展是硬道理，用发展来改变中国贫穷落后的面貌，建设四个现代化的社会主义国家。发展靠什么？靠社会主义制度优越性。正如邓小平同志所说的："一旦中国全盘西化，搞资本主义，四个现代化肯定实现不了。中国要解决十亿人的贫困问题，十亿人的发展问题。如果搞资本主义，可能有少数人富裕起来，但大量的人会长期处于贫困状态，中国就会发生闹革命的问题。中国搞现代化，只能靠社会主义，不能靠资本主义。"②社会主义制度只有与资本主义经过长期激烈的阶级斗争才能得到巩固和发展，幻想不经过这样的斗争就能巩固和发展社会主义制度不仅是天真的，而且是愚腐到了极点。同时，发展还要靠改革，要靠社会主义制度自我不断完善来推动，靠理论创新、体制创新、机制创新、制度创新来推动，否则，或回到计划经济的老路上去，或不与时俱进，墨守成规，固守现成的一套，我们实现四个现代化也是不可能的，消灭贫困和实现共同富裕也是不可能的。我们党的一切政策正确与否，归根到底要以它对中国社会生产力发展是否起推动作用以及推动作用的大小为标准。

在新的历史时期，发展社会主义社会生产力，要以毛泽东思想、邓小平理论和"三个代表"重要思想为指导，贯彻落实科学发展观，把发展生产力提到一切工作的中心位置，把发展作为党执政兴国的第一要务，坚持经济建设这个中心不动摇，抓住机遇，开拓进取，集中全党全国人民的智慧和力量，聚精会神搞建设，一心一意谋发展；坚持在正确处理改革、发展、稳定的关系中，大力推动国民经济和经济社会全面协调可持续发展；坚持不断提高人的全面素质，提高劳动者的文化知识水平和科学技术水平，使其能够开拓创新，掌握和管理现代化的生产力，为生产力高速发展注入新的革命力量；坚持实施科教兴国战略，以科学技术革命为最强大动力，把提高生产率、极大发展生产力置于生产应用先进科学的基础之上，通过强化科技创新，不断用现代高新科技武装现代化工业，实施以科技为先导的环境友好型的循环经济，改造和提高国民经济，探索和坚持以信息带

---

① 《江泽民文选》第3卷，第118页
② 《邓小平文选》第3卷，第229页
注：在马克思看来，科学是一种在历史上起推动作用的，革命的力量。
——恩格斯

动工业化，以工业化促进信息化，走一条科技含量高、经济效益好、资源消耗低、环境污染少、人力资源得到充分发挥的新型工业化路子，发挥科技的巨大威力，实现我国生产力发展的跨跃，等等。这些决策和措施必将大大促进社会主义社会生产力发展，从而增强社会主义国家的综合国力，提高人民物质文化生活水平，推进社会全面进步，使我们党和国家能够在国际风云变幻中处于主动地位，在空前未有的激烈的国际竞争中立于不败之地，为社会主义战胜资本主义奠定强大的物质基础。

第二，生产力发展要求变革生产关系，以先进的生产关系代替过时的落后的生产关系。生产力发展到一定阶段，就必然引起生产关系的革命，在人类历史上已经发生过多次不同生产关系的更替，社会主义生产关系最终必然代替资本主义生产关系。现在我们正处在社会主义公有制代替资本主义私有制的时代，无产阶级则是这一最伟大革命的领导者。现代生产日益社会化，生产社会化在本质上要求生产资料必须公有制，但在资本主义社会里，生产资料却是私有制。生产社会化与生产资料私人占有制之间存在着不可调和的矛盾，这一基本矛盾表现为无产阶级与资产阶级的斗争。资本主义生产关系越来越成为生产力发展的桎梏，使这一基本矛盾的对立与斗争，不断尖锐，以至对抗。现代经济全球化加速发展，跨国垄断集团公司的主宰作用日趋严重，这表明着资本主义的生产社会化和私人占有制的规模正在空前扩大，即生产社会化程度极大扩张，同时垄断资本急剧积聚，二者之间的矛盾正在全世界范围展开。现在资本主义使两极分化不断加剧，一极是资本的积累，发达国家在世界经济中起着主宰作用，一些跨国垄断集团公司加速资本的迅速积累；另一极是贫困的积累，经济上依赖发达国家的许多第三世界国家相对贫困化日益加深，特别是广大劳动群众相对贫困化加速积累，劳动折磨、受奴役、无知、粗野和道德堕落也加速积累；发达国家与第三世界一些国家之间富裕与贫困的鸿沟越来越深重；资本主义世界资产阶级与无产阶级之间的贫富更加悬殊。这表明资本主义潜伏的经济危机正在发展和加深。这将使全球处于动荡不安之中，既表现为以美国为首的国际垄断资本的猖狂，以各种手段包括战争手段在世界各地寻衅滋事，又预示着受压迫和剥削的无产阶级和广大人民正在加快觉醒、一切革命力量和社会主义力量的正在加快积蓄。资本主义生产社会化与生产资料私人占有性之间的矛盾日益尖锐以至对抗。经济全球化也挽救不了资本主义必然不灭亡的命运。马克思和恩格斯曾从全球化的角度观察资本主义必然灭亡，早在《资本论》里就写到资本主义使"各国人民日益被卷入世界市场中，从而资本主义制度日益具有国际的性质。随着那些掠夺和垄断这一转化过程的全部利益的资本巨头不断减少，贫困、压迫、奴役、退化和剥削的程度不断加深，而日益壮大的、由资本主义生产过程本身的机制所训练、联合和组织起来的工人阶级的反抗也在增长。资本的垄断成了与这种垄断一起并在这种垄断之下繁盛起来的生产方式的桎梏。生产资料的集中和劳动的社会化，达到了同它们的资本主义外壳不能相容的地步。这个外壳就要炸毁了。资本主义私有制的丧钟就要敲响了。"①因此，生产力发展要求摧毁腐朽的资本主义生产关系，消灭资产阶级的私有制就是不可避免的了。马克思和恩格斯早在1848年就曾在《共产党宣言》中指出："从这个意义上说，共产党人可以用一句话把自己的理论概括起来：消灭私有制。"②以公有制代替私有制，是人类历史上最伟大、最深刻的革命。对于真正的共产党人来说，坚持消灭私有制的观点，不仅在无产阶级夺取政权的过程中要坚持，而且在无产阶级取得了政权之后、私有制及其所反映的私有观念彻底消灭之前，即到达共产主义完全实现之前都必须坚持。谁要是抛弃了这一马克思主义理论中关于消灭私有制这一核心观点，谁就是背叛马克思主义，谁就是背叛共产主义理想信念。

资本主义大生产造成了剥削与被剥削的相互对立的资产阶级与工人阶级。工人阶级代表先进生产力的发展要求，代表最先进生产关系，因而消灭私有制和建立公有制为核心的生产关系的任务，历史地落在工人阶级的肩上。随着现代化大生产的发展，必将是工人阶级队伍的扩大，必将是工人阶级掌握先进生产力能力的增强。当代电子方面的高新技术的发明和运用，如微电子技术、电子信息、互联网的运用，推动信息经济的产生，极大地促进生产力的发展，进一步为工人阶级推翻资本主义、建立社会主义准备着物质条件包括训练的提高工人阶级本身的素质。马克思和恩格斯早在150多年前指出："资产阶级不仅锻造了置自身于死地的武器；它还产生了将运用这种武器的人——现代的工人，即无产者。""在当前同资产阶级对立的一切阶级中，只有无产阶级是真正革命的阶级。其余的阶级都随着大工业的发展而日趋没落和灭亡，无产阶级却是大工业本身的产物。"①按照马克思主义这一理论，只有工人阶级与社会化的大生产相联系，并

---

① 《马克思恩格斯全集》第23卷，第832页
② 《马克思恩格斯选集》1972年版，第1卷，第265页

且在资本主义生产关系中没有占有私有的生产资料,因而是最革命的阶级,是最有远大前途的阶级,是先进生产力的真正代表,"其余的阶级都随着大工业的发展而日趋没落和灭亡"。

我们党建党时就是以中国先进生产力的代表登上历史舞台的。党的一切奋斗,归根到底都是为了解放和发展生产力;党的一切方针政策最终都是为了促进生产力发展。中国共产党经过长期斗争,取得新民主主义革命的胜利,并转入了社会主义革命和建设的斗争,摧毁旧的腐朽的剥削阶级的生产关系,建立社会主义生产关系,实现了社会主义公有制代替私有制的最伟大变革,从根本上解放被束缚的生产力,推动生产力的发展。历史已经证明中国工人阶级是现代中国先进生产力的代表,是社会主义先进生产关系的代表,其他阶级、阶层都不可能成为现代中国先进生产力发展要求和先进生产关系的代表。当代,在我国实行公有制为主体和多种所有制经济共同发展的条件下,有些人借口我国阶级状况和阶级关系的新变化,鼓吹私营企业主是我国先进生产力的代表,否定工人阶级是先进生产力的代表和国家的领导阶级,这一观点是完全错误的。我们必须始终不渝地坚持中国工人阶级是先进生产力代表和先进生产关系代表这一根本原则,否则,就会否定中国工人阶级的历史地位和作用,否定中国共产党的领导,必然导致社会主义生产关系的瓦解,导致社会生产力的严重破坏。工人阶级代表先进生产力的发展要求,肩负着推翻资本主义,建设社会主义和最终实现共产主义的历史使命。完成这一历史使命,要经过无产阶级专政的整整一个历史时期。在这一历史时期中,工人阶级始终是社会中最革命的阶级,是先进生产力发展要求的代表。在这一历史时期中,我国工人阶级领导着社会主义国家政权,工人阶级仍然与社会化的大工业生产紧密相联系,在社会主义生产关系和其他生产关系中没有占有私有生产资料,造成了工人阶级大公无私、目光远大,富有严格的组织性和纪律性,富于革命的坚定性和彻底性,在现代生产中发挥主力军的作用,这就决定了它仍然是我国先进生产力发展要求的唯一代表,是社会主义生产关系的唯一代表,是现代我国社会主义建设的领导阶级。不管是民主革命时期或是社会主义革命与建设时期,农民阶级始终是工人阶级最可靠的同盟军。在我国社会主义初级阶段,生产力总体水平不高和生产力发展不平衡,为了适应这一生产力发展水

---

① 《马克思恩格斯选集》1972年版,第1卷,第257、261页

平，调整计划时期"一大二公"的生产关系，建立公有制为主体的多种所有制并存，又实行社会主义市场经济体制，因而出现了社会经济成份、组织形式、就业方式、利益关系和分配方式的多样化，也就必然重新出现了一些私营企业主、个体劳动者和其他自由职业者，他们一般能够服从社会主义国家的领导和组织，遵守法律，从事有利于国计民生和国家经济建设的生产活动。但他们包括私营企业主，由于他们的经济地位决定他们不可能成为什么"新的阶级"，当然也不是先进生产力的代表。

我们必须始终不渝地坚持中国工人阶级是中国先进生产力发展要求的代表和先进生产关系的代表这一根本原则，如果抛弃这一原则，就会否定中国工人阶级的领导地位和主力军作用，否定中国共产党的领导和执政地位，必然导致社会主义生产关系的瓦解，导致资本主义的复辟。

第三，在社会主义条件下要坚持改革，不断地使生产关系与生产力发展水平相适应。生产关系是由生产力发展水平决定的，但它并不是被动的东西，它对生产力的发展具有巨大的反作用。在我国建立社会主义制度，公有制代替私有制，使生产力得到空前的大解放。在社会主义制度下，也只有不失时机地改革生产关系与生产力发展不相适应的部分，才能保护和促进生产力的发展，否则，就会阻碍生产力的发展。要随时随地密切注视着生产力与生产关系之间存在的矛盾，不断地用改革的办法加以解决，不断地为生产力发展扫除障碍，这是一个长期的历史任务。

我国宪法规定，我国社会主义经济制度的基础是生产资料社会主义公有制，即全民所有制和劳动群众集体所有制。巩固和发展生产资料社会主义公有制这一社会主义经济制度的基础，是一个长期的渐进的历史过程，是不可跳跃我国社会主义初级阶段生产力发展水平的历史过程。由于我国正处在并将长期处在社会主义初级阶段，生产力水平不高，各地方的生产力发展水平极不平衡，有先进的现代化大生产和大量落后的手工生产同时并存，有掌握现代文化科学知识的劳动者与为数不少的半文盲的劳动者同时并存。实践证明，在这样的生产力水平下，实行纯粹的公有制经济，搞"一大二公"，会束缚和阻碍生产力发展，甚至会破坏生产力发展。党的十六大根据解放和发展生产力的要求，在党章中明确规定："必须坚持和完善公有制为主体、多种所有制共同发展的基本经济制度，坚持和完善按劳分配为主体、多种分配并存的分配制度。"这一问题具有十分重大的现实意义，为了阐明这一问题，这里引用邓小平同志和江泽民同志许多最重要的论述，是完全必要的。

要毫不动摇地巩固和发展公有制经济，发展壮大国有经济，国有经济控制国民经济命脉，对发挥社会主义制度的优越性，增强我国的经济实力、国防实力和民族凝聚力，具有关键性作用。维护公有制的主体地位，公有资产占优势，要有量的优势，更要注重质的提高。只有保证公有制主体地位，非公有制经济的存在和发展才不会影响我们国家的社会主义性质。只有坚持公有制为主体，才能实行按劳分配为主体。只有坚持按劳分配为主体，才不会产生资产阶级。如同邓小平同志所说的："社会主义最大的优越性就是共同富裕，这是体现社会主义本质的一个东西。如果搞两极分化情况就不同了，民族矛盾、区域矛盾、阶级矛盾都会发展，相应地中央和地方的矛盾也会发展，就可能出现乱子。""在我们的发展过程中不会产生资产阶级，因为我们的分配原则是按劳分配。"①江泽民同志也高度重视这个问题，强调指出："没有国有经济为核心的公有制经济，就没有社会主义的经济基础，也就没有我们共产党执政及整个社会主义上层建筑的经济基础和强大物质手段。这一点，各级领导干部必须有清醒的深刻的认识。""我们必须坚持社会主义公有制作为社会主义制度的基础，同时需要在公有制为主体的条件下发展多种所有制经济，这有利于促进我国经济的发展。社会主义公有制经济的主体地位绝不能动摇，否则我们党的执政地位和我们社会主义的国家政权就很难巩固和加强。"②邓小平同志和江泽民同志为什么如此高度重视和强调公有制为主体和按劳分配为主体的问题？因为这是关系社会主义制度的生死存亡问题，是关系党的执政地位能不能巩固的问题，是关系党能不能有效地领导、组织和驾驭非公有制经济的发展并使它服从于国家法律、服务于社会主义社会经济发展的问题。正如马克思指出的："在一切社会形式中都有一种一定的生产支配其他一切生产的地位和影响，因而它的关系也支配其他一切关系的地位和影响。这是一种普照的光，一切其他彩色都隐没其中，它使它们的特点变了样。这是一种特殊的以太，它决定着它里面显露出来的一切存在的比重。"③ 因此，只有毫不动摇地巩固和发展公有经济包括国有经济和集体经济，充分发挥公有制的主体作用，特别是国有经济的主导作用，公有制经济为主体就成为一种"普照的光"，使它掩盖非公有制经济的"其他一切色彩，改变它们的特点"，才能在国家宏观

---

① 《邓小平文选》，第3卷，第364、255页
② 《江泽民文选》第3卷，第71，72页
③ 《马克思恩格斯选集》1972年版，第2卷，第109页

调控下充分发挥市场对资源配置的基础性作用，保证我们国家的社会主义性质，建设有中国特色社会主义。只有在保持公有制为主体的条件下，国家不仅能够毫不动摇地鼓励、支持和引导非公有制经济的发展，而且能够有力量、有办法加强对非公有制经济依法进行引导、监督和管理，实现各种所有制经济在市场竞争中发挥各自优势，互相促进，共同发展。如果把两"毫不动摇"歪曲为不分主次，一样重要，不要讲两者之间的辩证关系，那就是忘记了党的总路线总政策，而只记住个别的具体政策，在行动上就会左右摇摆，迷失方向，那实际上就是用折衷主义来代替辩证法，以此来曲解党的基本路线、否定我国现阶段以公有制为主体的多种所有制共同发展的社会主义基本经济制度。

  在社会主义初级阶段，离开这一特定的历史条件，对一些具体问题、非根本性的社会制度问题笼统地说，"社会主义是幸福，资本主义是祸害"，这是不对的。因为，一切都有以时间、地点、条件为转移的，某一事物在一定时间、地点条件下是正确的，而在另一时间、地点、条件下则是错误，反之亦然。在我国社会主义初级阶段，允许私营经济和其他非公有制经济存在和发展，是由我国生产力发展水平所决定的，是历史的必然，也是必要的，它有利于社会主义社会生产力的发展；当然，在社会主义初级阶段过去之后，私营经济和其他非公有制经济就会因失去存在的条件而灭亡，这与它现在存在一样，同样是不可避免的。在社会主义初级阶段，我们有人民民主专政的上层建筑和公有制为主体的经济基础，就不必害怕资本主义经济，不必害怕非公有制经济。不怕的原因，关键还在于：一要善于加强社会主义国家对经济的宏观调控，确保社会主义公有制的主体地位和国有经济的主导地位；二要善于驾驭非公有制经济，依法加强对它的引导、管理和监督，使它服从于社会主义社会经济发展的总体目标，服从社会主义市场经济体制和秩序。只要我们做到这两点，就能利用非公有制经济对社会主义社会有利的积极方面，同时也克服它对社会主义不利的消极方面，使它为发展社会主义社会生产力服务。邓小平同志指出："要害是姓'社'姓'资'问题。判断的标准，应该主要看是否有利于发展社会主义社会生产力，是否有利于增强社会主义国家的综合国力，是否有利于提高人民的生活水平。"[1]国家宪法和法律准许非公有制经济的发展，给它以一定的法律地位，其理论依据就是源于邓小平同志这

---

[1]《邓小平文选》第3卷，第372页

一科学论断。同时我们必须明确，允许非公有制经济的存在和发展，并不是以私有制为主体，不是要削弱公有制为主体的地位。因为实行私有化，那只能是历史的大倒退。邓小平同志旗帜鲜明地坚定不移地指出："坚持社会主义，是中国一个很重要的问题。如果十亿人的中国走资本主义道路，对世界是一个灾难，是把历史拉向后退，要倒退好多年。"[1] "社会主义财富属于人民，社会主义的致富是全民共同致富。社会主义原则，第一是发展生产，第二是共同致富。我们允许一部分人先好起来，一部分地区先好起来，目的是更快地实现共同富裕。正因为如此，所以我们的政策是不使社会导致两极分化，就是说，不会导致富的越富，贫的越贫。坦率地说，我们不会容许产生新的资产阶级。"[2] "社会主义的目的就是要全国人民共同富裕，不是两极分化。如果我们的政策导致两极分化，我们就失败了；如果产生了什么新的资产阶级，那我们就真是走了邪路了。"[3] "我们为社会主义而奋斗，不但是因为只有社会主义才能比资本主义更快地发展生产力，而且因为只有社会主义才能消除资本主义和其他剥削制度所必然产生的种种贪婪、腐败和不公正现象。"[4] 邓小平同志这一高瞻远瞩的论断，为我国经济政治改革指明了方向，也为反对腐败指明了方向。

  必须看到，多种经济成分依存和斗争同样都是不可避免的。邓小平同志说："在改革中坚持社会主义方向，这是一个很重要的问题。"[5] 在改革过程中，邓小平同志与资产阶级私有化作坚决的斗争，勇敢捍卫社会主义方向，在事关改革的方向的重大原则问题上决不是拒绝争论，而提出"还要继续争论"，他严肃而尖锐地指出："不过某些人的所谓改革，应该换个名字，叫作自由化，即资本主义化。他们'改革'的中心是资本主义化。我们讲的改革与他们不同，这个问题还要继续争论的。"[6] 江泽民同志也强调指出："那些顽固搞资产阶级自由化的人所主张的，却是以实现西方资本主义为目的，放弃人民民主专政，取消共产党的领导，背弃马克思列宁主义、毛泽东思想的'改革开放'。他们的

---

[1]《邓小平文选》第3卷，第158页
[2]《邓小平文选》第3卷，第172页
[3]《邓文平文选》第3卷，第111页
[4]《邓文平文选》第3卷，第143页
[5]《邓文平文选》第3卷，第138页
[6]《邓文平文选》第3卷，第297页

'改革开放',中心是资本主义化。这当然是党和人民绝对不能允许的。"①邓小平同志甚至毫不客气地当着美国国务卿舒尔茨的面发出严厉而庄严的言词:"中国根据自己的经验,不可能走资本主义道路。道理很简单:中国十亿人口,现在还处于落后状态,如果走资本主义道路,可能在某些局部地区少数人更快地富起来,形成一个新的资产阶级,产生一批百万富翁,但顶多也不会达到人口的百分之一,而大量的人仍然摆脱不了贫穷,甚至连温饱问题都不可能解决。只有社会主义制度才能从根本上解决贫穷问题。所以我们不会容忍有的人反对社会主义。"②坚持社会主义是极端重要的问题,江泽民同志因此也强调指出:"社会主义制度的确立、巩固和发展,体现了中国现代社会运动的客观规律,是中国历史上最伟大、最深刻的变革。""如果今后不坚持社会主义,而是像有人主张的那样退回资本主义道路,用劳动人民的血汗去重新培植和养肥一个资产阶级,在我国人口众多、社会生产力水平很低的情况下,只能使大多数人重新陷入极其贫困的状态。"③这是关系社会主义成败的问题,如果失去公有制的主体地位,而私有制占主体地位,那么全部庞大的社会主义的上层建筑或快地或慢地必然改变其性质,即变成资本主义的上层建筑——这是不可抗拒的规律,如同苏联和东欧巨变那样。有人睁着眼睛说胡话,否定这一规律和事实,说什么只要坚持共产党领导,不管搞什么所有制都可以,搞私有制也不影响我们搞社会主义。有的人甚至歪曲党的十五大精神,胡说什么"十五大精神就是一个'卖'字,把国有企业卖掉"。毫不客气地说,这些谬论是明目张胆地鼓吹私有化,是给工人阶级和广大劳动人民下的一剂毒药,这是我们党决不能容忍的。

改革开放20多年来,我们党坚持社会主义方向,改革束缚生产力发展的经济体制,建立起充满生机和活力的社会主义经济体制,这对于生产力发展起着巨大的推动作用。其中最重要的,一是通过改革,改变原先"一大二公"的所有制模式和"大锅饭"的分配模式,建立与现阶段生产力相适应的社会主义初级阶段基本经济制度和基本分配制度,从根本上为生产力发展提供了强大动力。二是通过改革,破除计划经济的模式,建立社会主义市场经济体制,在强化国家宏观调控下,发挥市场机制对资源配置起基础性的作用,以国家宏观调控来抑制市场过度竞争和残酷竞争,保证市场依法竞争和适度竞争,促进各生产要素的合理配置和

---

① 《江泽民文选》第1卷,第60页
② 《邓小平文选》第3卷,第208页
③ 《江泽民文选》第1卷,第67页

结合，使生产力活跃起来。三是实行对外开放，解除了我国的半封闭的状态，使我国经济发展与全世界经济发展联结起来，并使我们用世界的眼光综观全局，分析问题，权衡利弊，把握时机，争取主动，在自力更生的基础上充分利用国外国内两个市场和两种资源，为发展生产力开辟了更加广阔的天地。四是转变生产力发展方式的旧观念，树立生产力发展方式的新观念，贯彻落实科学发展观，实施经济社会全面协调可持续发展战略，搞好五个统筹，即统筹城乡发展、统筹区域发展、统筹经济社会发展、统筹人与自然和谐发展、统筹国内发展与对外开放，实现经济增长方式的转变，这"五个统筹"中许多方面涉及到生产关系的调整，给生产力发展注入新的强大活力。正因为生产关系与生产力不适应的部分进行一系列改革，社会各种积极因素逐步充分调动起来，社会各种财富的源泉逐步充分涌流出来，使我国社会生产力获得蓬勃发展的生机和活力，保证健康平稳发展，全面协调可持续发展，防止发生大波折。

　　第四，随着社会主义生产关系的建立，必然要求建立社会主义的上层建筑即社会主义民主政治制度。社会主义制度是工人阶级在经济上获得解放的政治形式。在我国，中国共产党把握历史的主动性，带领领导广大人民群众摧毁旧的剥削阶级政治上层建筑，建立工人阶级领导的、以工农联盟为基础的人民民主专政为核心的新的政治上层建筑，并通过改革进一步健全社会主义上层建筑。建国50多年来，特别是改革开放以来，围绕人民当家作主这个中心，对上层建筑领域进行一系列改革，直接推动了生产力的发展。这些改革主要是：加强党的先进性建设，使党始终保持同人民群众的密切联系，始终走在时代的前列，成为社会主义事业的坚强领导核心。改革和改善党的领导方式和执政方式，党的通过大政方针，提出立法建议，推荐重要干部，进行思想宣传，发挥党组织和党员的作用，坚持依法执政，实施党对国家和社会的政治、思想和组织领导，改变过去许多方面长期存在的以党代政、党政不分的现象。改革和完善党和国家领导制度，把坚持党的领导、加强社会主义民主政治建设、实施依法治国方略有机地结合起来，统一于社会主义政治文明建设之中，保证党在宪法和法律范围内活动，保证人民依法行使民主权利，保证国家民主决策、科学决策、依法决策、依法施政。加强和完善人民代表大会制度及其常委会制度，强化其职能，提高人民代表的素质，丰富民主形式，扩大公民有序的政治参与，保障人民依法选举、民主决策、民主管理、民主监督的民主权利。对行政机关、司法机关、检察机关进行改革，更加体现人民主政、民主监督和依法施政。坚持和完善中国共产党领导的多党合作和政治协商制度，政治协商、民主监督、参政议政取得重大进展。加强基层政权建设，改革和完善村民委员会、居民委员会、职工代表大会的制度，实行政务公开、厂务公开、村务公开，扩大人民群众自己管理自己的民主权利。社会主义民主政治制度的建立、改革和逐步完善，进一步激发了广大人民群众的积极性、主动性和创造性，为我国先进生产力的发展不断开辟道路。我国用50多年的时间，就把我国由一个半殖民地半封建的极其贫穷落后的国家建设成为具有初步繁荣昌盛的社会主义国家。实践反复证明了一个颠扑不破的真理：没有共产党，就没有新中国；只有社会主义才能救中国，也只有社会主义才能发展中国。同时也证明：中国政治体制改革只能走社会主义民主政治建设的道路，一些人向我们推销的西方资产阶级的多党制、三权鼎立一套政治制度模式不适合中国国情，对中国人民民主政治制度建设来说是根本对立的，是一种祸害。

二、我们党始终代表中国先进文化的前进方向。

工人阶级不仅要消灭私有制及其资产阶级国家机器，建立社会主义公有制和工人阶级政权，而且要改造私有观念，建设工人阶级先进思想为指导的意识形态包括先进文化。马克思和恩格斯在《共产党宣言》中指出："共产主义革命就是同传统的所有制关系实行最彻底的决裂；毫不奇怪，它在自己的发展过程要同传统的观念实行最彻底的决裂。"①这是巩固社会主义制度的要求，也是促进人的全面发展而推动生产力增长的要求。

我国社会主义先进文化应该反映社会主义民主政治和社会主义经济发展的要求，为巩固和发展社会主义民主政治制度和社会主义经济制度服务。我们党领导全国人民建立了社会主义的经济制度和政治制度，同时必须领导全国人民建设先进文化，建设社会主义精神文明，促进社会主义的经济制度和政治制度的巩固和发展，推动社会全面进步。江泽民同志强调在物质文明建设搞得更好的同时，把社会主义精神文明建设提到更加突出的地位，他指出："加强社会主义精神文明建设，促进社会主义市场经济体制的建立和完善，对经济发展，对党风、社会风气的好转和整个社会的进步，都具有全局意义。"②党中央明确地指明了我国先进文化的前进方向，提出建设中国特色社会主义文化，就是以马克思主义为指

---

①《马恩选集》1972年版，第1卷，第271，272页
②《江泽民文选》第1卷，第572页

导，以培养有理想、有道德、有文化、有纪律的公民为目标，发展面向现代化、面向世界、面向未来的，民族的科学的大众的社会主义文化。建设中国特色社会主义文化包括发展教育、科学和文学艺术等等，其中在全体人民中形成共同理想和精神支柱，是有中国特色社会主义文化建设的根本。在开创中华民族美好未来的进程中，先进文化既为社会经济全面发展提供强大的精神动力，也是经济社会发展的重要内容。繁荣社会主义先进文化，树立民族自信，振奋民族精神，必将为建设小康社会宏伟目标、构建社会主义和谐社会提供思想保证和精神动力。要建设先进文化，关键是必须坚持以下几项原则：

第一，必须坚持以马列主义、毛泽东思想、邓小平理论和"三个代表"重要思想为指导。任何一个时代占统治地位的思想都是统治阶级的思想。我国是共产党执政的国家，必须建立社会主义意识形态，建立以坚持马克思主义为指导的先进文化。如果不以马克思主义为指导，或者搞什么指导思想多元化，那么就不可能建设社会主义先进文化。我们必须加强党对思想战线的领导，高度重视当前马克思主义指导思想面临的严重挑战，坚持不懈地与否定马克思主义指导地位的资产阶级思潮作坚决的斗争，与国际资本主义腐朽文化作坚决的斗争，在实践中捍卫和发展马克思主义，维护马克思主义在意识形态领域中的指导地位，建设马克思主义的政治学、经济学、哲学、法学、历史学、社会学、教育学、文学、道德学等意识形态，保证工人阶级能够领导广大人民群众捍卫社会主义事业，才能创造更加灿烂的社会主义先进文化。

在建设先进文化，不经过工人阶级与资产阶级之间的尖锐复杂的思想斗争是不可能的。如果我们放弃这一必要的思想斗争，就会迷失方向，丧失先进文化的阵地。我们必须充分估计封建主义和资本主义腐朽思想文化侵蚀的严重性，特别是经济全球化、霸权主义利用它们经济实力和传媒优势进行文化渗透和侵略的条件下更是如此。如果我们不坚持马克思主义的指导地位，不抵制和批判腐朽文化，我国社会主义先进文化的主导地位就会动摇甚至丧失，社会主义经济基础就会瓦解，社会主义政治制度就会遭到破坏。江泽民同志指出："大量事实证明，思想文化阵地，马克思主义、无产阶级的思想不去占领，各种非马克思主义、非无产阶级的思想甚至反马克思主义的思想就会去占领。""如果对错误的思想政治观点，不闻不问，不批评，不斗争，听任它们去搞乱人们的思想、搞乱我们的意识形态,那是极其危险的,势必危害整个国家和社会的安定团结。"①我们要认真借鉴和吸收包括资本主义社会所创造的文化中对社会主义社会有益的精华,但也必须坚决抵制资本主义文化中的糟粕,反对资本主义腐朽文化思想的侵蚀。对资本主义文化的批判是一种扬弃,即对资本主义文化中优秀的东西要借鉴、吸收和发扬,对其腐朽的东西要抵制、淘汰和抛弃。这种批判应该是充分说理的,是以事实为根据的,是充满辩证唯物主义和历史唯物主义思维方法的。

第二,必须坚持为人民服务、为社会主义服务的方向。社会主义先进文化,是社会主义政治和经济的反映,并为社会主义政治经济服务。发展社会主义先进文化,要始终贯彻为人民服务、为社会主义服务的方向。必须反映广大人民群众的利益和意志,为社会经济全面发展和促进人的全面发展服务;必须坚持改革创新,推进先进文化在创新中不断发展,促进文化与经济、政治、社会协调发展,提升先进文化推动经济社会全面发展的功能;必须在发展文化产业中坚持社会效益放在首位的原则,实现社会效益和经济效益的统一,最大限度地发挥文化引导社会、教育人民、推动发展的作用;必须始终不渝地教育全体党员和人民,深入持久地开展以社会主义共产主义为奋斗目标的理想教育,以为人民服务为核心、集体主义为原则的社会主义道德教育,加强民主法制教育和纪律教育,引导人们树立正确的世界观、人生观、价值观;必须进行社会主义荣辱观教育,大力弘扬以爱国主义为核心的团结统一、爱好和平、勤劳勇敢、自强不息的伟大民族精神;必须贴近实际,贴近群众,贴近生活,提倡多样性,丰富文化的内容和形式,以适应和满足广大人民群众对文化产品不同需要;必须大力发展教育、科学事业和文化事业,提高人民群众科技素质和文化素质,大力弘扬和发展中华优秀文化,激发民族生命力,增强民族凝聚力,提高民族创造力,能够在国际竞争中占据制高点,掌握主动权,鼓舞人民群众同心同德地为全面建设小康社会,开创中国特色社会主义新局面而奋斗。必须动员全体党员和知识分子包括宣传工作者、文艺工作者长期地积极地投身于人民群众伟大斗争中去,体验人民群众火热斗争的生活,集中人民群众的经验和智慧,共同创造灿烂的先进文化。

第三,必须贯彻百花齐放、百家争鸣的方针,使社会主义先进文化按照自身的规律发展。"双百"方针是促进先进文化繁荣和发展的方针。发展先进文化要

---

① 《江泽民文选》第3卷,第97,88页

贯彻"双百"方针,坚持实践是检验真理的唯一标准,要通过实践创新和发展,也要在学术理论研讨、争论和比较,鉴别优、良、差、劣,从而择优保良,帮差汰劣,促进创新和发展;要实行和提倡不同的学术派别和学术风格各展其长,相互比较,相互借鉴,取长补短,促进学术进步、理论创新和文化繁荣。不贯彻"双百"方针,文化领域就会鸦雀无声,一潭死水,缺乏生机和活力,就不能建设社会主义先进文化。但贯彻"双百"方针,绝不是提倡无政府主义,无政府主义不符合人民的利益。因此,在文化思想领域实行"研究无禁区,宣传有纪律"的内外有别的政策。在内部研究时不设立任何禁区,可以自由研究,自由提出和发表各种不同观点,也允许探索理论的失误,"不打棍子","不扣帽子",不能把理论是非与政治立场相混淆,对确实偏离社会主义初级阶段基本路线的同志,要给予提醒帮助。但是,在对外宣传时要特别注意社会效果,要严格遵守纪律,特别是遵守政治纪律,遵守宪法规定的四项基本原则。贯彻"双百"方针与遵守法律、遵守政治纪律是一致的。只有正确理解和贯彻"双百"方针,才能达到促进社会主义文化繁荣的目的。邓小平同志指出:"毛泽东同志说过:'真理是同谬论作斗争中间发展起来的。马克思主义就是这样发展起来的。'有些人把'双百'方针理解为鸣放绝对自由,甚至只让错误的东西放,不让马克思主义争。这还叫什么百家争鸣?这就把'双百'方针这个无产阶级的马克思主义的方针,歪曲为资产阶级的自由化的方针了。"[1]因此,只有用党的基本理论和路线武装广大干部群众,坚持正确的舆论导向,努力弘扬主旋律,引导全体人民包括知识分子在宪法和法律范围内活动,遵守政治纪律,并确实保障公民言论自由的权利,才能坚持正确的方向,鼓励百家争鸣,提倡多样性,明辨是非,弘扬真理,创新理论,创新文化,引来社会主义文化百花齐放、竞先争艳、绚丽多姿的春天。

三、我们党始终代表中国最广大群众的根本利益。

贯彻"三个代表"重要思想的内容是极其丰富、极其深邃的,其核心是,我们党始终代表中国最广大人民群众的根本利益。党除了工人阶级和最广大人民群众的利益,没有自己的特殊利益。为实现中国最广大人民群众的根本利益而奋斗,是我们党的宗旨,也是我们党存在的条件和目的。党成立以来80多年的历

---

[1]《邓小平文选》第3卷,第47页

史,就是实践这一宗旨的光辉历史。过去,我们党领导全国人民推翻了反动阶级在中国的统治,使人民翻身解放,走上社会主义康庄大道。现在,我们党正在领导人民进行改革开放,全面建设小康社会和中国特色社会主义,为人民创造更加美好幸福生活。无论过去、现在和将来,我们党的一切行动都代表最广大人民群众的根本利益。

党始终代表最广大人民群众的根本利益,首先必须巩固党的阶级基础和扩大党的群众基础。这既是建立以工人阶级为领导以工农联盟为基础的最广泛的统一战线,巩固党的执政地位的需要,也是调动浩浩荡荡的建设大军,全面贯彻党的路线方针政策,加快推进社会主义现代化建设,实现最广大人民群众根本利益的题中应有之义。党怎么样代表最广大人民群众的根本利益?江泽民同志指出:"共产党执政就是最广泛动员和组织人民群众依法管理国家和社会事务,管理经济和文化事业,维护和实现人民群众的根本利益。"①最关键最重要的是,坚持社会主义制度,在政治上保障和实现最广大人民群众当家作主的政治权利,在经济上坚持公有制为主体和按劳分配为主体,逐步实现最广大人民群众共同富裕,从而使最广大人民群众的其他权利都得到保障。

第一,我们党要不断巩固党的阶级基础,维护本阶级工人群众的利益。工人阶级是我国先进生产力的代表,是最先进的阶级,建设社会主义事业的领导阶级,是共产党产生和存在的阶级基础。党离开了工人阶级,就丧失了阶级基础,党本身就不能存在。为了保持和巩固党的先进性,使党始终成为工人阶级的先锋队,必须坚持不懈地巩固和壮大工人阶级队伍。巩固党的阶级基础,就是团结和依靠本阶级群众即工人群众。江泽民同志指出:"我们党是工人阶级先锋队,全心全意依靠工人阶级是党和国家的一条根本方针。""在国有企业建立现代企业制度的改革中,无论企业资产怎样重组,产权关系怎样变化,内部决策和经营机制怎样调整,党对国有企业和国有控股企业的政治领导,企业党组织的政治核心作用,都必须坚持,不能削弱。"②要贯彻落实这一要求,必须要卓有远见地创造性地开展工作。党的阶级基础愈坚固,党就愈能够永葆工人阶级先锋队的先进性。如何巩固党的阶级基础?就是党要全心全意依靠工人阶级。主要是,一要努力培养工人阶级不断提高思想政治觉悟,教育工人阶级学习和掌握马克思主义理

---

① 《江泽民文选》第3卷,第553页
② 《江泽民文选》第3卷,第19页

论，增强社会主义革命彻底性和革命坚定性的阶级意识，增强领导和执政的阶级意识，增强全心全意为人民服务的阶级意识，增强严格的组织性、纪律性和战斗性的阶级意识，树立和坚定工人阶级肩负着消灭私有制、消灭剥削、消灭阶级和最终实现共产主义的伟大历史使命，与其他阶级在阶级意识上明确界限，坚持社会主义意识形态，反对资本主义思想的侵蚀，保持工人阶级的阶级意识的独立性。这些具有决定性的意义，因为工人阶级如果模糊阶级意识，就意味着放弃工人阶级为着奋斗的社会主义和共产主义理想，就必然导致我国社会主义制度的垮台和历史的大倒退。我们中国共产党铭记伟大历史使命，深知工人阶级的事业是远大的事业，是世界性的事业，负有不断增强工人阶级意识的责任。马克思和恩格斯在《共产党宣言》中指出："共产党人为工人阶级的最近的目的和利益而斗争，但是他们在当前的运动中同时代表运动的未来。"① 因此，共产党一分钟也不忽略教育工人尽可能明确地意识到资产阶级和无产阶级的根本的对立。在帝国主义霸权势力加紧对我国进行渗透、分化、西化与"和平演变"的情况下，我们绝不能忘记这一非常重要的原则，即使在和平时期也绝不应当忘记这一非常重要的原则，以利于把社会主义和共产主义事业进行到底，而不是半途而废。二要教育工人阶级正确认识党的最高纲领和最低纲领的关系，认识到实现理想过程中不同时期的历史条件（国际的和国内的）、问题和困难、难度和进度，长期保持坚忍不拔的意志和艰苦奋斗的精神。既要有胸怀远大的共产主义理想，又要脚踏实地地为现在建设中国特色社会主义而努力奋斗，明确这一奋斗的过程就是逐步向共产主义前进的过程，牢牢地掌握并运用人民民主专政的国家政权达到工人阶级的最终目的。三要不断提高工人阶级的科学文化知识水平，建立一支数量宏大的高级科学技术革新人员、高级信息管理人员和高级企业经营管理人员队伍，使逐步工人群众知识化，掌握人类进步文化知识和现代科学技术，勇于探索，勇于改革创新，大力推动生产力的发展，推进社会经济全面协调可持续发展。四要维护工人阶级的政治地位和社会地位。党要首先密切联系工人群众，充分发挥工人阶级在巩固人民民主专政中的主导作用，应当增加各级人民代表大会中产业工人的代表名额，充分发挥工人阶级在参政议政中的领导作用，充分发挥工人阶级在团结和带领广大群众在建设中国特色社会主义事业中的主导作用。五要竭诚为

---

① 《马克思恩格斯选集》1995年版，第1卷，第306、307页

工人阶级解决当前的利益和长远的利益，维护工人阶级群众在公有制经济企业和机关、学校和其他公共事业单位中的地位、作用和利益，坚持社会主义平等的原则，即坚持在公有制基础上实行按劳分配的原则，以这一原则解决分配严重不公的问题。特别要关注和维护受雇在私营企业中的工人群众的地位、作用和利益，依法维护他们的合法权益。凡符合条件建立工会的企业和单位都要建立工会，工会有权利依照国家法律和工会章程开展活动，以维护工人群众自身的合法权益，与各种危害工人群众权益的违法犯罪行为作坚决的斗争。凡有条件建立党组织的企业和单位都要建立党组织，以利于党更好地联系本阶级群众，指引工人群众的斗争方向，组织和引导工人群众开展各种有利于工人阶级事业的活动，维护工人自身的合法权益。在私营企业中的党组织和工会，要特别坚持站在工人阶级立场上，从工人阶级长远利益着眼，把维护工人阶级当前的利益和长远的利益有机地结合起来，维护工人群众的切身利益，重点依法解决私营企业劳资纠纷问题，把维持私营企业主适当利润、减轻剥削与维护工人经济利益结合起来，做到劳资兼顾；还要维护雇用工人的人身权利、人格尊严、劳动保护、人身安全、卫生医疗、工资收益、文化教育等合法权益，尤其要防止重大工伤事故的发生。党组织、人民政府和工会要特别高度重视防止一部分工人在经济多样化和商品化、市场化中被边缘化，关注和帮助一部分失业和待业工人解决就业问题和生活困难问题，坚决防止和制止他们合法权益遭受损害。

　　第二，要不断巩固工农联盟，扩大党的最基本的群众基础，维护农民群众的利益。从广义上讲，农民阶级也是党的阶级基础，不过，农民阶级不是共产党产生和存在的阶级基础。从另一个角度讲，农民阶级是党要扩大的群众基础，并且是最重要、最基本的群众基础。不管什么说，农民阶级是工人阶级最广大最坚决的同盟军，是党依靠的群众基础，是扩大党的群众基础中最重要最基本的力量。中国历史证明，农民阶级是工人阶级最可靠的同盟军，新民主主义革命的胜利和社会主义建设的成就，主要是依靠工人阶级和农民阶级的联合力量取得的。在新的历史时期，工人阶级和农民阶级始终是推动我国社会主义先进生产力发展和社会全面进步的根本力量。巩固工农联盟，是关系中国特色社会主义事业成败的根本问题。从扩大党的群众基础来讲，党要把农民阶级群众放在扩大党的群众基础中最重要的地位，放在比其他阶级阶层更为重要的地位，把维护农民阶级的政治地位、经济利益放在更为重要的位置。这是扩大党的群众基础、巩固工农联盟的必然要求。具体来讲，要按照科学发展观的要求，来正确处理与农民阶级关系和维护广大农民群众利益的问题。一要把涉及九亿人的农民问题、农业问题、农村问题摆在全党全国工作的特别重要的地位，随着四个现代化进展而同步解决，特别要通过加快农业现代化建设来解决。二要加大工业反哺农业、城市支援农村的力度，加快解决工农差别、城乡差别的问题，逐步改变城乡二元结构，促进城乡一体化，逐步实现农村城市化、农民工人化、劳动群众知识化，逐步缩小城乡差别、工农差别、体力劳动与脑力劳动的差别。三要统筹兼顾，运用国家的财力、物力、人力大力支援农村、支援农业、支援农民，加快解决农民生产困难、生产落后和贫困农民生活的问题、农村教育严重落后的问题、农村医疗严重落后的问题、农村文化生活严重落后的问题、农民社会保障滞后的问题等等。四要动员和激发农民群众的政治参与，保障农民群众参与民主选举、民主决策、民主管理、民主监督的权利，应增加各级人民代表大会中农民代表的名额，充分发挥村民委员会这一农民自治组织的作用，实行村务公开，管理好农村的政治和经济、财务、文化、教育等各种公共事业，维护和发展农民群众的根本权益。五要把农村各级党组织建设好。农民中坚决走社会主义道路的先进分子是我们党最广大的新鲜血液的来源，对他们要加紧培养和党性锻炼，吸收他们入党。要保证各级党组织代表农民群众的利益并加强对农民群众的领导，把广大农民群众的主动性、积极性和创造性引导到贯彻党的路线方针政策，建设社会主义新农村中来。

第三，要团结一切可以团结的人，进一步扩大党的群众基础，维护这部分同盟者的利益。扩大党的群众基础，就是党除了团结和依靠广大农民之外，还要随着社会主义事业的日益扩大，不断将其他一些阶级、阶层的群众包括在党的群众基础之内。主要指农民阶级以外的一些阶级、阶层的群众，包括个体劳动者、自由职业者、个体户、私营企业主，包括私营科技企业的创业人员和技术革新人员、受聘于外资企业的管理技术人员、中介组织的从业人员，包括全体社会主义劳动者、拥护社会主义的爱国者和拥护祖国统一的爱国者、拥护中华民族伟大复兴的人们。这些阶层的群众也蕴藏着很大的智慧和力量，蕴藏着建设四个现代化的积极性和创造性，能不能很好地团结他们，对社会主义建设事业能否顺利进行关系很大。这些阶层的群众属于最广大人民群众之列，是我们党团结的对象，是党建立最广泛的爱国统一战线中的同盟者。我们党在代表工人阶级和农民阶级利益的同时，也必须代表和维护这些阶层群众的利益，吸引他们，使他们团结在党的周围，扩大为党的群众基础，扩大党执政的群众基础，把他们组织到我们浩浩荡荡的大军之列，成为建设社会主义事业的力量，而绝不能实行孤家寡人政策，为渊驱鱼，为丛驱雀，把他们推到工人阶级和农民阶级的对立面，成为我们事业前进的阻力。而党代表和维护这些阶层群众利益的根本途径，一是党团结和领导这些阶级、阶层的群众参加建设中国特色社会主义事业，发挥他们的财力、物力和智力，为全社会也为他们自己创造更多的物质财富和更美好的生活。二是党和国家在政治生活中反映他们的合理要求，引导他们依法参与国家民主政治活动，保障他们依法行使民主权利，他们中有适当的代表参加人大工作与政治协商工作。三是要兼顾他们的经济利益，依法保护维护他们的各种合法权益包括生产经营活动中的合法权益，保护非公有制经济在宪法法律范围内活动。四是要吸收这些社会阶层中的先进分子加入共产党的组织，即把那些承认党的纲领和章程、自觉为党的路线和纲领而奋斗、经过长期考验、符合党员条件的人加入中国共产党。对于这一点，需要略加说明，消除不必要的误会和疑虑。大家知道，只要严格按照党章规定的党员标准来吸收这些社会阶层中产生的先进分子加入中国共产党，是决不会改变中国共产党的工人阶级先锋队性质的，不会改变中国共产党的理想和宗旨的。恰恰相反，这些社会阶层中的先进分子，比如私营企业主中产生的先进分子要加入中国共产党，必须按照共产党员的条件要求，真正承认党的纲领和章程和为实现共产主义而奋斗，这是要经过脱胎换骨的自我改造甚至痛苦的抉择，当然这是光荣的改造和崇高的抉择。有一些私营企业主把大量的生产资料捐献给集体，带领群众集体致富，走共同富裕的道路，这些人已经不是带着以私营企业主的本质加入共产党，而是已经成为工人阶级先进分子，不仅是组织上入党，而且是真正思想上入党。这些党员真正闪耀党的光辉，对于增强我们党的先进性和凝聚力是非常有利的，也得到广大共产党员和群众的热烈欢迎。我们党向来不搞唯成份论，不管是人们出身如何，只要他承认党的纲领和章程党章、符合党员条件并自愿要求加入中国共产党，我们党过去、现在和将来都不会把他拒于党外。这是我们党伟大胸襟的表现，是党的事业成功的需要，也是无产阶级不仅要解放自己，而且要解放全人类的体现。

第四，党的一切决策和决策的执行都以最广大人民群众为出发点和归宿点。这是党代表和实现最广大群众人民群众利益的根本保证。我们党任何时候都把群众利益放在第一位，把全心全意为人民谋利益作为一切工作的最高准则。在新的历史时期，在改革开放和发展社会主义市场经济的过程中，我们党进一步完善民主集中制，一切决策要以符合最广大人民群众的根本利益为标准，以经济社会发展的客观条件为根据，实行科学决策、依法决策、民主决策，体现人民群众的利益和意志；党的决策的实施，要依靠最广大人民群众，按照尊重劳动、尊重知识、尊重人才、尊重创造的要求，调动一切积极因素，以聚合成最伟大的力量来保证决策的有效执行，来监督决策的有效实施；党要使改革的成果普惠于最广大人民群众，保证最广大人民群众的政治地位、经济利益和文化教育权益在改革的过程中不断得到提高和维护，而不是受到削弱和损害，不是两极分化，不是穷的越穷，富的越富，而是逐步消除两极分化，逐步实现共同富裕。江泽民同志指出："应该承认，现实生活中的消极腐败现象和收入分配悬殊问题，是人民群众强烈不满的焦点。"[①]当前，特别是对现实存在的贫富差距过大的突出问题，要摆上重要的议事日程，加以研究，采取有力措施，加大解决问题的力度。

第五，必须加强人民民主专政，惩治犯罪，惩治腐败，保护人民。人民民主专政是工人阶级和广大人民群众的护身法宝。为了维护最广大人民群众的根本利益，必须加强人民民主专政，发挥国家机器保护人民、打击敌人的作用。通过强化人民民主专政，维护社会稳定，保护人民生命财产安全，保证人民安居乐业，促进人民团结、民族和睦，共建成社会主义和谐社会。要坚持打防结合、以防为主，落实社会治安综合治理的各项措施，强化社会管理，保持社会良好秩序。要高度警惕和坚决打击对我国进行渗透、颠覆和分裂的国际国内敌对势力，严厉打击黑社会性质的恶势力，严厉打击一切破坏社会主义建设和分裂危害国家的敌对分子，坚决严惩危害社会主义社会秩序的犯罪分子和其他严重损害人民群众利益的犯罪分子，坚决查处买官卖官的案件、贪赃枉法的案件、以改制为名侵占国有资产和集体资产的案件和商业贿赂的案件，坚决严厉惩治腐败分子特别是高层的腐败分子。要着力治理治安的热点和难点，依靠警民结合，强化社会管理，建立和完善人民内部矛盾调解机制，根据社会阶级、阶层变动的情况，把正确处理人民内部矛盾摆在更重要的位置，依法调整人民内部的各种利益关系，依法处理人民内部的矛盾和纠纷，维护人民群众的合法权益，防止人民内部矛盾激化而导致社会突发性事件和群体性事件，维护人民内部和谐。

四、以"三个代表"重要思想教育全党，推进党的先进性建设和党风廉政建设。

我们要坚持以"三个代表"重要思想为指导，贯彻党要管党，从严治党的方

[①]《江泽民文选》第1卷，第51页

针，全面加强党的思想建设、政治建设、组织建设、作风建设和制度建设，深入开展党风廉政建设和反腐败斗争，切实解决党内存在的问题，使党与时俱进、始终保持工人阶级先锋队的本质，不断增强党的创造力、凝聚力和战斗力，使我们党不断提高领导水平和执政能力，提高拒腐防变的能力和抵御风险的能力，带领广大人民群众开创中国特色社会主义事业新局面。

加强党的先进性建设，首先是加强党的思想建设。马克思主义理论，是我们党的灵魂、党的旗帜、党的方向，是保持党的先进性和预防腐败的强大思想武器。用马克思主义教育广大党员干部，做到"三个代表"，对于保持党的先进性，对于预防和治理腐败具有十分重大的意义。列宁说过："没有革命的理论，就不会有革命的运动。""只有以先进理论为指南的党，才能实现先进战士的作用。"①我们党斗争的历史经验证明了这一真理。就党员干部个人来讲也是如此：一个党员干部能够认真学习马列主义、毛泽东思想、邓小平理论、"三个代表"重要思想和科学发展观，真正掌握其立场、观点和方法，他必定有远大的政治抱负，有坚定的共产主义理想，不断增强全局意识、责任意识、使命意识、忧患意识，勇于开拓创新，为党和人民忘我工作，努力为社会主义事业建设多作贡献；必定有浩然正气，蓬勃朝气，昂扬斗志，乐于奉献，清正廉洁，拒腐防变，绝不会与腐败同流合污，相反地，必定能够不避艰险，挺身而出，与腐败行为作最坚决的斗争，以维护党的先进性，维护党和人民的根本利益。同时，经验也表明，一些党员领导干部甚至一些高级干部不学习党的基本理论，丧失忠诚，精神颓废，萎靡不振，无所作为，贻误事业，有的甚至滥用职权、以权谋私、胡作非为而堕落成为腐败分子。因此，为了加强党的先进性建设，为了抵制资本主义腐蚀和防止腐败，必须用马列主义、毛泽东思想、邓小平理论、"三个代表"重要思想和科学发展观教育广大党员干部，这不仅是当务之急，而且是一项长期的根本任务。

第一，要坚定共产主义的理想，为建设中国特色社会主义事业而奋斗。江泽民同志说："我们的最高理想是建设共产主义社会。这个最高理想，无论过去、现在和将来，都是我们共产党人的精神支柱和力量源泉。"②坚定共产主义理想，最重要的是，全体党员和党员干部必须努力学习马克思主义，尤其党员领

---

① 《列宁选集》第1卷第290、294页，1995年版
② 《江泽民文选》第1卷，第38页

导干部主要是高级干部要系统学习马克思主义理论，掌握马克思主义立场观点和方法，深刻认识人类社会发展的规律、社会主义必然代替资本主义的规律、社会主义社会发展的规律、中国特色社会主义发展的规律包括共产党执政的规律，把自己对共产主义理想的信仰建立在马克思主义的历史唯物主义的科学基础之上，使之坚如磐石，牢不可破。特别是在世界共产主义运动处于低潮和世界霸权主义加强对我国进行分化、西化、渗透和和平演变的情况下，依然坚定不移地旗帜鲜明地坚持建设中国特色社会主义。必须深刻认识到社会主义制度维系着广大人民群众的前途和命运，维护社会主义制度就是维护广大人民群众的根本利益，损害社会主义制度就必然危害广大人民群众的根本利益。必须牢牢把握社会主义的本质，明确前进的方向。邓小平同志指出："社会主义的本质，是解放生产力发展生产力，消灭剥削，消除两极分化，最终达到共同富裕。"①江泽民同志也指出："社会主义制度保证人民当家作主，坚持公有制为主体，解放和发展生产力，消灭剥削制度，消除两极分化，推进物质文明和精神文明协调发展，最终实现全体人民共同富裕。"②在社会主义初级阶段，坚持"一是以公有制为主体，二是共同富裕"这个社会主义非常重要的原则，就是共产党员坚定共产主义理想和中国特色社会主义信念的具体体现，就是维护共产党执政的经济基础，就是维护最广大人民群众的根本利益。必须明确党在社会主义初级阶段的经济政策与党的理想的区别，在允许有利于社会主义社会的私营经济成分存在的同时，要保持共产党员的共产主义思想纯洁性，坚定共产主义理想，身体力行共产主义道德，反对两面派行为，防止一些党员领导干部在口头上高喊社会主义而在行动上却追随资本主义，给党的社会主义事业造成危害。全体党员特别是党员领导干部要树立共产主义远大理想，坚定地为现阶段的建设中国特色社会主义事业而英勇奋斗，以行动表明自己信仰和实践社会主义，就能够极大地增强党的凝聚力和社会主义的凝聚力，就能够树立广大人民群众对共产党的崇高信仰，使广大人民群众真心实意地跟着共产党，走社会主义道路，不断开创建设中国特色社会主义事业的新局面。

第二，要树立依靠人民群众的观点，把为人民群众谋利益摆在高于一切的地位。江泽民同志指出："历史和现实都表明，一个政权也好，一个党也好，其前

---

① 《邓小平文选》第3卷，第373页
② 《江泽民文选》第3卷，第217页

途命运最终取决于人心向背,不能赢得最广大人民的支持,就必然垮台。"①这是江泽民同志对党所面临的危险而发出的警示,我们应当牢牢记住,密切同人民群众的血肉联系。

我们党有建军建国的伟大历史功绩,得到广大人民群众的爱戴和拥护,同时也会有一些资产阶级分子、居心叵测的人、谋取升官发财者及各种机会主义者会出来捧场献媚、歌功颂德、腐蚀拉拢,党内官僚主义在滋长,党内腐败现象在蔓延,党面临着脱离群众的现实危险在增长。对此,全党要有忧患意识,居安思危,克服脱离群众的倾向,重新牢固树立马克思主义的群众观点和群众路线,坚信人民群众是历史的创造者,生气勃勃的社会主义是人民群众自己创造的,坚信人民群众是我们党的立党之本,执政之基,力量之源。必须以全心全意为人民服务为宗旨,始终不渝地贯彻党的群众路线,一切为了群众,一切依靠群众,从群众中来,到群众中去,集中起来,坚持下去,使党的一切决策和行动能够代表最广大人民群众的根本利益。必须密切联系群众,体察民情,了解民意,集中民智,珍惜民力,诚心诚意并卓有成效地为群众谋利益。必须从人民群众是社会主义创造者的观点出发,坚持社会主义平等原则,以平等促进效率,实现平等与效率的一致性,从而最大地调动人民群众的主动性、积极性和创造性,极大地提高社会主义社会的生产效率。必须在构建社会主义小康社会和社会主义和谐社会过程中,不断给广大人民群众带来幸福和安宁,把改革的成果普惠于广大群众人民群众,使广大人民群众共同享受改革成果并逐步实现共同富裕,不是给少数人创造财富而造成贫富悬殊。必须与群众同呼吸,共命运,同甘共苦,关心群众疾苦,想群众之所想,急群众之所需,真正认识群众利益无小事,凡是关系群众利益的事情都要认真地办,切实解决当前群众反映强烈的热点难点的问题,其中包括腐败问题和社会分配不公等问题,切实解决一部分贫困群众、弱势群体包括下岗职工生产和生活困难的问题。

在市场经济条件下,有些党员领导干部在依靠谁的问题上发生了动摇,否认广大人民群众是生产发展的动力,不把广大人民群众作为依靠的根本力量,而认为现在主要任务是发展生产,那些大款、富翁有能力投资发展生产,他们才是依靠的主要对象,于是疏离广大人民群众,热衷于"捧大款","傍大款",有的

---

① 《江泽民文选》第3卷,第128页

甚至无耻到无以复加的地步，把大款、富翁捧为"先进生产力的代表"，赐予种种桂冠，充当他们的可耻奴才，并大搞权钱交易，滥用权力，为自己也为少数人谋取暴利，甚至自己低价变卖、并由自己低价购买国有资产包括国有企业，严重损害国家和人民的利益。对于这种丧失共产党员党性的违法犯罪行为，必须进行持久而坚决的斗争，以维护社会主义经济基础，以维护中国共产党的执政地位，以维护最广大人民群众的根本利益。

第三，要树立民主权力观，为人民掌好权，清正廉洁，坚决抵制资本主义的腐蚀。党员领导干部要永葆共产党员的先进性，把人民的利益看得高于一切，始终坚持立党为公，执政为民，廉政勤政，真抓实干，做到权为民所用，情为民所系，利为民所谋。在一切工作中，必须坚决克服官僚主义和形式主义，抵御资本主义腐蚀，抗拒腐败。要教育党员干部树立民主权力观、民主监督观、地位观、政绩观、价值观、苦乐观。一要树立民主权力观，必须深刻理解我们干部手中的权力是人民给予的，只能做人民的忠实公仆，依照人民群众的意志行使权力，依照宪法和法律行使国家的权力，只能为人民谋取利益而谨慎又正确地行使权力，做到为人民掌好权用好权。二要树立民主监督观，必须深刻理解权力接受监督是民主政治的必然要求，从而做到行使权力受监督，自觉接地受党、国家和人民群众的监督，并创造条件包括体制机制进行监督，保证权力在法制的轨道上运行，反对和防止滥用权力、以权谋私和权钱交易的发生。三要树立正确的地位观，必须深刻理解我们共产党人是为广大工人阶级和人民群众的彻底解放而存在的，而不为谋取个人或少数人的私利而存在的，我们共产党人不是要做官，而是要革命。我们的干部不管职位高低，都是人民的勤务员，应当正确对待职位，任何时候都不争夺个人的权利和地位，坚决克服剥削阶级"官本位"意识，坚决反对跑官要官和买官卖官的卑鄙行为。四要树立正确的政绩观，必须深刻认识党员干部居其位，要谋其政，应创造最佳政绩，以造福于民，但这种政绩必须是符合科学发展观要求的政绩，是符合经济社会全面协调可持续发展的政绩，是实实在在的政绩，不是虚报浮夸的政绩。在任何时候都要对党和人民的事业无限忠诚，坚决反对沽名钓誉、哗众取宠、歌功颂德、弄虚作假、报喜不报忧，坚决反对搞那些得不偿失的劳民伤财的所谓"政绩工程"、"形象工程"。五要树立正确的价值观，必须深刻理解我们入党、当干部、掌握权力，是更好地为人民服务，多作贡献，而绝不能像剥削阶级官吏那样"一朝权在手，便把金钱谋"。在共产党人看来，为人民服务是至高无上的，其价值不是金钱所能衡量的。每个党员干部要时时牢记入党时的誓言，为了党的事业牺牲一切包括自己的生命，从而过好金钱关，坚持遵纪守法，廉洁奉公，一尘不染，两袖清风，一身正气，坚决抵制商品等价交换对共产党员世界观的腐蚀，坚决抵制利己主义、拜金主义的腐蚀。六要树立正确的苦乐观，必须深刻理解共产党人的伟大胸怀是以解放无产阶级和广大人民群众及最终解放全人类为己任，以"先天下之忧而忧，后天下之乐而乐"的高尚情操对待享乐，坚持艰苦奋斗，勤政廉政，吃苦在前，享乐在后；而认为那种贪图享受、骄奢淫逸、腐化堕落的享乐主义是低级趣味的、自私卑鄙的，是与共产党的性质宗旨和共产党人的崇高品德是格格不入的，必须坚决反对，从思想深处筑起拒腐防变的牢固防线。

第四，要认真学习和贯彻反腐败理论，深入开展反腐败斗争。江泽民同志明确指出："坚决反对和防止腐败，是全党一项重大的政治任务。不坚决惩治腐败，党同人民群众的血肉联系就会受到严重损害，党的执政地位就有丧失的危险，党就有可能走向自我毁灭。"①我们党作为执政党，面临的最大危险是脱离群众，脱离群众的最大危险来自腐败。现在有一些党员领导干部包括有的高级干部背离了"三个代表"重要思想的要求，被资本主义所腐蚀，忘记了甚至丧失了共产主义的理想信念，抛弃了全心全意为人民服务的宗旨，被"糖衣炮弹"打倒了，大搞权钱交易，以权谋私，为少数人谋取非法私利，严重危害了党的事业和损害了人民群众的利益。事实令人触目惊心。

人民群众对腐败深恶痛绝，如果不坚定反对腐败，就会丧失民心，我们党就会因脱离人民群众而毁灭。因此坚定不移地把反腐败斗争进行到底，是民愿所求，是党的事业胜利所在。针对一些党员领导干部严重脱离群众，被资本主义腐蚀的严重情况，必须贯彻"三个代表"重要思想，坚持不懈地开展反腐败斗争，加强党风廉政建设。"三个代表"重要思想中有关反对腐败和党风廉政建设的内容非常丰富，主要包括反腐败关系党和国家生死存亡、关系社会主义现代化事业成败的观点；关于反腐败复杂性、长期性、紧迫性贯穿于改革开放全过程的观点；关于堡垒是最容易从内部攻破的，绝不允许党内有腐败分子藏身之地的观点；关于反腐败要坚持标本兼治、综合治理、惩防并举、注重预防的观点；关于反腐败要为党和国家工作大局服务，促进改革发展稳定的观点；关于加强党的民

---

①《江泽民文选》第3卷，第573页

主集中制建设，大力发扬党内民主，保障党员民主权利，发挥党员民主监督作用的观点；关于健全国家民主政治制度，依靠人民群众对党和国家权力运行监督的观点；关于建立结构合理、配置科学、程序严密、制约有效的权力运行机制的观点；关于加强教育、发展民主、健全法制、完善管理、强化监督、创新体制、通过深化改革不断铲除腐败滋生的土壤和条件的观点；关于坚持以立党为公、执政为民为目的，加强党风廉政建设的观点；关于抓好领导干部廉洁自律、纠正部门和行业不正之风和查办案件三项工作格局的观点；关于坚持和完善反腐败领导体制和工作机制，落实党风廉政责任制，形成防止和惩治腐败的合力的观点等等。我们深入学习和贯彻这些重要观点，宣传这些反腐败理论观点，使其为广大干部群众所掌握，并转变为反腐败的制度和措施，广泛深入地动员和组织广大党员和人民群众按照党中央的部署，依纪依法深入开展反腐败斗争和党风廉政建设，严厉惩治腐败分子，永葆党的先进性，使党立于不败之地。

第五，要改进学风，认真学习和真正掌握马克思主义理论。我们学习马克思主义，要端正学风，改造学习方法。首先必须有正确的学习目的。要用革命先烈那种"砍头不要紧，只要主义真"的精神来激励自己，为了追求真理而学习，为了工人阶级和广大群众劳动人民解放的事业而学习，为了中国社会主义现代化事业而学习，这样才能与马克思主义本质相符合，把马克思主义真正学到手，武装头脑，指导实践。如果抱着错误的学习目的，如有的是为了随大流、有面子，有的是为了"镀金"、装门面、炫耀自己，还有甚者是为了"升官发财"，谋取私利，更有甚者是挂羊头卖狗肉，打着学习马克思主义的旗号，干着反马克思主义的机会主义勾当，等等。这些错误的学习目的都与马克思主义背道而驰，不但不可能学习到马克思主义，反而会把自己学习引入歧途，是我们要坚决反对的。其次必须刻苦学习，钻研原著。要真正学习点东西，应当淡泊明志，宁静致远，认真读马克思主义的原著，即认真读几本马克思主义、列宁主义、毛泽东思想、邓小平理论和"三个代表"重要思想的最重要的代表性著作，把它们的基本原理和精神实质学深学透，明白它们之间的相互关系，明白哪些是继承，哪些是发展，把握其精髓。力争弄通弄懂马克思主义一些基本原理、基本观点，不能以工作忙为由，不肯下功夫刻苦学习，心浮气躁，浅尝辄止，不求甚解。对一般的党员、党员干部不一定都要提出这样高的要求，但对党的中高级干部来说，实在是太必要了，这是他们肩负的重大领导责任之使然。其三必须坚持理论联系实际，学以致用。我们学习马克思主义理论，目的是要用马克思主义的立场、观点和方法观察问题和解决问题，这就要坚持解放思想，实事求是，与时俱进，继承和发展马克思主义。用马克思主义指导中国现实问题的研究，指导我们面临的各种问题的研究，坚持一切从实际出发，在实践中探索和发现事物发展的客观规律，提出解决问题的对策和措施并付诸实践，并经过实践检验，总结经验和教训，不断提高决策的水平，高效地做好各项工作。要在改造客观世界的同时，要努力改造自己主观世界，克服官僚主义、形式主义、主观主义、经验主义，树立马克思主义的世界观和方法论，使自己立场永远站在最广大群众人民群众一边，不断使自己主观符合客观，使自己想问题、出主意、提措施、做计划能够更加符合实际，符合人民群众的愿望和利益，忠心耿耿地为党和人民的事业，艰苦奋斗，无私奉献，鞠躬尽瘁、死而后已。

| 我的理论思考 |

"马克思主义基础理论研究工程"
访谈材料之68

《"马克思主义基础理论研究工程"调研访谈材料汇编》
(中国社会科学院2003年7月16日)

受访人：林文肯,第十届中央纪委委员、中国社科院党组成员、中央纪委驻中国社科院纪检组组长

收到时间：2003\5\28

说明：我5月20日收到访谈函，匆匆写些意见。我没有专门从事马克思主义基础理论研究工作，对这方面的具体情况了解甚少，愿意接受这次访谈，作为自己思考问题和学习理论的一次机会，大胆发表一些粗浅看法，难免会有不妥和错误之处，希望能得到同志们的指正。

问：您认为对马克思主义的错误认识有哪些主要表现？

答： 在新的国际和国内条件下，特别是社会主义处于低潮的情况下，各种思潮相互激荡，国际垄断资本主义加强攻势，国内有些人散布反对马克思主义的言论，而我们对这些谬论分析和反驳不够，增加了人们对马克思主义的误解和错误认识。据我所知，有以下一些错误观点：

1. 有些人提出马克思主义"过时论"，认为要理论要与时俱进，坚持马克思主义那一套不行了。马克思主义离我们150多年了，时代不同了，"马克思主义过时了"。但他们却把几百年前的资本主义理论奉为经典，大肆宣扬。

2. 有些人提出社会主义"失败论"，认为苏联、东欧社会主义的失败就是马克思主义的失败，证明马克思主义没有生命力、社会主义没有生命力。他们却不谈苏联、东欧社会主义的失败正是资本主义腐蚀的结果，也不谈苏联瓦解和东欧巨变后给那里的社会经济文化和人民带来的巨大灾难。

3. 有些人吹捧资本主义"优越论",认为朝鲜与韩国、中国与台湾香港地区、中国与美国对比,说明搞社会主义必然贫穷,搞资本主义才能发展经济。有些人以美国等发达资本主义国家经济实力比中国强大,说明资本主义比社会主义具有优越性。他们超越不同国家的具体历史,用似是而非的事实蒙骗人们,闭口不谈帝国主义侵略掠夺的历史,不谈第三世界的资本主义国家的经济现状,不把新旧中国进行对比,也不把社会主义中国与资本主义的印度、印尼等国家进行对比。

4. 有些人以美国等发达的资本主义国家为例,说列宁的帝国主义论过时了,现代帝国主义不是寄生的、垂死的、腐朽的(或说垂而不死,腐而不朽),恰恰是最早搞社会主义的苏联等国家却一个接一个地垮台了。他们不看美国等帝国主义国家对全世界的剥削、侵略、掠夺和战争,不看苏联社会主义制度曾经创造了本国历史上最辉煌成就的历史时期,而苏联的失败并不是社会主义本身造成的,而主要是苏联共产党领导集团背叛社会主义的结果,也是帝国主义和平演变的结果。

5. 有些人说资本主义以私有制为基础,提倡自由竞争,激发了生产力的迅速发展;而社会主义实行公有制,人人"吃大锅饭",扼杀人的积极性,阻碍生产力的发展。他们看不到资本主义的私有制和竞争造成了社会财富与贫困的两极积累,这一鸿沟越来越深,世界的财富大部分被几个发达资本主义国家所占有,而大多数国家处于贫穷状态;资本主义的竞争过去和现在都造成了无数的犯罪、侵略、掠夺和战争包括世界大战;他们也看不到社会主义在一些国家的胜利极大地改变了世界的面貌,社会主义国家在实行社会主义政策时期创造过经济社会巨大进步的历史事实,也不看中国坚持社会主义制度和改革开放所发生的翻天覆地的变化和所取得的辉煌成就;不愿意回顾资本主义战胜封建主义经过很长的复辟与反复辟的残酷斗争,也不可能看到以公有制为基础的社会主义制度要战胜以私有制为基础的资本主义制度必然经过极其艰难曲折的历史过程。

6. 有些人抹杀社会主义制度与资本主义制度的区别,鼓吹公有制或私有制都是手段,实行什么所有制无所谓,只要能促进生产力的发展就行。私营企业比国有企业和集体企业更具有优越性,能更快发展生产力。有的提出:"各部门要开绿灯,刮顺风,促使个体私营经济超常规、跳跃式发展,希望本城市能出现更多的百万富翁。"有的在"所有制是手段、发展生产力是目的"的旗号下,主张把公有制经济"量化给个人",或主张把公有制企业"卖光"。被戴上种种"改革家"桂冠的牟其中，曾鼓噪一时。他鼓吹"国有民营"、"空手套白狼"以及"99度加1度"来"解救"（即吃掉国有企业）国有企业的谬论，受到许多领导干部的吹捧，甚至被一些领导干部奉为上宾。这说明私有化、"西化"在中国还有市场。

7. 有些人鼓吹私营经济代表中国先进的生产关系，私营企业主是先进生产力的代表；鼓吹中产阶层是中国社会的中坚力量和中国社会稳定的基础。私营企业的一个代表人物说："现在我们的规模已经相当大了，也不再处于'补充'的地位了。""我们代表的是中国最先进的生产关系，具有中国最先进的生产力"。"目前的国家所有制，必然会通过各种不同的方式逐渐走向灭亡。""六·四"后潜逃美国的四通公司首任总经理万润南就说过：这次"民主运动"之所以能搞起来，是因为国内出现了一个"中产阶级"；之所以失败，是因为这个"中产阶级"的力量还不够强大。1995年，他在香港的一本杂志上撰文说："中国新一代中产阶级在成长过程中，一方面催生了新体制，另一方面也腐蚀了旧体制。他们要发展，就是要用各种手段，主要是用金钱去推动、运转和润滑共产党僵化的官僚体制，这就使中共政权无可挽回地腐败了。新生中产阶级的钱使共产党腐败。这个政权越腐败，这个社会转型的可能性越大。"这是赤裸裸地把矛头指向共产党和社会主义制度及广大人民群众，还须要作什么解释呢？

8. 有些人发表文章鼓吹社会主义"腐败论"和资本主义"廉政论"，反对社会主义，主张私有化。他们认为我国腐败现象的产生"是与公有经济的特征相联系的"，"公有制是腐败之源"，现实生活中之所以会出现大量的消极腐败现象，是因为"在我们的经济生活中，有太多的经济物品要以公共的方式加以生产、供给与分配，公共财产在社会总资产中占的比例太大"。认为在公有制即社会主义国家所有制下，国家资产"产权虚无"、"所有者缺位"，"无人去关心公有财产的命运"。"也就没有因为公有财产被侵吞而与之争斗"。实行私有制，"由于财产归个人占有，对财产的任何侵犯都会受到所有者的强力抗争"。如国有生产资料变成私有财产，那么，"以私权谋私利这是天经地义的"，于是"以公权谋私利"腐败行为就会自然减少。因此，"大力推进非国有化的改革，大规模地在公开市场上出售国有中小企业，大力发展个体与私营的企业，这是排除腐败现象体制上的最重要措施。"宣扬"公有制产生腐败，私有制一消灭，就会产生腐败"的观点，是站在资产阶级的立场上，为资本主义剥削制度作最无耻的辩护。

9．有些人鼓吹资产阶级的多党制和三权分立，反对共产党领导和社会主义政治制度。他们认为，中国共产党内为什么腐败？中国为什么腐败？就是因为共产党领导。共产党一党执政，共产党要反对自己腐败，就像用同一把刀的刀刃去削刀柄一样——是不可能的。因此，要反对腐败，只有实行西方的多党制，多党轮流执政，互相监督。他们闭口不说多党制是加强资产阶级专政、美化资产阶级民主的蒙蔽人民的骗局，胡说要有效反对腐败，必须实行西方的三权分立，进行有效地监督。而大肆攻击和诬蔑中国实行的人民代表大会制度，是"橡皮图章"，无法监督。

10．有的学者说理论上有四种社会制度，即奴隶制度、封建制度、资本主义制度和社会主义制度。（1）奴隶制度和封建制度是生产资料私有，权力也是私有，两者都是私有制，导致社会严重不公，结果阻碍生产力发展。（2）马克思所说的生产资料公有制和权力公有制的社会主义在现实中是根本不存在的，现实中的社会主义实行的是生产资料公有制和权力私有制，实行生产资料公有制的结果是没有人关心生产发展，而权力私有制则引起以权谋私，破坏生产，阻碍社会发展，所以苏联垮台了，中国也必定垮台。（3）惟有资本主义制度是上帝赐给人类最美好、最理想的制度。资本主义实行的是生产资料私有，权力公有。实行生产资料私有制，能够激发人的生产积极性，推动生产力发展，经济繁荣。虽然生产资料私有制产生社会不公，但能够通过公有权力调整社会不公。因为资本主义实行权力公有制，如美国总统由全民选举产生，民选总统代表民意，实现权力公有，由公有的权力解决社会不公的问题，实现社会公平、公正。他们竭力掩盖所谓民选总统也不过是垄断资产阶级的工具，美国国家机器维护人剥削人的专政工具。

问：您认为辩证唯物主义和历史唯物主义基本原理包括哪些内容？

答： 我就辩证唯物主义和历史唯物主义基本原理的主要内容，提一些粗浅的看法：

辩证唯物主义基本原理的主要内容：

1．物质是宇宙的本源，宇宙统一于物质。或者说宇宙具有物质性，是由物质构成的。物质第一性，意识第二性，意识从物质派生出来。

物质与意识对立具有相对性。物质与意识的对立只在非常有限的范围才有意义，即在认识论的范围才有意义。物质决定意识，意识对物质有反作用。物质与意识在一定条件下可以互相对立与转化,物质可以转变为意识,意识可以转变为物质。这里讲的"一定条件"极为重要的,缺乏"一定条件"就不可能"转变"。仅仅是指人们在一定条件下获得了对某种物质本质的科学认识,又运用这一科学认识通过一定的条件,可以改变某种物质的结构或者创造某种物质的结构。

2. 物质具有运动性。矛盾是物质内部分成对立的两个方面,它们既互相依存,又互相对立、互相斗争,在一定条件下互相转化。矛盾贯穿于物质运动的始终,矛盾具有普遍性、绝对性。正是物质的矛盾性,才构成了物质的运动,矛盾是物质运动的原动力。

物质运动具有永恒性。物质运动是永恒的、绝对的。没有无运动的物质,也没有无物质的运动。

3. 物质运动具有时空性。物质运动存在的形式是时间和空间,离开了时间和空间,就没有物质的运动;同样地,没有物质的运动,也没有时间和空间。或者说,物质是时间和空间存在的内容,时间和空间则是物质存在的形式。

4. 物质运动具有量变与质变的规律性。物质运动经过量变的积累,达到一定量的度,引起质变。物质的量变和质变具有阶段性、连续性,即量变引起质变之后成为一种新的物质,又开始新的量变与质变的过程。物质的量变与质变都在一定条件下进行的。

人们观察具体物质的变化:一个简单的物质运动过程的量变积累达到一定的度,就完成了质变,这一物质运动就算是结束了。对于物质大系统运动的全过程来说,物质运动过程包含多个阶段,每一阶段的质变只是部分的质变,每阶段质变的总和构成了该物质的质变,或者说,完成了最后一阶段质变,也就完成了该物质的质变。

5. 物质具有否定之否定的规律。事物内存在的矛盾,决定事物无时无刻不在运动和变化,当我们说"某事物是什么时,但同时它又不是什么"。事物内部矛盾产生新的因素,战胜内部旧的因素时,旧事物便解体了,产生了新的事物。新的事物内部矛盾又开始新与旧两方面的斗争,斗争的结果又否定了现存的事物,产生新的事物,然后又开始新的否定过程,因而事物不断地从低级向高级发展。这就是事物的继承与发展的关系,或遗传与变异的关系。

6. 物质运动具有因果性。物质运动过程中形成因果关系,前一运动阶段是后一运动阶段的原因，后一运动阶段是前一运动阶段的必然结果。原因与结果在一定条件下也可以互相转变，即在一定条件下原因产生的结果，成为物质下一运动的原因。这样，原因产生结果，结果又成为原因，形成环环相扣的因果关系的链条。

有一因多果，即一种原因产生多种结果，多果之间也往往互为原因。还有一果多因，即一种结果由多个原因产生的，即多种原因之间相互作用产生的。原因背后的原因，直至最深层次的原因，是本源的原因，是决定其他原因的根源。

世界上的事物是互相联系的，事物发展有内因和外因。事物内部的矛盾是事物发展的原因，是根本原因，即内因，是事物发展的基本动力；事物发展的外部原因，是条件，即外因；外因通过内因起作用，促进事物的变化。在内因具备的条件下，外因能够对事物的变化起决定的作用。

7. 主要矛盾与次要矛盾、矛盾主要方面与非主要方面。某一物质运动中如有诸对矛盾，其中必定有一对矛盾是主要矛盾，其他矛盾是次要矛盾，主要矛盾制约和决定着其他矛盾的发展，其他矛盾处于服从的地位。主要矛盾与次要矛盾在一定条件下互相转化。

主要矛盾的主要方面决定某一物质的性质，主要矛盾的主要方面与次要方面在一定条件下互相转化后，就产生了某一新的物质。

8. 物质矛盾的斗争性和同一性。对立性、斗争性寓于同一性之中。矛盾的对立性、斗争性是在矛盾的同一性中进行的，矛盾的双方互相对立是以对方的存在为前提的，失去一方，另一方就不存在；但同一性是相对的、有条件的，矛盾的对立性、斗争性是绝对的，矛盾对立的双方经过斗争，在一定条件下相互转化，即一方向对方的地位转化，导致原先同一性的破坏和新的同一性的产生，矛盾双方又共存于一种新的同一性之中，开始新的矛盾运动。

9. 物质运动具有普遍性和特殊性。诸种具体事物矛盾的普遍性，决定诸种具体事物的共同性质。每一具体事物的特殊性，决定该具体事物的特殊性质，区别于其他事物的性质。既要认识事物矛盾的普遍性，更要认识事物矛盾的特殊性。对矛盾特殊性的研究，不断加深人们对事物本质的认识，人类才能有所发明，有所创造，有所前进。对矛盾普遍性与特殊性的研究，两者之间的互动关系，是推动人们不断深化对自然、社会和思维规律认识的根本问题。通过对矛盾特殊性的研究，认识矛盾的普遍性，又在矛盾普遍性指导下研究矛盾特殊性，通过对矛盾特殊性的研究，不断深化矛盾普遍性的认识，这样循环往复，不断深入，从而不断推动理论的创新和科学的发展。

10. 对抗在矛盾中处于特殊地位。某一事物矛盾的对抗性，矛盾的双方斗争，矛盾双方主次地位发生转化，最终结果是一方彻底消灭另一方，矛盾的双方最终同归于尽，原先矛盾双方的因素发生质的变化，产生了一种全新的事物。如物质原子内部矛盾在一定条件下产生对抗，引起裂变或聚变，原先原子内部双方不复存在，产生新的物质。又如无产阶级与资产阶级的对抗，无产阶级由被统治阶级变为统治阶级，资产阶级由统治阶级变成被统治阶级，又经过很长的无产阶级专政时期，最终两者将同归于尽，产生了无阶级的共产主义社会。

辩证法存在于物质之中，离开物质就不存在辩证法。辩证法是物质运动的规律。在辩证法的各种规律之中，量变与质变的规律、否定之否定的规律、对立统一的规律是主要的规律，其中对立统一是最根本的规律，贯穿于一切事物的矛盾运动之中。

历史唯物主义基本原理的主要内容：

用辩证唯物主义观察历史形成历史唯物主义。

1．物质生产是社会发展的基础。人们要生存，首先要解决衣食住行问题，然后才可能从事文化、艺术、宗教、政治等活动。

2．人们的社会存在决定人们的意识。社会存在有经济的、政治的、思想的。最基本的是社会经济关系，主要的是所有制关系。离开这一观点，就是历史唯心主义。在承认社会存在决定人们的意识的前提下，又必须承认人们的意识对社会存在又有反作用，在特定条件下起决定作用。如社会革命条件基本具备而只缺少革命理论的时候，革命理论的创造就具有决定的意义。忽视革命理论的创新，忽视社会主义精神文明建设，会危害社会的全面进步。反之，如果把意识的反作用加以夸大，认为任何时候都起决定作用，那就是唯心主义。我们若坚持唯心主义，就会不顾客观条件，到处碰壁，犯盲目冒进的错误。

3．人类社会的发展，社会形态的更替，归根到底，是生产力发展决定的作用。生产力发展水平的标志是生产工具。与石器生产相适应的是原始社会，与青铜器生产相适应的是奴隶制社会，与铁器生产相适应的是封建制社会，与机器、电力生产相适应的是资本主义社会，与电力为基础的数字化生产相适应的是社会主义和共产主义社会。我国现在实行改革开放，以经济建设为中心，高速度发展生产力，目的就是为了巩固和发展社会主义制度，而社会主义制度又为发展生产力进一步发展开辟道路。

4. 生产力发展对社会阶级的划分和阶级的最终消灭起决定性作用。阶级的存在，仅仅同生产发展的一定历史阶段相联系，即同生产有了发展但又没有高度发展的历史阶段相联系。无产阶级专政，要对资产阶级实行专政，把剥削分子改造成为自食其力的、守法的劳动者，这是极其长期的任务；无产阶级专政是首要条件，但最根本的是要大力发展生产力，把广泛的小生产引导到社会主义的现代化大生产上来，这个任务对于我们这样一个经济不发达的国家来说是艰巨无比，是一个长期的又是紧迫的任务，必须用主要的精力抓紧去做，并坚持不懈。

5. 自从人类社会划分为阶级以后，阶级斗争成为历史发展的直接动力。一部人类社会有阶级斗争以来的文明史，是阶级斗争的历史。无产阶级和广大人民群众要摆脱剥削和压迫，必须经过反对统治阶级的资产阶级的斗争，夺取政权，建立无产阶级专政。无产阶级专政并不是阶级斗争的结束，而是阶级斗争在新的形式中的继续，这一阶级斗争将是长期的、尖锐的、复杂的，将贯穿于无产阶级专政的整整一个历史时期。这一阶级斗争形式更隐蔽、更狡猾，有时更尖锐、更激烈，也更残酷，既可能是有消烟的战争包括外来的侵略战争，也包括无消烟的战争即"和平演变"和腐败蔓延。对敌对势力，我们绝不能"以和为贵"，而放弃阶级斗争和无产阶级专政。坚决地、审慎地开展这种特殊的阶级斗争，是巩固人民民主专政政权的需要，保护广大人民群众建设社会主义现代化的需要，是保护广大人民群众根本利益的需要。

6. 生产力决定生产关系，经济基础决定上层建筑；生产关系对生产力、上层建筑对经济基础具有反作用，在一定条件下起决定作用。就是说，在社会发展中，经济因素归根到底起决定作用，但并不是任何时候都起决定作用，在一定条件下，上层建筑也会起决定作用。这就是革命和发展生产力辩证关系的根据。我国在建立社会主义以公有制为基础的生产关系、经济基础和以马克思主义为指导的上层建筑之后，要以发展生产力为中心，同时要调整、改革生产关系与生产力不相适应的方面，要调整、改革上层建筑与经济基础不相适应的方面。生产关系必须适应生产力发展的水平，上层建筑必须适应经济基础发展的水平。生产关系滞后于或超越于生产力发展的水平，上层建筑滞后于或超越于经济基础发展的水平，都会影响和阻碍生产发展，是必须防止的，这是我们在改革与发展过程中决策必须掌握的基本原则。

7. 人民群众创造历史。人类社会发展的历史是物质生产和精神生产发展的历史。人民群众是物质生产和精神生产的主体。就是说，人类社会的历史是人民群众创造的。人民，只有人民，才是创造世界历史的动力。在历史上，任何个人和政党，只有代表人民意志和利益，带领人民为自己的利益而斗争，才能在历史上发挥作用甚至重要的作用，推动历史前进；任何个人和政党如果违背人民的意志、损害人民的根本利益，那么不管他们如何不可一世，猖獗一时，终究要被历史所淘汰。强调人民群众创造历史，并不否定历史上杰出人物、先进政党对历史发展的重要作用，甚至在特定条件下起决定作用。我们说"没有毛主席，我们至今还可能在黑暗中徘徊"、"没有共产党就没有新中国"，就是从这个意义上讲的。而反动人物、反动政党在一定条件下会使历史倒退，如蒋介石反动派曾把中国推进灾难的深渊，阻碍中国历史进步。又如戈尔巴乔夫的叛变和苏共的变质，使社会主义苏联瓦解，苏联出现历史的大倒退。因而否定历史有时会向后作巨大的跳跃，不是辩证历史唯物主义的观点。但这些都是历史前进过程中的插曲，人民群众决定历史发展的总趋势是任何人、任何政党都改变不了的。劳动观点、群众观点是我们必须坚持的历史唯物主义的基本观点。坚持群众路线、始终不渝地代表最广大人民群众的根本利益，是我们党一切政策和行动的出发点和归宿点。

问：您认为马克思主义政治经济学基本原理包括哪些内容？

答： 马克思主义政治经济学内容十分丰富，这里我结合我国社会主义初级阶段的特点，就其研究的内容和坚持的原则讲几点看法：

1. 政治经济学有强烈的阶级性。马克思主义政治经济学是为无产阶级服务的，是为建设社会主义和最终实现共产主义服务的。马克思主义政治经济学通过分析资本主义经济，引出资产阶级必然灭亡和无产阶级必然胜利的科学结论。离开阶级性来研究政治经济学，只会歪曲马克思主义政治经济学。

2. 剩余价值论是马克思主义政治经济学的核心。剩余价值的发现，揭示了资本主义剥削的本质和无产阶级贫困化的根源，启发了无产阶级的觉悟，使无产阶级认识到自己肩负着消灭资本主义和建立社会主义的历史使命，使无产阶级从一个自为的阶级成为一个自觉的阶级。

3. 资本主义私有制是产生剩余价值的根源。资本主义商品交换背后隐藏着剥削。无产阶级革命的目的是以社会主义公有制代替资本主义私有制，并最终彻底消灭资本主义私有制。只要资本主义私有制残余还存在，无产阶级和广大人民群众彻底解放的任务就没有完成。

4. 推翻资本主义制度的根本目的即社会主义的根本目的是为了解放和发展

生产力。在资本主义生产关系中，存在生产社会性与生产资料私人占有性的矛盾，这一矛盾的发展、激化，已经阻碍了生产力的发展，现代生产力的发展必然要求冲破资本主义生产关系，建立社会主义生产关系。而资产阶级国家机器是保护私有制的，无产阶级作为现代先进生产力的代表，要推翻资本主义私有制，必须打碎资产阶级国家机器，建立无产阶级专政和社会主义制度。建立社会主义制度，把全社会生产资料集中到工人阶级和广大人民集体的手中，为最大限度地发展社会生产力创造了根本的条件。

5. 社会主义经济制度的基础是生产资料社会主义公有制。我国宪法规定，我国社会主义经济制度的基础是生产资料社会主义公有制，即全民所有制和劳动群众集体所有制。但由于我国还处于社会主义初级阶段，生产力水平不高，社会主义经济制度的构成不能不受生产力水平的制约。我国现阶段生产力水平决定我国必须实行公有制为主体和非公有制共同发展的基本经济制度，必须实行按劳分配为主体、多种分配方式并存的分配制度。在社会主义市场经济条件下，要通过改革和国家宏观调控，壮大和发展公有制经济，增强国有经济的主导地位，增强社会主义经济制度的基础，保证"一是公有制为主体，一是共同富裕"这一社会主义最根本的原则。邓小平同志说："社会主义财富属于人民，社会主义的致富是全民共同致富。社会主义原则，第一是发展生产，第二是共同致富。我们允许一部分人先好起来，一部分地区先好起来，目的是更快地实现共同富裕。正因为如此，所以我们的政策是不使社会导致两极分化，就是说，不会导致富的越富，贫的越贫。坦率地说，我们不会容许产生新的资产阶级。""如果我们的政策导致两极分化，我们就失败了；如果产生了什么新的资产阶级，那我们就真是走了邪路了。"邓小平同志这一高瞻远瞩的论述，为我国经济改革指明了方向，也为政治经济学的研究指明了方向。

6. 我国社会主义基本经济制度是主公制为主体、多种所有制经济共同发展。社会主义公有制的建立，为工人阶级达到理想境界开辟了道路，而达到理想境界要经过长期的历史过程。反映商品等价交换的平等，不是工人阶级追求的社会主义平等。社会主义的平等是消灭阶段，通过公有制经济的长期发展，逐步达到私有制的彻底消灭，从而最终达到阶级消灭的目的。但在我国社会主义初级阶段，商品经济必然存在，国家又必须保障商品交换的原则，否则商品交换就无法进行（按照马克思主义原理，无产阶级专政的国家是没有资产阶级的资产阶级国家或称半国家，要保护社会主义社会必然存在的资产阶级法权）。在我国社会主义初级阶段，不可能建立单一的公有制经济，非公有制经济必然存在。人为地全部消灭非公有制经济，只能破坏生产力，影响社会主义公有制经济的发展。但笼统地讲既要发展公有制经济，又要大力发展私有制经济，这一折中主义的说法，必然模糊了社会主义方向，为资本主义复辟创造了条件。正确的提法应该是：在坚持公有制为主体和国有经济为主导的条件下，大力发展公有制经济，大力发展各种私有制经济。总之，要在坚持社会主义的前提下，大力发展生产力，逐步地使社会主义公有制经济最终覆盖全社会，最终消灭阶级、消灭剥削，实现共同富裕，向共产主义过渡。

7. 从利益分配上调动劳动者的积极性是社会主义遇到的一个最大的难题，也是社会主义必须解决一个重大问题。我国社会主义初级阶段实行按劳分配为主体、多种分配形式共存的分配制度。在注重效率的同时，必须十分重视社会公平、公正、平等。"效率优先，兼顾公平"并不是任何时候都是正确的。社会主义公平会极大地调动广大劳动者的主动性、积极性和创造性和主人公的责任感，极大地提高劳动效率。否则，我们还要搞社会主义干什么呢？所谓社会主义公平，就是在劳动者对生产资料共同占有的平等的基础上，实现劳动的平等和按劳分配的平等。就公有制经济来说，生产资料公有制要通过按劳分配来体现，否则劳动者就会感到"公有公有，人人都没有"，就失去对生产资料公有制的关心，失去对劳动成果的关心。如果不实行按劳分配或名义上按劳分配而实际上没有按劳分配，劳动者就会失去对劳动成果的关心而失去劳动的积极性，就无法体现社会主义公有制的优越性。因此，要把分配问题作为解决解决人民内部矛盾，作为实现社会公平和调动劳动者积极性，作为维护社会主义制度的重大问题来研究解决。当然，在社会主义劳动组织中，要加强政治思想工作，使劳动者充分认识到个人利益与社会主义利益的一致性，为社会主义劳动就是为自己劳动，形成劳动光荣、关心集体光荣、为社会主义奉献光荣的氛围。

8. 不断完善社会主义市场经济体制。在社会主义初级阶段实行社会主义市场经济是不可避免的。社会主义市场经济与资本主义市场的本质区别在于：一是社会主义市场经济的基础是公有制，资本主义市场经济的基础是私有制；二是社会主义市场经济是由代表广大人民群众利益的人民政府来管理的，而资本主义市场经济则是代表资产阶级利益的政府来管理的。在我国，必须不断完善社会主义市场经济体制，因为政府调控不是万能的，市场也不是万能的。要改善和加强国家宏观调控和完善市场机制。在加强国家宏观调控下（这是极为重要的根本前提),充分发挥市场对资源配置的基础性作用。要充分发挥市场积极的方面,又要抑制市场的消极方面。要惩治腐败,反对权钱交易,打击经济犯罪,反对非法暴富,维护社会主义市场秩序。

9．要从政治高度处理经济关系问题。因为,在治理国家和促进社会全面发展方面,政治与经济相比不能不占首位。在一定条件下,稳定压倒一切,政治稳定是经济发展的前提,必须处理好改革、发展与稳定的关系。要从政治高度处理区域经济发展不平衡问题、分配不公问题、扶贫问题、"三农"问题以及"三大差别"问题等。实质上,就是把社会主义经济建设问题即工人阶级和广大劳动人民的根本经济利益问题作为一项重大的政治任务来认真对待。

10．改革是社会主义经济发展的动力。社会主义制度建立后不是一成不变的。生机勃勃的社会主义是在不断改革中前进的。要根据生产力发展的要求,改革不适应生产力发展的生产关系和不适应经济基础的上层建筑。在经济体制改革中,公有制经济的实现形式问题、国有企业改制的问题、国有资产管理制度改革的问题是最需要研究的,改革的目的不是要削弱公有制经济,而是要使公有制经济焕发生机和活力,发展和壮大公有制经济。上层建筑方面的改革,是要加强对各种所有制经济的引导、监督和管理,使各种所有制经济各得其所,充分发挥作用,共同促进整个社会经济的高速发展,提高国家的综合国力。

问：您认为科学社会主义基本原理包括哪些内容？

答：这里,我就发展着的科学社会主义基本原理谈几点看法：

1．社会主义代替资本主义的历史必然性。马克思分析了资本主义社会生产社会化与私人占有性之间的矛盾、无产阶级与资产阶级之间的矛盾,这些矛盾的发展、激化和对抗,必然导致资本主义的灭亡和社会主义的胜利。当巴黎公社失败时,马克思满怀信心地说,巴黎公社是劳动在经济上获得解放的政治形式。巴黎公社的原则是永存的,是消灭不了的,在工人阶级得到解放以前,这些原则将一再地表现出来。列宁阐述了帝国主义就是战争,帝国主义时代的无产阶级革命的必然性,社会主义能够在一个国家（帝国主义统治薄弱的国家）首先取得胜利。毛泽东指出,社会主义制度终究要代替资本主义制度,这是一个不以人们自己的意志为转移的客观规律。不管反动派怎样企图阻止历史车轮的前进,革命或迟或早总会发生,并且将必然取得胜利。他解决了中国这样一个半殖民地半封建国家由新民主主义革命阶段转入社会主义革命阶段的问题。在经济全球化的形势下，列宁所阐述的时代即帝国主义和无产阶级革命的时代至今还没有过时，帝国主义力量还强大于社会主义力量，我们仍处在这样一个时代，社会主义革命和建设的任务还异常艰巨。

2. 工人阶级在现代社会发展中起主导作用。马克思阐明了工人阶级的历史地位，即工人阶级不仅是受苦的阶级，而且是现代社会中最革命的阶级，是社会主义革命的领导阶级。列宁阐明了工人阶级由于它在现代社会大生产中的地位和作用，使它成为与资产阶级对立的一切阶级中唯一彻底革命的阶级，成为被剥削劳动群众的领袖和导师，是劳动群众争取解放、摆脱剥削压迫的领导者。毛泽东同志对中国社会各阶级做了科学的分析，阐明了中国革命的对象、革命的动力、革命的领导阶级等问题，指明工人阶级是领导阶级，主张中国建立工人阶级为领导工农联盟为基础的社会主义国家。

3. 工人阶级肩负着彻底消灭阶级、消灭剥削的伟大历史使命。马克思阐明了工人阶级是资产阶级的掘墓人。工人阶级必须为自身解放而斗争。消灭资本主义制度，建设社会主义、共产主义制度，解放工人阶级并解放全人类，是工人阶级的历史使命。列宁阐述无产阶级要保持自身的独立性，与小资产阶级划清界限，推翻资本主义，建设社会主义。毛泽东强调无产阶级任何时候、哪怕是与资产阶级建立联盟时也不要忘记自己的历史使命，不要忘记无产阶级与资产阶级的对立，必须与资产阶级划清界限，保持无产阶级在政治上的独立性。邓小平同志关于"决不能丝毫放松和忽视对资产阶级思想和小资产阶级思想的批判"和进行社会主义、共产主义理想教育的论述，不仅是社会主义精神文明建设的内容，实际上也是保持无产阶级独立性和正确政治方向的必然要求。

4. 建立工人阶级政党的必要性。马克思阐明了工人阶级要作为一个阶级来行动，必须建立自己的政党——共产党。只有建立工人阶级政党，才能实现工人阶级的领导。列宁为建立马克思主义的政党进行了理论创造。毛泽东在中国历史条件下创造性地提出系统完整的建党理论（包括著名的三大作风）。邓小平同志提出要从共产党执政后面临的脱离群众危险增加的新考验出发，来加强党的建设。

5. 工人阶级通过阶级斗争是实现其历史使命的正确途径和方法。马克思阐明了工人阶级必须抛弃一切空想，以阶级斗争推翻资本主义制度。马克思主义的阶级斗争有其特定的含义，即：阶级存在仅仅与生产发展的一定历史阶段相联系；阶级斗争必然要导致无产阶级专政；这个专政是达到无阶级社会的过渡。列宁指出："社会主义就是消灭阶级。""在无产阶级专政时代，阶级始终是存在的。""机会主义恰巧在最主要问题上不承认有阶级斗争，即不承认资本主义向共产主义过渡的时期、在推翻资产阶级并彻底消灭资产阶级的时期有阶级斗争。"毛泽东同志论述了无产阶级取得政权后要继续进行阶级斗争，特别提出要警惕资产阶级"糖衣炮弹"的攻击，要实行人民民主来防止腐败。邓小平同志认为我国现阶段的阶级斗争是一种特殊形式的阶级斗争，是历史上阶级斗争在社会主义条件下的特殊形式的遗留，由于国际国内的因素，在一定条件下阶级斗争有可能激化。

6. 通过暴力革命建立无产阶级专政是无产阶级革命的普遍规律。马克思阐明了工人阶级必须建立自己的革命武装，打碎旧的国家机器，并以新型的国家即无产阶级专政的国家来代替。列宁强调暴力革命是马克思主义的理论基石，无产阶级专政是达到无阶级社会的过渡。在无产阶级专政下，阶级斗争并不消失，只是采取了别的形式。毛泽东同志提出"枪杆子里面出政权"；建立人民民主专政为国体和人民代表大会为政体的国家；要发挥人民民主专政的作用，镇压敌对势力的反抗。邓小平同志对于一切反社会主义的分子仍然必须实行专政。不对他们专政，就不可能有社会主义民主，就不可能建设社会主义现代化。

7. 无产阶级民主的本质是绝大多数人掌握国家政权。马克思阐明了无产阶级专政即无产阶级民主，由绝大多数人实行统治，并实行公职人员选举制、撤换制和普通工人工资制这些无产阶级民主制的重要措施。列宁强调无产阶级民主与资产阶级民主的本质区别，无产阶级民主是绝大多数人享受的民主，把少数人排斥于民主之外，指出，如果不把平等了解为消灭阶级，作为商品生产关系所反映的平等就会变成一种成见。无产阶级所需要的民主不以私有制为基础的民主，而是废除私有制为基础的民主。毛泽东同志提出人民民主专政的概念，即对人民实行民主和对敌人实行专政的统一；社会主义民主的根本问题是人民享有充分的参加管理国家、管理企业事业和管理各种社会事务的权利。邓小平同志提出要发扬社会主义民主，加强社会主义法制；要进行政治体制改革，"总的目的是要有利于巩固社会主义制度，有利于巩固共产党的领导，有利于在党的领导和社会主义制度下发展生产力"。

8. 建立公有制、解放和发展生产力是社会主义革命的根本目的。马克思和恩格斯阐明了共产党人可以把自己的理论概括为一句话：消灭私有制。共产党的政策必须表现出工人阶级解放的条件。工人阶级夺取政权后，要废除私有制，建立公有制，用自由的联合的劳动条件去代替劳动受奴役的经济条件，尽可能快地增加生产力的总量。列宁认为，归根到底，社会主义能创造比资本主义高得多的劳动生产率，是社会主义彻底战胜资本主义的最重要最主要的东西。毛泽东同志认为中国革命对官僚资本主义实行剥夺，对民族资本主义要经过社会主义改造，建立社会主义经济基础；对小生产者要和平共处，通过进行由私有制到公有制的革命和进行大规模现代化生产的革命相结合，教育、引导他们走上社会主义道路上来。他还认为，一个政党的政策正确与否，最终要看它的政策对生产是否有帮助和帮助之多少；无产阶级取得政权并基本平定反动阶级的反抗后，应把生产放在第一位；提出在帝国主义时代，如果我们不加快社会主义建设，我国就有被开除球籍的危险。邓小平同志认为社会主义比资本主义具有巨大的优越性，"只有社会主义才能消除资本主义和其他剥削制度所必然产生的种种贪婪、腐败和不公正现象"。"一个公有制为主体，一个共同富裕，这是我们必须坚持的社会主义的根本原则"。公有制和按劳分配不会产生新的资产阶级。他还提出，贫穷不是社会主义，发展速度太慢也不是社会主义，只要不是发生外敌大规模入侵的情况，我们必须以经济建设为中心。

9．工人阶级在革命进程中要坚持改造社会与改造人相统一，实现社会全面进步。马克思阐明了共产主义革命就是同传统的所有制关系实行最彻底的决裂，它在自己的发展进程中要同传统的观念实行最彻底的决裂。工人阶级为了谋求自身的解放，同时达到现代社会由于本身经济发展而不可遏制地趋向着的更高形式，他们必须经过长期的斗争，必须经过一系列将环境和人完全改变的历史过程。列宁提出要对社会上的特别是教育界的资产阶级偏见进行改造，他还阐明了共产主义义务劳动是伟大的创举，对人们在精神上摆脱剥削阶级观念和建设社会主义具有伟大的意义。毛泽东强调无产阶级在改造客观世界的同时，要改造自己的主观世界；无产阶级要按照自己的世界观改造世界，资产阶级也要按照自己的世界改造世界，斗争是不可避免的；思想政治工作是一切工作的生命线，必须加强无产阶级思想政治工作。邓小平同志强调，必须不让剥削分子、剥削行为、变相的剥削行为和剥削思想侵入党的队伍里来，并且使每一个共产党员在劳动和剥削之间，坚决地划清界限；他对改革开放条件下各种形形色色的剥削阶级思想进行深刻的批判，强调要对青年进行社会主义、共产主义理想信念教育的重要性，提出要弘扬社会主义思想，加强社会主义精神文明建设。

10．全世界无产阶级、被压迫人民的大联合是革命胜利的必要条件。马克思阐明了"全世界无产者，联合起来"的极端重要性。全世界各国工人阶级在争取解放斗争中必须加强团结，互相支持，这是取得革命胜利的保证。列宁阐明了帝国主义时代无产阶级革命必须与被压迫民族的革命互相支持是革命胜利的条件。毛泽东同志论述了我国对外关系中实行和平共处五项原则；提出各国革命互相支持，才能取得革命的胜利；提出要发扬无产阶级国际主义精神，支持全世界无产阶级和被压迫阶级、被压迫民族的革命斗争。邓小平同志强调以和平共处五项原则处理国际关系，维护世界和平必须反对霸权主义，中国永远站在第三世界一边，反对霸权主义。

  这些马克思主义基本原理是建立在历史唯物论和剩余价值论的理论基石之上的，是科学的学说。

| 我的理论思考 |

社会主义民主问题的理论思考

(2002年2月20日)

按照马克思主义的观点,民主是一个历史的阶级的范畴。民主是具体的民主,没有抽象的民主,也没有纯粹的民主。民主是国家形态。国家是一定阶级的国家。国家是统治阶级的工具,具有民主与专政对立统一的两个方面职能。一个国家的民主,是经济基础上和政治上占统治地位的那个阶级的民主,是为统治阶级利益服务的。民主是有阶级性的,没有超阶级的民主。民主是一种阶级关系,统治阶级享有民主权利,就意味着对被统治阶级民主权利的剥夺。资本主义民主的实质是,资产阶级享有的民主,意味着对工人阶级和广大人民群众的统治即专政。社会主义民主的实质是,工人阶级和广大人民群众享有的民主,意味着对资产阶级的专政。这个意义上的民主将随着国家的消亡而消亡。无产阶级专政是国家走向消亡的一个整整的历史过渡时期。

资产阶级民主由资本主义经济基础决定的,并为资本主义经济基础服务。民主属于上层建筑,是由一定的经济基础决定的,并为一定的经济基础服务。有什么样的经济基础,就有什么样的民主。民主与所有制关系极其密切,是由所有制性质决定的。在资本主义社会里,实行资本主义所有制,资产阶级占有大部分生产资料,在经济上占统治地位,而工人阶级没有占有生产资料,因而资本主义社会的民主,只是资产阶级享有的民主,而无产阶级处于资产阶级民主的对立面,处于被专政的地位。就是说,在资本主义社会里,资本家占有生产资料,工人受雇于资本家,受资本家的剥削,工人与资本家在经济上不平等,因而在政治上也必然不平等,不可能都享有同等的民主权利。没有占有生产资料的工人,与亿万富翁在政治上不可能有平等的民主权利,饥寒交迫者与亿万富翁不可能有平等的民主权利,这是显而易见的,不需要用任何高深的理论来证明。资本主义社会,所谓政治,被称为金权政治,是用金钱垒起政治宝座,在竞选中总是资产阶级党派推选出的后选人往往最终依经济实力而获选。资本主义民主在各种的运作中,最终使资产阶级享有民主,把无产阶级和其他劳动者排除于民主之外。这是毫无疑义的。迄今为止，无产阶级还没有通过资产阶级的民主竞选而获得政权，使劳动在经济上获得解放。列宁在分析资产阶级民主时指出，资本一旦取得了共和国这个民主形式的政治外壳，它能够更加牢固地进行统治。这阐明了资产阶级民主对于巩固资本主义经济基础的重要作用。

社会主义民主是由社会主义经济基础决定的，并为社会主义经济基础服务。在社会主义社会里，实行社会主义公有制，公有制经济占主体地位，因而就有无产阶级民主，即社会主义民主。就是说，工人阶级和广大人民群众在不同层次共同占有绝大部分生产资料，经济上获得按劳分配的平等权利，因而在政治上也获得同等的民主权利。邓小平同志深刻揭示社会主义的本质特征"一是以公有制经济为主体，二是不搞两极分化"。社会主义民主与社会主义本质特征是紧密联系的，是由社会主义本质特征决定的。社会主义公有制是社会主义民主的经济基础，离开了社会主义公有制，人民群众在经济上不可能有平等的权利，因而政治上就不可能享有平等的民主权利。社会主义公有制是人民群众在经济上享有平等权利和政治上享有平等民主权利的可靠保证或者说基本保证。随着社会主义公有制经济的发展壮大，社会生产力的发展，人民物质生活水平和文化水平的提高，社会主义民主的水平将不断提高。社会主义制度从根本上消灭了资本主义制度下工人群众与资本家在经济上和政治上的不平等、不民主。这就说明为什么社会主义制度比资本主义制度具有无比的优越性性，是迄今为止人类社会最进步、最合理、最美好的社会制度。当然，社会主义制度在政治、经济和文化方面还不可避免带有它脱胎出来的那个旧社会的痕迹，社会主义民主还处于初级的发展阶段，还很不完善，但它是历史发展过程中的新型的民主，充满生机和活力，不管经过多少曲折，必将是不可战胜的，终究要彻底代替资产阶级民主。

社会主义民主必须根据中国的实际情况而逐步推进。我国最大的实际是，我国现在处在并将长期处在社会主义初级阶段。社会主义民主要从这一最大实际来考虑：首先要肯定我国是社会主义国家。社会主义制度决定我国的民主是新型的社会主义民主，是绝大多数人的民主。西方资本主义国家的民主是少数人的民主，不符合中国的国情。如果中国实行西方资产阶级民主，中国绝大多数人民群众现有的民主权利就会丧失，重新沦落到受压迫受剥削的地位。因此，对那种以私有制为基础的、以多党制和三权分立为形式的西方资产阶级民主，必须坚决加以抵制。其次要确认我国社会主义现在处在并将长期处在初级阶段。由于生产力发展水平不高所决定，公有制的程度还比较低，有全民所有制和集体所有制两种形式，除公有制为主体的经济成分外，还有其他非公有制经济成分存在，这就决定着我国社会主义处于初级阶段，社会主义民主也处于初级阶段，只能由初级阶段向高级阶段逐步地发展。社会主义民主的健全和完善要经过一个长期的复杂的历史过程。推进社会主义民主的发展，既不能超越它所处的历史阶段经济和文化的发展，也不能使它落后于现阶段社会经济和文化的发展。在现阶段，要求马上实现尽善尽美的民主，这种理想主义是不切合实际的有害的空想；但如果以民主的发展是长期的历史过程为由而放弃为完善社会主义民主的努力，也是完全错误的、有害的，是对人民事业不负责的表现，是历史的大倒退。我们应该有高度的历史使命感、责任感，努力创造条件，从各个方面把社会主义民主不断推向前进。

要从生产力与生产关系、经济基础与上层建筑相适应的原理来正确处理我国社会主义民主实践中存在的问题。我国处于社会主义初级阶段，生产力总体水平不高，各地区各行业又发展不平衡，根据生产关系与生产力的发展水平必须相适应的原理，实行以公有制为主体、多种所有制经济共同发展的基本经济制度是符合国情的，是完全正确的。现在需要考虑这样一个问题是：在我们社会中，如果存在拥有百万、亿万资产的富翁和受其雇用的工人，两者之间在经济上不平等是显而易见的，那么又如何使工人与私营雇主都享有同等的民主权利？私营经济的发展，必然提出符合私营经济发展要求的民主，那么又如何解决？这是我们将遇到的最大的难题，是马克思主义者从未没有遇到过的难题，应该怎样解决这个难题。其实，邓小平理论早已给我们科学解决这个难题一把钥匙。邓小平同志指出："一个公有制占主体，一个共同富裕，这是我们必须坚持的社会主义的根本原则。如果我们的政策导致两极分化，我们就失败了；如果产生了什么新的资产阶级，那我们就真是走了邪路了。"邓小平同志提醒应该警惕的"邪路"，决不是无的放矢，我们应当有这一忧患难意识，时刻要坚决防止走上"邪路"。现在比较突出的问题是，由所有制所决定的社会现实中存在的严重分配不公的问题，必须寻找对策加以解决。只有通过发展壮大公有制经济和实行按劳分配原则，才能解决社会分配严重不公的问题，使全社会的分配基本平等（不是平均主义），基本体现社会主义"按劳分配"（即按劳取酬为主体），消除分配上的高低悬殊，消除两极分化。在现阶段的社会主义制度下，只能做到，以公有制为主体，广大人民群众在不同层次上和一定范围内对公有制生产资料占有是平等的，按照按劳分配原则取得报酬是平等的。要从这一经济基础对民主的要求出发，正确处理社会主义与市场机制的关系，正确处理效率与公平的关系。按照公有制为主体和按劳分配为主体，使广大人民群众在经济上获得平等权利，以此来构筑社会主义民主即人民民主。使社会主义民主不仅应该体现在政治上的平等权利，而且应该体现在经济上的平等权利，这是实实在在的，回避不了的。所以，应该把公民政治上的平等权利与经济上的平等权利统一起来，同时考虑，逐步加以解决。不应该用资本主义商品经济所反映、所要求的民主即资本主义民主、私人资本自由发展的民主，来解决社会分配不公的问题，实际上是不可能解决社会分配不公的问题，而只能使社会财富加剧集中于少数人，加剧社会分配不公平。而只能以社会主义公有制经济发展所要求的社会主义民主，来解决社会分配不公的问题。现在我们面临的问题是，在社会主义初级阶段如何加强国家宏观调控，既使私营经济有适当的发展，又能调节社会分配严重不公的问题，使社会财富分配不公控制在一定的范围之内，把这种不平等控制在一定的最低程度之内，不至于形成分配上的高低悬殊和两极分化与形成阶级对抗，以此来控制和预防政治上产生严重的不平等、不民主。如何允许私有经济存在，又防止生产资料（资本）集中在少数人手中而产生两极分化？如何使私营经济有利于社会主义社会生产力的发展，又如何加强监督、管理和引导使它不至于影响和危害社会主义民主的发展？这是关系社会主义民主的前途和命运的问题，是亟待需要研究和解决的极其重大问题。

社会主义民主要依靠社会主义物质条件来保障。政治与经济的统一，政治是经济的集中体现，这是我们观察一切社会问题的出发点。要根据政治的要求来解决经济上的问题，为民主的实现提供经济保障。社会主义民主是真实的，而不是虚伪的，就是因为社会主义制度实行公有制为主体和按劳分配为主体，在这一广大范围内消灭生产资料私有制，消灭了剥削，能够为广大人民群众享有民主权利提供切实的物质保障。现在重要的是，社会主义民主建设必须围绕、服从和服务经济建设这个中心来进行，推动社会生产力的发展，为社会主义民主建设奠定可靠的物质基础。必须明白马克思主义的基本原理：发展壮大公有制经济是巩固共产党的执政地位、巩固人民民主专政、巩固社会主义制度、维护最广大人民群众根本利益、维护国家长治久安的经济基础。所有制关系的变动和社会分配关系的调节，必须服从党和国家政治的需要。这就是讲政治、讲大局。现在我国实行社会主义市场经济，社会经济成分、组织形式、就业方式、利益关系和分配方式日益多样化，给发展社会主义民主带来许多复杂的问题，必须认真研究解决。社会分配不公的问题，是广大人民群众关注的突出问题。这个问题不解决，广大人民群众在经济上权利不平等，法律上规定的政治上享有平等的民主权利就缺乏物质保障，就难以实现。经济分配不公的问题，如果长期得不到解决，就会引起群体性的群众上访、甚至酿成群体性的群众闹事事件，就会损害党同人民群众的血肉关系，破坏国家的安定团结。这种情况在一些地方时有发生，应当引起足够的重视。经济问题，在一定条件下会引起政治问题、民主问题，这是马克思主义者应该理解和严重关注的问题。对这个问题应当认真研究，提出对策。更重要、更根本的是如何进一步巩固社会主义公有制主体地位的问题和如何使私有经济在一定范围得到适当发展的问题，即正确处理发展公有经济与发展私有经济关系的问题，掌握它们之间的质和量的度，控制它们之间的一定比重，这是关系我国社会主义制度生死存亡的根本问题，也是需要十分重视研究和解决的根本问题。当前对弱势群体、贫困群体、下岗工人的救助，这也是社会主义民主所必须解决的一个重要现实问题，需要采取更有力措施，继续加大力度予以解决。

　　社会主义民主要依靠人民代表大会制度来实现，同时也要依靠其他多种民主形式来实现。人民群众是历史的创造者，生气勃勃的社会主义是人民群众自己创造的。在社会主义民主的发展进程中，要充分发挥人民群众的首创精神，支持人民群众在实践中创造丰富多样的社会主义民主实现的形式。我国实行的人民民主专政的国体和人民代表大会制度的政体是实现人民根本利益的最有效的制度。我国人民代表大会制度，是民主集中制在国家政治生活中的生动体现，是国家的根本政治制度，是社会主义民主实现的基本形式。人民通过人民代表大会来行使自己当家作主的民主权力，实现自己的民主权利。要进一步加强和改进人民代表大会制度，真正发挥人民代表大会作为国家权力机关的作用，特别是要强化人民代表大会对政府和法院、检察院的监督作用。此外，要充分发挥社会主义民主的其他形式的作用，共产党领导的多党合作的政治协商制度要为社会各阶层充分享受社会主义民主权利创造良好的条件；人民团体和其他各种社会团体要在自己依法制定的章程范围内活动，为社会团体及其成员享受社会主义民主创造条件；企业、事业单位要发挥工会或职工大会的作用，使职工群众参与对企业、事业单位的决策、管理与监督，实现自己的民主权利。同时，要积极扶持推广人民群众在社会主义实践中创造出日益增多的民主实现形式。目前在全国范围推广的政务公开、厂务公开、村务公开，是实现社会主义民主的重要形式。还有民主质询、民主评议等形式，也是民主实现的重要途径。还有以适应社会主义市场经济发展要求的政府采购制度、公开招投标制度的形式等，也有助于社会主义民主的实现。

公开是民主实现的前提条件。没有公开就没有民主。通过公开,使人民群众对政务、厂务、村务有知情权、参与权、选择权、决策权、管理权、监督权,使权力在广大群众的监督下进行"阳光下操作",防止权力"暗箱操作",避免权力腐败,从而维护人民群众的民主权利和其他合法权益免遭非法侵害。这种公开的民主,是人民群众行使自己民主权利的有效形式,是防止干部和国家机关由社会公仆因以权谋私而蜕变为社会主人的有效途径。这种公开是社会的消毒剂,是防止腐败的法宝。应该细心研究和总结各种民主公开制度,并在社会各个方面推行,使社会主义民主更加广泛、更加普及、更加深入、更加完善,真正使广大人民群众获得真正的民主。

社会主义民主的实现必须建立健全权力制约机制。权力被滥用,以权谋私得以发生,社会主义民主受到损害,一个重要原因就是权力运行不规范、权力内部缺乏有效制约。要防止权力腐败,需要以权力制约权力,针对容易产生滥用权力的具体体制、制度和薄弱环节,建立结构合理、配置科学、程序严密、制约有效的权力运行机制。在这种权力运行制约机制中,权力要作适当分解,分权后各种权力由不同部门(单位或岗位)行使,使各种权力之间形成合理的结构;职权配置要科学,体现分工明确、各负其责,职权与责任统一;根据分权和各自的职权来设计权力运行的程序,这一程序要严密,环环相扣,体现行使各种权力的部门(单位或岗位)既分工负责、互相配合,又互相把关、互相制约,保证权力沿着社会主义民主法制的轨道运行,做到既完成共同的任务又防止以权谋私的发生。社会主义上层建筑领域存在的制度缺陷和官僚主义等,也影响和造成社会主义民主在许多方面难以实现。必须从改革入手,改革不适应社会主义民主发展的体制、机制和法制,加强教育,强化监督,健全法制,不断克服官僚主义和形式主义的问题,使党和国家机关和工作人员更好地为发展社会主义民主服务,为广大人民群众服务。

社会主义民主必须在法制轨道上运行。社会主义法制是以人民民主为基础的,是广大人民群众意志的体现。社会主义法制又是社会主义民主的保障,遵守社会主义法制是实现社会主义民主的前提条件。破坏社会主义法制,必然危害社会主义民主。我国宪法和法律规定公民民主的权利和义务,并规定行使用权民主权利和履行义务的程序。这种权利和义务是对等的,没有无权利的义务,也没有无义务的权利。这是社会主义民主的本质特征。离开义务谈权利,或离开权利谈义务，都是错误的。谁享有权利，谁就必须履行义务；谁不履行义务，谁失去民主权利。一句话，任何公民享有法律规定的民主权利，同时必须履行遵守法律规定的义务。任何党派、群众团体和企业事业单位也是如此。法律与其说是管群众的，不如说首先的更重要的是管理国家机关和工作人员的。宪法和法律对国家机关及其工作人员行使权力及其权利和义务都作了规定。国家机关和工作人员行使权力，必须依照体现人民群众意志的法律进行。权力的行使如果脱离法制的轨道，也就是违背了人民群众的意志，损害人民群众的利益，侵犯人民群众的民主权利。国家机关和工作人员带头遵守和执行宪法和法律，国家行政机关和工作人员严格依法行政，才能保护广大人民群众的民主权利。因此，必须全面实施依法治国的方略，建设社会主义法治国家，把国家的民主政治活动纳入法制的轨道，依法选举、依法决策、依法管理、依法监督，维护公民的合法权益，保证社会主义民主不因领导者注意力的转移而转移，也不因领导者的更替而变更。

社会主义民主的实现必须坚持人民民主专政。民主与专政是对立统一的。我国的人民民主专政，就是对人民的民主与对敌人的专政及对其他犯罪分子的制裁结合起来。在我国现阶段，社会主义民主经常遭受各种敌对分子、犯罪分子和腐败分子的侵犯。因此，为了加强社会主义民主，保障人民群众的民主权利、人身权利和其他合法权益，必须坚决打击破坏我国社会主义建设和颠覆人民民主专政政权的国内外各种敌对分子，必须坚决打击分裂中国的国内外敌对势力，必须坚决打击各种黑社会性质的犯罪势力，必须坚决打击进行杀人、放火、抢劫、强奸、走私、贪污、贿赂、邪教、黄赌毒等犯罪活动的犯罪分子，必须坚定不移地开展反腐败斗争，严厉惩治腐败分子。打击各种犯罪活动都有必须依法进行，稳、准、狠地惩治犯罪分子，达到保护人民群众的民主权利和其他合法权益、保证人民群众安居乐业和在安定团结的环境下进行社会主义建设的目的。对社会治安和反对腐败都要坚持标本兼治、综合治理的方针，在加大力度打击犯罪和惩治腐败的同时，注重从源头预防和治理犯罪与腐败，从根本上控制和减少犯罪和腐败的发生。

社会主义民主的实现必须坚持共产党的领导。社会主义民主的实现并不是自然而然、放任自流地实现的。它必须是有领导地实现的。没有领导的民主，只能导致无政府主义，招来社会主义民主的破坏。那末，谁能够领导这样人类历史上最新型的社会主义民主呢？历史证明，只有中国共产党，其他任何政党都是不可能的。但决不能忘记：一些民主党派和无党派民主人士与中国共产党同心同德，在中国革命和建设中作出了贡献。中国共产党与民主党派和无党派民主人士将长期保持互相尊重、肝胆相照、风雨同舟、荣辱与共的关系，开展民主政治协商活动。中国共产党的纲领、宗旨是完全为着解放人民的，是全心全意为人民服务的，为人民谋取民主权利是我们党责无旁贷的神圣职责。中国人民当家作主的民主权利，就是中国共产党领导人民推翻三座大山而取得来的，并且在建设社会主义的过程中得到发展。80多年的历史证明，中国共产党是全中国人民的领导核心，没有这样一个领导核心，就没有中国革命的胜利，就没有社会主义事业的胜利，就没有社会主义民主，就没有人民的一切。现在我们如果离开了共产党的领导，国家就会四分五裂，历史潮流就会大倒退，人民的政权和民主权利就会得而复失，人民就会重新受剥削被压迫。因而坚持共产党的领导是社会主义民主实现的内在要求。我们党要继续高举社会主义民主的旗帜，动员广大人民群众参加社会主义民主活动，组织广大人民群众参加国家、企业和其他一切事业的管理活动。我们党能够无愧地充当人民群众民主活动的领导者和引路人。人民群众的任何民主活动也都应当置于共产党的领导之下，人民群众的民主权利才能逐步扩大并真正成为现实。

共产党内发扬民主，是党领导广大人民群众实现社会主义民主的关键。我们党在国家政治生活中处于执政地位，是执政党。党内有充分的民主，才能带动人民民主的发展；如果党内民主不够充分或者缺乏，那么人民民主也同样会不够充分或者缺乏。历史的事实历历在目："文化大革命"使我们党内民主受破坏，整个国家的社会主义民主也遭到了严重破坏，国家陷入了混乱，经济到了崩溃边缘，人民的民主权利得不到保障。党的十一届三中全会拨乱反正，纠正了"文化大革命"的错误，党内恢复了民主，社会主义民主得到恢复，整个国家开始走上社会主义民主与法制的轨道。沉痛的事实教育我们，党内发扬民主，对国家的民主政治建设具有决定性的作用。共产党内实行民主集中制，这是一个根本的制度。现在需要从各个方面加以完善，特别是完善党的各级代表大会制度，使其成为同级党的最高决策机关和最高监督机关，特别是党的全国代表大会应成为全党最高决策机关和最高监督机关，以保证决策的民主性和科学性，真正体现全党的意志和广大人民群众的根本利益，并保证决策的正确执行。邓小平同志曾在党的八大上提出这个问题，还提出以"代表大会常任制"来解决这个问题。要以此为目标，来建立和健全党内民主的实体制度和程序制度，实现民主在制度化、法制化。党中央和邓小平同志、江泽民同志曾提出加强防止高层腐败问题和对高层领导的监督问题以及加强对各级领导干部特别是主要负责人的监督问题,党的十五届六中全会提出要改革党的纪律检查机关领导体制问题,这些问题还远远没有解决,应该抓紧摆在党的重要议事日程上来研究和解决。党内民主要体现在民主选举、民主决策、民主管理、民主监督,现在这些方面的制度还不健全,需要抓紧这些方面的制度建设。要正确处理党内民主与社会主义民主的关系。党内民主进一步发扬,必然带动社会主义民主的发展;同时,只有加强国家社会主义民主和法制建设,充分发挥人民民主的作用,才能推动党内民主的进一步发展。社会主义民主,不仅体现人民群众参加国家、企业事业和各项社会事务的管理,而且还体现在人民群体对我们党执政的监督。我们党作为执政党,也需要接受人民的监督,才能防止腐败,巩固自己的执政地位。党接受人民群众的监督,监督党在宪法和法律范围内活动。党要遵守党章党纪,也要遵守国家宪法法律。这里最重要的是,从两方面做好工作:一要坚持清正廉洁、执政为民,加强党内监督,接受群众监督,拒腐防变;二要正确处理政策与法律的关系,既要按党的政策办事,又要按国家法律办事,在社会生活中主要是依法办事,依法处理国家和社会的各种矛盾包括人民内部矛盾,维护广大人民群众的利益,维护广大人民群众的民主权利。

综上所述,只有坚持中国共产党的领导,以马克思列宁主义、毛泽东思想和邓小平理论为指导,坚决贯彻党的基本理论、基本路线、基本纲领,认真实践江泽民同志"三个代表"重要思想,才能实行社会主义民主和发展社会主义民主。

关于"国家依法保护人权"的意见

（全国政协十一届三次会议大会发言材料汇编）

人权问题，是国际斗争和国内斗争的一个重大问题。这个问题，被一些人弄得混乱不堪，有必要用马克思主义观点进行分析和澄清，坚持国家依法保护人权，并在国际上人权方面进行正确的合作与斗争。

一、人权有鲜明的阶级性

观察人权问题，必须坚持马克思主义阶级分析的观点和方法。在阶级存在的社会里，只有具体的人权，没有抽象的人权，只有阶级的人权，没有超阶级的人权；不同统治阶级的国家有不同的人权标准及其法律规定。

我国是工人阶级为领导的工农联盟为基础的社会主义国家。在我们国家里，绝大多数人享有广泛的民主，只对少数反对人民、破坏社会主义建设事业的人实行专政。这是人民当家作主的根本标志，是中国人权发展史上开天辟地的伟大事变。近些年来，我国依法平息西藏达赖分裂势力暴乱、平息新疆东突势力暴乱，正是为了保护广大人民群众的人权。而美国霸权主义却借此肆意攻击我国践踏人权，竭力支持达赖、热比娅之流在中国搞分裂、搞动乱、搞暴乱。很清楚，中国人民要铲除的黑恶势力，恰恰是美国霸权主义所珍惜的和企图搞垮中国的人权法宝。美国以人权卫道士自居，经常攻击别国的人权状况，而他们自己的人权纪录却糟糕得很。美国不仅在国内制造罪行，而且在国外不断挑起侵略战争，大规模摧毁民用设施和血腥屠杀造成大量平民死亡、饥饿、瘟疫、逃亡等各种灾难。中国反对侵略、维护世界和平，美国就把中国定为邪恶轴心国家。无数事实证明，人权有着鲜明的阶级性。我们要丢掉幻想，绝不能跟霸权主义搞什么同一个世界同一个人权！我国人民在长期的革命斗争中懂得了这个道理，才取得了民主革命的胜利和人民民主专政政权的巩固。我国人民从《农夫和蛇》、《东郭先生和狼》的寓言中吸取了教训，深知不能不加区别地对任何人的人权都给予保护，对毒蛇和狼一般的恶人决不能姑息、不能保护、不能讲和谐，必须采取专政的办法。不如此，各种敌对势力和各种犯罪分子就会在我国为非作歹，国家就会被分裂，社会主义制度就会被颠覆，人民就会遭殃。

二、坚定地高举社会主义人权的旗帜

有人认为，提国家保护人权就行了，不要提社会主义人权和国家依法保护人权，否则外国人会说我国不要人权。让人家去说又何妨！殊不知，我国社会主义人权事业就是在敌人恶毒攻击和咒骂中发展起来的。西方敌对势力攻击我国不要人权，其实，我们只是不要资本主义人权，而要社会主义人权。这与我们国家不要资本主义民主，而要社会主义民主是一样的。既然我们高举社会主义民主旗帜，不怕人家说我们不要民主，同样地，我们高举社会主义人权旗帜，也不必害怕人家说三道四、造谣诬蔑。我们坚持真理，必须旗帜鲜明，决不能用资产阶级超阶级的人权观来模糊人民群众对人权本质的认识。人民群众越是科学地认识人权的本质，越是有利于巩固马克思主义的指导地位，越是有利于加强人民民主专政和维护人民的根本利益，越是有利于巩固共产党的领导和执政地位，越是有利于巩固社会主义制度，发展安定团结的政治局面，建设中国特色社会主义。

三、坚持法律规定与实际相一致的人权观

我国宪法规定："任何公民享有宪法和法律规定的权利，同时必须履行宪法和法律规定的义务。"宪法这一规定，是我们社会主义国家保护人权的最严整的科学概括。在我国，没有无义务的权利，也没有无权利的义务。公民权利与义务的一致性，是社会主义人权的集中体现。公民在行使宪法和法律规定的权利，同时必须履行宪法和法律规定的义务。这要求公民行使权利时不得损害他人权利和社会公共利益，是公民的一种义务。义务具有强制性，公民不履行义务，要受到法律的约束。公民如果行使权利时损害他人合法权利和社会公共利益，那末就要受到法律处罚，这正是保护绝大多数公民的权利和人权的需要。

保护人权的法律规定，如果与实际相背离，那么这一法律规定就是虚伪的。资产阶级法律规定保护人权，而实际上却对人民反抗压迫和剥削的革命斗争坚决镇压，霸权主义国家还对外发动侵略战争，这表明资产阶级法律所谓保护人权是何等虚伪。坦白说，我国不承认无条件地保护人权，而是有条件地保护人权，是依照我国社会主义法律保护人权。如我国刑法和刑事诉讼法的实践中，打击犯罪、保护人民，得到广大人民群众的衷心拥护，与"国家依法保护人权"的

提法是相一致的，说明我国法律保护人权是真实的。因此，笼统讲国家尊重和保护人权不准确，容易授人以柄，被人用来攻击我国侵犯人权，使我们处于自相矛盾的被动地位。

四、国家依法保护人权的实践

我国宪法和法律是共产党的主张和人民意志相统一的体现。国家依法保护人权的提法，是实施依法治国方略的必然要求，也是坚持公民权利与义务一致性和公民在法律面前一律平等原则的必然要求。

国家依法保护人权的实质和实践，集中表现在两个方面：一是国家依法保障人民民主，保护广大人民群众的人权，特别保护广大人民群众享有平等的民主权利、经济权利、人身权利。二是国家依法惩治犯罪，并依法保护罪犯的人权。对罪犯人权的保护是有条件的，要根据罪行严重程度区别对待，即对罪行特别严重的罪犯，要剥夺其全部人权包括生命权，如判处死刑立即执行；而对有些罪犯的人权要部分剥夺或者限制，如判处死刑缓期执行、判处无期徒刑、有期徒刑、拘役以及罚金、没收财产、剥夺政治权利等。对罪犯的人权，除被剥夺的那些部分之外，其余的人权仍受法律保护，如服刑罪犯的人格尊严权、健康权、休息权、生命权受法律保护，不准对其侮辱、打骂、体罚以及搞超体力的劳动，又如没有被剥夺选举权的罪犯，法律还保护其选举权，此外法律还保障罪犯的申诉权等。在刑事诉讼阶段，我国法律还保障被告人的各种诉讼权包括辩护权和上诉权。所以，国家依法保护人权的提法是符合人民民主专政实际的，是符合马克思主义的人权观和国家观，是科学的真理，我们没有什么理亏的地方，要理直气壮地宣传和坚持。

五、"国家依法保护人权"有利于我国参加国际人权合作与斗争

有的人认为，我国加入国际人权条约，说明各国人权是共性的，我国要与国际接轨，提国家保护人权就行了，不必提国家依法保护人权。与国际什么接轨值得商榷！实际上，我国与第三世界许多资本主义国家在人权认识上有本质的差别，也有很多相同或相似的地方，特别在反对霸权主义以人权为借口干涉别国内政这一重大问题上有共同的利益和一致的观点；但与一些发达资本主义国家特别是霸权主义国家对人权认识上有很大分歧甚至是根本对立的。因此，我国宪法应该规定国家依法保护人权，这有利于我国国内依法保护人权，也有利于我国参加

国际人权方面的合作与斗争。

其一，我国可以按照国家依法保护人权的立法精神，明确人权的阶级性，划清敌我界限，从法理上和事实上驳斥敌对势力对我国人权的攻击和诬蔑，依法有效保护人权，教育公民正确行使权利和忠实履行义务，充分调动广大人民群众的积极性、主动性和创造性，建设社会主义现代化国家。

其二，我国可以按照国家依法保护人权的立法精神，有条件地加入国际人权条约，对加入的国际人权条约中有与我国法律对立的，可以声明保留条款，除保留条款之外的其他规定应当履行，在国际人权范围内开展广泛的合作与进行必要的斗争，与一切进步国家和进步力量建立广泛的统一战线。

其三，我国可以按照国家依法保护人权的立法精神，弘扬马克思主义的人权观，利用国际条约进行人权方面的斗争，反对霸权主义，反对超级大国以"人权高于主权"为由来干涉别国内政，维护我们国家最高利益，维护世界和平。

对《"党的先进性问题"研究报告》的想法

应中国社会科学院《"党的先进性问题"研究报告》课题组征求意见的要求，本文作者对《"党的先进性问题"研究报告》谈了一些想法。
（2002年6月21日）

这份《报告》站在工人阶级和广大人民群众的立场上，以马列主义、毛泽东思想、邓小平理论为指导，运用"三个代表"重要思想，结合历史和现实，阐述共产党的先进性，在新的历史条件下捍卫了马克思主义关于坚持共产党先进性的理论。这份《报告》观点鲜明，特别是对一些错误观点和错误倾向的批判，更显示出《报告》的针对性、现实性，具有马克思主义的理论勇气和战斗风格。《报告》总体上是好的，还要进一步加以推敲。我读了这份《报告》，谈一些不成熟的想法，其错误难免，作为参与讨论的意见，仅供参考。

一、决定共产党先进性的阶级基础。共产党的先进性是由无产阶级即工人阶级的先进性决定的。工人阶级是大工业本身的产物，是先进生产力和生产关系的代表。工人阶级在现代大生产中的地位和作用，决定了它是最先进的阶级，在同资产阶级对立的一切阶级中，只有工人阶级是真正革命的阶级。它的历史使命就是推翻资本主义，建立社会主义和最终实现共产主义。工人阶级在与资产阶级的斗争中接受马克思主义的指导而建立了自己的政党——共产党。共产党在为实现共产主义伟大理想和目标而奋斗的整个历史过程中，共产党的阶级基础即产生共产党的阶级基础只能是工人阶级。共产党是工人阶级的先锋队，这一性质本身就指明了共产党的阶级基础只能是工人阶级。共产党的阶级基础如果一旦改变了，共产党就变质了，就不成其为共产党了。因此，只要共产党还存在，共产党的工人阶级基础不能改变。

二、决定共产党先进性的理论基础。马克思主义是工人阶级彻底解放的理论武器。马克思主义是在工人阶级反对资本主义和建设社会主义的斗争中不断发展的。马克思主义是共产党的灵魂和生命线。只有以马克思主义理论为指导，才能保证共产党与时俱进，始终站在时代的前列，带领工人阶级和广大人民群众为自己的利益而奋斗。共产党如果放弃了马克思主义,就会站到工人阶级和广大人民群众的对立面,从而丧失其先进性,蜕化变质,堕落为资产阶级政党,最终被时代前进的潮流所淘汰。坚持和发展马克思主义,必须抓住马克思主义理论中根本的东西。什么是马克思主义理论的根本?《共产党宣言》中说:"共产党人可以用一句话把自己的理论概括起来:消灭私有制。"①从苏联的瓦解和东欧的巨变来看,这一高度的理论概括具有特别重大的现实意义。放弃"消灭私有制",而奢谈什么共产主义,那是骗人的鬼话。当然,消灭私有制是一个长期的历史过程,邓小平同志联系中国社会主义初级阶段的实际,提出"社会主义有两个非常重要的方面:一是以公有制为主体,二是不搞两极分化。"②特别是邓小平同志指出共产党必须搞清楚坚持什么样的社会主义,他指出:"社会主义的本质,是解放生产力,发展生产力,消灭剥削,消除两极分化,最终达到共同富裕。"③这指明了我们在新的历史时期应该如何保持党的先进性。只有坚持讲政治,才能坚持马克思主义理论。政治任务的各个不同的历史时期有不同的内容,在工人阶级夺取政权以后,主要任务是发展社会主义社会的生产力,搞好社会主义的四个现代化建设。搞社会主义的四个现代化,而不是搞资本主义的四个现代化,就是讲政治。坚持四项基本原则是坚持马克思主义的集中体现,就是讲政治。邓小平同志对讲政治作了高度概括,指出:"马克思主义的思想理论工作是不能离开现实政治的。我这里所说的政治,是国内外阶级斗争的大局,是中国人民和世界人民在现实斗争中的根本利害。不能设想,离开政治的大局,不研究政治的大局,不估计革命斗争的实际发展,能成为一个马克思主义的思想家、政治家。"④(《邓小平文选》第2卷,第179页)邓小平同志这一科学论断,阐明了共产党要保持先进性,必须坚持马克思主义,而坚持马克思主义就必须讲政治,而讲政治就必须讲讲国内外阶级斗争的大局——中国人民和世界人民在现实斗争中的根本利害的问题,因而共产党如果放弃马克思主义阶级斗争理论,就必然丧失党的先进性。这一科学论断为我们党保持先进性指明了正确的前进方向。

三、决定共产党先进性的组织保证。过去一些工人运动的失败,一些社会主义国家的失败,重要原因是没有一个真正的工人阶级政党或者原先的工人阶级政

---

① 《马克思恩格斯选集》1972年版,第1卷,第265页
② 《邓小平文选》第3卷,第138页
③ 《邓小平文选》第3卷,第373页

党变质了。工人阶级要作为一个阶级来行动，必须要有自己的政党——共产党。共产党是工人阶级的先锋队，同时也是全体劳动人民的领导核心。共产党是用民主集中制和严格纪律把工人阶级先进分子组织起来的政党——有铁的纪律的战斗部队。我们党能够成为先进的坚强的组织，就是始终坚持民主集中制的原则。民主集中制包括民主和集中两个方面，民主集中制的民主，就是党员和党组织的意愿、主张的充分表达和积极性、创造性的充分发挥；民主集中制的集中，就是全党意志、智慧的凝聚和行动的一致。离开了民主讲集中，就会导致集权主义；离开了集中讲民主，就会导致无政府主义。在共产党执政的条件下，既要坚持民主，又要坚持集中，特别要更注重发扬民主。坚持民主集中制，必须把民主与集中有机地结合起来，必须坚持党员个人服从组织，少数服从多数，下级服从上级，全党各级组织和全体党员服从党的全国代表大会和中央委员会。这个"四个服从"是党的民主与集中相结合的根本组织制度和组织纪律。我们党就是因为有这样的根本组织制度和组织纪律，所以能够在一切斗争中统一意志、统一指挥、统一步调、统一行动，发挥其工人阶级先锋队的作用，带领工人阶级和广大劳动人民在革命斗争中和在社会主义建设中冲锋陷阵，历尽挫折而不垮，百折不回更坚强。要十分重视党的组织建设、思想建设、作风建设、反腐倡廉建设和纪律建设，使党成为坚强的马克思主义政党。

四、坚持最高纲领与最低纲领的统一，坚持马克思主义的正确路线。只有坚持为共产主义而奋斗的最高纲领，才能在实践社会主义最低纲领的斗争中不迷失方向。同时，也只有努力为当前社会主义最低纲领而奋斗，才能一步一步地朝着共产主义目标迈进。因此，要从实现共产主义最高纲领出发，使建设社会主义过程中所制定的路线和所采取的每一项方针政策与实际步骤，都考虑到有利于共产主义的最终实现。决不能信奉"最终目的是微不足道的，运动就是一切"的机会主义的教条，决不能为眼前的利益而放弃共产主义远大目标。在建设社会主义过程中，有时遇到特殊的困难，需要作暂时的退却和妥协，采取某些有利于促进经济发展的资本主义措施是许可的，是推动社会发展所必需的，这是社会生产力发展水平决定的，是历史条件的使然，是完全必要的，那种拒绝必要的退却和妥协，拒绝走曲折的前进道路，是对马克思主义的理解愚腐到了极点。但是，必须明确"退一步，是为了进两步"，迂回是为了前进，为了更有利于进一步推进社会主义事业，而不是倒退到资本主义上去。要明确，建设社会主义和实现共产主义是一个极其艰难复杂的长期的历史过程，这里有无数的坎坷、曲折和挫折，不会一帆风顺，需要我们几代、几十代人的坚持不懈的努力奋斗。但是，我们共产党人决不能因为共产主义是遥远的、斗争太艰巨而放弃共产主义的伟大目标。历史经验证明，我们党在为新民主主义革命而奋斗的时期，全党党员心中都怀着社会主义和共产主义的目标，保证了新民主主义革命的胜利，并顺利地从新民主主义革命转入社会主义革命。我们现在正在进行社会主义建设，难道能够放弃共产主义的远大目标吗？我们为共产主义奋斗，不是乌托邦的幻想，而必须脚踏实地。当然，面对我国还处于社会主义初级阶段这一客观现实，制定的路线方针政策必须符合实际，首先要符合初级阶段生产力发展水平的实际，也要符合初级阶段政治、文化的实际，逐步地推进社会主义事业，任何超越历史阶段的做法，只能延缓社会主义的进程。

五、必须紧密依靠党的阶级基础和群众基础。党的阶级基础与党的群众基础是有区别的，同时也是有联系的，把两者混同起来是十分有害的。对生产资料有无私人占有及其占有的多寡，是划分阶级及其阶层的基本依据。在我国经济成分多样化的情况下，阶级、阶层处在不断变动之中，比如，从工人、农民、知识分子和干部的队伍中分化出来个体劳动者、个体户、私营企业主、雇佣工人。要用发展的眼光和阶级分析的方法，观察和分析阶级、阶层的变化以及人们由于经济地位的改变而引起思想感情、政治立场的变化。群众是划分为阶级的。如果把党的阶级基础与党的群众基础混为一谈，就无异于取消党作为工人阶级先锋队的作用。工人阶级是现代社会中最先进的阶级，是先进生产力和生产关系的代表。党的阶级基础是工人阶级。党是工人阶级的先进部分，而不是其他阶级的先进部分。如果把其他阶级作为先进生产力的代表，就会混淆党的阶级基础，会造成共产党变质的严重恶果。坚持党的阶级基础，就要坚持共产党员必须是工人阶级先进分子。出身于其他阶级的人，只要他真正愿意接受并忠实实践党纲党章，与剥削行为、剥削思想划清界限，符合共产党员的条件，也可以成为工人阶级先进分子，成为共产党员。我们党从建立以来都是这样做的。党的群众基础，就是党始终坚持人民群众创造历史的历史唯物主义观点，认为生气勃勃的社会主义事业是人民群众的事业，只有依靠广大人民群众才能建设社会主义。坚持党的群众基础，就是必须坚决走群众路线，密切联系群众，相信群众，依靠群众，尊重群众的首创精神，发挥群众的主动性、积极性，领导广大群众自己解放自己，创造美好幸福的新生活。在我们社会中，工农群众是最基本的群众。党首先要依靠工农群众，才能达到团结其他各阶级各阶层群众的目的。我们扩大党的群众基础是有原则的,决不是以金钱为标准,决不能谁有钱有资本就依靠谁,否则,就会脱离广大工农群众,要扩大党的群众基础是不可能的。现在有些情况值得重视和警惕,一些领导干部整天围着"大款"转,依靠"大款"发展经济,给"大款"各种机遇,为"大款"跑项目,搞联系,并给"大款"各种光环,甚至于把"大款"捧为先进生产力的代表,极大地贬低了广大工农兵和知识分子这些基本群众,也是从根本上否定了工人阶级是先进生产力的代表,否定共产党是工人阶级的先锋队。近些年来,党内有一批领导干部包括高级干部因"傍大款"、搞权钱交易而走上腐败的道路,损害党的先进性,损害了党同人民群众的血肉联系。事实令人触目惊心。因此,只有我们党全心全意依靠工人阶级,牢固地巩固工农联盟,才能有条件教育、团结和吸引其他阶级阶层的人们作为党的群众基础。扩大党的群众基础,就是在依靠工人阶级和农民阶级的基础上,最大限度地团结一切可以团结的人,调动一切积极因素,为建设有中国特色社会主义事业服务。党的事业的成功,关键是党要密切联系群众,全心全意为人民谋利益。党的最大危险是脱离广大人民群众。党一旦脱离广大群众,党就会变质,党的事业就必然失败。密切联系群众是党风建设的根本,而党风问题关系到党的生死存亡。因此,必须坚持不懈地开展反对官僚主义和反腐败的斗争,以保持党与人民群众的密切联系。

六、必须全心全意地为绝大多数人谋利益。立党为公、执政为民,是共产党的性质和宗旨决定的。党必须以维护最广大人民群众利益为最高标准,正确处理各阶级、各阶层的利益关系。要逐步地消除贫富悬殊,实现共同富裕。最根本的就是坚持邓小平同志说的"在改革中,我们始终坚持两条根本原则,一是以社会主义公有制为主体,一是共同富裕"。"如果我们的政策导致两极分化,我们就失败了;如果产生了什么新的资产阶级,那我们就真的走了邪路了。""如果搞资本主义,可能有少数人富裕起来,但大量的人会长期处于贫困状态,中国就会发生革命的问题。中国搞现代化,只能靠社会主义,不能靠资本主义。"[①]随着社会主义现代化建设的发展,随着社会生产力的发展,应该是贫富差别的逐步缩小而不是不断扩大。这是社会主义本质的客观要求,是社会主义与资本主义的本质区别。公有制为主体、共同富裕体现社会主义的本质,有利于社会的稳定和发展。有一私营企业主要到外国当投资移民,问其原因,他说他怕贫富差距进一步

---

① 《邓小平文选》第3卷,第142、139、229页

扩大引起社会动乱而受其害。这个例子也说明解决分配不公问题,对于社会稳定和发展经济是必要的。要正确处理"十分之九"与"十分之一"的利益关系。解决分配不公的问题和贫富悬殊的问题,就是为绝大多数人谋利益。防止少数人的暴富建立在多数人贫困的基础之上的情况在中国重演。这就是社会主义的必然要求。

七、必须健全党的民主集中制的制度。要建立以党章为核心的项目齐全的党内法规体系,使党的各项权力都在制度化、规范化的轨道上运行,形成权力运行的有效制约机制。特别要加强党的各级代表大会建设,更好地发挥其作用,有利于更充分地发扬党内民主,防止权力过分集中于少数人,防止决策的失误。邓小平同志在党的八大上曾提出的代表大会常任制,使代表大会可以成为党的充分有效的最高决策机关和最高监督机关。这一深刻的思想,值得我们研究。要发扬民主,加强监督,尤其是对高级领导干部的监督,保证党的路线方针政策的执行,有效开展反腐败斗争,以保持党的廉洁,防止腐败变质,提高党的执政和领导水平,提高党的拒腐防变和抵御风险的能力。党要与时俱进,提高党的执政水平,改进党的执政方式,建设社会主义民主政治,实施依法治国的方略,建设社会主义法治国家。

八、巩固党的执政基础。在新的时期,仍然存在依靠谁、联合谁、争取谁、打击谁这一关系国家政权巩固和社会稳定的问题。对这个问题在任何时候都要十分明确。我们国家是社会主义国家,工人阶级是国家的领导阶级,工农联盟是国家的基础,也是党执政的基础。工农联盟这一基础决不可动摇,动摇了,党就不能实现对广大工农群众的领导,不可能为广大人民谋利益,人民当家作主的权利就会丧失,国家就会改变颜色。在我们的社会主义社会里,工农是社会的主体,是推动社会发展的根本动力。绝大多数知识分子是工人阶级的一部分。工农联盟是党的执政之基,力量之源,胜利之本。我们要在全心全意依靠工人阶级,加强工农联盟的基础上,建立包括一切爱国者、爱国华侨、主张祖国统一者、个体劳动者以及守法经营的私营企业主在内的最广泛的统一战线。现在有一种观点,贬低工农群众,大肆吹捧私营企业主,有的说他们是先进生产力的代表,社会的精英,有的说他们是社会主义市场经济的重要组织者,是中国社会结构中的主导阶层之一,是中国经济社会发展的主导性力量。这种观点贬低了工人阶级在经济社会发展中的主导地位和领导作用,贬低了工农群众是推动经济社会发展的基本力量,危害了工农群众与党的鱼水关系,动摇党的执政基础,不利于社会的稳定和发展。随着经济成分的多样化和私营经济的发展，面对一些复杂的现象，有人提出中国将来会不会出现与执政的共产党相对立的反对党的疑问，这也许是杞人忧天。既然群众中对这个问题存有思想疑虑，作为有远见卓识的中国共产党就要研究这个问题，即使排除了这个问题发生的可能性，对于教育广大党员和群众也是有百利而无一害的。

九、必须加强党的队伍建设。我们共产党从来不隐瞒自己的政治主张，公开宣告其奋斗目标是社会主义和共产主义。共产党员必须抵制资本主义思想的腐蚀，为社会主义和共产主义而奋斗。1941年4月，毛泽东同志在《农村调查的序言和跋》中就指出："严肃地坚决地保持共产党员的共产主义的纯洁性，和保护社会经济中的有益的资本主义成分，并使其有一个适当的发展，是我们在抗日和建设民主共和国时期不可缺一的任务。在这个时期内一部分共产党员被资产阶级所腐化，在党员中发生资本主义思想，是可能的，我们必须和这种党内的腐化思想作斗争；但不要把反对党内资本主义思想的斗争，错误地移到社会经济方面，去反对资本主义经济成分。我们必须明确分清这种界限。"①这一教育，使党员干部在复杂环境中明辨是非，分清党的奋斗目标与党的政策的界限，在思想上保持党的纯洁性。在社会主义时期，邓小平同志所提出的要求："随着社会主义改造事业的发展，依靠剥削他人为生的现象，在我国正在走向消灭。但是，剥削分子、剥削行为、变相的剥削行为和剥削思想，在我国目前的社会中，还是存在的。我们必须不让这种分子，这种行为和这种思想，侵入党的队伍里来，并且使每一个党员在劳动和剥削之间，坚决地划清界限。"②邓小平同志的这一要求仍具有极其重大的现实意义。江泽民同志在"七一"讲话中指出："能否自觉地为实现党的路线和纲领而奋斗，是否符合党员条件，是吸收新党员的主要标准。来自工人、农民、知识分子、军人、干部的党员是党的队伍最基本的组成部分和骨干力量，同时也应该把承认党的纲领和章程、自觉为党的路线和纲领而奋斗、经过长期考验、符合党员条件的社会其他方面的优秀分子吸收到党内来。"江泽民同志的这一指示，与毛泽东同志、邓小平同志的有关论述是一脉相承的，强调了党员必须"承认党的纲领和章程、自觉地为实现党的路线和纲领而奋斗"这一前提条件是万分重要的，而且还特别强调了来自工人、农民、知识分子、军人、干

---

① 《毛泽东选集》第3卷，第93页
② 《邓小平文选》第1卷，第242、243页

部的党员是"党的队伍最基本的组成部分和骨干力量",这为新的历史时期加强党的队伍建设指明了方向。在现阶段经济成分多样化的情况下,在入党问题上必须严格把关,首先必须从思想方面把关,坚持党员队伍的共产主义纯洁性,把"承认党的纲领和章程、自觉地为实现党的路线和纲领而奋斗"作为入党的根本的条件,把投机钻营分子和剥削分子排除在外;其次,要主要在工人、农民、知识分子、军人、干部中吸收党员,保持党的阶级基础和党的群众基础的稳定性;其三,也要积极而慎重地吸收其他人群中符合共产党员条件的人入党,不唯出身论,这也是党的一贯原则。只有这样,才能壮大党的队伍,增强党的活力,保持党的先进性。为此,还必须加强各级领导班子建设。堡垒是最容易从内部攻破的。中国要出问题就出在共产党内,出在高层。在党的队伍建设中,关键是把各级班子建设成为坚强的马克思主义的领导核心。特别是中央领导班子要建设成为坚强的马克思主义的领导核心。这是我们建设有中国特色社会主义事业必定要胜利的可靠保证。

加强党的执政能力建设对党的思想建设提出的新要求

——向中央纪委召开加强党的执政能力建设座谈会提供的发言稿

（2004年7月20日）

在新世纪，面对着国际重大的机遇和严峻的挑战，面对着我国全面建设小康社会、开创中国特色社会主义新局面的艰巨任务，我们党始终保持高度的忧患意识，加强党的执政能力建设，这是党永葆生机活力并领导中国特色社会主义乘胜前进的可靠保证。这里，我就加强党的执政能力建设对党的思想建设提出的新要求这一问题谈一些看法。

一、党的思想建设是党的执政能力建设中首要的和最重要的任务。党的思想建设是直接关系党能不能坚持以马克思主义作为党的指导思想的问题，在党的执政能力建设新的伟大工程中居于主导地位，决定着党的政治建设、组织建设、作风建设、反腐倡廉建设和体制机制建设的方向性、正确性和有效性；同时，党的这些方面的建设越是充分体现党的指导思想，就越是能够保证党的思想建设的落实。就是说，党的思想建设在党的执政能力建设新的伟大工程中既处于主导地位，又与党的其他方面建设相辅相成，全面推动党的建设，把党建设成为始终走在时代前列的、密切联系人民群众的、领导建设中国特色社会主义的马克思主义政党。

二、党的思想建设的根本，是用系统的完整的准确的马克思主义、列宁主义、毛泽东思想、邓小平理论和"三个代表"重要思想武装全体党员和各级领导干部。

马克思主义是工人阶级彻底解放的思想武器，是认识共产党执政规律、社会主义社会发展规律和人类社会发展规律的思想武器。把马克思主义作为我们党的指导思想，始终是党的建设的根本任务。在全党深入持久地开展学习马克思主义、列宁主义、毛泽东思想、邓小平理论、"三个代表"重要思想和科学发展观的活动，用科学的理论武装全体党员特别是党的各级领导干部，对于保持党的工人阶级先锋队性质起着决定性作用，对于提高党的执政能力起着决定性作用。为适应新形势，全体党员尤其是各级领导干部的马克思主义理论水平应有较大的提高，以增强党的领导水平和执政水平、拒腐防变和抵御风险能力，提高党科学判断形势的能力、驾驭市场经济的能力、应对复杂局面的能力、依法执政的能力、总揽全局的能力。这样，党在国内外错综复杂的环境中，在各种惊涛骇浪中，就能总揽全局，协调各方，运筹帷幄，决战决胜千里，立于不败之地。

由于社会经济成份多样化，产生各种不同思想。但是，我们党的指导思想绝不能搞多样化，只能是马克思主义。党一旦放弃了或背离了马克思主义，就会失去灵魂、丢掉旗帜、迷失方向、丧失先进性，就会严重脱离人民群众，最终必然蜕化变质，不管党的名称是否改变，在本质上就不成其为共产党。因此，必须坚持不懈地努力提高全党的马克思主义水平，使全体党员解放思想、实事求是、与时俱进，使全体党员有共同的革命理想，有团结的政治基础，有统一的前进步伐。同时，党必须高度重视意识形态领域的工作。马克思主义既然是我们党的指导思想，而我们党又是执政的党，作为执政党指导思想的马克思主义必须而且应当在国家意识形态和整个社会意识形态领域占统治地位，才能巩固党的执政地位，才能保证党的路线方针政策畅通无阻地贯彻执行。

三、党的思想建设的核心，就是共产党员要树立共产主义理想信念。

共产主义理想是党的旗帜，是共产党先进性的集中表现。共产党员就是聚集在共产主义旗帜下的工人阶级先锋战士，为工人阶级和广大人民群众的解放事业而英勇奋斗。工人阶级要获得彻底解放，就必须彻底摆脱剥削和压迫，因而彻底消灭私有制就是不可避免的了。马克思和恩格斯早在1848年就曾在《共产党宣言》中指出："从这个意义上说，共产党人可以用一句话把自己的理论概括起来：消灭私有制。"[①]这句石破天惊的宣言，是共产党伟大理想的最集中的概括。共产党员只有牢记这句话，才能为共产主义事业奋斗终生。共产党员如果忘记或不理解或放弃这句话，那他就不配做一个合格的共产党员，甚至背叛了共产主义。全体共产党员牢固树立共产主义理想，我们党就会产生巨大的凝聚力、创

[①]《马克思恩格斯选集》1972年版，第1卷，第265页

造力和战斗力,我们党的事业就会战无不胜。我们共产党为现阶段的社会主义事业而奋斗,就是为了全体人民共同富裕和防止两极分化,就是代表最广大人民群众的根本利益。共产党员如果丧失了共产主义的理想信念,就不是共产党员,甚至堕落为腐败分子。事实反复证明,少数党员干部包括一些高级干部被资本主义所腐蚀,搞权钱交易,以权谋私,大搞私人资本积累,剥削群众,危害国家,走上违纪违法和犯罪的道路,其根本原因就是丧失了共产主义理想信念。

路线正确决定一切。必须坚持党的最高纲领与党的最低纲领的统一。坚持党的基本路线一百年不动摇。在建设中国特色社会主义过程中,要把每一项决策、每一个实际步骤与社会主义、共产主义的目标结合起来,不迷失前进的政治方向。共产党员要脚踏实地地为当前的社会主义奋斗,又要心怀共产主义远大目标。

四、党的思想建设的重要途径,是紧密联系实际,有针对性地对党员进行思想政治教育,特别要大力突出共产主义理想信念教育和为人民服务宗旨教育。

对于当代中国共产党人来说,为建设有中国特色社会主义而奋斗,为将来实现共产主义而奋斗,这是我们最高的理想、信念和人生追求。坚定共产主义理想信念,身体力行共产主义道德,是共产党人立党为公、执政为民、拒腐防变、抵御风险考验、开拓社会主义新局面的强大精神动力。

必须针对经济全球化与西方敌对势力对我国进行西化分化、渗透瓦解及和平演变图谋的新情况,针对我国改革开放和社会主义市场经济条件下出现的经济成分、利益关系、组织形式、就业方式和分配方式多样化以及由此产生的思想多样化的新情况,针对新形势下社会上各种思想在党内的反映、党员思想变化以及某些腐败现象的新情况,加大思想政治教育的力度,不断强化对党员和党员领导干部的共产主义理想信念教育。

(一)要加强社会主义必然代替资本主义的教育。组织全体党员特别是党员领导干部学习马克思主义的基本原理包括马克思主义的哲学、政治经济学和科学社会主义,深刻认识社会主义代替资本主义是不以人们的意志为转移的客观规律,推动党员真正把树立共产主义理想信念牢固地建立在马克思主义的科学基础上,建立在辩证唯物主义和历史唯物主义基础上。只有这样,广大党员树立起来的共产主义理想才是坚不可摧的、永不动摇的。不管是遇到苏联解体、东欧巨变与世界社会主义运动处于低潮,还是遇到西方敌对势力对我分化西化和颠覆活动以及霸权主义对我施加怎样强大的压力,还是在我国实行社会主义市场经济中和在经济全球化遇到何等风险和严峻挑战、曲折和诱惑,广大党员就会对共产主义理想坚信不移，坚韧不拔地为中国特色社会主义事业奋斗不息。

（二）要进行社会主义与资本主义本质区别的教育。针对西方敌对势力对我国进行思想渗透的和平瓦解活动，国内一些人遥相呼应，或抹杀社会主义与资本主义的区别，或攻击社会主义，鼓吹资本主义。因此有必要加强社会主义与资本主义区别的教育，使全体党员坚定不移地坚持公有制作为社会主义制度的经济基础，毫不动摇地搞社会主义。邓小平同志指出："社会主义的经济是以公有制为基础，生产是为了最大限度地满足人民的物质、文化需要，而不是为了剥削。由于社会主义制度的这些特点，我国人民能有共同的政治经济社会理想，共同的道德标准。以上这些，资本主义社会永远不可能有。资本主义无论如何不能摆脱百万富翁的超额利润，不能摆脱剥削和掠夺，不能摆脱经济危机，不能形成共同的理想和道德，不能避免各种极端严重的犯罪、堕落、绝望。"①邓小平同志还指出："只有社会主义才能消除资本主义和其他剥削制度所必然产生的种种贪婪、腐败和不公正现象。"②通过社会主义理论与实践的教育，使全体共产党员坚信社会主义制度的优越性，坚定共产主义理想信念，认识到只有社会主义才能救中国，也只有社会主义才能发展中国。邓小平同志曾经特别强调共产党员要与剥削分子、剥削行为、变相的剥削行为和剥削思想划清界限，坚决地在劳动和剥削之间划清界限，才能在思想上保持共产主义思想的纯洁性，在纷繁复杂的社会现象中不迷失政治方向。这个问题十分重要。如果党员划不清劳动与剥削的界限，坚持参与剥削其他党员和工人，或坚持变相地参与剥削，或贪污受贿，那么他就抛弃了共产主义理想信念，背叛了共产党。

（三）要进行社会主义初级阶段的基本经济制度的教育。广大党员正确认识和把握社会主义初级阶段的基本经济制度，是保证国家沿着社会主义道路前进的重大问题。宪法规定："中华人民共和国的社会主义经济制度的基础是生产资料的社会主义公有制，即全民所有制和劳动群众集体所有制。社会主义公有制消灭人剥削人的制度，实行各尽所能、按劳分配的原则。""国家在社会主义初级阶段，坚持公有制为主体、多种所有制经济共同发展的基本经济制度，坚持按劳分配为主体、多种分配方式并存的分配制度。"全体党员要深刻理解宪法这一规定的实质，特别要进一步明确坚持和完善社会主义公有制为主体、多种所有制经济

---

①《邓小平文选》第2卷，第167页
②《邓小平文选》第3卷，第143页

共同发展的基本经济制度,是我国社会主义初级阶段的生产力水平所决定的,是我国社会主义社会发展过程中不可逾越的规律决定的,是不可违背的,违背了就要受到规律的惩罚,这已经有过沉重的历史教训。确保公有制为主体、国有经济为主导,这是关系党和国家前途命运的大事。因为公有制为主体、国有经济为主导是社会主义经济制度的基础,是社会主义上层建筑包括意识形态得以确立的经济基础,是共产党执政的经济基础。如果这一经济基础被破坏了,共产党的执政地位将不复存在。必须在确保公有制为主体、国有经济为主导的前提下,鼓励支持发展非公有制经济,并对非公有制经济进行引导、监督和管理,这样做决不是要搞私有化、搞资本主义。在任何时候都必须坚持宪法的精神,坚决反对取消公有制和实行私有化的错误主张,防止苏联的悲剧在中国重演。

（四）要进行现行经济政策与党的奋斗目标关系的教育。我们必须明确,一方面,共产党员要坚持共产主义理想方向,但共产主义理想的实现要经过一个很长的无产阶级专政的历史时期。通往共产主义的道路绝不是笔直的,许多情况下必须迂回前进,因此决不能以共产主义理想方向代替我国社会主义初级阶段的经济制度和经济政策,否则,欲速则不达,我们不仅不能建设社会主义,反而会把我国社会主义拉向后退；另一方面,既必须充分认识在我国社会主义初级阶段,私营经济存在是不可或缺的,是有益于社会主义经济建设的,应当坚决依法保护社会经济中有益的私营经济成分,又必须严肃地坚决地保持共产党员思想上的共产主义纯洁性,反对资本主义腐朽思想的腐蚀,防止一些共产党员被资产阶级自由化思潮所误导而模糊社会主义与资本主义的界限,防止因这种错误思潮泛滥而造成危害社会主义事业的严重后果。

（五）要进行全心全意为人民服务宗旨的教育。党必须以维护最广大人民群众利益为最高标准,正确处理各阶级、各阶层的利益关系。要解放和发展生产力,逐步地消除贫富悬殊,消灭剥削,最终实现共同富裕。最根本的就是坚持邓小平同志说的"在改革中,我们始终坚持两条根本原则,一是以社会主义公有制为主体,一是共同富裕"。"如果我们的政策导致两极分化,我们就失败了；如果产生了什么新的资产阶级,那我们就真的走了邪路了。""如果搞资本主义,可能有少数人富裕起来,但大量的人会长期处于贫困状态,中国就会发生革命的问题。中国搞现代化,只能靠社会主义,不能靠资本主义。"[1]随着社会主义现

---

[1]《邓小平文选》第3卷,第142、139、229页

代化建设的发展，随着社会生产力的发展，应该是贫富差别的逐步缩小而不是不断扩大，是逐步共同富裕而不是两极分化。这是社会主义本质的客观要求，是维护最广大人民群众根本利益的客观要求，是共产党为绝大多数人谋利益的集中体现，是共产党与资产阶级政党宗旨的本质区别。

要大力表彰和宣传各条战线上为社会主义事业忘我奋斗的、为人民做出杰出贡献的优秀共产党员，大力表彰和宣传那些为发展壮大公有制经济而忘我奋斗的优秀共产党员，弘扬他们大公无私的共产主义精神。因为他们的行为不是为个人或少数人发财致富，而是为坚持"一是公有制为主体，二是不搞两极分化"这一社会主义根本原则而奋斗，即为绝大多数人的幸福而献身，为最广大人民群众谋利益，他们才是真正的共产党员，是实践"三个代表"重要思想的光辉典范。没有他们公而忘私的奋斗精神，党要密切联系人民群众是不可能的，要带领广大人民群众共同富裕、防止两极分化是不可能的，要取得社会主义事业不断胜利是不可能的，要保持党的执政地位和国家长治久安也是不可能的。要重视榜样的力量是无穷的。必须充分发挥共产党员的先锋模范作用，在全党形成坚持和实践全心全意为人民服务宗旨的浓厚氛围。同时要注意，不要过分去宣传某些党员发财致富成为暴发户的事迹，以防止形成"谁大款，谁光荣"、"谁当大款，谁就能成为座上宾"的舆论导向，避免那些全心全意为人民服务的、又不顾及自己致富的共产党员不如"大款"荣耀那样一种错误的社会舆论导向。

(六)要加强廉洁从政和共产主义道德的教育。党员领导干部要具有廉洁从政的思想，还应具有崇高的共产主义道德。对党员领导干部不仅要进行一般的思想政治教育，而且还要将其置于特殊的复杂环境中，经受是非、权力、名利、美色、困难、诚信的各种考验，而识别其优劣，做到褒贬奖惩分明，使广大党员干部坚持立党为公、执政为民，树立正确的权力观、地位观、利益观，树立科学的发展观和正确的政绩观，牢记和实践全心全意为人民服务的宗旨；使广大党员干部牢记"两个务必"，继续保持谦虚、谨慎、不骄、不躁的作风，继续坚持艰苦奋斗的作风，反对享乐主义，砥砺革命意志，提高思想境界，保持高尚情操；使广大党员干部坚持以身作则，严格自律，清正廉洁，克己奉公，在一切行动中真正做到权为民所用，情为民所系，利为民所谋。

全党同志加强马列主义、毛泽东思想、邓小平理论、"三个代表"重要思想和科学发展观的学习，提高全体党员特别是高级干部的马克思主义理论水平，全面加强党的执政能力建设，保持党的先进性、纯洁性，我们党必将无往而不胜。

关于构建社会主义和谐社会的理论探讨

(《社科党建》2006年第8期)

构建社会主义和谐社会,是以胡锦涛同志为总书记的党中央高瞻远瞩,审时度势,抓住机遇,顺应民意所作出的重大战略决策,得到全国各族人民的热烈欢迎和衷心拥护。构建社会主义和谐社会,为全面建设小康社会拓展了更加光明灿烂的前景,必将更加凝聚民心、激发民智、集中民力,鼓舞人民群众为建设美好幸福新生活而奋斗。构建社会主义和谐社会,必将使物质文明建设、精神文明建设、政治文明建设和社会建设更快地全面发展,必将使综合国力日益增强、人民生活日益富裕、社会日益和谐稳定、各族人民更加团结友爱,这对于治国安邦,巩固党的执政地位、巩固社会主义制度具有极其重大的现实意义和深远的历史意义。

一、构建社会主义和谐社会的指导思想、总体要求和基本原则

(一)构建社会主义和谐社会的指导思想是,坚持以马克思列宁主义、毛泽东思想、邓小平理论、"三个代表"重要思想为指导,全面贯彻落实科学发展观。要全面深刻分析我国社会中阶级、阶层的经济情况和政治态度,正确处理阶级之间、阶层之间的关系,严格区别和正确处理敌我矛盾和人民内部矛盾。最重要的是要正确处理人民内部矛盾,调动一切积极因素,化消极因素为积极因素,团结一切可以团结的人,在广大人民群众中造成既有民主、又有集中,既有自由、又有纪律那样一种生动活泼的政治局面,构建社会主义和谐社会。

(二)构建社会主义和谐社会的总体要求是,按照民主法制、公平正义、诚信友爱、充满活力、安定有序、人与自然和谐的社会主义和谐社会的总体要求,加快推进经济建设、政治建设、文化建设和社会建设全面协调可持续发展和人的全面发展,逐步实现经济发展、共同富裕,民主法制、平等自由,文化繁荣、民风优良,社会稳定、安居乐业,人民团结、民族和睦,人与自然和谐。

(三)构建社会主义和谐社会的基本原则是:

1. 坚持用社会主义平等原则，解决面临的突出问题。主题是解决人民内部矛盾，实现人民群众在经济上、政治上、文化教育上的平等，即权利是平等的，义务也是平等的，从而达到人民内部和谐。"大凡物不平则鸣"。如果人民群众不能享受经济上、政治上和文化教育上的平等，那么实现社会和谐是不可能的。占人口绝大多数的人民群众不仅在法律上、而且在事实上享有经济、政治、文化教育上的平等，是构建社会主义和谐社会追求的根本问题。只有坚持社会主义制度，走社会主义道路，才能解决这一根本问题。没有公有制为主体，就没有社会主义。要从这一全局的高度来认识坚持社会主义公有制为主体的极端重要性。如果财产占有方面产生两极分化，就会造成阶级对立甚至在一定条件下产生对抗，也就不可能实现社会和谐这一根本问题。社会主义与资本主义的根本区别是，前者实行的是生产资料公有制，后者实行的是生产资料私有制。在社会主义条件下，才能实现社会主义平等原则，使广大人民群众享有经济、政治、文化上的平等权利，最广泛调动广大人民群众的主动性、积极性和创造性，从而促进社会生产效率的提高。

2. 坚持用发展的原则，解决面临的突出问题。"发展是硬道理"。必须围绕发展这个党执政兴国的第一要务，搞好"五个统筹"，推进经济建设、政治建设、文化建设全面协调和可持续发展，促进社会全面进步和人的全面发展。把有利于发展社会主义社会的生产力，有利于发展社会主义社会国家的综合国力，有利于提高人民的生活水平，作为构建社会主义和谐社会总的出发点和检验标准，并根据实际情况，细化具体标准。

3. 坚持以改革创新的原则，解决面临的突出问题。改革是社会主义社会发展的动力。构建社会主义和谐社会面临的突出问题是前进中的问题，必须用改革的办法来解决。要继续改革生产关系与生产力不相适应的部分，改革上层建筑与经济基础不相适应的部分，进行理论创新、体制创新、机制创新和制度创新，加快完善社会主义经济制度和政治制度，完善社会主义市场机制，完善国家宏观调控体制和市场调节机制，完善各项权力运行机制，焕发社会主义制度的生机和活力，使社会一切积极因素都调动起来，一切促进生产力发展的源泉都涌流出来。

4. 坚持依靠人民群众的原则，解决面临的突出问题。在我国，人民群众是国家和社会的主人，是推动我国历史发展的根本动力。必须坚持把维护广大人民群众的根本利益放在高于一切的地位，坚持群众路线，集中群众的智慧，体现群众的意志和利益，全心全意依靠人民群众搞改革、搞创新、谋发展，创造性地解决面临的突出问题，使广大人民群众真正共同分享改革和发展的成果，实现共同富裕，在利益平等共享中形成和谐的关系。

二、构建社会主义和谐社会面临的突出问题

构建社会主义和谐社会过程中，贯穿着的基本矛盾是生产力与生产关系的矛盾、经济基础与上层建筑的矛盾。要抓住基本矛盾，通过解决生产力与生产关系、经济基础与上层建筑不相适应的部分，不断解决由基本矛盾所产生的突出问题。现在，我国社会主义社会的生产力与生产关系、经济基础与上层建筑的关系基本上是彼此协调的、相互适应的，但还存在大量不协调、不适应的方面。当前基本矛盾所产生的突出问题，是经济发展与社会发展不协调的问题即社会发展滞后于经济发展的问题，除少量敌我矛盾和一些犯罪之外，大部分是人民内部矛盾。具体讲，当前的突出问题，从经济方面看，主要是贫富差距过大和分配不公的问题、公有制资产流失包括国有资产流失问题、"三农"问题、劳资矛盾问题、就业问题、乱收费问题、治病贵上学难问题等等；从政治方面看，主要有弱势群体与强势群体矛盾的问题、穷人群体与富人群体的矛盾问题、腐败问题、社会治安问题、群体性事件问题、干部与群众关系问题、官商关系不正常问题、平等公正失衡问题等等；从思想文化方面看，主要是意识形态领域中资本主义思想渗透的问题，如一些人否定四项基本原则，鼓吹资产阶级民主、自由、平等、人权、三权分立、多党制，鼓吹私有化、新自由主义，鼓吹拜金主义、享乐主义、唯利是图等观点，还有社会主义道德缺失的问题。这些突出问题如果不能得到比较有效的解决，各种纷争就会增多、扩大、尖锐，社会就不能稳定、安宁、和谐，人民就不能安居、乐业，构建社会主义和谐社会就难以实现。

在这些突出问题中，贫富差距过大和分配不公问题与其他各种问题相比较，是最主要、最重要的问题，它制约着其他问题。贫富差距过大和分配不公问题不解决，其他问题包括腐败问题就很难解决，即使一时解决了，也只是"按下葫芦，浮起瓢"。但必须认识到，在解决贫富差距过大和分配不公问题的同时，必须抓紧解决其他问题如弱势群体与强势群体矛盾的问题、穷人群体与富人群体矛盾的问题、腐败问题以及社会治安问题等，才能有助于贫富过大问题的解决，否则贫富差距过大问题就会因缺乏必要的社会条件而无法解决。贫富差距过大和分配不公问题的解决与其他问题的解决是相辅相成的关系，要用重点论的方法和统筹兼顾的方法来解决主要矛盾和次要矛盾，不能顾此失彼。对这些突出问题要

按照轻重缓急排序，针对不同性质的问题，用不同性质的方法和不同的力量加以解决，进行综合治理。

三、解决当前面临的突出问题的主要对策和措施

（一）坚持和完善公有制为主体、多种所有制经济共同发展的基本经济制度，推进社会主义物质文明建设。公有制为主体、共同富裕是构建社会主义和谐社会的经济基础。公有制为主体是有关社会主义生产关系的问题，是涉及最广大人民群众长远利益和根本利益的问题，应当是我们执政党需要经常高度关注的重大问题。只有实行公有制为主体，才能逐步消除贫富差距过大的现象，逐步向实现共同富裕的方向前进。我们党的党章和我国的宪法为解决这一根本性的问题指明了方向和道路。

我国社会主义经济制度的基础是生产资料社会主义公有制，即全民所有制和劳动群众集体所有制。社会主义公有制消灭人剥削人的制度，实行各尽所能、按劳分配原则。在我国社会主义初级阶段，必须坚持和完善公有制为主体、多种所有制共同发展的基本经济制度，坚持和完善按劳分配为主体、多种分配方式并存的分配制度，逐步消灭贫富差距过大，达到共同富裕，在生产发展和社会财富增长的基础上不断满足人民日益增长的物质文化需要。这是历史的必然，人民的选择。

1. 进一步坚持公有制为主体、共同富裕的原则，从经济基础上解决贫富差距过大的问题。所有制决定分配，公有制为主体决定绝大多数人共同富裕，避免两极分化。政策向公有制倾斜，从本质上说，就是向绝大多数人共同富裕倾斜，向最广大人民群众根本利益倾斜。要坚持公有制为主体，公有资产在社会总资产中应当占优势，国有经济控制国民经济的命脉，对经济发展起主导作用。公有资产占优势，要有量的优势，更要注重质的提高。只有保证公有制主体地位，毫不动摇地巩固和发展公有经济包括国有经济和集体经济，非公有制经济的存在和发展才不会影响我们国家的社会主义性质。必须充分发挥公有制的主体作用，特别是国有经济的主导作用，并在国家宏观调控下充分发挥市场对资源配置的基础性作用，才能实现共同富裕，才能巩固党的执政地位，保证我们国家的社会主义性质，构建社会主义和谐社会，开创中国特色社会主义新局面。在坚持公有制为主体的前提下，必须依法鼓励、支持和引导非公有制经济的发展，依法加强对非公有制经济进行引导、监督和管理，使它为发展社会主义社会生产力服务。

必须对各种所有制经济成份进行极其严格的统计和监控，确保公有制的主体地位和国有经济的主导地位。社会主义公有制的建立，为工人阶级达到理想境界开辟了道路，而达到理想境界要经过十分长期的历史过程。反映商品经济的平等，不是工人阶级追求的平等。社会主义平等就是要消灭阶级，通过公有制经济长期的发展，逐步达到私有制的彻底消灭从而最终达到阶级的消灭和国家消亡的目的。但在我国社会主义初级阶段，商品经济长期存在不但是必然的，而且要大力发展，国家必须坚持和保障商品等价交换的原则，否则商品交换无法进行（按照马克思主义原理，无产阶级专政的国家是没有资产阶级的资产阶级国家或称半国家，要保护社会主义社会必然存在的资产阶级法权）。在我国社会主义初级阶段，由于生产力水平所决定，多种经济成分依存和斗争同样都是不可避免的。要在社会主义的前提下，大力发展生产力，逐步地使社会主义公有制最终覆盖全社会，最终消灭阶级、消灭剥削，实现共同富裕的目的。邓小平同志指出："坚持社会主义，是中国一个很重要的问题。如果十亿人的中国走资本主义道路，对世界是一个灾难，是把历史拉向后退，要倒退好多年。"① "社会主义财富属于人民，社会主义的致富是全民共同致富。社会主义原则，第一是发展生产，第二是共同致富。我们允许一部分人先好起来，一部分地区先好起来，目的是更快地实现共同富裕。正因为如此，所以我们的政策是不使社会导致两极分化，就是说，不会导致富的越富，贫的越贫。坦率地说，我们不会容许产生新的资产阶级。"② "社会主义的目的就是要全国人民共同富裕，不是两极分化。如果我们的政策导致两极分化，我们就失败了；如果产生了什么新的资产阶级，那我们就真是走了邪路了。"③ "我们为社会主义而奋斗，不但是因为只有社会主义才能比资本主义更快地发展生产力，而且因为只有社会主义才能消除资本主义和其他剥削制度所必然产生的种种贪婪、腐败和不公正现象。"④ "社会主义的本质，是解放生产力，发展生产力，消灭剥削，消除两极分化，最终达到共同富裕。"⑤邓小平同志这些高瞻远瞩的宏观论述，为我国经济改革和建设和谐社会指明了正确的方向。要紧紧把握社会主义的本质，极端重视避免两极分化，避免

---

①《邓小平文选》第3卷，第158页
②同上，第3卷，第172页
③同上，第3卷，第111页
④同上，第3卷，第143页
⑤同上，第3卷，第373页

社会阶级分化和阶级对立与对抗,必须对各种所有制经济成份进行极其严格的统计和监控,并对生产、供应、销售、分配进行极其严格的统计和监督,做到心中有数,保证决策正确,防止决策失误,加大国家宏观调控力度,采取必要措施,发展壮大公有制经济,确保公有制的主体地位和国有经济的主导地位,促进多种所有制经济的共同发展,逐步实现广大人民群众共同富裕。

2. 坚持按劳分配为主体、多种分配方式并存的分配制度,从分配制度上解决贫富差距过大的问题。在公有制为主体的基础上,按劳分配才能成为主体。按劳分配成为主体,才能使社会成员大多数处于平等的地位,调动绝大多数人的积极性,促进生产力发展,为构建社会主义和谐社会奠定坚实的经济基础。

要深化分配制度改革,在公有制范围内真实地实行按劳分配原则。在公有制条件下,从利益分配上解决社会公平、公正问题,是社会主义遇到的一大难题,也是实现社会主义和谐社会所必须解决的一大难题,这个难题不解决,和谐社会只能是空中楼阁。我国社会主义初级阶段实行按劳分配为主体,必须十分重视公平、公正、平等。"效率优先,兼顾公平"并不是任何时候都是正确的。生气勃勃的社会主义是人民群众自己创造的,公平优先必然会广泛深入地调动广大群众的积极性,极大提高劳动生产效率。所谓社会主义公平,就是在劳动者对生产资料共同占有的平等基础上,实现劳动的平等和按劳分配的平等。就公有制经济来说,生产资料公有制的实现要通过按劳分配来体现,否则劳动者就会感到"公有公有,人人虚有",就会失去对生产资料公有制的关心,失去对劳动成果的关心。如果不实行按劳分配或名义上按劳分配而实际上没有按劳分配,劳动者就会失去劳动的积极性,就会无法体现社会主义公有制的优越性。必须把按劳分配作为解决人民内部矛盾,作为调动劳动者积极性和实现社会公平与和谐、作为维护社会主义制度的重大问题来解决。公有制决定按劳分配,按劳分配才能巩固公有制。背离按劳分配原则就会动摇甚至瓦解公有制。要在坚持按劳分配原则下,理顺收入分配关系,包括理顺公有制领域的收入分配关系和由国家财政支付工资的收入分配关系,建立科学合理、公平公正的收入分配关系,完善收入分配正常调整机制,实现收入分配的科学化、规范化和制度化,逐步把收入差距控制在合理的范围。必须解决国有企业之间分配不公的问题尤其是行业之间分配不公的问题,解决国有企业管理层与工人之间分配严重不公的问题,解决国家机关干部与国有企业管理层人员分配严重不公的问题,解决国家机关公务员收入分配不公的问题包括各部门之间以及各地区之间公务员收入分配不公的问题。要认真解决各个劳动群众集体所有制经济组织内部分配不公的问题,又注意防止刮"共产风",搞"一平二调"。再分配要更注重公平,加大国家财政对贫困地区、贫困群体和弱势群体的扶持力度,帮助贫困地区和贫困群众脱贫致富。要把分配问题作为维护最广大人民群众根本利益的重大紧迫问题,抓紧研究,制定改革措施,加快解决的速度。

要抓紧扩大就业和劳资纠纷问题。为解决贫富差距过大的问题,还必须扩大就业,就是实行促进经济增长、扩大就业总量的宏观经济政策,广泛开辟就业门路、支持自主创业的创业激励政策,统筹改革调整、控制下岗失业的就业调控政策,加强技能培训、提升就业能力的劳动培训政策,扶持弱势群体、解决就业困难的就业帮扶政策。要依法解决劳资纠纷问题。劳资纠纷已成为社会比较普遍存在的一个问题。重点解决私营企业劳资纠纷的问题,维护雇佣工人的人身权利、人格尊严、劳动保护、人身安全、卫生医疗、工资收益、文化教育等合法权益,尤其要防止重大工伤事故的发生;要严厉惩治侵害雇佣工人人身权利的违法犯罪行为,严厉惩治那些只顾赚取超额利润而不顾雇佣工人死活这种无异于谋财害命的违法犯罪行为,使其受到刑法惩罚包括没收财产。

3. 加强国家宏观调控,加快解决贫富差距过大的问题。市场不是万能的,市场的负面作用必须通过政府主动的、科学的、强有力的调节来解决。在发挥市场对资源配置的基础性作用的同时,必须加强国家宏观调控,减少市场的负面作用,加快解决贫富差距过大的问题。重点解决"三农"问题、区域发展失衡问题等。为此,要统筹城乡发展,大力推进社会主义新农村建设,搞好城乡联动发展配套措施,加大工业反哺农业、城市支持农村的力度,改变农村发展缓慢状态,改变城乡"二元结构",促进城乡发展一体化,逐步实现农村城市化、农民工人化、劳动群众知识化,逐步缩小城乡差别、工农差别、体力劳动与脑力劳动差别;要统筹区域发展,加大国家对落后地区的支持力度,发挥发达地区的带动作用,加速落后地区的发展,追赶发达地区,缩小区域发展差距,防止区域发展严重失衡。推进社会平等和消除贫穷,还要加大税收征缴力度,进行税制改革,建立遗产税收制度;改革教育制度和改革医疗制度,解决上学贵治病难的问题;建立健全扩大社会就业制度、劳动安全保障制度;健全社会保险、社会救助、社会福利和社会慈善事业相衔接的社会保障制度体系等等。要统筹人与自然关系,促进人与自然的和谐发展,建立环境友好型社会。

(二)进一步维护和扩大人民民主,推进社会主义政治文明建设。社会主义民主政治建设属于社会主义上层建筑,是为社会主义经济基础服务的。人民事实上享有宪法和法律规定的民主权利,是构建社会主义和谐社会的政治保证。要把坚持党的领导、人民当家作主和依法治国有机地统一于社会主义政治文明建设之中,保障人民民主,维护国家统一、民族团结、社会和谐稳定,促进经济社会全面进步。

1. 推进社会主义民主制度化、规范化和程序化,保证人民当家作主。社会主义民主政治制度是工人阶级和广大劳动群众在经济上获得解放的政治形式。要坚持中国特色社会主义国体和政体,进一步巩固工人阶级领导的、以工农联盟为基础的人民民主专政,进一步加强人民代表大会制度建设,推进社会主义民主的制度化、规范化和程序化,保证人民依法行使民主选举、民主决策、民主管理、民主监督的权利。把完善代表结构,提高人民代表素质、正确反映和表达民意、加强科学立法、强化民主监督,保证依法治国等作为人民代表大会及其常委会建设的主要内容抓好,充分发挥人民代表大会在国家民主法制建设中的重要作用。坚持和完善中国共产党领导的多党合作和政治协商制度,巩固和发展最广泛的爱国统一战线。要充分发挥工会、共青团、妇联等组织协助党密切联系广大群众的桥梁作用。要加强基层建设,大力推行政务公开、厂务公开、村务公开等办事公开制度,保障基层群众依法行使选举权、知情权、参与权、监督权等民主权利。

发挥社会主义民主政治制度的作用,首要的是全心全意依靠工人阶级。中国工人阶级是现代中国先进生产力发展要求的代表,是社会主义先进生产关系的代表,其他阶级、阶层都不可能成为现代中国先进生产力发展要求和先进生产关系的代表。必须坚定不移地坚持这一根本原则,发挥工人阶级的领导作用和主力军作用,充分发挥工会维护工人阶级利益的作用,加强工农联盟,最广泛地团结广大人民群众,以加强中国共产党的领导,构建社会主义和谐社会。为此,必须坚持以马克思主义武装的工人阶级先进分子组成的共产党的先进性建设,必须坚持各级人民代表大会是由工人、农民、知识分子、军人为主要基础的代表组成的,充分体现以工人阶级为领导的工农联盟为基础的国体,以保证人民民主专政国家的性质和社会主义政治民主的充分发挥。

2. 进一步建设法治政府,实施依法行政。政府要精简机构,建立健全行为规范、运转协调、公正透明、廉洁高效的行政管理体制,健全决策、执行和监督相协调的运行机制,提高社会管理水平和行政效率。坚持有法必依、违法必究,不仅要坚决追究公民、法人和其他组织的违法行为,而且更重要的是贯彻有权必有责、用权受监督、违法要追究、侵权要赔偿的法律原则，坚决追究行政机关及其工作人员滥用职权、超越职权、徇私舞弊等违法行为。保证政府在依法行政中做到公开、公平、公正、便民、诚信、廉洁、高效，取信于民。

3. 进一步改革和完善司法制度。司法公正是衡量社会进步的尺度，是保证社会公正的最后一道关口，也是建设社会主义和谐社会的保障。司法公正守不住，有理无处诉，有冤无处伸，社会就会变成犯罪横行、权势为非作歹的黑暗世界。必须加强司法制度的科学性建设，建立健全权责明确、相互配合、相互制约、高效运行的司法体制，健全监督制约机制，完善错案责任追究制，建立判决执行责任追究制，提高司法人员素质和强化司法人员的责任制，坚持公民在法律面前一律平等的原则，以事实为根据，以法律为准绳，严格依法办案，坚决反对和惩治司法腐败，严肃追究司法不公的法律责任，为实现全社会公平和正义提供法制保障。

4. 坚决惩治犯罪，努力化解人民内部矛盾，维护社会稳定。要坚持打防结合、以防为主，落实社会治安综合治理的各项措施，强化社会管理，保持社会良好秩序。要高度警惕和坚决打击国内外敌对势力的渗透、颠覆和分裂活动，严厉打击黑社会性质的恶势力，惩治各种严重犯罪；着力治理治安的热点和难点，依靠警民结合，强化社会管理；建立完善人民内部矛盾调解机制，发挥各有关部门的职能，运用多种调解手段，正确处理和化解人民内部矛盾，防止人民内部矛盾激化而导致突发事件和群体性事件。

5. 继续坚定不移地开展反腐败斗争。坚持标本兼治、综合治理、惩防并举、注重预防的方针。建立健全预防和惩治腐败制度体系，注重把反腐败寓于各项重要决策之中，加大从源头治理力度，不断加强教育，发展民主，健全法制，完善管理，强化监督，创新体制，通过深化改革，不断消除腐败产生的土壤和条件。要严厉惩治反对四项基本原则的腐败，严厉惩治造成国有资产严重流失的腐败，惩治贪污受贿、徇私枉法、买官卖官和商业贿赂等腐败。特别要严厉惩治高层的腐败，防止党变质和国家改变颜色。

（三）进一步发展先进文化，加强社会主义精神文明建设。构建社会主义和谐社会，需要社会主义先进文化来推动，需要社会主义精神文明来维系。必须在马克思主义指导下，加强社会主义先进文化建设，发扬社会主义精神文明，以维护全体人民的团结和全民族的团结，实现社会和谐，为巩固和发展社会主义的经济制度和政治制度服务。

1. 坚持以马克思主义为指导，建设社会主义先进文化。要坚持以马列主义、毛泽东思想、邓小平理论和"三个代表"重要思想为指导，发展面向现代化、面向世界、面向未来的，民族的科学的大众的社会主义文化。必须高度重视当前马克思主义指导思想面临的严重挑战，坚持不懈地与否定马克思主义指导地位的资产阶级思潮作坚决斗争，"决不能丝毫放松和忽视对资产阶级思想和小资产阶级思想的批判"，在共产党内和广大人民群众中进行长期深入的普及马克思主义教育，在实践中捍卫和发展马克思主义，维护马克思主义在意识形态领域包括文化领域中的指导地位。要坚决反对拜金主义污染文化，在文化建设中始终把社会效益放在第一位，坚持社会效益与经济效益的统一。要认真借鉴和吸收过去一切社会包括资本主义社会所创造的文化中对社会主义社会有益的精华，同时也必须坚决抵制过去一切社会文化中的糟粕，反对资本主义腐朽文化的侵蚀。

2. 坚持为社会主义服务、为人民服务的方向。建设社会主义文化必须反映广大人民群众的利益、意志和愿望，为广大人民群众利益服务。建设社会主义文化包括发展教育、科学和文学艺术等，建设创新型国家。要高度重视搞好国民教育，把培养什么人的问题始终作为关系国家前途命运的根本问题来抓。把德育摆在首位，培养学生德智体全面发展，造就一代又一代的社会主义事业接班人，保证社会主义精神文明建设代代延续，保证社会主义和谐社会建设持续发展。教育、科学和文学艺术要与时俱进，不断创新。全体党员和一切知识分子包括文艺工作者，要在长期伟大的斗争中与人民群众打成一片，发挥和集中人民群众的聪明智慧，共同创造灿烂的文化，为人民群众创造日益增多的丰富多彩的高尚的文化生活。

3. 坚持贯彻百花齐放、百家争鸣的方针，使社会主义文化按照自身的规律发展。社会主义文化要在贯彻"双百"方针过程中创新和发展，要在争论、探讨、比较、鉴别的过程中创新和发展。要实行和提倡不同的学术派别和学术风格各展其长、互相比较、互相借鉴、取长补短，促进学术进步、理论创新和文化繁荣。学术要通过争论才能发展和繁荣，但学术争论问题，不能用行政手段解决，也不能用民主的方法即少数服从多数的方法来解决，而只能用百花齐放、百家争鸣的方法加以解决。同时要明确，学术争论并不是不要法制，而是要在体现绝大多数人民群众意志的宪法和法律的范围内活动，遵守政治纪律，维护国家和人民的根本利益，保障先进文化建设出现蓬勃发展的新局面。

4. 始终不渝地用党代表先进文化前进方向的思想教育全体党员和人民。要以塑造人的高尚道德、丰富人的科学知识、促进人的全面发展为目标，大力发展教育、科学、文化事业，提高全民族的思想道德素质和文化素质，弘扬民族优秀文化，繁荣发展社会主义文化；要深入持久地用党的基本路线和爱国主义、集体主义、国际主义、共产主义、辩证唯物主义、历史唯物主义教育广大党员和群众，引导人们树立正确的世界观、人生观、价值观；要在全社会大力普及社会主义荣辱观，培养全体人民特别是青少年热爱祖国、服务人民、崇尚科学、辛勤劳动、团结互助、诚实守信、遵纪守法、艰苦奋斗的道德情操、价值取向和精神品格，做到知荣辱、辨是非、讲文明、促和谐，形成人民内部团结友爱、平等互助、融洽和谐的人际关系，形成信仰和追求先进文化的氛围，教育和鼓舞各族人民群众同心同德地为构建社会主义和谐社会而奋斗。

四、必须坚持共产党的领导，加强党的先进性建设，不断提高党构建社会主义和谐社会的执政能力

要按照党章的要求，加强党的执政能力和先进性建设，加强党的民主集中制，不断提高领导水平和执政能力，提高拒腐防变和抵御风险的能力，增强党的创造力、凝聚力和战斗力，使党始终保持工人阶级先锋队的本质和旺盛的活力，保证党成为广大人民群众战胜各种艰难险阻的中流砥柱，成为构建社会主义和谐社会中总揽全面、协调各方的领导核心。党对构建社会主义和谐社会的领导，主要体现党在的政策的领导和发挥党员干部的模范作用。

（一）坚持把维护人民群众的利益作为构建社会主义和谐社会的根本问题来抓。构建社会主义和谐社会要把群众利益放在第一位，始终把相信群众、依靠群众、为了群众作为自己一切政策的出发点和归宿点。要完善决策机制，坚持科学决策、民主决策、依法决策，保证一切决策和决策的执行体现广大人民群众的意志和利益。要坚持以改革为动力推进社会主义和谐社会建设，遵照邓小平同志"对的就坚持，不对的赶快改，新问题出来抓紧解决"的要求，善于总结经验，完善政策，更加注意提高改革决策的科学性，增强改革措施的协调性，保证改革的成果普惠于最广大人民群众。要坚决依靠工人、农民、知识分子和其他阶层劳动群众，团结一切可以团结的人，尊重劳动，尊重群众，尊重知识，尊重人才，体察民情，了解民意，集中民智，珍惜民力，维护和实现广大人民的根本利益。

（二）要用党的政策广泛深入地动员群众、发动群众、组织群众。加强政治思想教育，是团结全党和全国人民构建社会主义和谐社会的中心环节。必须进一步发挥党的政治思想工作的优势,坚持做深入细致的政治思想工作,把构建社会主义和谐社会的宏伟蓝图、阶段性目标、政策、措施告诉广大干部群众,进行广泛深入宣传教育,做到家喻户晓,人人皆知,深刻理解,激发广大干部群众的热情和干劲;坚持实事求是、量力而行,把改革的力度、发展的速度和群众承受的程度统一起来,指导各地结合实际、因地制宜、统筹规划、突出重点、分步实施、整体推进,倡导科学性、防止盲目性;把面临的各种困难、问题实事求是地告诉广大干部和群众,倾听他们的意见,和他们共同研究,使他们明白构建和谐社会必须解决的问题及其解决问题的条件、难度、进程和办法;教育和引导广大干部群众正确处理个人利益和集体利益、局部利益和整体利益、当前利益与长远利益的关系,增强主人翁意识和社会责任感;有计划有步骤地切实解决构建和谐社会面临的一些突出问题,及时解决与人民群众利益相关的难点和热点问题,给群众以看得见的物质利益,增强广大群众构建社会主义和谐社会的信心和决心。

(三)进一步加强党的干部队伍建设。路线决定之后,干部就是决定因素。一定要把干部队伍建设尤其是各级领导班子建设作为关系党和国家生死存亡的根本问题和战略任务抓紧抓好。必须加强对干部的教育和培训,建立一支能够创造性地贯彻党中央关于构建社会主义和谐社会政策的干部队伍,全面提高干部的马克思主义理论水平,不断增强干部领导各项事业的本领、协调社会利益的本领、正确处理人民内部矛盾的本领、管理社会事务的本领。要坚持对全体干部进行为人民服务宗旨教育,使他们始终坚持立党为公,执政为民,做到情为民所系,权为民所用,利为民所谋。要坚持深入开展党风廉政教育,教育干部正确对待权力,自觉接受监督,为人民掌好权,用好权,反对以权谋私和权钱交易,坚决抵制拜金主义、享乐主义、骄奢淫逸、奢侈浪费,坚持艰苦奋斗,与人民群众同甘苦、共患难。要坚持干部深入基层,倾听群众呼声,关心群众疾苦,切实解决当前群众反映强烈的热点难点问题包括社会分配不公问题和一部分群众生产和生活困难问题。要坚持求真务实,开拓创新,勤政高效,建功立业,服务群众,坚决克服官僚主义、形式主义,反对弄虚作假、欺上瞒下,禁止搞劳民伤财的"政绩工程"、"形象工程"。要建立体现科学发展观要求的领导干部政绩评价体系,客观地评价干部"德、能、勤、绩、廉"的全面政绩,形成正确的用人导向。

(四)充分发挥党员先锋模范作用。在构建社会主义和谐社会中,发挥共产党员先锋模范作用至关重要。要建立永葆共产党员先进性教育的长效机制,加强对共产党员的政治思想教育特别是理想信念教育。共产主义理想信念，是共产党的灵魂，是共产党前进的动力，是凝聚人民群众力量的旗帜。必须针对一些党员干部和党员严重脱离群众和被资本主义严重腐蚀的情况，加强对党员干部进行党的先进性教育和党性锻炼。要教育共产党员坚定共产主义理想和建设中国特色社会主义信念，深刻认识到社会主义制度维系着广大人民群众的前途和命运，坚定不移地坚持"一是以公有制为主体，二是不搞两极分化"这一社会主义非常重要的原则。要明确党在现阶段的经济政策与党的理想的区别，在允许于国于民有利的私营经济成分存在的同时，必须保持共产党员的共产主义思想纯洁性，坚定地在劳动与剥削之间划清界限。全体党员要以模范行动表明自己信仰和实践社会主义，以树立人民群众对党的崇高信仰，真心实意地跟着共产党，坚定不移地走社会主义道路，为构建社会主义和谐社会努力奋斗。

（写于2006年3月24日）

| 我的理论思考 |

伟大的成就　光辉的未来
——关于社会主义社会全面发展的思考和展望

（《人民》2007年第7、8期）

全体共产党员和全国人民，为党的十六大以来党的执政能力的提升和国家取得巨大进步所鼓舞，更加热爱我们的党和国家，更加向往我们党和国家无限光明灿烂的未来，更加紧密地团结起来，正在满怀信心地迎接党的十七大的胜利召开，继续沿着党中央指引的正确方向胜利前进。

一、关于十六大以来取得的伟大成就

党的十六大以来，是艰辛的五年，是奋斗的五年，胜利的五年，辉煌的五年。在以胡锦涛同志为总书记的党中央正确领导下，坚持以邓小平理论、"三个代表"重要思想为指导，全面落实科学发展观，全国各族人民齐心协力，发奋图强，励精图治，开拓进取，把建设中国特色社会主义推到新的发展阶段，把政治文明建设、物质文明建设、精神文明建设、和谐社会建设纳入全面协调可持续发展的轨道，在经济、政治、教育、文化、卫生、外交、国防等方面都取得了举世瞩目的成就，全国出现了经济发展、政治民主、文化繁荣、社会稳定、人民团结、民族和睦的新局面。

（一）社会主义经济建设取得快速发展。五年来，我国经济快速稳定健康发展，综合经济实力在国际排序不断提升。这得益于采取一系列正确的政策和措施。经济体制改革进展比较顺利，加快国有经济的战略调整和布局，做大做强国有企业，发挥国有经济的主导作用，巩固社会主义初级阶段的公有制为主体、多种所有制共同发展的基本经济制度；继续发挥东部经济优势，实施西部大开发战略，缩小东西部发展差距，激发东北振兴，推动中部崛起；起动社会主义新农村建设，全面取消农业税，农民收入逐年增加；实施创新型国家的战略，增加科技投入，鼓励科技创新，增强自主创新能力，以科技创新推动经济的跨跃发展；探

索和坚持以信息化带动工业化,以工业化促进信息化,走一条低投入、高产出、科技含量高、资源消耗少、环境污染小、人力资源得到充分发挥的新型工业化道路;正确应对我国加入WTO之后遇到的严峻挑战,有效应对和解决与有关国家贸易投资金融等方面的国际贸易摩擦和纠纷,防范国家经济安全受损和金融风险,不断增强独立自主、自力更生的能力。

(二)社会主义民主政治建设稳步推进。坚持党的领导和人民当家作主、依法治国的有机统一。人民代表大会制度进一步完善,人民代表大会在政治生活中发挥越来越重要的作用,包括改善立法方法,广泛听取广大人民群众意见,反复进行科学论证,提高立法质量,法律制度正在逐步趋于完善;履行法律赋予人大监督的职责,开始有计划地每年开展执法检查,督促"一府两院"依法办事。政府不断提高行政能力,大力推进依法行政,实行政务公开、电子政务,增加透明度,提高公信力,保证行政权力依法行使,提高有效控制和管理社会事务的水平。司法制度有所完善,司法机关推行改革,强化自身建设,推行办案责任制和责任追究制,依法办案,维护了社会公正。进一步坚持和完善中国共产党领导的多党合作和政治协商制度,巩固和发展最广泛的爱国统一战线,广泛发挥了政协和各民主党派的参政议政作用和监督作用。充分发挥工会、共青团、妇联等组织协助党和政府密切联系广大群众的桥梁作用。基层民主取得可喜的发展,广大群众在民主政治生活中经受锻炼,当家作主的民主意识有了明显增强,依法行使民主权利的能力有了提高。社区、工厂、企业、事业单位引导群众参加民主管理,强化民主监督,依法维护了群众的合法权益,社会矛盾得到了一定的解决与缓和。

(三)社会主义思想文化建设取得进展。坚持马克思主义在意识形态领域的指导地位,加强对邓小平理论、"三个代表"重要思想和科学发展观的广泛宣传教育,营造有利于加强党的领导、贯彻党的路线方针政策,有利于依法治国的舆论氛围,鼓舞了全国各族人民在党中央领导下,团结起来,为建设社会主义小康社会和和谐社会而努力。对西方敌对势力的分化、西化、和平演变活动进行坚决的斗争,抵制和批判资本主义腐朽思想的侵蚀。加大教育的投入,推行平等教育,教育事业蓬勃发展,普及教育和高等教育有较大发展,一大批学生被培养成为"四有"新人。深化文化体制改革,激发主体活力,弘扬主旋律,提倡多样性,发展社会主义先进文化,正确处理文化建设中坚持以社会效益为主、兼顾经济效益的有机统一,文学、艺术、学术、理论等方面生产出了一批精品,文化领域出现了繁荣的新景象。

（四）社会主义和谐社会建设开始推进。党中央规划了社会主义和谐社会建设的宏伟蓝图，明确了目标，提出了一整套方针政策和措施，很鼓舞人心，凝聚人心，发挥效力，促进和谐，得到广大人民群众的衷心拥护。各地区各部门正在下更大的力量解决贫富差距过大问题、腐败问题、治安问题、劳资问题、就业问题等等，和谐社会建设初显美好发展的征兆。

（五）国家国防建设取得重大成绩。军队现代化建设朝着政治合格、军事过硬、作风优良、纪律严明、保障有力方向发展。加强了党对军队的绝对领导，深入开展思想政治工作，练就优良作风；加强军事技术学习和军事训练，掌握过硬的军事本领；以科技强军作为重要环节，加强武器研制，正在努力突破尖端，力求掌握最强大的控制力；以机械化、信息化为特征的现代化军事装备有长足进步；为保卫国家主权和领土完整提供有效的保障，为我国和平崛起锻造坚强的后盾。

（六）外交工作营造较好的外部环境。党中央审时度势，总揽全局，坚持原则，沉着应对；游刃险境，泰然自若，解决矛盾，化解风险；不忘主要对手，加强联合同盟者，正确处理与大国关系、与周边国家关系、与广大第三世界国家的关系，团结一切可以团结的力量，为我国社会主义建设创造良好的外部环境。

（七）党的建设取得丰硕成果。党中央紧紧围绕党在新时期面临的提高领导水平和执政水平的考验，拒腐防变和抵御风险考验的两大历史性课题，有组织有计划有步骤地在全党开展保持共产党员先进性教育活动，取得了丰硕成果；随后又做出加强党的执政能力建设的决定，明确了党的执政能力建设的原则、目标、任务、措施和途径，有力地推动了党的执政能力建设；制定了一系列有关领导干部选拔任用的制度，使干部选拔任用规范化、程序化、制度化，干部人事工作中的不正之风有所遏制；连续几年加大党风廉政建设和反腐败斗争的力度，惩治了一批腐败分子特别是高层的腐败分子，纯洁了党的队伍，推进了党的建设系统工程工作；增强了党的凝聚力、创造力和战斗力，鼓舞和坚定了全党和全国人民反腐败的信心。

二、关于社会主义社会全面发展的思考和展望

全党面对五年的伟大成就，振奋人心，激励斗志，对未来充满必胜的信心，而同时又必须增强忧患意识，居安思危，深刻认识国际国内形势发展变化，

充分认识可能遇到的严重挑战,在危险还没有到来的时候要能够预见到危险,未雨绸缪,超前筹划,科学设计社会资源配置的制度性和政策性安排,准备战胜困难,抵御风险,夺取更加伟大的胜利。这就必须坚持以邓小平理论和"三个代表"重要思想为指导,全面落实科学发展观,运筹帷幄,统揽全局,推动经济社会全面协调可持续发展,推动党的先进性建设和执政能力建设。

(一)坚持生产资料公有制是社会主义制度的基础,坚持社会主义初级阶段的基本经济制度。今后五年,仍然要把发展作为党执政兴国的第一要务,大力发展生产力,增强我国社会主义国家的综合国力,这是全党全国人民长期的中心任务。为此,要坚持生产资料公有制是社会主义制度的基础,坚持社会主义初级阶段的基本经济制度。经济上的平等权利是政治上的平等权利的基础。经济上的平等,是社会公平的主要体现,也是构建和谐社会的重要条件。邓小平同志曾特别强调要坚持走社会主义道路,反复强调一是公有制为主体,一是共同富裕,防止两极分化,他指出:"我们为社会主义而奋斗,不但是因为社会主义有条件比资本主义更快地发展生产力而且因为只有社会主义才能消除资本主义和其他剥削制度所必然产生的种种贪婪、腐败和不公正现象。"[①]这一论述深刻指明了只有社会主义才能消除腐败、不公正现象,实现社会公平,更快发展生产力,为构建社会主义和谐社会奠定物质基础。我们党坚定不移地遵照邓小平同志的指示,牢牢抓住社会主义的本质,朝着解放生产力,发展生产力,消灭剥削,消除两极分化,最终达到共同富裕的根本方向发展。江泽民同志在《巩固和加强社会主义的经济基础》一文中指出:"新中国成立以来不断发展壮大的国有经济,是我们社会主义国家政权的重要基础。我国国有经济的发展,不仅对保证国民经济稳定发展、增强综合国力、实现最广大人民的根本利益具有重大意义,而且对巩固和发展社会主义制度、加强全国各族人民的大团结、保证党和国家长治久安具有重大意义。没有国有经济为核心的公有制经济,就没有社会主义的经济基础,也就没有我们共产党执政以及整个社会主义上层建筑的经济基础和强大物质手段。这一点,各级领导干部特别是高级干部必须有清醒的深刻的认识。"[②]必须把发展壮大以国有经济为核心的公有制经济,摆在巩固社会主义制度和巩固共产党的执政地位的总体战略上来研究。以国有经济为核心的公有制经济,是社会主义制度的

[①]《邓小平理论》第3卷,第143页
[②]《江泽民文选》第3卷,第71页

经济基础,是共产党执政的经济基础,是人民共同富裕的财富源泉。增强国有经济的主导作用和控制力,是提高共产党执政能力的重要体现。发展和壮大国有经济,确保国有经济的主导地位和作用,是关乎党和社会主义制度前途命运的大事,也是关系建设社会主义和谐社会的大事。对此,我们党作为执政党不能不高度警惕和重视。江泽民同志在《走出一条具有中国特色的国有企业改革道路》一文中指出:"我国经济体制改革的目标是建立社会主义市场经济体制,而不是资本主义市场经济,重要的是要使国有经济和整个公有制经济在市场竞争中不断发展壮大,始终保持公有制经济在国民经济中的主体地位,充分发挥国有经济的主导作用。如果失去公有制经济的主体地位和国有经济的主导作用,也就不可能建设中国特色的社会主义。所以,搞好国有企业特别是国有大中型企业,既是关系到国民经济的重大经济问题,也是关系到社会主义命运的重大政治问题。""我们必须进一步坚定搞好国有企业的决心,就是说,在建设社会主义市场经济体制的过程中,国有经济和整个公有制经济只能加强,而决不能削弱;只能使它们形成新的优势,而决不能使它们失去优势。我们要下定这个决心,不能有丝毫动摇。"①

必须从根本上着手解决贫富分化和贫富差距问题。邓小平同志和江泽民同志洞察秋毫,根据我国政治、经济、思想领域存在的复杂斗争的情况,指出可能发生的社会问题,提醒我们要严加预防。他们的精辟论述,至少对社会主义初级阶段具有长远的重大的指导意义。邓小平同志指出:"社会主义财富属于人民,社会主义的致富是全民共同致富。社会主义原则,第一是发展生产,第二是共同致富。我们允许一部分人先好起来,一部分地区先好起来,目的是更快地实现共同富裕。正因为如此,所以我们的政策是不使社会导致两极分化,就是说,不会导致富的越富,贫的越贫。坦率地说,我们不会容许产生新的资产阶级。"②"社会主义的目的就是要全国人民共同富裕,不是两极分化。如果我们的政策导致两极分化,我们就失败了;如果产生了什么新的资产阶级,那我们就真是走了邪路了。"③江泽民同志也指出:"社会主义制度的确立、巩固和发展,体现了中国现代社会运动的客观规律,是中国历史上最伟大、最深刻的变革。""如果今

---

① 《江泽民文选》第1卷,第441、442页
② 《邓小平文选》第3卷,第172页
③ 《邓小平文选》第3卷,第111页

后不坚持社会主义，而是像有些人主张的那样退回去走资本主义道路，用劳动人民的血汗去重新培植和养肥一个资产阶级，在我国人口众多、社会生产力水平很低的情况下，只能使大多数人重新陷入极其贫困的状态。"①贫富差距悬殊并扩大的问题，是影响社会稳定和导致社会矛盾激化的带有全局性的基本问题。如果在出现苗头时，不重视调控和解决这个问题，那么久而久之，待到矛盾积累到一定程度时，就会积重难返，如邓小平同志和江泽民同志所说"产生新的资产阶级"、"重新培植和养肥一个资产阶级"。按照马克思主义的原理，所有制决定分配。解决贫富分化问题，首先要从所有制与分配关系来研究和解决，公有制为主体和按劳分配为主体要得到充分体现；其次要从第二次分配和完善社会保障制度来解决，如采取法律的、税收的、救济的、财政的手段和其他政策手段来解决，还如建立慈善事业等；其三要严格依法管理，控制和削弱市场的负面作用，控制私营经济必然产生的某些剥削现象、两极分化问题，把私营经济控制在依法经营之内；其四要依法严惩各种严重经济犯罪活动，严惩贪污受贿、敲诈勒索、权钱交易等腐败行为。

必须对国有经济实行极其严格的统计和审计。量变达到一定的程度就必然引起质变。国有经济要起主导作用，要有控制力，就必须有一定的经济总量，体现在国民经济中占有一定的比重。这个一定的比重至少应有多大是必须研究和确定的，而且必须尽早确定。如果对国有经济总量及其在国民经济中所占的比重没有做到心中有数，那么就会产生很大的盲目性，就谈不上自觉保持和发挥国有经济的主导地位和作用，也谈不上有效防止国有资产流失，甚至对国有经济是否继续保持主导地位也不知道，那是十分危险的。列宁在《苏维埃政权的当前任务》一文中强调"为建立全民计算和监督而斗争的意义"，指出"至于在产品的生产与分配上不报告不监督的情形，这便是断送刚开始的社会主义事业。"②因此，必须对国有经济进行极其严格的统计和审计。对国有企业及国有控股企业及参股企业的生产、供应、销售、分配、资产评估、产权变更、产权交易、企业投资、资产效益等进行极其严格的统计和审计，防止虚报浮夸和少报瞒报，确保统计和审计的真实性、准确性，明确国有经济占国民经济的比重，做到心中有数，提高科学性，保证决策正确，防止决策失误，加大国家宏观调控力度，采取必要措施，

---

① 《江泽民文选》第1卷，第67页
② 《列宁选集》第3卷，第506页，1972年第2版

确保国有经济的主导地位和作用，发展壮大公有制为主体的经济，使公有制主体经济有量的优势和质的提高，促进多种所有制经济的共同发展，逐步实现人民群众共同富裕。

必须继续深化经济体制改革，转变经济增长方式。坚持以科学发展观统领全局，把发展作为党执政兴国的第一要务，进一步深化经济体制改革，实施经济发展新战略，统筹城乡发展，统筹区域发展，统筹经济社会发展，统筹人与自然和谐发展，统筹国内发展与对外开放；通过经济发展战略调整实现我国经济增长由外需依赖型向内需推动型转变；继续实施西部开发战略和加快社会主义新农村建设战略，特别高度重视城乡一体化建设，努力解决城乡二元化的问题；要从建立创新型国家的高度，调整结构，转变经济增长方式，协调经济增长与资源环境的关系，建立循环经济、清洁经济、节约型经济、高效经济；要进一步优化产业结构升级、产业技术升级，增强自主创新能力，拥有核心技术和自主品牌，解决产业结构和技术水平造成的经济发展与资源环境相互关系紧张甚至恶化的严重问题。

进一步实行对外开放政策，确保国家经济安全和金融安全。对外开放应坚持多元选择、平等合作、互利共赢的原则。进一步扩大对外开放，要把握好对外开放的度，警惕受制于人，趋利避害，更好地为我国现代化建设服务，增强我国独立自主的能力，维护国家整体利益。积极实施"走出去"战略，对我国企业对外投资合作要严格规范，科学论证，统筹规划，正确引导，主动参与经济全球化，发挥我国比较优势，在更大范围、更广领域、更高层次参与国际经济技术合作与竞争，充分利用国际国内两个市场、两种资源，促进国民经济持续快速发展，防止资产流失，确保投资保值增值，促进我国企业在激烈的国际竞争中发展壮大，形成有实力的跨国公司和著名品牌，增强国际竞争力。要正确处理"走出去"与"引进来"的关系，实现对外开放水平的升级，需要采取法律和政策方面的有效措施。一是从战略出发，加强国家的宏观调控，在关系国防安全、国家经济安全和国计民生的重要领域，国有经济必须占主导地位，行业的龙头企业要区别情况实行独资、绝对控股或相对控股。这是基本前提，是防止在对外开放中受制于人，防止我国被他国握住咽喉，防止我国丧失独立自主的能力，使我国牢牢把握国民经济发展的主动权，促进经济社会全面协调可持续发展。二是在具体实施方面，要实现"七个转变"：即从出口产品技术含量低向出口产品技术含量高的转变；从劳务出口向劳务出口、对外工程承建和对外投资并重转变；从进口一般商品为主向进口能源资源技术为主的转变；从引进设备为主向引进技术为主的转变；引导外商投资从数的扩张向质的提升的转变；从以优惠政策吸引外资向以良好环境吸引外资的转变；从以"廉价劳动力"优势吸引外资向依靠优质服务和高素质劳动力吸引外资的转变，由于这一转变带来劳动力价格的适度提高，有助于培养高素质的劳动者，避免在"廉价"与"低素质"之间形成恶性循环，从根本上不断增强我国在知识经济时代和经济全球化过程中的核心竞争力。

（二）继续推进社会主义民主政治建设。坚持继续改革与社会主义经济基础不相适应的上层建筑部分，推进社会主义民主政治建设。社会主义民主政治的核心是人民当家作主，主要体现是民主选举、民主决策、民主管理、民主监督。在坚持以工人阶级领导的工农联盟为基础的人民民主专政的国体和人民代表大会的政体前提下，推进民主政治建设，充分体现人民自己掌握自己的命运，决定国家发展的方向和政策。

进一步完善人民代表大会及其常务委员会制度。按照国体的本质要求，改善人民代表大会代表成份的结构，提高工人、农民代表的比例，体现国家以工农联盟为基础；提高代表的素质和议政能力，提高决策水平和制定法律的质量；健全人民代表大会及其常务委员会权力运行制约机制，使其活动更加廉洁高效，能及时充分地反映和体现民意；进一步发挥人民代表大会及其常务委员会对"一府两院"有效监督的力度。

进一步推进依法行政，建立法治政府。政府要精简机构，建立健全行为规范、运转协调、公正透明、廉洁高效的行政管理体制，健全决策、执行和监督相协调的运行机制；贯彻有权必有责、用权受监督、违法要追究、侵权要赔偿的法律原则，做到公开、公平、公正、便民、诚信、廉洁、高效，取信于民；要大力推行政务公开和电子政务，提高政府依法管理社会水平和行政效率；要建立政府与群众之间的沟通协调机制，密切同人民的关系，增进政府与群众互动、沟通、理解和协调，及时解决社会热点、难点问题，为群众排忧解难，防止社会矛盾激化，保持社会和谐稳定。

进一步加强司法机关建设。司法工作要坚持发扬民主、依靠群众、接受群众监督的原则；坚持公民在法律面前一律平等的原则，以事实为根据，以法律为准绳，严格依法办案，维护司法正义。要建立健全权责明确、相互配合、相互制约、高效运行的司法体制。健全监督制约机制，严密权力运行程序，形成权力之间严格的监督与制约；完善错案责任追究制，强化工作人员的责任；建立判决执行责任追究制,解决执行难的问题,维护法律的严肃性和权威性;努力提高司法人员素质,建设一支政治坚定、业务精通、作风优良、清正廉洁、秉公办案的司法干部队伍。

进一步加强国防建设。建立强大的国防,是保护全国人民和平生活和建设中国特色社会主义的需要,是实现国家领土完整和保障国家主权独立的需要,是抵抗强权政治武力威胁我国国家安全和经济安全的需要,是中国人民永远站起来的需要,是广大人民群众的强烈愿望。中国要和平崛起,是我们坚定不移的原则;捍卫中国和平崛起,也是我们坚定不移的原则。必须贯彻积极防御的军事战略方针,加快推进国防和军队现代化建设,提高高技术条件下的防卫作战能力,做到有备无患,保卫国家安全、能源安全和经济可持续发展,保卫我国人民在和平的条件下进行社会主义现代化建设。必须随着经济的发展,适当加大对国防资金投入的力度,并下定决心,加强领导,精心谋划,集中有限的人力物力财力,选择某些特别重要的项目组织攻关,经过一段时间的不懈努力,力争拥有世界尖端的和领先的武器。

进一步加强社会主义法治建设。要继续实施依法治国的方略,建设社会主义法治国家,充分体现党的领导与人民当家作主、依法治国的有机结合。进一步把社会主义民主政治规范化、程序化、法制化,做到有法可依、有法必依、执法必严,违法必究。加强法律监督,重点纠正决策违法行为、执法犯法行为、贪赃枉法行为,保证依法决策、依法行政、依法司法,实现社会公正和正义,切实维护广大人民群众的人身权利、经济权利、政治权利和其他合法权利。

(三)加强社会主义先进文化建设。任何一个国家占统治地位的思想,只能是统治阶级的思想。我们党是执政党,党的指导思想应当在国家意识形态领域中占指导地位。要坚持以马列主义、毛泽东思想、邓小平理论和"三个代表"重要思想为指导,落实科学发展观,发展面向现代化、面向世界、面向未来的,民族的科学的大众的社会主义文化。坚决批判和抵制国内外资本主义腐朽思想的侵蚀。在国民教育上,要认真贯彻党的教育方针,以培养社会主义"四有人才"为目标,实行助学金制度;争取教育平等,帮助和鼓励人才成长,决不能把国民教育作为盈利的产业和商业,防止把教育这一培养社会主义人才的伟大事业走上以盈利为目的的邪路上去。在社会主义文化建设上,要坚持为社会主义服务、为人民服务的方向,坚持"百花齐放,百家争鸣"的方针,向广大人民群众传播一切有利于社会进步的文化,核心是向广大人民群众宣传社会主义思想和道德,以巩固我国社会主义制度，推动我国社会经济政治文化的全面协调可持续发展。要坚持社会效益第一，兼顾经济效益的原则，在处理社会效益与经济效益关系时，要依不同领域的具体情况，区别对待，分类指导，实现社会效益与经济效益的统一，把文化产业做强做大。

进一步发挥新闻舆论监督作用。在信息时代，加强新闻舆论监督，对于推动社会主义民主政治建设具有极其重大的意义。新闻舆论工作要坚持四项基本原则，为社会主义民主政治建设服务，为社会主义现代化建设服务。现在亟需立法，对新闻舆论监督的权利与义务加以规范，把新闻舆论监督纳入法制的轨道，既防止和及时纠正新闻舆论监督工作中的违法行为，又依法充分发挥新闻舆论监督的重要作用，维护人民民主，监督权力依法运行。

（四）推进社会主义和谐社会建设。党中央已经对构建社会主义和谐社会作了全面的部署，现在关键是结合实际，扎扎实实地组织实施。要坚持立党为公、执政为民的宗旨，以民为本，体恤民情，关心群众疾苦，注意着力解决影响社会和谐的基本社会问题即贫富差距扩大这一主要问题，缩小贫富差距；加强解决企业特别是私营企业的劳资纠纷问题和安全生产问题，缓和劳资矛盾，维护工人的生命权利、人身权利、政治权利、经济权利和其他合法权益；加强引导，广开门路，解决下岗、失业的问题，实现广泛就业；关注和解决下岗职工、贫困群体、弱势群体的住房、医疗、上学和生活困难等问题；在解决城乡差别、工农差别、体力劳动与脑力劳动差别的三大差别中，财政政策要向农村和西部倾斜，着重解决"三农"问题、"西部大开发"问题；要强化人民民主专政，打击犯罪，保护人民，保持社会稳定，为建设和谐社会创造前提条件和政治保障。今后要继续推进和谐社会建设，各地必须要有科学的计划，要因时因地突出重点，要有具体的措施，要有可行性的步骤，抓紧扎实工作，检查督促，锲而不舍，一抓到底，实现社会稳定、安宁、和谐。

三、关于党的建设问题的思考

中国共产党是全中国人民的领导核心，没有这样一个核心，中国特色社会主义事业胜利是不可能的。必须坚持和改善党的领导，不断提高党的马克思主义理论水平，不断增进党与人民群众的密切联系，不断增强党的先进性，不断提高党的领导能力和执政能力、党的拒腐防变和抵御风险能力。

（一）进一步坚持党是工人阶级先锋队性质。党的建设的指导思想，最根本、最重要的一条，就是一定要坚持把我们党建设成为马克思主义、毛泽东思想、邓小平理论、"三个代表"重要思想武装的和实践科学发展观的中国工人阶级先锋队。江泽民同志指出："我们党不仅是工人阶级的阶级组织，而且是工人阶级的先锋队。能够把工人阶级组织起来，为实现自己的理想而斗争，只有自己的先锋队——共产党。工人阶级需要党，党也离不开工人阶级。明确坚持党的工人阶级先锋队性质，我们才能更好地理解党所处的历史地位和所肩负的崇高使命，把握马克思主义建党学说的精髓，保证党的建设工作沿着正确的轨道前进。"①这一精辟论述，是我们加强党的建设之根本。

（二）进一步坚持马克思主义指导思想。马克思主义是工人阶级的最科学最正确的世界观和方法论，是我们认识世界和改造世界的思想武器。必须把握马克思主义理论的核心，马克思、恩格斯在《共产党宣言》中指出："共产党人可以用一句话把自己的理论概括起来：消灭私有制。"②江泽民同志也指出："马克思主义早已揭示出，人类社会必然要从阶级社会走向没有阶级、没有剥削和压迫的社会，这是一个不依人的意志为转移的总趋势。"③我们只有把握这一核心思想，才能在任何复杂和严峻形势下，坚持共产主义理想信念不动摇，尽管共产主义实现要经过极其漫长的历史过程，但并不渺茫，而是在我们奋斗中一步一步地前进。江泽民同志十分深刻地指出："形势和任务不断变化，党的路线方针政策和斗争策略、活动方式、工作方法也要相应改变，但党的性质不能变，共产主义的最高目标不能变。"④全党要坚持马列主义与中国发展的具体实践相结合，紧紧把握马列主义、毛泽东思想、邓小平理论、"三个代表"重要思想和科学发展观这一理论的核心，掌握人类社会发展的规律、社会主义社会发展的规律和共产党执政的规律，努力开创中国特色社会主义新局面。

（三）进一步加强我们党的马克思主义理论建设。我们党要建设成为永远站在时代前列带领人民群众前进的坚强的马克思主义政党，要不断战胜任何艰难险阻，实现中华民族的伟大复兴，夺取建设中国特色社会主义的伟大胜利，一刻也不能离开理论思维。必须坚持与时俱进，把马列主义和毛泽东思想、邓小平理论、"三个代表"重要思想和科学发展观在广大人民群众的实践中丰富和发展，

---

① 《江泽民文选》第1卷，第90页
② 《马克思恩格斯选集》第1卷，第265页，1972年版
③ 《江泽民文选》第1卷，第90页
④ 《江泽民文选》第1卷，第62页

使我们在任何情况下保持清醒的头脑，以正确的政治立场、政治观点处理各种复杂尖锐的社会问题。邓小平同志指出："马克思主义的理论工作者是不能离开现实政治的。我这里说的政治，是国内外阶级斗争的大局，是中国人民和世界人民在现实斗争中的根本利害。不能设想，离开政治的大局，不研究政治大局，不估计革命斗争的实际发展，能成为一个马克思主义的思想家、理论家。"①江泽民同志指出："只要阶级斗争在一定范围内存在，我们就不能丢弃马克思主义阶级观点和阶级分析的方法。这种观点和方法始终是我们观察社会主义与各种敌对势力斗争的复杂政治现象的一把钥匙。"②要用发展的马克思主义武装全党，加强对全体党员进行社会主义共产主义理想信念和为人民服务宗旨教育，"使每一个党员在劳动和剥削之间，坚决地划清界限"③，坚决防止一部分党员剥削一部分党员和剥削一部分群众的现象发生，防止腐败的发生；使全体党员坚持党的基本路线、基本理论、基本纲领、四项基本原则、国家基本经济制度和政治制度，在政治上与党中央保持一致，维护改革发展稳定的新局面。党的高级干部要精通马克思主义理论，成为名符其实的治党、治国、治军的政治家，这是中国社会主义伟大事业必定胜利的重要保证。

（四）进一步健全党的民主集中制。民主集中制是党的根本的政治原则和组织原则，是通过民主达到集中的统一，并加以具体化、规范化、程序化、制度化，用制度的约束力保证实行。必须健全以党章为核心的党内法规体系，为提高党内法规制定的质量，有必要建立党内法规建设工作机构。

党内民主是党的生命。要进一步建立和完善民主保障的程序和制度。建立和完善党员在党的各级会议上有充分的讨论和发表意见的自由，不因有不同意见而受到追究的制度；要按照公开性和民主性的原则，探索和实行党务公开工作，建立代表大会报告草案会前征求意见的制度、对党的理论和政策讨论和不同意见陈述的制度等；要完善党的民主选举制度与罢免制度、撤换制度及任期制度；要完善民主决策制度、民主管理制度、民主监督制度和提案制度、质询制度等；要搞好党的代表大会常任制的研究、扩大试点工作，完善制度设计，逐步普遍实行，"使代表大会成为党的充分有效的最高决策机关和最高监督机关"④。

---

①《邓小平文选》第2卷，第179页
②《江泽民文选》第3卷，第83页
③《邓小平文选》第1卷，第243页
④《邓小平文选》第1卷，第233页

党的团结和统一是党的生命。党丧失团结和统一，党就必然瓦解。全体党员必须像爱护自己的眼睛一样爱护自己的党，维护党的团结和统一。党章和其他党内法规是全党民主意志的集中体现，是党组织和党员活动的依据，是党团结和统一的保障。遵守、执行和维护党章和其他党内法规，就是维护党的团结和统一。各级党组织和党员都必须遵守、执行和维护党章和其他党内法规，执行民主集中制，按照"四个服从"的原则，维护中央权威，以统一思想，统一计划，统一步骤，统一行动，形成坚不可摧的力量，共同为实现党的各时期的目标而奋斗。

（五）进一步加强党员队伍建设、干部队伍建设和领导班子建设。江泽民同志指出："共产党的力量和作用，主要不在于党员的数量，而在于党员的素质。"①我们党的党员数量已经极为可观，但在党员中腐败的和违纪的、对党认识模糊的和不起先进作用的党员所占的比例也不可低估。今后要按照党章严格把关，防止不合格的人入党，并要不断地清除党内腐败分子，对不起先进作用的党员要劝其退党。重要的是加强党的思想建设，加强对全体党员的教育，提高全体党员的先进性。在全党进行党的基本理论教育，进行社会主义和共产主义理想信念教育，进行党章党纲和党的基本路线教育，保持共产党员共产主义思想的纯洁性，从根本上提高党员的素质。

毛泽东同志指出："政治路线确定之后，干部就是决定的因素。因此，有计划地培养大批的新干部，就是我们的战斗任务。"我们正在建设空前伟大的中国特色社会主义事业，需要造就一支宏大的德才兼备的高素质的干部队伍。要加强对干部进行马克思主义理论教育培训，要在人民群众的艰苦实践中锻炼、培养、考验、考察和选拔领导干部，培养他们坚定社会主义、共产主义理想信念，对党对人民事业无限忠诚，忠实地履行全心全意为人民服务的宗旨，坚持身体力行社会主义荣辱观和共产主义道德，坚持艰苦奋斗，拒腐防变，坚决反对腐败，抵制资本主义腐朽思想的侵蚀。

要确保各级领导核心由忠于马克思主义的人组成。江泽民同志从防止"国际敌对势力妄图从我们党的第三代、第四代人身上打开缺口，实现他们的和平演变"的高度，指出："保证党和国家各级领导权由忠于马克思主义的人来掌握，是一个极为重要的战略问题，直接关系党和国家的盛衰兴亡。"②要采取有效措

---

① 《江泽民文选》第1卷，第62页
② 《江泽民文选》第1卷，第100页

施，贯彻党制定的干部队伍革命化、年轻化、知识化、专业化的方针，加强各级领导班子建设，一是加强领导班子的组织建设，要完善和严格执行党内选举制度和干部选拔任用的一系列制度，把好领导干部选拔关；二是加强领导班子权力运行制约机制的制度建设，特别是决策制度的建设；三是加强领导班子的思想建设、政治建设、廉政建设、作风建设，并使之制度化，保证他们认真学习和真正掌握马克思主义理论，密切同人民群众的血肉联系，勇于开展批评与自我批评，实践立党为公、执政为民的理念，做到情为民所系，权为民所用，利为民所谋。

（六）进一步坚定不移地开展党风廉政建设和反腐败斗争。胡锦涛同志指出："从根本上说，腐败是私有制的产物，是同马克思主义政党的性质格格不入的。"这一关于私有制是腐败产生的根源的高度概括，是马克思主义在我国新的社会主义历史条件下的创造性运用和发展。这一科学理论，是我们研究社会主义条件下腐败根源的一把钥匙，是构建社会主义反腐败理论的基础。这一理论告诉我们，反对腐败必须与我们党的消灭私有制的伟大历史使命联系起来，才能不迷失前进的方向。待到私有制及其私有观念彻底消灭之时，就是腐败被彻底埋葬之日。当然，这是一个非常漫长的极其复杂的到达共产主义的历史过程，我们决不能超越这一历史过程。但是，我们必须保持清醒的头脑，决不能因为这一历史过程的漫长而认为共产主义虚无缥缈，并放弃努力，恰恰相反，必须从现在抓紧做起，一步一步地朝着远大的目标前进。我们既要有同腐败作长期斗争的思想准备，又要增强同腐败作斗争的紧迫感和责任感，加紧治理腐败。坚持社会主义制度是治理腐败的治本之策。我们坚持社会主义道路，就是朝着消灭腐败这一方向前进。必须全面贯彻党的基本路线，紧紧抓住"社会主义的本质"，朝着"解放生产力，发展生产力，消灭剥削，消除两极分化，最终达到共同富裕"的根本方向发展，全面协调可持续地推进社会主义政治建设、经济建设、文化建设和社会建设，不断增长社会主义因素，不断铲除腐败因素，从根本上有效治理腐败。要把预防和治理腐败贯穿于社会主义经济建设、政治建设、文化建设、社会建设的过程之中，把预防和治理腐败寓于政策、法律、制度、措施和办法之中，从创新体制、机制、制度和加强管理、监督着手，采用政治的、经济的、教育的、行政的、纪律的、法律的等多种手段进行综合治理，注重从源头治理和预防腐败。同时，要加大惩治腐败分子的力度，把治本与治标有机地结合起来，达到有效地治理和预防腐败。

（写于2007年5月）

| 我的理论思考 |

学习胡锦涛同志
在中央党校重要讲话的体会

——在纪检组监察局学习会上发言

（2007年7月16日 根据录音整理）

胡锦涛同志最近在中央党校的重要讲话强调，坚定不移走中国特色社会主义伟大道路，为夺取全面建设小康社会新胜利而奋斗。我认为这个讲话，是我们党在未来斗争中的一个宣言书、战斗檄文。这个讲话高瞻远瞩，总揽全局，总结过去，洞察形势，引领未来。

一、这个讲话在十七大召开之前发表，更具有非常重大的意义

在十七大前夕，全党和全国人民对十七大有很高的期望，同时社会上也有不同思潮，有些不同的观点争论，有些人有对中国要向何处去的忧虑，甚至有人希望中国走到某一种错误的道路上去，提出中国要走民主社会主义道路，就像前苏联解体后那样的道路，有人主张走西欧所谓社会民主主义道路，这些观点见诸于报刊杂志，我去年在省部级领导干部学习班上也有人提出这样的观点。比如，有的说西欧那些国家比我们社会主义还社会主义，美国有什么不好，不比我们好吗？近一时期理论界对这一问题有很尖锐的争论。在这样的情况下，我认为胡锦涛同志这个重要讲话具有非常重大意义，他给我们不仅在重大理论方面作了明确的阐述，旗帜鲜明地表示中国要坚定不移地走中国特色社会主义道路。这条道路是完全正确的伟大的道路，体现了马列主义、毛泽东思想、邓小平理论、"三个代表"重要思想，也体现了科学发展观。它本质上是体现贯彻科学社会主义，不仅没有背离马克思主义指引的方向和道路，而且创造性地发展了马克思主义，鲜明地体现了中国特色。胡锦涛同志要求我们贯彻科学发展观，始终坚持"一个中心，二个基本点"的基本路线，观点非常之鲜明准确。经济建设是中心，务必要把经济搞上去，同时必须坚持两个基本点。一个基本点是坚持改革开放，改革是发展的动力，这是我们国家富强的法宝。同时，还有一个基本点即坚持四项基本原则，即坚持马列主义毛泽东思想，坚持共产党的领导，坚持社会主义道路，坚持人民民主专政。马克思主义这个最根本的政治方向是非常明确的。胡锦涛同志这个讲话里头讲坚持科学社会主义的基本原则，且有中国特色，集中体现在我们坚持"一个中心，两个基本点"的基本路线不动摇。有人说我们要抛弃社会主义，有人说我们必须走民主社会主义道路，这完全不对！外国舆论界有人猜测，国际社会有一些人别有用心地说中国要转向了。正是这个时候，胡锦涛同志非常及时地在这个重大理论上、根本政治方向上澄清了认识，更加统一全党全国人民的思想，使全党全国人民更加紧密地团结在胡锦涛同志为总书记的党中央周围，继续在我国特色社会主义的伟大道路上排除万难，奋勇前进，创造新的辉煌。

二、这个讲话从"四个坚定不移"阐明了我们党和国家继续坚持的正确方向

胡锦涛同志在这个讲话的开头，就提出"四个坚定不移"，从宏观上，高瞻远瞩，统揽全局，在根本问题上给我们指明了正确方向。

一要坚定不移地坚持解放思想。就是要认识中国社会主义建设的客观规律，开拓创新。从本质上说，解放思想，就是反对因循守旧，坚持与时俱进、改革创新，体现时代性；实事求是，就是对客观世界的认识，把握它的规律性，透过现象看本质，看到事物的现状及其发展趋势，把握它的将来。只有解放思想，才能破除墨守成规、裹足不前的陋习，用新思路、新方法正确认识事物，接受新事物，为新事物发展开辟道路；同时，只有实事求是，才能真正解放思想，使解放思想建立在辩证唯物主义的基础之上，具有科学性，具有先进性，使解放思想不会蜕变为胡思乱想和痴心妄想。所以，解放思想与实事求是是一致的，是相辅相成的。只有解放思想、实事求是，才能对国内外形势的发展变化、对中国社会主义建设具有预见性。我们党必须有预见性，才能谈得上领导。否则，党就不可能站在时代的前列领导人民继续前进。那么，要有预见性，就必须认识和掌握我们事业发展的客观规律，预示它将来的发展，指引人民朝什么方向前进和怎么样前进，这样才不会迷失前进的方向。这就要求我们必须毫不动摇地把坚持马列主义、毛泽东思想、邓小平理论、"三个代表"重要思想，全面贯彻科学发展观，作为我们事业的指导思想和前进方向。

二要坚定不移地坚持改革开放。因为改革开放是解放和发展社会生产力、不断创新充满活力的体制机制的必然要求，是中国特色社会主义的强大动力。这是近三十年来的伟大实践证明了的,也是我们亲身经历过的。近三十年的改革开放,对中国的经济制度、经济体制和运行机制以及国内经济与国外经济的关系进行了一系列的改革和创新,对政治体制和机制和社会管理体制与方法进行了一系列的改革和创新,对其他方面也作了大量的改革和创新,到处出现了蓬勃发展的生机和活力,在我国960万平方公里的土地上处处感到中国在飞速发展和变化,而且步伐越来越快,可以说中国发生了翻天覆地的巨大变化,这充分证明了改革是中国强大起来的根本动力。

三要坚定不移地坚持科学发展、社会和谐。过去我们曾经也希望建设搞得快一点,但过于偏激了,急于求成,产生盲目性,结果是欲速则不达。1958年大跃进、人民公社化运动造成重大损失,"文化大革命"中的严重挫折,那两个时候我都亲身经历过。我们必须牢牢记住教训,决不能重蹈覆辙。我们如果只有良好的动机,但离开了科学的世界观、方法论,不仅不能使中国快速发展起来,反而会得到相反的结果。改革开放以来,特别是近些年来,为什么成为我国发展历史上的最好时期,就是因为我们坚持贯彻落实科学发展观,统筹兼顾、把握全局、立足当前、着眼未来,调动一切积极因素,推动我国经济社会全面协调可持续发展。这是一篇大文章,要继续深入研究、探讨和反复实践,认真总结成功经验和挫折教训,把坚持科学发展做得更好、更出色。再就是坚持社会和谐,和谐就是全党全国各族人民团结起来,万众一心,众志成城,才能形成巨大的力量,极大地推动社会主义事业前进。如果全国人民没有大团结,而是四分五裂,到处出问题,到处动乱,社会动荡不安,必然不可能搞改革开放,不可能建设社会主义,中国要在经济全球化当中取得重要的地位也是不可能的。所以,社会和谐是中国发展的基本条件,是建设小康社会的一个基础性条件。我们坚持实现和谐社会,就必须正确处理人民内部矛盾,必须消除各种不和谐、不稳定的因素包括贫富两极分化的因素,必须坚决打击破坏和谐、破坏稳定和分裂中国的一切国内外反动势力,这是一场长期的、复杂的、尖锐的斗争。如果我们认为和谐社会能自然而然实现,那么就太天真了,和平麻痹思想就会将追求和谐社会的理想毁于一旦。

四要坚定不移地坚持实现全面建设小康社会的目标。2020年实现这个目标不能转移,也不能打折扣。实现这一目标,是体现全国各族人民在这一时期内的最高利益和最高愿望,是我们前进在中国特色社会主义道路上的必经阶段,全党全国人民必须全力以赴地为实现这一目标而努力奋斗。小康社会是以全体人民共同富裕为前提的公平正义和谐的小康社会。前面讲的解放思想是发展所必须坚持的思想路线，改革开放是发展的动力，科学发展与社会和谐是发展的基本条件，这三个"坚定不移"，都是为了实现全面建设小康社会这一"坚定不移"的目标服务的。胡锦涛同志讲的四个"坚定不移"是互相联系、相辅相成的，这四个方面的关系弄清楚了，我们在扑朔迷离的社会现象中、繁纷复杂的斗争中，就不会迷失正确的前进方向。我认为四个方面的坚定不移，对我们统领全局、指导工作具有重大的现实意义。

三、这个讲话阐明了为了实现全面建设小康社会的目标，必须搞好五个方面建设

一要实现经济建设又好又快地发展。关键要在转变经济发展方式、完善社会主义经济体制方面取得重大进展。既要有量的发展又有质的提高，使整个经济健康快速稳定发展，必须坚持社会主义初级阶段的基本经济制度。我国宪法讲了社会主义制度的经济基础是生产资料公有制，又讲了社会主义初级阶段的基本经济制度，这两者既有联系，又有区别，前者是后者前进的目标，后者是实现前者的基础。在这个社会主义初级阶段的基本经济制度，总的看是体现社会主义经济制度，但这个初级阶段有它的特殊性，我国社会生产力水平不高，现代化生产水平也不高，还有一些落后的生产方式并存，需要找到适合我国社会主义初级阶段情况的基本经济制度，历史已经选择了以公有制为主体、多种所有制经济共同发展的基本经济制度，在宪法和党章中都指明了这一点，当然还有改革等一系列方面的问题，胡锦涛同志讲得详细，我们要很好学习领会。

二要加强社会主义民主政治建设。社会主义民主政治的核心是人民当家作主。实现人民当家作主的目标，必须坚持党的领导和坚持依法治国。坚持党的领导，是实现人民当家作主的核心力量；坚持依法治国，是实现人民当家作主的保证；人民获得民主，人民当家作主，是实现党的领导的社会基础，是依法治国的基本内涵，也是党的领导和依法治国的目的。这要求我们善于把人民当家作主、依法治国和坚持党的领导有机地结合起来，贯穿于社会主义民主政治建设的全过程。只有这三者有机结合，才能保证人民群众依法有序地参加管理国家、管理社会、管理经济、文化和社会事业，使人民的民主权利得到充分的体现。现在全国正在推进的政务公开，有利于宪法法律赋予人民群众的选举权、决策权、执行权、监督权等民主权利的实现。

三要加强社会主义文化建设。胡锦涛同志强调，加强社会主义文化建设是

不断满足人民群众日益增长的精神文化需求的需要,是全面实施党和国家发展战略的需要。社会主义文化建设也就是社会主义精神文明建设,这里特别提到了社会主义核心价值体系。所谓社会主义核心价值体系,它的指导思想必须是马克思主义,离开了这个就不可能建立社会主义核心价值体系。具体一点讲,社会主义核心价值体系主线是坚持全心全意为人民服务的宗旨,坚持集体主义精神、社会主义精神和共产主义精神。"社会主义核心价值体系"这一命题本身,与"资本主义核心价值体系"是根本对立的。这显然是意识形态方面的问题,要进行非常长期的复杂的斗争。因为西方敌对势力对中国进行渗透、颠覆,首先是从意识形态着手,通过各种办法,无所不用其极,而且许多办法非常狡猾,有的表面上看对我们非常友好,支持、赞助什么基金等等,但是这里头,它企图通过潜移默化的作用,希望使我们改变政治方向,朝着有利于他们的方向转变。我在中国社会科学院工作的时候,据说外国的某一基金会在北京设立一个办事处,社科院有一个处长就在那里工作,按规定三年期到了,社科院要调换这个处长,但办事处负责人不同意,说不然他们的办事处要撤走,但社科院仍然坚持要调换。办事处负责人向他的国内有关部门汇报,后来还是决定不撤走办事处,只好同意我们调换人员。这个国家不撤走办事处是长宜之计的,是有它的用心和目的。前些年,有个国家搞一个所谓新疆研究工程的课题,国家投入大量资金,还到中国搜集资料,要请中国的专家学者参与。那时候有一个重要会议对这个问题进行研究,我代表中国社会科学院参加了会议,发表了一些意见,一个研究中心的主任也在会上发言,其观点与我相反,他还说他的一个博士生在该国参加了新疆研究工程课题的研究,参加研究的都是著名专家学者,是属于学术研究。后来,他还提出要接受邀请,参与这个课题的研究。过不久,有一个重要文件,对社科院这个研究中心的做法提出批评。我曾在那次会上发言指出,那个所谓新疆研究工程,先定调子即"新疆地位未定论",实际上就要分裂中国。新疆工程课题的牵头人,是一位著名教授,在前苏联解体之前,他牵头搞过一个苏联工程课题研究,该项目研究的结果,预见到苏联将会解体。所以,意识形态领域的斗争是很复杂的。文化建设包括人们的思想、理想、道德水平的提高,某种意义上讲,也是国家综合国力的提高。加强文化建设,我们全体人民科学文化知识水平和理想信念水平提高了,大家思想一致了,能凝聚人心,促进社会稳定,全国人民众志成城,就有战斗力,增强综合国力。文化建设能使人民团结、人心稳定、社会安定,这是一种"软实力",它在特定情况下,有时比硬实力发挥的作用更大,过去中国革命的历史已证实了这一点，我们人民军队凭小米加步枪打败日本帝国主义，靠的是什么？很重要的是靠思想精神，靠的是广大人民的坚决支持。从认识世界和改造世界的范围来讲，物质可以变精神，反过来精神可以变物质，这两者是相辅相成的。中国要发展，我们党有思想政治方面的优势，要充分运用这一优势来建设社会主义。

四要加快推进社会建设。其核心问题是解决广大人民群众的切身利益问题。我们国家搞建设，发展为了人民，发展要依靠人民，发展成果要由人民共享，这样才能调动广大人民群众的积极性。毛主席过去说过，在做好思想政治工作的同时，强调要给人民群众看得见的物质利益。这涉及社会分配问题，要解决分配不公问题，要解决贫富差距悬殊的问题，并建立健全社会保障制度，包括教育、医疗、住房等方面，提高人民的生活水平，才能使社会基础巩固、稳定。如果贫富悬殊、两极分化加深，广大人民群众利益就会受到严重损害，社会基础就会不稳，"基础不牢，地动山摇"，我们的政权就不会巩固，我们党的执政地位也不能巩固，就有失败的危险，这决不是危言耸听。我们党奋斗的目标就是为人民群众谋利益，要坚持立党为公，执政为民，做到权为民所用，情为民所系，利为民所谋。我们要以这样的实际行动来搞好和谐社会建设这项民心工程，团结广大人民群众，调动人民群众的主动性、积极性、创造性。这是问题的一个方面。

要知道，社会又是非常复杂的，社会中分为各种不同利益的群体，其中有极少数人是危害社会主义建设的，他们站在人民对立面，反对和破坏我们小康社会事业。在政治方面，现在有一些人背叛祖国，那些什么"藏独"、"东突"、"民运"、"法轮功"站在人民的对立面，跟外国敌视中国的势力相勾结，企图危害我们国家。西方敌对势力为他们提供各种支持和帮助，给他们资金办报纸、办电台，支持他们攻击中国，妄图在中国制造动乱。美国国务院曾有一个文件，分析了"法轮功"是瓦解中国社会的很重要的力量，提出支持"法轮功"活动的措施。帝国主义正在与我们打一场没有硝烟的第三次世界大战，这就是搞和平演变，要千方百计瓦解中国社会主义制度。克林顿在《关于给予中国永久最惠国待遇问题致国会的声明》中说得很明白，美国同意中国加入WTO，其战略意图就是企图通过经济、文化渗透实现其意识形态渗透，通过经济自由化瓦解中国国有企业，使中国民众远离政府，催促中国政治自由化，改变中国的社会主义性质。乔治敦大学中国问题专家南希.塔克与中国留学生对话时坦率地说："一个强大统一的中国不符合美国的战略利益，你们永远不要以为美国会支持大陆与台湾和平统一，即使中国现在的政治制度与美国一样，美国也不会那样做，这是美国的立国原则、基本价值观和战略利益决定的。"对于国内外势力对中国搞和平演变，我们务必高度重视和采取有效对策，决不可等闲视之。在我们国家，除了敌对势力的破坏之外，还有各种刑事犯罪分子的破坏活动等等。这都需要动用人民民主专政工具，来对付他们的破坏活动，对犯罪活动进行镇压。否则的话，社会怎么安宁呢？人民的民主权利、人身权利和其他合法权利怎么能得到保障呢？所以我们讲人民民主专政的时候，要明确人民民主专政本身包含着对人民的民主和对敌人专政的统一，它是一个问题的两个方面。我们谈到发扬人民民主的时候，不要忘记要运用暴力手段的这一方面。但是，专政不仅仅是暴力，它的含义更广泛。列宁在谈到暴力的时候说，无产阶级专政首要的是暴力，但主要不是暴力，它的深厚的力量的源泉存在于社会主义的经济关系当中。人民民主专政的内涵是丰富的，各方面是相互联系的，搞好社会建设、构建和谐社会是个系统工程，要从多方面着手。

五要抓好党的自身建设。我们建设中国特色社会主义事业的成功，关键在党。搞好经济建设、民主政治建设、文化建设、社会建设，关键在于党，在于党的正确领导。党要搞好领导，必须搞好党的自身建设。因为党是全中国人民的领导核心，是社会主义现代化建设事业的中流砥柱，所以必须把我们的党建设成为一个坚持马列主义、毛泽东思想、邓小平理论、"三个代表"重要思想和科学发展观，高举发展着的马克思主义旗帜的党，使党成为思想统一、组织坚强、团结一致、富有战斗力的领导核心，才能够领导全党和全国各族人民来实现我们奋斗的目标。胡锦涛同志讲了党的建设的方方面面，主要是推动党的马克思主义理论建设、加强领导班子建设、加强民主集中制建设和党的作风建设，深入开展反腐倡廉建设，要从这多个方面的努力，推进党的建设新的伟大工程。

今天上午，我去中央党校听了吴官正同志的报告。吴官正同志的报告非常好，在十七大召开之前对反腐败问题提出了许多重要的观点，对于深入开展新形势下的反腐倡廉工作具有重大指导意义。他今天的讲话充满了一种强烈的历史责任感，充满了对人民群众无比深厚的感情，也充满了对腐败现象刻骨铭心的仇恨。他的报告赢得了热烈的掌声。我们要很好地学习，联系实际，加深理解。

在学习党的十七大报告会上的发言
——在国务院侨务办公室国内司学习会上的发言

（2007年10月29日 根据录音整理）

前几天，在侨办党组中心组集中学习讨论胡锦涛同志十七大报告的时候，李海峰主任和其他办领导讲了很好的体会。司长程铁生同志在会上也作了很好的发言。因为我列席十七大，铁生同志今天要我到这里给大家讲十七大精神，我来不及写讲稿，就谈一些学习体会，不是辅导，是供参考。

一、党的十七大具有重大现实意义和深远历史意义

这次党的十七大，举世瞩目，全世界都很关注，为什么都很关注呢？不仅因为新中国成立使中国人民站起来了，而且改革开放以来中国日益强大起来了，中国的国际地位不断地提升，在国际格局当中具有举足轻重的地位，就不能不引起世界各国的关注。不同的国家和不同的人们怀着各种不同心理来关注中国。有些国家害怕中国强大起来，成为他们的对手，如美国为代表的一些国家，他们一会儿鼓吹中国"威胁论"，用这种话语来蛊惑人心，来激发一部分国家反对和遏制中国；一会儿又散布中国"崩溃论"，妄图催促中国早日崩溃，来激发一些人反对中国，包括我们国内的一些人，比如"台独"、"藏独"、"东突"、"法轮功"及民运分子，勾结西方一些敌对势力共同反对和瓦解中国。另外，大部分是对中国友好的国家，特别是广大第三世界国家希望中国强大起来，成为他们的坚强后盾，在国际格局各种势力的斗争当中，有利于第三世界各国的发展。全世界大多数人民，包括那些发达国家的友好人士和有识之士，希望中国不断地发展强大，以利于推动世界和平、发展、进步。所以，不同的国家，不同阶级和派别的人们，怀着不同的目的来关注我们党的十七大。

我们全国人民非常关注党的十七大，为什么要关注十七大呢？因为十七大要回答在新的国际国内形势下、在这样一个关键历史时刻，十七大决定举什么旗、走什么路、以什么样的精神状态、达到一个什么样的目标这一根本的战略问题。十七大所要回答的问题，关系我们党的执政地位能不能巩固，关系我国社会主义前途命运，与十三亿中国人民能否安宁幸福生活息息相关。我国人民对十七大寄托着无限的希望，憧憬着美好的幸福未来，希望党继续带领全国人民沿着中国特色社会主义道路前进。我们党和国家机关干部更加关注党的十七大，因为广大群众把权力交给各级干部，权力行使得好不好，是不是按照人民的意志行使权力，是不是按照立党为公、执政为民的理念行使权力，关系到全面建设小康社会的目标能否实现，关系到我们党和国家会不会改变颜色，这是一个非常重大的历史性问题。因此，各级干部和广大人民群众同心关注十七大、期望和祝贺十七大开成团结的大会、胜利的大会、奋进的大会。

二、党的十七大是充分发扬民主、集思广益的大会

胡锦涛同志为总书记的党中央对召开十七大高度重视，精心组织，运筹帷幄，谋划十七大对中国发展作出重大战略决策。在这次会议之前作了充分准备，主要是对十六大以来工作作总结，从中找到规律性的问题，用以指导今后工作，同时要对今后中国发展进行战略部署。也就是实事求是地总结过去，科学地规划未来，给全党和全国人民指出一个明确的正确的前进方向。在会议之前和会议过程中，中央做了大量的工作，一是严密组织，充分发扬民主，广大党员推选，倾听民众声音，选出十七大代表，提出中央委员候选人名单并向全社会公布征求意见，等等；二是组织了文件起草小组，在起草文件过程当中，开了一千多个座谈会，还征求各级党组织的意见，包括民主党派的意见，还有群众的意见，有一万五千多人提了各种意见，咱们侨办党组也提了意见。在十七大会议期间，充分发扬民主，在这种高度的民主气氛中，大家知无不言，言无不尽，把自己的话说出来，和盘托出。这体现党内高度发扬民主，在充分民主的基础上实行集中，保证了决策的正确性。任何时候，党内都不可能完全的一致，一个人的思维前后都会有矛盾的，任何时候都在发展变化过程当中，它随着形势和情况的变化而变化。存在决定意识，人的思想是存在的反映，并反作用于存在。我们党也是依照唯物辩证法规律，在正确解决党内矛盾的过程中发展。我们党汲取过去的经验和教训，深知党内发扬民主是党的生命力，是党发展的必然要求，因而特别注重发扬民主。党的十七大充分发扬民主，应该说是空前的。胡锦涛同志为总书记的党中央领导集体确实是非常民主、团结、坚强的领导集体，能够充分发扬党内民主。正因为发扬党内民主,激励大家都为了党的事业的成功,积极对十七大文件稿进行推敲、琢磨,找问题、挑毛病,寻找正确的答案。实际上,在十七大会议上,不仅我敢说话,大家都敢说话。因此说,这个报告是全党意志的体现,是全党全国人民智慧的结晶。

　　十七大充分发扬了民主,十七大报告、党章是全党意志的体现,是全党全国人民智慧的结晶,是发扬民主的必然结果。真理就是在争论中确立的,有不同的思想在这个会上进行讨论,只有不同观点的碰撞才能发出灿烂的火花。马克思和恩格斯是科学社会主义理论的创始人,他们二人经常争论,当然他们还与论敌进行争论,在争论当中确立真理。真理呢,如马克思说的,最好把真理比做燧石,——它受到的敲打越厉害,发射出的光辉就越灿烂。真理就是真金不怕火炼,越锤炼纯洁度越高,越准确。邓小平同志说过:"一个革命政党,就怕听不到人民的声音,最可怕的是鸦雀无声。"如果缺乏民主、少数人独断专行的话,那样可能是万马齐喑,表面上看起来高度统一、一致,实际上不统一、不一致。记得以前罗马尼亚共产党最后一次党代会,齐奥塞斯库作报告时,全体代表几十次起立热烈鼓掌,可是过不到一年吧,悲剧发生了,齐奥塞斯库夫妇人头落地,党也垮台了。这一教训表明,那种缺乏民主,实行高压,表面上似乎很团结、很统一,实际上有不同的声音,存在着和孕育着巨大的危险,使这个党严重脱离广大党员和人民群众,最终自取灭亡。我们党深知党内民主是党的生命这一真理,高度重视发扬民主。这次十七大,在民主的氛围中,大家把内心的话说出来,对问题的各种观点看法进行分析比较,就形成正确认识,使全党统一认识、统一政策、统一计划、统一指挥、统一行动,团结在以胡锦涛同志为总书记的党中央周围,高举中国特色社会主义伟大旗帜奋勇前进。

　　我在列席十六届七中全会和十七大会议的过程当中,亲身体验到党中央高度发扬民主。我为什么在会上积极提一些意见呢?我理解我们党是伟大的党,党要求我们党员不是对党歌功颂德,而要求我们党员忠实地为党工作,正像毛主席所说的对革命无限忠诚,为人民鞠躬尽瘁。在十六届七中全会上和十七大全会上的讨论中有充分的民主气氛,我和大家一样能自由地发表意见。在十六届七中全会小组讨论会上,我要发言的时候,主持人说剩下时间不多了,大家赶快提修改意见吧。我当时谈了四个方面的意见和建议,后来简报组的同志给我整理了个简报,他一看我的简报和别人的不一样,他说你是不是再谈几句体会,我当时立即写了几句。在十六届七中全会的简报上刊登我写的这么一段话:"报告稿是胡锦涛为总书记的党中央充分发扬民主,集中全党智慧的结晶,体现了全党的意见和全国人民的利益,报告稿实事求是地总结了十六大以来的工作,科学地规划未来,在经济建设、政治建设、文化建设、社会建设和党的建设,以及军队、国防建设、外交工作等方面,提出新观点新举措,进一步使马克思主义中国化,丰富和发展了马克思主义,报告稿处处闪耀着科学发展观的光芒,是一个顺应民心,合乎民意的报告,是马克思主义的纲领性文献,像一座光芒四射的灯塔,将引领全党全国人民高举中国特色社会主义伟大旗帜,夺取全面建设小康社会新胜利。"后来,在十七大的小组讨论会上,我谈了对报告的认识和体会,十七大简报刊登了我的这一段体会:"胡锦涛同志的报告是我们党在新时期新阶段的政治宣言和行动纲领,报告宣告我们党坚定不移地高举中国特色社会主义伟大旗帜,坚持走中国特色社会主义道路,表明了我们党把社会主义事业进行到底的意志和决心,必将更加凝聚党心和民心。报告精辟地阐述了科学发展观,进一步丰富和发展了中国特色社会主义理论体系,为我们完成新时期的伟大任务打下了坚实的思想理论基础。报告深刻分析了国际国内形势的新发展新变化,提出了建设小康社会奋斗目标的新要求和举措,具有科学性、严谨性、可行性,必将被全党和全国人民所掌握,并付诸伟大的实践,取得伟大的胜利。"这是我对十七大报告的总看法。

三、十七大报告和党章是我们党高举中国特色社会主义旗帜的行动纲领

(一)十七大报告的内容很丰富,报告的核心、根本是举旗的问题,就是"高举中国特色社会主义伟大旗帜,为夺取全面建设小康社会新胜利而奋斗"。举旗的问题是非常重要的。我们平常说一步实际运动比一打纲领更重要,那是针对什么?就是旗帜有了,如果仅是在那里空谈,没有实际行动,那当然一步实际运动比一打纲领更重要。旗帜是很重要的,马克思在《哥达纲领批判》中谈到了,制定一个原则性纲领,就在全世界面前树立起一些可供人们判定党的运动水平的界碑。因为在十七大之前,有一些人对我们党举什么旗有疑虑,甚至有人企图让我们党举什么民主社会主义的旗帜。在这种情况下,十七大明确宣告高举中国特色社会主义伟大旗帜,具有非常重要的现实意义和深远的历史意义。我们党高举中国特色社会主义伟大旗帜,向世人表明中国共产党坚定不移地坚持以马列主义、毛泽东思想和中国特色社会主义理论体系为指导,坚定不移地走中国特色社会主义道路,就能够凝聚人心,团结全党全国人民朝着一个目标前进。

所以，举什么旗帜的问题，始终是建设现代化过程中的一个关键问题。高举中国特色社会主义伟大旗帜的应有之意就是走中国特色社会主义道路。中国继续走这条道路，是建设民主富强文明和谐社会主义现代化国家的必由之路，是中华民族伟大复兴的必由之路。改革开放以来，走中国特色社会主义道路，取得了巨大的成就，中国发生了翻天覆地的变化。如果中国不走这条道路的话，那么在上世纪八十年代末九十年代初，在那场苏联瓦解、东欧巨变，世界社会主义运动遭到严重挫折而处于低潮的时候，中国共产党和中国社会主义制度可能跟着崩溃了，哪会有今天这样走向繁荣富强的良好局面？！正因为我们走中国特色社会主义道路，才挽救了中国，使中国这艘社会主义航船在汪洋大海的飓风中转危为安，能够乘风破浪，奋勇前进。实践证明了，走中国特色社会主义道路是唯一正确的选择，是历史的选择、人民的选择。我们将继续沿着这条道路走下去，一定会做到社会各项事业不断地发展，强国富民，人民安居乐业。

（二）举这面旗帜、走这条道路，它的思想基础是什么呢？就是中国特色社会主义理论体系。半个多世纪来，我们党领导广大人民群众在社会主义革命和建设的伟大实践中形成了中国特色社会主义理论体系。用"中国特色社会主义理论体系"这样的表述，是实事求是的，科学的、准确的。因为形成科学理论体系必须有一定的历史时期，并且这个历史时期有它特殊的历史性矛盾、特殊的历史性任务需要解决，解决了这个历史时期的主要矛盾、主要任务必须是关系国家前途命运的根本性问题，才能形成一个重要理论体系。其中一个重要的完整思想理论的形成必须具备一定的历史条件，即与一定历史时期最重大的最根本的全国性问题的基本解决相关联，才能形成这样一个理论思想。中国特色社会主义理论体系的内容是什么呢？

首先，它是毛泽东同志为核心的党中央领导全国人民，经过28年的浴血奋战，推翻了三座大山压迫的旧中国，建立了社会主义新中国，又继续领导全国人民进行社会主义革命和改造，在建设什么样的社会主义、怎样建设社会主义的问题上，进行了20多年前无古人的艰辛探索，包括成功经验和挫折教训，奠定了中国社会主义经济制度和政治制度，创造了毛泽东思想。毛泽东思想指导中国新民主主义革命取得了胜利，也指导中国进行社会主义革命和建设，确立了社会主义制度。可见，毛泽东思想不仅在中国新民主主义革命和社会主义革命与建设的一系列重大问题上创造性地发展了马列主义，而且严整地继承和发展了马列主义的世界观和方法论，实现了马列主义中国化的第一次飞跃。毛泽东思想中的新民主主义革命理论具有创造性是毫无疑义的，其中社会主义革命理论也极具中国特色，比如奠定了具有中国特色的人民民主专政的国体和人民代表大会的政体，以及共产党领导的多党合作制度；比如在奠定社会主义公有制经济方面，除了对官僚资本主义实行剥夺以外，实行"一化三改造"是中国特色的，国外是没有的，不是照抄照搬苏联那一套，如对民族资产阶级实行限制、利用、改造的政策，这些都是马列著作中所没有的，马列著作里讲的都是剥夺剥削者。我们党根据中国的特点，过去民族资产阶级作为统一战线的组成部分，我们进行社会主义改造，就是采取的特殊的方针、政策，不是简单地剥夺剥削者，方式方法都变了。后来在社会主义建设过程中，也进行了很多探索，比如以农业为基础、以工业为指导的方针和农、轻、重的关系以及正确处理社会各种关系等等，也独具中国特色，集中体现在《正确处理人民内部矛盾》、《论十大关系》等著作之中。这两篇著作阐述了如何建设社会主义的一些问题，是非常精辟的，具有鲜明的中国特色，后来第二代领导集体的核心小平同志还加以充分肯定。党的十七大明确地作了结论：新民主主义革命的胜利，社会主义基本制度的建立，为当代中国一切发展进步奠定了根本政治前提和制度基础。这些伟大的实践和理论集中地反映在毛泽东思想里面。所以，邓小平同志曾深刻指出："毛泽东思想过去是中国革命的旗帜，今后将永远是中国社会主义事业和反霸权主义事业的旗帜，我们将永远高举毛泽东思想的旗帜前进。""毛泽东思想这个旗帜丢不得。丢掉了这个旗帜，实际上就否定了我们党的光辉历史。"很显然,毛泽东思想是中国特色社会主义理论中一面非常鲜红的战斗的旗帜，是中国社会主义事业必胜的伟大的旗帜。

改革开放三十年来的社会主义实践、探索和发展，形成了包括邓小平理论、"三个代表"重要思想和科学发展观。我们党在探索社会主义建设的过程中，走过了曲折道路，曾一度偏离了正确的方向。在这关键的历史时刻，邓小平同志为核心的党中央纠正了这些错误，把全国全党的工作以阶级斗争为纲转移到以经济建设为中心上来，并采取了正确的一系列战略决策，特别是实行改革开放，使中国打破了僵化的体制机制，打开了计划经济的缺口，开始了市场经济的试验，实行对外开放，改变了中国闭关自守，提出党的基本路线，开展建设中国特色社会主义。在这个中国历史伟大转折的过程当中形成了邓小平理论。江泽民同志为核心的第三代领导集体继续推进社会主义建设，提出进一步改革开放的政策，提出建设社会主义市场经济体制，提出党的领导、人民当家作主、依法治国的有机统一的民主政治建设和依法治国的方略，提出党的建设方面两大历史性课题的理论，形成了"三个代表"重要思想。以胡锦涛为总书记的党中央在新的历史时期，顺应国内形势发展变化，抓住重要战略机遇期，发扬求真务实、开拓进取精神，坚持理论创新和实践创新，着力推动科学发展、促进社会和谐，完善社会主义市场经济体制，在全面建设小康社会实践中坚定不移地把改革开放伟大事业继续推向前进，在这一过程中创造性地提出了科学发展观的战略思想。从此，中国特色社会主义理论已经在毛泽东思想的基础上基本形成一个体系，由邓小平理论、"三个代表"重要思想和科学发展观战略思想构成，并将继续发展。这个理论体系是马列主义和毛泽东思想的继承和发展，是马列主义中国化的第二次飞跃。这个理论体系是马列主义中国化的最新成果，是党的宝贵精神财富，是全国各族人民团结奋斗的共同思想基础，是建设中国特色社会主义的强大思想武器。

（三）科学发展观是中国特色社会主义理论体系的重要组成部分，内容丰富深刻。十七大报告精辟地阐述了科学发展观，砥砺了科学发展观的马克思主义战斗锋芒，把中国特色社会主义理论体系进一步推向前进。科学发展观是毛泽东思想、邓小平理论、"三个代表"重要思想的继承和发展，与马列主义一脉相承，在科学社会主义理论宝库中增添了新的思想观点。科学发展观第一要义是发展，核心是以人为本，基本要求是全面协调可持续，根本方法是统筹兼顾。

科学发展观坚持发展作为党执政兴国的第一要务。这是我们党执政必须坚持的坚定不移的原则。列宁讲过无产阶级取得政权之后，主要的任务是发展社会主义生产，创造比资本主义高得多的社会生产率。毛泽东同志曾说："中国一切政党的政策及其实践在中国人民中所表现的作用的好坏、大小，归根到底，看它对于中国人民的生产力的发展是否有帮助及其帮助之大小，看它是束缚生产力的，还是解放生产力的。"我们党执政和基本建立社会主义制度之后，肩负的主要历史任务转变了，从夺取政权转变为发展生产力放在首位。我们党执政之后，必须把发展生产力作为根本任务，以推动发展的实际效果来实现自身的先进性。邓小平同志反复强调："发展才是硬道理"。"正确的政治领导的成果，归根结底要表现在社会生产力的发展上，人民物质文化生活的改善上。如果在一个很长的历史时期内，社会主义国家生产力发展的速度比资本主义国家慢，还谈什么优越性？"江泽民同志明确提出："离开发展，坚持党的先进性、发挥社会主义制度的优越性和实现民富国强都无从谈起。"胡锦涛同志指出，在新时期，共产党员保持先进性，充分发挥先锋模范作用，不仅要体现在思想觉悟和精神境界上，而且要体现在带头做好深化改革、扩大开放、促进发展、保持稳定的各项工作中，体现在带动群众为经济发展和社会进步艰苦奋斗、开拓进取的实际行动中。

讲科学发展，主要是经济发展，但又不单单是经济发展，而是经济社会全面协调可持续发展。因为经济发展必然需要各种条件，要有政治的、文化的和社会其它各个方面的条件，才能形成一个国家的综合国力。从综合国力来考虑，最基本的是经济实力，经济发展决定其它方面的发展，如民主政治建设，需要经济发展、经济基础作支撑；文化的发展也是如此，随着社会主义经济建设高潮的到来，必然引来一个文化建设的高潮；社会建设需要经济的、政治的、文化的良好条件才能进行；当然政治、文化、社会各方面的发展也反过来有效推动和保证经济发展。各方面建设是相互联系、相互依赖、互相促进、相辅相成这样一种辩证的关系。我们讲发展是全面发展，首先是经济方面的发展，经济发展归根到底对政治、文化、社会方面的发展起决定性作用，同时又要关注政治、文化、社会等方面的发展，在一定条件下，这些方面也会对经济发展起着决定性作用，它们之间的关系是辩证的关系，只有它们全面协调发展，才能有效地形成一个综合国力。坚持全面发展，要树立世界眼光，加强战略思维，立足世情国情，主要根据中国现阶段的实际情况，来筹划各方面的全面协调可持续发展。要这样去理解，就避免我们对一些发展问题看法和做法的片面性。

科学发展观的核心是以人为本。我看过的许多文件和理论文章，谈到以人为本，都解释为最广大群众的根本利益。实际上，《江泽民文选》中有一篇文章题目就是《以人民群众为本》。这里讲的"以人为本"不是一个超阶级的命题，不是资产阶级理论家的人本主义观点。这里讲的人，主体是广大人民群众，是广大工人阶级、农民阶级和知识分子，"以人为本"就是代表和实现以广大工人阶级、农民阶级和知识分子为主体的最广大人民群众的根本利益；"以人为本"就是促进人的全面发展，包括人民群众的自我改造，也包括对剥削者的改造，还包括对罪犯的改造，因为无产阶级的伟大胸怀和伟大历史使命是解放全人类。毛主席在《正确处理人民内部矛盾》中谈到，人民这个概念在不同的国家和各个国家的不同历史时期，有着不同的内容。比如我国在抗战时期、解放战争时期，人民和敌人的范围都发生了变化。进入社会主义建设时期，民族资产阶级成为社会主义改造的对象，但是它又和我们党有特殊的历史联系，曾在我们党领导下，和全国人民共同反对帝国主义，它具有两重性，属于人民的范畴，我们党对它采取和平赎买的政策，没有采取简单地剥夺的办法。所以，人民这一概念在不同的历史时期有不同的范畴。现在一切赞成中国特色社会主义道路的人们都属于人民的范畴，一切爱国者、拥护中国统一者都属于人民的范畴，这个范畴更宽广一些。我们党的政治，就是发展社会主义民主，团结的人越多越好。我们搞改革和发展，要始终为广大人民群众谋利益，坚持发展为了人民，发展依靠人民，发展成果由人民共享。为此，要坚持把共建共享的原则作为制定和执行方针、政策、措施和办法的出发点和归宿点，把人民群众的积极性主动性创造性调动起来，创造光辉的业绩，不断推动社会发展和进步。在马克思主义看来，人民是历史的主人、历史的创造者。毛泽东同志概括得极其精辟："人民，只有人民，才是创造世界历史的动力。"科学发展观体现人民是历史创造者这一历史唯物主义思想，这是马克思主义最核心的观点。学习和掌握科学发展观，就是我们办一切事业都要依靠人民群众，围绕人民的根本利益来发展我们的事业，这是解决为谁谋发展的问题。

科学发展观不但解决把发展放在什么位置和为谁谋发展的问题，而且解决如何科学发展的问题。如何科学发展呢？

必须坚持全面协调可持续发展的基本要求。根据中国特色社会主义要求，搞好政治建设、经济建设、文化建设、社会建设，每一个方面内部又分了很多具体的方面、具体的环节，其中有的是关键环节，四个方面建设是相互联系、相辅相成的，总的是不断地解决生产力与生产关系、经济基础与上层建筑之间的矛盾，使它们互相适应、协调发展。坚持政治民主、人民团结、民族和睦、秩序稳定、社会和谐、生产发展、生活富裕、生态良好的文明发展道路，实现经济社会永续发展。

必须坚持统筹兼顾的发展方法。四个方面建设，在各个时期有不同的矛盾，有时候这个方面矛盾比较突出，有时那个方面矛盾显现出来，发展应当采取什么方法处理这些矛盾，使经济社会全面协调可持续发展呢？就是坚持统筹兼顾的方法。要分析好经济社会建设各个阶段的各种矛盾及其变化，分清主要矛盾和次要矛盾，主要矛盾的主要和非主要方面，将各有关矛盾都摆出来，进行比较与鉴别、分析与综合、区别与统筹，既抓住主要矛盾，兼顾抓次要矛盾。只有牢牢抓住主要矛盾的解决，又要兼顾抓次要矛盾的解决，才能是统筹兼顾。要注意一种主要倾向可能掩盖着另一种倾向，注意预防次要矛盾在一定条件下会转化为主要矛盾，注意非主要矛盾的解决。这需要高超的领导艺术，需要辩证法思想作指导。总的说，要统筹城乡发展、区域发展、经济社会发展、人与自然发展、国内发展和对外开放，统筹中央和地方关系，统筹个人利益和集体利益、局部利益和整体利益、当前利益和长远利益，总揽全局、统筹规划，抓住牵动全局性的主要工作、事关群众利益的突出问题，着力推进、重点突破。

深入贯彻落实科学发展观要坚持"四个基本要求"，即始终坚持党的基本路线，积极构建和谐社会，深化改革开放，切实加强和改进党的建设。这"四个基本要求"体现科学发展观所包含的世界观、阶级立场、指导思想、理想信念、奋斗目标，也是构成科学发展观的内涵。在科学发展观中，世界观和方法论是统一的，是相互依存的，失去了一方，另一方也不能存在。如果把这"四个基本要求"丢掉了，把科学发展观当作一种方法论了，那就不对了。方法论固然十分重要，没有方法论，世界观所表达的阶级立场、指导思想、理想信念、奋斗目标就不可能实现，但最根本的还是世界观包括阶级立场、指导思想、理想信念、奋斗目标起主导作用。因此，贯彻科学发展观必须坚持这"四个基本要求"。一是始终坚持党的基本路线，因为党的基本路线是我们党和国家的生命线，是实现科学发展的政治保证。它不仅指明了把我国建设成为富强民主文明和谐的社会主义现代化国家的奋斗目标，而且指明了达到这一伟大目标必须坚持"一个中心、两个基本点"的道路，即以经济建设为中心，坚持四项基本原则，坚持改革开放。二是积极构建和谐社会，因为构建和谐社会，是社会主义本质的体现，是人民共同富裕、安居乐业、和睦共处的要求。它既是一项重大任务和目标，又是推进和实现小康社会的重要保证。三是继续深化改革开放，因为改革开放是社会主义发展的动力，是强国富民之路。要通过改革建立社会主义市场经济体系，要通过改革，使生产力与生产关系相适应，使上层建筑与经济基础相适应，从而极大地调动人民群众的主动性、积极性和创造性，促进生产力蓬勃发展；要继续深化对外开放，适应形势的发展变化继续深化对外开放，因为中国的发展是和世界联系在一起的，中国不可能脱离世界文明发展的大道，不可能与外部世界脱离，搞自我封闭式发展，把我国建设成为强大的社会主义国家。世界在日新月异的发展，科学技术的新发明、新创造层出不穷，我们要借鉴和吸收世界先进的文明成果，吸收世界先进的科学技术，防止一些腐朽东西的侵蚀。在改革开放上我们要有突破，创造出新的业绩。四是要切实加强和改进党的建设，因为党的建设是关键，党是我们事业发展的领导核心，是全中国人民的中流砥柱，只有党建设好了，才能带领全国人民贯彻落实党的基本路线、构建和谐社会和深入改革开放，全面建设小康社会，开创中国特色社会主义新局面。因此，必须把党的建设放在十分重要的地位，全面加强和改进党的建设，使我们党能够始终站在时代的前列，带领广大人民前进。党的建设包括党的思想建设、组织建设、作风建设、制度建设和反腐倡廉建设等，每一方面都有具体的政策和要求。只要我们认真领会，并认真照办了，努力把党建设好，提高党的执政水平，提高党的抵御风险能力和拒腐防变能力，使我们党始终保持朝气蓬勃的生机和活力，能够无往而不胜，在国际国内斗争中立于不败之地，中国特色社会主义事业就大有希望，实现全面建设小康社会的目标就有保证，历史已经证明并将继续证明这一点。

党的十七大号召，全党同志要全面把握科学发展观的科学内涵和精神实质，增强贯彻落实科学发展观的自觉性和坚定性，着力转变不适应不符合科学发展观的思想观念，着力解决影响和制约科学发展的突出问题，把全社会的发展积极性引导到科学发展上来，把科学发展观贯彻落实到经济社会发展各个方面。我们要一定按照这一要求，认真学习和掌握科学发展观，结合实际贯彻落实科学发展观，搞好党的建设包括党风廉政建设，努力开创侨务工作的新局面。

四、再谈我对几个具体问题的看法

在讨论十七大文件稿时，我谈了对几个具体问题的认识和体会，和大家交换意见。

一是关于和谐问题。在讨论会上，部队的一个领导同志说，这个党章稿里头提出了建立和谐世界，他认为这个和谐世界的内涵不太确定，应该把和谐世界的概念更清晰一些，他提出"建立持久和平、共同繁荣的和谐世界"的意见，后来他的建议被采纳了，党章规定："在国际事务中，维护我国的独立和主权，反对霸权主义和强权政治，维护世界和平，促进人类进步，努力推动建设持久和平、共同繁荣的和谐世界。"当时那位部队同志很激动，他拿来一张报纸，说该报把"和谐"这个词庸俗化了，怎样庸俗化呢？刊登"和谐XX牛奶"这一广告语。我对他的建议很赞成，我发言的时候，对他这个观点进一步论述。我说不能把"和谐"一词滥用，要准确地理解，因为任何一个真理都是在一定条件才能适用。列宁讲了一句非常精辟的话："真理向前迈进一步就成了谬误。"真理是相对的，是对于一定条件而言的，超过一定的条件就会变成谬误。比如说，我们说一般和特殊，在中国看到几个黑人，那么黑人相对我们黄皮肤的中国人是特殊，但当你到非洲去，黑人就是普遍而不是特殊的。特殊和普遍因时间地点的变化而变化。所以，真理在一定条件下才适用，一切都依时间地点条件为转移，这是一个极其重要的马克思主义哲学观点。按照这样的观点，和谐也是如此。和谐不是万能灵丹,不能包治百病,不是绝对真理,不能到处乱搬乱套,否则会弄出笑话来。去年,有一位教授给我们讲课的时候,他说斗争哲学已经过时了,现在需要的是和谐哲学。后来在全班讨论会上,我和他讨论,说你这个观点值得商榷。从哲学的角度来看,世界是充满了矛盾的,无时无处没有矛盾,没有矛盾就没有世界,没有矛盾就没有运动,就没有生命。所以任何事物都在一定时间空间当中运动,没有无物质的运动,也没有无运动的物质。物质是在时间空间当中运动,有矛盾就有斗争,就有运动,决定一切事物发生、发展、消灭这一规律的真理。从哲学角度来看,矛盾就是对立统一,矛盾是无处不在、无时不有,这就决定了对立、斗争是绝对的,和谐、平衡、统一、同一是相对的、暂时的、过渡的,过一段时间,矛盾的平衡、统一被打破了,矛盾又在新的基础上进行新的运动。这种矛盾的对立统一,平衡与不平衡,统一与不统一在不断的斗争,推动事物波浪式的前进。马克思公开宣称自己的理论是革命的、批判的。马克思曾指出:"批判的武器当然不能代替武器的批判,物质力量只能用物质力量来摧毁;但是理论一经掌握群众,也会变成物质力量。理论只要说服人,就能掌握群众;而理论只要彻底,就能说服人。所谓彻底就是抓住事物的根本。""哲学把无产阶级当作自己的物质武器,同样,无产阶级也把哲学当作自己的精神武器。"马克思主义理论具有彻底性,具有革命性、批判性。马克思恩格斯的著作中处处闪耀着革命的、批判的斗争锋芒。马克思主义不是在和谐中发展起来的,而是在斗争中发展起来的。欧洲资产阶级视共产主义为幽灵,到处驱逐它,也驱逐这一伟大学说的创始人马克思,这就是一种斗争。后来马克思主义不断取得胜利,是马克思恩格斯领导工人阶级进行艰苦卓绝斗争的结果。毛主席说过:"马克思主义必须在斗争中才能发展,不但过去这样,现在这样,将来也必然还是这样。"自然科学发展也不能不经过斗争。自然科学应该说它本身没有阶级性,但是在一定条件下,它也会触犯一些人的利益。布鲁诺就是因为反对地心说、捍卫和发展哥白尼的日心说,触犯了宗教的利益,被宗教裁判所判为"异端罪"而活活烧死在罗马的鲜花广场。这正如马克思所说的,几何力学要是触犯了人们的利益,也会被人们所推翻。不管是自然、社会还是人们的思想当中总是不断地有斗争的。在阶级存在的社会里面,有不同阶级利益和阶级意志的要求,就有阶级斗争。从中国历史看,中国历史也不是和谐发展的历史。你翻开中国几千年的历史,恰恰是斗争的历史,哪朝哪代没有斗争,有奴隶起义和奴隶战争,有农民起义和农民战争,这些是阶级斗争;此外,还有宫廷内部互相残杀,为了继承王位,有父子之间残杀，有兄弟之间残杀，那是处处血淋淋的残杀。更不要说农民起义、农民战争遭到了残酷的镇压。鲁迅先生提到了翻开中国历史，他乍一看每一页满是"仁义道德"，仔细一看字里行间是"吃人"，这不是斗争吗？如同《共产党宣言》中说的，自从原始社会瓦解以来，一切社会历史都是阶级斗争的历史。作为统治阶级的剥削阶级为了麻痹人民的意志总是笼统地鼓吹和谐，掩盖压迫阶级与被压迫阶级、剥削阶级与被剥削阶级之间的矛盾。

现在我国社会主义社会是新社会，但还有各种不同利益的矛盾和斗争，必须坚持人民民主专政，对人民实行民主，对敌人实行专政。我们怎么运用和谐的观点呢？和谐，我们讲的是人民内部要和谐，是局限在人民内部，也就是说人民内部要和睦、团结，要求人民团结起来，这是对的。人民不团结起来，一盘散沙，甚至四分五裂，就会被敌对势力击败，我们的伟大事业就会毁于一旦。但我们强调人民内部的团结、和谐，也并不是说不要任何斗争。我们是法治的国家，我们要讲法律，要讲纪律，人民内部也有违法的违纪的，要受到法律制裁、纪律处分。我们党员干部若犯了错误，要受纪律处分，群众当中一些违法乱纪的，轻微的要批评教育，严重些的要行政拘留，更严重的还要实行劳动教养。就说一些民事纠纷，也要打官司，要仲裁。更不用说人民内部也有一些犯罪，比如说不是故意犯罪的，过失犯罪的，也要受到法律制裁，要坐牢啊！所以说人民内部也要讲法治，不是无原则的。人民内部，我们强调是要和谐，要团结，但也要讲法治，如果不讲法治的话，国家就乱套了，对不对？比如，交通，若不严格遵守交通规则，让大家随心所欲地开车，那么像北京这个城市肯定马上陷于瘫痪状态。所以，一定要讲辩证法的两个方面，既要讲原则性、讲斗争性，又要讲和谐、讲团结，正确地处理两者关系，使之有机地结合起来，使人民群众朝着和谐团结的目标前进。对敌对势力，那就不是讲和谐的问题，而是讲斗争策略的问题。毛主席曾说过，政策和策略是党的生命，各级领导同志务必十分注意，万万不可粗心大意。对于敌对势力，我们主要是讲斗争，但是我们要十分讲究策略，不是任何时候都是斗斗斗。肯定要讲策略，不讲策略必定失败。所谓策略呢？就是要采取有理有利有节的方式方法，才能够达到胜利的目的。讲斗争也并不是说无条件的斗争，斗争采取什么方法也决定斗争的成败，所以毛主席在《矛盾论》中讲到，不同质的矛盾要用不同的方法来解决。毛主席在《论人民民主专政》中讲，敌我矛盾要用专政的方法解决，人民内部矛盾用民主的方法解决，主要用团结批评教育的方法并辅以一些行政的或其他的方法来解决，这两种方法性质是不同的。对破坏社会主义现代化建设的敌对分子包括东突分子、藏独分子，对各种严重犯罪分子，必须用专政的方法加以镇压。对敌对分子和各种严重犯罪分子不能用和谐的方法解决，和谐的方法解决的结果是怎么样呢？比如，东郭先生和狼搞和谐，结果狼要吃掉他。又如，农夫和毒蛇的故事，农夫和毒蛇搞和谐，结果就是丧失了自己的生命，一命呜呼。所以不能把和谐到处乱套用。我曾在司法部工作过，假设说，要建立和谐监狱，那是一种天真的想法。实际上那里充满了尖锐的、极其残酷的斗争。一个监狱里曾经发生过这样的案子，有个干警思想麻痹，和一个犯人关系很好，有一天这个干警到监房去，被那个犯人用凶器砸死了，后来另一个干警进去，又被砸死了。那个犯人用绳子系上两个脑袋，挑着在肩上，丧心病狂地在操场示威。还有一个监狱，有一天一个犯人闯进监狱的财务室，持刀挟持一名女干警，作为人质，相持很久，最后找了一个神枪手把那个犯人击毙了，把这个女干警拯救出来。因此，我们讲和谐一定要看对象，看时间、地点和条件。如果我们尽讲和谐，不讲场合和条件，盲目的、笼统地讲和谐，抛弃阶级观点，缺乏警惕性，麻痹自己的意志，是非不明、敌我不分，这种和谐会造成多么严重的危害结果啊！

　　在国际斗争中，十七大提出要建设持久和平、共同繁荣的和谐世界，内涵很明确，这是一面旗帜，又是一项策略。和平与发展是当代世界的主题，但还未成为主流，只是朝着主流方向发展。各国综合国力的竞争很激烈，世界和平与发展面临着诸多难题和挑战，特别面临着霸权主义的威胁，在国际活动中有各种矛盾和斗争。我国在国际上有很多机遇，也有不少风险和斗争。我国坚持始终不渝地走和平发展的道路，在和平共处五项原则基础上与各个国家和平共处，坚持正确处理与各国政治、经济、安全、环保等方面的关系；同时，我国主张建立持久和平、共同繁荣的和谐世界，永远不搞扩张主义、永不称霸，就必须坚持反对霸权主义、强权政治，反对霸权主义主宰下的一统天下。我们不能笼统地搞和谐，放弃斗争，相反，要坚持反对霸权主义、强权政治，维护世界和平。因为霸权主义顽固不化地千方百计地反对我们，比如干涉中国内政，侵犯中国领土主权和反对中国统一，我们反对霸权主义是迫不得已啊！当然我们反对霸权主义，要讲策略，不是蛮打硬拼，否则，那就太天真了。要讲斗争策略，采取政治的、法律的、经济的、文化的、教育的、外交的各种方式方法，同它周旋，同它斗争。战争是政治的继续，这是军事家们的一句名言。对于我们来讲，如果战争不可避免的话，霸权主义硬是把战争强加在我们头上，我们就不得不奋起进行正义的战争,用我们的血肉筑起新的长城,来保卫国家和人民的最高利益。当然,我们要尽量采取各种方法避免霸权主义发动的战争,首先要使我们国家自己强大起来,强大到有压倒敌对势力的绝对优势,霸权主义企图强加在我们头上的战争才有希望避免。我们要富国强军,要有杀手锏,否则我们中国就没有地位。在毛泽东时代,如果没有搞出原子弹,那我们就没有今天的国际地位。如果我们到现在还没有原子弹的话,那么霸权主义就不容许中国制造原子弹,那中国还会有大国的地位吗?可见,毛主席当时作出制造原子弹的决策是远见卓识的、是非常英明正确的。要是今天中国没有原子弹,现在要来搞原子弹,美国绝对不许我们搞,它就要进行核讹诈,那我们还有什么地位呢?!人为刀俎、我为鱼肉,这是非常明确的。所以,我们要坚持努力促进持久和平、共同繁荣的和谐世界建设,必须坚持反对霸权主义、强权政治。

二是关于社会主义初级阶段的基本经济制度问题。十七大的报告中讲了"基本经济制度",后面紧接着讲两个"毫不动摇"。我说这个写法写得好,这和过去不同,过去有的不写基本制度,只讲两个坚定不移。报告中写道:"坚持和完善公有制为主体、多种所有制共同发展的基本经济制度,毫不动摇地巩固和发展公有制经济,毫不动摇地鼓励、支持、引导非公有制经济发展。"这个写法很好,就在于指明了两个"毫不动摇"的前提是坚持和完善社会主义初级阶段的基本经济制度。这个大前提是基本制度,它是管总的,管下面两个"毫不动摇",第一个"毫不动摇"实际上是大前提,如果没有公有制为主体这个大前提,社会性质就改变了,就没有社会主义制度,就不可能建立社会主义市场体制,所以十七大报告中这个提法很好,很科学,很准确。党章里面写的"基本经济制度"和两个"毫不动摇",两者相隔稍远一些,我们学习时,要注意联系起来思考,否则容易割裂开来,产生误解。因此,我对十七大决议稿提出写基本经济制度的建议,这是一个重大原则问题。最后十七大关于十六届中央委员会报告的决议中,增写了基本制度,是这样写的:"坚持和完善公有制为主体、多种所有制共同发展的基本经济制度,从制度上更好的发挥市场在资源配置中的基础性作用,形成有利于科学发展的宏观调控体系。"这个概括和论断,阐明了坚持社会主义初级阶段基本经济制度,对于发挥市场在配置资源的基础性作用和构建科学发展的宏观调控体系具有决定性的意义,因而具有战略高度和理论深度,十分精辟,十分准确,这就从根本上把握我们国家的前进方向。这一概括和论断比我提的建议更好。后来陈福今等同志对我说,"你的意见被采纳了"。我想可能也有别人提出与我类似的意见。这一事例说明党的十七大充分发扬民主。

那么,我为什么要提出基本经济制度的问题呢?因为这个问题是我亲身碰到的问题,就像刚才说的和谐问题就是我亲身碰到的。一位教授给我们讲课时说,邓小平同志关于社会主义本质的说法,那是个口误。他还说,现在有的人讲什么公有制占的比重应多大,是没有必要的,只要坚持两个"毫不动摇"就行,重要的是要发展非公有制经济。后来在讨论会上,我说不同意他的观点。第一,邓小平同志关于社会主义本质的观点是正确的,"社会主义的本质,是解放生产力,发展生产力,消灭剥削,消除两极分化,最终达到共同富裕。"这个关于社会主义本质的论述不是口误。为什么不是口误呢,因为我那时在中央办公厅负责文件校核工作,邓小平同志的那篇南方视察的讲话稿是经他本人审定的,后来,中央出版《邓小平文选》的时候又进行校核,不存在口误的问题。邓小平同志关于社会主义本质的观点是对马克思主义的创造性发展。那位教授所讲的,是抛掉了基本制度,实质上是不讲公有制为主体。宪法和党章规定社会主义初级阶段的基本经济制度,因为这是管总的。那位教授的说法,与中央坚持的基本经济制度相背离。毛主席过去讲的一段非常重要的话,对我们非常有启迪,他说:"我党规定中国革命的总路线和总政策,又规定了各项具体的工作路线和各项具体的政策。但是,许多同志往往记住我党的具体的个别的工作路线和政策,忘记了我党的总路线和总政策。而如果真正忘记了我党的总路线和总政策,我们就将是一个盲目的不完全的不清醒的革命者,在我们执行具体工作路线和具体政策的时候,就会迷失方向,就会左右摇摆,就会贻误我们的工作。"毛主席把宏观与微观、全局与局部之间的辩证关系讲得一清二楚。总政策和具体路线政策之间的关系,实际上是把握大局和具体工作的关系问题。按照毛主席这一观点来分析那位教授的观点,就知道其错误之所在。他记住了一些具体的路线政策,把总路线、总政策、把基本制度这些根本的东西给否定了。我认为他说得不对,容易产生一些片面性,使一些人动摇对社会主义制度和中国特色社会主义的信心。如果按照这个教授的这种提法,社会主义和共产主义越来越模糊,觉得搞资本主义才能救中国。党的十七大进一步明确,"只有社会主义才能救中国,只有改革开放才能发展中国、发展社会主义、发展马克思主义。"初级阶段基本经济制度中本质的东西还是社会主义,社会主义公有制必须占主体,主体决定我国社会性质是社会主义。有人就觉得这个提法和实际的一些做法不太一样,这个提法不一定对啊?那天我发言后又有位同志跟我聊了一聊。我说我们为什么要实行这种基本经济制度?过去讲公有制,什么都是"一大二公",后来为什么又讲公有制为主体,多种所有制并存啊?那是因为我们吃了苦头,我们不得不后退,后退没有什么不光荣的地方,没有什么可耻的地方,只有傻瓜的革命者,碰得头破血流还不知回头,直至遇到事业毁灭。那种革命者是我们不需要的革命者。列宁在谈到斗争策略的时候,他谈到了就像我们要攀登一座未知的高山,目标明确,但没有一条笔直的路线,也没有一条已知的路线,你可能走走,遇到不可逾越的障碍,还得后退下来,再迂回曲折地前进。他还举过例子,讲到斗争策略的重要性时候,还说,你被匪徒包围了,你身上有枪,那你是否就和匪徒拼了?列宁说,你把枪交给匪徒,交给匪徒干什么呢,不是加入匪徒同伙,和匪徒一起去杀人抢劫,你交枪给匪徒的目的,是为了脱身,最终是想办法要把匪徒消灭掉。要区分把枪交给匪徒的两种不同性质和目的,一种是和匪徒合伙打劫,一种是暂时的退却,保全自己,最终是为了消灭匪徒。我们在一定条件下的退却,要把原则上的坚定性与策略上的灵活性有机地结合起来。你看,十月革命后,当时是苏维埃处于敌人的包围之中,德国法西斯威胁苏维埃这个新政权,苏维埃政权危在旦夕,1918年苏联与德国谈判,德国要割苏联的一块领土给它,托洛茨基拒绝在布勒斯特约上签字,列宁电令他签字。托洛茨基说列宁是卖国的,把领土割给德国,那不是卖国的吗?但列宁是从大局出发,从保住苏维埃这个新政权出发,他认为割地给德国法西斯,应该这么做,所以电令他签字。那么从一般的看,这一做法很容易被扣上卖国的帽子,但后来历史证明列宁这个决定是正确的。如果当时不做这一步退却的话,苏维埃政权就会被扼杀在摇篮之中,没有日后翻身、发展和战胜法西斯的机会。苏维埃政权退后一步才有了翻身的机会,最终把法西斯消灭。再如,1921年,当时苏联经济面临崩溃,如何解决这个紧迫问题?列宁曾讲过贸易自由就是资本主义自由,但他主张实行新经济政策,新经济政策实际上是向资本主义退却的。但是,退一步是为了进两步。搞新经济政策就是不要搞战时共产主义的余粮征集制了,要搞商品自由流通。列宁说,现在物资这么匮乏,不管用什么办法,哪怕用资本主义的方法,能使商品流转起来就行。搞新经济政策,就是要使商品流转开来,繁荣市场,群众有饭吃,能使社会稳定。这明显是一种退却。但退却是为了前进,是为了保住苏维埃社会主义制度,发展生产力。

我们现在建设社会主义,还处在初级阶段,过去的"一大二公"走不通了,为什么走不通呢?基本经济制度是社会存在决定的,是由生产力发展水平决定的。在我国社会主义初级阶段,生产力还不是很发达,并且各地生产力发展也不平衡，在这种情况下，我们不得不采取这种政策，也是客观决定的，不是说无可奈何，而是我们认识到我国社会主义建设的规律，按规律来发展经济，建立公有制为主体，多种所有制共同发展的基本经济体制。这是客观条件决定的，我们认识到这个规律，掌握了主动性，用这个规律来为我们发展生产力服务，使生产力发展更快。如果说我们是退却，那是纠正过去违反客观规律的错误，纠正过去"跑步进入共产主义"的空想，为的是遵循客观规律，更好地建设中国特色社会主义，逐步向共产主义目标迈进。后来，我跟那位同志探讨这个问题，他也觉得，噢，对，这个总的目标是不能变的，具体的方式方法可以因时因地而异。这个是经常碰到的一个非常重要的问题。

三是十七大报告重视解决分配差距拉大趋势的问题。我们要通过发展中国特色社会主义，解决分配差距拉大趋势的问题。我们现在说公平正义，什么是公平正义，它的核心是什么，它的基础是什么？实际上只有共同富裕才是公平正义，社会主义比较资本主义的优越性就在这里，否则的话，你公平正义何在？就像列宁批判机会主义和资产阶级的所谓平等口号，他说饱食终日的人和饥寒交迫的人怎么平等，怎么公平正义呢？那种平等是资产阶级意义上的平等。资产阶级意义上的平等它是什么呢？那是在资本主义私有制的条件下，金钱面前人人平等，在等价交换原则中，资本家购买劳动力，对劳动者的剥削，产生剩余价值，追逐超额利润，维护资本主义的特权。资产阶级认为这就是平等。在现在我国社会主义制度下，在公有制范围，实行按劳分配的原则，资产阶级法权在这一分配领域中还存在，等价交换的平等还存在。劳动者只是在生产资料公有制方面实现了平等，在公有制领域实现按劳分配的平等。但按劳分配的平等，本质上还属于资产阶级法权。按劳分配，通行的是商品等价交换原则这一资产阶级法权，马克思在《哥达纲领批判》中非常深刻地分析了这样一个问题。社会主义社会还存在搞资产阶级法权，按劳分配通行的是商品等价交换的资产阶级法权。按劳分配原则的性质是社会主义的，是反对剥削的，但它又体现资产阶级法权，这个资产阶级法权的东西现在还不能废除，只有到共产主义按需分配的时候才能废除。因为在社会主义历史阶段，它有它存在的理由。人们主观要废除它，就要受到规律的惩罚。真理是相对而言的，像十月革命后，有些人反对列宁实行新经济政策。列宁说，有人说社会主义是幸福，资本主义是祸害。列宁说这话不对，因为当时俄国还搞国家资本主义，不过这个国家资本主义是控制在无产阶级专政的国家政权手里。列宁说，如果资本主义和封建主义比，它是幸福；但是资本主义和社会主义比，它是祸害。我们国家还处在并将长期处在社会主义初级阶段，还不能够搞完全的社会主义，还需要利用资本主义手段来发展经济。真理是相对的，真理在发展。列宁特别强调具体问题具体分析是马克思主义的活的灵魂。毛主席最喜欢用这句话，在他的著作中就引用这句话。我们看问题、办事情，不能绝对化，一切要讲具体的时间地点条件。办事情既要讲策略，更要讲原则，原则的政策是唯一正确的政策。我们要懂得政治斗争策略，《共产党宣言》提出了马克思主义的一个基本原理："共产党人为工人阶级的最近的目的和利益而斗争，但是他们在当前运动中同时代表着运动的未来。"如果我们只有灵活性，忘记了原则性，忘记了总路线总政策和基本经济制度，只讲发展私营经济，不讲发展壮大公有制经济的主体地位和国有经济的主导地位，那或早或迟就会改变国家的颜色，因为经济基础变了，上层建筑不变也得变，上层建筑不得不向经济低头，为经济基础服务。如果变成私有制为主体，上层建筑肯定要改变。资本主义社会是什么，资产阶级国家是资本家的共同事务委员会，为他们服务。有的人弄不清楚，有的高级干部也不清楚。有人说，美国不也很好吗，西欧也那么好，那才是真正的社会主义。这种说法，模糊了社会主义与资本主义的本质区别，离开了具体的历史条件，并对那些国家的实际情况并不是十分了解，比如说美国的两极分化非常严重，只不过它发展到那个阶段，拿出一点点许多人就能解决温饱问题了。我在一次研讨班讨论会上念了一大段材料。一位老师给我递了一个条子，条子上写道："您的发言观点，我完全同意。很有新意，也有根有据。"

我们搞社会主义要讲共同富裕，是一个长期的过程，必有差距存在，按劳分配产生的差距是必然的合理的，但其他政策允许的差距不能特别大。共同富裕这个目标是最鼓舞人心的，凝聚人心的，是社会主义制度本质的要求和体现，我们搞社会主义是为了最广大人民群众的根本利益。分配问题归根到底，是由所有制决定的，所有制决定分配，要解决分配上的悬殊，重要的是要维护基本经济制度。不然的话，有的人占有大量生产资料的而暴富，拥有多少亿资产，共同富裕怎么可能呢，它会像滚雪球一样越滚越大。可惜我们现在的基尼系数，已经够高了，超过警戒线了。这个问题，应当引起高度注意。上个世纪八十年代中期，出现个别暴富，邓小平同志对此十分敏锐，及时提醒我们。1985年3月，邓小平同志在全国科技会议上说："社会主义的目的就是要全国人民共同富裕，不是两极分化。如果我们的政策导致两极分化，我们就失败了；如果产生了什么新的资产阶级，那我们真的是走了邪路了。"1985年8月，他在《改革是中国发展生产力的必由之路》一文中指出："至于不搞两极分化，我们在制定和执行政策时就注意到了这一点。如果导致两极分化，改革就算失败了。会不会产生新的资产阶级？个别资产阶级分子可能出现，但是不会形成一个资产阶级。总之，我们的改革，坚持公有制为主体，又注意不导致两极分化，过去四年我们就是按照这个方向走的，这就是坚持社会主义。"邓小平同志高度警觉，高瞻远瞩，着眼未来，从战略的高度，提出必须坚持社会主义，坚持公有制为主体，防止两极分化，防止产生新的资产阶级，我们任何时候都不能忘记！现在我们要抓紧解决差距扩大趋势这个问题，同时也要认识到实现共同富裕，这是一个渐进的历史过程。所有制决定分配，要解决这个分配差距扩大，没有公有制作主体是不可能的，采取其他的办法只能作一些微调，不能从根本上解决差距扩大的问题。公有制为主体，确实决定着人民群众走向共同富裕，决定着国家的前途命运。我去年在学校学习，曾为了回答那个教授反对讲公有制为主体的观点，当学校组织学员进行文化问题、社会问题、腐败问题和经济问题的调研时，我选择了参加国有企业问题调研组的调研。参加这个组调研的，有两个副省长是分管经济的、有两个国资委的，有两个银行的，他们都是搞经济的，就我一个是搞纪检的。我为什么要参加这个调研呢？因为我想着那个教授的观点对不对，我要到实际当中去考察，后来回来以后我写了一篇文章叫《论国有企业主导地位之战略》，主要内容刊登在《红旗文稿》及《社科党建》等杂志上。有的杂志登我这篇文章的时候，把文章的注解印成黑体字。这里，我念两段注解的话，江泽民在《巩固和加强社会主义经济基础》一文中指出："新中国成立以来，不断壮大发展国有经济，使我们社会主义国家政权的基础。我国国有经济的发展，不仅可以保证国民经济稳定发展，增强综合国力，实现最广大人民的根本利益具有重大意义，而且对巩固和发展社会主义制度、加强全国各族人民的大团结、保证党和国家长治久安具有重大意义。没有以国有经济为核心的公有经济，就没有社会主义经济基础，也就没有我们共产党执政以及整个社会主义上层建筑的经济基础和强大物质手段。这一点各级领导，特别是高级干部必须有清醒的、深刻的认识。"他特别强调各级领导在这个问题上脑子要清醒，要有清醒的认识，否则要犯错误。我在这篇文章当中，有一个注解讲到了WTO，美国同意我国加入WTO，其战略意义就是通过经济文化渗透，实现意识形态渗透，通过经济自由化，实现政治自由化，改变我国的社会主义性质，实现和平演变，这一点美国前总统克林顿说得十分露骨。他在《关于给予中国最惠国待遇问题致国会的申明》中说道，"中国加入WTO，将使中国融入全球经济，增加其与外部世界的相互依存程度，有利于随之而来的知识和思想自由，加入WTO将给千百万中国人以政府将不可能控制的方式，带来信息革命，最终加速中国国有企业的瓦解，这一过程就是使政府远离人们的生活，并催发中国的社会与政治变革。"他们的战略目标是让我们加入WTO，以瓦解我们国有经济，然后实现所谓社会变革、政治变革，他讲的是和平演变。那么当然我们加入WTO有我们自己的战略意图，我们要善于进行必要的有理有利有节的斗争，千方百计打破霸权主义的战略图谋，趋利避害，利用我国加入WTO的有利条件，加速发展我国社会主义生产力，使我国尽快地强大起来，巩固我国社会主义经济制度和政治制度。就是说他有他的企图，我们则要打破他的企图，利用有利条件来加速发展我们自己，巩固我们的社会主义政治经济制度。实际上在这个领域当中，斗争也是很激烈的，现在国际上所谓战略投资家，瞄准了中国的国有企业，要瓦解中国国有企业，特别是收购中国国有企业中的某些龙头、核心企业，甚至出十倍高价来收购，这是应当引起我们特别注意的问题。比如说我们有一个企业评估值五、六个亿，外国战略投资家如看准了，可以用五、六十亿来买，他买的是什么？是市场，占领市场。比如目前我国的啤酒、洗涤剂、化妆品市场，还有掘土机的市场，基本上被他们控制了，要注意这个问题。那么我们加入WTO，我们既要有清醒的头脑，要把握我们国家的这个公有制经济主体地位和国有企业主导地位，万万不可掉以轻心。在我国，是共产党执政，不搞多党制，是中国历史发展的必然，是人民在长期斗争中的选择；同样的道理，中国走中国特色社会主义道路也是如此，在基本经济制度问题上，公有制经济必须为主体，不能动摇，公有制与私有制不能轮流为主体，正如共产党与其他政党不能轮流执政一样。这要有清醒的认识，决不能迷失方向。

四是关于理想信念问题。前面讲的三个问题，都与理想信念密切相关，这里再谈一谈。在学习讨论中，有人说，现在许多人觉得理想信念比较模糊。但是，我认为，我们党对此的主张是非常明确的，党的十七大报告号召我们"广大党员、干部做共产主义理想和中国特色社会主义共同理想的坚定信仰者"，党章规定"中国共产党党员必须全心全意为人民服务，不惜个人的一切，为共产主义奋斗终身"。现在我们建设中国特色社会主义事业，是与共产主义理想紧密联系在一起的。如果没有理想信念的话，那我们的事业就会毁掉。我们党在民主革命时期就坚持了共产主义理想信念，更不用说在社会主义时期，更应该坚持共产主义理想信念。改革开放以来，我们沿着中国特色社会主义道路发展，是不断地朝着共产主义理想前进，当然达到理想境界还非常遥远，有漫长的路要走，十七大报告中讲要经过几十代人、甚至更长时间的努力。这是由中国社会主义初级阶段的实际情况决定的，也是由整个世界形势决定的。一个方面，我国的生产力发展水平还不发达，不可能全部公有制，私有制还必然存在，而且有存在的理由；另外一方面由于这种条件下，各种意识形态的斗争很激烈。《共产党宣言》讲到共产主义革命要实行"两个决裂"，一个是同传统的所有制关系实行最彻底的决裂，另一个是它在自己的发展进程中要同传统的观念实行最彻底的决裂。要达到这"两个决裂"，是一个漫长的历史过程，我们只能一步一步地前进和接近。我们要有坚定信念，朝这个共产主义目标前进，不能因为道路漫长就放弃了，就感到前途渺茫，因为我们这个理想是建立在历史发展的客观规律的基础之上，即建立在历史唯物主义的基础之上，是科学的真理。只要我们真正学习、理解和掌握马克思主义理论，把理想建立在科学的基础之上，才能够做到坚定不移，否则一遇到风吹草动，自己的理想就会发生动摇。我们只有认真学习和掌握马克思主义，才能坚定这个理想信念，为这个理想信念而斗争，才能够高举中国特色社会主义伟大旗帜前进。"立党为公、执政为民"这一句话是我曾经参加中央文件起草时写的，当时有的人就不同意，说立党为公的提法，是文化革命中提出来的。后来经过讨论，被采纳而写进中央全会文件。那么，什么是立党为公呢？不仅仅是说为公家做一些好事，实际上还包含着更重要、更广泛、更深刻的内容，但现在很少有人对这句话进一步进行剖析。早在民主革命时期，毛主席就明确宣告说，"我们共产党人从来不隐瞒自己的政治主张。我们的将来纲领或最高纲领，是要将中国推进到社会主义和共产主义社会去的，这是确定的和毫无疑义的。我们共产党的名称和我们的马克思主义的宇宙观，明确指明了这个将来的、无限光明的、无限美妙的最高理想。"《共产党宣言》中庄严宣告："共产党人可以把自己的理论概括为一句话：消灭私有制。"所以，共产党人的历史使命和奋斗目标是清楚的，只不过完成这个历史使命和奋斗目标是一个漫长的历史过程。但有的人说，理想又不能当面包，还是实惠重要，理想是空的，实惠是实的，所以抛弃了理想信念，要这个实惠的东西。这就错了！他对社会发展规律没有很好的认识，并且受到了资本主义的利己主义、享乐主义、拜金主义的影响，甚至受到一些什么宗教的意识形态的影响，缺乏共产主义兴亡、匹夫有责的历史使命感。如果他是共产党员，那他实际上丧失了共产党员的资格。去年，有一个教授给我们班会学习讨论时说，共产党讲信仰共产主义，用"信仰"这个词是错误的。共产党不能讲信仰,信仰这个词是宗教用的词,但共产党员可以信仰宗教。当时我就和他讨论,说我不敢苟同你这个观点。你说共产党员可以信仰宗教,宗教是什么?它是怎么产生的?它的起源是什么?它后来演变成什么?我简单地谈了一下自己的看法,宗教是人类处于愚昧阶段,在和自然界做斗争中,比如说远古时候,人类遇到雷电袭击、狂风暴雨、山洪暴发,地震海啸,在这些灾害面前无能为力,受到严重的甚至毁灭性的打击,就对自然产生的一种迷惘。在当时生产水平低下,人们对自然现象的认识还没有达到科学的程度,没有科学知识,人们对自然界的威力产生了迷惘。于是,人就造了神,自己又拜倒在神的脚下,让神来统治自己,这就是人的一种异化!人在自然的压迫面前,觉得无能为力,要寄希望于神,寄希望于来世。今世要忍受痛苦,就换取来世的幸福,可以到天国里去享乐。这就是宗教的开始形成,原来在没有阶级的时候开始形成,后来到了阶级社会,统治阶级利用宗教来安慰被剥削的劳动人民忍受压迫剥削,只要忍受今世的痛苦,来世就会幸福,以此来麻痹人民群众的反抗意志,来磨灭他们的反抗锋芒。连资产阶级启蒙学者卢梭在讲到宗教问题时也说:"并不能这么说,政治和宗教在人间有着共同的目的;而是应该说,在各个国家起源时,宗教是用来作为政治的工具的。"马克思明确指出,宗教是麻醉人民的精神鸦片。列宁对马克思的这句话给予极高的评价,他说:"宗教是麻醉人民的鸦片,——马克思的这一句名言是马克思主义在宗教问题上的全部世界观的基石。"宗教是唯心主义的产物,我们共产党员信仰的是历史唯物主义,怎能信仰唯心主义?!我们对宗教来进行分析,宗教既然是历史的产物,现在的条件又不能把它消灭掉。为什么呢,还是由社会存在决定的。一方面是由旧社会转化到新社会,宗教作为一种意识形态,有相对的独立性,另一方面宗教还有存在的经济基础,有相当广泛的群众性,还有各种剥削阶级的意识还存在,并且几千年的传统思想,一下子不可能消灭。如果用强制的方法、行政的手段来压抑宗教、消灭宗教,就会伤害相当多的普通群众,那么就会犯历史性的错误。因为人的思想,是不能用暴力来消灭的。宗教的灭亡是一个长期的历史过程,人为地要在短期内消灭它是幼稚的可笑的想法。因此,我们国家要实行信仰自由。所谓信仰自由,就是有信仰宗教的自由,也有不信仰宗教的自由;有信仰有神论的自由,也有信仰无神论的自由,这样的一项长期的政策。当然也不容许国内外敌对势力利用宗教即披着宗教外衣来进行反对我们国家、反对社会主义的活动,这也是一项长期的政策。那么我们现在提出建立社会主义和谐社会,宗教要适应社会主义社会,朝这个方面来引导,把宗教的一些教条做了一些新的阐述,要和人民利益协调起来,信教群众与不信宗教群众要和谐共处,互不歧视,互相尊重,有利于建设社会主义和谐社会,朝这些方面来做思想教育工作。当然,我们要大力发展社会主义先进文化,大力宣传历史唯物主义,让越来越多的人民群众信仰它,社会主义和谐社会才能逐步实现。

五是关于腐败问题。这么多年,我们党旗帜鲜明带领广大人民群众,不断推进反腐败斗争深入发展,这一点广大党员和群众都是肯定的,拥护的,支持的,并且积极参与。尤其是惩治一些高层腐败,体现了党中央反腐败的坚强决心,得到了人民群众的衷心拥护。但是形势仍然严峻,人们有许多疑虑,看到一些腐败现象很恶劣。那么腐败问题为什么形势还仍然严峻呢?这与这个时期的经济和各种社会条件是有关系的,就像江泽民同志针对"法轮功",他写了一封信里讲到了"四个多样化",从反腐败角度看,"四个多样化"是重要原因。前年,我参加一个全国性的会议,不是反腐败的会议,在会议讨论的时候,大家对腐败义愤填膺,说腐败怎么样严重,后来我就这个问题谈了自己的想法,列举一些现象,谈了一些看法。在这个看法当中,我就说了这样一句:"从根本上讲,腐败是私有制的产物,与马克思主义政党的性质是格格不入的。"话音未落,在座的一个人就喊起来了:"你的观点是错误的!"我说你等一下,让我把话说完。你看看现在,腐败与私有制有没有联系?看看赖昌星这个不法的私营企业主多么神通广大,他组织指挥违法犯罪,涉案人员五百多人中,被腐蚀的有二百多个干部,其中三个是省部级干部,而且他狡诈的手段很多,有十来种等等。赖昌星研究透了许多领导干部的心理,摸清各种人不同需要,千方百计地去收买他。他才初小文化程度,但他抓住一些人的弱点,千方百计地拉拢腐蚀,有些人就挡不住,或者这个方面挡得住,那个方面挡不住,弱点就被抓住,导致了腐败。近十几年来,二百多个省部级干部犯过错误,其中被判刑的,哪一个不是不法的私营企业主拉拢腐蚀的结果。所以,我说"事实不管对我们如何痛苦,我们必须面对现实"。鲁迅先生说敢于面对惨淡的人生,敢于直面淋漓的鲜血,是不是?我们共产党人是彻底的唯物主义者,要有这个勇气呀!接着,当时有两个省级领导同志还重复了我这句话:"不管事实对我们如何痛苦,我们必须面对现实!"最后我说明,我刚才说的"从根本上讲,腐败是私有制的产物"这个观点,不是我杜撰的,是我引用胡锦涛同志在中央纪委全会上讲话中的观点,这一观点是符合马克思主义的,而且在中国现阶段条件下创造性地加以运用。我们掌握这个观点,就能剖析腐败的根源,就能从宏观上来把握,就能提出有效地遏制和减少腐败的对策。这一观点是一把钥匙，解决腐败问题的一把钥匙，可是现在还缺乏对这样一个十分重要的观点加以深入研究，联系实际加以阐述，然后给一些配套的政策、措施。我曾经研究过腐败根源这个问题，那是1999年，江泽民同志提出要研究腐败根源的课题，交给中纪委，当时我任中纪委副秘书长兼研究室主任，牵头搞这个课题的研究，提出一些观点包括腐败与私有制关系的观点，后来有一些棱角也磨了一点，当然主要还是正确的，中央纪委书记尉建行同志看了我们的研究报告还比较满意，写了一大段批示，给予充分肯定。胡锦涛同志讲的观点是很正确的。过去资产阶级的思想家也都讲过这个问题，空想社会主义者讲过这个问题，马克思、列宁都讲过这个问题，邓小平同志也都讲过。我说实在的，我们有个别共产党人还不如一些资产阶级的学者，像卢梭，是一位资产阶级的启蒙学者，写了一本书叫《论人类不平等的起源和基础》，他在书中讲到了资本主义社会和法律，"给弱者以桎梏，给富者以新的力量；它们永远消灭了天赋的自由，自由也再也不能恢复；它们把保障私有财产和承认不平等的法律永远确定下来，把巧取豪夺成为不可取消的特权；从此以后，便成为少数野心家的利益，驱使整个人类忍受劳苦、奴役和贫困。"对于私有制，资产阶级启蒙学者是采取这种批判的态度，我们有些号称马克思主义的理论家甚至党员领导干部，却拚命地加以颂扬。空想社会主义者有许多一系列的理论，它除了否定暴力革命以外，列宁说他们的许多观点都是正确的，因为他们也提出要消灭私有制，只不过他们要通过呼吁让资本家发善心，然后把私有制变成公有制，在否定暴力革命方面有重大错误。马克思、列宁批评他们反对暴力革命的错误，肯定了他们的正确的方面。空想社会主义者，如欧文认为私有制是犯罪的根源，他说这个资本主义制度在不断地产生犯罪，举了好多例子，比如资本主义国家搞彩票，欧文就讲这是国家认可赌博，培养国民的侥幸的投机心理，他们进行赌博就引起犯罪（今年，像邯郸农行有两个金库管理员监管自盗4300万元去买彩票，已判死刑了）。欧文讲，彩票培植这种投机的冒险的心理，然后去犯罪，资产阶级国家就组织警察队伍，就像猎队到森林里打猎一样，这样就周而复始。资产阶级国家法律制造犯罪，犯罪也就产生了，并且恶性循环。在资本主义社会，要解决犯罪问题是不可能的，因为犯罪的原因在发展，却想消除犯罪，那就像看见千条大河奔向海洋，却希望大海干涸一样。只要有私有制存在，就必然产生犯罪，腐败就不可避免的。邓小平同志也论述了资本主义产生腐败，他说："我们为社会主义奋斗，不但是因为社会主义有条件比资本主义更快地发展生产力，而且因为只有社会主义才能消除资本主义和其他剥削制度所必然产生的种种贪婪、腐败和不公正现象。"我曾经在给某一重要杂志送去一篇有关反腐败的稿件时,引了邓小平同志这段话,后来清样打出来了,主编审定时,在这段话引文旁边打了一个问号,表明他不同意讲资本主义产生腐败的观点,送我校核清样时,我仍保留邓小平同志说的这段话,结果这篇文章将要出世时就被枪毙了。后来我这篇文章在别的刊物和报纸上发表了。对腐败根源问题的研究,对于我们坚持正确的方向,坚持反腐败,特别是制定一些战略决策具有重大的意义。我讲了这些体会主要是为了证明胡锦涛同志提出的这个观点是非常正确的,十分重要的,是我们深入开展反腐败斗争的一把钥匙,我们要很好地理解它,应用到反腐败斗争中来。

  为了深入反对腐败,要建立教育、制度、监督并重的惩治和预防腐败体系的问题。那天讨论会的时候,一位省里的纪委书记提出,建立教育、制度、监督并重的惩治和预防腐败体系的提法,这样表述不全面,应该加上惩处,就是查办案件。他讲完以后,我说这个建议很好,但也不够全面,管理要不要列上去,管理是最基本的预防腐败的一个方面,那么管理列上去是不是就全面了?十五大还提出来通过改革铲除腐败滋生的土壤。此外,讲三者并重,就没重点了,没重点了就不符合辩证法。辩证法认为任何时候,事物发展是不平衡的,有主要矛盾,有次要矛盾,在一定条件下还会转化。一个时期有一个主要矛盾,通过解决主要矛盾,带动一般,全面推进。会上,还有一个同志插话说,后来不这么提了,胡锦涛同志十七大报告中是说惩治和预防腐败体系。关于建立反腐败体系,我认为制定一些单独的惩治或防止腐败法律、党规是必要的,或者制定一些加强监督的法律、党规也是必要的,但单独的反腐败体系是不可能存在的,即游离于法律体系和党规体系之外的反腐败体系是不可能存在的,反腐败体系是寓于以宪法为核心的法律体系之中,也寓于以党章为核心的党内法规体系之中,两者既相互区别,又相互衔接。许多法律和党规只规范权力的运行,但只字没有提到反腐败或监督,但仍然对预防和治理腐败具有重要意义。

  通过学习讨论,大家各抒己见,提高认识,把大家的认识统一到党的十七大上来。我刚才谈的学习体会,会有错误,请大家批评指正,请大家不要鼓掌了,我所讲的要是错了,你们鼓掌也错了。

壮大国有经济要有实实在在的措施

（《红旗文稿》2006年第24期）

最近，我们到一些地方就国有企业问题做调查，看到许多国有企业通过改革，正焕发出生机和活力，以崭新的姿态活跃在社会主义市场活动之中，展示着强劲发展的良好势头。这更加坚定了我们发挥国有经济的主导作用，促进经济社会事业全面发展的信心和决心。

一、充分认识国有经济主导作用的重大战略意义

以国有经济为核心的公有制经济，是社会主义制度的经济基础，是共产党执政的经济基础，是人民共同富裕的财富源泉，是防止两极分化和实现社会和谐的保证。增强国有经济的主导作用和控制力，是提高共产党执政能力的最重要体现。发展和壮大国有经济，确保国有经济的主导地位和作用，是关乎党和社会主义制度前途命运的大事，也是关系建设社会主义和谐社会的大事。必须从政治的高度来观察和认识国有经济主导作用的重大战略意义，增强政治意识、忧患意识和历史使命感，把提高党的执政能力和贯彻"发展是硬道理"更多地体现在发展和壮大国有经济上来。必须反对悲观论，坚信社会主义的优越性，坚信我们有魄力、有能力搞好国有企业，振奋精神，树立雄心壮志，励精图治，发愤图强，不断发展和壮大国有经济，不断增强国有经济的控制力。关键要切实加强各级党委对发展国有经济的领导，各级政府加强对发展国有经济的宏观调控。要以科学发展观为指导，坚持深化改革，解决国有企业的沉重历史包袱，减轻其税赋以外的沉重负担，调整国有企业的布局和结构，整顿国有企业秩序，建立现代企业制度，建设强有力的领导班子，建设优秀的工人队伍和科技人员队伍，并进行体制、机制、制度、管理创新和科技创新，构建企业发展的动力，用现代科技装备国有企业，提升国有企业整体素质，实现国有经济跨跃发展。

二、必须对国有经济实行极其严格的统计和审计

国有经济要起主导作用，要有控制力，就必须有一定的经济总量，体现在国民经济中占有较大的比重。量变必然引起质变。这个"较大的比重"至少应有多大，必须认真研究，而且必须尽早确定。如果对国有经济总量及其在国民经济中所占的比重模糊不清，那么就会产生很大的盲目性，造成决策重大失误，甚至会使国有经济主导地位遭到瓦解，导致我国社会主义制度陷入变质的危险。可惜，现在许多地方普遍存在国有经济总量及其在国民经济中所占比重不够清楚、统计不够准确的问题。因此，必须对国有经济进行极其严格的统计和审计。对国有企业及国有控股企业及参股企业的生产、供应、销售、分配、资产评估、产权变更、产权交易、企业投资、资产效益等进行极其严格的统计和审计，防止虚报浮夸和少报瞒报，确保统计和审计的真实性、准确性，明确国有经济占国民经济的比重，做到心中有数，提高决策科学性，保证决策正确，防止决策失误，加大国家宏观调控力度，采取实实在在的措施，发展壮大公有制经济，确保国有经济的主导地位，巩固社会主义制度，使霸权主义妄想"加速中国国有企业的瓦解"，"使人民远离政府，并催发中国的社会与政治变革"的政治图谋彻底破产。

三、推动国有经济向关系国民经济命脉的重要行业和关键领域实行战略集中

国有经济在关系国民经济命脉的重要行业和关键领域必须占支配地位。其他行业和领域，可以通过资产重组和结构调整，集中力量，加强重点，以此提高国有资产的整体素质，建立完整的国有经济体系。目前许多地方还存在国有经济过于分散的情况，该集中的没有集中，有的虽然集中，却没有向重要行业和关键领域集中，向行业的龙头企业集中。要通过改革，对国有经济实行结构调整、资产重组，有进有退，退要有序，进要有为，使国有企业在各行业中的布局结构趋于合理，为国有经济发展壮大奠定坚实的基础。国有经济要从一般性行业适当地收缩，从一般贸易、零售行业、服务行业收缩，从非公共的和非关键的行业收缩，从一些中小型企业收缩，对长期处于停顿、半停顿状态，连续多年亏损扭亏无望、资不抵债，产品缺乏竞争力、技术落后、污染严重，丧失发展前景的国有中小企业，实行关、停、并、转，或破产清算，坚决退出。退是一种战略转移，退要着眼于更好地进。国有经济要向重要行业和关键领域实行战略集中，占据战略制高点，主要向关系国计民生的基础设施行业和公共服务行业，向关系

经济发展前途的高科技行业，向资源能源行业，向金融行业，向房地产行业，向关系国家经济安全和国防安全的行业集中，优化国有企业布局和结构，做大做强重点国有企业，增强国有企业的竞争力，以增强国家对整个经济社会的宏观控制能力。在这一过程中，注意将国有经济向重要行业的龙头企业集中，激发国有经济的"聚变"效应。特别应当推动国有经济向优势国有企业集中，扶持组建或打造极具竞争力的国有企业集团和国有控股企业集团，使其具有科技优势、质量优势、品牌优势、规模优势、效益优势，成为国有企业的"航空母舰"，实施"走出去"的战略，能够在经济全球化的惊涛骇浪中搏击行进，有效应对国内外激烈的市场竞争，促进国有经济和国有资产具有量的优势和质的提高，推动和带动各种所有制企业健康快速发展。国有企业经营要以经济效益和社会效益最大化为目标，除政策性的限制之外，要以利润最大化为目标。

各地对发展国有经济应运筹帷幄，编制或修订国有经济中长期发展战略规划，确定发展方向和发展目标，明确战略布局和结构调整，强化宏观调控，突出重点，发挥优势，分步实施，有计划有步骤地促进国有经济持续、快速、健康发展。对下级政府管理的国有企业做大做强、有较大的规模和效益之后，不能收归上级政府直接管理，以发挥下级政府管理好国有企业的积极性，使企业更好地发展。

四、积极探索和建立国有经济发展的多种企业形式

围绕实现国有经济主导作用的战略目标，根据不同行业的不同社会功能和作用，选择有利于国有经济发展的国有独资企业、国有控股企业或参股企业等多种不同企业形式。在国有企业改革中，对事关国家金融安全、经济安全、国防安全、高科技发展、国计民生和社会稳定的重要行业中的龙头企业，要根据实际情况，或实行国有独资，或实行国有绝对控股。例如，为了保证金融安全，防范金融危机，国有银行对国家金融必须具有决定性的控制力；为了保证能源安全，国有能源企业应掌握传统能源和开发清洁能源、可再生能源的优势，对能源供给必须具有决定性的控制力；为了防止房地产泡沫化而引发金融危机和演变为经济危机，国有房地产企业对房地产开发领域必须具有决定性的控制力等。对其他一些行业的龙头企业可实行国有相对控股。对于一般性的行业，可以普遍放开，各种经济成份各得其所，各展其能，也可搞多种所有制的混合经济企业，对一些在这一领域中经济效益良好、具有竞争优势的国有企业或国有控股企业也应予以支持。慎重把握国有控股企业的定位,提升国有企业的竞争力,确保国有经济的控制力。国有企业和国有控股企业要找准定位,扬长避短,主辅分离,突出主业,集中财力、物力、人力搞好主业,但不排斥个别企业在条件和能力具备时,可以从专业化战略向跨行业的多元化战略转型。国有企业和国有控股企业应充当市场的主体,要以竞争者姿态,积极主动地参加市场竞争,勇于拼搏,敢于创新,努力实现企业整体素质的飞跃,保持国有经济持久健康强劲发展。

五、建立适应国有企业有效运行的体制、机制和制度

搞好体制、机制、制度创新,是国有企业发展壮大的重要保证。要进一步完善国有资产监督管理体制,实行国家统一所有,由中央和省地两级政府分别代表国家履行出资人职责,享有所有者权益,权利、义务和责任相统一,管资产和管人、管事相结合的国有资产管理体制。要充分发挥各级国有资产监督管理委员会的职能作用,认真履行出资人资格的职责,对国有资本负责,实行所有权与经营权分离的原则,做到产权清晰,责任明确,政企分开,管理科学,监督有效,切实维护出资人的权益。

要建立和完善国有企业和国有控股企业的法人治理结构。要按照公司法,明确股东会、董事会、监事会和经理层的职责,形成权力配置科学、责任明确、运行有序、有效制衡的公司法人治理结构。要使决策、执行、监督三者有机统一起来,必须完善企业的决策机制,对决策要进行周密的可行性论证,实行风险控制,保证决策科学化;必须完善企业决策执行机制,在执行决策中要紧紧围绕决策目标,既要规范运作,严格管理,又要灵活机动,把握时机,乘势而上,争取利益最大化;必须完善企业的监督机制,专门监督部门要发挥主导作用,把国有资产监督管理委员会的监督、监事会的监督、审计监督、监察监督和工会监督及广大职工民主监督有机地结合起来,形成监督的合力,防止内部人控制,防止国有资产流失。通过完善公司治理结构的机制,使国有企业和国有控股企业成为具有独立的财产权、经营决策权、自负盈亏和独立承担风险的法人实体和市场主体,激发企业发展的活力。

要建立国有企业和国有控股企业的激励机制和约束机制。按照公开、公平、公正、择优的原则和按劳分配的原则,搞好劳动、人事、分配三项制度的改革,实行全员劳动合同制、全员竞争上岗制和效益工资制,做到"员工能进能出,干部能上能下,工资能增能减",做到工资、奖金与经济效益挂钩,对于有

重大贡献的经理层人员、管理人员、科技人员和工人要给予相对的高额奖金，但决不搞期权奖励、不搞两极分化，对于未完成既定任务的要按规定处理，对于失职渎职的要追究其责任，充分发挥激励机制和约束机制的作用。

要加强经济立法，健全推动经济增长的法律法规，建立促进国有经济增长方式转变的法律法规。根据国家法律法规的规定，结合实际，要建立健全国有企业和国有控股企业管理的制度体系。将国有企业和国有控股企业的决策、人事、劳动、教育培训、工资总额控制、职务消费、业绩考核、负责人薪酬、项目投资、技术研发、污染控制、资源节约、采购销售、成本核算、资产收益、债权债务、清产核资、产权登记、产权交易、股权转让、风险控制、贷款担保、招标投标、合同管理、财务预算、财务监管、普通审计与离任审计、厂务公开等方面进行规范化、程序化、制度化，使这些制度具有针对性、科学性、可操作性、相互衔接、相互配套，把国有企业和国有控股企业的运行纳入制度化的轨道，强化管理，保证其高效运转。

六、坚持科技创新，尽量用最先进的技术装备国有企业，发挥国有经济主导作用，必然要求国有企业和国有控股企业以科技为先导，提高自主创新能力

必须不断用现代高新科技装备现代化工业，加快发展资源节约型和环境友好型的循环经济，发挥科技进步对经济发展的巨大推动作用，把提高生产率、发展生产力置于应用科技进步的基础之上。要探索和坚持以信息化带动工业化，以工业化促进信息化，走一条低投入、高产出、科技含量高、资源消耗少、环境污染小、人力资源得到充分发挥的新型工业化道路。要大力支持和推进国有企业自主创新，坚持以产品为单元、以产业为主线，依托具有创新优势的科研力量和科技资源，建立以企业为主体、市场为导向、产学研相结合，各个环节紧密衔接、环环相扣的产业技术创新体系。要不断完善技术创新的方式和方法，坚持自主创新、引进吸收再创新和集成创新，全面提升知识产权的创造、管理、保护和运用水平，不断创造先进技术，搞好技术储备，并注重运用，实现设备更新、技术进步、产业升级，建设高科技、高附加值、可持续发展科技型、环保型国有企业，增强核心竞争力，使国有企业成为国民经济的支柱，增强国有经济的主导作用和控制力。要坚持不断提高劳动者政治觉悟、文化水平和科技水平，培养大批掌握现代科学技术的科技人员、大批能够管理现代化生产的管理人员和大批熟悉现代化生产技术的工人，为国有经济高速发展注入最革命的力量，推进我国社会生产力发展的跨跃。

七、加强国有企业领导班子建设

社会主义公有制企业的特殊性质，决定了加强领导班子建设至关重要。社会主义公有制企业的特殊性质，决定了只有坚定不移坚持社会主义的领导班子才能搞好公有制企业。要用坚强的领导班子带好管理团队，带好职工队伍，聚集人才，迎接市场激烈竞争的挑战。首先要加强国有企业和国有控股企业党组织的建设，使之成为坚强的领导核心，为企业发展提供政治保障。党组织要坚持立党为公、执政为民，加强党的组织建设、思想建设和作风建设，教育广大党员特别是党员领导干部和党员经营管理者坚定社会主义和共产主义理想信念，坚定不移地走社会主义道路，牢固树立全心全意为人民群众服务的宗旨，严格自律，廉洁办事，防止腐败，在生产经营活动中发挥模范作用。党组织要领导工会，通过工会密切联系和团结广大职工，共同创建社会主义企业文化，普及社会主义核心价值体系的思想观念，激发全体职工树立主人翁态度，发挥他们的主力军作用，调动他们主动性、积极性和创造性，为振兴国有经济多作贡献。党组织要指导企业建立和完善法人治理结构，健全股东会、董事会、监事会和经理层，重在选好德才兼备的优秀人才，优化董事会、监事会、经理层的人员结构，特别要充实企业外部的独立董事人员，充分发挥董事会在企业经营决策中的核心作用，充分发挥监事会对企业全过程运行的监督作用，充分发挥经理层在经营活动中的管理作用。党组织要与董事会在搞好重大决策、选好用好人才方面互相协调、密切配合，支持董事会依法独立从事企业管理活动。要探索和理顺党委会、工会、职工代表大会与股东会、董事会、监事会的关系，为国有企业发展壮大提供组织保障。

注：本书收入本文，增加如下附录和注释：

1．江泽民在《正确处理社会主义现代化建设中的若干重大关系》一文中指出："坚持公有制的主体地位，是社会主义的一项根本原则，也是我国社会主义市场经济的基本标志。在改革开放和现代化建设的过程中，我们都要坚持这个原则。只有确保公有制经济的主体地位，才能防止两极分化，实现共同富裕。任何动摇、放弃公有制主体地位的做法，都会脱离社会主义方向。"（《江泽民文选》第1卷，第468页）

2．江泽民在《巩固和加强社会主义的经济基础》一文中指出："新中国成立以来不断发展壮大的国有经济,是我们社会主义国家政权的重要基础。我国国有经济的发展,不仅对保证国民经济稳定发展、增强综合国力、实现最广大人民的根本利益具有重大意义,而且对巩固和发展社会主义制度、加强全国各族人民的大团结、保证党和国家长治久安具有重大意义。没有国有经济为核心的公有制经济,就没有社会主义的经济基础,也就没有我们共产党执政以及整个社会主义上层建筑的经济基础和强大物质手段。这一点,各级领导干部特别是高级干部必须有清醒的深刻的认识。"(《江泽民文选》第3卷,第71页)

3. 列宁在《再论工会、目前局势及托洛茨基和布哈林的错误》一文中指出:"政治同经济相比不能不占首位。不肯定这一点,就忘记了马克思主义的最起码常识。""因为全部问题就在于(从马克思主义的观点看来,也只能在于):一个阶级如果不从政治上正确地处理问题,就不能维持它的统治,因而也就不能解决它的生产任务。"(《列宁选集》第4卷,第441,412页,1972年第2版)

4. 列宁在《苏维埃政权的当前任务》一文中强调"为建立全民计算和监督而斗争的意义",指出"至于在产品的生产与分配上不报告不监督的情形,这便是断送刚开始的社会主义事业。""力求把苏维埃的,即由国家实行监督和计算的思想灌输到群众的意识中去,力求实现这种思想,力求打破把获得衣食看作'私人'事情,把买卖看作'只是与我无关'的这种旧时恶习,——这是一个具有全世界意义的伟大斗争,这是一个社会主义自觉性反对资产阶级无政府主义自发势力的斗争。"(《列宁选集》第3卷,第506,507页,1972年第2版)

5. 美国同意我国加入WTO,其战略意图就是企图通过经济、文化渗透实现意识形态渗透,通过经济自由化实现政治自由化,改变中国的社会主义性质,实现和平演变。这一点,美国前总统克林顿说得十分露骨。他在《关于给予中国永久最惠国待遇问题致国会的声明》中说道:"中国加入WTO将使中国融入全球经济,增加其与外部世界的相互依存程度。由于随着而来的知识和思想自由,加入WTO将给千百万中国人以政府不可能控制的方式带来信息革命。这将加速中国国有企业的瓦解。这一过程就是使政府远离人们的生活,并催发中国的社会与政治变革。"当然,我国加入WTO有我们自己的战略意图。我们要善于进行必要的有理有利有节的斗争,千方百计打破霸权势力的战略图谋,趋利避害,利用我国加入WTO的有利条件,加速发展我国社会主义社会生产力,使我国尽快地强大起来,巩固我国社会主义的经济制度和政治制度。

关于现阶段经济社会发展问题的思考

(《社科党建》2010年第3期)

随着经济全球化发展,世界各国经济联系日益紧密。近两年来,从美国引发的金融危机席卷全球,也给我国以猛烈冲击,但我国由于发挥社会主义制度决策快、组织有力、集中力量办大事的优势,有效地应对国际金融危机,使经济较快回升,表现得尤为突出。这场国际金融危机给我们深刻的启示,我国正处在经济社会发展的又一个关键阶段,必须因时因势而变,明确我国现阶段经济社会发展的主要任务及其相关重大问题,这对我国经济社会又好又快发展至关重要。

一、现阶段经济社会发展的主要任务

马克思说:"历史从来只提出它能解决的任务"(《<政治经济学批判>序言》)。我国正处在关键的发展阶段,历史向我国提出必须解决并能解决的主要任务就是以科技创新引领和加快经济发展方式转变与着力改善民生,为此必须贯穿以科学发展观统领经济社会全面协调可持续发展这条主线,实现经济社会又好又快发展。这是因为,以科技创新引领和加快经济发展方式转变是我国应对经济全球化严峻挑战的重大举措,是我国经济突破瓶颈束缚、实现又好又快发展的必由途径。着力改善民生是从根本上调动广大人民群众积极性,为我国经济社会可持续发展提供最强大的原动力,也是体现党和政府全心全意依靠人民群众,体现生气勃勃的社会主义是人民群众自己创造的。这两方面结合构成我国现阶段经济社会发展的主要任务。而以科学发展观作指导则是实现主要任务的根本保证。总体要求是:全面贯彻落实科学发展观,进一步改革开放,充分发挥社会主义制度优越性,加强国家宏观调控,保持经济平稳较快发展;坚持自主创新,引领和加快经济发展方式转变与经济结构调整;着力改善民生和提升社会公共福利,走共同富裕道路,促进社会和谐稳定,全面推进社会主义经济建设、政治建设、文化建设、社会建设以及生态文明建设,加快全面建设小康社会的进程,推动经济社会又好又快发展。

二、完成现阶段经济社会发展主要任务必须抓住的重点

（一）经济发展方面

1．坚持继续改革生产关系与生产力不相适应的部分。现阶段，对不符合社会主义初级阶段基本经济制度的障碍，必须进行改革，进一步解放和发展生产力。必须对各种所有制经济的总量及其比重作实事求是的统计，并向社会公告，保证正确决策和做好经济发展规划，维护和巩固以公有制为主体的多种所有制共同发展和按劳分配为主体多种分配方式共存的我国社会主义初级阶段基本经济制度。这样才能充分发挥社会主义制度优越性，坚持社会主义平等原则，正确处理效率与公平的关系，着力解决分配不公的问题，坚决遏制贫富差距日益扩大的趋势，逐步缩小贫富差距，走共同富裕的道路，坚决防止因两极分化而引发社会分裂与对抗，给社会稳定和国家长治久安带来危害。

2．坚持加强和改善国家宏观调控。要进一步完善国家宏观调控制度，提高宏观调控水平，增强宏观调控能力，紧紧把握国家经济社会发展的社会主义方向。把维护公有制为主体、国有经济为主导、按劳分配为主体这一社会主义制度核心问题作为宏观调控的重中之重，把关系国家经济命脉的重要行业和关键领域包括关系金融安全和国防安全、关系重大科技创新、房地产业和交通运输行业、以及关系文化教育、医疗卫生、社会保障、社会公共服务设施等领域作为宏观调控的重点，同时引导完善市场机制，激发市场活力，充分发挥市场配置资源基础性作用，有效抑制市场盲目性，把微观经济活动纳入国民经济宏观发展轨道，保持经济总量平衡，促进重大经济结构优化，保障经济平稳较快发展，保证国家经济社会发展规划目标的实现。

3．坚持国有经济在国民经济中的主导地位。以国有经济为核心的公有制经济，是社会主义制度的经济基础，是共产党执政的经济基础，是人民共同富裕的财富源泉，是防止两极分化和实现社会和谐的根本保障。国有经济必须绝对控制金融行业，加强金融管理，提高金融监管有效性，防范金融危机，能够持续不断地为经济发展提供资金保证。要通过改革，积极推动国有经济向关系国民经济命脉的重要行业和关键领域实行战略集中，探索和建立国有经济发展的多种企业形式，建立适应国有企业有效运行和强化监管的体制、机制和制度，使国有经济有效控制国民经济的支柱产业及其龙头企业，增强国有经济的主导作用，提高国家对经济宏观调控的能力，提高国家防范和抵御经济危机的能力，提高国家战胜自

然灾害的能力,提高国家抵御外敌侵略的能力。

4. 坚持以科技创新为动力,加快经济发展方式转变。这是经济全球化激烈竞争的大势使然,是我国经济可持续发展的内在要求,是一项刻不容缓的重大任务。必须贯彻科技强国战略和自主创新的方针,全面推进创新型国家建设。认真执行国家科技发展规划,实施国家重大科技专项,强化政策支持,加大财政投入,集中力量,加强攻关,实现科技创新的突破性大发展。当务之急,就是要抓住机遇,加快自主创新,重点突破,抢占科技制高点,发展战略性新兴产业,用高新技术改造传统产业,促进产品升级换代,调整优化经济结构,加快经济发展方式转变,把经济发展建立在先进技术的基础之上。要认真实施科技强军战略,必须建立强大军事工业。为防御侵略战争,必须突出制造"杀手锏"。军事工业与民用工业协调配合,优势互补,互相促进,相得益彰。要深化科技体制改革,推动企业为主体、市场为导向、产学研相结合的技术创新体系建设,加快创新步伐,促进科技迅速转化为实现生产力。

5. 坚持把经济发展建立在优化生态环境的基础之上。要建立经济发展的科学评价体系,严格执行用地、节能、环保、安全等市场准入标准和产业政策,严禁以破坏生态环境换取经济发展,严禁严重污染给子孙后代留下无穷祸害。严格保护资源和节能减排,实行资源有偿使用和污染物质排放超标赔偿与严厉惩罚制度,运用高新技术发展清洁能源、节能环保、低消耗、高质量的循环经济、低碳经济。应当高度重视和加快水资源的保护、建设、开发与利用,大力提高防洪抗旱能力,防止水资源严重缺乏给农业、工业和居民生活带来的重大影响。

6. 坚持把解决"三农"问题始终摆在突出的重要位置。解决"三农"问题是当代中国的基本问题,这是一项最伟大、最艰巨、最长期、最迫切的任务,必须下大决心大气力抓紧抓好。要加大统筹城乡发展力度,搞好城乡联动发展配套措施,实行城市支援农村、工业反哺农业,强化农村农业发展基础,着力解决"三农"问题,进一步减轻农民负担,强化惠农政策,协调推进工业化、城镇化和农业农村现代化,促进城乡发展一体化,加快改变农村发展缓慢状态,加快改变欠发达地区发展迟缓状态,逐步实现城乡协调发展,逐步实现西部与东部协调发展。

7. 坚持统筹国外国内两个大局,把扩大内需作为长期战略方针。进一步拓展和利用国外国内两个市场、两个资源,协调促进我国经济发展。坚持"引进来"与"走出去"相结合,奉行互利双赢的准则,又注意因势利导,趋利避害,不断扩大国外市场,为我国经济发展提供重要的外部条件,同时主要依靠完善和疏通国内广阔的城乡市场,挖掘潜力,扩大内需,改善民生,以增强自力更生能力,拉动经济增长。

8. 努力提高应对国内外形势变化的能力。随着国际经济竞争日趋激烈,必须密切关注全球经济特别是一些大国经济发展变化的现状、特点及趋势对我国经济发展的影响,预期或及时作出应对的决策,趋利避害,规避风险。要运用"WTO"来保护我国正当的经济权益,同时加强我国经济立法,对我国资源和经济实体实行国家层面的支持和保护,各行业协会、各企业要根据自身特点,采取应对国际竞争的措施,坚决制止自相残杀(出口争先降价、进品争先抬价)的恶性循环,形成有效的联合应对机制和合力。

(二)社会发展方面

1. 加强民主政治建设,保障人民当家作主的权利。在国家一切事务中必须听政于民,实行民主决策。要健全权力运行制约机制,切实保障人民群众的选举权、知情权、参与权、选择权、监督权;加强干部制度建设,严格执行干部的选拔、考核、公示、任免、使用、监督、评价、责任追究制度;加强廉政建设,加强民主治理腐败,实行综合治理、标本兼治、着重治本,把预防腐败寓于决策和制度之中,把反腐败与反腐蚀结合起来,有效地惩治腐败和预防腐败;实施依法治国方略,强化治国安邦,推进依法施政、依法行政、依法司法,维护公平正义。

2. 加强社会主义文化建设,提高全民族文化素质。坚持马克思主义在我国文化领域的主导地位,反对封建主义文化和资本主义文化的严重干扰。深入推进文化体制改革,坚持社会效益为主、经济效益与社会效益相统一,大力发展公益性文化事业,加快发展文化产业,激励文化创新,繁荣社会主义文化,满足人民日益增长的文化生活需要,提高全体人民的民族精神、爱国主义精神和团结奋斗精神,提高我国文化在国际上的竞争力,增强国家综合国力。

3. 以提高教育质量为中心,促进教育均衡发展。教育是国家发展的基石,关系民族的素质和国家的前途。必须把发展教育事业摆在国家优先发展的位置,建立人力资源强国。加快推进教育改革,改革办学体制、教学内容、教育方法、考试评价制度,实行教育与社会主义建设实际相结合,推行素质教育。要加大财政投入,合理配置教育资源,重点向农村倾斜,促进教育公平,促进义务教育均衡发展,并继续加强职业教育,高等学校重点提高教育质量,促进各类教育均衡发展，培养经济社会发展需要的大批各类人才。

4. 着力保障和改善民生，激发持续发展的动力。改革和经济发展要为了人民、依靠人民、成果由人民共享，这是一条社会主义基本原则。着力保障和改善民生，是调动广大人民群众积极性，促进我国社会经济可持续发展的力量源泉。必须把保障和改善民生放在极其重要的位置，把改善民生与缩小贫富差距、防止两极分化有机地结合起来。一要继续实施积极的就业政策，按照社会主义初级阶段分配制度增加劳动者的劳动收入。实行劳动者自主择业、市场调节就业和政府促进就业相结合，加大就业公共投入和职业技能培训，完善就业公共服务体系，加快经济发展和调整经济结构以扩大就业门路，加大就业政策扶持以鼓励多种形式就业。二要加快完善覆盖城乡居民的社会保障体系，大幅度提高社会保障水平，重点推进新型农村养老保险制度，进一步完善社会保险各项制度，重点加强对城乡弱势群体基本生活和基本权益的保障。三要合理配置城乡医疗卫生资源，建立城乡基本医疗保障体系和基本医疗卫生服务体系，完善城乡基层医疗服务设施，加强医疗卫生队伍建设，完善基层医疗卫生机构补偿机制，特别要加快改变农村缺医少药的状态和保障贫困群体就医，提高全民健康水平。四要大规模实施保障性安居工程，必须发挥国有企业在房地产这一国家重要支柱产业中的主导作用，以利于更好贯彻有关住房政策，抑制住房价格暴涨，支持居民自住性住房消费。房地产属于稀缺产品，必须实行定量分配，对超定量部分实行级别递增房地产税收政策，以后抑制住房分配和占有严重不公的发展趋势。

三、完成现阶段经济社会发展主要任务的保障措施

1．坚持在党的领导下，加强人大和政府依法施政。要加强和改进党的领导，坚持立党为公、执政为民的宗旨，改进党的作风，密切党同人民群众的血肉联系，提高党的领导能力和执政能力、抵御风险能力和预防腐败能力。要加强人民代表大会制度建设，充分发挥人大在民主政治建设、法制建设、民主监督等方面的作用。要建设人民满意的政府，精简统一高效、依法决策、依法行政，反对官僚主义，增强公信力，提高行政效率，提高经济社会管理水平。

2. 统筹推进各类人才队伍建设。中国社会主义现代化建设，急需统筹建设一支宏大的各类人才队伍。按照国家要求，突出培养创新型科技人才、经济社会发展重点领域专门人才和高技能人才，积极引进海外高层次人才。要努力营造人才辈出、人尽其才的物质基础条件和制度环境。

3. 充分发扬基层民主和发挥社会利益协调机制的作用。要大力推行政务公开、司法公开、厂务公开、村务公开制度，接受群众、职工、村民和媒体及社会舆论的监督，反对腐败，维持正义，促进社会和谐。要建立社会利益协调机制，充分发挥社会各类组织的作用，特别要发挥各级工会和村民委员会的作用，切实代表和维护工人农民的合法权益。通过政府与社会组织代表的对话，通过加强信访工作及人民调解工作，协调利益关系，化解矛盾，解决纠纷。及时预警、预防和积极稳妥处置群体性事件。

4. 坚持社会治安综合治理，维护社会稳定。要坚决打击境外反动势力的渗透和破坏活动。严厉打击黑恶势力、民族分裂势力、恐怖势力，根据情况在某些地区开展严厉打击这三股势力的专项活动，坚持"首恶必办，露头就打"，把这一类的严重犯罪势力彻底打下去。要及时处理社会治安案件和犯罪案件，惩治犯罪并有效改造罪犯。实行治安责任制，强化治安工作，加强预防犯罪工作，努力消除犯罪产生的原因和条件，减少犯罪率，切实维护社会稳定和保护人民生命财产安全，保障经济社会全面协调可持续发展。

论"各尽所能,按劳分配"

(《经济问题》1982年第2期)

"各尽所能,按劳分配"的社会主义原则,庄严地载入了我国的宪法,这是我国社会主义革命伟大胜利的最主要最重要的标志之一。各尽所能,按劳分配的原则是建立在生产资料社会主义公有制基础之上的,是社会主义制度优越性的生动体现,是调动广大人民群众的劳动积极性,尽快地把我国建设成为现代化的社会主义强国的巨大杠杆。

一、按劳分配的历史进步性和必然性

生产资料所有制形式,决定人们在生产中的地位和相互关系,决定产品分配的形式。社会主义革命实现了"剥夺剥夺者",变生产资料私有制为生产资料公有制,从而废除了"劳者不获,获者不劳"的人剥削人的制度,实现了"各尽所能,按劳分配"的原则。这是对几千年来生产资料私有制和人剥削人、人压迫人制度的根本否定的必然结果,是分配制度历史上的最深刻革命,是一个划时代的伟大进步。

按劳分配原则本质上是反对剥削的,是反对剥削者、懒汉、寄生虫的,也反对一切剥削现象的残余。它是工人阶级和广大劳动人民手中一条反对剥削者的鞭子。它是改造剥削阶级分子的强制性的经济形式,又是防止产生新的剥削分子的重要经济手段。因为,按劳分配的原则反对任何形式的剥削,反对任何人无偿地占有他人的劳动成果,不容许不劳而获、以剥削为生的现象存在。人民群众拥护这个真理,自觉来维护按劳分配的原则,为保卫自己的劳动果实而斗争。一方面,严格地监督一切剥削者,强迫他们在劳动中改造成为自食其力的劳动者;另一方面,对劳动数量和产品的分配实行最精密的、最严格的统计和监督,防止贪污、盗窃和浪费等现象发生,从经济上堵塞新的剥削分子产生的渠道。

在社会主义条件下,按劳分配原则反映了劳动人民的集体利益和个人利益的结合。以劳动作为分配的尺度,就能使劳动者更好地从物质利益上去关心自己的劳动成果，充分发挥劳动者的主动性、积极性和创造性。从而有利于创造出比资本主义更高的劳动生产率，加速我国社会主义现代化建设。

按劳分配是社会主义社会个人消费品的分配原则。个人消费品是在从社会产品中扣除社会生产基金、后备基金、满足共同需要的社会消费基金以后，按照每个人劳动的数量和质量分配消费品。这体现了劳动者在共同平等地占有生产资料的基础上，实现了劳动平等和工资报酬平等。

按劳分配虽然是一个巨大的历史进步，但与未来共产主义"按需分配"比较，仍然有它的"弊病"。按劳分配通行的是商品交换中通行的同一原则，即一种形式的一定量的劳动可以和另一种形式的同量劳动相交换，"在这里平等的权利按原则仍然是资产阶级的法权"。以劳动作为同一尺度分配消费品，形式上是平等的，但由于各个劳动者的情况各不相同，有的劳动能力强些，有的劳动能力弱些，有的赡养的人口多些，有的赡养的人口少些，等等，这就必然出现事实上的不平等，出现富裕程度的差别。所以马克思和列宁都认为，共产主义第一阶段，"这个社会最初**只能**消灭私人占有生产资料这一'不公平'现象，却**不能**立即消灭'按劳动'（不是按需要）分配消费品这一仍然存在的不公平现象。""就'产品按劳动'分配这一点说，'资产阶级法权'**仍然占着统治地位**。"①按劳分配虽然有这种历史局限性，但它在社会主义条件下是不可避免的。马克思指出："但是这些缺点，在共产主义社会第一阶段，在它经长久的阵痛刚刚从资本主义社会里产生出来的形态中，是不可避免的。权利永远不能超出社会的经济结构以及由经济结构所制约的文化发展。"②马克思这一精辟的论断向我们表明，为什么在社会主义社会还不能消除分配上的"资产阶级法权"的不平等，也就是说，为什么在社会主义社会只能按劳分配而不能按需分配。

由此可见，按劳分配具有历史的进步性和必然性，它是社会主义经济的一个客观规律。违背这个规律，必然要遭到这个规律的严厉报复，无情惩罚。一九五八年刮起的那一股"共产风"和在"文革"中林彪、"四人帮"破坏按劳分配、搞"干好干坏一个样"和"干的不如看的"的做法造成了严重恶果，这个沉痛教训我们应当记取。

---

① 《列宁选集》第3卷，第251页。
② 《马克思恩格斯选集》第3卷，第12页

二、坚持按劳分配，必须反对两种错误倾向

恩格斯指出："可是分配不仅仅是生产和交换的消极的产物，它反过来又同样地影响生产和交换。每一种新的生产方式和交换形式，在一开始的时候都不仅受到旧的形式以及与之相适应的政治设施的阻碍，而且也受到旧的分配方式的阻碍。新的生产方式和交换方式必须经过长期的斗争才能取得和自己相适应的分配。"①各尽所能、按劳分配的原则是由社会主义生产方式决定的，但它反过来又促进社会主义生产关系和生产力的发展。如果违背了各尽所能、按劳分配的原则，社会主义生产关系就会遭到破坏，生产力的发展就会受到阻碍。但是，各尽所能、按劳分配的贯彻实行，决不是一帆风顺的，而是必须同旧的分配形式和各种旧的势力作斗争，特别是要坚决地同分配上的高低悬殊和平均主义两种错误倾向进行长期的顽强的斗争，按劳分配制度才能逐步完善。

反对分配上的高低悬殊，逐步缩小差别，这是无产阶级革命的原则。巴黎公社采取的"从公社委员起，自上至下一切公职人员，都只应领取相当于工人工资的薪金"的措施，实质上体现了按劳分配的社会主义原则。马克思在总结巴黎公社经验时，对此给予高度的评价。列宁强调指出："在这方面特别值得注意的是马克思着重指出的公社所采取的措施：取消付给官吏的一切办公费和一切薪金特权，把国家所有公职人员的薪金减到'**工人工资**'的水平。这里恰巧最明显地表现出一种**转变**：从资产阶级的民主转变为无产阶级的民主……正是在这特别明显的一点上，也许是国家问题的最重要的一点上，人们把马克思的教训忘得干干净净！"②列宁在苏维埃政权创立初期，出实际的需要，对资产阶级专家实行高薪制，这在当时是必要的，但是列宁提醒人们说"显然，这个办法是一种妥协，是离开巴黎公社和任何无产阶级政权的原则的，这些原则要求把薪金降到中等工人工资的水平，要求在事实上而不是在口头上同升官发财的思想作斗争。"③"如果对群众隐瞒这一点，那我们就是堕落到了资产阶级政客的水平，那就是欺骗群众。"④列宁要人们警惕"高额薪金的腐化作用既要影响到苏维埃

---

① 《反杜林论》，第146页
② 《列宁选集》第3卷，第207页
② 《列宁选集》第3卷，第502页
④ 《列宁选集》第3卷，第502—503页

政权……也要影响到工人群众,这是无可争辩的。"①毛泽东同志也指出:"绝不要实行对少数人的高薪制度。应当合理地逐步缩小而不应当扩大党、国家、企业、人民公社的工作人员同人民群众之间的个人收入的差距,防止一切工作人员利用职权享受任何特权。"总之,革命导师都十分强调对国家工作人员必须实行巴黎公社的工资制的原则,因为这是"从资本主义过渡到社会主义的桥梁",这是防止人们追求升官发财、防止旧的剥削制度复辟的极其重要的可靠保证。在这个马克思主义"国家问题的最重要的一点上",我们千万不要忘记!

社会主义公有制客观上要求逐步缩小分配上的差别,分配上高低悬殊是与社会主义公有制不相容的,是违背各尽所能、按劳分配的原则的。对一部分人实行高薪制,对大多数人实行低薪制,实际上是一部分人侵占另一部分人劳动成果的变相剥削行为,就会使社会主义公有制名存而实亡。

我们承认分配上必须有差别,但这种差别是在劳动平等、报酬平等基础上的差别,这种差别是有一定限度的,是劳动者共同富裕的发展道路上的差距,超过一定的限度,就会破坏按劳分配的原则。一个技术员,假如他的劳动贡献、发明创造的贡献是一个普通工人劳动所作的贡献的一百倍或一千倍,那么他是否应当领取相当普通工人工资的一百倍或一千倍才算按劳分配呢?如果他只领取比普通工人工资高几倍的工资就是违背了按劳分配的原则吗?这个问题,恩格斯在《反杜林论》一文中实际上已经作了明确的回答,他指出:"在私人生产者的社会里,训练有学识的劳动者的费用是由私人或家庭负担的,所以有学识的劳动力的较高的价格也首先归私人,所以熟练的奴隶卖得贵些,熟练的雇佣工人得到较高的工资。在按照社会主义原则组织起来的社会里,这种费用是由社会负担的,所以复杂劳动所创造的成果,即比较大的价值也归社会所有。工人本身没有任何额外的要求。从这里顺便还得出一个实际的结论,工人所中意的对'全部劳动所得'的要求,有时也不是没有问题的。"②在我们国家里,训练有学识的劳动者的费用主要是由社会负担,因此也没有理由对这一部分人实行特别高薪制。

在分配上既要反对高低悬殊的倾向,同时也要反对绝对平均主义。绝对平均主义与按劳分配的社会主义原则是根本对立的。巴黎公社主张国家一切工作人员只应领取相当于工人工资的薪金,但同时也承认工资上的差别(实际上最高

---

① 《列宁选集》第3卷,第503—504页
② 《反杜林论》,第199页

工资与最低工资相差有几倍）。列宁在领导社会主义建设中也坚决反对平均主义。列宁在批判托洛茨基主张生产方面重点原则而个人消费方面"实行平均制的方针"时指出"这在理论上是十足的糊涂观点。这是根本错误的。重点制是优先照顾，照顾不包括消费，那就无所谓照顾了。""重点制的优先照顾也包括消费方面的优先照顾。否则，重点制就是幻想，就是空中楼阁，而我们毕竟是唯物主义者。"① 毛泽东同志在创立红军时期就指出："绝对平均主义不但在资本主义没有消灭的时期，只是农民小资产者的一种幻想。就是在社会主义时期，物质的分配也要按照'各尽所能按劳取酬'的原则和工作的需要，决无所谓平均主义。"② 在社会主义时期，平均主义是落后的，消极的，有时甚至是反动的，因为它违背社会主义经济的客观规律。大家知道，无产阶级的平等要求是归结为消灭阶级。社会主义时期的平等是什么？只能是一切劳动者都平等地摆脱剥削而获得解放，平等地废除生产资料私有制，都有尽其能力为社会劳动的平等义务和按劳取酬的平等权利，但还不能实现"各尽所能，按需分配"的平等。这是马克思主义的常识。平均主义与按劳分配的原则是背道而驰的，是小资产阶级由于对社会主义客观条件不理解而产生的幻想。在社会主义时期，如果不管工作难易、劳动强度高低、贡献大小等不同情况，在劳动报酬上一律拉平，搞平均主义，干好干坏一个样，干多干少一个样，干与不干一个样，那就是鼓励剥削者、懒汉、寄生虫，鼓励人们不劳而获或少劳多得，那就会打击劳动者的积极性，必然破坏社会主义生产关系，阻碍生产力的发展。林彪、"四人帮"反对和破坏按劳分配的社会主义原则，口头上大肆鼓吹平均主义，实际上他们既主张分配上的平均主义，又主张分配上的高低悬殊，两种货色齐备，各有各的妙用。他们主张分配上的平均主义，鼓励一部分资产阶级思想严重的人吃社会主义，挖社会主义墙脚，以此挫伤劳动群众的积极性，从而破坏社会主义制度。同时，他们也主张分配上的高低悬殊，只要看一看他们的实际行为就知道，他们利用职权大搞特权，用各种手段包括非法的手段，巧取豪夺，贪婪地攫取劳动人民的劳动果实，过着花天酒地、骄奢淫逸的腐朽生活，比资本家还利害。因此，我们必须反对这两种错误倾向，正确贯彻各尽所能、按劳分配的社会主义原则。

---

① 《列宁选集》第4卷，第412页
② 《毛泽东选集》第1卷，第91页

三、按劳分配的基本形式

按劳分配的原则是和具体的分配形式相联系的，离开了一定的具体的分配形式，也就没有按劳分配。因此，研究和掌握按劳分配的各种具体形式以及它们适用的范围是十分重要的。

我国现阶段有两种所有制即社会主义全民所有制和社会主义劳动群众集体所有制，与此相适应，在个人消费品分配方面，国营企事业单位的分配主要采用工资制，农村社队的分配主要采用工分制。国营企业职工的工资实行以计时为主、计件为辅、计时加奖励的制度，并对劳动强度大、劳动条件差的工种实行岗位津贴。计时工资、计件工资、奖金和岗位津贴在本质上是相同的，都必须以劳动者给予社会的劳动量为支付的根据。离开了这个根据，就不能正确地贯彻按劳分配的原则。列宁指出"在目前的社会条件下，整个生产是为了满足劳动者本身的需要，**因此工资和奖励应当密切联系并取决于生产完成的程度。**"①计时工资是对同工种、同技术级别的劳动者规定"同工同酬"的统一工资标准，它在现代化大生产中被普遍应用，但是，它只是反映劳动者在一定时间内付出的劳动量的平均数，不能准确地反映出每个人实际付出的劳动量。这个缺点就容易使一些人产生"吃大锅饭"的思想，不利于发展生产。为了克服这个缺点，计时工资必须要有计件工资或者奖金等形式来补充。计件工资的特点是能够相当准确地反映出劳动者付出的劳动量。它一般适合于手工操作为主的工种，有利于提高生产效率。计件工资一般来说是不适合于现代化的流水作业的大生产。但对此也要作具体分析，在一定条件下，在一定的范围内，它仍然可以作为现代化大生产中计时工资的一种辅助手段。"四人帮"把计件工资说成是绝对坏的东西是完全错误的。

奖金的特点是能够比较及时地准确地反映劳动者给予社会的劳动量变化的实际情况，给超额完成生产任务的劳动者的奖金，是作为计时工资的补充。为了防止滥发奖金和奖金产生的某些消极作用，必须对实行奖金的条件、标准、办法作出具体的明确的规定。正确地实行奖金有利于教育人们把劳动看作是英勇、豪迈、光荣的事业。"四人帮"反对奖金，把实行奖金诬蔑为搞修正主义，这说明他们对马克思主义的了解愚拙到了极点。

---

①《列宁选集》第4卷,第423页

在国营企业中，计时工资、计件工资和奖金是实现按劳分配的基本形式，它们各有优点和缺点，因此，对于它们，都要根据各种不同的生产条件加以运用，在一定条件下，把这几种形式很好地配合起来，使它们最好地为体现按劳分配的原则服务。

在农村社队的分配上主要采用工分制。现阶段我国农村集体经济是实行"三级所有，队为基础"的根本制度。各公社、各大队、各生产队之间生产发展不平衡，因此，它们要根据生产发展的不同情况，采取各种不同的形式，进行按劳分配。一般来说，各社队都要认真执行定额管理、评工记分制度。实行多劳多得，少劳少得，按照社员参加劳动所得的工分的多少分配劳动报酬的多寡。

上面讲了按劳分配的一些基本形式，这些形式仍需在实践中不断完善。近年来，在农村和工商企业推行各种形式的经济责任制以后，又出现了许多新的按劳分配形式。对各种分配形式都要十分缜密地加以比较、分析和选优，研究它们在什么条件下才是适用的，具有优越性，决不可不顾客观条件的异同而强求一律。但不管采取什么样的分配形式，都要符合按劳分配的原则，都要从有利于发展生产出发。

四、"各尽所能"与"按劳分配"的辩证关系

如果我们把"各尽所能、按劳分配"的社会主义原则与"各尽所能、按需分配"的共产主义原则拿来比较，就会发现它们之间除了不同的方面以外，还有相同的方面，即"各尽所能"。把"各尽所能"与"按劳分配"结合在一起作为社会主义的分配原则，这是由无产阶级革命的任务和社会主义经济规律的要求所决定的。

社会主义经济规律不仅要求"按劳分配"，而且要求"各尽所能"。大家知道，社会主义是共产主义的过渡阶段，两者在科学上的区别是很明显的，但就从生产资料公有制这一点来看是相同的，尽管公有制的程度有不同。生产资料公有制客观上要求人们要有一心为公的思想，要树立共产主义的劳动态度，并且只有树立共产主义的劳动态度，才能够巩固生产资料公有制。那么，人们要问：一方面是"各尽所能"，要求人们树立劳动不计报酬的共产主义劳动态度；而另一方面则是"按劳分配"，按照劳动者为社会提供的劳动量给予报酬，这岂不是自相矛盾吗？我们回答是，它们是矛盾的又不是矛盾的，确切地说，它们之间是辩证的关系，是对立的统一。"按劳分配"本身具有两重性即历史的进步性和历史

的局限性。它按其本质来说是反对剥削的，它鼓励人们热爱劳动，发扬共产主义风格，但它还不可避免地带有资产阶级法权的"缺点"，这一"缺点"也使一些思想觉悟不高的人，斤斤计较个人得失，要求"按酬付劳"，不能正确处理国家利益、集体利益、个人利益之间的关系。因此，必须以"各尽所能"来启发、教育人们克服这种错误的思想和行为。这就是说，我们承认物质利益是一个重要的原则，但总不是唯一的原则，总还有一个原则，即精神鼓励的原则，因此必须坚持做好政治思想工作。同时，当谈到物质利益时，也不能单讲个人的利益，还应该讲集体的利益，应该讲个人利益服从集体利益，暂时利益服从长远利益，局部利益服从全局利益，正确处理国家、集体和个人三者之间的利益关系。实践证明，只讲"各尽所能"，不讲"按劳分配"就会挫伤劳动者的劳动积极性，反过来说，只讲"按劳分配"，不讲"各尽所能"，不做政治思想工作，就不可能激发劳动者克服斤斤计较的落后思想和发扬忘我的社会主义劳动热情。由此可见，"各尽所能"与"按劳分配"这二者是辩证的统一，它们既互相对立，又互相联系，互相促进，相辅相成。只要我们完整地正确地贯彻实行"各尽所能、按劳分配"的社会主义原则，广大劳动群众建设社会主义劳动热情就会迸发出来，从而推动我国四个现代化的伟大事业突飞猛进。

（本文1981年写于中国社会科学院研究生院）

| 我的理论思考 |

加强社会主义精神文明建设

(《中国法制报》1984年3月30日)

我国宪法的显著特点之一,就是规定了必须"加强社会主义精神文明建设"。在集中力量进行社会主义现代化建设的同时,必须加强社会主义精神文明建设。因为我国是社会主义国家,废除了生产资料私有制,建立了生产资料公有制。社会主义公有制在其发展过程中,客观上要求有以共产主义思想为核心的社会主义精神文明的发展与其相适应。早在1848年马克思和恩格斯就在《共产党宣言》中指出:"共产主义革命就是同传统的所有制关系实行最彻底的决裂;毫不奇怪,它在自己的发展过程中要同传统的观念实行最彻底的决裂。"①很明显,在社会主义发展的进程中,同私有制关系实行最彻底的决裂与同传统的私有制观念实行最彻底的决裂,二者是相辅相成的,这是一个长期的历史任务。胡耀邦同志在党的十二大报告中指出:"如果忽视在共产主义思想指导下在全社会建设社会主义精神文明这个伟大的任务,人们对社会主义的理解就会陷入片面性,就会使人们的注意力仅仅限于物质文明建设,甚至仅仅限于物质利益的追求。那样,我们的现代化建设就不能保证社会主义方向,我们的社会主义社会就会失去理想和目标,失去精神的动力和战斗的意志,就不能抵制各种腐化因素的侵袭,甚至会走上畸形发展和变质的邪路。"由此可见,加强社会主义精神文明建设,这是社会主义社会发展的一条客观规律,我们决不可违背这条规律,否则就会受到客观规律的严厉惩罚,我们的社会主义制度就会变质,走上资本主义道路上去,中国就会出现历史的大倒退。

社会主义精神文明建设的一个重要方面就是社会主义的文化建设。为了加强文化建设"提高全国人民的科学文化水平",宪法第十九条、第二十条,第二十一条、第二十二条、第二十三条以及其他一些条款都对此加以规定。文化建设要靠全国各族人民的共同努力、尤其是要充分发挥知识分子的主动性、积极性和创造性,因此宪法第四十七条规定:"国家对于从事教育、科学、技术、

---

① 《马克思恩格斯选集》第1卷,第271、272页

文学、艺术和其他文化事业的公民的有益于人民的创造性工作,给以鼓励和帮助。"宪法的这些规定,对从事文化建设的创造性工作实行激励和提供法律保障,促进文化繁荣和发展。任何危害社会主义文化建设的违宪行为,都要受到法律的追究,性质严重者还要受到刑事处罚。

社会主义精神文明建设的另一个方面就是思想建设,其核心是用共产主义思想教育人。宪法第二十四条规定:"国家提倡爱祖国、爱人民、爱劳动、爱科学、爱社会主义公德,在人民中进行爱国主义、集体主义和国际主义、共产主义的教育,进行辩证唯物主义和历史唯物主义的教育,反对资本主义的、封建主义的和其他的腐朽思想。"贯彻宪法这一规定,必须坚持不懈地对全体人民进行共产主义思想和共产主义道德教育,使全体人民逐步树立起共产主义的理想、信念和道德,集体主义思想和共产主义劳动态度,特别是培养人们树立集体主义思想和共产主义劳动态度,具有重大历史意义。在社会主义历史阶段中,要巩固和发展社会主义公有制经济,就必须坚决贯彻"各尽所能、按劳分配"原则,同时要不断地教育人们树立集体主义思想和共产主义劳动态度,反对和批判"一切向钱看"、唯利是图、损人利己的资本主义思想腐蚀,自觉地以共产主义精神从事工作。只有加强这种思想建设,才能激发人民群众公而忘私的革命精神和奋不顾身的革命斗志,为社会主义四化建设竭尽全力,为共产主义事业奋斗不息;才能建立人民内部的团结一致、友爱互助,共同奋斗,共同前进的新型关系;才能正确处理国家,集体和个人三者之间的利益关系,以个人利益服从国家和集体利益,局部利益服从全局利益,当前利益服从长远利益。

当前加强社会主义精神文明建设的一项十分重要的任务就是清除精神污染。特别应当看到,由于历史上的剥削制度和剥削阶级在各方面的遗毒还存在,由于我们还处在复杂的国际环境中,由于在对外开放、对内搞活经济的新条件下,资本主义思想的影响也有所滋长,因此必须不断地清除精神污染,否则就不可能建设社会主义精神文明。在清除精神污染的斗争中,必须严格区分罪与非罪的界限以及敌我矛盾和人民内部矛盾的界限。对人民内部的思想问题,主要是在全体人民中进行社会主义思想的宣传教育,做大量的耐心细致的政治思想工作,坚决抵制资本主义思想腐蚀,不断提高社会主义觉悟;对少数犯有错误行为的人进行重点教育工作,使其纠正错误行为。对那些制造、销售、贩卖、传播淫秽物品的犯罪活动,要坚决打击,从重从快惩办。总之,我们要充分发挥宪法和法律的威力,维护和促进社会主义精神文明建设。

| 我的理论思考 |

明荣辱　促廉政

（《求是》2006年第9期）

　　廉政文化与荣辱观具有内在的必然联系。在我们国家，只有坚持社会主义荣辱观，才能把握廉政文化建设的正确导向，深化廉政意识，有效抵制腐朽思想文化的侵蚀，从思想上预防腐败现象的发生；相反，如果在荣辱观上发生错位，即是非混淆、以美为丑、以善为恶、以贪为荣，就根本谈不上廉政文化建设，必然导致腐败行为的发生。因此，社会主义荣辱观教育既是廉政文化建设的中心内容，又是廉政文化建设的指导方针。

　　社会主义荣辱观提倡的热爱祖国、服务人民应作为构建廉政文化的核心。热爱祖国，是公民更是各级干部的神圣义务和基本道德素质。在当代中国，坚持以热爱祖国为荣、以危害祖国为耻，就是邓小平同志所说的要"有自己的民族自尊心和自豪感，以热爱祖国、贡献全部力量建设社会主义祖国为最大光荣，以损害社会主义祖国利益、尊严和荣誉为最大耻辱"。有些干部之所以腐败，一个重要原因就是对社会主义祖国缺少感情，对社会主义祖国的前途丧失信心，要趁着手中有权，赶紧捞上几把，为自己和子孙准备"后路"。因此，进行廉政文化建设，必须鞭挞损害祖国、背叛祖国的行为，弘扬"苟利国家生死以，岂因祸福避趋之"的精神。人民是国家的主人，立党为公、执政为民是"三个代表"重要思想的本质要求。有些干部之所以腐败，就是因为在他们那里，人民根本就不是主人，而是群氓，是供他们驱使的工具。有些领导甚至把"父母官"作为口头禅，这说明他们的群众观念已经淡化到相当严重的地步。进行廉政文化建设，就是要让各级干部真正树立服务人民的宗旨意识，为有上述思想和行为而感到极大耻辱。

　　社会主义荣辱观提倡的崇尚科学、辛勤劳动、团结互助、诚实守信、遵纪守法、艰苦奋斗，应作为干部勤政廉政的行为要求。对于党员干部，特别是各级领导干部来说，坚持以崇尚科学为荣、以愚昧无知为耻，就是要刻苦学习和运用科学，特别是学习和实践马克思主义，这样才能不断提升思想境界，战胜各种歪理邪说，拒腐防变，洁身自好；坚持以辛勤劳动为荣、以好逸恶劳为耻，就是要把劳动作为改造主观世界和客观世界、服务人民的必要手段与途径，远离剥削行为，拒绝非法占有人民辛勤劳动的果实；坚持以团结互助为荣、以损人利己为耻，就是要识大体、顾大局，维护民主集中制原则，维护和谐稳定大局，坚决反对官僚主义、本位主义、宗派主义，反对一切不利于党的团结的言行；坚持以诚实守信为荣、以见利忘义为耻，就是要对党和人民事业忠心耿耿，恪守全心全意为人民服务的诺言，品行端正、光明磊落，以廉为荣、以贪为耻，言必行、行必果，对自己承担的工作负责到底；坚持以遵纪守法为荣、以违法乱纪为耻，就是要模范遵守党纪国法，坚持依法治国方略，依法决策，依法行政，依法管理，依法办事，秉公执法，维护人民群众的合法权益，与违法乱纪行为作坚决斗争；坚持以艰苦奋斗为荣、以骄奢淫逸为耻，就是要奋发图强、无私奉献、成就事业，并且在社会实践中锤炼思想、砥砺意志，自觉做到甘于清贫，抵制金钱、美色、权力、名利的诱惑。

总之，社会主义荣辱观的宣传教育与社会主义廉政文化建设是相互促进的。弘扬社会主义荣辱观不仅有利于培养全体干部的廉洁从政观念，在思想上筑起拒腐防变的牢固防线，而且有利于形成全社会的廉政文化氛围，营造良好的社会风尚，使腐败现象得到有力的遏制。可以说，如果我们的各级干部真正将社会主义荣辱观落实到行动上，也就做到了廉洁自律，廉政文化建设也就取得了辉煌成就。

| 我的理论思考 |

树立社会主义荣辱观

（《紫光阁》2006年第5期）

　　胡锦涛同志最近提出的树立社会主义荣辱观，是顺应时代之呼唤，合乎人民之需求。社会主义荣辱观所包含的"八荣八耻"，每一对"荣与耻"都是对立的统一，倡导什么，反对什么，旗帜鲜明，使人明是非，知廉耻；它的核心是热爱祖国、服务人民，起着统领作用；它的八个方面是相互联系的，相辅相成的，由此构成科学的、严整的、系统的荣辱观。社会主义荣辱观是我国人民优秀道德的历史传承和时代创新的完美结合，是社会主义世界观、人生观和价值观的生动体现，为加强社会主义道德建设增添了新的内容，为构建社会主义和谐社会注入了新的活力。

　　坚持以热爱祖国为荣、以危害祖国为耻。热爱祖国是每一个公民的崇高职责、神圣义务。爱国主义就如儿女对自己母亲那样一种无比热爱的感情。对祖国的这种感情，是何等真挚、何等高尚啊。爱国主义集中表现为，对祖国的人民无限热爱，对危害祖国的敌人深恶痛绝，为保卫祖国而战，为建设强大的祖国而战。爱国主义精神在各个不同的历史时期，有着不同的内容和表现形式。当祖国遭受灾难的时候，爱国者为了拯救祖国于危亡之中，不屈不挠地英勇奋斗。自古以来，我国有无数仁人志士以身许国，慷慨悲歌，留下许多至理名言，如"人生自古谁无死，留取丹心照汗青"、"国家兴亡，匹夫有责"、"苟利国家生死以，岂因祸福避趋之"激励着一代又一代的人们。我们共产党人是最具有爱国主义精神的光辉典范。在民主革命时期，无数革命者为了抗击外国侵略者，为了中国人民的解放事业，上刀山，闯火海，抛头颅，洒热血。他们这种"为有牺牲多壮志，敢教日月换新天"的英勇气概惊天动地，可歌可泣，永垂史册。他们不愧为"生的伟大、死的光荣"。在社会主义时期，中国人民众志成城，顽强拼搏，决心把我国建设成为富强、民主、文明的社会主义国家。在这一过程中，涌现出无数先进人物，他们为社会主义事业忠心耿耿，呕心沥血，鞠躬尽瘁，死而后已。热爱祖国的人们，永远受到人民的尊敬，而那些危害祖国的卖国贼将永远被钉在历史的耻辱柱上。有一位哲人说过,"科学是没有国界的,因为她是属于全人类的财富,是照亮世界的火把,但学者是属于祖国的。"我们中国人民有强烈的民族自尊心,中国人民中的每一个人,不论他在什么地方,不论他从事什么职业,心中都应该悬念着自己的祖国,渴望着祖国强大起来站在世界的顶峰,渴望着祖国成为人类先进思想的体现,为人类和平、解放、发展和幸福事业做出更大的贡献,并时刻效忠祖国,尽自己的力量来促进这一点。

坚持以服务人民为荣、以背离人民为耻。人民群众是历史的创造者,是我们新社会的主人。我们党就是因为相信群众、依靠群众、为了群众,才获得无穷无尽的战无不胜的力量源泉。毛主席讲鲁迅先生的"横眉冷对千夫指,俯首甘为孺子牛"应当成为我们的座右铭,并提出全心全意、完全彻底为人民服务的宗旨。民主革命时期,许多革命者抱定"砍头不要紧,只要主义真"的信念,在生死抉择关头,毫无犹豫地把人民利益看得高于一切、重于一切,赴汤蹈火,前仆后继,慷慨赴死。他们为人民而死,比泰山还重。而那些替压迫和剥削人民的人去死的人,他们的死是比鸿毛还轻。我们党执政之后,坚持社会主义道路,坚持立党为公、执政为民,坚持权为民所用、情为民所系、利为民所谋。在为社会主义事业而奋斗中,涌现出了成千成万清正廉洁、公而忘私、服务人民的先进人物,他们得到广大人民的尊敬和爱戴。而那些背离人民、损害人民利益的人,受到广大人民的严厉谴责;那些以权谋私、贪赃枉法、贪污受贿的腐败分子被广大人民所唾弃。现实社会的无数现象表明,人间最美好的最善良的是人,人间最丑恶的最凶残的也是人。克己奉公、无私奉献是滋养伟大灵魂的圣水,背离人民、损人利己是吞噬心灵的毒蛇。在为什么人的问题上,我们一定要立场坚定,坚持不懈地朝着热爱人民、服务人民的方向努力,永远和人民同呼吸、共命运,一辈子为人民做好事而不做坏事。

坚持以崇尚科学为荣、以愚昧无知为耻。人类在漫长的改造自然和改造社会的过程中,创造了科学文化,日益摆脱愚昧,组织了日趋进步的人类社会。科学包括自然科学和社会科学成为人类社会进步的巨大杠杆。从青铜器、铁器、蒸汽机、电力到现代信息技术的使用,推动了社会发展。自然科学技术的每一重大发现、发明和创造,都极大地推动生产力的发展,引发了生产关系和上层建筑的变化或者变革。从文字的创造到各种文化的形成,特别是马克思主义科学的创立,反映人类历史发展的规律,指明了人类历史前进的方向。我国在不同历史时期,就是在马列主义、毛泽东思想、邓小平理论、"三个代表"重要思想和科学发展观指导下，取得了新民主主义革命的伟大胜利，取得了社会主义建设的辉煌成就。离开了科学文化，人类会重新回到愚昧无知的原始状态之中。科学使人进步，愚昧使人落后。科学给我们智慧，科学给我们真理，科学是照耀我们前进的灯塔。我们人民将永远崇尚科学，学习科学，创新科学，充分发挥聪明才智，用科学改造自然、改造社会，把我国建设成为创新型国家，实现我国经济社会全面协调可持续发展。

坚持以辛勤劳动为荣、以好逸恶劳为耻。社会物质财富和精神财富从哪里来？从劳动中来。人从哪里来？从劳动中来。劳动不仅创造了世界，而且创造了人本身。劳动本来是无限光荣伟大的事业。但自从私有制以来，劳动被异化，劳动特别是体力劳动被剥削阶级所鄙视，好逸恶劳、不劳而获却成为他们的面子。然而劳动人民始终以辛勤劳动推动着社会进步。科学知识是人民群众劳动智慧的结晶，使人类不断地从必然王国走向自由王国。随着时间的推移，脑力劳动日益显示出改造社会的无穷力量，不过，即使将来科学技术高度发达，社会进步也离不开体力劳动。劳动，不管是体力劳动还是脑力劳动，都是一切社会发展的动力，都是无尚荣光的。脱离劳动，好逸恶劳是现代一切社会懒惰、萎靡、颓废、堕落的根源。劳动是所有人身心健全的必须品，劳动是一切社会弊病的伟大消毒剂。劳动能使腐朽化为神奇。社会主义实行最广泛的革命人道主义，实行在公有制基础上按劳分配的原则和不劳动者不得食的原则，在劳动与剥削之间划清了界限，激发了劳动者的主动性、积极性和创造性，为劳动开辟了无限广阔的美好前景。在社会主义制度下，人民群众充分发挥才华，施展本领，社会一切财富的源泉就会涌流出来，为自己创造日益丰富的物质生活和文化生活。在今后很长的历史时期，劳动还将是人们谋生的手段，但随着社会主义事业不断进展，到达共产主义社会，劳动将变为人们生活的第一需要。我们现在的奋斗，就是为了实现广大人民群众向往的无限美好的共产主义。

坚持以团结互助为荣、以损人利己为耻。我们简要回顾一下历史，就知道人民团结的重要性。在近代中国，外侵内乱，社会黑暗到了极点，人民痛苦到了极点，一个重要原因就是旧中国是一盘散沙，广大人民群众没有团结起来。自从有了中国共产党，广大人民群众在共产党的领导下团结起来，推翻了"三座大山"，创立了人民新中国。可见，没有中国共产党作为中国人民的中流砥柱，没有中国共产党作为全国人民的领导核心，就没有广大人民群众的大团结，中国的独立解放是不可能的，中国社会主义事业蓬勃发展也是不可能的。团结就是力量，团结就是胜利，团结就是人民的幸福。那种损人利己、嫉妒成性、争名夺利、尔虞我诈、勾心斗角、明争暗斗、破坏团结的行为，是社会的祸害，是广大人民群众所不能容忍的。对敌对势力破坏人民团结的阴谋活动，要坚决揭露和斗争。对人民内部矛盾要用正确处理利益关系的方法和批评、教育、团结的方法加以化解，将消极因素化为积极因素，把一切可以团结的人都团结起来。我们要紧密团结在党中央的周围，同心同德，齐心协力，同舟共济，患难与共，开创史无前例的伟大事业。

　　坚持以诚实守信为荣、以见利忘义为耻。诚实守信是中华民族的传统美德，我们要发扬光大。诚实守信是人的尊严，见利忘义的人丧失做人的尊严。诚实守信的人，必定胸襟宽广，品行端正，光明磊落，言必行，行必果，勇敢地坦诚地承担自己的许诺和责任。这样的人凭诚实守信走天下，到处受到人民群众的欢迎，在事业上能有所开拓，有所作为，为人民多作贡献，他也会因此感到自己是最幸福的人。而见利忘义的人心胸狭窄，唯利是图，贪得无厌，虚荣伪善，撒谎欺骗，阴险狡猾，花言巧语，笑里藏刀，阿谀奉迎，卑躬屈膝，说一套做一套，是他的拿手好戏。在市场经济中，一些见利忘义的人，各种伎俩施展得淋漓尽致，无所不用其极，什么弄虚作假、虚报浮夸，假公济私、徇私舞弊，官商勾结、权钱交易，以次充好、假冒伪劣，坑蒙拐骗、敲诈勒索，以邻为壑、投石下井，恶性竞争、践踏法律，甚至不惜冒着绞首的危险，最终只落得"搬起石头砸自己的脚"的可悲下场。见利忘义是道义上的灭亡，它必然引向政治上的灭亡。我们坚信，诚实守信是最灿烂的宝石，一定会在人民群众中闪耀着熠熠光芒，将见利忘义的黑暗驱除。

　　坚持以遵纪守法为荣、以违法乱纪为耻。我们国家的法律、纪律，是人民利益和意志的体现，是社会秩序的规范，是公民行为的规则，是社会稳定健康进步的轨道，是人民创造幸福生活的阶梯。社会主义自由，是公民自觉遵守宪法和法律，在宪法和法律的保护下享受最广泛的自由民主的权利。我国实行公民在法律面前一律平等的原则，即公民不仅权利是平等的，而且义务也是平等的。公民行使宪法和法律规定的权利，同时必须履行宪法和法律规定的义务。任何人违法乱纪，都应当受到法律纪律的处罚。如果允许某些人有违法乱纪而不受制裁的自由，社会就会陷入混乱瘫痪状态。这对整个社会是一场灾难，人民就会遭殃，国家就会灭亡。每一个公民都应当支持党领导人民实施依法治国方略，建设社会主义法治国家。人民群众在法治的环境中自觉遵守法律，维护法律，依法处理纠纷，保障安居乐业，和谐共处，共创美好新生活。

坚持以艰苦奋斗为荣、以骄奢淫逸为耻。艰苦奋斗是我们的传家宝，是我们事业胜利的保证。压在中国人民头上的"三座大山"是靠人民用自己双手来推翻的，中国特色社会主义同样要靠人民用自己双手来建设。社会主义制度为我们开辟了到达理想境界的道路，但理想境界的实现要靠我们一代又一代人的艰苦奋斗。中国有一谚语："汗水是滋润灵魂的甘露，双手是理想飞翔的翅膀。"离开了艰苦奋斗，美好的理想也只是海市蜃楼。我们要继承和学习革命先辈和当今先进人物艰苦奋斗的精神，坚忍不拔、排除万难的精神，生命不息、奋斗不止的精神，不图安逸，不畏困难，不避艰险，投身于伟大事业。我们要把艰苦奋斗作为锤炼思想的熔炉、砥砺意志的金刚石，作为骄奢淫逸的消毒剂、预防腐败的防腐剂。我们干部是人民的勤务员，要坚持以身作则、身先士卒，勤勉坚毅、艰苦奋斗，勤俭朴素，厉行节约，甘于清贫、乐于奉献，坚决反对拜金主义、享乐主义，坚决反对骄奢淫逸、铺张浪费，坚决抵制金钱、美色、权力、名利的诱惑，防止骄奢夺去人的进步和向上，防止淫逸泯灭人的心灵和志向。我们要投身到时代的激流中去，用艰苦奋斗的精神来成就中国特色社会主义伟大事业，那么我们得到的将不是一种渺小的卑鄙的自私自利的幸福，我们的幸福属于亿万人民，我们的幸福才是无限的、高尚的、永存的。

随着社会主义荣辱观在全体公民中逐步普及，必将促进公民道德的不断提高，促进人的全面发展，必将涌现大量有理想、有道德、有文化、有纪律的社会主义公民。广大干部群众特别是青少年树立社会主义荣辱观，并付诸行动，必定将产生巨大的力量，改变不良的社会风气，营造良好的社会风尚，推动构建社会主义和谐社会的历史进程，开创建设中国特色社会主义新局面。

开展先进性教育关键要搞好整改推动工作

——在国家安全监管总局先进性教育活动整改提高阶段动员大会上的讲话

（2005年5月9日）

刚才，李毅中同志作了很好的报告，对先进性教育活动分析评议阶段工作作了很好的总结，并按照中央先进性教育领导小组的要求，对整改提高阶段工作作了具体的部署，具有很强的指导性和可操作性。下面，我代表中央督导组讲几点意见。

一、分析评议阶段工作成效明显

国家安全监管总局党组对分析评议阶段工作高度重视，加强领导，精心组织，严格要求，取得明显成效。一是征求意见广泛深入。总局各级党组织召开各类座谈会79个、1185人参加，其中党组主持召开4个、53人参加，党组主要领导先后走访5个部委征求意见和协调工作，向有关部委发函55份，向本系统干部职工发调查表和意见表一共3332份，共征求意见1135条。党组多次召开会议研究分析，归纳为八个方面突出问题，分析原因，提出初步整改方案。二是公示党性剖析材料，开好民主生活会。党组成员带头表率，深入开展谈心活动，认真找准问题，写好剖析材料，并在党员司级干部大会上公示自己的党性剖析材料，进一步征求意见，在此基础上召开党组专题民主生活会，提高民主生活会质量。三是严格程序，认真把关。各级党组织认真按照分析评议阶段的七个环节，撰写剖析材料，党组认真把关，开好民主生活会和写出评议意见。四是雷厉风行，坚持边议边改。党组对一些具备整改条件的问题，立即拍板整改。目前对1135条意见，已经整改的问题有231个。这一阶段工作中存在问题主要是，少数党员在分析评议中谈思想少，谈业务工作多；有的党组织评议工作不够深入。

二、整改提高阶段工作的主要要求

总局党组提出的整改方案是集思广益、富有开创性的，是可行的，要认真贯彻。整改提高阶段的主要任务是：针对征求意见、自我剖析中查找出的问题和民主评议中反映的问题，认真制定措施，明确整改重点，落实整改责任，并按照党章的要求切实进行整改。我讲几点参考意见。

（一）认真搞好党员个人整改工作。党员个人搞好整改是增强全党的创造力、凝聚力和战斗力的基础，是实现这次先进性教育目的的基本要求。每个党员要对照党性分析材料，结合党组织的评议意见，进一步明确整改措施。

这次找出的党员中存在的突出问题，要认真整改。比如，要解决理想信念淡薄、宗旨观念弱化、作风不实等问题，必须坚持不懈地学习马列主义、毛泽东思想、邓小平理论和"三个代表"重要思想，认真读懂几本党的基本理论的代表作，把树立共产主义理想和建设中国特色社会主义信念建立在马克思主义理论的科学基础之上，使之坚信不移；必须深刻理解党的为人民服务宗旨是党的工人阶级先锋队性质和历史使命的要求，立党为公、执政为民，发扬党的实事求是、求真务实的作风，勤奋学习，提高素质，锐意进取，兢兢业业，创造一流业绩。解决上述问题，除了党员个人要有学习党的基本理论和参加党性锻炼的高度自觉性之外，还需要党组织加强领导，把学习党的基本理论和思想政治教育工作制度化、规范化作为保障。

（二）要高度重视搞好党组织整改工作和解决安全生产监督方面存在的突出问题。解决党组织在思想、组织、作风方面的突出问题，解决党组织执政方面的突出问题，建立永葆共产党先进性的长效机制，是先进性教育活动追求的重要目标。

第一，认真解决党组织存在的突出问题，加强党的思想组织作风建设。安全监管局升格为总局后，要根据新情况，建立健全党组织的思想组织作风建设的长效工作机制。

1．进一步完善和严格理论学习制度，特别要健全党组和机关干部学习培训制度，保证学习理论经常化、制度化。

2．进一步健全思想政治工作制度，围绕党和国家中心任务，加强对党员经常性的政治思想教育。

3．进一步从内容和程序两方面建立健全民主决策制度，保证民主决策、科学决策、依法决策。

4. 进一步完善干部选拔任用制度，保证干部选拔任用公开、公平、公正。

5. 建立党组织深入实际调查研究工作制度。

6. 结合安全生产监管工作实际，建立教育、制度、惩治并重的预防和惩治腐败体系。

第二，认真解决安全生产监管方面存在的突出问题，提高安全生产监管能力。搞好安全生产，是发展生产力、加快经济发展和构建社会主义和谐社会的需要。驾驭安全生产能力是我们党执政能力的一个具体体现。必须从加强党的执政能力建设的高度，来审视提高安全生产监管能力的问题。

我在参加总局党组一些会议和协助审阅党组成员的党性剖析材料的过程中，学习了党组成员对安全生产有许多重要的见解，学习了李毅中同志的讲话，有一些粗浅的体会，愿和盘托出，疑义共分析。

我的体会是：搞好安全生产工作是全国性的一项系统工程。要以"三个代表"重要思想为指导，树立和落实以人为本、全面、协调和可持续发展的科学发展观，把安全生产列入经济社会发展的总体规划之中作为基本国策，坚持贯彻安全第一、预防为主、惩防结合、标本兼治、综合治理的原则，优化安全文化、安全法制、安全责任、安全科技、安全投入等"五要素"的有机结合，加大安全生产监管力度，大力提高安全生产水平，努力降低安全事故的发生，争取生产安全形势较快地逐步好转。我建议：

1. 在全民中普及安全生产教育，特别要强化企业经营者、劳动者、行政管理者、监管者的安全生产观念。

2. 建立健全安全生产责任制，强化部门管理、行业管理、企业管理的安全生产责任体系。

3. 建立健全国家监督监察、部门和地方监管、企业全面负责、职工积极参与的安全生产监督管理工作格局。

4. 采取措施，转变职能、转变作风、转变工作方法，充分发挥安全生产监管机关的职能作用，领导干部必须求真务实，深入实际，深入生产第一线，扎实有效地做好安全生产监管工作。

5. 大力推动安全生产技术创新，推广安全生产先进技术，加快加大安全生产装备更新和投资建设。

6. 在煤炭生产行业推广规模化、机械化、现代化的生产方式，大大提高技术装备水平，使生产从粗放型向集约型转变，从根本上保障安全生产。

7．适时制定安全生产的标准、目标和政策，完善安全生产的惩治机制和激励机制。

8．推动企业加强职工技术和安全生产知识培训，培养和造就大批技术人员，提高技术人员在职工队伍中的比重，充分发挥他们在安全生产中的作用。

9．建立健全政务公开、办事公开制度，增加透明度，提高公信力，强化监督，保证权力依法运行。

10．重点抓住薄弱环节，加快法规制度建设，健全安全生产法制，使生产经营和管理监督纳入法制化的轨道，提高依法行政、依法决策、依法审批、依法监督的水平。

11．加强监管、监察队伍建设，建立一支政治坚定、业务精通、作风优良、清正廉洁、秉公执法的干部队伍。

三、加强领导，精心组织，扎实搞好整改

整改工作取得成效，是先进性教育活动达到目的的根本标志。整改工作搞得好，成效明显，对于加强党的执政能力建设、党的先进性建设都将产生长久的重要作用。各级党组织要充分认识整改工作的重大意义，以高度责任感，认真搞好整改工作。

为搞好整改，党组织要善于把握党和国家工作大局，加强思想政治工作，教育广大党员认清形势，与党中央保持高度一致，统一步调，维护本部门本单位改革发展稳定的局面，保证整改工作顺利进行。

整改工作不局限在整改提高阶段，我们在整改提高阶段必须解决几个突出问题，给群众看得见的成效，同时，要从长计议，有计划有步骤地推进其他突出问题的解决。整改工作既要高标准、严要求，尽力而为，又要量力而行，不提不切合实际的高指标；既防止无所作为，又防止欲速则不达。在整改方式方法方面，我提几点参考意见。

一是准确分析原因，提出正确对策。党组要把征求到多方面的丰富的意见，用科学方法进行深入分析，进一步确定存在的突出问题，将其原因分析准确、透彻，在此基础上提出整改方案。

二是坚持群众路线，充分发扬民主。整改方案要以一定方式、在一定范围向群众公布，征求意见，集思广益，进一步对整改方案进行科学性和可行性论证。实施整改方案，也要依靠群众，接受群众监督，保证整改方案落到实处。整改提高阶段工作结束时，随即进行群众满意度测评，并谋划巩固和扩大整改成果的工作。

三是要突出重点，统筹安排。整改方案中对要解决的突出问题，应分别轻重缓急，区别对待，统筹安排。对于一些简易的问题，对于具备条件解决的重要问题，采取措施抓紧整改；对一些较复杂的、深层次的、暂时不完全具备整改条件的重要问题，要进行专题研究，提出分步整改的措施，创造条件加以解决。有些问题要在上级党政机关领导下加以解决。有些问题要与有关部门协调加以解决。

四是坚持责任制，保证工作落实。整改方案提出的各项整改措施，要按照集体领导、分工负责的原则，将具体任务分配到分管领导干部和部门，落实具体责任人，加强检查督促，保证落实。我们督导组要认真做好督导工作，紧紧依靠和协助党组搞好整改工作。

同志们，总局已经顺利地进行了先进性教育活动前两个阶段工作，是同志们共同努力的结果。我们要再接再厉，继续保持饱满的精神、昂扬的斗志，攻克难关，夺取整改工作的明显成效，我们相信：先进性教育活动的灿烂之花，必将结出党的先进性建设的丰硕之果！

党风廉政建设理论研究

反腐倡廉论

（《求是》2003年第3期）

反腐倡廉，党心所思，民心所向。这是一个老话题，却又面临着诸多新问题。在当前国际风云变幻、世界社会主义运动处于低潮的情况下，在我国改革开放和社会主义市场经济进入新的历史时期，拒腐防变是我们党继续长期执政所面临的严峻考验。党的十六大再次把坚决防止和反对腐败作为全党一项重大政治任务提出来。胡锦涛同志在"七一"重要讲话中深刻论述了"三个代表"重要思想的本质是立党为公、执政为民，并强调："各级干部都要自觉接受监督，绝不脱离群众，绝不贪图安逸，绝不以权谋私。"我们必须深刻认识反腐败斗争的艰巨性、长期性和紧迫性，以更大的决心、更有力的措施、更扎实的工作，旗帜鲜明、毫不动摇地把党风廉政建设和反腐败斗争深入进行下去。

正视"最大危险"

党的十六大报告深刻指出，党执政后的最大危险是脱离群众。这一振聋发聩的论断，抓住了关键，击中了要害，实际上也指明了反腐败的严峻形势和现实任务。在脱离群众的种种表现中，腐败的危害性最烈，危险性最大。不坚决惩治腐败，党同人民群众的血肉联系就会受到严重损害，党的执政地位就有丧失的危险，党就有可能走向自我毁灭。

纵观国际共产主义运动史，一些共产党刚执政时对腐败的危险还有所警惕，但是随着执政时间的推移，开始对腐败放松警惕，熟视无睹，甚至听之任之，直至积重难返，这是导致一些政党垮台、政权丧失的一个重要原因。我们党历来重视反腐败，特别是党的十三届四中全会以来，采取了果断的措施，积累了丰富的经验，取得了显著的成效。但是也要清醒地看到反腐败的形势依然严峻，"最大危险"依然存在。

近年来查处的大量腐败案件，可以对"最大危险"的走势略见一斑：个人腐败向团伙、集团腐败发展，串案、窝案、案中案明显增多；一般干部发生腐败发展到中高级干部发生腐败；领导干部"傍大款"有增无减，与不法私营企业主进行权钱交易的现象趋于严重；干部人事工作领域和司法领域的腐败不断发生；腐败从一般经济领域向资金密集型的经济领域蔓延，经济发展的热点领域往往成为腐败案件的高发区，涉案金额越来越巨大；作案手段从使用传统的一般手段向使用高科技手段发展，作案方式更诡秘、更隐蔽；腐败与国际腐朽势力联系越来越紧密，一些腐败分子与国外境外不法分子勾结作案，有的向国外境外转移赃款赃物，潜逃国外。除此之外，形式主义、官僚主义的顽症久治不愈，在有些地方相当严重。贪图虚名、不务实效、劳民伤财，脱离群众、脱离实际、做官当老爷现象，已经成为腐败的突出表现形式和影响我们事业发展的一大祸害。

执政党的最大危险是脱离群众，脱离群众的最大危险来自腐败。腐败之所以为"最大危险"，就在于它对党具有极大的腐蚀性，对社会主义建设事业具有极大的破坏性，对人民利益具有极大的危害性。

——腐败践踏党的先进性。我们党的先进性质、奋斗纲领和崇高宗旨，是通过一个个党员干部的模范言行和优良作风表现出来的，而党内的腐败分子及其腐败行为践踏党的纲领，亵渎党的宗旨，玷污党的形象，腐蚀党的肌体。如果党的性质和宗旨规定的是一套，某些党员干部的行为是另一套，那将是党的建设之大忌、执政党走向衰亡之渊薮。可见，反腐败关系到党的生死存亡，绝非危言耸听。

——腐败破坏经济建设。腐败分子不仅自己通过贪污受贿侵占国家资金，而且通过其他不正当手段，使国家巨额资金和大量财产流入不法分子手中。更为严重的是，腐败分子以权谋私，权力进入市场，直接破坏社会主义市场经济秩序，破坏国家经济建设。倘若任其滋生蔓延，泛滥成灾，必将严重扰乱社会主义经济秩序，导致国家经济的崩溃。

——腐败危害精神文明。腐败具有极强的传染性、腐蚀性，如果不严加惩治，就会像瘟疫一般迅速传播，腐化堕落、骄奢淫逸、狎妓嫖娼、贪污受贿、买官卖官、贪赃枉法和各种违法犯罪就会充斥整个社会，从而使封建主义、拜金主义、享乐主义、极端个人主义等各种腐朽思想沉渣泛起，污染社会。

——腐败破坏社会稳定。稳定与党风、政风是直接相关的。腐败破坏社会主义民主和法制，损害党和政府的威信，削弱党和政府的凝聚力，使人民群众与党和政府离心离德，其结果必然导致社会纷争、动乱、乃至四分五裂。我国改革开放初期，邓小平同志就敏锐地察觉并告诫全党，如果不坚决搞好党风，进一步恢复党的实事求是、群众路线和艰苦奋斗的优良传统，就可能出现一些本来可以避免的大大小小的乱子，使我们的现代化建设在迈出第一步的时候就遇到严重的障碍。

——腐败损害人民群众的根本利益。腐败压制群众的民主权利，侵害群众的经济政治文化利益，挫伤群众的积极性主动性创造性。特别是损害广大群众对党的信仰、信念和信心。我们党是依靠人民群众执政的，如果不能赢得民心，不坚决惩治腐败，党就会成为人民群众的对立面，始终代表最广大人民的根本利益，就将无从谈起。

反腐败是关系党和国家生死存亡的严重政治斗争。历史已经反复证明，任何外力都打不倒共产党，但如果党内腐败不除，就会不打自倒。我们党只有坚决反腐败，才能始终保持党的先进性和纯洁性。胡锦涛同志在中纪委二次全会上的讲话中指出，继续坚定不移地做好党风廉政建设和反腐败工作，是全面贯彻"三个代表"重要思想、实现全面建设小康社会宏伟目标的重要保证。党风、政风直接关系人心向背；而人心向背，是决定一个政党、一个政权兴亡的根本性因素。这是对古今兴亡规律的一个重要经验总结。

探寻腐败源头

近年来，我国反腐倡廉工作的一个重大突破和创新，就是明确指出要从源头上治理腐败。那么，腐败的源头在哪里？这是一个需要深入探讨的问题。这个问题搞清楚了，才能有的放矢，标本兼治，在治标的同时，加大从源头上治理腐败的力度。

用历史唯物主义来观察，腐败是掌握权力的人在利己主义的动机和目的支配下以权谋私的行为。这种思想动机和目的，是由社会存在决定的。人们的社会存在，包括思想的、政治的、经济的关系，最基本的是人们的经济关系。腐败的产生，有思想方面的原因，有政治方面的原因，有经济方面的原因。思想、政治属于上层建筑，是由社会经济基础决定的。研究腐败产生的最根本原因，归根到底，要从社会经济关系中去寻找。在腐败产生的各种原因中，经济原因归根结底起决定性作用，是腐败的总根源。但这里是从归根结底的意义上讲的，并不是说经济原因是唯一的原因，也不是说经济原因在任何时候都起决定性作用。因为在一定的条件下，政治原因、思想原因也会起决定性作用。这就是辩证法。正是从这个意义上，我们可以把产生腐败的经济原因、思想原因、政治原因统称为腐败的源头，但必须明确它们之间的辩证关系。

剥削制度和剥削阶级的影响，是腐败的根本源头。"从本质上说，腐败现象是剥削阶级和剥削制度的产物。"①江泽民同志这一论断深刻揭示了剥削阶级和剥削制度是腐败的总根源，即腐败最根本的源头。这是因为剥削阶级和剥削制度为腐败的滋生提供了私有制的经济基础、剥削阶级国家制度的政治基础、利己主义的思想动机和损人利己的行为基础。社会主义制度作为区别于历史上任何剥削制度的崭新的社会制度，为从根本上铲除腐败创造了条件。但是，它在经济、政治和思想方面还带着它脱胎出来的那个旧社会的痕迹。由于我国经历了漫长的封建社会，对外开放也容易使国外资本主义腐朽思想乘隙而入。我国现在处于并将长期处于社会主义初级阶段，这就决定了封建主义、资本主义的消极影响会长期存在。一是腐朽思想的残余还存在。利己主义、个人主义、拜金主义、享乐主义、宗法观念、特权思想、"官本位"意识等等，有着广泛的影响。二是剥削制度的影响还存在。官僚主义、机构臃肿、人浮于事、权力过分集中、家长制、一言堂和形形色色的特权现象还存在。邓小平同志说过，旧中国留给我们的，封建专制传统比较多，民主法制传统比较少。不少地方和单位，都有家长式人物，他们的权力不受限制，别人都要唯命是从，甚至形成对他们的人身依附关系。正是这些因素不断地滋生腐败。

生产力水平低和经济制度、经济体制不完善，是腐败的经济源头。我国尚处于社会主义初级阶段，生产力发展水平相对不高，社会主义经济制度和社会主义经济基础尚不完全成熟，经济体制尚不完善，体制的漏洞大量存在。由于生产力不发达，劳动还没有成为人的第一需要，社会上的腐败动机尚未消除；社会财富的一切源泉还没有充分涌流，资源短缺部位往往成为腐败的易发部位；市场经济在发挥积极作用的同时，还存在消极的一面，商品交换原则会侵入党和国家政治生活中来；在公有制为主体、多种所有制经济共同发展的情况下，一些不法商人以拉拢领导干部、腐蚀公共权力为手段，通过非法竞争达到个人目的。从根本上说，这就是我国现阶段滋生腐败的经济源头。

社会主义民主政治制度不完善和政治体制不健全，是腐败的政治源头。社会主义民主的发展和政治体制改革是一个长期的、渐进的过程。在社会主义初级阶段，人民民主的发展程度必然受到社会经济文化发展水平的制约，并受剥削制度

---

①《论"三个代表"》，第99页

残余的影响，政治体制也还有不够完善的地方。人民群众享有的民主权利，特别是对国家工作人员监督的权利，虽然在宪法上有明文规定，但由于有关的具体法律法规不完善和其他保障条件不充足，人民群众的民主权利未得到充分行使，因而领导干部脱离群众、滥用职权、以权谋私的行为就容易发生。就党内来说，民主集中制的制度还不够完善，如怎样有效制约"一把手"，防止个人说了算，还有待进一步探索，党员的民主权利和监督权利未能得到充分发挥和有效保障。以党内民主建设带动人民民主政治制度建设的工作，还有很长的路要走。

用"三个代表"重要思想统领反腐倡廉工作

我们正处在改革创新的年代。反腐倡廉工作和其他各项工作一样，也要坚持与时俱进，开拓创新，以"三个代表"重要思想指导党风廉政建设和反腐败斗争的新实践。"三个代表"重要思想是一个科学的理论体系，反腐倡廉是其中的一项重要内容。党的十三届四中全会以来，以江泽民同志为核心的党中央领导集体，对当代中国反腐败问题进行了全面深刻的阐述，提出了一系列新思想、新观点、新论断和新对策，丰富和发展了马克思主义关于反腐败斗争的理论。在指导思想上，提出要以邓小平理论和"三个代表"重要思想为指导；在战略方针上，提出治国必先治党，治党务必从严，坚持标本兼治、综合治理，逐步加大治本力度；在政策措施上，提出创新体制，从源头上预防和解决腐败问题；在领导方法上，提出建立健全反腐败领导体制和工作机制以及党风廉政责任制。归纳起来，用"三个代表"重要思想统领反腐倡廉工作，必须加强教育，发展民主，健全法制，强化监督，创新体制，惩治腐败。

加强理想信念和廉洁从政的教育。胡锦涛同志在"七一"重要讲话中指出："在学习贯彻'三个代表'重要思想的过程中，要紧密联系自己的思想实际，坚定共产党人的理想信念，提高思想政治水平，加强道德品质修养，牢记'两个务必'，真正做到改造客观世界的同时改造主观世界"。深入开展反腐败斗争，就要按照胡锦涛同志的要求，对广大党员干部深入进行辩证唯物主义和历史唯物主义教育，推动他们加强主观世界的改造；教育他们正确认识党的奋斗目标与社会主义初级阶段的基本经济制度的关系，抵制各种腐朽思想的侵蚀。同时，必须不断加强对党员干部进行廉洁从政教育，使广大党员干部坚持立党为公、执政为民，树立正确的权力观、地位观、利益观；继续保持谦虚、谨慎、不骄、不躁的作风，继续保持艰苦奋斗的作风，反对享乐主义，磨炼意志，提高境界，保持情操，真正做到权为民所用，情为民所系，利为民所谋。只有这样，才能筑牢思想道德防线。

发展民主，强化监督。失去民主和监督，权力必然走向腐败。民主的前提是公开，公开才能监督。实行政务公开，让党员和群众有知情权、参与权、选择权、监督权是防止腐败的有效途径。我们党是执政党，人民把权力交给我们党，交给各级领导干部来行使，这就需要依靠广大党员和广大人民群众对党员领导干部行使权力进行有效监督，把党内监督和群众监督结合起来。在党内监督方面，要切实保障党员享有党章规定的批评权、检举权、申诉权和控告权等权利，建立健全党内民主监督的程序和制度，改革和完善党的纪律检查体制，加强对各级领导班子特别是主要负责人的廉政勤政情况进行监督检查。在群众监督方面，要进一步丰富民主形式，拓宽民主渠道，进一步在全国范围内推行政务公开、村务公开、厂务公开，并使之规范化、制度化，完善公开办事制度，健全信访举报制度，通过多种途径，把权力运行置于人民群众的有效监督之下。

加强法制建设和制度建设，把党风廉政建设和反腐败斗争纳入法制化轨道。党要依照党章党规治党，国家要实施依法治国方略。党和国家都要建立健全民主选举、民主决策、民主管理、民主监督的制度，制度要具体，操作性要强，防止流于形式。要适应社会主义市场经济条件下党风廉政建设和反腐败斗争的需要，进一步制定、修改和完善党风廉政法规制度，按照中央的决定，抓紧制定中国共产党党内监督条例，保证全党监督制度的统一性、系统性、科学性和有效性。各级党政部门也要根据自己工作的特点，针对腐败现象易发多发的部位和环节，制定和落实防治腐败的规章制度。惩治腐败，要坚持在法律面前人人平等的原则，对任何腐败分子，不论其职务多高，权力多大，都要彻底查处、严惩不贷。

深化改革，创新体制，从根本上铲除腐败滋生的土壤和条件。深化改革，创新体制是前无古人的事业，难免有失误，但必须尽量减少失误，防止腐败。主要出路是：将预防腐败寓于决策之中，凡出台重大决策，要深入调查，周密论证，防患于未然，防止出现"先腐败再治理"的被动局面；依法建立和健全行使权力的制约机制，以权制权，对权力做适当分解，建立结构合理、配置科学、程序严密、制约有效的权力运行机制，保证权力沿着制度化和法制化的轨道运行；加快政府职能转变，深入推进行政审批制度改革，规范行政审批权力，充分发挥市场配置资源的基础性作用，以堵塞漏洞，减少权钱交易的机会；深化财税、金融、投融资制度的改革,规范金融秩序,强化资金监管;推行和完善政府采购、招投标等制度,运用市场机制抑制腐败;加快干部制度改革步伐,推进干部工作的科学化、民主化、制度化,建立健全干部选拔任用工作的民主监督制度,实行干部选拔任用工作责任制,从制度上杜绝用人上的不正之风。

坚决查处腐败案件,严厉惩治腐败分子。在我们党内,绝不允许有腐败分子的立足藏身之地。各级党委要把查处以权谋私案件和严惩腐败分子作为重大政治斗争来抓,要有除恶务尽的坚定决心,坚决查办违法违纪案件特别是大案要案,严厉惩治腐败分子。同时,要在全社会开展反腐蚀斗争,铲除腐败的社会土壤。党内的腐败是社会上各种腐朽思想和现象的反映,与社会上各种不法分子腐蚀、拉拢有着极为密切的关系。只有党内反腐败斗争,而没有社会上反腐蚀斗争的配合,就不能有效地解决党内的腐败问题。因此,必须把党内反腐败斗争与社会上反腐蚀斗争结合起来,增强治理腐败的有效性。

有效地开展反腐败斗争,实行廉洁政治,关键在于共产党。我们要在以胡锦涛同志为总书记的党中央领导下,以"三个代表"重要思想为指导,深入学习贯彻胡锦涛同志"七一"重要讲话精神,坚决依靠广大人民群众,不断取得反腐败斗争的新胜利。

(注:本文署名:秋实,执笔:林文肯 马郑刚)

| 我的理论思考 |

邓小平反腐败思想研究

(《社科党建》2003年第3、4期)

随着时间的推移，邓小平理论愈加迸发出璀璨的光辉。党的十五大把邓小平理论与马列主义、毛泽东思想一起作为党的行动指南，庄严地载入党章。邓小平理论是建设有中国特色社会主义的强大思想武器，也是党风廉政建设和反腐败斗争的强大思想武器。我们进行反腐败斗争，既要全面把握邓小平理论的科学体系、基本观点和精神实质，同时又要系统掌握邓小平理论中有关党风廉政建设和反腐败的思想。只有这样，我们才能自觉地运用邓小平理论的立场、观点和方法，正确地观察和解决新的历史时期党风廉政建设和反腐败的问题。研究邓小平反腐败的思想，这里就不能不大量引用邓小平同志的有关论述，虽然这会使文章冗长，但这是十分必要的，既是为了真实说明邓小平反腐败思想，也为了防止歪曲或者遗忘邓小平同志的那些特别重要的科学论断。

一、从政治的高度观察和分析反腐败斗争的形势和问题

邓小平同志站在时代的前列，用马克思主义的广阔眼界，从政治上观察当今我国社会变动的条件和过程。他强调指出："马克思主义的思想理论工作是不能离开现实政治的。我这里说的政治，是国内外阶级斗争的大局，是中国人民和世界人民在现实斗争中的根本利害。不能设想，离开政治的大局，不研究政治的大局，不估计革命斗争的实际发展，能成为一个马克思主义的思想家、理论家。"[①]邓小平同志作为伟大的马克思主义者，善于从政治上把握全局、处理问题。他在领导我国改革开放和现代化建设过程中，在领导建设有中国特色社会主义过程中，围绕着提高党的领导水平和执政水平、增强拒腐防变能力这个历史性课题，对于我国新时期发生的腐败现象的原因、特点、党风廉政建设和反腐败的重要性以及治理腐败的任务、方针、原则和基本方法，作了深刻的系统的分析和

---

① 《邓小平文选》第2卷，第179页。以下凡引此书，只注卷次和页码

科学的论述。

（一）深刻分析在改革开放的新的历史时期，我国产生腐败现象的国际和国内原因。

我国建设社会主义是在旧社会的废墟上进行的，是在国际资本主义包围之中进行的。中国发生的腐败问题，不仅有国内原因，而且有国际原因。要把中国的腐败问题放在国际和国内环境中来分析。

从国际上看，帝国主义从来不甘心在中国这块土地上失败，它们亡我之心不死。新中国成立前，帝国主义对中国进行侵略和掠夺及奴化教育；新中国成立之后半个多世纪以来，它们对中国的封锁、制裁、干涉、威胁、分裂、颠覆、渗透、分化、瓦解活动接连不断，在我国改革开放的条件下，某些方面更加变本加厉，只是手法换新而已。邓小平同志再三地回顾帝国主义对中国的所作所为，清醒地认识到"整个帝国主义西方世界企图使社会主义各国都放弃社会主义道路，最终纳入国际垄断资本的统治，纳入资本主义的轨道。"[①]"西方的一些国家拿什么人权、什么社会主义制度不合理不合法等做幌子，实际上是要损害我们的国权。"[②]"西方国家正在打一场没有硝烟的第三次世界大战。所谓没有硝烟，就是要社会主义国家和平演变。""西方国家对中国也是一样，他们不喜欢中国坚持社会主义道路。""帝国主义搞和平演变，把希望寄托在我们以后的几代人身上。"[③]特别是苏联瓦解、东欧剧变之后，强权政治在升级，少数几个西方发达国家想垄断世界，这点我们看得很清楚。近十几年的形势发展完全证明了这一论断。霸权主义更加嚣张，对我时而拉拢，时而施压，目的是为了促变。在我国对外开放的新的历史条件下，资产阶级思想渗透不仅是不可避免的，而且大大增加了。邓小平同志还指出："对外开放，资本主义那一套腐朽的东西就会钻进来的；对内搞活经济，活到什么程度，也是有问题的"[④]国际资本主义的攻击，对我国国内有些人包括我们党内极少数人确实发生了作用，有的人站在西方资本主义一边攻击和反对我国社会主义制度；有极少数党员，向往西方资本主义那一套，社会主义、共产主义理想信念动摇或丧失。这些就是我国产生腐败现象的国际因素。

---

① 第3卷，第311页
② 第3卷，第348页
③ 第3卷，第344、380页
④ 第2卷，第409页

| 我的理论思考 |

从国内看，产生腐败的原因主要有以下几点：一是阶级斗争在一定范围仍然存在，在一定条件下还可能激化。现在"仍然有反革命分子，有敌特分子，有各种破坏社会主义秩序的刑事犯罪分子和其他坏分子，有贪污盗窃、投机倒把的新剥削分子，并且这种现象在长时期内不可能完全消灭。"同他们的斗争"仍然是一种特殊形式的阶级斗争，或者说是历史上的阶级斗争在社会主义条件下的特殊形式的遗留。"①同腐败分子、贪污分子作斗争，显然也是这种特殊阶级斗争的一种表现形式。二是腐败现象滋生蔓延，同资产阶级自由化有关。由于资本主义思想的影响，国内有一些搞资产阶级自由化的人，主张搞资本主义，煽动反对社会主义。1987年，邓小平同志指出："他们一方面反对共产党的领导，反对社会主义制度，另一方面又主张全盘西化，要把西方资本主义制度全盘搬到中国来。这些煽动者都是成名的人，我们要对付这些人。这些人恰恰就在共产党里。"②1989年，邓小平同志一针见血地指出："腐败现象很严重，这同不坚决反对资产阶级自由化有关系。"③资产阶级自由化腐蚀了我们一些党员干部，使他们理想信念动摇，对社会主义丧失信心，向往资本主义，而走上腐败的道路。三是同资本主义腐蚀有关。"开放政策是有风险的，会带来一些资本主义的腐朽东西。""开放以后，一些腐朽的东西也跟着进来了，中国一些地方也出现了丑恶现象，如吸毒、嫖娼、经济犯罪等。"④在资本主义"一切向钱看"的腐朽思想的侵蚀下，有些青年，有些干部子女，甚至有些干部本人，为了出国，为了搞钱，违法乱纪，走私受贿，投机倒把，不惜丧失人格，丧失国格，丧失民族自尊心。一些黄色、下流、淫秽、丑恶的照片、影片、书刊等通过不同渠道进入我国，败坏了我们的社会风气，腐蚀了我们的一些青年和干部。如果听任这种瘟疫传播，将诱使许多意志不坚定的人道德败坏，精神堕落。四是与封建主义的影响有关。我国历史上封建专制主义影响，对腐败的产生起着重要的作用。社会中残存的宗法观念、等级观念；上级下级和干群中在身份上的某些不平等观念；经济领域中的某些"官工""官商""官农"的体制和作风；文化领域中的专制主义作风；还有封建宗法观念，如一人得道、鸡犬升天，任人唯亲、任人唯派等恶劣作风等等。五是同党和国家现行的一些具体制度中还存在的不少弊端以及官

---

① 第2卷，第169页
② 第3卷，第198页
③ 第3卷，第325页
④ 第3卷，第139、379页

僚主义作风有关，这些弊端妨碍甚至严重妨碍了社会主义优越性的发挥。从党和国家的领导制度、干部制度方面来说，主要的弊端就是官僚主义现象，权力过分集中，家长制，干部领导职务终身制现象和形形色色的特权现象。官僚主义现象是我们党和国家广泛存在的一大问题。它的主要表现和危害是：高高在上，滥用权力，脱离群众，好摆门面，好说空话，思想僵化，墨守成规，机构臃肿，人浮于事，办事拖拉，不讲效率，不负责任，不守信用，公文旅行，互相推诿，以至官气十足，动辄训人，打击报复，压制民主，欺上瞒下，专横跋扈，徇私行贿，贪赃枉法，等等。六是法制不健全。党和国家有些制度不健全，许多方面无法可依，或有法不依，党和国家的管理中就会出现无序状态，坏人就会钻空子甚至横行做坏事，腐败就容易产生，林彪、"四人帮"反党集团的出现，是腐败在政治上的极端表现。邓小平同志总结了我们党和国家过去发生错误的教训特别是"文化大革命"十年浩劫的沉痛教训，指出"我们过去发生的各种错误，固然与某些领导人的思想、作风有关，但是组织制度、工作制度方面的问题更重要。这些方面的制度好可以使坏人无法任意横行，制度不好可以使好人无法充分做好事，甚至会走向反面。"①这个结论是一语中的，现在我们看到的许多腐败现象也是与制度方面存在的问题有关。七是腐败滋生蔓延还有我们工作方面的原因。主要是"一手硬，一手软"的问题没有解决，只抓经济工作，对思想政治工作、对反腐败工作不够重视，抓得不力。特别是1989年初那场政治风波之后，邓小平同志冷静地科学地总结了经验，提出警惕和反对腐败的问题。他说："动乱给我们上了一堂大课。多年来，我们的一些同志埋头于具体事务，对政治动态不关心，对思想工作不重视，对腐败现象警惕不足，纠正的措施也不得力。"②不坚决反对资产阶级自由化，结果导致腐败现象很严重。这些是腐败现象产生的国内因素。

（二）科学地论述反腐败是关系党和国家生死存亡的严重政治斗争。

早在改革开放初期的1982年，邓小平同志就敏锐地指出："我们自从实行对外开放和对内搞活经济两个方面的政策以来，不过一两年时间，就有相当多的干部被腐蚀了。卷进经济犯罪活动的人不是小量的，而是大量的。犯罪的严重情况，不是过去'三反'、'五反'那个时候能比的。""这股风来得很猛。如果

---

① 第2卷，第333页
② 第3卷，第325页

我们党不严重注意，不坚决刹住这股风，那末，我们的党和国家确实要发生会不会'改变面貌'的问题。这不是危言耸听。"①我们党一些人对邓小平同志的严重警告并不重视，只抓经济建设，而忽视抓思想政治工作和反腐败工作，结果导致了社会风气不好，产生一些腐败现象。针对这种情况，1986年，他从反腐败与经济建设的辩证关系方面阐明了反腐败的政治意义，指出："风气如果坏下去，经济搞成功又有什么意义？会在另一方面变质，反过来影响整个经济变质，发展下去会形成贪污、盗窃、贿赂横行的世界。"②特别是在苏联、东欧社会主义制度瓦解和我国1989年政治风波之后，邓小平同志进一步强调要着眼于长远、着眼于大局来抓反腐败斗争，而且要抓住重点，即在全党上下反腐败中，是反对领导干部的腐败，尤其是反对高级干部的腐败和党内高层的腐败，这是有决定性意义的。非如此，我们党就会有腐败的危险，社会主义事业就会失败。他在《第三代领导集体当务之急》一文中严肃地指出："要整好我们的党，实现我们的战略目标，不惩治腐败，特别是党内的高层的腐败现象，确实有失败的危险。"③这表明我们党充分认识到反对腐败是关系党和国家生死存亡的严重政治斗争，要把反对腐败作为实现伟大战略目标的重要保障，坚定不移地把反腐败作为大事来抓。

（三）正确阐明反腐败是一场长期的政治斗争，必须坚持不懈地深入开展下去。国际上资本主义的影响还要长期存在，帝国主义的和平演变也将长期存在，国内封建主义和资本主义的影响也将长期存在，国内外各种因素交互作用，腐败现象将在我国长期存在，反腐败斗争也将是长期的、尖锐的和复杂的。反腐败斗争要贯穿在整个改革过程中，一天也不能放松。从1982年邓小平同志关于"坚决打击经济犯罪活动"的讲话到1992年他在南方视察时的讲话，在这10年间，他针对一些领导干部对腐败现象警惕不足的问题，反复强调反腐败、打击经济犯罪是一项长期的经常性的工作，要贯穿到整个改革开放的过程。1982年，他说："打击经济犯罪活动，我们说不搞运动，但是我们一定要说，这是一个长期的经常的斗争。我看，至少是伴随到实现四个现代化那一天。如果到本世纪末，还有十八年，每一天都会在斗争。"④1987年，他说："四个现代化，我们要搞

---

① 第2卷，第402、403页
② 第3卷，第154页
③ 第3卷，第313页
④ 第2卷，第403页

五十至七十年，在整个四个现代化的过程中都存在一个反对资产阶级自由化的问题。"①针对89年政治风波的教训，邓小平同志敏锐地指出腐败现象很严重，这同不坚决反对资产阶级自由化有关系，指出我们要警惕和反对和平演变，"我们要反对腐败，搞廉洁政治。不是搞一天两天、一月两月，整个改革开放过程中都要反对腐败。"②邓小平同志在他逝世之前两年，即1991年，他又指出："在整个改革开放的过程中，必须始终注意坚持四项基本原则。十二届六中全会我提出反对资产阶级自由化还要搞二十年，现在看起来还不止二十年。资产阶级自由化泛滥，后果极其严重。……垮起来容易，建设就很难。在苗头出现时不注意，就会出事。""中国要出问题，还是出在共产党内部。""在整个改革过程中都要反对腐败。对干部和党员来说，建设要作为大事来抓。"③我们不应该忽视这样一个极其重大的理论问题，即邓小平同志总是把腐败与资产阶级自由化联系在一起加以反对。腐败与资产阶级自由化互为因果关系。要反对腐败，就必须反对资产阶级自由化，要反对资产阶级自由化，就必须反对腐败。在整个改革开放的过程中，都要坚持四项基本原则，坚持反对腐败和反对资产阶级自由化。这实际上是给我们指明了反腐败的战略方针。同时，我们也不应该忘记邓小平同志关于"每一天都会在斗争的论述"，要提高警惕，对腐败现象要进行经常的、持久深入的斗争，避免埋头具体事务而犯重大的政治错误，保证我们党不会被腐化，不会被和平演变，使我党始终保持工人阶级先锋队的本质，始终成为建设有中国特色社会主义事业的坚强领导核心。

二、坚持四项基本原则是反腐败的根本战略

腐败现象是社会各种矛盾的综合反映，惩治和预防腐败要从全局出发，实行标本兼治、综合治理。反腐败的措施可以有千条万条，其中必定有宏观上起决定性作用的措施，决定了其他措施的正确性和发挥应有的作用。在错综复杂的反腐败斗争中，什么问题是反腐败的根本问题、核心问题、战略问题？这要把反对腐败的斗争放在党和国家的全局中来考虑。"不谋全局，不足以谋一隅"。读一读《邓小平文选》，读一下《坚持四项基本原则》、《建设有中国特色的社会主

---

①第3卷，第208页
②第3卷，第327页
③第3卷，第379、380页

义》、《搞资产阶级自由化就是走资本主义道路》、《旗帜鲜明地反对资产阶级自由化》、《中国只能走社会主义道路》、《第三代领导集体的当务之急》、《社会主义的中国谁也动摇不了》、《坚持社会主义，防止和平演变》、《在武昌、深圳、珠海、上海等地的谈话要点》等光辉篇章，我们就会发现，邓小平同志从改革开放之初到他临终之前，反复地阐述坚持四项基本原则与反对资产阶级自由化的关系、反对资产阶级自由化与反对腐败的关系。可见，邓小平同志是把坚持四项基本原则、坚持社会主义作为决定中国前途命运根本方向问题、根本路线问题、根本道路问题，贯穿于一切事业之中、一切工作之中的。坚持四项基本原则、坚持社会主义是反对腐败的根本战略、根本出路。不坚持四项基本原则，不坚持社会主义，就必然腐败，导致亡党亡国。

坚持社会主义，在各个不同的历史时期有具体任务和具体目标。但社会主义的根本目的是解放和发展生产力，消灭阶级，消灭剥削，消除两极分化，最终达到共同富裕。这在整个社会主义历史时期都不能改变。除了帝国主义大规模入侵中国之外，今后我国的主要任务是搞社会主义经济建设，搞社会主义的现代化，要抓住这个中心任务毫不放松。反腐败要贯穿在这个过程之中，而不能游离于这个过程之外。邓小平同志在《坚持四项基本原则》一文中指出："我们当前以及今后相当长一个历史时期的主要任务是什么？一句话，就是搞现代化建设。能否实现四个现代化，决定着我们国家的命运、民族的命运。在中国的现实条件下，搞好社会主义的四个现代化，就是坚持马克思主义，就是高举毛泽东思想伟大旗帜。你不抓四个现代化，不从这个实际出发，就是脱离马克思主义，就是空谈马克思主义。社会主义现代化建设是我们当前的最大的政治，因为它代表着人民的最大的利益、最根本的利益。"①邓小平同志进一步指出："中央认为，我们要在中国实现四个现代化，必须在思想政治上坚持四项基本原则。这是实现四个现代化的根本前提。这四项是：第一，必须坚持社会主义道路；第二，必须坚持无产阶级专政；第三，必须坚持共产党的领导；第四，必须坚持马列主义、毛泽东思想。"②邓小平同志这方面的一系列论述，归根到底，就是坚持四项基本原则，坚持社会主义，关系到中国的前途命运，是中国的唯一出路。自然，也就是反腐败的唯一出路。坚持社会主义应当成为反腐败的出发点和归宿，是反腐败

---

① 第2卷162，163页

② 第2卷，第164，165页

的最终目的。巩固社会主义制度是反腐败斗争的首要问题、根本问题，也是反腐败的根本战略。坚持社会主义制度决定着反腐败的方针政策的正确性，决定着反腐败要服从和服务于巩固和发展社会主义制度，维护最广大人民群众的根本利益的大局。换句话说，我们能否坚持社会主义，决定着反腐败的成败；我们坚持社会主义坚持得好或不好，决定着腐败能否得到有效遏制和治理。因而，研究邓小平同志的反腐败理论，就不能不对邓小平同志关于坚持社会主义的论述作一个大概的了解，否则，我们就无法正确决定反腐败的方针政策和正确把握反腐败的方针政策的精神实质，就会偏离正确的方向，使反腐败成效无几甚至得到相反的结果。只有认真学习邓小平同志的社会主义理论，才能正确把握反腐败的方针政策，不断地把反腐败斗争推向前进，有效地预防和治理腐败。

邓小平同志在改革开放的新的历史条件下，对当代中国的基本问题作了科学的结论，只有社会主义才能救中国，也只有社会主义才能发展中国。可以说，邓小平同志成为党的第二代领导集体的核心之后，他的全部心血都倾注在如何建设有中国特色社会主义伟大事业上。他在不同时间、不同场合、不同谈话内容中，都涉及坚持社会主义的问题，反复强调坚持社会主义的问题。在1979年资产阶级自由化进攻面前，邓小平同志以坚定的态度表明了全党和全国人民坚定不移地坚持社会主义的决心，他指出，我们必须走社会主义道路。现在有一些人散布所谓社会主义不如资本主义的言论。一定要彻底驳倒这种言论。只有社会主义才能救中国，这是中国人民从五四运动到现在六十年来的切身体验中得出来的不可动摇的历史结论。在1986年，他针对当时从中央到地方，在思想理论战线上软弱，丧失阵地，对资产阶级自由化采取放任的态度，与中央几位负责同志作了题为《旗帜鲜明地反对资产阶级自由化》的重要谈话，严肃地指出，坚持四项基本原则，没有什么输理的地方。"反对资产阶级自由化是不可缺少的，不要怕外国人说我们损害了自己的名誉。走自己的路，建设有中国特色的社会主义，中国才有希望。"[1]这就明确无误地把"反对资产阶级自由化是不可缺少的"与"建设有中国特色的社会主义"辩证地联系在一起，是有远见卓识的。1989年发生的那场政治风波中，党内和社会上少数资产阶级自由化分子利用人民反对腐败的正当要求，提出要打倒共产党，推翻社会主义制度，鼓吹在中国实行资本主义多党制、三权分立和私有制以解决腐败问题。针对这一尖锐的问题，邓小平同志在《第三

---

[1] 第3卷，第197页

代领导集体的当务之急》的谈话中又指出:"这次发生的事件说明,是否坚持社会主义道路和党的领导是个要害。整个帝国主义西方世界使社会主义各国都放弃社会主义道路,最终纳入国际垄断资本的统治,纳入资本主义的轨道。现在我们要顶住这股逆流,旗帜要鲜明。因为如果我们不坚持社会主义,最终发展起来也不过成为一个附庸国,而且就连想发展起来也不容易。……只有社会主义才能救中国,只有社会主义才能发展中国。"①1992年初,邓小平同志在视察武昌、深圳、珠海、上海等地时谈话也指出,要在坚持社会主义制度下搞好改革。"在整个改革开放的过程中,必须始终注意坚持四项基本原则。""资产阶级自由化泛滥,后果极其严重。"

中国共产党人从来不隐瞒自己的政治观点。邓小平同志也从来不隐瞒自己的政治观点,不管在谁的面前都是如此,即使在反对者面前也是理直气壮地讲我们要坚持社会主义制度,反对走资本主义道路。这表现出他作为无产阶级革命家的伟大气魄和胆略。邓小平同志1985年5月20日同陈鼓应教授的谈话和6月6日同"大陆与台湾"学术研讨会主席团全体成员的谈话时说:"我们大陆坚持社会主义,不走资本主义的邪路。社会主义与资本主义不同的特点就是共同富裕,不搞两极分化。"②他1986年4月4日会见南斯拉夫社会主义联邦共和国主席弗拉伊科维奇谈话时说:"坚持社会主义,是中国一个很重要的问题。如果十亿人的中国走资本主义道路,对世界是个灾难,是把历史拉向后退,要倒退好多年。"③他在1986年11月9日会见日本首相中曾根康弘时说:"我们共产党人的最高理想是实现共产主义,在不同的历史阶段又有代表那个阶段最广大人民利益的奋斗纲领。"④他1987年3月3日会见美国国务卿舒尔茨时谈话中也旗帜鲜明地捍卫社会主义,他说:"中国根据自己的经验,不可能走资本主义道路。道理很简单,中国十亿人口,现在还处于落后状态,如果走资本主义道路,可能在某些局部地区少数人更快地富起来,形成一个新的资产阶级,产生一批百万富翁,但顶多也不会达到人口的百分之一,而大量的人仍然摆脱不了贫穷,甚至连温饱问题都不可能解决。只有社会主义制度才能从根本上解决摆脱贫穷的问题。所以我们不

---

① 第3卷,第311页
② 第3卷,第123页
③ 第3卷,第158页
④ 第3卷,第190页

会容忍有的人反对社会主义。"①邓小平同志深刻认识帝国主义肯定想要改变社会主义国家的性质，1989年10月26日，他在会见泰国总理差猜时指出："中国搞社会主义，是谁也动摇不了的。""世界上最不怕孤立、最不怕封锁、最不怕制裁的就是中国。""中国人民不怕孤立，不信邪。"②1989年11月27日，针对中国发生的政治风波和苏联东欧国家纷纷垮掉的情况，邓小平同志在会见尼雷尔的谈话主题就是"坚持社会主义，防止和平演变。"中国不搞社会主义不行，不坚持社会主义不行，这就是结论。有人以为我们搞改革是要脱离社会主义道路，渐进地向资本主义过渡，那不是别有用心，就是误解。一些资产阶级自由人搞所谓"改革"，是要把中国资本主义化，这是决不允许的。我们搞改革是在社会主义前提下进行的，搞四个现代化，也是社会主义的四个现代化，决不改变目标和方向。1987年邓小平同志提出："我们的改革要达到一个什么目的呢？总的目的要有利于巩固社会主义制度，有利于巩固党的领导，有利于在党的领导和社会主义制度下发展生产力。"③后来1992年邓小平同志再次提出："要害是姓'资'还是姓'社'问题。判断的标准，应该主要看是否有利于发展社会主义社会的生产力，是否有利于增强社会主义国家的综合国力，是否有利于提高人民的生活水平。"④前后两个"三个有利于"都是表达改革方向的同一思想，是不容割裂、歪曲和篡改的。

坚持四项基本原则，反对资产阶级自由化，与反对腐败是紧密联系在一起的，是不可分割的。上述引用的邓小平同志关于社会主义的论述，是直接关系反腐败的根本战略问题。反腐败的根本战略，是坚持社会主义制度。离开了社会主义，中国就要亡党亡国，谈不上什么反腐败。紧紧抓住坚持社会主义这个根本问题，就能纲举目张，其他各种问题包括反腐败的问题就容易解决。下面我们将看到邓小平同志直接论述社会主义的经济、社会主义的政治和社会主义的文化与反腐败的关系问题。

（一）在经济上，坚持公有制为主体、共同富裕、不搞两极分化这一社会主义的本质特征，是治理腐败在经济方面的必然要求。

---

①第3卷，第207、208页
①第3卷，第328、329页
②第3卷，第241页
④第3卷，第372页

坚持社会主义与反腐败息息相关,只有社会主义才能解决腐败问题。我们搞社会主义,如果不懂得社会主义的本质是什么,就不可能搞好社会主义,当然也不可能搞好社会主义条件下的反腐败斗争。那么,什么是社会主义的本质呢?邓小平同志指出:"社会主义的本质,是解放生产力,发展生产力,消灭剥削,消除两极分化,最终达到共同富裕。"[①]在社会主义时期的任何阶段,只有紧紧抓住社会主义本质这一根本问题、这一核心问题,任何决策、任何制度设计,从长远着眼,都要体现社会主义本质的要求,即把解放生产力、发展生产力与消灭剥削、消除两极分化、最终达到共同富裕统一起来,两者不可偏废,我们才能有效地反对和治理腐败。

社会主义本质与腐败是对立的,是消除腐败的。邓小平同志指出:"无论如何,社会主义制度总比弱肉强食、损人利己的资本主义制度好得多。"[②]"我们为社会主义奋斗,不但是因为社会主义有条件比资本主义更快地发展生产力,而且因为只有社会主义才能消除资本主义和其他剥削制度所必然产生的种种贪婪、腐败和不公正现象。"[③]他深刻阐明了社会主义公有制经济是消除腐败的最深厚的经济基础和力量源泉,指出:"社会主义的经济是以公有制为基础的,生产是为了最大限度地满足人民的物质、文化需要,而不是为了剥削。由于社会主义制度的这些特点,我国人民能有共同的政治经济社会理想,共同的道德标准。以上这些,资本主义社会永远不可能有。资本主义无论如何不能摆脱百万富翁的超级利润,不能摆脱剥削和掠夺,不能摆脱经济危机,不能形成共同的理想和道德,不能避免各种极端严重的犯罪、堕落、绝望。"[④]邓小平同志精辟的论述,通过对社会主义与资本主义的比较,深刻地阐明了中国走社会主义道路是历史的必然,社会主义制度比资本主义制度具有无比的优越性,只有社会主义才能消除腐败。其一,社会主义公有制为铲除腐败奠定了经济基础。社会主义不仅有条件比资本主义更快地发展生产力,而且从根本上剥夺了少数人占有大量生产资料进行剥削和掠夺的特权。社会主义公有制决定的按劳分配制度,本质上是反对剥削的。坚持按劳分配,就不会产生贫富悬殊,不会产生资产阶级。只有巩固和发展公有制为主体的地位,保证社会公正,实现共同富裕,才能有效地消除和防止因

[①] 第3卷,第373页
[②] 第2卷,第337页
[③] 第3卷,第143页
[④] 第2卷,第167页

剥削和两极分化而导致腐败的发生。其二，只有巩固和发展社会主义公有制的主体地位，才能巩固人民群众作为国家主人的地位，巩固人民民主专政的政权，巩固共产党的执政地位，从而保证反腐败具有最广泛的社会基础和最坚实的政治前提。其三，只有巩固和发展社会主义公有制的主体地位，才能促进社会全面发展和社会主义精神文明建设，逐步形成共同的理想和道德，逐步克服私有制所必然产生的私有观念、自私自利、贪婪、堕落和极端个人主义，为消除和防止腐败创造思想条件。因此，坚持社会主义道路，是惩治和预防腐败的根本性问题，是建立反腐败战略的基本依据、根本出发点和归宿。

在改革过程中坚持社会主义道路，对于惩治和预防腐败具有决定性的意义。中国搞改革，坚持社会主义方向不可改变，但中国的社会主义制度不是一个固定的模式，不是一成不变的，它要保持旺盛的生命力，必须随着中国社会实践的变化而变化、发展而发展。中国经过"文化大革命"之后，痛定思痛，认识到如果不实行改革、墨守成规，搞极'左'的一套，只能死路一条。如何通过改革，使我国的社会主义制度充满着生机和活力，现代化事业蓬勃发展，这是一个关键的问题。如果固守过去那一套"一大二公、越大越公、越纯越好"的模式，实践证明会碰壁，继续下去会把中国社会主义引向绝路。邓小平同志站在历史的高度，开辟了社会主义改革的先河，指明了改革前进的方向。他说："在改革中坚持社会主义方向，这是一个很重要的问题。""社会主义有两个非常重要的方面，一是以公有制为主体，二是不搞两极分化。"①他特别强调指出："我们允许个体经济发展，还允许中外合资经营和外资独营的企业发展，但是始终以社会主义公有制为主体。社会主义的目的就是要全国人民共同富裕，不是两极分化。如果我们的政策导致两极分化，我们就失败了；如果产生了什么新的资产阶级，那我们就真是走了邪路了。"②如果导致两极分化，改革就算失败了。他又强调："总之，一个公有制占主体，一个共同富裕，这是我们所必须坚持的社会主义的根本原则。我们就是要坚决执行和实现这些社会主义的原则。从长远说，最终是过渡到共产主义。现在有人担心中国会不会变成资本主义。这个担心不能说没有一点道理。我们不能拿空话而是要拿事实来解除他们这个忧虑，并且回答那些希望我们变成资本主义的人。""我们的政策是不使社会导致两极分化，就

---

①第3卷，第138页
②第3卷，第110页
③第3卷，第111、172页

是说，不会导致富的越富，贫的越贫。坦率地说，我们不会容许产生新的资产阶级。"③毫无疑问，是否坚持社会主义道路，是关系社会主义事业成败的全局性问题，也是反腐败的首要问题。公有经济与非公有经济的关系问题上，只要我们坚决控制公有制占主体这个度，不突破这关系社会主义命运的度，非公有经济的适度发展对社会主义制度就不会构成威胁，而会成为社会主义公有制经济的必要补充，有利于社会主义的发展。否则，公有制占主体这个地位消失了，社会主义制度也就完蛋了，反腐败就无从谈起。因此，抓住了以公有制为主体、不搞两极分化这"两个非常重要的方面"，保证公有制始终占主体地位，保证不发生贫富两极分化，保证不产生资产阶级，就是坚持社会主义道路，也就是抓住了关系反腐败的根本性、全局性的问题。两极分化和腐败，是一对孪生兄弟，是同一个问题的两种表现，都是社会不平等、不公正的反映。要反腐败，就得防止两极分化。邓小平同志说只有社会主义能够解决资本主义必然产生的腐败问题，道理就在这里。我们在社会主义建设过程中必须始终重视这个根本的方向问题。"一定要让我们的人民，包括我们的孩子们知道，我们是坚持社会主义和共产主义的，我们采取的各方面的政策，都是为了发展社会主义，为了将来实现共产主义。"①"现在我们搞经济改革，仍然要坚持社会主义道路，坚持共产主义的远大理想，年轻一代尤其要懂得这一点。"我们在改革过程中，要防止两极分化，防止走上资本主义的邪路。"如果搞资本主义，可能有少数人富裕起来，但大量的人会长期处于贫困状态，中国就会发生闹革命的问题。中国搞现代化，只能靠社会主义，不能靠资本主义。"②我们在改革过程中，采取的各项政策，都要考虑到有利于发展社会主义，决不能因为社会主义的巩固和共产主义的实现需要几十代人甚至更长时间的努力，而感到前途渺茫，放弃我们既定的目标。在新的历史时期，只有坚持党的社会主义初级阶段的基本路线和纲领，坚持和完善社会主义公有制为主体、多种所有制经济共同发展的基本经济制度，努力寻找能够极大促进生产力发展的公有制实现形式，大力发展、壮大公有制经济，并充分发挥非公有制经济作为社会主义市场经济的重要组成部分的作用，才能不断发展社会主义社会的生产力，增强社会主义国家的综合国力，提高人民的生活水平。也只有这样，才能建设好有中国特色的社会主义，才能防止两极分化，逐步实现共同富

①第3卷，第112页
②第3卷，第116、229页

裕,从而更有效地预防和惩治腐败。

(二)在政治上,坚持人民民主专政,坚持党的领导,坚持马列主义、毛泽东思想,是治理腐败在政治方面的必然要求。

在政治上要坚持人民民主专政,依靠它来打击反社会主义的分子和腐败分子,保卫社会主义制度。邓小平同志晚年还不忘强调马克思主义这一基本观点。他指出:"马克思说过,阶级斗争学说不是他的发明,真正的发明是关于无产阶级专政的理论。历史经验证明,刚刚掌握政权的新兴阶级,一般来说,总是弱于敌对阶级的力量,因此要用专政的手段来巩固政权。对人民实行民主,对敌人实行专政,这就是人民民主专政。运用人民民主专政的力量,巩固人民的政权,是正义的事情,没有什么输理的地方。我们搞社会主义才几十年,还处在初级阶段。巩固和发展社会主义制度,还需要一个很长的历史阶段,需要我们几代人、十几代人,甚至几十代人坚持不懈地努力奋斗,决不能掉以轻心。"① 对于一切反社会主义的分子仍然必须实行专政,包括对腐败分子的专政。不对他们专政,就不可能有社会主义民主,国有财产就会被他们用各种手段甚至明火执仗地夺去,公有制经济就会瓦解,社会主义事业就会毁于一旦。

坚持共产党的领导,是社会主义事业成功的保证,也是反腐败成功的保证。中国的独立和解放,是中国共产党领导下取得的,中国建设社会主义也必须坚持中国共产党的领导。离开中国共产党的领导,社会主义事业必然失败。邓小平同志指出:"我们党经历过多次错误,但是我们每一次都依靠党而不是离开党纠正了自己的错误。今天的党中央坚持发扬党的民主和人民民主,并且坚决纠正过去所犯的错误。在这样的情况下,竟然要求削弱甚至取消党的领导,更是广大群众不能容许的。这事实上只能导致无政府主义,导致社会主义事业的瓦解和覆灭……这不是危言耸听,而是大量实践证明了的客观真理。"② 在1979年、1986年资产阶级自由化泛滥时和1989年初那场政治风波时,幸亏邓小平同志为核心的第二代领导集体力挽狂澜,坚持中国共产党的领导,击退了资产阶级自由化的进攻,保卫了社会主义制度。他主张"要坚持党的领导,必须改善党的领导,改进党的作风。"③ 要端正党的作风,坚决纠正不正之风,清除党内的腐败现象;要充分发扬党内民主,加强党的民主集中制建设;要从思想、组织、作风方面全面

---

① 第3卷,第379、380页
② 第2卷,第170、171页
③ 第2卷,第358页

加强党的建设，把我们党建设成为有战斗力的马克思主义政党，成为全国人民进行社会主义物质文明和精神文明建设的坚强核心。

必须坚持马列主义、毛泽东思想，是坚持党的领导的体现，是指导社会主义事业胜利的保证，也是指导反腐败胜利的保证。我们反对"左"的和右的错误，反对将马列主义、毛泽东思想庸俗化和断章取义。"我们坚持的和要当作行动指南的马列主义、毛泽东思想的基本原理，或者说是由这些基本原理构成的科学体系。"①在"文化大革命"之后，面对着错综复杂的情况，面对着来自"左"的和右的两方面否定毛泽东思想的错误思潮，邓小平同志以无产阶级革命家的气魄，站在对历史负责的高度，排除种种干扰，用极大的精力，恢复被歪曲、被篡改了的毛泽东思想的本来面目，维护毛泽东思想的完整的科学的理论思想体系，他坚定地指出："毛泽东思想过去是中国革命的旗帜，今后将永远是中国社会主义事业和反霸权主义事业的旗帜，我们将永远高举毛泽东思想的旗帜前进。"②邓小平同志以极大的热情和勇气，力挽狂澜，排除"左"的和右的干扰，特别是排除"左"的和习惯势力的干扰，开辟改革开放的伟大事业。在这个过程中，他在反对错误倾向的斗争中充满着辩证法思想，防止一种倾向掩盖着另一种倾向。他指出："三中全会以来，我们花了很大气力纠正'文化大革命'及其以前的一些政治运动和思想斗争中的'左'的错误，是完全正确的。这类'左'的错误决不允许重犯。但是，不少同志片面地总结历史教训，认为一讲思想斗争和严肃处理就是'左'，只提反'左'，不提反'右'，这就走到软弱涣散的另一个极端。"③邓小平同志审时度势，反"左"与反右都恰如其分。搞改革开放，主要是排除"左"的干扰，但要注意右的干扰，对右的干扰不重视，不注意反右，后果将十分严重。邓小平同志讲1986年那次资产阶级自由化与对右的干扰注意不够有关，1989年的政治风波与反对资产阶级自由化不坚决有关。他1989年9月16日和11月23日分别会见李政道教授和尼雷尔主席时还举例说："过去两个总书记都没有站住，并不是选的时候不合格。选的时候没有选错，但后来他们在根本问题上，就是在坚持四项基本原则的问题上犯了错误，栽了跟头。四个坚持中最核心的是党的领导和社会主义。四个坚持的对立面是资产阶级自由化。坚持

---

① 第2卷，第171页
② 第2卷，第172页
③ 第3卷，第37、38页

四项基本原则，反对资产阶级自由化，这些年来每年我都讲多次，但他们没有执行。""我们两个总书记都在资产阶级自由化上栽了跟头。"①1992年，他在武昌、深圳、珠海、上海等地谈话时指出，右可以葬送社会主义，"左"也可以葬送社会主义。"左"的东西根深蒂固，中国要警惕右，但主要是防止"左"。同时又指出，要反对帝国主义搞和平演变，要警惕和防止中国共产党内出问题，要注意培养接班人，并又以前两任总书记为例子，说明"没有解决问题，两个人都失败了，而且不是经济上出问题，都是在反对资产阶级自由化问题上栽跟头。"②从《邓小平文选》中处处可以看到邓小平同志坚持解放思想、实事求是的马克思主义精髓，坚持无产阶级的斗争哲学和伟大的创造精神，他在勇敢地批判各种错误思潮中，忠实地维护了马列主义、毛泽东思想的完整的科学的思想理论体系，并以开辟未来的理论勇气，在新的历史条件下创造性地运用马列主义、毛泽东思想，提出"一个中心"、"两个基本点"的党的基本路线，解决社会主义建设中所遇到的空前复杂尖锐的各种问题，加强了党的建设，保持了我们党的马克思主义政党的性质，推进了改革开放，使社会主义各项事业蓬勃发展，使反腐败斗争不断深入，从而创造了有中国特色社会主义理论即邓小平理论。很清楚，如果不坚持和发展马列主义、毛泽东思想，马列主义、毛泽东思想就不会发展到邓小平理论的阶段；没有邓小平理论，就不会有建设中国特色社会主义，也不会取得反腐败的新成效。

（三）在文化上，坚持以马克思主义为指导的社会主义意识形态和文化，是社会主义经济和政治发展的要求，也是治理腐败的思想条件。

社会主义的文化，是社会主义的经济和政治的反映，是为发展社会主义经济建设服务的，为巩固人民政权服务的，归根到底，是为社会主义经济基础服务的。我们建设廉洁的政治，必然要求建设高尚的社会主义文化。不扫除产生腐败的思想垃圾，不批判和抵制资本主义腐朽思想的侵蚀，我们要反对腐败是不可能的。邓小平同志强调社会主义精神文明建设，文化建设要为人民服务。他在许多文章中都阐明这一点，如在《建设社会主义的物质文明和精神文明》、《一靠理想二靠纪律才能团结起来》、《用坚定的信念把人民团结起来》、《加强四项基本原则教育，坚持改革开放政策》、《在全体人民中树立法制观念》等

---

① 第3卷，第324、344页
② 第3卷，第380页

文章中都强调思想教育问题，在《党在组织战线和思想战线上的迫切任务》一文中对建设社会主义文化作了深刻的系统的阐述。首先，他对思想文化建设的根本方向提出要求，"思想战线上的战士，都应当是人类灵魂工程师。""作为灵魂工程师，应当是高举马克思主义的、社会主义的旗帜，用自己的文章、作品、教学、演讲、表演，教育和引导人民正确对待历史，认识现实，坚信社会主义和党的领导，鼓舞人民发奋努力，积极向上，真正做到有理想、有道德、有文化、守纪律，为伟大壮丽的社会主义现代化建设事业而英勇奋斗。"[①]高举马克思主义的、社会主义的旗帜，这是贯穿于一切思想文化领域的一条红线，抛弃了这面旗帜而奢谈什么建设社会主义思想文化，那完全是痴人做梦，纯属欺人之谈。其次，建设社会主义思想文化，必然是在同资本主义腐朽思想文化进行激烈斗争过程中进行的。对资产阶级和其他剥削阶级的腐朽思想文化不进行批判和斗争，就休想建设社会主义思想文化。翻开邓小平文选，闻到一股浓烈的斗争气息，对此就会有强烈的感觉。邓小平同志一方面讲社会主义思想文化的内涵和本质，提出根本的要求；另一方面讲强烈地反对资产阶级自由化，反对资产阶级和其他剥削阶级腐朽思想文化的侵蚀。他批判精神污染，指出，精神污染的实质是散布形形色色的资产阶级和其他剥削阶级腐朽没落的思想，散布对于社会主义、共产主义事业和共产党领导的不信任情绪。他批判有些人宣传的抽象人道主义、人的价值和抽象民主以及社会主义异化论。他严厉批判过文学艺术领域中存在的"一切向钱看"的歪风，指出这种"一切向钱看"，"把精神产品商品化的倾向，在精神生产的其他方面也有表现。有些混迹于艺术界、出版界、文物界的人简直成了唯利是图的商人。"[②]这是邓小平同志1983年指出的情况，不能说现在这个问题已经都得到解决了，问题仍然不可小看，许多歪曲党和国家历史、损害党和国家形象的书籍以及各种黄色下流的书籍与光盘等，还是到处可见。他主张我们要向资本主义发达国家学习先进的科学、技术、经营管理方法以及其他一切对我们有益的文化知识，但他坚决反对把西方资产阶级腐朽的思想文化搬到中国来。他批判有些同志"对于西方各种哲学的、经济学的、社会政治的和文学艺术的思潮，不分析、不鉴别、不批判，而是一窝蜂地盲目推崇。对于西方学术文化的介绍如此混乱，以至连一些在西方国家也认为低级庸俗或有害的书籍、电影、音乐、舞蹈

---

① 第3卷，第40页
② 第3卷，第43页

以及录像、录音，这几年也输入不少。这种用西方资产阶级没落文化来腐蚀青年的状况，再也不能容忍了。"①"如果我们不及时注意和采取坚定的措施加以制止，而任其自由泛滥，就会影响更多的人走上邪路，后果就可能非常严重。从长远来看，这个问题关系到我们的事业将由什么样的一代人来接班，关系到党和国家的命运和前途。"②所以，必须用社会主义思想占领文化的各个领域和阵地，抵制资产阶级和其他剥削阶级的腐朽思想文化的传播和腐蚀，才能加强社会主义精神文明建设，从而有利于减少腐败产生的这个思想原因。

三、靠发展、靠监督、靠法制、靠教育、靠改革、靠惩治是反腐败的基本对策

邓小平理论中对于反腐败，首先强调的是坚持社会主义方向，"为社会主义而奋斗"，从这一根本前提出发，还提出了一系列明确、具体和行之有效的基本对策。这些基本对策反映社会主义的本质要求，同时对反腐败又有直接的针对性。反腐败主要靠发展、靠监督、靠法制、靠教育、靠改革、靠惩治。

一是反腐败要靠发展。社会主义首先要使生产力发展，才能表明社会主义的优越性。发展是硬道理。把经济搞上去，有利于从根本上治理腐败。邓小平同志指出："贫穷不是社会主义，社会主义要消灭贫穷。不发展生产力，不提高人民的生活水平，不能说是符合社会主义要求的。"③"根据我们自己的经验，讲社会主义，首先就要使生产力发展，这是主要的。只有这样，才能表明社会主义的优越性。社会主义经济政策对不对，归根到底要看生产力是否发展，人民收入是否增加。这是压倒一切的标准。空讲社会主义不行，人民不相信。"④"我们在总结这些经验的基础上，提出了整个社会主义历史阶段的中心任务是发展生产力，这才是真正的马克思主义。就我们国家来讲，首先是要摆脱贫穷。要摆脱贫穷，就要找出一条比较快的发展道路。贫穷不是社会主义，发展太慢也不是社会主义。否则社会主义有什么优越性呢？社会主义发展生产力，成果是属于人民的。就是说，在我们的发展过程中不会产生资产阶级，因为我们的分配原则是按劳分配。"⑤阶级的存在仅仅和生产发展的一定历史阶段相联系的。社会主义就

---

① 第3卷，第44页
② 第3卷，第45页
③ 第3卷，第116页
④ 第2卷，第314页
⑤ 第3卷，第254、255页

是消灭阶级。按劳分配是我们社会主义社会不会再产生资产阶级的根本条件，如果去掉按劳分配这一根本条件，那么，在我们的社会主义社会还会产生资产阶级。社会主义实行公有制和按劳分配，不会产生资产阶级，这就为消除反腐败奠定最重要的阶级基础，也为消灭一切丑恶现象和犯罪现象奠定了最重要的阶级基础。

在坚持社会主义的前提下，集中力量发展生产力，搞好建设，才能有效地反对腐败。从这一意义上讲，邓小平同志指出，"我们对刑事犯罪活动的打击是必要的，今后还要继续打击下去，但是只靠打击并不能解决根本的问题，翻两番、把经济搞上去才是真正治本的途径。"①只有牢牢抓住经济建设这个主要矛盾和工作中心，才能清醒地观察和把握社会矛盾的全局，有效地促进社会矛盾的解决。党风廉政建设和反腐败是全党的大事，关系全局，但必须围绕经济建设这个中心，服从、服务于这个中心来进行才能卓有成效。经济发展了，综合实力增强了，人民生活改善了，各种各样的社会矛盾就好处理，腐败问题也好解决。因为，经济发展了，从根本上说，就能取得广大人民群众对党的领导的拥护，人民群众就会真心实意地支持党的反腐败的各项方针政策，反腐败就能获得无穷无尽的力量源泉。经济快速发展，许多深层次的矛盾就比较容易解决，比如，有的因物资紧缺而导致的某些以权谋私行为就不会发生，最明显的例子，过去为购买烟、酒、肉、蛋、油等物品"开后门"的情况现在就不会普遍发生。什么原因呢？因为这些东西现在已经供过于求，谁还需要通过"开后门"冒着违纪违法的危险取得？！经济快速发展，国家就有基础按照社会主义原则加强宏观调控，解决一些贫富不均的问题和不平等的问题，从而减少腐败产生的条件。经济快速发展，国家就有实力对干部加强教育培训，提高他们的觉悟，并按社会主义的按劳分配原则给他们适当增加工资，对绝大多数的干部来说就不会因小利而动心，搞不正之风，一些小的不正之风即以权力谋取小利的行为就会大量减少，而现在这种情况则是太多了，几乎到处弥漫。经济快速发展，国家就能够加大对反腐败的资金投入，国家就有实力搞现代化的反腐败防范设施建设，比如利用计算机互联网加强对公务员的行为的监视、监控。现在全国范围利用计算机互联网对关税、税收进行监控，有些地方工程招投标也利用计算机操作和监控等是范例。这样就逐步形成"网络恢恢"，有些公务员要进行以权谋私就会遇到重重障碍，其行为

---

①第3卷，第89页

就难以得逞。即使个别人利用高科技手段进行以权谋私,那毕竟就把腐败发生的可能性限制在更小的范围,而且我们还有搞"道高一尺,魔高一丈"的防范实力和能力。经济快速发展,国家综合国力增强,就有力量抵御帝国主义、霸权主义对我国进行各种干涉和和平演变活动,减少我国产生腐败的国际因素。但是,我们也应十分清醒,经济发展不可能自然而然地减少和解决腐败问题,而是经济发展只有在坚持社会主义的前提下,才能有利于治理腐败,有利于为反腐败政策和措施的落实提供必要的物质条件。这就是为什么邓小平同志反复强调我们搞的是社会主义四个现代化,在四个现代化前面要加上"社会主义"四个大字。

　　二是反腐败要靠监督。权力失去监督就必然腐败。加强对权力的监督是防止腐败的关键。邓小平同志历来十分重视广大党员和人民群众对党和政府的监督,主张通过发扬党内民主和人民民主来加强监督。他在《共产党要接受监督》等著作中,对加强民主监督作了科学的论述。第一,党要受监督。这是首位的,最为关键的。在国家政治生活和各项事业中,由于中国共产党居于领导的地位,党的路线、方针、政策正确与否,工作做得好坏,关系国家的前途和社会主义事业的成败;同时,由于我们党的执政地位,我们的一些同志很容易沾染上主观主义、官僚主义和宗派主义的习气。党如果没有受到严格的监督,就有犯严重错误的危险。邓小平同志以振聋发聩的语言说:"我们党是执政的党,威信很高。我们大量的干部居于领导地位。在中国来说,谁有资格犯大错误?就是中国共产党。犯了错误影响也最大。因此,我们党应该特别警惕。"[①]这就把对执政党的中国共产党的监督放在十分关键的地位。如何加强对党的监督?主要的是充分发挥党的各级代表大会作为权力机关和监督机关的作用,尤其要充分发挥党的全国代表大会作为党的最高权力机关和最高监督机关的作用;要严格实行民主集中制,搞好党内监督,特别是党委会内部的监督。第二,是群众的监督。要扩大群众对党的监督。要充分发挥人民代表大会的监督作用。要充分发扬人民民主,保证全体人民真正享有通过各种有效形式管理国家、特别是管理基层地方政权和各项企业事业的权力,享有各项公民权利,监督干部特别是领导干部。要有群众监督制度。人民有权依法进行检举、控告、弹劾、撤换、罢免,要求他们在经济上退赔,并使他们受到法律、纪律处分。第三,是民主党派和无党派人士的监督。要实行"长期共存、互相监督",充分发挥政协的作用,扩大他们对共产党和

---

①第1卷,第270页

共产党员的监督。党要热诚地希望民主党派和无党派人士都能以主人翁的态度，热心社会主义事业，就国家的大政方针和各方面的工作，勇敢地、负责地发表意见，提出批评和建议。以上三个方面，就是要充分发扬党内民主和人民民主，让党员和群众监督我们党。邓小平同志把民主监督讲得深入浅出，"群众有气就要出，我们的办法就是使群众有出气的地方，有说话的地方，有申诉的地方。群众的意见，不外是几种情况。有合理的，合理的就接受，就去做，不做不对，不做就是官僚主义。有一部分基本合理，合理的部分就做，办不到的要解释。有一部分是不合理的，要去做工作，进行说服。总之，要让群众能经常表达自己的意见，在人民代表大会上，政协会议上，职工代表大会上，学生代表大会上，或者在各种场合，使他们有意见就提，有气就出。"①此外，最重要的是，要有专门的机构进行铁面无私的监督检查。若是没有专门机构的监督检查，对腐败问题、违纪违法问题就不可能得到有效的查处。各级纪律检查委员会和组织部门的任务不只是处理案件，更重要的是维护党规党法，切实把我们的党风搞好。总之，要搞好反腐败，必须进一步发展党内民主和社会主义民主，建立健全依法行使权力的制约机制，把党内监督、法律监督、群众监督结合起来，发挥舆论监督的作用。

　　三是反腐败要靠纪律和法制。治理腐败，党和国家要靠制度和法律，这是邓小平同志的重要思想。完善党和国家的制度和法律，保障党和国家政治生活的民主化，是加强党风廉政建设和反腐败的根本性问题。邓小平同志在总结历史经验教训时深刻地指出："我们过去发生的各种错误，固然与某些领导人的思想、作风有关，但是组织制度、工作制度方面的问题更重要。这些方面的制度好可以使坏人无法任意横行，制度不好可以使好人无法充分做好事，甚至会走向反面。"② "为了保障人民民主，必须加强法制。必须使民主制度化、法律化，使这种制度不因领导人的改变而改变，不因领导人的看法和注意力的改变而改变。"③通过健全法制和制度，使民主制度化、法律化，使党和人民的意志统一起来，使党和国家及其干部、特别是领导干部的行为规范起来，成为防范和反对腐败的巨大力量。从这个意义上讲，制度问题"带有根本性、全局性、稳定性和长期性。"④我们进行党风廉政建设和反腐败，"还是要靠法制，搞法制靠得住

---

①第1卷，第273页
②第2卷，第333页
③第2卷，第146页
④第2卷，第333页

些。"①因此，必须健全法制，实行依法治国，把反腐败斗争纳入社会主义法制的轨道，使之健康、有序、有效地进行。

四是反腐败要靠教育。要通过教育，增强全体党员的党性。为此，一定要教育全党同志坚持共产主义理想信念。全体党员特别是党的高级干部牢固树立社会主义和共产主义的理想信念更为重要，他们如果理想信念动摇或丧失，我们的社会主义事业就会毁于一旦。为此，要做大量的思想政治工作。

一是要教育共产党员与剥削思想、剥削行为和变相的剥削行为划清界限。邓小平同志在党的八大上所作的《关于修改党的章程的报告》中指出："剥削分子、剥削行为、变相的剥削行为和剥削思想，在我国目前的社会中，还是存在着的。我们必须不让这种分子，这种行为和这种思想，侵入到党的队伍里来，并且必须使每一个党员在劳动和剥削之间，坚决地划清界限。"②对于共产党员来说，与剥削思想、剥削行为划清界限，是头等重要的。党员应该不断地克服和抵制剥削思想，绝不能剥削他人。党员干部如果不能做到这一点，那就不可能树立共产主义理想，也就不可能反对腐败，甚至可能自己搞剥削，搞腐败。在改革开放和建立社会主义市场经济体制的过程中，腐蚀与反腐蚀的斗争更加尖锐激烈，加强思想政治教育十分重要。邓小平同志把抓好政治思想教育，加强社会主义精神文明建设，培养"四有"新人，作为反对腐败的一项基础性措施，予以高度重视。要教育全体人民，重点是教育党员和干部。他提出一靠理想二靠纪律才能团结起来，用坚定的信念把人民团结起来，"没有这样的信念，就没有一切。我们共产党人的最高理想是实现共产主义，在不同历史阶段又有代表那个阶段最广大人民利益的奋斗纲领。"③党是整个社会的表率，党的各级领导在坚持社会主义方面要作表率。邓小平同志特别强调这个问题，他指出"我们要在中国社会主义制度下实现四个现代化，理所当然的，我们的干部队伍一定要坚持社会主义道路，要有马列主义的基本观点，要遵守党的纪律和国家的纪律。""在新的历史条件下，有必要反复强调，我们的干部队伍，必须坚持社会主义道路。今天重申这一点，有特别重要的意义。绝不允许把我们学习资本主义社会的某些技术和某些管理的经验，变成了崇拜资本主义外国，受资本主义腐蚀，丧失社会主义中国的民

---

①第3卷，第379页
②第1卷，第242、243页
③第3卷，第190页

族自豪感和民族自信心。""党员尤其是党的高级负责干部,就愈要高度重视、愈要身体力行共产主义思想和共产主义道德。"①我们共产党人要有大无畏的英勇气概,要反对帝国主义的施压和和平演变活动,要维护我们独立自主、不怕邪、不怕鬼的形象。"我们绝不能示弱。你越怕,越示弱,人家劲头就越大。并不因你软了人家就对你好一些,反倒是你软了人家看不起你。"②要坚信一个道理,中国的社会主义变不了的。中国肯定沿着自己选择的社会主义道路走到底。

二是要教育党员干部发扬大公无私、服从大局、艰苦奋斗、廉洁奉公的精神,坚持共产主义思想和共产主义道德,抵御资本主义腐朽思想的侵蚀。党员领导干部要发扬"五种精神",即革命加拼命精神,严守纪律和自我牺牲精神,大公无私和先人后己精神,压倒一切敌人、压倒一切困难的精神,坚持革命乐观主义、排除万难去争取胜利的精神。"我们还要大声疾呼和以身作则地把这些精神推广到全体人民、全体青少年中间去,使之成为中华人民共和国的精神文明的主要支柱。"③党员干部要严格要求自己,遵守党纪国法,服从组织决定,接受群众监督,坚持党性原则,吃苦在前,享乐在后,与群众同甘共苦,要反对生活特殊化、损公肥私、侵占群众利益,反对干部搞特殊化甚至腐蚀自己的子女和家庭。艰苦朴素、艰苦奋斗才能抗得住腐蚀。领导干部特别是中央高层领导干部要"在艰苦创业反对腐败方面成为榜样。"④

三是要继续批判和反对封建主义,要批判和反对崇拜资本主义、主张资产阶级自由化的倾向,批判和反对资产阶级损人利己、唯利是图、"一切向钱看"的腐朽思想,批判和反对无政府主义、极端个人主义。"必须在思想政治领域把上述的斗争进行到底"。"否则我们就不可能建设社会主义,就会被种种资本主义势力所侵蚀腐化。"⑤因此,必须大力加强社会主义精神文明建设,把加强思想政治教育,促进党风、社会风气的好转,作为治理腐败的一项基础性工作抓紧抓好。

四是反腐败要靠改革。改革是社会主义社会不断前进的动力,不进行改革,只能是死路一条。改革也是治理腐败的必由之路。产生腐败的深层次原因,

---

① 第2卷,第261,262,367页
② 第3卷,第320页
③ 第2卷,第368页
④ 第3卷,第310页
⑤ 第2卷,第369页

只能通过改革来解决。通过深化改革，解决体制、机制、政策、管理等方面存在的漏洞和问题，努力消除导致腐败发生的因素。邓小平同志主张对现行的经济体制和政治体制进行改革。

第一，要进行经济体制改革。邓小平同志指出，"要从根本上改变束缚生产力发展的经济体制，建立起充满生机和活力的社会主义经济体制，促进生产力的发展"。①我们要结合经济体制改革来探索反腐败问题。主要是加快改革步伐，建立社会主义市场经济体制，保证在国家宏观调控下，充分发挥市场在资源配置中的基础性作用，使经济持续、快速、健康发展，防止因经济失控、失调、大起大落而引发各种社会矛盾和社会问题包括腐败问题。在经济体制转换过程中，要采取有效措施，保证公有资产特别是国有资产保值增值，制止和防止公有资产特别是国有资产大量流失这一严重腐败问题。要建立社会主义市场经济法律体系，规范市场行为，在充分运用市场机制激发经济活力的同时，重视抑制市场的消极方面，鼓励合法竞争，取缔非法竞争。要理顺各种所有制关系，保证公有制的主体地位和国有经济起主导作用的地位，坚持党的十五大提出的"公有资产占优势，要有量的优势，更要注重质的提高"，同时要鼓励非公有制经济的发展，并加强对它的引导、监督和管理，使它健康发展，为反腐败建立坚实的经济基础。要坚持和完善按劳分配为主体、多种分配方式并存的制度，保护合法收入，取缔非法收入，整顿不合理收入，调节过高收入，规范收入分配，防止因两极分化而导致大量腐败现象的发生。要加强对生产、流通、分配的管理、统计和监督，严格财经纪律，堵塞产生挥霍浪费、贪污贿赂的漏洞。

第二，要进行政治体制改革。改革党和国家领导制度是反腐败的政治保证。邓小平同志提出要进行党和国家领导制度的改革。因为"党和国家现行的一些具体制度中，还存在不少的弊端，妨碍甚至严重妨碍社会主义优越性的发挥。""如果不坚决改革现行制度中的弊端，过去出现过的一些严重问题今后就有可能重新出现。"②改革的目的是改革现行制度中的弊端，使社会主义制度的优越性得到充分发挥，健全社会主义民主和法制，建立廉洁政治，推动社会主义物质文明和精神文明建设。因此，我们要结合政治体制改革来探索反腐败的问题。要通过政治体制改革，克服现行党和国家领导制度中的弊端，克服权力过分

---

①第3卷，第370页
②第2卷，第327、333页

集中的现象。权力过分集中，妨碍社会主义民主制度和党的民主集中制的实行，妨碍社会主义建设的发展，妨碍集体智慧的发挥，容易形成个人专断，破坏集体领导，是在新的条件下产生官僚主义的一个重要原因。要解决这个问题，必须建立依法行使权力的监督和制约机制。

首先，党和国家领导制度的改革，要解决权力过分集中的问题，通过改革，改善和加强党的领导，提高党的执政水平和领导能力，提高人民代表大会的作用，提高人民政府的行政能力。这就必须实行党政分开，改变在党的一元化领导的口号下党政不分、以党代政的问题。党内要加强民主集中制，实行集体领导和个人分工负责相结合的制度。党要管党，主要管好党的路线方针政策，管好党员和干部，对人大和政府实行政治领导；改善人民代表大会制度，更好地发挥人大作为人民民主管理国家大事的作用；真正建立从国务院到地方各级政府从上到下的强有力的工作系统，凡是政府职权范围的工作，都由国务院和地方各级政府讨论、决定和发布文件，不再由党中央和地方各级党委发批示、作决定，更好地发挥政府的职能作用，管理好各项行政工作。目标是克服官僚主义，提高工作效率。

其次，要加快政府机构改革，精简庞大机构，裁减大量冗员，建立精简、统一、效能的机构，减轻国家财政的沉重负担，消除乱收费、乱罚款、乱摊派等加重群众负担的行为，给人民一个真正的"廉价政府"。要加快转变政府职能，实行政企分开，建立公开办事制度，强化群众监督，最大限度减少权钱交易的条件，防止和制止"设租"与"寻租"现象的发生。要规范党政机关经费制度，国家财政要保证党政机关正常运行所必需的经费，禁止党政机关经商办企业及其以任何手段搞非法创收活动，防止和制止权力进入市场、搞权钱交易、以权谋私。

五是要坚持纪律和法律面前人人平等，从严治党，严厉惩治腐败分子。邓小平同志十分重视依靠党纪和国法来推进党风廉政建设和反腐败斗争。执纪执法，一要坚决，二要从严，否则党纪国法就形同虚设。早在改革初期的1982年，他就提出，要坚决打击经济犯罪。打击经济犯罪决不能手软。遇事手软，下不了手，是思想上没有认识这个问题的严重性。刹住盗窃国家财产、贪污受贿这股风，一定要从快从重。对有严重问题的党员，要开除党籍，开除公职；对一些情节特别严重的犯罪分子，给以严厉的法律制裁。在1989年那场政治风波之后，他批评那种"一手软"的倾向，"腐败的事情，一抓就能抓到重要的案件，就是我们往往下不了手。这就会丧失人心，使人们以为我们包庇腐败。"[①]这就放松了党的纪律，甚至保护了一些坏人。他提出要雷厉风行地严厉惩治腐败。要扎扎实实做几件事情，体现出我们是真正反对腐败。惩治腐败，至少抓一二十件大案，透明度要高，处理不能迟。特别是党内高层的腐败更要严厉惩治。要雷厉风行，要公布于众，要按法律办事。该受惩罚的，不管是谁，一律受惩罚。以此来维护党和人民的最高利益，以此来体现我们是真正反对腐败，来取信于人民。

总之，通过经济体制改革和政治体制改革，不断铲除腐败现象滋生蔓延的土壤，这是治本之策。

四、加强党对反腐败的领导，切实抓紧实干

只有坚持共产党的领导，才能真正反对腐败。加强党的领导，是反腐败斗争不断取得胜利的根本保证。加强党对反腐败的领导，主要体现在以下几个方面：

一是党中央对反腐败斗争要有坚强的决心，这是反腐败的关键。邓小平同志指出，要惩治高层的腐败，更要防止高层的腐败，党的领导核心即党中央要做出表率，在自我廉洁方面做出表率，在反腐败问题上要旗帜鲜明。他在给刚刚上任的第三代领导集体谈话时特别强调这一点。中央领导同志如果在反腐败问题上稍有动摇，立场不坚定，态度不明确，那么必然会动摇各级领导反腐败的决心，反腐败斗争就不可能进行到底。因此，中央领导同志的反腐败决心如何，是至关重要的。一言以蔽之，反腐败的首要问题是中央的决心。有了坚定不移的决心，才有可能努力探索和制定出正确的反腐败的方针政策，并真抓实干，付诸实施。既要抓治标，严厉惩治腐败分子，又要抓治本，从源头上预防和治理腐败，全面推进反腐败斗争深入开展。

二是必须坚持"两手抓，两手都要硬"方针。党委的工作千头万绪，经济工作是中心，还得抓改革开放，怎样处理它们与反腐败的关系？邓小平同志提出"两手抓，两手都要硬"的方针，在改革开放过程中都要反对腐败，要把廉政建设作为大事来抓。邓小平同志深刻地总结了改革开放十几年的经验和教训，反复强调在改革开放的条件下要"两手抓"。"一手抓改革开放，一手抓惩治腐败，这两件事结合起来，对照起来，就可以使我们的政策更加明朗，更能获

[①]第3卷，第297页

得人心。"① "一手硬、一手软"会导致严重的后果，必须"两手抓，两手都要硬"，两手配合，才能保证改革开放政策的正确贯彻，保证经济建设和党风廉政建设协调发展。

三是党要依靠和发动广大人民群众参加反腐败斗争。一切都依时间和条件为转移。过去我们搞革命，采取群众运动的办法是正确的，我们取得政权并在政权稳固以后，对反对社会主义的敌对势力的斗争要采取新的办法。打击犯罪和反腐败，不能采取过去搞政治运动的办法，而要遵循社会主义法制的原则。当然，反腐败不搞群众运动，但不等于不依靠广大群众。加强对反对腐败工作的领导，党就必须动员、发动和依靠广大人民群众参加反腐败斗争，因为他们是反腐败的真正动力。离开了广大人民群众的拥护和支持，反腐败斗争就不可能取得胜利。群众发动的广泛规模和深入程度，决定着反腐败成效的多少。加强党的领导，就得改善党的领导，其核心问题就是改善党同人民群众的关系，克服官僚主义，加强同人民群众的密切联系，取得人民群众的拥护，并千方百计采取各种形式让广大人民群众有机会支持和参与反腐败斗争。邓小平同志指出，对贪污、行贿、盗窃以及其他乱七八糟的东西，人民是非常反感的，我们要依靠人民的力量，一定能够逐步克服。"我们说过不搞运动，但集中打击严重刑事犯罪活动还必须发动群众，没有一点声势不行"。"动员全市人民参加，这本身对人民是教育，同时能挽救很多人，挽救很多青年"。②总之，党要从国家稳定的大局出发，领导广大人民群众在社会主义法制的轨道上推进反腐败斗争。

四是必须坚持党风廉政建设和反腐败要突出重点，坚持从领导干部特别是高级干部抓起。党的各级领导干部尤其是高级干部是否廉洁从政，关系国家的命运、党的命运、人民的命运。反腐败必须从领导干部抓起。邓小平同志指出，廉政建设要作为大事来抓。领导干部尤其是高级干部要带头发扬党的优良传统，不要特殊化，不要脱离群众，要在艰苦奋斗、廉政建设方面作表率。要规范领导干部的用车、住房等生活方面的待遇，并加以监督，使他们不能特殊化。领导干部还"要做好自己的亲属和子女的工作，做好有关人员的工作。"③对领导干部，不仅平时要严格要求，严格管理，而且当他们犯了错误

---

① 第3卷，第314页
② 第3卷，第33页
③ 第2卷，第220页

时，处理也要严格。"对一般党员处理要宽些，对领导干部要严些，特别是对高级干部要更严些。"①只有这样，我们党才能赢得广大人民的衷心拥护，才能有效地领导反腐败斗争。

五是必须狠狠地从具体事件抓起。就是要纠正那种空喊口号、搞形式、雷声大、雨点小的不良作风，而要扎扎实实，一件一件地抓，确实抓出成效来。邓小平同志指出："抓精神文明建设，抓党风、社会风气好转，必须狠狠地抓，一天不放松地抓，从具体事件抓起。"②对违纪违法案件，要一件一件地认真查处，要真正抓紧实干，不能手软。要体现出我们是真正反对腐败，不是假的，才能取信于民。如果拖拖拉拉，人会怀疑我们在包庇腐败。必须首先查处大案要案。一般案件不是可以放松不抓，但首先必须抓紧查处大案要案。邓小平同志提出："越是高级干部子弟，越是高级干部，越是名人，他们的违法事件越要抓紧查处，因为这些人影响大，犯罪危害大。抓住典型，处理了，效果也大。"③就是说，查处案件是反腐败的关键环节，必须抓住不放，深入持久地进行下去。有案必查，还要突出重点，首先集中力量查处一批有影响的大案要案，能更加有效地惩治腐败，能更加表明我们党反腐败的决心，也才能更加鼓舞人民群众的斗志，积极推动反腐败斗争深入开展。

六是必须严格按照党纪、国法办事。这是民主、公正、正义的标志，是维护党纪国法权威、有效惩治腐败的最重要的保证。邓小平同志说，反腐败，查处案件，"不管牵涉到谁，都要按照党纪、国法查处。"④公民在法律和制度面前人人平等，党员在党章和党纪面前人人平等。不管谁犯了法，都要依法办理。不管谁违反党纪，都要受到党纪处分。"只有真正坚决地做到了这些，才能彻底解决搞特权和违法乱纪的问题。"⑤只有这样，党内决不允许腐败分子有藏身之地的要求才能成为现实。

邓小平理论中关于党风廉政建设和反腐败的思想，在党的十五大报告和党的十六大报告中都得到充分的体现和发挥。我们要在党中央的领导下，高举邓小平

---

①第2卷，第148页
②第3卷，第152页
③第3卷，第152页
④第3卷，第152页
⑤第2卷，第332页

理论的伟大旗帜，认真实践"三个代表"重要思想，探索新形势下腐败滋生蔓延的原因、特点和规律及其反腐败的新途径、新方式、新措施、新对策，努力把反腐败斗争引向深入，不断取得反腐败斗争的新成效。

（成稿于2002年10月）

坚持"三个代表"重要思想，坚定不移地反对腐败

——全国党建学会理论研讨会上印发的发言稿

（2000年于镇江）

在我们党领导全国人民即将跨进21世纪的关键时刻，江泽民同志作出了关于中国共产党要始终成为中国先进社会生产力的发展要求、中国先进文化的前进方向、中国最广大人民的根本利益的忠实代表，我们党就能永远立于不败之地，永远得到全国各族人民的衷心拥护并带领人民不断前进的精辟论述，是对马克思主义建党学说的新发展，是我们党在新的形势下面临的执政考验、国内外风险考验和拒腐防变的强大思想武器，是我们党建设有中国特色社会主义的强大思想武器。这里，仅就"三个代表"思想对反腐败斗争的重大指导意义谈点看法。

一、坚决反腐败是坚持"三个代表"思想的必然要求

江泽民同志从历史唯物主义的高度，阐明了腐败的根源。他指出，腐败这种现象，从本质上说是剥削制度和剥削阶级的产物。这一科学的论述，为我们治理腐败指明了方向。在人类几千年历史上，剥削制度和剥削阶级赖以存在的私有制是腐败的根源。中国共产党领导人民推翻了剥削制度，建立了社会主义制度，为消除腐败创造了条件，开辟了道路，但彻底消除腐败还需要一个很长的历史时期。这不仅因为我国还处于社会主义初级阶段，公有制以外的各种私有经济还将长期存在，剥削阶级腐朽思想影响还将长期存在，而且还因为国际上敌对势力加紧对我国进行颠覆、渗透和西化、分化活动。这就决定着腐败与反腐败斗争具有长期性、复杂性和尖锐性。腐败与反腐败斗争是关系我们党和国家生死存亡的严重政治斗争。在新的历史时期，我们党要坚持"三个代表"的思想，领导人民建设有中国特色社会主义，一个极其重要的方面就是要旗帜鲜明地坚持不懈地开展

反腐败斗争。不坚决反对腐败，我们党就不可能始终成为"三个代表"，建设有中国特色社会主义事业必将遭到失败。因此，坚决惩治腐败是我们党始终成为"三个代表"的必然要求。

第一，坚决反对腐败，才能保护社会主义经济基础，促进社会生产力的发展。

改革开放以来特别是党的十四大以来，我们党以邓小平理论为指导，根据我国社会主义初级阶段的特点和生产力发展的水平，确立了以公有制为主体、多种所有制经济共同发展的基本经济制度和建立社会主义市场经济体制，调动了广大人民群众的主动性、积极性和创造性，极大地推动了社会生产力的发展。但是，腐败却会瓦解社会主义经济基础，破坏和阻碍社会生产力的发展。一是腐败破坏社会主义市场经济秩序，扰乱资源的合理配置。腐败分子与社会上不法分子搞权钱交易，破坏经济秩序。有的在项目审批、工程承包、土地转让、商品购销等领域中搞贿赂、回扣，结果造成了许多项目重复建设、工程造价偏高、土地转让费偏低、国有企业物资高价进低价出等等，使国家有限的资源不能合理配置和国有资产大量流失；有的利用职务之便，串通不法分子骗取得国家建筑项目，甚至把外商普通房地产项目作为国家秘密机关的掩护项目，获得国家巨额贷款，干扰了国家正常的投资计划，损害国家的利益；有的与不法分子勾结，搞金融诈骗、股票舞弊，搞骗税骗汇、非法集资，搞虚开增值税发票，使国家蒙受巨大损失；有的与不法承包商搞权钱交易，不仅造成国家资金严重损失，而且造成了许多工程重大责任事故。二是腐败破坏国有企业改革，妄图将国有企业私有化。腐败分子与不法分子互相勾结，狼狈为奸，共同偷盗国家财产，企图乘着国有企业改革之机，将国有企业低价卖光或分光、送光；有的将国有企业的资产转移出来注册私营企业或迂回地转入私营企业；有的将在国外境外的中资企业的资产用各种手段转到自己手中，造成了国有资产的数以亿计的巨大损失。他们的所谓改制,就是要把公有制的国有企业改成私有制。三是腐败破坏国家涉外经济管理制度，严重损害国家利益。一些腐败分子利令智昏，不惜损害国家利益以获取私利。有的出卖经济情报，甚至出卖军事情报，危害国家经济安全和军事安全；有的在引外资或设备的过程中收受外商贿赂，把国家大量资金拱手送给外商；有的收受走私分子贿赂，掩护走私，造成了诸如涉及金额数百亿元的湛江、厦门特大走私案件。凡此种种腐败行为，都对社会主义经济基础的巩固和生产力的发展造成了严重危害。改革开放以来，正因为坚决开展反腐败斗争，保证了改革的正确方向，维护了社会主义经济基础，推动了社会生产力的发展。反之，如果我们不坚持反对腐败，那么，国家财产就会被腐败分子和不法分子窃取一空，我们党领导人民群众建立起来的社会主义经济基础就会毁于一旦，苏联那样私有化及其造成生产力大倒退的历史悲剧就会在中国重演，就根本谈不上高速度地发展中国社会生产力。

第二，坚决反对腐败，才能弘扬先进的社会主义文化，加强社会主义精神文明建设。

我们党要建设有中国特色社会主义的文化，就是以马克思主义为指导，以培养有理想、有道德、有文化、有纪律的公民为目标，发展面向现代化、面向世界、面向未来的，民族的大众的社会主义文化。而腐败的滋生蔓延，败坏党风民风，危害先进文化的建设。腐败行为的思想核心是唯利是图。腐败总是伴随着拜金主义、利己主义、享乐主义而发生的。腐败行为所奉行的行使权力的原则是，只要有钱有利、及时行乐，什么违法犯罪的事情都可以干得出来，甚至不惜冒着绞首的危险。腐败分子利用手中的权力，与不法私营企业主不仅搞权钱交易，而且大搞权色交易，过着骄奢淫逸、腐朽糜烂的生活。厦门走私头目赖昌星专门建造成腐蚀干部的淫乐窝——红楼宾馆，把一批领导干部包括个别省部级领导干部拉拢下水，这些干部竟不知寡廉鲜耻，胡作非为，践踏党纪国法，为私营利益而出卖国家利益。从本质上说，腐败所反映的是腐朽没落的剥削阶级思想，与先进的社会主义文化是根本对立的。其一，腐败侵蚀党的马克思主义的指导思想，危害党的思想建设。腐败使资本主义腐朽思想和庸俗作风在党内作祟，腐蚀党的肌体，模糊党的奋斗目标，反对党的宗旨，破坏党内团结的思想基础，使一些党员成为极端个人主义者，非法追求个人发财致富，致使党有蜕化变质的危险。其二，腐败危害了全社会的社会主义精神文明建设。各种腐败行为，如贪污受贿、买官卖官、贪赃枉法等等都是腐朽思想支配下发生的，同时腐败行为又不断地散发着腐朽思想的毒素，毒化着党风，毒化着社会风气，破坏了先进的社会主义文化的传播。事实表明，凡是哪里腐败严重，必然是腐败分子与不法分子互相勾结，兴风作浪，搞坏了哪里的社会风气，使权钱交易盛行，买官卖官不知廉耻，司法不公屡见不鲜，挥霍浪费无度，骄奢淫逸之风弥漫，卖淫嫖娼到处泛滥，封建迷信屡禁不止，赌博贩毒猖獗，盗窃抢劫越演越烈，社会治安形势严重等等。总之，腐败对党的马克思主义指导思想和建设有中国特色社会主义文化，具有极大的危害性。它恶化社会环境，使腐朽的剥削阶级思想文化沉渣泛起，阻碍和瓦解人们树立正确的世界观、人生观、价值观。它破坏全国人民在中国共产党领导下的凝聚力，涣散人民的团结，瓦解人民的斗志，危害我们党建设有中国特色社会主义的伟大事业。因此，坚决反对腐败，是抵制资本主义腐朽思想文化侵蚀的保证，是保护和促进先进的社会主义文化建设的保证。我们应当把反对腐败与弘扬先进的社会主义文化有机地结合起来，加强反腐蚀教育，以加强党的思想建设带动全社会的社会主义精神文明建设，使我们党真正成为中国先进文化的代表。

　　第三，坚决反对腐败，才能使党与人民群众保持血肉联系，始终代表和维护最广大人民群众的根本权益。

　　我们党代表全国最广大人民群众的根本利益，以全心全意为人民服务作为我们党的宗旨，以为广大人民谋利益、创造幸福生活作为神圣职责，这是我们党区别于任何其他政党的根本标志。我们党近八十年来为国家的复兴、人民的幸福而奋斗并创造的光辉历史证明，我们党不愧为中国最广大人民群众的忠实代表。在新的历史时期，我们党作为执政党，要用权力更好地为人民服务，而决不能以权谋私，损害人民群众的利益。腐败的本质特征是以权谋私，权钱交易。因而腐败与我们党的宗旨和权力行使的目的是背道而驰的，是损害人民群众的根本利益的。如有的严重官僚主义、命令主义，侵犯群众民主权利、人身权利和其他合法权益；有的玩忽职守，敷衍塞责，酿成重大安全责任事故，造成人民的生命和财产巨大损失；有的铺张浪费，奢侈挥霍，公款旅游，吃喝玩乐；有的欺上瞒下，虚报浮夸，假冒政绩，骗取荣誉；有的乱收费、乱罚款、乱摊派，加重群众的负担；有的贪污受贿、贪赃枉法、走私护私等等。这些腐败行为都侵害了人民群众的利益，败坏党在人民群众中的崇高威信，造成党群干群关系紧张，激发了社会不安定的因素，损害改革、发展、稳定的大局。一些腐败分子，如有些高级干部大搞腐败，他们或者为自己的配偶子女个人经商办企业谋取非法利益，或者"傍大款"，为国内外极少数不法私营企业主谋取非法利益。他们的违纪违法犯罪行为，从本质上说，是把人民的权力变为谋私的工具，反对人民群众当家作主，破坏社会主义民主和法制，从根本上危害最广大人民群众的利益。他们是党的叛逆者，是干部队伍中的败类，是国内外不法私营企业主的代理人，是埋藏在我们党内的定时炸弹。"堡垒最容易从内部攻破，决不能自己毁掉自己"。如果我们党不坚决清除这些腐败分子，一旦时机成熟，他们就会篡党夺权，我们就会亡党亡国，广大人民群众就会重新回到受压迫、受剥削的水深火热之中，这决不是危言耸听。人民群众对腐败深恶痛绝。我们党清醒地认识到，历史和现实都表明，一个政权也好,一个政党也好,其前途与命运最终取决于人心背向,不能赢得最广大群众的支持,就必然垮台。因而,我们党始终顺乎民心民意,一向坚决反对腐败。改革开放以来,正是因为我们党坚持开展反对腐败的斗争,保证了人民群众在国家和社会中的主人翁地位,使最广大人民群众的根本利益还能得到维护和发展,才使我们党还能保持同人民群众的血肉联系,在国际风云急剧变幻中经受了严峻的考验,避免了重蹈苏联瓦解、东欧巨变的覆辙,使社会主义中国焕发着生机勃勃的活力。

总之,腐败与"三个代表"是根本对立的,是水火不相容的,是对"三个代表"的反动。腐败危害中国最广大人民群众的根本利益,包括危害作为中国社会先进生产力的代表、解放和发展生产力的主力军——工人阶级的根本利益。腐败象毒瘤一样危害我们党的健康肌体。它是共产党的大敌,是人民群众的大敌。如果不坚决反对腐败,我们党就会自身难保,就不可能始终成为"三个代表",不可能领导人民建设有中国特色社会主义。反对腐败既是坚持"三个代表"思想的必然要求,是党的建设和政权建设的迫切需要,又是建设有中国特色社会主义的重要组成部分,必须坚定不移地把反腐败斗争进行到底。

二、按照"三个代表"思想的要求深入开展反腐败斗争

党的十四大以来,我们党不断加大反腐败的力度,推动反腐败斗争的深入发展,一方面增强了我们党拒腐防变的能力,使党的组织和队伍更加纯洁、坚强,更好地发挥领导核心作用;另一方面维护了改革、发展、稳定的大好局面,推动了建设有中国特色社会主义事业的蓬勃发展。实践表明,共产党有决心有能力解决腐败问题。在反腐败中,我们坚持"三个代表",其关键是贯彻落实党中央关于反腐败的路线、方针、政策,认真总结实际经验,使反腐败的战略部署和每项具体工作更好地体现"三个代表"的要求,扎扎实实地深入地开展反腐败斗争。

第一,反腐败必须紧紧围绕经济建设这个中心来开展,维护改革发展稳定的大好局面。

发展是硬道理,中国一切重大问题的解决,归根到底要取决于发展。发展是经济社会全面发展,其基础是经济发展。经济发展不仅是个经济问题,而且也是个政治问题。经济建设是全党工作的中心,是建设社会主义的首要任务。如果我们党不把经济搞上去,就不能提高社会生产力和增强综合国力,不能提高人民群众的生活水平,就会丧失人民群众的支持和拥护。同样,如果我们党不能很好地解决腐败这一严肃的政治问题，就不可能解决好经济建设问题，也会丧失人民群众的支持和拥护。江泽民同志指出，如果经济搞不上去，我们党会垮台；如果反腐败不搞好，我们党也会垮台。搞好社会主义经济建设为反腐败奠定经济基础，搞好反腐败才能为社会主义经济建设提供政治保证。现阶段，我们党的根本任务是集中力量发展社会生产力，把经济建设搞上去，其他各项工作包括反腐败斗争也要服从和服务于这个中心，而决不能影响或冲击经济建设这个中心，同时必须明确经济建设这个中心所坚持的方向应当是社会主义的而绝对不能是资本主义的，这是决定国家前途命运的根本政治问题。反腐败斗争必须围绕经济建设这个中心，正确处理反腐败与经济建设的关系，贴近经济，了解市场，深入到经济建设主战场中去发现和揭露问题，做好惩治和预防腐败工作。这些年来，我们坚持以经济建设为中心，坚持两手抓的方针，不断取得反腐败斗争的阶段性成果，促进了社会主义经济建设，为维护改革、发展、稳定的大局提供了必要条件和重要保证，为落实"三个代表"的重要思想发挥了积极作用。

第二，反腐败必须坚持从严治党的方针，坚决查办违纪违法案件，认真解决群众反映强烈的热点问题。

在今年中央纪委第四次全体会议上，江泽民同志特别强调了"治国必先治党，治党务必从严"。这是从严治党的重要指导方针，是落实"三个代表"重要思想的具体体现。在开展反腐败斗争中，贯彻从严治党的方针，主要是从两个方面解决问题。第一个方面是解决腐败案件问题。党的十四大以来，我们党不断加大惩治腐败的力度，查处了一大批违纪违法案件，特别是对高级干部违纪违法案件的查处，以及对湛江、厦门等特大走私贿赂案件的查处，充分显示了我们党惩治腐败的决心和力度。当前有些领域的腐败案件已经开始出现了有所下降的趋势，但从总体上看，腐败案件发生的势头还未得到根本遏制。为了进一步推进反腐败斗争，必须继续严肃查处违纪违法案件。要加大查办案件的力度，哪里有腐败案件就查到哪里。特别是要集中力量，查办一批有影响的大案要案，严惩一批腐败分子。不论是谁，不论职务多高，该受什么处分就给什么处分，该重判坚决重判，该杀的坚决杀，决不能手软。否则，腐败之风刹不住，也难以服众。第二个方面是解决腐败风气问题。腐败案件毕竟是极少数，广大人民群众切身感受到的，大量还是党内不良风气以及部门和行业不正之风的问题。这些年来，通过加强党风廉政教育，制定领导干部廉政准则和加强督查，使干部从政行为逐步规范，一些群众反映强烈的热点问题，如领导干部乘坐超标准小汽车、吃喝玩乐奢侈浪费、公路"三乱"等问题，得到一定程度的解决或纠正。但是，一些部门和地方政治纪律松弛，受利益驱动，搞"上有政策，下有对策"，加上体制、机制、法制方面的问题，有些不正之风还是屡禁不止，纠而复生。要解决这些问题，除了继续刹风整纪和加强教育、强化领导干部廉洁自律之外，还需要从源头上寻找治理的对策，进一步加大力度，逐步实现党风和社会风气的好转。

第三，反腐败必须坚持标本兼治的方针，既要抓紧治标工作，更要抓紧治本工作。

党的十四大前后的一段时间，消极腐败现象一度大量出现，来势很猛。在这种形势下，反腐败首要的任务是要把这种势头遏制住。当时采取了一系列大力治标的措施，先后提出了领导干部应当遵循的31个"不准"的廉洁从政行为规范，后来在此基础上形成了《廉政准则》，禁止不廉行为；大力查办大案要案，坚决惩治腐败分子；逐项纠正人民群众反映强烈的部门和行业不正之风，将腐败现象严重之势加以遏制。但是，当反腐败治标工作抓到一定的程度以后，如果再不从源头上铲除和减少滋生腐败的原因，腐败现象仍会不断滋生蔓延，反不胜反。按照党的十五大提出的反腐败要坚持标本兼治的要求，在继续抓紧反腐败治标的同时，必须逐步加大治本的力度，加强教育和监督，注意从体制、机制、制度入手，消除滋生腐败的土壤和条件，从源头上预防和治理腐败。这里所讲的"消除滋生腐败的土壤和条件"，是反腐败的重中之重，是最根本的问题，必须研究清楚，并采取有力措施，否则反腐败会产生恶性循环，越演越烈。近些年来，党中央采取了一系列从源头上预防和治理腐败的重大措施。经过多年的努力，反腐败斗争正在走上从侧重治标，转到标本兼治、逐步加大治本力度的轨道上来，开始呈现出向纵深发展的良好态势。当前要在"三讲"教育的基础上，运用正反两个方面的典型，对广大党员干部进行理想信念教育、党性党风党纪教育和法制教育，加强新闻舆论监督。要加强党内民主监督，形成对权力的有效制约和监督。要通过行政审批制度改革、干部人事制度改革、强化资金监管、进行公务员收入分配和福利待遇制度改革等等，强化对行政权、财政权、人事权的管理和监督，加大从源头上预防和治理腐败的力度，特别是通过发展和壮大以国有经济为主导的社会主义公有制经济，逐步把消极腐败现象遏制到可能的最低限度。

第四，反腐败必须坚持"一要坚决，二要持久"的方针，既要抓好当前工作，又要作长久作战的准备。

我国还处在社会主义初级阶段，在改革开放的条件下，由于国内和国际的因素，腐败现象不可能在很短时间就遏制到最低限度。我国在建设社会主义市场经济体制的过程中，随着经济基础的巨大变动，上层建筑和意识形态等都发生了深刻变化，出现了经济成分多样化、分配形式多样化、利益主体多样化，思想意识多样化等等，各种矛盾比较多，滋生腐败的因素比较多。同时又由于从计划经济向社会主义市场经济转变的时间短和进程快，各项制度不可能在短时间内完善，还存在着不少漏洞。这一体制转变时期成为腐败现象易发多发的时期。对此，党中央的认识是清醒的，是有预见的。早在改革开放初期，邓小平同志就曾经强调："我们要反对腐败，搞廉洁政治。不是搞一天两天，一月两月，整个改革开放过程中都要反对腐败。"江泽民同志也多次作过阐述，指出"反腐败斗争和党风廉政建设要贯穿于改革开放和现代化建设的全过程，是一项长期而艰巨的任务"。我们要正确认识当前反腐败斗争的形势，深刻理解党风廉政建设和反腐败是一个需要长期认真严肃对待的问题。既要立足当前，充分认识腐败问题的尖锐性和严重性，增强责任感和紧迫感，坚决惩治腐败；又要着眼长远，用战略的眼光来看待反腐败斗争的复杂性和长期性，作长期斗争的准备，不能期望采取一两次大的行动就能彻底解决问题。要从战略上着眼，从战术上着手，打好一个一个战役，积小胜为大胜，实现阶段性的战略目标，并一步一步地向总体战略目标推进。如果我们不能正确处理好当前和长远的关系，或者因为腐败问题严重就想脱离法制轨道，沿用过去搞运动的方式，或者以腐败高发难以避免为由而放任自流，那就会导致严重的错误，从而直接影响"三个代表"重要思想的落实。

第五，反腐败必须坚持理论联系实际，走一条符合现阶段基本国情、适应社会主义市场经济发展和有利于巩固社会主义制度要求的反腐败路子。

党的十四大以来，党中央一直把反腐败作为关系党和国家生死存亡的大事来抓，确定了新形势下开展反腐败斗争的指导思想、基本原则、工作格局、领导体制和工作机制，作出了一系列重大决策。特别是党的十五大以后，党中央进一步加大了工作力度，在继续保持反腐败高压态势的同时，采取一系列从源头上预防和治理腐败的重大措施，使多年来群众反映强烈的一些腐败问题逐步得到较好解决。现在，尽管腐败问题依然严峻，但在一些工作较好的地区和部门消极腐败现象发展蔓延的势头有所减缓，产生腐败的深层次原因正在揭露与逐步消除。反腐败斗争始终保持平稳、健康发展的势头，各项政策和工作部署始终保持连续性，没有出现大的反复。这些年来，反腐败斗争始终围绕经济建设这个中心来开展，加大治本力度，促进了社会主义市场经济体制的建立，用社会主义公有制经济的强大力量来加强对市场进行有效的宏观调控，更好发挥市场对资源配置的基础性作用，把市场的积极作用发挥到最大程度，把市场的负面作用减少到最小程度，为维护改革、发展、稳定的大局提供了必要条件和重要保证，基本形成了反腐败与改革的深入、经济的发展和社会的稳定相互协调、同步推进的局面。我们党正在探索出一条符合社会主义初级阶段基本国情、适应社会主义市场经济发展和巩固社会主义制度要求的反腐败路子。全党只要统一认识，坚定信心，带领广大群众沿着这条路子走下去，不断总结经验，纠正弊端，开拓创新，真抓实干，经过若干年的努力，腐败现象多发高发的势头一定能够得到有效遏制，"三个代表"重要思想就能更好地得到实现。

| 我的理论思考 |

加强和改进党的作风建设
维护和促进哲学社会科学研究
——在中国社会科学院纪检监察领导干部学习班上的讲话

（2001年10月12日）

举办这次全院纪检监察领导干部业务知识学习班，是年初院纪检监察工作会议确定的。经过大家的共同努力，学习班办得很成功，达到了预期目的。今天，学习班就要结束了，我结合学习党的十五届六中全会文件精神，联系社科院的实际，讲以下几点意见。

一、认真分析各学科研究现状和思想理论动态，牢牢把握科研工作的正确方向

江泽民同志8月7日在北戴河亲切会见部分国防科技和社会科学专家时指出："加强哲学社会科学研究，对党和人民事业的发展极为重要。一个民族要兴旺发达，要屹立于世界民族之林，不能没有创新思维。这是人类文明发展史给人们的一个重要启示。"江泽民同志的重要讲话对哲学社会科学工作者是巨大鼓舞，同时给研究工作指明了方向。按照江泽民同志讲话的要求，我们哲学社会科学工作者要坚持理论联系实际，注重研究全局性、前瞻性、战略性的重大课题，促进理论创新、制度创新、科技创新的蓬勃进行。要始终坚持以马列主义、毛泽东思想、邓小平理论为指导，坚持科学的世界观和方法论。坚持解放思想、实事求是、追求真理、淡泊名利。坚持百花齐放、百家争鸣的方针，努力营造良好的学术研究环境，支持学术繁荣发展。要在促进改革开放和现代化建设的实践中，在为党和政府科学决策的服务中，推进哲学社会科学事业。

我刚来院不久，通过翻阅文件和调研活动，了解到我院总体上的政治局面是稳定的,党风廉政建设的形势是好的。全院95%以上的专家学者和干部职工能够自觉在思想上、政治上与党中央保持高度一致;全院每年出版的400多部著作和在各类报刊、杂志发表的数千篇文章,95%以上在政治方面是严肃、健康的;我院主管的80多种期刊、5家出版社和100多个学会(研究会),在政治上没有出现大的问题;全院党员领导干部能够认真贯彻执行廉政准则和中央关于制止奢侈浪费行为的若干规定。特别是院党组1999年制定了"六个不得",要求全院人人皆知,基本上得到遵守。院党组始终注意把坚持正确的办院方向当作我院建设的首要问题,切实加强了全院干部职工的思想政治建设和各级党组织建设。实践证明,全院科研人员绝大多数能够自觉坚持以马克思主义、毛泽东思想、邓小平理论为指导,按照"三个代表"重要思想的要求,在科研工作及其它各项工作中坚持正确的政治方向、理论方向和科研方向,能够自觉遵守政治纪律和宣传出版纪律。在院党组正确领导下,中国社会科学院正在建设成为马克思主义的坚强阵地。

但是,由于我院的某些外部环境仍然较为复杂,极少数原我院叛逃西方国家的人加入涉外反动组织,不断撰写文章攻击党和政府。国外的一些所谓"学术团体",以学术交流为幌子,想方设法与我院学者接触,企图对我院科研工作施加影响。个别驻华使馆和外国记者通过各种手段,企图从我院刺探我国的政治动态、经济走势、社会文化热点和对外政策等。受当前国内外各种错误思潮的影响,极少数学者在政治观点和理论倾向方面出现了严重错误。有人否定马克思主义是科学理论,大肆鼓吹自由主义,断言"马克思主义和宗教并没有区别"。有人宣称"马克思主义是外来的,未在中国生根,只是共产党的'党学',而儒家学说是'中华民族的精神方向',是'国学'",鼓吹"国学高于党学",胡说"自由主义是其它一切主义的舞台","如果我们把自由主义消灭了,其它主义就不能生存,更谈不上繁荣"。有人在经济学方面主张"全盘西化"和"全盘私有化",认为只有私有化才是中国改革的唯一出路。有人甚至把国有经济为核心的社会主义经济制度说成是希特勒的"国家社会主义"。有人在历史学方面公开否定马克思主义历史唯物主义对史学研究的指导作用,以此来否定近代中国人民反帝反封建斗争和新民主主义革命运动,否定社会主义制度的必然性。有人在新闻学方面鼓吹所谓"人民性高于党性",否定新闻工作中的党性原则。在文学研究方面,有人鼓吹极端个人主义,否定革命英雄主义和集体主义;有人推崇资产阶级的自由主义,主张"瓦解崇高","消解意识形态";有人极力吹捧"新儒家",推崇新文化保守主义,否定马克思主义,等等。上述错误政治观点造成很坏的影响。由此可见,抵御资产阶级自由化思潮的渗透和影响,抵制错误政治观点和思潮的泛滥,应该成为全院各级党组织和党员和我们纪检干部的共同任务。纪检监察工作要突出维护政治纪律,要围绕社中国社会科学院科研这一中心工作服务,保证理论研究工作沿着马克思主义的正确方向发展。

二、全面落实"八个坚持八个反对",促进哲学社会科学研究

这次六中全会关于加强党的作风建设的决定,提出"八个坚持八个反对"。由于时间关系,在这里,我着重谈一下端正学风、加强政治纪律、反腐倡廉和干部生活作风等四个问题。

(一)努力端正学风。按照六中全会提出的"坚持理论联系实际,反对照搬照抄、本本主义"的要求,大力弘扬理论联系实际的学风,提高全党的马克思主义理论水平和解决实际问题的能力,是当前加强和改进党的作风建设的一项基础性工作。对于社会科学研究来说,学风问题是涉及到科学精神、科学态度这一个带有全局性、根本性的问题,关系到社会科学未来发展前途的问题,我们必须引起高度重视,做到理论与实际、学习与运用、言论与行动的统一,创造性地开展工作。现在我们党内在学风方面主要存在着"三个照搬照抄"的问题:一是照搬照抄"本本"。有的拘泥于马克思主义的片言只语,只会拿本本去框实践,而不善于用马克思主义的基本原理去解决实践中出现的新情况新问题。二是照搬照抄西方资本主义的一套。有的缺乏对马克思主义理论的深入学习,不会联系实际,一遇到复杂情况就立场动摇、迷失方向,甚至有的不读不懂马克思主义,却狂妄地反对马克思主义,热衷于照搬照抄西方资本主义的东西。三是照搬照抄文件。有的干部机械地对待上级机关的文件,不是联系实际创造性地开展工作,而是照抄照转,看起来轰轰烈烈,忙忙碌碌,实际上没有多少人抓落实,雷声大雨点小,效率不高。按照六中全会的精神,就我院在新的形势下如何进一步发扬马克思主义学风,提出以下几点要求:

一是要把加强马克思主义理论的学习,作为党的建设一项重要政治任务来抓。不断深化对共产党执政的规律、改革开放和现代化建设的规律、人类社会发展的规律的认识;做到要把学习理论与总结实践经验结合起来,与学习党的历史、中国历史和世界历史结合起来;与学习当代经济、科技、文化等知识结合起来;掌握同本职工作相关的方针政策和法律法规;打牢马克思主义理论功底,坚定理想信念，提高政治敏锐性和政治鉴别力，增强工作的原则性、系统性、预见性和创造性。

二是要着重现实问题的研究。即以我们正在做的事情为中心，着眼于马克思主义的运用，着眼于对现实问题的理论思考，着眼于新的实践和新的发展，切实解决本部门存在的实际问题。坚持学以致用，把提高运用理论解决实际问题的能力和开拓创新能力，作为衡量学习成效的重要标准和考核干部的重要内容，坚决反对照抄照搬、照本宣科的本本主义倾向。

三是大兴调查研究之风。把调查研究作为理论联系实际的重要环节，大力加强调查研究工作。学者在科研中决不能空对空、闭门造车，而必须坚持理论与实际紧密结合，经常深入社会、深入实际，深入群众进行调查研究，倾听群众的呼声，了解中国经济、政治、文化、社会等方面发展的深层次的问题和当前群众所关切的重点、热点、焦点问题，为中央提出建议和决策参考意见。又要立足中国，放眼世界，调查研究世情，用世界的眼光观察分析中国经济社会发展等方面的发展战略问题、前瞻性问题，为中央提出建议和决策参考意见。

（二）加强政治纪律建设。要按照六中全会提出的"坚持党的纪律，反对自由主义"的要求，加强政治纪律建设。我们党是靠革命理想和铁的纪律组织起来的马克思主义政党。纪律严明是党的作风，是贯彻党的路线，维护党的团结统一，完成党的任务的重要保证。党的所有组织和全体党员，都必须自觉遵守和维护党的纪律，同一切违反党的纪律的行为作坚决斗争。在党的纪律问题上，现在党内存在的主要问题是自由主义严重，好人主义盛行。这些年，自由主义、好人主义的庸俗风气有蔓延之势，严重危害党的健康肌体。一是政治上蜕变，传播政治谣言。有的党员干部在报刊上、书籍上、讲坛上和网络上，对党的路线、方针、政策，对中央已经作出决定的重大理论问题和历史结论，公开发表反对意见。有的公然散布歪曲党的历史、诋毁党的领袖人物、否定党的优良传统、散布违反马克思主义的错误观点，在干部群众和意识形态领域造成了恶劣的影响。二是无原则地互相吹捧，"共同受益"。在党内批评与自我批评的武器已经很少能正常使用，即使互相批评，也是不痛不痒，甚至暗示着表扬，这种风气在党内已是日甚一日。三是是非不分，明哲保身。有些干部在大是大非面前旗帜不鲜明，态度不坚决，正确的不敢坚持，错误的不敢反对，怕招惹是非得罪人。四是只讲人情关系，放弃党性原则。有些干部遇事讲关系，讲感情，只要有人情、有关系，正确的可以去压制，错误的可以去支持和纵容。针对党内存在的这些自由主

义倾向和违反纪律的现象,按照六中全会精神,要从四个方面坚持和加强党的纪律:

一要坚持政治纪律的严肃性,实行令行禁止。全会明确指出:"政治纪律是党的最重要的纪律。党的各级组织和全体党员必须坚持党的基本路线,自觉同党中央保持高度一致,维护中央权威,保证中央政令畅通"。这是当前加强政治纪律的重要内容。我们党是围绕自己的政治纲领、按照自己的政治路线、为实现自己的政治目标而组织起来的马克思主义政党。遵守党的政治纪律,是遵守党的全部纪律的政治基础。只有政治纪律严明,才能保证党的各项纪律严明;只有全党纪律严明,朝气蓬勃,我们党才能无往而不胜。每一个党的组织和党员,都必须在党的基本路线和总方针、总政策、总目标以及关系全局的重大问题上与中央保持一致,自觉维护中央权威,保证中央政令畅通。党章明确规定:"对党的决议和政策如有不同意见,在坚决执行的前提下,可以声明保留,并且可以把自己的意见向党的上级组织直至中央提出"。这是党章赋于党员的权利,应该予以维护。但是,不要忽视这个权利行使必须是在对党的决议和政策的"坚决执行的前提下"。如果离开了这个前提,其他的也就无从谈起。党的组织和党员在行动上必须坚决执行党的决议,不得公开发表同党的决议相反的意见,否则就要按违反政治纪律论处。就我院来讲,要坚持政治理论研究无禁区,公开发表要遵守纪律。

二要运用批评与自我批评的武器,维护党的纪律。批评与自我批评是我们党的优良传统作风,是我们党抵御各种政治灰尘和腐朽思想侵蚀、纠正自身错误、清除党内不良作风的武器,是维护党的纪律、解决党内矛盾的基本方法,也是我们党光明磊落、富有生命力的重要体现。六中全会要求全党同志要自觉拿起批评与自我批评这一武器,开展积极的思想斗争,坚持真理,修正错误,惩前毖后,治病救人。领导班子成员之间要定期进行开诚布公的谈心活动,发现问题及早提醒,及时纠正,化解矛盾,消除隔阂,增进团结。可以纠正不正之风和不良倾向,形成一个自我净化、自我约束的有效机制。

三要求党员增强纪律观念和法制观念。党章把"自觉遵守党的纪律和国家的法律,严格保守党和国家的秘密"作为一个共产党员必须履行的义务;党章对党的基层组织提出的基本任务之一,就是"监督党员干部和其他任何工作人员严格遵守国法政纪,严格遵守国家的财政经济法规和人事制度,不得侵占国家、集体和群众的利益。"党的各级组织和全体党员,不仅要自觉遵守党的纪律,而且都必须自觉遵守国家法律，在宪法和法律的范围内活动，自觉用党纪国法来规范自己的行为，做遵纪守法和依法办事的模范。

四要严格执行党的纪律，追究违纪的责任。六中全会强调加强党的各项纪律尤其是在政治上同党中央保持一致的纪律。重申要坚持纪律面前人人平等，严格执行党的纪律。对违反纪律的行为，不管涉及到谁，都要坚决追究，以维护党的纪律的严肃性，推动党的作风建设，保持党的先进性和纯洁性。执纪失之于软、失之于宽，是当前党内存在的一个比较严重的问题。党的各级组织要担负起维护和执行纪律的政治责任，定期向上级党委报告执行纪律的情况。同时要求，任何党员违反党的纪律，都要给予批评教育或纪律处分。特别是对违反政治纪律的行为，必须坚决执行纪律。比如对公开发表反对党的基本理论、基本路线、基本纲领的言论，经教育不改的，就要清除出党。对一些党组织和党员干部中存在的有案不查、有纪不依，甚至替违纪者说情开脱、袒护包庇的，要坚决纠正和查处。

（三）加强反腐倡廉工作力度。要按照六中全会提出的"坚持清正廉洁，反对以权谋私"的要求，不断加大反腐败工作力度。立党为公、执政为民，是党的作风建设的根本目的。党员干部特别是领导干部廉政从政，直接关系人心向背和党的执政地位的巩固。围绕为人民掌好权用好权这个根本问题，坚持标本兼治、综合治理，加大查案力度，进一步推进党风廉政建设和反腐败斗争。

我们必须看到，以权谋私等消极腐败现象还相当严重，这表明腐败现象总体上还没有得到有效控制。加大查办案件工作的力度，严厉惩治腐败分子。要重点查处党政领导机关、行政执法机关、司法机关、经济管理部门和县(处)级以上领导干部中的贪污受贿、徇私枉法、买官卖官案件。要坚持党委对查办案件工作的统一领导，加强查办大案要案的组织协调机制。要集中力量查处一批大案要案，不管涉及到谁，不论职务多高，权力多大，关系网多复杂，都要排除阻力，一查到底，严重处理，绝不手软。否则无法取信于人民。同时，要加大治本力度，通过改革，进行体制、机制、法制创新，从源头上预防和治理腐败。

一是加强党员领导干部理想信念教育和廉洁从政教育。党员干部必须牢固树立共产主义理想信念，必须牢记全心全意为人民服务的宗旨，正确对待权力、地位和自身利益，要经得住权力、金钱、美色的考验，为人民掌好权用好权。领导干部要自觉遵守廉洁从政的各项规定，严格自律，管好配偶、子女和身边工作人员，防止他们利用领导干部的职权和影响谋取非法利益。

二是加强和健全党内外监督。发扬党内民主，依靠广大党员和党组织对权力运行进行监督。要保证党员充分行使民主监督的权利。要建立健全党内民主监督的程序和制度，健全定期报告工作制度和廉洁从政制度。要建立巡视制度。要改革和完善党的纪律检查体制。要大力推进政务公开等民主监督形式，使群众享有充分的知情权、参与权、选择权和监督权。权力运行实行公开，置于广大群众的监督之下，保证办事依法、公开、公平、公正。要推行民主评议、质询听证等制度。要健全举报制度，加强信访工作。要把党内监督与法律监督、群众监督、民主党派监督及舆论监督结合起来。

三是建立和健全依法行使权力的制约机制。加强和健全党内监督，扩大群众监督和舆论监督，针对容易产生滥用权力的具体体制、制度和薄弱环节，建立结构合理、配置科学、程序严密、互相制约的权力运行机制，保证权力沿着制度化和法制化的轨道运行。

四是加强制度建设和法制建设。六中全会决定要抓紧制定中国共产党党内监督条例，表明中央已决心把党内监督纳入制度化的轨道。还提出要建立健全党风廉政建设责任制，要严格执行责任追究的规定，保证权力正确运行，保证反腐败各项任务的落实。

（四）加强干部生活作风建设。要按照六中全会提出的"坚持艰苦奋斗，反对享乐主义"的要求，加强干部生活作风建设。艰苦奋斗是我们党的优良传统，也是我们中华民族的传统美德。一个民族，只有一代又一代艰苦奋斗，才能生生不息、兴旺发达。一个马克思主义政党，只有始终艰苦奋斗，才能永葆政治本色。我们坚持和发扬艰苦奋斗的优良传统和作风，对于团结和带领广大人民实现国家的富强和民族的振兴，对于抵御各种腐朽思想侵蚀，保持党和国家政权永不变质，具有重大的现实意义。但这些年来，有相当一部分党员干部淡忘了党的艰苦奋斗的好传统、好作风，拜金主义、奢侈享乐之风滋长起来。讲物质、讲消费、讲享受的多了，讲精神、讲奉献、讲人格力量的少了。一是巧立各种名目，追求吃喝玩乐。用公款大吃大喝、游山玩水和出国旅游的问题仍然很严重。二是讲排场，比阔气。有些地方、有些部门挥金如土、铺张浪费，大搞楼堂馆所，规模巨大、豪华惊人。三是骄奢淫逸，腐化堕落。有的领导干部用公款参与赌博、嫖娼，甚至有的走上叛国投敌、出卖情报的犯罪道路。按照六中全会的精神，必须从三个方面对坚持艰苦奋斗提出要求：

首先，要发扬不畏艰难、奋力拼搏、克己奉公、甘于奉献的革命精神。通过二十多年来的改革开放，我国的综合国力和人民的生活水平确确实实有了巨大的变化，但我们不能不承认，与世界发达国家相比，我们的人均水平仍然处于世界后列。要实现中华民族的伟大复兴，使我们这样一个拥有十三亿人口的发展中大国成为社会主义现代化强国，还有很长的路要走。中国共产党人只有率先垂范，与人民同甘共苦，团结和带领人民，脚踏实地，艰苦奋斗几十年甚至更长时间，自觉发扬勤俭节约、艰苦创业的精神，才能完成我们的历史任务，实现我们的宏伟目标。

其次，要明确认识"领导干部的生活作风不是小事"。这是我们党对大量惨痛教育的深刻总结，也是向各级领导干部敲响的警钟。现实生活中，一些党员领导干部从追求吃喝玩乐，逐步发展到索贿受贿、贪赃枉法，走上犯罪道路，这样的教训历史上还少吗？玩物丧志，奢侈误国，这样的教训历史中屡见不鲜。提倡戒奢以俭，无论对己对家对国，都绝非小事。党员干部特别是领导干部，一定要防微杜渐，加强思想道德修养，培养积极向上的生活情趣，做到自重、自省、自警、自励，一身正气，一尘不染，以共产党人的高风亮节和人格力量影响带动广大群众。

第三，要靠改革完善体制和制度来消除奢侈享乐之风的土壤。要努力探索运用市场机制的办法解决铺张浪费和奢侈挥霍问题的新路子，从体制、机制、制度、政策措施和日常管理等方面存在的问题和漏洞入手，特别是从资金源头上采取措施，堵塞容易造成铺张浪费、挥霍奢侈的财路。要强化监督制约机制，对少数胆大妄为者不仅要给予必要的党纪政纪处分和组织处理，经济上还应给予相应的处罚，该退赔的退赔，该罚款的罚款，该没收的没收，该追究责任的追究责任，绝不能姑息宽容，决不能让他们"检讨一阵子，舒服一辈子"，这样才能真正警示后来者仿效者。

三、切实加强和改进纪检监察队伍作风建设

我院纪检监察队伍总体上是很好的，广大纪检监察干部遵纪守法，秉公执纪，忠于职守，任劳任怨，共同努力，我院党风廉政建设和反腐败各项工作取得了明显成效。但与新形势下党风廉政建设和反腐败工作的要求还有很大差距，在作风建设和整体素质方面还存在不相适应的问题。

加强和改进纪检监察队伍作风建设，具有着特殊重要的意义。纪检部门肩负着维护党的肌体健康的重要使命和职责，担负着确保党和国家的各项大政方针落到实处，维护政令畅通的重任。纪检监察部门作为协助党委、政府抓反腐败的重

要职能机构,处在斗争的前沿,面对的是异常复杂的国际国内环境,纪检监察干部受到腐蚀与反腐蚀的严峻考验。根据中央纪委第六次全会的精神,对加强和改进纪检监察队伍作风建设提出以下四点要求:

(一)正确认识和把握党风廉政建设和反腐败斗争形势,增强使命感、紧迫感、责任感。

中国社会科学院作为全国哲学社会科学的最高研究机构,全国社会科学研究中心,社会上的思潮在院内个别学者中也有反映。纪检监察工作最终的目的是为了维护党的性质和纲领,维护最广大人民群众的根本利益。在错误思潮袭来时,如果社会主义的方向、共产主义信仰模糊,就不能坚定地履行自己的职责。我们要把思想和行动统一到中央要求上来,用"三个代表"重要思想来审视党风廉政建设面临的新情况、新问题,使我们的思想和行动更加符合实际,面对新的情况,以改革创新的精神开展反腐败各项工作。既不因困难多而悲观失望,也不因有了成绩就盲目乐观。既要坚定信心,又要看到斗争的长期性、艰巨性、复杂性,树立持久作战的思想。

(二)实践"三个代表"的要求,增强廉洁自律意识。

"三个代表"重要思想是领导干部廉洁自律的内在要求和动力。全体党员特别是领导干部,都必须始终坚持清正廉洁,一身正气,经得起改革开放和执政的考验,经得起权力、金钱、美色的考验。必须对党员干部严格要求、严格教育、严格管理、严格监督。纪检监察干部要处处严格要求自己,"正人先正己","打铁先要本身硬",要自重、自省、自警、自励,始终注意讲学习、讲政治、讲正气。凡是党章规定不准做的自己坚决不做。凡是要求别人做到的,纪检监察干部首先要做到。在任何情况下都要做到人前人后一个样,会上讲的和实际做的一个样,有人监督和无人监督一个样,特别是在无人知晓的情况下,更要严于律己,洁身自好。只有在群众中树立良好的形象,取得群众的支持和拥护,才能挺直腰杆去处理别人的问题,才能大胆履行职责做好纪检监察工作。

(三)从思想上筑牢拒腐防变的堤坝,增强自身抗腐蚀的能力。

我们纪检监察队伍不是生活在真空中,纪检监察机关也不是保险箱,必须看到腐败的侵蚀和影响是客观存在的。腐败与反腐败是一场严峻的阶级斗争。违纪违法的人,一定会借助他们手中的权力进行反调查;利益编织起来的关系网也越来越复杂;说情干扰办案的越来越多;为达到他们个人的目的千方百计拉拢腐蚀纪检干部。多少案例都可以看到,他们往往以小试之,投石问路,察颜观色,一旦时机成熟，便重礼相送，如不警觉，就容易被人拉下水，使查办案件工作受到很大的阻力，自已也因此受到纪律的处理。纪检监察干部在复杂的斗争中，要抵制诱惑，守住防线。经验证明，要做到慎独、慎初、慎微，越是无人知晓，越要有自制力，能顶得住诱惑，经得住清苦，耐得住寂寞。决不利用职务便利为自已和他人谋取不正当利益；不接受涉案人员的宴请、钱物及其它好处。把外在的法纪约束转变为内在的自觉行动。

（四）严格保密纪律，增强保密意识。

纪检监察工作有很强的保密性。《纪检监察工作中国家秘密及其密级具体范围的规定》中规定"未公布的中央纪委、监察部和省一级纪检监察机关正在立案查处的违纪案件的具体案情及有关情况"属于"机密"级事项。"检举、揭发地（市）级党政领导干部或县级党政领导班子中的重要问题的有关事项"属"秘密"级事项。在办案或处理问题过程中跑风漏气，经不住朋友、同事说情，给工作造成不应有的损失。应当引起足够的警惕。要认清纪检监察工作的特殊性，提高防奸保密的警觉性，克服和平麻痹思想。全体纪检监察干部要认真学习贯彻中央六中全会、中央纪委第六次全会精神，努力造就一支政治坚定，业务精通，廉洁奉公、作风优良的纪检监察队伍，以加强党风廉政建设和反腐败各项工作的实际行动，实践"三个代表"的重要思想。

关于应当加强腐败根源问题研究的提案

(《把握人民的意愿》2008年卷，新世界出版社)

从上世纪90年代以来，腐败现象仍然比较严重。近些年来，我国反腐败工作有重大突破和创新，就是指明要加大从源头上治理腐败的力度。那么，腐败的源头在哪里？这是一个需要首先探明的问题。马克思曾指出，对于一个时代来说，"主要困难不是答案，而是问题"。"问题就是公开的、无畏的、左右一切个人的时代声音，问题是时代的口号，是它表现自己精神状态的最实际的呼声。"[①]我们只有把腐败根源及根源所产生的其他原因搞清楚了，才能正确贯彻标本兼治、综合治理、惩防并举、重在预防的反腐败方针，有效治理腐败。

把腐败滋生的各种原因都说成腐败的源头或根源，这种泛化的说法，主次不分，模糊标与本的区别，不利于根治腐败。

当我们研究腐败的原因与根源时发现：1.腐败的原因有多种性，多种原因综合产生作用；2.腐败的各种原因具有互动性，各种原因互相联系，形成原因的链条，环环相扣，前一环是后一环的原因；3.腐败的各种原因具有层次性，原因背后的原因，直至最终的深层次的原因，是腐败的根源。4.腐败的根源具有决定性。腐败的根源，就是导致腐败的诸种原因中最终处于主导地位和决定性作用的原因，是本源性的原因。由腐败根源决定的（产生的）其他腐败原因是非本源的一般原因。因此，腐败的根源与腐败共存亡。只要腐败的根源存在，就必然产生腐败；当腐败的根源彻底消灭之后，由根源所产生的非本源的原因即一般原因将随着逐步消灭直至彻底消灭，腐败就不可能再产生。就是说，只要腐败的根源存在就必然产生腐败，消除它以外的一般原因，只能减少腐败，但不能根绝腐败；只要腐败的根源不存在，由它决定的一般原因就不可能再长久地独立存在，腐败最终也不能再产生。5.非本源性的腐败原因在一定条件下也会起决定性作用。非本源性的腐败原因虽然由腐败的根源所决定，但它又反作用于腐败的根源，巩固

---

① 《马克思恩格斯全集》第40卷，第289页

腐败的根源，并在一定条件下对于腐败的产生也会起决定性作用。

按照历史唯物主义观点，腐败的产生有思想方面的原因，有政治方面的原因，有经济方面的原因。政治、思想属于上层建筑和意识形态，是由社会经济基础决定的。腐败属于上层建筑，研究它产生的根本原因，归根到底要到社会经济关系中去寻找。从历史上看，随着私有制的产生，出现了剥削阶级、剥削阶级思想和剥削阶级国家，腐败就应运而生了。在腐败的各种原因中，经济原因归根到底起决定性的作用，是腐败的根源即总根源。需要强调指出，这里是从归根到底的意义上讲的，并不是说经济原因任何时候都起决定性的作用。因为政治原因、思想原因在一定的条件下，对于腐败的产生也会起决定性作用。这就是辩证法。

我们党的领袖对腐败的根源作了科学论断。江泽民同志指出："从本质上说，腐败现象是剥削阶级和剥削制度的产物。"[①]胡锦涛同志指出："从根本上说，腐败是私有制的产物，是同马克思主义政党的性质格格不入的。"这一科学论断揭示了私有制是一切阶级社会中腐败现象的根源，既是剥削阶级社会中腐败的根源，也是当今社会主义社会中腐败的根源，因为社会主义社会初级阶段还不可避免地存在着私有制、剥削思想和剥削阶级的残余和痕迹。这一科学论断是在我国新的历史条件下对马克思主义继承和创造的发展，是照耀反腐败道路的光芒四射的灯塔，是破解反腐败一切难题的一把钥匙。沿着这一科学论断前进，我们就能找到腐败的根本原因和其他原因，"对症下药"，正确决策，实行标本兼治，着力治本，解决制度中存在的弊端，最大限度地遏制和减少腐败。现在重要的是，要以这一科学论断为指导，加强对腐败的根源和其他原因的研究。

[①]《江泽民文选》第3卷，第175页

构筑惩治与预防腐败制度体系的探讨

（《社科党建》2004年第11期）

在胡锦涛同志为总书记的党中央正确领导下，反腐败斗争取得新的成效，党风廉政建设正进入深入发展的新阶段。党中央提出建立健全教育、制度和监督并重的惩治和预防腐败体系实施纲要，是科学地总结反腐败斗争的历史经验基础上提出来的，是针对社会主义市场经济条件下反腐败斗争的现实需要提出来的，是从加强党的执政能力建设、巩固党的执政地位和建设中国特色社会主义的实际需要提出来的。这对于把反腐败纳入制度化、法制化的轨道，不断推进反腐败斗争深入开展，具有重大意义。这里，就构建惩治和预防腐败体系谈些学习体会。

一、以科学发展观统领反腐败制度体系的构建

以科学发展观统领反腐败制度体系的构建工作。就是坚持共产党的领导，以马列主义、毛泽东思想、邓小平理论和"三个代表"重要思想为指导，全面落实科学发展观，贯彻党的基本路线、基本纲领、基本理论、基本经验，坚持发展这个党执政兴国的第一要务，坚持以经济建设为中心，坚持经济社会全面协调可持续发展，坚持以发展的思路和改革的办法解决前进中的问题，根据社会主义初级阶段的特点和社会主义市场经济条件下深入开展反腐败斗争的新要求，建立健全与社会主义民主政治和社会主义经济基础相适应的惩治和预防腐败制度体系。这一制度体系是包括党内反腐败制度体系和国家反腐败制度体系相结合的反腐败制度体系。

构建反腐败制度体系要达到的目标是：大致用五年的时间即到2010年建成反腐败制度体系基本框架之后，还要随着实践的发展而发展，再经过一段时间的努力，建成较为完善的反腐败制度体系。这个反腐败制度体系能够全方位地覆盖于党和国家及社会各个领域，做到加强教育，健全法制，发扬民主、强化监督，创新体制，通过改革来不断铲除腐败产生的条件和土壤，形成反对腐败的整体合力，有效惩治和预防腐败，使腐败现象逐步减少到最低限度。

构建反腐败制度体系要坚持体现以下基本原则：

——坚持以公有制为主体、共同富裕的原则。社会主义公有制与预防腐败有其内在的必然联系。从根本上说，腐败是私有制的产物，是同马克思主义政党的性质格格不入的。坚持反腐倡廉，是我们党同一切剥削阶级政党的本质区别之一。与资本主义相反，社会主义与腐败是根本对立的。我们党坚定不移地坚持社会主义。社会主义有两个最重要的特点，一是以公有制为主体，二是共同富裕。社会主义的优越性，就在于它不仅能够创造比资本主义高得多的社会生产率，而且能够消除资本主义所必然产生的种种贪婪、堕落、腐败和不公正现象。只有社会主义才能救中国和发展中国，也只有社会主义才能惩治和预防腐败。坚持将以公有制为主体、共同富裕的原则贯穿于反腐败制度体系之中，才能从巩固和发展社会主义制度着眼，从宏观上、全局上、根本上解决腐败问题。同时，反腐败制度体系只有充分体现巩固和发展社会主义制度的要求，才能有效地惩治和预防腐败，为巩固党的执政地位服务，为巩固和发展社会主义制度服务。

——坚持党内民主和社会主义民主的原则。民主是腐败的天敌。要按照民主集中制原则，建立健全党内民主制度和国家民主政治制度。通过健全党内民主制度，加强民主监督，保证党的各级领导干部在党章党规范围内活动，不断消除党内的腐败因素，使党始终保持蓬勃生机和活力。要以发扬党内民主来带动社会主义民主，紧紧依靠广大人民群众治理腐败，是我们党领导反腐败斗争取得胜利的必由之路。必须建立健全社会主义民主政治制度，充分保障人民群众的民主权利，依靠人民群众监督共产党依法执政，监督人大、政府、司法机关和其他组织在宪法和法律范围内活动，保证国家权力依法行使，防止权力滥用和以权谋私。

——坚持建立权力运行制约机制的原则。要分别建立和完善党和国家的权力运行制约机制，就是建立结构合理、配置科学、程序严密、制约有效的权力运行机制。权力结构要合理，包括纵向权力结构即权力的各级机构设置要合理，横向权力结构即权力的部门机构设置要合理；权力配置要科学，即科学划分各级机构和各部门机构应有的职权（权力）范围，做到分权明确、分工明确；权力运行的程序要严密，即程序的各个环节要环环相扣，形成完整的链条，保证权力按照程序顺利运行；权力制约要有效，即权力的结构、配置和程序之间形成既相互配合又相互制约的关系，特别注重和强化相互制约的关系，保证权力运行受到有效的监督，防止权力滥用。

——坚持将预防腐败寓于决策之中的原则。治理腐败，预防为主，决策为先。决策失误是最大的失误。决策中蕴涵预防腐败,可以避免"先腐败,再治理"或"边治理,边腐败"的恶性循环而付出巨大代价和造成不可挽回的损失。对于制定党内规章、制定国家法律法规,对于出台重大的改革措施和决策,都要周密论证,权衡利弊,把预防腐败寓于决策之中,使政策法律符合实际、切实可行,使改革方案完备、措施配套,防止产生政策性、制度性的腐败。

——坚持依党规治党和依法治国的原则。党有党规,国有国法。党规国法具有根本性、全局性、长期性、稳定性。反腐败要靠党规国法。党章党规是党组织和党员行为准则,是对党组织和党员实行有效监督的制度保证,是保持党组织和党员先进性和廉洁性的制度保证。宪法和法律是治国安邦的法律制度。共产党是我们国家的执政党,要坚持依法执政。党领导人民依法治国、建设社会主义法治国家,是有效预防和治理腐败的根本保证,是使执政的共产党不腐败和国家机关不腐败的确实保证。

——坚持标本兼治、综合治理、惩防并举、注重预防的原则。要正确认识惩治腐败与预防腐败的辩证关系,惩治腐败是预防腐败的前提,预防腐败是从根本上消除腐败产生的条件和土壤,为有效治理腐败奠定坚实基础。反腐败要求党、政府和司法机关以及各部门、各企事业单位和群众团体一起动手,依靠广大人民群众,发挥反腐败专门机关的作用,采取政治的、经济的、文化的、教育的、宣传的、行政的、管理的、监督的、法律的、纪律的等各种手段和办法,实行标本兼治、综合治理,在惩治腐败的同时,注重预防,加大从源头上预防腐败的力度,减少腐败现象产生的原因。

二、构建以党章为核心的党内反腐败制度体系

共产党是我们国家的领导党和执政党。我们党高举立党为公、执政为民的执政旗帜,加强党的执政能力建设,不断提高党的领导水平和执政水平,不断增强党拒腐防变能力和抵御风险能力。我们党统揽反腐败工作的全局,坚持以党章作为党建设的总章程,把党章作为构建党内反腐败制度体系的核心,将反腐败贯穿于党的思想建设、组织建设、民主集中制建设、监督建设和作风建设等各个方面制度之中,形成覆盖全党的反腐败制度体系。

(一)健全党的思想政治工作制度,为惩治和预防腐败创造思想政治基础。腐败的总趋势是减少还是增加,决定性的因素是能否正确执行党的基本路线。党的各级领导干部特别是高级干部要认真学习、深刻理解和掌握马列主义、

毛泽东思想、邓小平理论和"三个代表"重要思想，树立和落实科学发展观，坚持和贯彻党的基本路线、基本纲领、基本理论、基本经验，坚定共产主义理想和中国特色社会主义信念，树立正确的世界观、人生观、价值观、权力观，树立立党为公、执政为民的理念，树立坚定不移的反腐败的决心；要发挥思想政治工作的优势，教育全体党员保持共产主义思想纯洁性，在劳动与剥削之间划清界限，抵制资本主义思想侵蚀，反对拜金主义、享乐主义和极端个人主义，击败西方敌对势力对我们党进行西化、分化和和平演变的图谋。党的各级组织必须将马克思主义理论学习、教育、宣传工作规范化、制度化，切实提高广大党员特别是党员领导干部的马列主义水平，提高领导干部拒腐防变、廉洁自律的自觉性；并把马克思主义理论学习的情况、坚持社会主义道路和实践党的路线方针政策和廉洁自律的情况作为选拔任用领导干部的重要依据，以保证理论学习深入持久，保证各级领导干部坚持正确的思想政治方向，为治理和预防腐败打牢思想政治基础。

（二）健全党的民主集中制的制度，为惩治和预防腐败提供根本制度保障。民主集中制是防止个人独断专行、以权谋私的根本制度。必须以保障党员民主权利为基础，从改革体制机制入手，加强民主集中制的制度建设。要完善党的代表大会制度、党的委员会制度及其常委会制度，健全党的全国代表大会作为党的最高决策机关和最高监督机关，加紧扩大在市、县进行党的代表大会常任制试点工作；要逐步推行党务公开，建立和完善党内情况通报制度、情况反映制度和党的代表大会代表提案制度；要健全各级党委民主集中制的决策制度，明确决策的范围、决策的论证、决策的责任、决策的程序，建立决策咨询制度和论证制度，保证民主决策、科学决策、依法决策；要完善各项民主制度和程序，从基层到中央，从选举、决策、执行到管理、监督的各个环节都充分体现民主，强化民主监督；要保障党员民主权利，惩治侵犯党员民主权利的行为。

（三）健全党的干部人事工作制度，为惩治和预防腐败创造干部组织保障。干部人事工作腐败是最严重的腐败。健全党的干部人事制度建设事关重大。必须坚持党管干部原则，改进干部管理方法，落实群众对干部选拔任用工作的知情权、参与权、选择权和监督权。要以发扬民主为主导，建立健全选举制度、任期制度、罢免制度、弹劾制度，建立健全干部交流、轮岗制度和回避制度、辞职制度等，以利于加强监督。党内选举是党的组织建设的首要的和最重要的问题，必须着力完善选举制度，改进候选人提名方式，严格控制选任制领导干部任期内的职务变动。要严格执行《党政领导干部选拔任用工作条例》，继续推行和完善民主推荐、民主测评、考核预告、差额考察、任前公示、竞争上岗、全委会表决、选拔任用干部工作责任追究等制度,并制定体现科学发展观和正确政绩观要求的干部实绩评价标准,严格贯彻执行有关制度,对干部选拔任用工作实行全过程监督,从制度上纠正和防止用人上的不正之风,严防有些干部"带病上岗"、"带病提拔",严厉惩治买官卖官的腐败现象。要加强干部队伍建设,健全领导班子建设制度,把各级领导班子建设成为坚持贯彻"三个代表"重要思想的坚强领导集体,保证党和国家的领导权永远掌握在工人阶级手中、掌握在真正的马克思主义者手中,使我们党和国家永不改变颜色,永远立于不败之地。

(四)完善党内民主监督制度,使民主监督成为惩治和预防腐败的有效途径。权力失去监督必然腐败。强化监督是抗拒权力腐败的有效途径。实行党务公开,扩大党内民主,是强化党内民主监督的前提。必须严格执行党章,全面贯彻中国共产党党内监督条例和党员权利保障条例,进一步完善党内民主监督制度,切实保障党员享有党章规定的选举权、被选举权、批评权、检举权、控告权和申诉权等权利,充分发挥党员的民主监督作用。加强党的代表大会对党的委员会和纪律检查委员会、党的委员会对党委常务委员会、纪律检查委员会对党的委员会成员的监督。加大对各级党的领导班子及其成员特别是主要领导干部的监督力度,加大对重要部门和重要岗位的权力运行的监督力度。要建立健全党政领导干部重大事项报告、廉洁从政的制度包括建立处级以上干部收入申报制度、述职述廉、民主评议、诫勉谈话制度和回复组织函询制度,以加强对领导干部廉政监督。中央和各省、自治区、直辖市党委要建立健全巡视制度,把下一级领导班子特别是主要负责人的廉政勤政情况作为主要内容,进行监督检查。改革和完善党的纪律检查体制,纪律检查机关对派出机构实行统一管理,加强纪律检查机关内部监督,更好地发挥纪律检查机关的监督作用。此外,要重视把党内监督与党外监督有机地结合起来。

(五)健全党的作风建设制度,营造有利于惩治和预防腐败的优良作风氛围。党风问题,关系党的生死存亡。在党内营造浩然正气、廉洁奉公的优良作风,以利于惩治和预防腐败。推进党的作风建设,核心是保持党同人民群众的血肉联系。要按照"八个坚持,八个反对"的要求,加强党的作风建设,着力解决党的作风建设中的突出问题。要把党员对党、国家和人民的忠诚问题和保持清正廉洁问题摆在突出的位置加以解决,培养干部立党为公、执政为民的思想和对党和国家的忠诚。解决作风问题要以教育为主,但对某些恶劣的作风造成不良影响的行为，特别对以权谋私、徇私枉法、买官卖官以及弄虚作假、虚报浮夸、"数字出干部、干部出数字"等行为必须绳之以纪，严加处罚，以端正党风。应该将党的作风建设具体化、制度化，使它具有强制性，保证贯彻执行。把党的作风建设的八项要求分别体现到党的思想建设、组织建设、纪律建设、廉政建设等各方面制度之中，建立健全党政干部廉洁从政制度，规范廉洁从政行为。

（六）建立健全党内惩处腐败法规体系，加大惩治腐败的力度。要完善中国共产党纪律处分制度，完善信访举报制度和查办案件制度和程序，加大查办案件工作力度。要严肃查处党的队伍中各种违纪行为，特别查办大案要案，严厉惩治严重的腐败分子。对违纪的党员要给予党纪处分，对其中腐败分子要清除出党；对其中违反政纪的要由行政机关给予政纪处分；对其中构成犯罪的，还要移交司法机关查办。通过有效地惩治腐败，震慑腐败分子和可能腐败的人，警示广大党员和群众提高警惕，鼓舞广大党员和群众积极参加惩治和预防腐败的斗争，为惩治和预防腐败创造最广泛的群众基础和提供最雄厚的力量源泉。

（七）健全党风廉政建设责任制度，强化对惩治和预防腐败工作的领导。要健全党风廉政建设责任制，实行集体领导与个人负责相结合的原则，明确领导班子和成员对党风廉政建设应负的责任，加强反腐倡廉领导工作。实行党风廉政责任制，一要明确责任主体和责任内容。实行集体领导和个人分工负责相结合的原则，"谁主管，谁负责"，一把手负全责，其他成员对分管范围负责，坚持廉政工作与业务工作一起抓，坚持一级抓一级、层层抓落实。二要严格责任考核。必须规范考核程序、考核标准、考核方式，重视考核结果的运用。三要严格责任追究。领导干部由于失职，引发自己分管范围内发生的违纪违法案件，要坚决追究责任。

三、构建以宪法为核心的国家反腐败制度体系

宪法是国家的根本法，是体现人民权利的根本大法，是治国安邦的总章程。宪法也是反腐败的根本大法。要建立以宪法为核心的国家反腐败制度(法律)体系。宪法规定了社会主义的政治制度和经济制度，为惩治和预防腐败指明了政治方向和创造了基本条件。反腐败首先要从国家根本的经济制度和政治制度层面解决问题，其次要把预防腐败寓于各项制度和决策之中，从具体工作制度层面解决问题。通过社会主义制度的健全和落实，使社会主义物质文明、政治文明、精神文明与和谐社会建设全面发展，从根本上有效治理腐败。

（一）健全社会主义经济制度，为惩治和预防腐败奠定经济基础。生产资料社会主义公有制是社会主义经济制度的基础，是党执政的经济基础，是反腐败的经济基础。离开发展壮大公有制经济来谈什么反腐败，就不可能从根本上遏制和解决腐败问题。

要高度重视社会主义公有制经济对反腐败归根到底起决定性的作用。必须不断完善以公有制为主体、多种经济成分共同发展的基本经济制度。关键的问题是，正确处理"两个毫不动摇"的关系，在坚持毫不动摇地巩固和发展公有制经济的前提下，毫不动摇地鼓励、支持和引导非公有制经济发展，保证公有制经济占主体地位、国有经济占主导地位。特别要强调的是，国有企业是我国国民经济的支柱。发挥国有经济的主导作用，发展和壮大公有制经济，是坚持和完善社会主义基本经济制度，发展先进生产力，提高我国综合国力，巩固党的执政地位的必然要求，也是预防腐败的必然要求。要按照社会主义经济制度的要求，确定公有制与非公有制经济成分的科学的比重，加强宏观调控，不能动摇和削弱而是确保以公有制为主体，促进各种经济共同发展；坚持按劳分配为主、多种分配形式共存的原则，逐步实现共同富裕，为构建社会主义和谐社会奠定坚实的经济基础，同时为反腐败奠定坚实的经济基础。

要发展和壮大国有经济和集体经济，对国有企业集体企业的改制，必须由国家统一规定，做到规范在前，有领导、有组织、有计划、有步骤进行改革，避免改革中漏洞百出，造成国有集体资产严重流失，削弱公有制经济基础。要完善现代企业制度的法律，解决国有企业、集体企业运行中发生弊端的制度原因，对国有企业、集体企业和其他含有公有制经济成分的企业的运行过程包括生产、交换、分配等情况和产权变动情况实行极其严格的管理、统计、审计和监督。要建立健全保护国有资产和其他公有制财产的法律制度，严格国有资产和集体资产管理制度与责任追究制度。对国有企业在境外上市、办公司要严格规范，加强监控，严防腐败分子与不法外商内外勾结，转移侵吞国有资产，严防资产定价权被境外投资者和证券服务机构所控制，防范国内经济风险和金融风险，保障国内经济安全和金融安全；要充分发挥资产管理委员会的作用，强化依法监管，对违规决策经营、违规改制造成国有资产流失的有关人员必须坚决追究责任，保证国有资产保值增值。要完善按劳分配为主的制度，把权、责、利三者紧密地结合起来。要完善企业民主制度，实行厂务公开，发挥工会和职工代表大会的作用，组织职工群众对企业的管理与监督；健全企业党组织的工作制度和工、青、妇工作制度，把各方面积极性调动起来，有效地治理和预防腐败。

要按照现阶段社会主义分配原则，逐步推进分配制度的改革，解决地区之间和部分社会成员之间收入差距过大的问题，完善和规范国家公务员工资制度，推进事业单位分配制度改革，协调各方面的利益关系，不断在发展的基础上满足人民群众日益增长的物质文化需要，保证人民群众共享改革发展的成果，着力解决社会分配不公，逐步缩小贫富差距，防止由于贫富悬殊和两极分化所必然产生的腐败问题。

（二）健全社会主义民主政治制度，为惩治和预防腐败奠定政治基础。社会主义民主是反对腐败的根本力量。人民群众在党的领导下，充分行使宪法和法律赋予的民主权利，对惩治和预防腐败具有决定性的意义。走依靠人民民主治理腐败的道路是历史的必然选择。必须发扬民主，改革国家机关，精简机构，反对官僚主义，最大限度地发挥人民群众的积极性和创造性。健全社会主义民主政治制度，使人民群众有效地行使民主权利，保证权力在人民群众的监督下依法行使；要把国家各种权力的科学运行机制和理顺各种社会关系制度化、法律化，把国家权力行使和各种社会关系纳入依法治国的轨道。这需要从以下几个方面努力。

一要坚持和完善人民代表大会制度。一是建立健全各级人大代表的选举制度。坚持社会主义民主原则，改善选举制度，保证所选出的代表能够真正代表民意，体现以工人阶级为领导的以工农联盟为基础的人民民主专政国家的性质，保证人民当家作主。要全面优化和提升代表素质，提高从政议政能力，扩大代表保持与人民群众密切联系的渠道，使各级全体人大代表真正代表广大人民的意志和利益，善于依法决策、民主决策、科学决策，善于监督国家法律的贯彻执行，在惩治和预防犯罪及腐败工作中发挥重要作用。二是充分发挥代表大会及其常委会的作用，进一步加强和改进人大的立法工作和监督工作。提高国家重大决策的水平，提高制定法律的质量。加强对人民代表大会所产生的机构的监督作用，人民代表大会要通过审议报告、听取汇报、检查工作、质询、提案等制度和程序，加强监督，保证政府、司法机关在宪法和法律范围内活动，防止违法行为的发生。

二要建立法治政府，严格依法行政。要全面推行依法行政，坚持严格执法、公正执法、文明执法，建设法治政府，建立有权必有责、用权受监督、违法要追究的监督机制。政府各部门要完善权力运行制约机制。要进一步推进政府改革，实行政企分开、政资分开、政事分开、政府与中介组织分开，严格贯彻行政许可法，对行政许可行为实施监督，依法减少行政许可事项，需经行政许可的事项要依法公开、公平、公正进行审批；要完善国家宏观调控体系和市场管理体系，依法对经济运行进行宏观调控和市场管理，在权力与金钱之间建立起"防火墙"，使权力不能进入市场交换，防止权钱交易发生；要健全和实行招投标制度，严格程序和纪律，特别对涉及国有资产、集体资产的产权交易、土地使用权转让、工程建设等项目纳入招投标管理，强化对公共资源配置的监督；要健全政府采购制度，对公共用品的采购要纳入政府采购制度之中，优化对政府采购行为的内部监督和外部监督；要深化财政税收、金融监管和投资体制改革，推行和完善部门预算制度、国库集中支付制度、转移支付制度和收支两条线管理制度，建立健全财政制度、金融监管制度和投资监管制度，严格财经纪律，防止财政领域、金融领域和投资领域发生腐败；要实行政务公开制度，并积极推行村务公开、厂务公开制度，使权力在人民群众民主监督之下依法运行。要健全国家公务员制度，严格规范职务、职级和待遇；要健全行政监察制度，全面实行执法监察、效能监察，及时有效地揭露和惩治违法行为；要健全审计制度，强化审计监督职能，对部门单位实行经常性的审计，对领导干部实行任期审计和离任审计，维护国家财经法规，监督国家的资金管理和使用，实行审计结果公开化，严厉惩处违规行为。

三要深化司法机关改革，创新司法体制。司法公平和正义，是维护人民的意志和利益的重要表现，是社会进步的象征。依法惩罚腐败，是惩治和预防腐败的最后一道防线。要进一步完善司法程序，健全权责明确、相互配合、相互制约、高效运行的司法体制。健全司法工作规范和违法司法行为责任追究制度。加强队伍建设，强化司法监督，保证严格执法和司法公正。要依法严厉打击各种犯罪活动，严厉惩治和着力预防司法领域的腐败，加大惩处贪污贿赂和其他腐败行为的力度，维护社会的公平、正义和稳定，惩治和减少腐败。

四要适应形势，完善惩治腐败的法律体系，加大惩处腐败的力度。要根据市场经济活动中出现的新情况、新问题以及腐败出现的新动向，针对现行刑事法律中存在的某些缺陷和不完善而导致对腐败惩罚不力的问题，加强惩治腐败的刑事立法，完善惩治腐败的刑事法律体系，做到法网恢恢、疏而不漏，使腐败犯罪行为，使市场经济条件下权钱交易的犯罪行为不能逃避刑事惩罚。还要加强惩治腐败方面的行政立法工作，建立国家行政机关公务员行政处分制度，使行政方面的违纪行为不能逃避行政法律的处罚。

（三）健全社会主义先进文化建设制度，为惩治和预防腐败奠定思想基础。资本主义腐朽思想文化的影响和侵蚀是腐败产生的思想原因。社会主义先进文化包含廉政思想文化是预防腐败的重要力量。我们党是执政的党，党的指导思想即马克思主义应当是国家意识形态领域的指导思想。要旗帜鲜明地坚持党的基本路线，坚决粉碎西方敌对势力对我分化、西化的图谋，坚决批判"多党制"、"三权分立"、"私有化"等形形色色的资产阶级错误思潮，保证党的指导思想在国家意识形态和整个社会意识形态领域占主导地位，建设社会主义先进文化，为巩固党的执政地位和贯彻执行党的路线方针政策，为国家各项法律有效实施奠定牢固的思想基础，为有效反腐败提供重要思想保证。

要建立健全党和国家的思想文化宣传教育制度，保证党和国家牢牢掌握思想文化宣传教育的领导权，把握政治方向，坚持不懈地要用马克思主义、列宁主义、毛泽东思想、邓小平理论和"三个代表"重要思想和社会主义思想道德以及党中央反腐败的方针政策，加强对全体党员和干部特别是各级领导干部教育，加强对全体人民和广大青少年的教育，培养宏大的社会主义接班人和建设者的队伍，保证社会主义事业后继有人，巩固社会主义制度。

要建立党风廉政教育制度，加强对全体党政干部进行党风廉政教育，使广大干部做到为民、务实、清廉。党政机关和各类党政学校要把学习党的理论和党风廉政建设理论形成制度。各个单位包括学校要健全思想政治工作制度。运用廉洁先进典型进行激励教育，弘扬正气，同时运用反面典型进行警示教育，鞭笞腐恶。要完善影视、书刊、报纸、新闻、出版、网络信息的管理制度，大力弘扬社会主义先进文化，扫除反对鼓吹资本主义的毒素，开展"扫黄打非"活动，净化社会思想文化环境，形成良好的反腐倡廉的舆论道德氛围。要加快新闻舆论监督立法工作，规范新闻舆论监督行为，加大对权力运行的新闻舆论监督。

四、构建和落实反腐败制度体系需要把握的几个问题

按照科学发展观的要求，构建和落实反腐败制度体系，使惩治和预防腐败落到实处，要把握以下几个问题。

——构建和落实反腐败制度体系，要从权力的整体上和各方面相互关系考虑问题。腐败是寄生在党和国家肌体上的一种疾病，与党和国家肌体的各部分都有关。构建成反腐败制度体系是一个系统工程。必须从加强党的执政能力建设服务和巩固加强人民民主专政的政权建设服务出发，从为国家长治久安和经济社会全面协调可持续发展服务出发，立足全局，把握重点，协调各方，全面构建反腐败制度体系，使其具有科学性、全面性、系统性、有效性，反映反腐败工作的规律。同时要认识到，反腐败制度体系只具有相对的独立性，而更重要的是寓于党和国家的各项制度和决策之中。党和国家各方面制度和决策具有科学性和完备性，具有预防腐败的功能，才能有效地治理腐败。

——构建和落实反腐败制度体系，要从健全和贯彻党和国家的根本制度问题上做文章。构建反腐败制度体系既要与社会主义民主政治和社会主义经济基础相适应，又要从各部门和基层单位的具体制度上下工夫；既要构建党内反腐败制度体系，又要构筑国家反腐败制度体系，并使二者既各自独立、自成体系，不能彼此不分、混为一体，又相互衔接、相辅相成，不能相互脱节、相互抵触；既从反腐败的角度构建党内反腐败制度体系和国家反腐败制度体系，又必须将它们分别作为党内法规体系的组成部分和国家法律体系的组成部分，分别列入有关党的立法规划和国家的立法规划，而不是游离于它们之外；既必须保持反腐败制度体系的稳定性、连续性、权威性，又必须以与时俱进和改革创新的精神，不断推进反腐败制度体系建设，使其适应党情、国情和社情的不断发展变化，而保持其生机和活力。

——构建和落实反腐败制度体系，要实行惩治与预防并举，以预防为主。预防腐败要贯穿于党和国家机关的制度建设之中和各项工作之中，要通过改革，不断消除腐败产生的土壤，真正从源头预防腐败。同时惩治腐败斗争也丝毫不能放松，通过有效惩治腐败，为预防腐败创造必要条件。要把在党内和国家机关内部开展反腐败斗争与在社会上开展反腐蚀斗争结合起来，从两方面夹攻，既惩治干部以权谋私、贪污受贿行为，又惩治不法分子行贿、拉拢腐蚀干部行为，达到有效惩治腐败。

——构建和落实反腐败制度体系，要认真贯彻反腐败的领导体制和工作机制。加强党对反腐败的领导具有决定性的意义。各级党委要把落实反腐败制度体系摆在全局工作的重要位置，认真研究和解决反腐败面临的重大问题和突出问题，旗帜鲜明地坚持不懈地领导人民把反腐败斗争进行到底。要坚持党委统一领导，党政齐抓共管，纪委组织协调，部门各负其责，群众积极参与的领导体制和工作机制，发挥党总揽全局、协调各方的作用，调动全党和全国人民以及各方面的主动性和积极性，形成反腐败的整体合力。

——构建和落实反腐败制度体系，要加强党和国家反腐败的专门机关建设。纪检机关是党内反腐败的专门机关，监察机关是政府反腐败的专门机关，司法机关也是担负着国家反腐败重要任务的机关。这些机关对反腐败负有特殊的责任和职能。要加强这些机关的机构、制度和队伍建设。特别是纪检监察机关要建立与任务和职能相适应的工作制度,建立一支政治坚强、公正清廉、纪律严明、业务精通、作风优良的高素质干部队伍,在贯彻惩治和预防腐败制度体系中发挥独特的作用。

反腐败理论创新的思考

（《社科党建》2004年第4期）

创新反腐败理论，必须坚持以"三个代表"重要思想为指导，根据变化着的世情、国情和党情，准确把握时代特征和社会发展趋势，深入探索新形势下反腐倡廉的特点和规律，解放思想，实事求是，与时俱进，创新理论，为开创党风廉政建设和反腐败工作新局面服务。

一、反腐败理论创新的基本前提是科学分析腐败产生的主要原因

只有深刻认识世情、国情和党情，才能科学分析腐败产生的主要原因。科学分析腐败产生的主要原因及其在各个时期的变化，揭示其规律，是创新反腐败理论的基本前提。

当今国际形势发生了深刻变化。世界多极化趋势在曲折中发展，经济全球化进程加快，综合国力竞争日趋激烈。我国社会主义现代化建设既面临着机遇，又面对着挑战。西方敌对势力加紧对我国实施"西化"、"分化"与"和平演变"的战略，企图搞垮我们的党和社会主义制度。它们通过各种渠道，利用各种现代传媒手段，向我国宣扬和传播资产阶级政治观点和腐朽的思想文化；它们用资产阶级所谓人权、民族、宗教和领土主权等问题对我施压，干涉内政，制造事端；它们推行以新自由主义为旗号的全球化战略，企图主导国际经济秩序，瓦解我国的国有企业。西方敌对势力的这些活动，成为我国腐败产生的国际原因。

当前国内出现了很多新情况。改革开放20多年来，我国社会主义现代化建设取得了历史性的辉煌成就。同时，我们又面临着一系列新的问题。在改革开放和建设社会主义市场经济的情况下，存在着体制、机制、法制不健全、不适应的问题。国内社会经济成分、组织形式、就业方式、利益关系和分配方式日益多样化，给社会发展带来活力的同时，也不可避免地给社会主义上层建筑、人们的社会关系和思想行为带来某些消极影响。这是腐败产生的国内原因。一是经济成分多样化造成贫富差距加大和不同思想观念冲突。社会分配不公、贫富悬殊，使社会主义民主政治建设遇到社会平等的新问题。千万富翁、亿万富翁的存在，对党政机关干部具有很大的腐蚀作用，导致许多群众和干部心理失衡，容易产生腐败行为。这是无可争议的事实。二是利益关系、就业方式和分配方式多样化产生思想观念的多样化。在市场经济条件下，不同利益主体之间的竞争产生许多弱点，尤其在制度还不健全的条件下，竞争更加残酷。等价交换原则渗透到道德领域甚至党内政治生活，由此引发权钱交易等腐败现象。三是私有经济产生私有观念，社会主义文化因私有观念强化而受到消极影响。拜金主义、利己主义盛行，诱发权钱交易，使贪污贿赂等腐败现象得以蔓延。有些"新富"、"大款"过着花天酒地、挥金如土的生活，使资本主义享乐主义思想和腐朽生活方式得以传播，社会风气受到严重污染。四是社会组织形式多样化，影响着社会主义上层建筑，使社会各方面管理难度增大。社会关系更加复杂，社会人员和组织的管理遇到更多阻力。社会治安秩序因社会利益冲突和犯罪增多受到严重干扰，等等。

就党内来讲，党处在改革开放和市场经济的新环境，增加了党员被资本主义腐蚀的危险和脱离群众的危险。党员队伍结构发生了较大变化，新的社会阶层的一些成员加入中国共产党，给党的发展带来了活力，也带来了许多新的问题。在共产党内部，有些党员成为雇主，有些党员成为雇工，这部分党员之间的贫富差距悬殊、社会地位差异。对党组织和党员干部的监督、管理困难增多，思想政治工作的难度增大，党风廉政教育、宣传教育的渗透力、辐射力受阻，组织纪律的约束力弱化，一些党组织的战斗力和凝聚力受损，削弱了对腐败侵袭的抵抗力。

由于上述原因存在，反腐败任务还很艰巨。近十年来，我们党和政府高度重视反腐败斗争，反腐败工作取得了阶段性的成果。但要看到，尽管我们不断加大反腐败工作力度，腐败现象在许多方面仍呈现多发态势。串案窝案增加，大案要案增多。特别是高级领导干部腐败案件大量增加，影响极其恶劣。这种情况说明"反腐败斗争的形势依然比较严峻。有些腐败现象仍然突出，有的甚至还在滋生蔓延"。[①]

二、反腐败理论创新的根本任务是寻找预防和治理腐败的战略对策

反腐败理论创新，必须从世情、国情和党情出发，总结反腐败工作的经验教训，把握全局，抓住根本，分析腐败产生的主要原因，寻找治理腐败的战略对

---

① 《中国共产党第十六次全国代表大会文件汇编》第115页。

策。腐败产生的最根本原因，归根到底，要从社会经济关系中去寻找。在腐败产生的各种原因中，经济原因归根到底起决定性的作用，是腐败的总根源。但这里是从归根到底的意义上说的，并不是说经济原因是惟一的原因，也不是说经济原因在任何时候都起决定性作用。因为在一定条件下，政治原因、思想原因也会起决定性作用。这就是辩证法。正是从这个意义上，我们可以把产生腐败的经济原因、思想原因和政治原因统称为腐败的源头，但必须明确它们之间的辩证关系。从历史唯物主义观点出发，要有效地治理腐败，必须坚持预防为主、预防与惩治相结合的综合治理的战略方针，从宏观上和源头上把握反腐败问题。有效治理腐败的根本原则是：在改革开放和建设中国特色社会主义过程中，坚持马克思主义，贯彻"三个代表"重要思想；坚持社会主义道路，巩固和发展公有制经济；坚持人民民主专政，建设社会主义民主政治；坚持中国共产党的领导，全面加强党的建设。

（一）坚持马克思主义，贯彻"三个代表"重要思想，为反腐败奠定思想基础

马克思主义是我们认识世界和改造世界的强大思想武器。"三个代表"重要思想是马克思主义与中国社会新的实践相结合所产生的新的科学理论成果，是在新的历史条件下运用马克思主义的立场、观点和方法的典范。在当代中国，贯彻"三个代表"重要思想就是坚持马列主义、毛泽东思想和邓小平理论。坚持马列主义、毛泽东思想和邓小平理论为指导，贯彻"三个代表"重要思想，是关系党和国家前途命运的重大问题，也是关系反腐败斗争成败的重大问题。

在意识形态领域，马克思主义与资产阶级思想斗争的成效大小，决定着反腐败斗争的成效大小。意识形态领域，马克思主义不去占领，资产阶级思想就会去占领。巩固马克思主义在意识形态领域的指导地位，是全党的一项长期战略任务。在意识形态领域，必须旗帜鲜明地坚持以马列主义、毛泽东思想、邓小平理论和"三个代表"重要思想为指导，不断加强思想政治工作，与各种错误思潮作坚决斗争，建设社会主义先进文化，实现社会主义精神文明全面进步，为反腐败奠定思想基础。

在新形势下，还要坚决反对资产阶级自由化。邓小平同志说："腐败现象很严重，这同不坚决反对资产阶级自由化有关系。"[1]资产阶级自由化的要害是反

---

[1]《邓小平文选》第3卷，第325页

对社会主义和共产党领导。一些人对西方各种哲学的、经济学的、社会政治的、法律的和文化艺术的思潮，不分析、不鉴别、不批判，而是一窝蜂地盲目推崇。有的鼓吹政治上搞资产阶级多党制和三权分立，经济上搞新自由主义，实行私有化，思想上搞极端个人主义、拜金主义和享乐主义；有的鼓吹"公有制是腐败的根源，私有制是遏制腐败的力量"，等等。资产阶级自由化造成人们思想和价值观念的混乱。邓小平同志重申毛泽东同志的话："真理是在同谬误作斗争中间发展起来的。马克思主义就是这样发展起来的。"[1] 我们要巩固和发展马列主义、毛泽东思想、邓小平理论和"三个代表"重要思想在意识形态领域的指导地位，就必须坚决批判和有效抵制资产阶级自由化观点。我们鼓励理论探索和创新，但决不允许以理论探索和创新为名，散布资产阶级自由化言论。特别在坚持四项基本原则、国家基本经济制度和政治制度、党和政府大政方针等根本问题上，决不能有丝毫动摇。对鼓吹私有化、新自由主义、多党轮流执政、两院制、三权分立和西方资产阶级新闻自由等错误言论，必须予以反对，决不允许任其泛滥。各级教育、宣传文化、新闻出版、广播影视、社科理论等部门和单位必须在政治上与党中央保持高度一致，其领导权，必须牢牢掌握在忠于马克思主义、忠于党和人民的人手里。只有这样，才能壮大马克思主义阵地，反腐败才能有广泛的坚实的思想基础。

（二）坚持社会主义道路，发展壮大公有制经济，为反腐败奠定经济基础

马克思主义认为，社会存在决定社会意识。生产资料私有制的社会存在决定了私有观念的存在，而私有观念必然产生腐败。我国的历史实践揭示了私有制与腐败之间有着不可割裂的内在联系，说明私有制是腐败的根源，公有制是反腐败的经济基础。江泽民同志指出："从本质上说，腐败是剥削阶级和剥削制度的产物。"[2] 江泽民同志的这一观点是认识腐败根源和解决腐败问题的一把钥匙。离开了这一观点，我们就无法找到产生腐败的主要原因和根治腐败的基本对策。

坚持社会主义道路，是振兴中华的唯一正确道路，也是反腐败的必由之路。邓小平同志反复论述坚持社会主义道路的极端重要性。他说："坚持社会主义，是中国一个很重要的问题。如果十亿人的中国走资本主义道路，对世界是个灾难，是把历史拉向后退，要倒退好多年。"[3] 他坚定不移地反对有些人借改革

---

[1]《邓小平文选》第3卷，第47页
[2]《论"三个代表"》第99页
[3]《邓小平文选》第3卷，第158页

之名搞资本主义，一针见血地指出："某些人所谓的改革，应该换个名字，叫作自由化，即资本主义化。他们'改革'的中心是资本主义化。我们讲的改革与他们不同，这个问题还要继续争论的。"① 他还指出："我们为社会主义奋斗，不但是因为社会主义有条件比资本主义更快地发展生产力，而且因为只有社会主义才能消除资本主义和其他剥削制度所必然产生的种种贪婪、腐败和不公正现象。"② 因此，结论是：只有社会主义才能救中国，只有社会主义才能发展中国，也只有社会主义才能最终消除腐败。

我国现在处在并将长期处于社会主义初级阶段，生产力还不发达。我们现在实行以公有制经济为主体、多种所有制经济共同发展的基本经济制度。这一决策是符合我国国情的，是适应我国历史和国情的必然选择。社会主义有两个非常重要的特点，一是公有制为主体，二是共同富裕，不搞两极分化。社会主义的本质是解放生产力和发展生产力，消灭剥削，消除两极分化，最终实现共同富裕。社会主义制度维系着最广大人民群众的前途和命运，维护社会主义制度就是维护最广大人民群众的根本利益。政策向公有制倾斜，发展壮大公有制经济，就是维护最广大人民群众的根本利益。这本身就是从根本上治理腐败。由此可见，公有制与腐败是根本对立的，反腐败必须坚持公有制。社会主义公有制经济越发展壮大，社会主义经济制度的基础就越牢固，社会主义上层建筑包括意识形态就越发展，反腐败就越有坚实的经济基础和政治基础。一句话，坚持社会主义道路，发展壮大公有制经济，是治理腐败的根本之策。

公有制经济是反腐败的经济基础。如果公有制的主体地位不存在了,社会主义的上层建筑或迟或早会变质，这是不依人们的主观意志为转移的客观规律。因此，发展壮大公有制经济，对治理腐败具有最终的决定性作用。要坚决维护公有制的主体地位，确保公有资产在社会总资产中占优势。公有资产占优势，要有量的优势，更要注重质的提高。党的十六大明确指出："必须毫不动摇地巩固和发展公有制经济。发展壮大国有经济，国有经济控制国民经济的命脉，对于发挥社会主义制度优越性，增强我国的经济实力、国防实力和民族凝聚力，具有关键性作用。集体经济是公有制经济的重要组成部分，对实现共同富裕具有重要作用。"③ 发展壮大公有制经济的目标已经明确，现在重要的是：巩固公有制经济

---

① 《邓小平文选》第3卷，第297页
② 《邓小平文选》第3卷，第143页
③ 《中国共产党第十六次全国代表大会文件汇编》第24页

主体地位必须采取切实可行的措施，并且必须具体落实到省、地（市）、县和各主要经济行业，扎根在现实之中，确保公有制的主体这一比例，防止公有制主体地位在改制中被弱化和空洞化。只有真正加强公有制为主体的经济力量，才能掩盖非公有制经济的色彩，改变其特点，使其为发展社会主义生产力服务，促进社会主义物质文明建设；也只有这样，才能实现按劳分配为主体，逐步实现全体人民共同富裕，实现社会公平、公正，防止两极分化，巩固人民当家作主的政治地位，有效地治理腐败。

在确保公有制为主体的前提下，要毫不动摇地鼓励、支持和引导非公有制经济的发展。允许非公有制经济的存在和发展，有利于发展生产力，但是，又必然会产生一些消极因素。这是我们必须长期面对的现实。近些年来，有一批党员干部包括一些高级领导干部被不法私营企业主所腐蚀，事实令人触目惊心，这是不容回避的现实。正如2001年尉健行同志在中央纪委第五次全体会议上指出的："所有制结构的变革，形成了利益主体的多元化，各个利益主体为了追求各自的最大利益，都希望通过各种方式去获取有限的资源，在市场经济体制还不完善的情况下，很容易产生不正当竞争，特别是一些不法分子为了牟取暴利，逃避法律惩罚，更是不择手段，不惜用重金、美色等方式拉拢腐蚀领导干部。"[①]因此，要把加强国家宏观调控与发挥市场基础作用相结合，整顿市场秩序，规范行政审批，强化审计监督；要依法加强对私营经济引导、监督和管理；要坚持把反腐败同反腐蚀结合起来，依法开展反腐蚀斗争。

（三）坚持人民民主专政，发展社会主义民主政治，为反腐败奠定政治基础

健全的民主政治是拒腐防变的政治基础。要有效地反对腐败，就必须加强社会主义政治文明建设，其核心是在党的领导下，坚持人民民主专政，大力发展社会主义民主政治，实施依法治国基本方略。

第一，必须健全人民民主制度。人民民主是社会主义民主政治的核心，必须在公共权力的来源、授予、配置、运作、监督等诸方面体现民主的精神。一要完善民主选举。选举是民主的起点和基础，选好人是保证权力依法和清廉运作的前提。要完善人民代表大会制度，使选举反映人民群众的真实意愿和要求，真正体现权力是人民授予的，而不是某一个人或几个人给予的。二要完善权力制衡机制。建立结构合理、配置科学、程序严密、制约有效的权力运行机制，以权力制

[①]《纪检监察工作文件选编》2000年上册，第195－196页

约权力，体现民主力量，防止权力过分集中和违规运作。三要改革和完善民主决策机制。凡涉及各项重大决策必须严格执行民主集中制，确保决策民主化、科学化。特别要重视将反腐败寓于各项重要政策和改革措施之中，从源头上预防腐败的发生。四要完善民主监督制度。罢免权是最主要的监督权。要切实增强人民群众的罢免权，使政府官员的荣辱得失和人民群众的真实意愿结合起来，将人民"满意不满意、拥护不拥护"作为判断干部工作优劣的基本标准；要创造多种民主监督形式，加强多党合作和政治协商制度，实行政务公开制度、质询制度、民主评议制度，健全信访举报制度，依法保障新闻舆论监督的作用，把权力置于人民群众的严密监督之下。

第二，必须加强社会主义民主法制建设。要健全以宪法为核心的法律体系，把人民民主政治制度化、法律化。严格实施依法治国的基本方略，保障宪法和法律在国家政治生活中处于至高地位，任何组织和个人都必须严格依法办事，不允许有超越宪法和法律的特权。共产党领导人民制定法律，也领导人民遵守和执行宪法和法律。党必须在宪法和法律范围内活动。在立法、执法、司法、守法和法律监督各个环节都要体现民主的力量，体现人民群众对权力行使的有效控制，把反腐败纳入法制轨道。

第三，必须加强专政，用专政手段打击犯罪和惩治腐败。在我国，"阶级斗争还在一定范围内长期存在，在某种条件下还有可能激化"。[1]江泽民同志指出："只要阶级斗争还在一定范围内存在，我们就不能丢弃马克思主义的阶级和阶级分析的观点与方法。这种观点与方法始终是我们观察社会主义与各种敌对势力斗争的复杂政治现象的一把钥匙。"[2]反腐败斗争，是关系党和国家前途命运的严重政治斗争，是阶级斗争在新形势下的重要表现。对任何腐败分子，无论职务有多高，都必须彻底查处，一查到底，严惩不贷。党内的腐败是社会上各种腐朽思想和现象的反映，与社会上各种不法分子的腐蚀拉拢有着极为密切的关系。只有党内反腐败斗争，而没有社会上反腐蚀斗争的配合，就不能有效解决党内的腐败问题。因此，必须把党内反腐败斗争和社会上反腐蚀斗争紧密结合起来，对于构成犯罪的腐败分子、剥削分子和黑社会分子以及其他犯罪分子要用专政手段严厉打击，增强治理腐败的有效性。

---

[1]《中国共产党第十六六次全国代表大会文件汇编》第59页
[2]《论"三个代表"》第62页

（四）坚持党的领导，全面加强党的建设，是反腐败的关键

在中国，只有共产党才能领导人民反对腐败。坚持党的领导和全面加强党的建设，是有效预防和治理腐败的关键。必须坚持"党要管党，从严治党"的方针，围绕提高党的领导水平和执政水平，提高拒腐防变和抵御风险能力两大历史性课题，改革和完善党的领导方式和执政方式，从思想、政治、组织、作风上全面加强党的建设。

第一，加强党的思想政治建设。共产党的先进性集中表现在坚持共产主义理想信念上。共产党员只有牢固树立共产主义理想信念才能有效抗拒腐败。必须围绕坚定共产主义理想信念的问题，深入开展"立党为公、执政为民"为主题的保持共产党先进性的教育，引导党员认真学习马列主义、毛泽东思想和邓小平理论，贯彻"三个代表"重要思想，坚定走社会主义道路的决心。马克思、恩格斯在《共产党宣言》中宣告："共产党人可以把自己的理论概括为一句话：消灭私有制。"① 共产党员如果忘记或不理解这句话，那他就不配做一个合格的共产党员。共产党员要清醒地认识剥削分子、剥削行为、变相的剥削行为和剥削思想的本质，要在劳动和剥削之间坚决地划清界限，绝不容忍共产党员剥削普通百姓，也绝不容忍一部分共产党员剥削另一部分共产党员；要正确认识和处理现阶段实行的允许私有经济存在的政策与保持共产党员思想上共产主义纯洁性的关系；要克服"公有制经济搞不好，只有私有制经济才能搞好"这种实质上丧失共产主义理想信念和主张资本主义的错误观点；要树立全心全意为人民服务的宗旨，遵纪守法，清正廉洁，勤政为民，坚决抵制各种腐朽思想的侵蚀，经得起钱、权、色的考验和诱惑，从思想上筑牢拒腐防变的堤防。

第二，加强党的组织建设。一要健全民主集中制。党内民主是党的生命。要以保障党员民主权利为基础，以完善党的代表大会和党的委员会制度为重点，从改革体制机制入手，建立健全充分反映党员和党组织意志的党内民主制度。特别是要加快党的代表大会常任制的试点工作，尽快实行党的代表大会常任制，使党的代表大会成为党的最高决策机关和最高监督机关。要按照集体领导、民主集中、个别酝酿、会议决定的原则，完善党委内部的议事和决策机制，进一步发挥党的委员会全体会议和常务委员会的作用。二要加强党内民主监督。要尽快制定党内监督条例，健全民主监督的内容和程序。要加强党的代表大会监督和全委会

---

① 《马克思恩格斯选集》第2版，第1卷，第286页

内部的监督以及上下级之间的监督，特别是发挥党的纪律检查机关的作用。三要切实做好基层党建工作，增强党的阶级基础，扩大党的群众基础，扩大党的工作的覆盖面，不断提高党的基层组织的凝聚力和战斗力。四要建设高素质的领导干部队伍。按照党中央的要求，造就一大批忠于马克思主义、坚持中国特色社会主义道路、会治党治国的政治家，坚持用政治要求来办经济、办文化、办教育、办外交、办现代化建设的各项工作。要建设一支能够担当重任、经得起风浪考验的高素质的领导干部队伍，把各级领导班子建设成为坚持贯彻"三个代表"重要思想的坚强领导集体。这是我们党和国家永远立于不败之地的确实保证。

第三，加强党的作风建设。加强和改进党的作风建设，核心问题是保持党同人民群众的血肉联系。在任何时候任何情况下，都必须坚持党的群众路线，坚持全心全意为人民服务的宗旨，把实现人民群众的利益作为一切工作的出发点和归宿。要以"立党为公、执政为民"为根本目的，发扬党的优良传统和作风，按照党中央提出的"八个坚持、八个反对"，正确开展批评与自我批评，着力解决党的思想作风、学风、工作作风、领导作风和干部生活作风方面的突出问题，特别要反对形式主义、官僚主义和以权谋私。

加强党对反腐败的领导，要求各级党委真正把反腐败斗争作为关系党和国家生死存亡的大事来抓，坚持"两手抓，两手都要硬"的战略方针，始终站在反腐败斗争的前列，旗帜鲜明地、锲而不舍地做好反腐败工作。要切实贯彻执行反腐败领导体制和工作机制。要把维护党的政治纪律放在纪律检查工作的首位，保证党的基本理论、基本路线、基本纲领、基本经验的贯彻执行，巩固和发展社会主义制度。要正确处理治标与治本的关系，加强综合治理，加大源头治理的力度，严厉惩处腐败分子，不断把反腐败斗争引向深入。

论惩治腐败与预防腐败的辩证关系
——兼论构建反腐败制度体系

（《社科党建》2005年第8期）

惩治腐败与预防腐败是构建反腐败体系的两个方面的主要内容。必须正确认识惩治与预防在反腐败制度体系中的作用及其辩证关系，才能正确把惩治和预防有机地结合起来，充分发挥二者在反腐败斗争中的综合作用，以达到有效治理腐败之目的。

坚持标本兼治、综合治理、惩防并举、注重预防的方针，是构建惩治与预防腐败体系的根本指导原则。所谓标本兼治，就是把治标和治本结合起来，既要严格治标，惩治腐败，又要着力治本，预防腐败。所谓综合治理，就是采取政治的、经济的、法律的、纪律的、行政的、教育的、管理的、监督的、改革的等多种措施和手段，达到惩治和预防腐败的目的。所谓惩防并举、注重预防，就是要正确处理惩治与预防的关系，把预防工作作为惩治与预防这一对矛盾的主要方面，放在突出的位置，同时要十分重视并毫不放松地加强惩治工作，使二者相辅相成，形成有效反腐败的力量。

惩治腐败，就是通过查办违纪违法案件，对腐败行为和腐败分子绳之以纪、绳之以法，使其受到应得的处罚。具体讲，惩治腐败，是通过对行为构成违反党纪、违反政纪的行为人给予党纪处分、政纪处分，对腐败行为构成犯罪的行为人给予刑事处罚。这样的惩罚会产生四种作用：一是直接制止一些违纪违法人员的违纪违法活动，直接制止腐败分子继续进行腐败活动，并教育和改造他们，使他们不能成为腐败的传播源；二是能够产生"杀一儆百"的震慑作用，使一些未暴露的违纪违法人员畏惧纪律处分、刑事处罚，停止进行违纪违法活动，或者使一些隐藏的腐败分子不敢再继续胆大妄为，违纪违法行为有所收敛，也使一些有违纪违法动机、企图腐败的人受到警告而悔悟；三是对广大党员和群众能产生警示教育的作用，提高警觉性，增强识别力，产生免疫力，并自觉地坚定地与腐败行为和腐败分子作不懈的斗争；四是把一些腐败分子清除出党政机关，纯洁党的队伍和国家政权机关，巩固了党的先进性、党的执政地位和人民政权。从这一意义上说，惩治腐败也能产生防范腐败的作用。

惩治腐败对于巩固社会主义制度具有极其重大的意义。惩治腐败是事关党和国家前途命运的大事。马克思主义认为，从社会主义建立到共产主义建成，是一个很长的历史时期，与这一时期相适应的是无产阶级专政的历史时期，没有无产阶级专政，资本主义就必然复辟。因此，对于社会主义这一整个历史时期来说，无产阶级专政是绝对必要的，惩治腐败是完全必要的。无产阶级专政，除了暴力镇压之外，还要采取经济、文化、教育、纪律、行政等等其他手段。在我国，对一些严重的构成犯罪的腐败分子必须实行镇压，进行刑事处罚，这是我国人民民主专政的体现。对一些腐败行为情节比较轻的人进行党纪政纪处分，主要目的是为了教育挽救他们。对严重的腐败分子，如果不严厉惩治，他们就会更加有恃无恐、百倍疯狂，为非作歹，运用手中的权力，推翻社会主义制度，搞资本主义复辟。苏联解体、东欧巨变就是例证。前车之覆，后车之鉴。我们必须严厉地惩治腐败，坚定不移地维护共产党的领导和社会主义制度。

预防腐败，就是要采取多种必要的措施来消除腐败产生的原因和条件（消除腐败产生的土壤和条件），防止腐败的产生。预防腐败，既要消除产生腐败的条件，更要消除产生腐败的原因。而产生腐败的原因又是分为层次的，其中最终的原因可称为根本原因，即腐败的根源。消除产生的条件非常重要，对腐败可以起着抑制作用；消除产生腐败的一般原因具有十分重要的作用，但消除和铲除产生腐败的根本原因即根源具有更加伟大的意义。胡锦涛同志指出："从根本上说，腐败是私有制的产物，是同马克思主义政党的性质格格不入的。"这一关于私有制是腐败产生的根源的高度概括，是完全符合马克思主义基本原理的，是马克思主义在我国新的社会主义历史条件下的创造性发展和运用。这一科学理论，是我们研究社会主义条件下腐败根源的一把钥匙，是构建成社会主义反腐败理论的基础。离开了这一理论基础去研究反腐败腐败问题，我们除了陷入迷惘之外，就不可能寻找到反腐败的真理。这一理论告诉我们，反对腐败必须与我们党的消灭私有制的伟大历史使命联系起来，才能不迷失前进的方向。待到私有制及其私有观念彻底消灭之时，就是腐败被彻底埋葬之日。当然，这是一个非常漫长的极其复杂的到达共产主义的历史过程。经过党的正确领导和全体人民的共同努力，能够加快这一历史过程的步伐，但不能超越这一历史过程。同时我们必须保持清醒的头脑，决不能因为这一历史过程的漫长而认为共产主义虚无缥缈，并放弃努力，恰恰相反，必须从现在抓紧做起，一步一步地朝着远大的目标前进。从社会主义初级阶段来讲，产生腐败的各种因素还将长期存在，其中经济多样化等因素也将长期存在，国际上的资本主义影响还存在，我国腐败产生是不可避免的。我们能够采取各种措施，惩治和预防腐败，减少腐败的产生，但不能够根绝腐败。我们既要有同腐败作斗争的紧迫感和责任感，加紧治理腐败，也要同腐败作长期斗争的思想准备。我国宪法规定生产资料公有制是我国社会主义制度的经济基础。社会主义经济基础不牢，地动山摇。我们坚持社会主义公有制为主体，逐步实现共同富裕、防止两极分化就是朝着彻底消灭腐败这一方向前进。坚持社会主义制度是治理腐败的治本之策，是从根本上治理腐败。我们建设中国特色社会主义的经济、政治、文化，从各个方面加强社会主义的力量，以抵御资本主义追求超额利润所必然产生的各种堕落和腐败，抑制和防止腐败。

预防腐败，最重要的是要从根本制度上预防。从本质上说，只能社会主义才能救中国，只有社会主义才能发展中国，也只有社会主义才能有效治理中国的腐败问题。社会主义制度具有惩治腐败和预防腐败的双重作用，但最主要的是具有预防腐败的作用，这是社会主义制度与其他剥削制度的根本区别。要通过改革，不断巩固和发展社会主义制度，不断地有效地惩治和预防腐败，特别是预防腐败。一要坚持和健全社会主义经济制度，建设社会主义物质文明。社会主义物质文明是反腐败的物质基础。社会主义物质文明是在社会主义经济制度下取得的。必须在社会主义公有制的为主体的基础上，加速经济建设，经过长期努力，逐步实现全体人民经济平等，为建设平等政治和构建社会主义和谐社会奠定基础。反之，如果背离了社会主义经济制度，就必然产生两极分化，造成社会贫富的严重对立，造成阶级对立甚至对抗，就根本不可能建设社会主义和谐社会，而只能是资本主义的复辟和腐败的泛滥成灾。坚持社会主义的本质，就是要解放和发展生产力。没有生产力的高度发展，社会主义制度就不可能巩固，也就不可能有效地开展反腐败斗争。必须以经济建设为中心，充分发挥社会主义制度的优越性，发挥公有制经济的主体作用和国有经济的主导作用，发挥其他非公有制经济的重要作用，加快社会主义现代化建设，极大推动生产力发展，使全体人民共同富裕，防止和避免两极分化，为预防腐败奠定可靠的经济基础。二要加强和健全社会主义民主政治制度。社会主义民主政治，始终是有效反对腐败的政治前提。要进一步健全人民代表大会制度，实行社会主义民主政治，保证广大人民真正当家作主，充分享有民主选举、民主决策、民主管理、民主监督的权利，保证国家权力真正掌握在人民自己的手中，保证国家权力按照人民的意志行使，同时保证共产党在宪法和法律范围内活动，即按照人民的意志执政，保证国家权力成为人民手中反对腐败的强大武器。实行社会主义民主政治，就是要发挥人民群众的历史主体作用，发挥人民群众作为反腐败的主力军作用，使权力的行使得到最广泛最全面最有力的监督，为预防腐败创造民主政治基础。三要加强和健全社会主义文化、教育、道德建设的制度，提高全民族文化教育和思想道德水平，建设社会主义精神文明。社会主义的意识形态，是社会主义的经济基础和政治上层建筑的反映。共产党要维护自己的执政地位，在社会主义意识形态领域，必须坚持马克思主义的主导地位。因为任何时代，任何国家占统治地位的思想，只能是统治阶级的思想。我们共产党作为执政党，理应必须坚持马克思主义在意识形态领域占主导地位。只有这样，才能保证共产党始终坚持共产主义理想信念和宗旨，坚持立党为公、执政为民的理念，才能引导全体人民追求社会主义理想、树立社会主义荣辱观和价值观念，形成反腐败的社会舆论氛围，有效地抵制资本主义腐朽思想的腐蚀，为预防腐败创造思想文化基础。四要加强和健全社会主义法制，全面实施依法治国方略。把党的领导、人民当家作主、依法治国有机地结合起来，按照社会主义原则确定各种社会关系，并将种社会关系法制化，把各种社会关系的处理和调节纳入法治轨道，为预防腐败奠定法治基础。上述四个方面，主要从国家和全社会层面讲的，也是党的制度建设和党执政所坚持的基本内容和重要原则，即党领导人民坚持和健全社会主义经济制度、社会主义民主政治制度、社会主义文化制度和社会主义法律制度，党还要加强以发扬党内民主为核心的民主集中制建设和以民主集中制为主要内容的党内制度建设，以利于预防腐败在党内和国家机关以及全社会全面展开。

  有效惩治和预防腐败，关键要在党的正确领导下，要充分发挥社会主义制度的优越性，善于调动各方面的力量来治理腐败。一要加强共产党的先进性建设，提高党的执政能力。不断加强共产党的思想建设、组织建设和作风建设，使全体党员特别是党员领导干部坚定共产主义理想信念，牢固树立全心全意为人民服务的宗旨，身体力行共产主义道德，立党为公，执政为民，真正做到情为民所系，权为民所用，利为民所谋，抵制资本主义腐朽思想的腐蚀，防止以权谋私产生腐败。二要在全社会加强思想政治教育，使全体人民不断增强坚持社会主义的信心和决心，提高社会主义觉悟，激发爱国主义的热情，提高文化和思想道德水平，营造治理和预防腐败的良好社会风气。三要建立配置科学、结构合理、程序严密、制约有效的权力运行机制，保证权力有效制衡和权力在法制轨道上运行，防止权力脱离法制轨道、失职渎职而产生腐败。四要实行党务公开、政务公开和其他公务公开，充分发扬民主，使党的权力和行政权力的行使置于广大党员和广大人民群众的监督之下，防止权力暗箱操作而产生腐败。五要加强党内管理，加强社会各个领域依法管理，通过严密的管理，及时堵塞漏油，使腐败分子无机可乘、无隙可钻，从而预防腐败。六要各有关部门既要相互制约，又要加强联合监督。加强发挥党的各级代表大会及其委员会的监督作用，发挥党的专门监督机关即党的纪委检查机关的监督作用；要充分发挥国家权力机关的监督作用，发挥司法机关公正司法和监督作用，发挥监察机关、审计机关的监督作用；还要发挥民主党派和社会舆论的监督作用。通过有效监督，一方面使腐败难以发生和和减少发生，另一方面能及时发现和揭露腐败，从而有效制止和预防腐败。

　　从惩治腐败与预防腐败的关系来讲，惩治腐败是预防腐败的前提，预防腐败是惩治腐败有效性的保障。不能有效地惩治腐败，腐败分子就会更加猖獗，腐败就会迅速蔓延开来，预防腐败的党内纪律和国家法律及社会秩序就会遭到彻底破坏，预防腐败的任何措施都不可能发挥应有的作用。就是说，不惩治腐败，就根本谈不上预防腐败。如果只惩治腐败，而不采取有效措施预防腐败，消除腐败产生的原因——消除腐败产生的土壤和条件，任其腐败原因不断滋长，那么腐败的原因就必然会不断地产生出更多的腐败结果来，惩治腐败的成效就会前功尽弃。不铲除产生腐败的各种原因，却希望减少腐败，就如看见万条江河奔流向大海却希望大海干沽一样。列宁主义认为，诚然，无产阶级专政首要是暴力，但主要不是暴力，无产阶级专政的力量源泉存在于社会主义经济组织之中。在惩治腐败的前提下，要着重发挥社会主义经济、政治和思想文化对于预防腐败的作用。既要治标，惩治腐败，更要治本，从根本上预防腐败。从这一意义上说，预防腐败胜于惩治腐败。在惩治腐败的同时，更要注重从源头上预防和治理腐败。

　　实行标本兼治、综合治理、惩防并举、重在预防的方针，是党和国家反腐败的长期的战略方针。在战略上，在总体上，要把预防腐败放在主要地位，实行以防为主，但这并不排除在某种情况下把惩治腐败摆在首位。具体实施来说，如何把惩治腐败与预防腐败有机地结合起来，这是一个因时因地制宜的问题。在腐败现象严重蔓延的地方和时候，要把惩治腐败摆在首要的地位，集中时间、集中精力，查办腐败案件，特别查办大案要案，严厉惩治严重的腐败分子，严厉惩治高层的腐败分子，否则，就会如邓小平同志所说的有亡党亡国的危险，这决不是危言耸听。在惩治腐败的同时要努力搞好预防腐败工作，一是在惩治腐败过程中，要寻找和分析某腐败产生的原因，提出预防和治理对策，二是当腐败现象得到遏制的时候和地方，要把预防腐败放在首要的和主要的地位，加大预防腐败工作力度，从源头治理腐败。惩治腐败工作与预防腐败工作，在不同地方、不同时间，其侧重点可以有所不同，但不管在什么情况下，惩治与预防两方面工作必须有机地结合起来，相互配合、相辅相成，才能取得治理腐败的最佳效果。

构建反腐败体系，从根本上讲，要把反腐败决策寓于党和国家各项制度之中，寓于党和国家的各项决策之中。可以把党内反腐败与国家反腐败从制度上加以区别，从两个方面着手建立惩治与预防腐败体系。一是建立以党章为核心的党内反腐败制度体系。党内反腐败制度体系是寓于科学的、完整的、系统的以党章为核心的党内制度体系之中，成为整个党内制度体系的组成部分。也就是说，党内制度体系，其中不仅包括民主集中制等方面的内容和程序，也包括惩治和预防腐败的内容和程序。整个党内制度体系才是党的肌体健康运动的保障，也是防止党的权力运行超越或凌驾于党规党法而产生腐败的保障。二是建立以宪法为核心的国家反腐败法律体系。国家反腐败法律体系，也并不是独立于整个国家法律制度之外，而是寓于其中，成为有机的组成部分。也就是说，科学的、完整的、系统的国家法律体系包括其中的反腐败法律体系，成为保证国家权力正确运行的保障，也是防止权力运行超越法制轨道而产生腐败的保障。之所以这样提出问题，是考虑到党和国家的任何制度缺陷和漏洞，都可能产生腐败。正像一个人肌体的任何一个部分出了问题，都有可能导致这个人发生疾病一样。由此可见，整个党内制度体系都具有反腐败的作用，只是强弱不同而已，并不是说，党内其中一部分直接惩治和预防腐败的制度才具有反腐败的作用；同样地，整个国家法律制度体系都具有反腐败的作用，只是强弱不同而已，并不是说，只有其中一部分直接惩治和预防腐败的法律才具有反腐败的作用。因此，总体上讲，党内的反腐败制度体系与党的整个制度体系是紧密联系着的，是不能截然分开的，只有在一定条件下可加以区别；同样地，国家反腐败法律体系与整个国家法律体系是紧密联系的，不能截然分开，也只是在一定条件下加以区别。此外，还要从我们党作为执政党与国家政权的关系来考虑，就要使党内反腐败制度体系与国家反腐败法律体系这二者既不能彼此不分、交织一起、混成一体，又不能互不相干、相互脱节、相互抵触；既要相互区别、各自独立、自成体系，又要互相关联、相互衔接、相辅相成，由此构成党和国家的整体的惩治与预防腐败制度体系。这要求我们以科学发展观来构建全面、协调和可持续发展的反腐败制度体系，形成反腐败制度体系的系统工程。从这样的思路出发，要从宏观上把握，搞好总体规划，明确总体架构和主要内容，再从具体上组织实施，明确一定时期制定有关党内制度和国家法律的计划，周密部署，精心安排，确保落实，经过一定时期的努力，达到基本形成具有科学性、系统性、可行性和可操作性的反腐败制度体系，然后再坚持与时俱进的精神，根据社会社会实践发展的需要，继续有计划有目的地不断深化这一反腐败制度体系。反腐败制度体系集中体现以党的基本理论为指导，体现党的意志和人民意志的有机结合，体现维护广大人民群众的根本利益，完善权力制衡机制，强化民主监督，保证权力严格依照制度和法律运行，从而有效惩治和预防腐败——这是反腐败体系的生命力之所在。

　　党中央坚定不移的反对腐败的决心和正确的决策，是反腐败必胜的关键。各级党委旗帜鲜明，坚持社会主义制度这一关系反腐败胜败的根本方向，坚决贯彻党中央反腐败的路线方针政策和惩治与预防腐败体系，是有效治理腐败的保障。要按照"党委统一领导，党政齐抓共管，纪委组织协调，部门各负其责，群众积极参与"的反腐败领导体制和工作机制，开展对腐败进行综合治理。要坚持不懈地开展反腐败斗争，敢于排除任何干扰，冲破任何关系网，坚决查办各种腐败案件特别是大案要案，严厉惩治腐败分子；要坚决采取各种有利于预防腐败的措施，创新体制，创新机制，创新制度，严格教育、严格管理、严格监督；要严格实行党风廉政责任制，加强党的领导，紧紧依靠广大群众人民群众，坚持不懈地推进惩治和预防腐败工作深入开展。

| 我的理论思考 |

认真探索反腐败规律
深入开展反腐败斗争
——访中央纪委驻国务院侨务办公室纪检组组长林文肯

本刊记者 吴强
《红旗文稿》2007年第9期

我们党一贯高度重视领导干部作风建设，积极推进反腐败斗争。中共中央总书记胡锦涛在中央纪律检查委员会第七次全体会议上强调，当前党风廉政建设和反腐败斗争任务仍然艰巨，要坚定不移地把党风廉政建设和反腐败斗争推向深入。那么在新时期新阶段如何进一步推进党风廉政建设和反腐败斗争呢？记者近日就这一问题对中央纪委驻国务院侨务办公室纪检组组长林文肯同志进行了采访。

记者： 在以胡锦涛同志为总书记的党中央领导下，党风廉政建设和反腐败斗争取得了新的进展。但是很多人总是提出疑问：为什么我们党反腐败的力度这么大，也取得了很大的成绩，但严重的腐败案件还屡屡发生，我们的党风廉政建设和反腐败斗争任务还很艰巨呢？对此，您是怎么看的呢？

林文肯： 对于这一问题，我认为必须正确认识反腐败斗争的长期性与阶段性的关系。胡锦涛同志指出："从根本上说，腐败是私有制的产物，是同马克思主义政党的性质格格不入的。"私有制和私有经济及其私有观念在世界和我国存在多久，腐败也将存在多久，我国反腐败斗争就要进行多久。反腐败斗争贯穿于社会主义过渡到共产主义的整个历史时期。在我国社会主义初级阶段，受生产力发展水平的制约，实行公有制为主体、多种所有制经济共同发展的基本经济制度，由于所有制多样化、就业形式多样化、分配方式多样化、利益关系多样化，各种腐朽思想和其他腐败因素有所滋长。我国反腐败斗争将是长期的、尖锐的、复杂的、艰巨的。我们通常讲反腐败斗争的阶段性，是指几年为一阶段而言，取得了几个阶段性的反腐败成效，也只是万里长征走完的一小部分，今后的路程还很长。我们必须保持清醒的头脑，提高政治警觉性和敏锐性，做长期斗争的思想准备，做到警钟长鸣，绝不因反腐败斗争的长期性而缺乏耐心，感到前途渺茫，也绝不因取得阶段性成效而骄傲起来，麻痹松懈。

记者： 一些腐败干部早期曾经被人们认为是有魄力、有能力、素质不错的，也为党和人民作出过贡献，但最后却走上了腐败的道路。因此，一些人在痛恨他们的时候，也为他们感到惋惜。您如何看这一问题？

林文肯： 确实，我们党的少数领导干部走向腐败是让人感到很痛心的。这也说明，我们的党风廉政建设和反腐败斗争不仅要惩治腐败，更要预防腐败。惩治腐败，可以制止腐败分子和有违纪违法行为的人继续违法乱纪，发挥处罚的威慑作用，警示和教育人们不要重蹈覆辙，从而遏制腐败，为预防腐败创造前提条件。预防腐败是消除产生腐败的原因和条件，从根本上减少腐败，并为巩固惩治腐败的成果提供保证。惩治腐败是十分必要的，是首要条件，但从根本上讲，预防腐败更重要。我们要根据实际情况，贯彻标本兼治、综合治理、惩防并举、注重预防的方针，十分注意维护改革发展稳定的大局。一方面要继续加大惩治的力度，保持惩治腐败的高压态势，特别要着力查办大案要案，决不让腐败分子有藏身之地。另一方面要注重预防，坚持预防为主，预防在先，防止"先腐败—后治理—再腐败—再治理"的恶性循环。

记者： 确实，腐败受到惩处能够大快人心，但造成的损失却难以挽回；如果腐败得到预防，不仅保护了干部，也减少了损失。但怎样预防腐败呢？

林文肯： 这需要我们把预防腐败寓于政策、法律、制度、措施和办法之中，贯穿于党务管理、行政管理、企业管理和事业管理等过程之中，从创新体制、机制、制度、管理和监督着手，采用政治的、经济的、教育的、行政的、纪律的、法律的等多种手段进行综合治理，预防腐败。

记者： 为什么要强调对领导干部严格管理与加强监督？

林文肯： 权力好比是运行在双轨道上的一列火车，管理和监督好比是支撑火车运行的双轨道的各一边，双轨道的任何一边出故障，都可能导致这列火车的颠覆。管理与权力运行紧密联系，是权力运行的具体表现，严格管理是权力正确运行的基础，权力离开了严格管理，就必然产生腐败。同样地，监督与权力运行也紧密联系，有效监督是权力正确运行的条件，权力离开了有效监督，也必然产生腐败。管理和监督是关系权力正确运行的永恒主题，应当将二者有机结合起来，贯穿于权力运行的全过程，作为预防腐败的重要之策。必须向管理要效益、要廉洁。也必须向监督要效益、要廉洁。在管理和监督方面要创新，重点是在强化责任制和责任追究制基础上，创新管理和监督的方式和方法，并采用现代的先进电子技术来改善管理和监控，防范和化解风险。

记者：不少人认为，当前重点要加强对领导干部尤其是腐败高发部门的领导干部的监督。

林文肯：确实，我们的监督应当有重点。一些比较重要的或者普遍易发多发腐败的领域、部门、岗位和事项，应作为加强监督的重点。总的是要加强对党政领导班子及其成员的监督，注重对权力运行重点部位和关键环节的监督。首先，最主要的监督重点是：各级党政领导班子，特别是各级党委执行党的路线方针政策和民主集中制的情况，实行民主决策、科学决策、依法决策的情况，遵守有关廉洁从政规定的情况。把各级党政领导班子作为监督的重点，是因为它们的地位和作用特别重大，一旦发生腐败，影响特别严重，因此把它们作为监督的重中之重，以防万一。其次，其他监督重点是：人事干部、行政审批、司法审判、工程建设、政府采购、产权交易、招标投标、资产管理、金融管理、财务管理等领域，经验证明这些领域是腐败易发的领域，应作为监督重点。在工作中还根据具体情况的变化，有的矛盾凸显出来，就要随时抓住主要矛盾，确定一段时间内的监督重点，搞专项检查监督。在突出重点监督的同时，对一般领域也不放弃监督，防止滋生腐败。要按照"防患于未然"的原则，实行事前监督、事中监督、事后监督相结合，最大限度地消除腐败产生的原因和条件，预防腐败、减少腐败。要善于运筹帷幄，因时因地制宜，抓住主要矛盾，又善于"弹钢琴"，把重点监督与一般监督结合起来，使监督工作适应反腐败斗争的需要。

记者：当前一些领导干部走向腐败似乎与民主作风不够有关。

林文肯：民主集中制是党和国家根本的组织制度，也是预防和治理腐败的重要法宝。没有民主集中制的所谓集体领导，就会产生一人说了算的专制主义。对于重大决策，领导集体要按照民主集中制原则，实行民主决策、科学决策、依法决策，同时要明确每个人所承担的具体任务和应负的责任，以保证落实。各级党委要实行集体领导和分工负责相结合原则，健全和实行领导干部党风廉政建设责任制，每个领导成员对自己管理范围内的党风廉政建设情况负责，一级抓一级，层层抓落实，同时实行严格的责任追究制，保证把党风廉政建设落实到每一个基层单位。

记者： 如何发挥思想教育和制度建设在预防腐败中的作用？

林文肯： 必须把思想教育和制度建设紧密结合起来，既加强思想教育，又建立健全惩治和预防腐败的制度体系，形成反腐败的思想防线和制度防线。要用这样的思路，构建预防和治理腐败的以下三个机制。

一要加强思想教育，构建"不愿腐败"的机制。要建立思想教育和理论学习制度，进行党的先进性教育，引导党员干部树立正确的世界观、人生观、价值观和权力观、地位观、利益观，坚定共产主义理想信念，牢记全心全意为人民服务宗旨，自觉抵制资本主义的腐蚀，克服利己主义、拜金主义、享乐主义，拒绝腐败。要进行广泛深入的舆论宣传，造成以廉为荣、以贪为耻的强烈舆论氛围，形成公生明、廉生威的工作环境，使广大干部增强免疫力，拒腐防变，不愿腐败。

二要加强制度建设，构建"不能腐败"的机制。要加强党内制度建设，把反腐败制度寓于以党章为核心的制度体系之中，成为党内制度体系的有机组成部分。要把反腐败制度寓于以宪法为核心的法律制度体系之中，构成法律制度体系的有机组成部分。党内的反腐败制度和国家的反腐败制度既相互区别、各自独立，又互相衔接、相辅相成，构成中国社会主义特色的完整的惩治和预防腐败制度体系。要建立权力制约机制，即建立结构合理、配置科学、程序严密、制约有效的权力运行机制，按照"不可兼容"的原则，对权力作适当的分解，形成环环相扣的链条，权力运行过程的上下环节之间相互制约、制衡和监督，力求形成无懈可击、无孔可入的格局，使企图腐败的人也难以腐败或不能腐败。

三要严厉惩治腐败，构建"不敢腐败"的机制。腐败分子和一些干部之所以敢于违法乱纪，搞腐败，一方面是存有侥幸心理，认为可以逃避纪律和法律的惩罚，因而敢于冒险搞腐败；另一方面是一些腐败行为和违纪违法行为没有受到应有的处罚，腐败行为和违纪违法行为的成本太低。针对这种情况，要加大查办腐败案件力度，提高破案率特别是大案要案的破案率，形成强大的威慑力，使腐败分子和其他违纪违法的人感受到处罚难以避免。要严格依纪依法办案，凡是有从重情节的或有从轻情节的，依纪依法从重或从轻处罚，做到宽严适度，使腐败分子或其他违纪违法的人付出沉重的代价或必要的代价，使他们感到得不偿失。

记者： 纪检监察组织是专门监督机关的重要组成部分，如何进一步发挥它在党风廉政建设和反腐败斗争中的作用？

林文肯： 对于纪检监察组织的作用如何发挥，要强调三点。

第一,要正确处理专门机关监督与群众监督的关系。人民群众是反腐倡廉的力量源泉和胜利之本。发扬人民民主,实行专门监督机关与群众监督相结合,是反腐败的必由之路。专门监督机关行使监督权,在一些复杂情况下有条件运用必要的手段揭露和惩治腐败,并为广大群众行使民主监督权利提供保障。人民群众积极参与监督,能够形成最广泛最全面的监督,为专门监督机关提供最有力的支持。纪检监察组织作为专门监督机关的重要组成部分,在反腐败斗争中,要充分相信群众,依靠群众,发挥群众的主动性、积极性和创造性,倾听群众的意见和呼声,认真研究采纳群众的合理化建议,重视群众对违纪违法行为的举报;要大力推行政务公开、厂务公开、村务公开制度,保证群众充分行使知情权、参与权、选择权和监督权,使权力运行置于群众民主监督之下,使企图将权力"暗箱操作"、以权谋私的行为不能得逞。

第二,要正确处理党委与纪委和其他组织的关系。这是理顺组织关系,协调工作关系,整合各方力量,实行齐抓共管,以适应反腐败斗争的需要。要坚持党委统一领导,党政齐抓共管,纪委组织协调,依靠群众参与的反腐败领导体制和工作机制。各级党委对职权范围内的党风廉政建设和反腐败斗争负有全部责任,要加强领导,总揽全局,正确决策,把握方向,指明思路,部署任务,配备干部,组织力量,指导实施。党委要适时地听取纪委关于党风廉政建设和反腐败工作部署实施情况的汇报和意见,及时研究反腐败工作的新情况,解决重大问题特别是查办大案要案中遇到的问题。纪委负有协助党委加强党风廉政建设和组织反腐败工作的责任,重大事项要按规定及时向党委或直接向上级纪委报告;要认真调查研究,探索反腐败规律,在重大问题上提出建议,为党委决策提供参考;提出加强党风廉政建设的措施和工作安排,对党风廉政建设作具体指导,检查督促党风廉政建设;加强组织协调,整合纪检、监察、审计等各方面的力量,支持各级人大、政协、审判机关、检察机关的监督,共同做好党风廉政建设各项工作。

第三,要大力加强纪检监察干部队伍建设。纪检监察干部队伍是党领导下的一支反腐倡廉的生力军。建设一支政治坚强、公正清廉、纪律严明、业务精通、作风优良的纪检监察干部队伍至关重要,是我们面临的一项重要而迫切的任务。政治坚强,就是立党为公,执政为民,坚持原则,旗帜鲜明,反对腐败;公正清廉,就是严以律己,清正廉洁,无私无畏,秉公办事,扶正祛邪。纪律严明,就是严守政治纪律、保密纪律、工作纪律、办案纪律,依纪办事。业务精通,就是熟悉党的基本理论和专业知识,善于解决反腐倡廉中各种复杂的问题。

作风优良，就是联系群体，实事求是，勇于创新，锐意进取，务实高效。纪检监察干部要按照这五个方面要求来锻炼自己，立志做党的忠诚卫士，当群众的贴心人；要坚持学习、学习、再学习，发奋学习，刻苦学习，钻研邓小平理论、"三个代表"重要思想和科学发展观，钻研纪检监察知识、法律知识和其他相关知识，做到融会贯通，全面提高政治业务素质和实际工作能力；要坚持理论联系实际，在工作中艰苦锻炼，砥砺意志，培养高尚道德情操，坚定革命理想信念，坚持不懈地为党风廉政建设和反腐败斗争而努力拼搏，建功立业。

记者： 谢谢您接受我的采访。

| 我的理论思考 |

加强对权力制约和监督的思考

（《反腐败研究》2007年第7期）

胡锦涛同志在中国共产党第十七次代表大会上的报告中指出："坚决惩治腐败和有效预防腐败，关系人心向背和党的生死存亡，是党必须始终抓好的重大政治任务。全党同志一定要充分认识反腐败斗争的长期性、复杂性、艰巨性，把反腐倡廉建设放在更加突出的地位，旗帜鲜明地反对腐败。"完善制约和监督机制，保证人民赋予的权力始终用来为人民谋利益，是预防和治理腐败的重要途径，必须在这方面多下功夫。我们要以马列主义、毛泽东思想、邓小平理论、"三个代表"重要思想为指导，全面落实科学发展观，贯彻标本兼治、综合治理、惩防并举、注重预防的反腐败方针，认真探索和研究完善对权力运行的制约和监督机制，最大限度地预防和减少腐败。

一、加强制度建设，严格规范用权

加强制度建设是反腐败的治本之策。制度具有根本性、全局性、稳定性、长期性，没有较完善的制度，权力运行就容易失范，就难以受到有效监督。而权力一旦失去监督，就会被滥用，必然产生腐败。因此，必须规范在前，健全制度，使权力在法治轨道上安全运行，以防止权力滥用和腐败发生。

以科学发展观构建惩治和预防腐败制度体系。腐败是寄生在党和国家肌体上的毒瘤。构筑反腐败制度体系要能保护党和国家肌体各个部分都健康。因此，必须按照科学发展观的要求，立足全局，把握重点，协调各方，使构筑的反腐败制度体系具有全面性、系统性、有效性，能够为党的全面建设和保持党的先进性服务、为国家长治久安和经济社会全面协调可持续发展服务。构建反腐败制度体系既要从健全党和国家的根本制度和基本制度问题上做文章，使所构筑的反腐败制度体系必须与社会主义民主政治和社会主义经济基础相适应，又要从落实到各部门各单位的具体制度上下工夫；既要构筑党内反腐败制度体系，又要构筑国家反腐败制度体系，并使二者既各自独立、自成体系，不能彼此不分、混为一体，又相互衔接、相辅相成，不能相互脱节、相互抵触；既从反腐败的角度构建党内反腐败制度体系和国家反腐败制度体系，又必须将它们分别作为党内法规体系的组成部分和国家法律体系的组成部分，而不是游离于它们之外；既必须保持反腐败制度体系的稳定性、连续性、权威性，又必须以与时俱进和改革创新的精神，不断推进反腐败制度体系建设，使其适应社会经济政治文化的不断发展变化，而保持其生机和活力。

健全制度体系，全面规范权力运行。我们国家社会在变化，党的事业在发展，制度建设要与时俱进，力求制定出适合一定时期实际的比较完整的制度体系。凡是权力运行应有制度规范，实体方面要纵横全面覆盖；程序方面要上下一贯到底，由一串环节构成链条，自成体系。做到用制度管权、按制度管事、靠制度管人，防止滥用权力和以权谋私现象的发生。

立足于全面规范，又要注意突出重点，以增强制度的针对性、适用性、有效性。为此，必须寻找腐败产生的原因、特点和规律，包括查找制度方面存在的缺陷、漏洞。在此基础上，有针对性地抓住关键领域、关键问题、关键环节，有计划地推进规章制度的制定、修订工作，重点抓好决策方面的规章制度和人财物方面的审批、管理和监督等有关规章制度的"废、改、立"工作。要特别重视将预防腐败寓于决策之中，出台重大改革措施和政策，制定有关法律和法规，要科学论证，成龙配套，严整周密，完善决策，做到预防在先，防患于未然。

注重制度创新，从根本上解决腐败问题。从制度方面查找漏洞、堵塞漏洞是必要性的，但如果仅限于堵塞漏洞，就会堵不胜堵。要着眼于根本问题，注重深化改革，在创新体制、机制上下功夫，从根本上解决问题。例如，在经济方面，要发挥公有制经济抑制和消除腐败因素的作用，让社会主义经济基础的力量源泉充分地涌流出来，就必须深化公有制企业特别是国有企业的改革，创立现代企业制度，激发企业活力，促进科技进步，发展壮大公有制经济，充分发挥公有制经济的主体作用和国有经济的主导作用；在政治方面，充分发挥社会主义民主对治理腐败的根本性作用，使人民民主成为反腐败的政治基础，就必须在进一步完善社会主义民主政治体制上下功夫，使人民享有的选举权、决策权、管理权、监督权在管理国家、管理社会、管理经济、管理文化和其他社会事业中充分显示出来，有效地治理腐败；又如，在决策方面要解决独断专行的问题、主观臆断的问题、不负责任的问题，或者徇私舞弊的问题，就必须进行决策制度创新，对各级领导班子决策的内容和程序要作规范，明确决策原则、决策范围、决策议题审批、决策论证准备、决策议题审议决定、决策责任制、决策监督等，都要具体化、明细化，保证民主决策、科学决策和依法决策。

二、科学配置权力，分工制约用权

健全权力运行机制关键在于正确分权与制约。建立结构合理、配置科学、程序严密、制约有效的权力运行机制。这一机制对权力运行形成有效的制衡和监督，特别是使决策权、执行权、监督权既相互制约又相互协调，保证权力沿着制度化法制化的轨道运行，防止滥用权力现象发生。一方面需要从实体上，要对权力作分解，适当分权，分权后各种权力由不同部门（单位或岗位）行使，使各种权力之间形成合理结构，同时职权配置要科学，体现分工明确、各负其责、各司其职，职权与责任统一，从而防止权力过分集中而失去制约。另一方面需从程序上，要根据分权和各自的职权来设计和构建权力运行的严密程序，即将各项权力之间的关系、以及权力运作的各个环节之间的关系，要通过严密的环环相扣的程序连接起来，体现行使权力的部门（单位或岗位）之间既分工负责、互相配合、又互相把关、互相制约的关系，形成有效制约，保证权力严格依法运行，防止权力失控、权力滥用、越权施政，做到既完成共同的任务又防止以权谋私现象的发生。

针对薄弱环节，推进权力运行监督制约机制建设。改革开放以来，我国社会发生了巨大进步和变化，某些制度不适应变化了的情况，特别体现在权力制约监督方面存在薄弱环节，亟待解决。当前要着重抓好以下几方面的制度创新工作。一是坚持完善干部选拔任用工作机制，坚持干部队伍"四化"方针和德才兼备原则，严格执行党政领导干部选拔任用条例和有关规定，扩大民主范围和渠道，改进和完善民主推荐、民主测评、民主评议、实绩分析、任前公示、强化监督，在推荐提名、考察考核、审议决定、监督等方面推行责任制和责任追究制，形成干部选拔任用工作的制约监督机制，形成对干部德、能、勤、绩、廉的考核的科学规范，形成正确的用人导向，弘扬新风正气。二是推行行政审批制度改革，建立行政审批权力监督制约机制。在行政审批工作中，要杜绝权钱交易等各种弊端，就必须创新行政审批制度，要抓住审批过程中容易发生问题的部位和关键环节，提出完善公开程序和审批方式、规范审批行为、加强责任追究的具体措施。其中最重要的是，进一步完善受理、审评、审批的"三分离"制度，实行审评主评集体负责制，审评人员公示制和审评审批责任追究制，做到制度完善、程序明确、操作规范、方法简便，保证公开、公平、公正。三是要深化财税、投融资、金融制度改革，规范金融秩序，加大对资金运行过程的监管，防范金融风险；推行和完善部门预算、国库集中支付制度，集中和强化资金监管；取消"小金库"，严禁设立账外账，严格执行"收支两条线"制度。推行政府采购、招投标等制度，把有关采购和招投标项目进行依法操作，强化监管。

三、推行政务公开，实行民主用权。

实行政务公开是社会主义民主政治的必然要求。我国社会主义民主政治，本质上是党领导人民当家作主，依法治国。政务公开是民主政治的前提，没有政务公开，就不可能建设社会主义民主政治。政务公开是社会主义民主政治的表现形式，是人民群众行使知情权、参与权、监督权、决定权等民主权利的重要载体。政务公开是保证权力在阳光下依法行使，防止"暗箱操作"产生腐败的重要举措。必须坚持立党为公、执政为民这一共产党的执政理念，把政务公开工作放在发展社会主义民主政治的高度来重视，来推行，来实施。实行政务公开，要充分依靠人民群众。必须把群众切身利益的事项作为政务公开的重点，坚决维护人民群众的根本利益。围绕群众最关心、反映最强烈的热点问题和容易出现不公平、不公正的问题，推进政务公开，切实解决关系群众切身利益的突出问题，实现好、维护好、发展好人民群众的根本利益。

结合行政管理体制改革，深入推动政务公开。必须坚持与行政管理体制改革相结合，推进行政权力公开透明运行，促进政府加快职能转变，深化行政管理体制改革，推动法治政府、服务政府、责任政府和效能政府建设，促进形成行为规范、运转协调、公正透明、廉洁高效的行政管理体制。2007年年初，国务院常务会议审议通过的《政府信息公开条例》，是政务公开、权力运作透明的有力保障，是建设廉洁、勤政、务实、高效政府的一项重大措施。

要不断总结政务公开的经验，完善政务公开的制度规范，使政务公开工作民主、有序、健康、有效地进行。这里，着重强调一下推行政务公开需要把握的一些要点。

一要明确政务公开的原则和目的。政务公开必须从保证广大群众享有知情权、参与权、监督权、决定权的民主原则出发，依法公开，使政务公开达到公开、公平、公正，客观、真实、全面，便民、利民、高效之目的。

二要规范公开内容，编制办事公开目录。政务公开要明确公开的内容，凡是涉及群众切身利益的重要问题要公开，其中包括干部人事、工资分配、预算决算、资产管理、工程建设招标、政府采购、行政管理等等。各单位情况不同，要结合具体实际，动态地编制办事公开目录，实行主动公开和依申请公开相结合的制度。

三要丰富和发展公开形式。围绕公开透明，因时因地制宜，创造适当形式，如通过会议公开、文件通报、热线电话、公告公示、网络发布、电子屏显示、触摸屏查询等，健全网络体系，建立灵敏的传递机制，通过电子政务加快政务公开的步伐。

四要科学设计政务公开运行的程序。程序的每一环节要体现环环相扣、相互制约，从启动、运行、反馈信息、办理结果、检查监督、效能评估、廉洁评价等各环节的衔接与照应，增强沟通与约束机制，保证政令畅通，信息流动快速准确。

五要规范政务公开主体的责任。明确政务公开的主体、组织结构、公开内容、办事依据、公开责任、监督考核、责任追究等；明确主体发布信息、社会公示、听证论证、社会评议、投诉渠道等，征求公众意见和建议，接受公众反馈信息；制定工作人员岗位职责、服务要求、管理办法、运行程序（流程图）、投诉反馈、奖惩措施等工作制度，将办事项目的要求和程序及服务承诺、岗位规范、纪律规定、监督渠道等公开内容融入服务规范，逐步建立起办事公开的长效机制。

四、落实责任制度，保证负责用权

必须实行集体领导与个人分工负责相结合。集体领导与各行其是和个人独断专行是根本对立的，如果没有坚持集体领导，就会破坏民主集中制，形成无政府主义或专制主义，必然产生腐败；反之，如果只强调集体领导制，而无个人负责制，形式上大家都负责，实际上大家都不负责，这是官僚主义的最大的祸害，也是腐败产生的重要原因。因此，既必须实行集体领导，又必须实行个人负责，把两者有机地相结合起来。

建立健全领导责任制，实行责任追究制。健全领导责任制，就是领导班子集体对领导工作的结果要负担总体责任，领导成员根据分工对所分管的工作担负责任，其中主要领导人即"一把手"要负担主要责任，其他领导成员要对分管的工作担负责任。按照党风廉政建设责任制的要求，坚持"谁主管、谁负责"的原则，贯彻实行领导责任制，前提是明确每个领导成员的责任，关键是强化责任追究，追究失职渎职和腐败行为的责任，依纪依法处罚，从而警诫和促使每一个领导成员做到守土有责、守土尽责，保证廉洁从政。

拓展工作思路，细化个人责任制。必须求真务实，创新方式方法，做到责任明确、可操作、可考核、可测评、可调控。这需要实实在在做工作，认认真真抓落实，从每一项具体工作抓起。比如在决策方面，要完善决策制度，明确规定决策者的责任，完善决策议题论证的措施，对决策议题审议时所发表的决策意见记录在案，保证对决策者决策失误行为追究有据。经验证明，凡是领导集体作出的决策按规定应记录在案，否则，难以追究责任；凡领导干部个人决定或批准的事项应有字据，否则，需要追究责任时就会遇到麻烦，或者有责任的人不能受到追究，而有的人却只好"吃不完，兜着走"。又比如决策执行方面，要明确每个领导成员对决策执行应负的责任，对决策执行情况进行考核、检查和监督，对失职渎职或徇私舞弊者给予追究责任，对忠于职守、创造业绩者给予褒扬和奖励，促使领导成员深入第一线，了解情况，靠前指挥，主动去抓，严格落实责任，强化督促检查，限期解决问题，防止矛盾积累、聚合、激化，防止腐败产生和蔓延。

五、全面加强管理，全程监管用权。

全面加强管理是提高质量、效益和廉洁的重要保证。加强全面管理，就是加强科学管理、依法管理、严格管理，使三者相辅相成。加强全面管理至关重要，既是保证质量、提高效益的需要，又是防止腐败、保持廉洁的需要。预防腐败的关口要前移，最基本、最有效的方法是强化全程管理。管理本身具有检查督促的功能，又具有发现与纠正错误的功能。强化日常的全程性的科学管理，随时发现和及时纠正权力运行偏差、失误，及时解决违纪违法问题，堵塞漏洞，改进管理工作，把腐败行为和其他失职渎职行为解决在初发阶段。从这个意义上讲，管理本身也具有监督的功能，或者说，把监督寓于管理之中，管理要体现监督。因此，全面加强管理，是有效预防腐败的重要条件。

创新管理方法，实行科学管理。管理工作的科学性如何，对于工作成效关系极大。管理是一门科学，搞好管理需要用科学知识来支撑。列宁认为泰罗利制，剔除资本主义的剥削因素以外，这种方法本身是科学的，应当普遍运用到社会主义生产中去，来提高生产效率。如现在我们提倡集约化管理，能激发聚集效应，产生巨大的能量，大大提高工作效率。又如推广ISO9001标准化管理，也是提高质量和效率的有效管理方法。再如我们有的单位财务管理中运用有关软件和"不可更改"的光盘，既可以提高工作效率，又能防止徇私舞弊行为发生。可见，创新管理方法和工作方法，坚持科学管理是十分重要的。

坚持依法管理，实行管理制度化。坚持依法管理，首先要把管理工作用制度加以全面的严密的规范，使之规范化、制定化，其次要把各项管理工作纳入规定的程序，按程序和制度办事。若是脱离了程序和制度，依法管理就无从谈起，当然程序和制度本身必须是科学的。比如财务管理方面，最重要的一个就是严格财经纪律，要坚持精打细算、厉行节约的原则，各类预算、决算、报销等，都要严格按照一整套程序来进行审批、审核、做账，避免发生失误。再比如采购方面，要集体决定，集中采购，按程序规定进行采购。有关重要的采购，如工程建设项目、大宗物资的采购等，凡是按照规定应该纳入政府招投标范围的，都必须纳入，按照招投标的程序来做，以避免产生漏洞和腐败问题。还有合同管理问题，订立的合同要很好地审核把关，确保合同合法、周密、无误，有了严密的合法的合同，一旦对方违约，好追究对方的责任，若是合同有漏洞，就可能造成很大的损失。

坚持严格管理，确保管理无漏洞。严格管理是实现依法管理的保证。严格管理，说到底就是严格依法管理。管理不严格，程序和制度就成了摆设，就失去了严肃性、权威性，由此就会产生管理混乱。管理混乱就会出现漏洞，降低效率，产生腐败。一些单位产生腐败，虽然原因是多方面的，但无不与管理不严格有关系。比如，在资产管理方面，就是要按照制度规定实行严格管理，如果管理松弛、账目混乱，迟早会出大问题。资产管理要实行跟踪管理，既有静态管理，又有动态管理，对发生的每一个变化都要体现在一个记录当中，这样才能防止出现资产流失的问题。

六、整合监督力量，强化监督用权。

必须整合监督力量，增强监督威力。单个的分散的监督力量，各自为政的监督力量，不仅很难聚集力量，而且还可能相互抵消。只有从全局出发，把各个监督力量有机结合起来，才会产生集聚效应，形成强大的监督合力。要善于把党内监督与人大监督、政府专门机关监督、政协监督、司法监督、群众监督、舆论监督等有机结合起来，把上下级之间的相互监督有机地结合起来，增强监督的合力和实效。

加强党委统一领导,整合监督力量。首先,在宏观把握方面,党委高度重视,统一领导,综揽全局,纪委要积极协助党委,加强协调,周密部署,组织力量,造成每一监督部门及其系统监督力量的联合,又造成各监督部门之间监督力量的联合,形成总体的监督合力。其次,在具体操作方面,要建立健全统一指挥、运转协调、科学有效的监督工作机制,明确各部门职责,纪委组织协调,上下联动、左右协作、齐抓共管的监督工作格局。广泛动员组织群众参与,形成人人有责、人人参与、人人尽力的民主监督局面。

应向监督重点倾斜,安排监督力量。抓好监督工作,要从监督工作的全局出发,既要关照监督工作的方方面面,又要抓住主要矛盾,解决监督工作的重点问题,带动全面,整体推进。监督对象的重点是各级领导班子及其领导成员,尤其是高层领导干部。监督内容的重点是对领导干部特别是主要领导干部执行党的路线方针政策、民主集中制和廉洁从政的监督;对"三重一大"决策和执行的监督;加强其岗位变动、职务升迁以及换届选举、重大人事安排等重要事项和重要环节的监督;对工程建设、招标投标、政府采购、资产管理等方面的监督,以及对各不同时期其他突出问题的监督。要根据具体情况,合理安排监督力量,解决重点问题,兼顾解决其他问题。

不断丰富监督形式,增强监督效果。必须丰富监督形式,充分发挥各种形式的功能。进一步完善和落实党委会内部监督、民主生活会监督、上级和下级相互监督以及政务公开等方面的监督形式。充分运用领导干部个人重大事项报告、民主生活会、述职述廉、民主评议、诫勉谈话和回复函询、干部交流、离任审计等一系列形式,加强对干部的监督。认真开展巡视工作,发挥其独特作用,使同级监督不了的、下级监督为难的、群众监督困难的,能够得到监督,解决监督不全面、不到位的问题,特别是解决对主要领导干部监督不到位的问题。

七、采取技术手段,严密监控用权

建立电子网络监控体系势在必行。现代科学技术被一些人用来作为犯罪和腐败的手段,而我们应当做到"魔高一尺,道高一丈",拿起现代科学技术的武器,与犯罪和腐败行为作斗争。要充分利用高科技手段,随时对权力运行进行监控,及时跟踪和揭露违纪违法行为,有效预防和惩治腐败。运用网络技术,加强对权力运行的监控,形成人机结合的监控防线。要运用计算机网络等现代化科技手段,加快建设和完善电子网络监控系统,构建信息沟通平台,实现监管信息互联互通和监管资源综合利用,加强对权力运行全过程、全方位的信息监控,提高检查、监管的针对性和有效性,使权力运行中发生的问题早发现、早整治、早解决。

充分发挥电子网络监控体系的作用。要深入研究和建立功能完善的电子网络监控体系,充分发挥它对权力运行监控的多种功能。主要有:一是运用网络公示重要事项。对与群众利益密切相关的重大事项的决策,进行网络公示,征求群众的意见,接受群众的监督。如在网络上公开干部选拔任用的内容、程序和纪律,并实行网上任前公示,接受群众监督,反映群众意愿,提高决策水平。二是运用网络监控行政审批。现在全国各地区各部门正在加紧这方面工作,有的地方在这方面摸索出一些好经验。如通过电子网络系统,形成统一、协作、共享的分析监控模式和科学监测、反映快速、纠错及时的长效机制,对行政审批流程的各个环节实行全过程监控。电子网络监控系统与有关行政审批项目进行对接,通过联网自动采集,将相关部门预先设置的每一行政许可事项的内容、法律依据、条件、程序、时限、收费等规范化要素的信息"照单录入",并以此为根据,对审批项目的办理过程实施实时、同步、全程监控。从受理、承办、批准、办结和出证,其中任何一个环节出现违规,电子网络监控系统都会实时发现,自动发出预警信号,并记录在案。这些信号记录作为行政审批工作考核与处罚的依据。三是运用网络推行网上采购。将政府采购的规章制度、采购范围、组织机构、实施程序、资金拨付、监督管理、效益显示等在网上公开。四是运用网络强化监督。构建便捷、统一、有序的廉政投诉和举报网络,拓宽信访渠道,方便群众投诉举报,扩大信息来源,增加透明度,增强监督力度。

八、加强廉政教育,促进谨慎用权

加强廉政教育是领导干部廉洁从政的重要前提。领导干部廉洁从政、正确使用权力,重在教育。领导干部不断提高思想觉悟,才能坚决抵制资本主义腐朽思想和"糖衣炮弹"的腐蚀,才能公正无私地正确行使权力。因此,加强对党员干部的教育至关重要。要建立保持共产党员先进性教育的长效机制,坚持经常教育,学好理论,遵守法纪,警钟长鸣,拒绝腐败,提高警惕,防微杜渐。对党员干部严格要求、严格教育、严格管理、严格监督,对腐败行为必须严肃处理,绝不姑息迁就。

坚持理论学习,坚定理想信念。一个政治上有坚定信仰、有远大理想抱负的党员干部，是决不会去搞腐败的。要认真引导党员干部端正学风，真学、真懂、真信、真用，钻研原著，深刻理解和掌握马克思主义哲学、政治经济学和科学社会主义基本原理，认识人类社会发展的规律，认识中国特色社会主义发展的规律，认识共产党执政的规律，坚定共产主义理想信念，提高执政能力和拒腐防变的能力，自觉为人类最壮丽的共产主义伟大事业而奋斗终生。

坚持崇高宗旨，忠实服务人民。一个真正的共产党员，必须把人民利益看得高于一切、重于一切，个人利益要自觉地服从人民利益，必要时不惜牺牲自己的生命去殉党和人民的伟大事业。有这样党性坚强的党员干部绝不会玷污人民赋予的权力，绝不会把权力作为徇私舞弊、谋取私利的工具和资本，去损害人民群众的利益。因此，必须加强对党员干部进行党性教育，增强宗旨观念。要不断教育党员干部站稳立场，激扬疾恶如仇的情怀，坚定反腐倡廉的决心，严守党纪国法，坚持清正廉洁，始终实践全心全意为人民服务的宗旨，做到情为民所系，权为民所用，利为民所谋。自觉为人民的利益而坚持真理、修正错误，积极开展批评与自我批评，坚决纠正错误思想，弘扬浩然正气、蓬勃朝气、昂扬锐气。

坚持艰苦奋斗，砥砺革命意志。艰苦奋斗是我们党的优良传统，是我们事业胜利的保证，我们要始终不渝地继承和发扬。对于党员干部来说，艰苦奋斗是砥砺革命意志的熔炉，是拒腐防变的护身法宝，是成就事业和为人民多做贡献的精神支柱。培养和树立艰苦奋斗精神，才能抵御政治微生物的侵蚀，才能练就和保持健康的心态和健全的体魄。古人也懂得这个道理。西汉枚乘《七发》赋中说："且夫出舆入辇，命曰蹶痿之机；洞房清宫，命曰寒热之媒；皓齿娥眉，命曰伐性之斧；甘脆肥醲，命曰腐肠之药。"（意释：出入都乘坐车子，就是麻痹瘫痪的兆头；常住幽深的住宅、清凉的宫室，就是伤寒和中暑的媒介；贪恋女色、沉溺情欲，就是摧残性命的利斧；甜食脆物、肥肉烈酒，就是腐烂肠子的毒药。）这一至理名言，值得以天下为己任的共产党员深思和借鉴，无论是治国从政，还是个人修养，都可以从中汲取思想营养，增强为党的事业而艰苦奋斗的精神力量。

坚持从政以德，弘扬高尚情操。教育党员干部要坚持社会主义核心价值体系，身体力行共产主义道德，以德从政，诚信立威。这一点很重要。两千多年前，孔子就讲过："为政以德，譬如北辰，居其所，而众星拱之。"事实就是这样。我们想一想，共产党的权威是从何而来？记得解放初，广大群众最爱唱的一首歌，歌词是"共产党好，共产党是人民的好领导，说得到，做得到，全心全意为着人民立功劳！"这就是共产党受到人民群众群众衷心爱戴的道德原因。所以，领导干部不仅应当把从政以德作为治国之要，而且应当把从政以德作为个人立身和从政的准则，使自己成为民众道德的楷模。要强化道德修养，培养高尚的思想情操，树立诚实守信的美德，养成健康的生活情趣，抵制灯红酒绿的诱惑，抗住奢风淫雨的侵袭，避免腐化堕落的危害。

坚持党性原则，正确处理公私问题。作为一个党员领导干部，在行使权力时，都面临着如何处理公私关系的问题。要学习毛主席的处理亲情问题的"三原则"：恋亲不为亲徇私，念旧不为旧谋利，济亲不为亲撑腰。我们党员领导干部不论职务高低，在使用权力过程中，要以党和人民的利益高于一切为原则，绝不能谋取任何特权，对待亲情友情问题上都必须做到公私分明：党纪国法与私人感情分清，权力运用与个人和家庭利益分清，职务行为与私人行为分清。按照法律法规和廉政制度要求，领导干部不能利用职权便利为亲友谋取利益；家属子女不能在领导干部职权管辖的范围内从事可能影响公正执行公务的经营活动；职务活动涉及个人和家属子女利益时要主动提出回避，个人和家庭重大事项要向组织报告。

九、加大办案力度，惩罚违法用权

加大依法查办案件力度是强化对权力监督的重要手段。必须营造法网恢恢、疏而不漏的惩治腐败的法网，保持惩治腐败的高压态势，使企图腐败的人不敢胆大妄为。惩治腐败分子，是治理腐败的首要条件。因为只有坚决对腐败分子绳之以纪、绳之以法，才能制止受到惩罚的腐败分子继续搞腐败，并对其他腐败分子造成巨大震慑，刹住腐败蔓延的势头；才能警诫一些人消除腐败的动机，使一些有轻微违纪的人悬崖勒马，中止违纪行为；才能提醒全体干部深思腐败的危害性，从而慎重用权。要使惩治腐败发挥有效的作用，最重要的是，必须使每一个腐败案件都得到查处，使违法违纪行为受到惩罚不可避免。这是惩罚威力之所在，这是维护纪律和法律的严肃性和权威性之需要，也是使这种人即对惩罚存有侥幸心理的人减少到最低程度之条件。

坚持反腐败与反腐蚀相结合。历史证明，这是有效治理腐败的必由之路。腐败者和腐蚀者都是一定社会关系的产物，是私有制及其私有观念存在的产物。腐败者大部分是掌握一定权力的干部，腐蚀者大部分是不法商人或其他不法分子。腐败者有权，腐蚀者有钱。在商品社会里，钱权之间有极大的吸引力、亲和力。腐蚀者有钱需要有权，用钱买权，利用权力攫取更多的钱；腐败者有权需要有钱，用权换钱，利用公共权力谋取私利，基于这样共同的动机和目的，于是两者之间的钱权交易便发生了。这本质上是一种极不等价的交易，但两者在权钱交易中都是为了达到化公为私的目的，两者本人利益都没有受到任何损失。这种权钱交易的目的，在共同损害广大人民利益的基础上得以实现。因此，腐败者与腐蚀者能够结成伙伴，或者结成腐败团伙，或者结成腐败集团。随着反腐败斗争的深入，腐败者和腐蚀者搞权钱交易的动机更加险恶、目的更加贪婪、手段更加狡猾、方法更加诡秘，他们彼此之间存在利害关系，"一荣俱荣，一损俱损"，往往结成攻守同盟，揭露和查处他们的斗争显得更加尖锐、更加复杂。因此，必须把反腐败斗争与反腐蚀斗争紧密地结合起来，既要党政机关开展反腐败斗争，又要在社会上开展反腐蚀斗争，才能有效地把反腐败斗争引向深入。

坚持全面排查，突出查办案件重点。首先要加强案情线索收集与处理工作。健全和完善科学规范的受理、交办、督办、回复群众信访事项的工作规则和制度。完善信访举报、案情线索收集分析、快速反应调查、查处案件的工作机制，及时、准确、全面、有效地收集案件线索，做到早发现、早查办、早处置。其次要对案件线索进行分析，全面排查，突出案件线索的重点，把可能形成大案要案的线索作为重点调查。特别对存在突出问题和重大隐患的地区、领域、行业和群体，要认真搜集案件线索，进行分析排查，加大查办案件力度，同时要加强预防工作。

坚持以事实为根据、以法纪为准绳的原则。查处案件是一项政治性和科学性极强的工作，稍有不慎，会造成严重的政治后果。17世纪英国哲学家培根说过："一次不公正裁判的罪恶甚于十次犯罪。因为犯罪污染的只是水流，而枉法裁判污染的却是水源。"这一深刻的论述，至今对我们仍有重要的启示。要坚持依纪依法办案，做到事实清楚、证据确凿、定性准确、处理恰当、手续完备、程序合法，保证办案质量，把案件办成经得起历史检验的铁案，做到绝不冤枉无辜，又绝不放纵腐败分子。在案件处理工作中要执行宽严相济的政策，坚持把工作做深、做细、做实，实事求是，客观公正，依纪依法，及时、准确、有力地惩治腐败分子，做到宽严相济，该宽则宽，该严则严，维护法制的严肃性，又尽可能减少社会对抗，化消极因素为积极因素，有利于反腐败斗争顺利进行。

注：在国务院侨务办公室政务公开工作专题研讨班上的讲话，2007年8月28日

| 我的理论思考 |

加强廉洁从政思想建设
打牢反腐倡廉思想基础

(《社科党建》2008年第5期)

　　胡锦涛同志在党的十七大报告中指出:"坚决惩治腐败和有效防止腐败,关系到人心向背和党的生死存亡,是党必须始终抓好的重大政治任务。全党同志一定要充分认识反腐败斗争的长期性、复杂性和艰巨性,把反腐倡廉放在更加突出的地位,旗帜鲜明地反对腐败。"贯彻落实十七大提出的始终抓好反腐败这一重大政治任务,中心环节是在全党加强廉洁从政思想建设,打牢反腐倡廉思想基础。毛泽东同志曾指出:"掌握思想教育,是团结全党进行伟大政治斗争的中心环节。如果这个任务不解决,党的一切政治任务是不能完成的。"我们要把加强廉洁从政思想建设作为一个中心环节来抓,使广大党员特别是党员领导干部提高对反腐败长期性、重要性、紧迫性的认识,增强使命感、责任感和自觉性,旗帜鲜明地反对腐败,抵制资本主义腐朽思想的腐蚀,做清正廉洁的表率,始终抓好反腐败这一重大政治任务。加强廉洁从政思想建设,必须树立和增强党性意识、学习意识、忧患意识、本色意识、勤政意识和廉政意识。

　　一、树立忠于理想的党性意识

　　为实现共产主义理想而奋斗,是共产党党性的集中体现。党章规定"中国共产党党员必须全心全意为人民服务,不惜牺牲个人一切,为共产主义奋斗终身"。党的十七大报告强调"以坚定理想信念为重点加强思想建设"。坚定共产主义理想信念是党的思想建设的核心问题,也是廉洁从政思想建设的核心问题。增强共产党员的共产主义理想信念,是拒腐防变的根本。马克思主义认为,"共产党人可以把自己的理论概括为一句话:消灭私有制"。中国特色社会主义理论认为,"中国共产党的性质和宗旨,决定了党同各种消极腐败现象是水火不相容的"。"从根本上说,腐败是私有制的产物,是同马克思主义政党的性质格格不入的。"由此可见，共产主义理想与反腐败是完全一致的，是相辅相成的。坚定共产主义理想，必须坚决反对腐败；坚决反对腐败，才能真正坚定共产主义理想。党章明确了党的最高纲领是实现共产主义，党在社会主义初级阶段的纲领是从中国国情出发，走中国特色社会主义道路。中国正处在并将长期处在社会主义初级阶段，这是不可逾越的历史阶段，至少要经过百年时间。建设中国特色社会主义，是实现共产主义的必经阶段，是一步一步地向共产主义远大目标前进的过程。一切真正的共产党员，既要胸怀共产主义远大理想，又要脚踏实地从建设中国特色社会主义做起。这是符合历史发展规律的正确选择。模糊共产主义理想，就是一个盲目的、不完全的、不清醒的共产党员，在实际行动中就会不自觉地偏离共产主义方向；如果只高谈共产主义理想，而不脚踏实地从建设中国特色社会主义做起，那么共产主义就成为空中楼阁、海市蜃楼，这也是对共产主义的背离。我们必须坚持建设中国特色社会主义与实现共产主义理想的统一，坚持党的基本理论、基本路线、基本纲领、基本经验，高举中国特色社会主义伟大旗帜，朝着共产主义远大理想的目标，不屈不挠地奋勇前进，不断开创胜利的新局面。

　　共产主义理想是决定我们坚持正确政治方向的根本问题。这个理想是灯塔，是照耀着我们前进的政治方向；这个理想是旗帜，是鼓舞我们前进的力量源泉；这个理想是号角，它以激越的号声催促我们冲锋陷阵、勇往直前。中国共产党人对理想信念忠贞不渝，坚忍不拔地为实现共产主义而奋斗。在国际风云骤变，苏联瓦解、东欧巨变，世界社会主义运动处于低潮之时，中国共产党以大无畏的英勇气概，战狂风，斗恶浪，解放思想，实事求是，改革开放，开辟了中国特色社会主义道路，挽救和发展了社会主义事业。历史证明，坚定共产主义理想，是永葆共产党先进性的根本保证，也是社会主义事业必定胜利的根本保证。

　　坚定共产主义理想，是有效抵御和治理腐败的根本。近30年来，改革开放的巨大动力推动着我国社会主义现代化建设事业迅速发展，使我国社会面貌发生了翻天覆地的变化，使社会主义焕发出无限的生机和活力。然而，大浪淘沙，历史无情。由于国际国内的因素，我国改革开放过程中不可避免出现一些负面的东西，特别是资本主义的腐朽思想、价值观念、生活方式和社会制度还影响着我们的党员干部和人民。有些党员干部对共产主义前途感到很茫然，有的说共产主义是空的，金钱是实的，要抛弃空的，捞取实的；有些人经不起考验，理想动摇，信念泯灭，萎靡颓废，腐败堕落。有些干部包括一些高层领导干部像陈良宇、成克杰、胡长清、王怀忠等走上了腐败的道路，其根本原因是抛弃了共产主义理想信念。这些腐败分子的共同特点是玩弄两面派，他们在公众场合高谈社会主义共产主义理想信念，在背后却沉迷于资本主义，"傍大款"，搞腐败。这应当引起我们的高度警觉。有理想抱负的共产党员是拒绝腐败的，因为共产主义理想与腐败是根本对立的。崇高理想，坚定信念，是凝聚人心、催人奋进的伟大旗帜，是战胜困难、惩治腐败、赢得胜利的力量泉源。我们要坚定共产主义理想信念，高举中国特色社会主义伟大旗帜，坚定不移地走中国特色社会主义道路，把反腐败斗争进行到底。

二、树立刻苦钻研的学习意识

学习马克思主义理论是完成党的任务的要求，也是反腐败斗争的需要。马克思主义理论是永葆我们党先进性的思想灵魂，是指引我们党前进方向的伟大旗帜，是赋予我们党战胜任何艰难险阻夺取胜利的思想武器。党的十七大报告提出："要按照建设学习型政党的要求，紧密结合改革开放和现代化建设的生动实践，深入学习马克思列宁主义、毛泽东思想、邓小平理论和'三个代表'重要思想，在全党开展深入学习实践科学发展观活动，坚持用发展着的马克思主义指导客观世界和主观世界的改造，进一步把握共产党执政规律、社会主义建设规律、人类社会发展规律，提高运用科学理论分析和解决实际问题能力。"党的十七大向全党提出的这一学习任务具有重大的现实意义和深远的历史意义。

我们党是工人阶级先锋队，她的力量来自人民，也来自她最善于学习。每当重大转折的历史关头，党中央都号召全党同志加强学习，使全党思想适应急剧变化的形势，保证决策的正确和行动的统一。因此，每次这样的学习，都带来全党思想政治上的高度一致，组织上的空前巩固，取得事业上的伟大胜利。现在21世纪刚刚来临，经济全球化磅礴掀起，知识经济热潮澎湃，各国综合实力竞争日益激烈，世界多极化在曲折斗争中发展，霸权主义还相当嚣张。这个历史时刻对我们党和国家发展十分关键。我们党能不能抓住机遇、迎接挑战，能不能经受住执政的考验和抵御风险、拒腐防变的考验，把我国社会主义建设好，就看我们党的本领，而本领的大小就看学习得如何。毛泽东同志在延安时，在倡导兴起学习运动时讲过一句至今仍发人深省的话，他说："我们队伍里边有一种恐慌，不是经济恐慌，也不是政治恐慌，而是本领恐慌。"为了适应建设中国特色社会主义伟大事业需要，为了应对21世纪新的机遇和挑战，我们更应感到"本领恐慌"，更需要百倍努力，发奋学习。我们要响应党的十七大号召："深入学习贯彻中国特色社会主义理论体系，着力用马克思主义中国化最新成果武装全党。"我们要认真学习和掌握马克思主义理论特别是中国特色社会主义理论体系，还要学习哲学、政治、经济、法律、历史、文学等各方面的知识，不断丰富自己的头脑，才能坚定共产主义理想和中国特色社会主义信念，提高政治鉴别力，分清是非，以廉为荣，以贪为耻，拒腐防变，执政为民，成就事业。

为了达到学习目的，必须坚持正确的学习态度和科学的学习方法。一要端正学习态度，刻苦学习。这需要克服一些不正确的学习态度，比如认为工作忙没有时间学，经验多可以代替学，学历高无需学，资格老不必学，年龄大学无用等，都是不求进取的借口。那种走马观花、轻松浏览、蜻蜓点水、不下苦功夫的态度，那种断章取义、不求甚解、满足于一知半解的态度，那种为装潢门面、哗众取宠、捞取文凭镀金的态度，是党性不纯的表现。每个党员干部应当摒弃任何不正确的学习动机，牢固树立为党为人民而学习的目的，用远大理想和现实当代崇高使命来不断激发自己强烈的求知欲望，把学习当作终生的任务，求知若渴，虚心好学，刻苦钻研，持之以恒地学习和掌握马克思主义理论和各种知识，做到厚积薄发、奋发有为。

二要坚持理论联系实际，学以致用。离开正确理论指导的实践是盲目的实践，但再好的理论倘若不付诸实践也不能发挥任何作用。空谈误国，实干兴邦。马克思主义理论只有与实践结合，才能变成改造世界的巨大物质力量。我们学习马克思主义，要以我国改革开放和现代化建设的实际问题、以我们正在做的事情为中心，着眼于马克思主义理论的运用，着眼于实际问题的理论思考，着眼于新的实践和新的发展。要善于运用马克思主义的立场、观点和方法观察问题，系统、周密地研究中国的实际问题，搞清楚什么是社会主义和怎样建设社会主义的问题，搞清楚建设一个什么样的党和怎样建设党的问题，搞清楚我们需要什么样的发展和怎样科学发展的问题，搞清楚社会主义初级阶段腐败产生的根源、原因和反腐败规律的问题，等等。如果我们能从理论与实践结合上，弄清一些基本理论问题，大胆探索，不断创新，跟上时代步伐，就能不断开创各项工作新局面。同时，我们要从坚定共产主义理想信念的高度，努力改造主观世界，使主观认识符合客观规律。要破除形而上学唯心主义观念、树立辩证唯物主义观念，破除个人主义观念、树立集体主义观念，破除因循守旧观念、树立改革创新观念，破除特权专制观念、树立民主平等观念，破除人治观念、树立法治观念等，同一切消极腐败现象作坚决斗争。

三、树立忧党忧国的忧患意识

面对现代复杂多变的形势,我们要居安思危,树立忧党忧国的忧患意识。一个不知忧患的民族不可能兴盛,一个不知忧患的国家不可能强大,一个不知忧患的党必定衰亡。每一个共产党员都应该有强烈的忧党忧国忧民的忧患意识和拒腐防变的忧患意识,否则就不是一个名符其实的共产党员,就有随时衰败和腐败的危险。我们只有树立强烈的忧患意识,才能自强不息,富有远见,在危险到来之前预见危险,运筹帷幄,沉着应对,争取主动,或有效预防,消灭危险于萌芽,或力挽狂澜,战胜危险于肆虐,夺取伟大事业的胜利。

要正确分析和判断形势,既增进必胜信心,也增强忧患意识。我们党的主流是好的,路线方针政策是正确的,绝大多数党员和党的各级领导干部是好的和比较好的,是全心全意为人民服务的;国家的主流是好的,广大人民群众是拥护党的正确领导的,因而推动着我国社会主义事业蓬勃发展。看清党和国家的主流,可以使我们对未来充满必胜信心,激发出无穷的力量,开辟未来更加辉煌的事业。但是,如果我们忘乎所以,麻木不仁,无视隐患,高枕无忧,陶醉于盲目乐观之中,堕落于歌舞升平之时,那么终有一天隐患酿成灭顶祸害,导致亡党亡国。"生于忧患,死于安乐"的历史法则,我们应当永远记取。

所以,在看到我国形势大好的同时,必须清醒地看到一些不利的因素。我国在国际上面临着综合国力竞争的压力,还面临着霸权主义和西方敌对势力的分化、西化、颠覆、瓦解、"和平演变"的图谋。我国国内存在着敌对分子分裂、颠覆社会主义制度的破坏活动;存在着贫富差距扩大趋势及其他一些不稳定的因素;党内还出现了一些党员干部被资本主义严重腐蚀的情况,反腐败形势仍然严峻。我们党在长期执政和市场经济条件下,容易产生官僚主义,弱化为人民服务宗旨,一些领导干部腐化堕落是从羡慕大款到"傍大款",进而搞权钱交易、贪污受贿,就是明证。我们必须针砭时弊,尽最大努力把金钱的腐蚀作用限制到最低程度。历史的经验值得重视。在十月革命胜利不久,为恢复经济,急需和吸引资产阶级专家参加,经权衡利弊,列宁提出必须对资产阶级专家实行高额薪金,同时又特别强调指出,这是违反巴黎公社原则的,高额薪金的腐蚀作用必然影响苏维埃机关及其工作人员。列宁反复强调,如果向群众隐瞒这一点,我们就会堕落到资产阶级政客的水平。在我国现行市场经济条件下,出现了一批大款,既有经济地位又有政治光环,客观上对干部有羡慕和诱惑的作用,这是毋庸讳言的。

他们中有一些人违法乱纪，腐蚀了一批领导干部，其事实令人触目惊心。腐败像SARS病毒一样侵入我们干部队伍的肌体，有一批干部挡不住糖衣炮弹袭击，经不住权力、金钱、美色的诱惑，意志消沉，随波逐流，误入歧途，贪婪钱财，迷恋情色，陷入温柔的陷阱。我们共产党人不屑隐瞒这一点，而公开地、明确地向广大党员干部阐明这一点，提醒广大党员干部保持高度警惕，从思想上筑起抵御腐败的防线。这是对广大干部最大的关心、爱护和保护。

我们肩负着历史使命，面对着国际国内复杂尖锐的阶级斗争，应当始终保持高度警惕。我们必须密切注视着形势的发展变化，思想要敏锐，立场要坚定，襟怀"天下兴亡，匹夫有责"的使命感，增强忧患意识，心系人民的安危，心系党的生死存亡，心系国家的前途命运。胡锦涛同志在党的十七大报告中告诫全党，"我们一定要居安思危、增强忧患意识，始终保持对马克思主义、对中国特色社会主义、对实现中华民族伟大复兴的坚定信念"，一定要戒骄戒躁、艰苦奋斗，刻苦学习、埋头苦干，加强团结、顾全大局，保持同人民群众的血肉联系，为战胜一切艰难险阻，推动党和人民事业取得新的更大胜利提供强大动力。这些话是至理名言，我们要铭记在心，躬身实践。我们要积极投身于建设中国特色社会主义伟大事业中去，竭诚努力，建功立业，同时高度重视意识形态领域的阶级斗争，抵御资本主义的腐蚀，把关系党和国家生死存亡的重大政治斗争进行到底，使帝国主义妄想在中国实现"和平演变"的阴谋彻底破灭，让中国特色社会主义旗帜永远高高飘扬！

四、树立艰苦奋斗的本色意识

艰苦奋斗是共产党人的革命本色，是党的事业胜利的法宝。党的十七大要求我们戒骄戒躁、艰苦奋斗，勤俭节约、勤俭办一切事业，反对奢侈浪费。我们应当从关系社会主义伟大事业的成败、党和国家兴亡的高度，来认识坚持艰苦奋斗，反对骄奢淫逸的极端重要性。大家知道，压在中国人民头上的"三座大山"，是靠人民用自己的双手来推翻的，中国社会主义同样要靠人民用自己的双手来建设。社会主义制度为我们开辟了到达理想境界的道路，理想境界的实现要靠我们一代又一代人继往开来，艰苦奋斗。如果把艰苦奋斗精神丢弃了，让个人主义、享乐主义恶性膨胀，让铺张浪费、挥霍奢华之风到处蔓延，就会危及中国特色社会主义大业，就会危及党和国家的生死存亡。"历览前贤国与家，成由勤俭败由奢"，这是一条历史规律和社会真理。对于我们党员干部来说，坚持艰苦奋斗，反对骄奢淫逸，是励志图强的雄心，是忧国忧民的觉悟，也是立身做人的明镜，是引导民众的表率。我们必须身体力行，用艰苦奋斗精神和行动来抵御和战胜骄奢淫逸的腐败之风的侵蚀，做到艰苦奋斗保本色，廉洁奉公为人民。

艰苦奋斗是锤炼党员干部意志的熔炉，是党员干部担当重任的阶梯。党员领导干部是肩负着历史重任的人，是带领人民群众的人，要经过艰难困苦的磨练，才能锤炼出高尚的思想，砥砺出坚韧的意志，才能担任起领导人民群众建设社会主义伟大事业的重担。孟子说过："天将降大任于斯人也，必先苦其心志，劳其筋骨，饿其体肤，空乏其身，行拂乱其所为，所以动心忍性，增益其所不能。"大凡有作为的人物都要经过艰难困苦的磨练，才能志存高远，陶冶情操，开阔胸襟，锤炼意志，以舍生取义的精神去成就大事业。我们党的许多领袖和优秀党员，历尽千难万险，百折不挠，以大无畏的气概，英勇奋斗，翻天覆地，为创立新中国和建设社会主义立下了丰功伟绩。他们的伟大精神，惊天动地，永远鼓舞和激励一代又一代的共产党人。今天，我们领导干部要有所作为，一定要继承和发扬党的优良传统，发扬奋不顾身、排除万难、生命不息、奋斗不止的精神，和广大人民群众一起投身到火热斗争中去，为建设中国特色社会主义现代化事业而顽强拼搏。

我们要把艰苦奋斗作为骄奢淫逸的消毒剂，预防腐败的防腐剂。惟有艰苦奋斗，才能提升共产党员的革命品质。对于党员干部来说，艰苦奋斗是培养革命品质的学校，是拒腐防变的摇篮。培养和树立艰苦奋斗精神，才能抵御政治微生物的侵蚀，才能练就和保持健康的体魄和高尚的品质。古人也懂得这个道理。西汉枚乘《七发》赋中说："且夫出舆入辇，命曰蹶痿之机；洞房清宫，命曰寒热之媒；皓齿娥眉，命曰伐性之斧；甘脆肥醲，命曰腐肠之药。"意思是说，出入都乘坐车子，就是麻痹瘫痪的兆头；常住幽深的住宅、清凉的宫室，就是伤寒和中暑的媒介；贪恋女色、沉溺情欲，就是摧残性命的利斧；甜食脆物、肥肉烈酒，就是腐烂肠子的毒药。可惜，我们现在有些干部与这个楚国太子所得的病何其相似！以史为鉴，可以知兴替。枚乘这一名言，值得以天下为己任的党员领导干部深思和借鉴，无论是治国从政，还是个人修养，都可以从中汲取思想营养，增强为党的事业而艰苦奋斗的精神力量。我们干部是人民的勤务员，应当以身作则，身先士卒，坚持艰苦奋斗，经得住金钱美色权力的考验。但有一些干部却丢掉艰苦奋斗精神，贪图享乐，进而骄奢淫逸，终成享乐主义的俘虏和牺牲品。面对今天各种资本主义腐朽因素的腐蚀，我们党员干部一定要坚持艰苦奋斗、勤俭节约，甘于清贫、乐于奉献，反对拜金主义、享乐主义，反对好逸恶劳、挥霍浪费；要坚持高尚情操、健康情趣，反对灯红酒绿、骄奢淫逸，耐得住寂寞，挡得住诱惑；要防止骄奢夺去人的前进和向上，防止淫逸泯灭人的灵魂和志向；要投身到时代的激流中去，用艰苦奋斗的精神开创中国特色社会主义伟大事业，为亿万人民创造幸福，那么，我们所得到的幸福将不是渺小的自私的有限的，而是高尚的无私的，与党和人民的事业共长存。

五、树立忠于职守的勤政意识

党员干部要始终坚持立党为公、执政为民的宗旨。党的十七大要求我们："坚持人民是历史创造者的历史唯物主义观点，坚持全心全意为人民服务，坚持群众路线，真诚倾听群众呼声，真情关心群众疾苦，多为群众办好事、办实事，做到权为民所用，情为民所系，利为民所谋。"党员干部要明确自己手中的权力是人民授予的，必须坚持人民至上，人民意志至上，无条件地服从人民的意志，按照体现人民意志的法律行使权力，维护人民的根本利益；要以人民赞成不赞成、拥护不拥护、满意不满意作为衡量我们一切工作成效的标准。党员干部要具有先群众之忧而忧、后群众之乐而乐的宽广胸怀，自觉地把人民利益看得高于一切、重于一切，为人民利益而公而忘私、乐于奉献，真正做到立党为公、执政为民。在我国革命和建设时期，涌现出成千成万优秀的党员干部，他们对革命无限忠诚、为人民鞠躬尽瘁。他们是我们学习的光辉榜样，是鼓舞我们前进的力量源泉。我们要学习他们坚持党性原则，襟怀亲民爱民的深情，激扬疾贪如仇的正气，始终实践全心全意为人民服务的宗旨，真心实意地为群众多谋利益；坚持公平正义，弘扬浩然正气、蓬勃朝气、昂扬锐气，为维护人民的利益不惜牺牲个人的一切。

党员干部要忠于职守，勤奋工作。一要勤勉理政、恪尽职守，要有强烈的勤政意识，对人民极端热忱、对工作极端负责，在其位而谋其政，不辱使命，以身许国；谦虚谨慎、戒骄戒躁，坚毅刻苦、不辞劳苦；勤勤恳恳、兢兢业业，一丝不苟、精益求精；励精图治、开拓进取，求真务实、改革创新，忠实执行党的路线方针政策，全面落实科学发展观，积极推动经济社会全面协调可持续发展。二要心系群众、服务人民，真诚地把自己当作普通劳动者，不搞特殊化，密切联系群众，和群众同呼吸共命运，遇事同群众商量，反映群众的利益和要求，勇于同损害人民利益的行为作坚决的斗争，维护群众的正当利益。三要率先垂范、依法办事,自觉实施依法治国方略,坚持公开、公平、公正,做到有法可依、有法必依、执法必严、违法必究。四要严以律己、以身作则,顾全大局、团结同志,积极开展批评和自我批评,自觉接受组织和群众的监督,勇于纠正工作中的缺点和错误,决不文过饰非、沽名钓誉。

坚决纠正党员干部中存在的违背职守、疏于政务的现象。在我们干部队伍中有极少数人违背职守,主要有两种情况,一种是不廉洁行为,表现为以权谋私、徇私舞弊、贪污受贿的腐败行为,损害人民的利益,玷污人民赋予的神圣权力和党的形象,为人民所深恶痛绝;另一种是不勤政行为,表现为以权谋私之外的失职渎职,不作为、乱作为而贻误政务的消极腐败行为,这种行为的危害性,有的并不比以权谋私的危害性轻。清朝那本《官场现形记》的书认为这类行为也是腐败,甚至是更严重的腐败,并不是言过其实。因此,我们在反对以权谋私的同时,必须坚决反对违反科学发展观,乱决策,瞎指挥,乱上项目,造成重大的劳民伤财的行为;坚决反对玩忽职守造成重大事故,给人民生命财产造成严重损失的行为;坚决反对严重官僚主义,不关心群众疾苦,置群众利益于不顾,推诿拖拉、马虎应付,酿成重大群体性事件的行为;坚决反对虚报浮夸,弄虚作假,伪造政绩,欺上瞒下,极大损害党和人民政府威信的行为;坚决反对搞形式主义、搞文山会海、公文旅行,照抄照搬、脱离实际,不讲质量、不求效率,造成权力运行成本超高虚高,效率低下,严重脱离了廉政原则的行为;坚决反对胸无大志,安于现状,不读书、不看报、不学无术,得过且过,贻误党和人民事业的行为。我们只有坚决反对这些消极腐败现象,才能保证权力运行成本低下,符合马克思主义关于巴黎公社"廉价政府"的原则,才能振奋精神,勤奋努力,保证科学发展观的贯彻落实,加快小康社会建设步伐,开创中国特色社会主义事业新局面。

六、树立廉洁奉公的廉政意识

坚持廉洁奉公,是党的威信,是党的号召力。众所周知,共产党因廉洁奉公得到天下,国民党因徇私舞弊丧失天下。这一历史的经验,值得我们共产党再三深思。党的十七大报告提出"加强领导干部廉洁自律工作,提高党员干部拒腐防变能力",是极具时代性和针对性。党员领导干部应当继续保持和发扬淡泊明志、清正廉洁、一尘不染、两袖清风的浩然正气,才能称得上党的好干部。一个领导干部要有威信,威信从哪里来呢?首先要廉洁奉公,否则,他即使再有能力,干部也会瞧不起他,群众也不会拥护他。廉洁奉公是领导干部威信的基础。明朝郭允礼写的《官箴》说:"吏不畏吾严而畏吾廉,民不服吾能而服吾公。公则民不敢慢,廉则吏不敢欺。公生明,廉生威。"我们领导干部要奉行"公生明,廉生威",才能在干部队伍中有威望,在群众当中有威信,才有可能做到一呼百应,推动工作。

廉洁自律是领导干部从政的基本道德要求。廉洁自律与否,关系到人民赋予领导干部的权力是用来为人民谋福利还是用来谋取私利,关系到党和国家政权的性质。因此,必须把廉洁自律提到十分重要的位置,作为考核领导干部的基本政治导向。我们党员干部要提高认识,自觉接受党的先进性教育,加强党性锻炼,牢固树立正确的世界观、人生观、价值观,正确对待权力、地位和利益,身体力行社会主义荣辱观,以贪为耻,以廉为荣,增强拒腐防变的能力。古人这方面有很多生动的事例,我再次引用《左传》中有一则宋人献玉的故事:宋人或得玉,献诸子罕。子罕弗受。献玉者曰:"以示玉人,玉人以为宝也,故敢献之。"子罕曰:"我以不贪为宝,尔以玉为宝。若以与我,皆丧宝也。不若人有其宝。"大意是说,宋国一个人得了一块宝石,拿来献给子罕,子罕不接受。献玉人说,我这块宝石经过雕刻师鉴定过了,这是非常珍稀的宝石,所以我才敢献给你。子罕说,我以不贪为宝,你以玉为宝,如果你把玉给我,你我各人的宝岂不都丧失了吗?还不如这样把,你保持你的玉,我保持我的不贪,那么我的宝与你的宝不就都保存了吗?这个典故讲的道理很深刻,我们可以从中得到启迪,不贪是抵制各种腐蚀的法宝,只要心怀不贪的动机,严格自律,就能战胜任何糖衣炮弹的袭击。

为了正确行使权力,必须坚持廉洁自律,反对以权谋私。我们领导干部手中的权力是人民给的,只有按照人民意志行使权力和依法行使权力的义务,丝毫没有以权谋私的权利。领导干部一定要讲党性、重品行、作表率,认真遵守廉洁自律规定,做到自省、自警、自励,自觉抵制权力、金钱、美色的诱惑。一要严格自律,清正廉洁。坚持廉洁奉公、秉公办事,反对以权谋私、贪污受贿。要经常自我检讨,反思自己有无贪财、贪色、贪权的思想动机和行为,有则坚决改之,无则倍加预防。特别是要积极参加反腐败斗争,在斗争中清洗自己身上沾染的污泥浊水,把自己锤炼得品行端正。二要反对特权,拒绝腐败。领导干部不论职务高低,永远是劳动人民的普通一员,除了法律和政策规定范围内的个人利益和工作职权以外,都不得谋取任何私利和特权。三要正确处理公私问题。在行使权力过程中，必须做到公私分明，党纪国法和私人感情要分清，权力运用和个人家庭利益要分清，行使职务与私人行为要分清。按照法律法规和廉政制度的要求，领导干部不能利用职权便利为亲友谋取私利，家属子女不能在领导干部管辖范围内从事可能影响公正执行公务的经营活动，职务活动涉及家庭子女的利益时要主动回避，个人家庭重大事项要向组织报告。四是必须严格执行廉洁从政规定，严格遵守领导干部廉洁自律制度、述职述廉制度、报告个人有关事项制度、诫勉谈话制度、函询制度等，自觉接受反腐倡廉教育、提醒和告诫。并要义不容辞地坚持落实好党风廉政建设责任制，做好自己所分管范围的党风廉政建设工作。

推行院务公开所务公开
促进民主政治建设和党风廉政建设

——在中国社会科学院推行院务公开
所务公开研讨会上的讲话

（2003年10月15日）

在院党组的关心和支持下，我们今天召开的推行院务公开、所务公开研讨会。参加这次会议的有各单位的党政主要领导和纪检监察组织负责人。这次会议的任务是以"三个代表"重要思想为指导，研讨在我院如何推行院务公开、所务公开，提高认识，统一思想，明确职责，制定措施，使公开工作在我院有效地开展起来，促进我院民主政治建设和党风廉政建设，为办好中国社会科学院服务。

一、充分认识推行院务公开、所务公开的重要现实意义

对于政务公开，党中央、国务院十分重视，多次作出重要部署，特别是党的十六大进一步明确提出，要"认真推行政务公开制度"。完善公开办事制度，这是我们党在新世纪新阶段加强社会主义民主政治建设和推进政治体制改革的一项重大战略举措。对我院来说，推行院务公开、所务公开，对于加强我院民主政治建设和党风廉政建设，对于促进哲学社会科学的繁荣发展，把我院办成坚强的马克思主义阵地，具有非常重要的意义。

（一）推行院务公开、所务公开是学习贯彻"三个代表"重要思想的具体体现。兴起学习"三个代表"重要思想新高潮，是当前我院的首要任务。我们学习"三个代表"重要思想，要深刻领会它全面体现了党的基本理论、基本路线、基本纲领和基本经验，要掌握它立党为公、执政为民的本质。学习贯彻"三个代表"重要思想，不仅要体现在理论理解上，还要落实到实际行动中，与做好各项具体工作结合起来。推行院务公开、所务公开工作，是我院贯彻"三个代表"重

要思想的具体体现。它能够丰富我院的社会主义民主形式,扩大我院广大职工的民主权利,体现我院工作思路和发展途径上的与时俱进;它能够促进党员干部增强民主观念、服务观念、效率观念和依法办事观念,不断提高正确行使权力的水平;它能够推动党员干部密切联系群众,倾听群众呼声,使各项决策和工作更加符合实际和群众的要求,更好地实现、维护和发展群众的根本利益。

(二)推行院务公开、所务公开,是我院发展社会主义民主政治,建设政治文明的基础工作。社会主义民主政治的实质是人民当家作主。我们党是人民当家作主的领导核心。依法治国则是党领导人民治理国家的根本途径。发展社会主义民主政治,建设社会主义政治文明的本质特征是,把坚持党的领导、人民当家作主和依法治国有机统一起来。公开是民主的前提,没有公开就没有民主。推行院务公开、所务公开,就是进一步发扬民主,依靠群众,民主治院。通过院务公开、所务公开,调动广大职工参与政治的主动性、积极性和创造性,扩大广大职工的知情权、参与权、选择权和监督权,实现他们依法行使民主选举、民主决策、民主管理和民主监督的权利,有利于推进我院社会主义政治文明建设,造成一个有民主又有集中,有纪律又有自由那样一种生动活泼的政治局面。

(三)推行院务公开、所务公开,是促进我院党风廉政建设和反腐败工作的治本之策。公开是加强民主监督的前提,有效监督是治理腐败的保证。列宁曾说过,"公开是一把利剑,它可以自己治疗自己的创伤"。实行院务公开、所务公开,建立科学的权力运行制约监督机制,加强广大职工对领导干部行使权力的监督,这有利于防止"暗箱操作"、滥用权力和谋取私利,为从源头上预防和治理腐败,促进廉政和勤政建设,提供了制度保证;有利于各级领导干部在群众的监督下克服官僚主义、形式主义,树立廉洁奉公、勤政为民、务实高效的作风;有利于形成"给群众一个明白,还干部一个清白"的氛围,消除某些办事不公开、不透明而造成的群众与干部之间的误会隔阂,密切干群关系。

(四)推行院务公开、所务公开,是进行科学管理的重要举措。推行院务公开、所务公开,对院、所的管理行为和管理方式提出了更高的要求。它要求决策公开、管理行为公开,并在此基础上,形成民主的科学的管理体制,建立有效的制约机制和激励机制与惩处机制,提高单位的凝聚力和竞争力,这与建立现代科研院所制度与现代化管理方式的要求是一致的。它要求我们各级领导班子和领导干部运用有利于创新的、开放式的工作运行模式,把公开工作所要求的民主原则融入到现代科研院所体制、机制、制度建设之中,体现于科学决策之中,体现于监督、激励、惩处的机制之中，体现于协调部门关系、协调干群关系的机制之中，这将会有力促进我院和各研究所提高现代化的管理水平，保证以科研为中心的各项工作顺利开展。

二、我院实行院务公开、所务公开的基本情况

近两年来，在各级党委和行政的领导下，我院在推行院务公开、所务公开工作方面取得了较大进展。大多数所（局）党政领导班子重视这项工作，增加了权力运行的透明度，扩大了群众的知情权、参与权和监督权，群众基本比较满意。

（一）科研管理公开工作进展较大。科研政策与管理制度公开是院务公开、所务公开最主要的内容。去年，科研局将我院1986—2002年的27项主要科研管理规章制度汇编成册发到各单位，做到政策透明。科研局重视在全院公开科研成果的评估，力求成果评估工作公开、公正、公平。各研究所在技术职务评定，科研课题立项、申报，科研成果评奖，课题经费分配等方面的工作已经日臻完善，基本做到制度完备，标准明确，程序公开，操作规范。在这项工作中，各单位充分发挥了学术委员会和专业技术职务评审委员会的作用，努力做到公开、公正、公平。由于办事公开，发扬了民主，既减少了内耗，减轻了麻烦，使领导干部从一年一度评定职称的矛盾中解脱出来，也激励科研人员发奋努力，有所作为，有所创新。

（二）人事工作公开的范围在逐步扩大。院人事教育局根据《党政领导干部选拔任用工作条例》，结合我院实际，制定了干部选拔任免、职称评聘工作程序、措施和办法，制定了《中国社会科学院关于领导干部任前公示制实施办法》和《关于建立干部监督工作联席会议制度的意见》两个文件，对局、处级干部的任前公示以及院有关部门在干部工作上的沟通等作了规定，提高了工作透明度、加强了民主监督。在干部选拔任用工作中，正在积极推行民主推荐、民意测验、任前公示制度。

（三）外事工作中，协议项目公开程度比较高。外事局今年对所有的外事规章制度进行了清理，对14个规章制度进行修改、补充和完善，使各项外事工作基本上有章可循。因公出访、外宾接待、对外学术交流、举办国际学术会议、参加国际学术组织、外事经费管理等方面都作了明确规定。科研人员出国进行学术交流、进修、留学等，属于院、所协议项目，教育部系统、外交部系统出国项目以及福特基金项目，院、所一般都有计划并经过本人申报或通过外语考试，院、所审核批准等程序，其公开程度比较高。

（四）财务公开和招投标工作取得进展。对事业经费的支出，院一级财务工作比较规范，公开工作条件已经基本具备，公开工作正在开始。院在加强本级财务管理的同时，加强对二级财务的管理。各单位取消不合法的银行账户和"小金库"，把预算外资金纳入预算内管理，增强了财务管理的公开程度，财务工作中的违规行为明显减少。在去年4号楼改造工程中，实行公开招投标，使该工程建设做到廉洁、高效，为我院工程项目招投标工作有了一个良好的开端。

通过调查，我们发现：公开工作做得好的单位，职工的知情面广，参与民主管理的机会多、机会平等，特别是在与职工切身利益密切相关的问题上，公开程度高，工作协调得好，做到公开、公正、公平，大家的意见就少；公开工作做得好的单位，干部自觉接受群众监督，干部廉洁自律和干部队伍作风建设比较好，能够取得职工的信任，干群关系相对融洽；公开工作做得好的单位制度健全，领导干部和职能部门职责清楚，工作规范，效率较高，纠纷少，内耗少。近两年来，我院举报信件和违纪违法案件明显减少，其重要原因之一，是得益于院务公开、所务公开。

院务公开、所务公开虽取得了较大的进展，但仍存在不少问题，主要是：各单位办事公开工作发展不平衡，有些单位对这项工作的重要性认识不足，还没有下气力去抓；有的单位对这项工作没有认真研究、布置和检查督促，抓得不力；有的公开工作不够规范，公开透明的程度不高，还存在暗箱操作的问题，仍存在隐患；有的动员和组织群众参与不够广泛；院务公开与所务公开还不够协调；有些方面的公开工作仅是开始，还亟待加强。

三、推行院务公开、所务公开的任务和基本要求

经过一年多的实践，院务公开、所务公开取得了许多成绩，积累了一些经验，受到了广大干部和群众的欢迎和拥护。这说明，当前我院决定全面推行院务公开、所务公开是适合院情、所情的，是适应我院发展的迫切需要的，主客观条件都已经成熟，我们要不失时机地抓紧做好这项工作。

（一）公开的基本原则。推行院务公开、所务公开的基本要求是：凡是涉及运用权力办理与职工利益相关的事项（除有保密规定的以外）要实行公开。公开的重点是群众反映强烈的热点问题，影响改革发展稳定的迫切问题，容易滋生不正之风和腐败现象的有关工作。院务公开、所务公开必须坚持的基本原则是：

服务大局，结合实际，重信有效，重在监督；有利于推进民主政治建设和廉政建设；有利于干群团结和调动干部群众的积极性；有利于提高工作效率，促进发展，促进科研工作。

（二）公开的主要内容。结合我院实际，院务公开、所务公开主要有以下一些方面的内容：

（1）院、所的发展，包括院、所的发展规划、改革方案、规章制度建设等重大问题；

（2）人事管理工作，包括局、处级干部的选拔任职，各级各类岗位的设置、任职条件、上岗程序、聘任结果，专业技术职务的评定、学位授予的条件、程序和结果，各类招生招聘情况，职工年度考核办法、年终评优、奖励晋级情况等；

（3）科研管理工作，包括科研课题立项、科研经费分配和科研成果评奖的条件、程序以及结果，对外交流协议项目的情况等；

（4）经费管理工作，包括院、所的财务预算、决算，事业经费的分配及使用情况，预算外资金使用情况，院长、所长基金的使用情况，基建和维修工程项目的招投标情况，住房和其他项目货币化政策的贯彻落实及资金分配情况，职工收入的分配原则、分配标准，职工医疗费使用情况，业务招待费支出情况等；

（5）领导干部廉洁自律情况，包括领导干部民主生活会以及征求群众意见和反馈情况，领导干部述职和职工评议情况，领导干部执行党风廉政建设责任制情况等。

（三）公开的主要形式。要采用必要的方法和形式，保障院务公开、所务公开工作能够落到实处。公开的形式主要有：

（1）院务会议、院工作会议、所务会议和所职工大会等会议是院、所总结工作、规划发展、研究工作、沟通信息的主要方式，也是公开的主要形式。

（2）利用院报、院刊、所刊、宣传栏、公告栏等载体公布有关事项是公开的重要形式。

（3）可以运用其他公开的形式，如，利用领导接待日接受职工的咨询，解答问题；通过召开座谈会听取意见和建议；通过聘请公开监督员对公开工作进行监督；通过会议纪要公布决策过程；通过院内部信息网站、意见箱等了解职工的反映。公开的内容、公开的范围、公开的程序、公开的方式、公开的时间、公开的纪律、公开的结果，各单位要根据本单位实际情况作具体规定，也要向职工讲明白,以利于统一思想,推进公开工作。

(四)公开要以真实有效为标准。公开工作搞得好不好,其评价的标准是:是否做到应公开的事项一律依照规定公开,是否做到公开的内容真实可信,是否达到便于广大干部群众广泛知情与监督,是否达到公平、公正和廉政的目的。公开的内容真实可信、不含虚假是最根本的问题。便于群众知情与监督是实现真正公开的保证。公开而透明,才能充分发扬民主,强化民主监督。公开内容只有真实可靠,职工才能获得发展和实现自身利益的平等机会,才能与领导机关和领导干部建立互信关系,共同推动各项工作。

四、在推行院务公开、所务公开中要解决的几个问题

(一)推行院务公开、所务公开,要同加强和改进党的作风建设结合起来。加强和改进党的作风建设,核心问题是保持党同人民群众的血肉联系。群众是我们党的力量源泉和胜利之本,失去了人民群众的拥护和支持,党的事业和一切工作就无从谈起。推行院务公开、所务公开,既是党的十六大精神要求的体现,也是加强和改进我院党的作风建设的具体措施。通过推行公开,发扬民主,促进领导干部体察民情,了解民意,集中民智,诚心诚意为职工谋利益;促进领导干部发扬优良传统,改进工作作风,特别是坚持解放思想、实事求是,反对因循守旧、不思进取;促进领导干部坚持密切联系群众,反对形式主义、官僚主义,坚持民主集中制原则,反对独断专行、软弱涣散,坚持清正廉洁,反对以权谋私,坚持艰苦奋斗,反对享乐主义。

(二)推行院务公开、所务公开,要同反腐败抓源头工作结合起来。从近几年我院发生的一些违纪案件看,有的以权谋私,侵占国家财产;有的单位管理工作漏洞较大,使一些人利用管理混乱之机,贪污公款;有的单位设立"小金库",财务不公开,违规使用资金;有的在招生中违规操作,等等。其中一个重要原因就是这些部门和单位缺乏办事公开制度,权力运行缺乏透明度。推行院务公开、所务公开,使权力在"阳光"下运作,强化民主监督,从源头上预防和治理腐败。在实际工作中,要把院务公开、所务公开渗透到治本抓源的各项工作中去,改革体制机制,健全制度,办事公开,堵塞漏洞。

(三)推行院务公开、所务公开,要同党风廉政建设责任制结合起来。要把办事公开工作责任制与党风廉政建设责任制有机地结合起来,确定相关领导干部应负的责任。按照谁主管谁负责的原则,切实抓好职责范围内的办事公开工作。

各级单位和部门要认真研究一下,在领导成员分管的工作范围内,有哪些工作内容、工作环节、工作程序需要公开,在什么范围公开,用什么形式公开,有什么保障措施。要把办事公开工作作为本职工作的组成部分,认真对待,负起责任,使这项工作落到实处。办事公开制度能否落到实处,关键在于加强监督检查,严格责任追究。各单位和部门要把对推行办事公开工作情况的监督检查放在重要位置,定期和不定期地开展检查,把经常性的检查和专项检查结合起来,及时发现和解决存在的问题。要把推行办事公开工作作为党风廉政建设责任制和干部年度工作考核的一项重要内容,并将考核结果作为干部任免和奖惩的重要依据。对在推行办事公开制度中工作不力或不称职的领导干部,要进行批评教育,情节严重的,要按照程序调整其工作岗位或免去其现任职务;对拒不推行办事公开制度或在政务公开工作中有弄虚作假、打击报复、侵犯群众民主权利等违纪行为的干部,要追究其党纪政纪责任。

(四)推行院务公开、所务公开,要同制度建设结合起来。今年,院纪检组对全院47个单位的制度建设情况进行了检查。检查结果表明,近两年来,我院加快了制度建设,各单位从实际出发,按照明确职权责任、强化权力制约、加强监督管理、提高工作效率的要求,整章建制,修改和完善各项规章制度。这些规章制度涵盖了工作职责、会议制度、科研管理、财务管理、人事管理、外事管理、安全保密、党的建设等几类几十项内容,使我院工作初步走上制度化、规范化、程序化的轨道。从各单位的情况看,大部分单位的制度比较健全,可操作性强,执行认真。但也有些单位对制度建设不重视,有的制度过时,有的规定过于原则、简单、缺乏责任制,起不到规范工作的作用。各单位要通过开展院务公开、所务公开工作,检查制度建设中存在的问题,特别是针对管理薄弱环节和漏洞,抓好规章制度建设。在制度建设中,凡是涉及群众利益的事项,都要体现公开的原则。

(五)搞好院务公开、所务公开,关键要把加强领导与依靠群众结合起来。首先,各级党委要加强领导,部门要精心组织,协调各方,形成合力,推进办事公开工作。要将所(局)务公开列入党委和所(局)长办公会的议事日程,定期研究,在每年工作计划、年终总结中,公开工作要有体现。推行院务公开、所务公开,院长、所长是公开工作的第一责任人。所行政领导要把公开工作作为自己的本职工作,主动抓、积极抓,坚持不懈地抓下去。院和所的职能部门是将院务公开、所务公开落到实处的具体工作部门,要将公开贯穿在日常工作中,各司其职、各负其责。

其次，要发动群众，依靠群众。院务公开、所务公开，是关系群众切身利益的事情，只有发动群众和依靠群众，才能顺利进行，取得成效。思想开明、工作高明的领导同志，应该认真地动员和组织群众参加院务公开、所务公开工作。要加强宣传教育，使干部和群众都充分认识和了解这项工作的重大意义、主要内容和运作程序，提高干部抓好这项工作的自觉性，调动群众参与监督的主动性，形成领导干部大力抓公开、群众积极参与公开的良好氛围，保证这项工作有效开展下去。

这次研讨会之后，希望各单位认真研究如何在本单位、本部门实行公开，根据实际提出措施，制定有关制度，把这项工作长期坚持下去，促进我院以科研为中心的各项工作的顺利开展。

强化党风廉政建设责任制
保证廉政勤政有效结合

——在国务院侨办党风廉政建设责任制研讨会上的讲话

（2004年10月20日）

我们这次召开党风廉政建设责任制研讨会，以邓小平理论、"三个代表"重要思想为指导，贯彻中央四中全会精神和中央纪委五次全会精神，牢固树立和全面落实科学发展观，总结近年来国务院侨办实行党风廉政建设责任制的经验和做法，研究进一步加大工作力度的措施和办法，推进党风廉政建设责任制工作深入发展。

一、强化党风廉政建设责任制是保证廉政勤政的关键

落实党风廉政责任制，必须思想领先。党政领导班子对党风廉政建设责任制的认识有多高，对党风廉政建设责任制重视的程度就有多大、落实的力度就有多强、成效就有多大。我们必须充分认识贯彻党风廉政责任制的重大意义。

（一）实行党风廉政责任制，是落实"两手抓，两手都要硬"战略方针的重要决策。改革开放以来,我们党坚决开展反腐败斗争，并不断取得一系列的成效，但腐败现象还没有得到有效的遏制和减少。原因是多方面的，其中有国际资本主义因素的渗透，有国内方面"四个多样化"及剥削思想影响等因素，还与我们制度方面不完善有关。中央反复强调各级领导要坚持"两手抓,两手都要硬"的战略方针。但实际上，"一手硬，一手软"的现象还是相当普遍地存在着。究其原因，一是对党风廉政建设与业务工作的辩证关系缺乏认识，没有看到不搞好党风廉政建设，即使业务工作一时搞上去，最终会因腐败严重而垮下来。二是没有强制性的制度约束，没有可操作性的考核和责任追究，使一些对产生腐败负有领导负责的领导干部逃避应得的惩罚。解决这些问题的关键，是实行党风廉政责任制。实行党风廉政建设责任制是把党风廉政建设和反腐败斗争作为关系党和国家生死存亡的重大政治任务落到实处的重大举措，是从制度上保证各级领导班子、领导干部对党风廉政建设和反腐败工作切实负起领导责任而采取的实际步骤。

（二）实行党风廉政建设责任制，是保证业务工作与廉政工作紧密结合的根本途径。我们党反复强调要贯彻"两手抓，两手都要硬"的方针，但是，两手配合常常出现不太协调，出现业务工作与廉政工作"两张皮"的现象。问题就是没有找到一种制度的形式把党风廉政建设与业务工作相结合。现在，我们已经找到了党风廉政责任制这一制度，能够把党风廉政建设责任与业务工作责任的有机结合起来。要结合得好，必须按照科学发展观来要求，树立正确的政绩观，深刻认识各项业务发展是政绩，廉政也是政绩，而且是首要的政绩，不能把廉政排除在政绩之外。离开廉政谈政绩，会把我们国家的发展引入歧途，使党变质和国家政权变质，使中国历史出现大倒退，使用权广大群众人民遭殃。就一个单位来讲，如果一个单位业务搞得轰轰烈烈、但弄虚作假、虚报浮夸，甚至权钱交易、贪污受贿，腐败严重，能说这是政绩吗？或者，一个单位虽然一时把业务工作搞上去了，但不搞廉政建设，导致这个单位利欲熏心、唯利是图情绪蔓延，以权谋私、贪污受贿行为横行，损害国家和人民的利益，这能算是取得好政绩吗？所以，考核政绩，不仅要看勤政方面的政绩，还看廉政方面的政绩。各级党政领导班子和领导干部在抓好各项业务工作的同时，要强化党风廉政责任意识，采取有力措施，坚持党风廉政建设、反腐败斗争寓于各项业务工作之中，一起部署，一起落实，一起检查，一起考核，把党风廉政建设责任制落到实处，从严治党，从严治政，有效反腐败，保持廉洁。

（三）实行党风廉政建设责任制，是把领导班子集体负责与领导个人负责有机结合的有效举措。我们过去往往只强调集体领导,不太重视领导个人的责任，结果就产生了"大家负责，大家又都不负责"的现象。一旦某个地区或单位发生了腐败问题甚至是严重的腐败的问题，就由领导集体负责，却没有具体人对此负责，每个领导人都把责任推给领导集体。这种强调集体领导，而不明确个人应负的责任，是极其严重的官僚主义表现，是领导工作中最大的祸害。不解决这个问题，就不能有效地克服官僚主义，就不可能增强我们干部的事业心和责任心，反腐败斗争就无法深入进行下去。解决问题的出路就是实行领导干部党风廉政建设现任制。党风廉政建设责任制贯穿着集体负责与个人负责相结合的原则，明确和强化了领导集体和个人对党风廉政建设的责任。党风廉政建设责任制从制度上明确规定了各级领导干部的领导责任，不仅将责任内容分解到每个领导，而且要进行责任考核，对分管范围的党风廉政工作抓得不力而发生的严重腐败问题的，要采取措施，追究其责任。这就把领导班子集体负责与领导个人负责有机的结合起来，做到"谁主管，谁负责"，谁主管的范围，那一范围内因失职渎职出现了腐败问题，就应当追究谁的领导责任，无法找借口逃避。这就从制度上解决"大家负责，大家又都不负责"的官僚主义问题，以保证党风廉政建设落实到领导集体，落实到领导个人。

（四）实行党风廉政建设责任制，是做好新时期侨务工作的迫切需要。

党的十六大为新时期侨务工作进一步指明了方向，明确了任务。在新形势下，贯彻落实十六大精神，将侨办党组的工作规划和重要决策付诸实施，推进侨务事业的发展，我们的工作任重道远。能否不辜负党中央的重托和海内外几千万华侨华人的期望，关键在于干部职工队伍的思想政治素质。落实党风廉政建设责任制，形成一级抓一级，层层抓落实的责任网络体系，建设好一支"廉洁、勤政、务实、高效"的干部职工队伍，才能保证新时期侨务工作取得更大的业绩。

总之，各级领导干部要按照党的十六大提出的全面贯彻落实党风廉政建设责任制的要求，从讲政治、讲大局的高度认识落实党风廉政建设责任制的重要意义，以高度的责任感自觉履行党风廉政建设的职责，管好班子，带好队伍。

二、落实党风廉政建设责任制必须掌握的基本原则和要求

贯彻落实党风廉政责任制，需要明确指导思想、基本原则和把握基本环节，使我们抓起工作来，有思路、有主意、有办法，能够比较得心应手，顺利开展。

（一）坚持责任制的指导思想。实行党风廉政建设责任制，必须坚持以邓小平理论和"三个代表"重要思想为指导，落实科学发展观，加强党的执政能力建设，以从严治党；全面推进依法行政，以从严治政；坚持标本兼治、综合治理、惩防并举、注重预防，建立教育、制度、监督并举的惩治和预防腐败体系，以有效强化反腐倡廉工作。

（二）坚持责任制贯穿于各项工作的始终。实行党风廉政建设责任制，必须坚持"两手抓、两手都要硬"的方针，必须要把党风廉政建设作为党的建设

和政权建设的重要内容,纳入各级领导班子、领导干部职权范围,与业务等各项工作紧密结合,纳入业务工作的各个环节。坚持党风廉政建设与业务工作一起部署,一起落实,一起检查,一起考核。

(三)坚持责任制以"一岗双责"为基础。实行党风廉政建设责任制,实行"一岗双责"为基础、集体领导与个人分工负责相结合、谁主管谁负责的原则,一级抓一级,层层抓落实。要明确责任,实行一把手负总责,其他成员对分管范围的党风廉政建设责任制。各级领导干部要以身作则,带头执行责任制,尤其是党政"一把手"更要身体力行,带头学习,带头执行,切实负起"第一责任人"的责任。在落实党风廉政建设责任制方面,要亲自研究部署反腐倡廉工作,亲自解决本部门、本单位涉及党风廉政建设和群众反映强烈的问题。"一把手"身先士卒,做出榜样,就会形成有效的领导责任机制,使党风廉政建设责任的落实有了的基本保证。

(四)坚持检查监督和强化责任追究。只有部署,而没有监督检查,或只有监督检查,发现严重问题而没有责任追究,党风廉政建设责任制就会成为一句空话。强化检查监督和责任追究,是落实党风廉政责任制的关键和根本保证。要把加强督促检查和严格责任追究贯穿于党风廉政建设责任制建设的全过程。每一案件查办之后,要查清案件的发生与该方面的主管领导干部是否有责任关系,即是否由主管领导干部失职渎职行为有关系及有多大的关系,依纪决定是否应追究主管领导干部的责任。

(五)坚持责任制规范化、制度化。要结合实际,建立健全有关规章制度,使大家的行为有所规范,有所遵循;要严格按照国家的法律法规和侨办的规章制度办事,要重在执行,并在执行的实践中不断完善;要防患于未然,在做好关口前移工作的同时,对那些违纪违法行为和违反党风廉政责任制的行为,必须旗帜鲜明地进行斗争,要敢于处理,不能失之于宽,失之于软,以维护制度的严肃性。

三、抓好责任分解、责任考核,责任追究三个环节,把党风廉政建设责任制落到实处

贯彻落实党风廉政建设责任制涉及方方面面,必须分清主次,抓住关键,突出重点,务求实效。贯彻落实党风廉政建设责任制,责任分解是基础,责任考核是保证,责任追究是关键。这三个环节,既是执行责任制的重要手段,也是衡量责任制是否落实的主要标志。

（一）责任分解是基础。责任分解，就是明确责任主体和责任内容。领导班子及其成员对党风廉政建设应负责任的具体内容，这是落实责任制的基础。要把落实党风廉政建设责任制与侨办各项业务工作相结合，与反腐倡廉工作相结合，要把任务、目标、要求、责任进行分解，明确责任内容。责任分解，要明确两个方面：一是明确领导班子及其个人应负责任的关系。党政"一把手"既是责任制的第一责任人，又是落实责任制的组织者、领导者，要对责任范围内的党风廉政建设负总责；其他成员对其分管的职责范围内的党风廉政建设负责。二是明确领导班子及其个人具体的责任内容。责任内容的具体化是考核的依据。如果责任内容泛化，笼而统之，含糊不清，就无法考核。每个单位领导班子及其个人应负的责任有哪几方面都有要搞清楚。《国务院侨办贯彻落实党风廉政责任制实施办法》对各级领导班子及其成员的责任作规范，各单位要根据具体情况加以细化，使之切合本单位的实际，做到切实可行。责任内容也是动态的，当情况发生变化时，或者来一项新任务时，要随时明确班子或成员应负的具体责任。

（二）责任考核是保证。加强监督检查，狠抓责任考核，是落实党风廉政建设责任制的前提。责任考核是难点和重点。不进行责任考核，好差不分，赏罚不明，"你好，他好，大家都好"，结果是大家都不负责，责任制就会走过场，流于形式主义。责任考核要严格考核标准、考核程序和注重考核结果的运用。

一是明确和严格责任考核标准。贯彻落实《侨办党风廉政建设责任制考核办法》，每年要派出考核组有选择的对有关单位进行党风廉政建设责任考核，并作为制度来执行。考核要按照党风廉政建设责任制考核办法，考核可以采取多种形式：各部门各单位每年安排民主生活会时，要将检查领导干部党风廉政建设责任制执行情况列为重要内容，进行检查；年终总结时，要作这领导干部述职述廉的重要内容。要把党风廉政责任制作为年终工作总结、工作报告的内容。

二是明确和规范考核程序。程序主要包括述职述廉、民主测评、召开座谈会、个别谈话、查阅资料、反馈意见、撰写考核报告，重视运用考核结果等过程。考核程序中还涉及考核的时机与方式：廉政考核与业务考核结合，与干部述职述廉结合，与领导干部班子换届考核结合，平时检查与年终考核结合。专项考核：实行单位自查与上级抽查相结合，组织考核与群众测评相结合等多种方式，切实了解和掌握被检查部门或单位领导班子、领导干部落实责任制的情况。二是各单位平时要做好领导干部执行党风廉政责任建设制，抓反腐败各项工作的具体记载，有了这个"基础台账"，在考核时就有根据，是非功过就比较明确，考核就比较准确。

三是要注重考核结果的运用。对领导班子和领导干部落实党风廉政建设责任制情况的考核要客观、全面、准确，将考核结果作为对领导干部的业绩评定、奖惩、选拔任用的重要依据。对责任制目标完成得好的，要给予表扬，差的要给予批评，问题严重的要追究责任，给予纪律处分或组织处理。

（三）责任追究是关键。

追究责任既要坚决又要严格，否则纪律就失去严肃性、权威性。坚决、慎重、严格依纪进行责任追究，必须坚持"事实清楚、证据确凿、定性准确、处理恰当、手续完备、程序合法"的方针。具体来讲，一要违纪必究，执纪必严。必须严字当头，克服畏难情绪和不敢碰硬的以及顾情面的错误思想，纠正违纪不究、执纪不严的做法。二要分清错误性质和责任轻重。要在查清错误事实和情节轻重的基础上，实事求是地把其错误放到一定的环境和条件下进行分析，确定错误的性质和个人应负责任的大小。三要依纪追究责任。实行责任追究，就是根据错误事实和情节，按照纪律进行衡量，应受到什么处罚。领导干部违反党风廉政建设责任制的规定，严格按照干部管理权限及有关程序的规定办理。针对错误的性质和情节轻重，适用纪律，做到错误轻重与处罚轻重相适应、宽严适度。对于错误严重程度给予不同程度的党纪处分，对情节较轻的，给予组织处理，即适当地运用诫勉谈话、通报批评、组织处理等多种形式进行追究。通过责任追究，达到教育和挽救犯错误者以及警戒他人的目的，强化领导者的责任心，保证其认真负责地履行党风廉政建设责任制。

四、加强领导，服务大局，不断提高落实党风廉政建设责任制的整体成效。

党风廉政建设责任制是一项基础性的制度，处在党风廉政法规制度体系中的关键地位，抓住了这一关键环节，就能从制度上保证党风廉政建设和反腐败斗争不断取得实效。各级领导必须按照十六大精神的要求，高度重视党风廉政建设责任制，把它摆在重要议事日程来抓。

要坚持"党委统一领导，党政齐抓共管，纪委组织协调，部门各负其责，依靠群众支持和参与"的领导体制和工作机制。2004年，驻办纪检组监察局由中央纪委监察部实行统一管理后,根据侨办的实际情况,领导组织机构要随着变化,提出如下新的意见:(1)侨办党组对侨办机关及直属单位的党风廉政建设实行统一领导，全面负责。(2)驻办纪检组监察局协助党组和行政领导班子加强党风廉政建设和组织协调反腐败工作。(3)侨办直属机关党委、纪委要在党组的领导下，抓好机关的党风廉政建设和反腐败工作。(4)侨办党组根据需要召开侨办党风廉政建设协调会议。(5)各直属单位党委领导、纪委专抓本单位的党风廉政建设工作。

要认真执行党风廉政建设责任制，对日常工作严格要求、严格依纪依法办事，抓出实际效果。一是要与落实党风廉政建设和反腐败斗争的日常工作任务相结合，结合实际，把党风廉政建设的任务逐项分解，责任分到组织、责任分到个人，不仅明确了领导班子对其所领导的范围内的党风廉政建设应负的责任，而且明确领导班子"一把手"对领导班子及全部工作范围内的党风廉政建设所负的责任，以及每一个领导成员对其所分管工作范围内的党风廉政建设负责任，要有研究、有部署、有检查、有总结，保证具体落实。二是要与从源头上预防和治理腐败相结合，实行标本兼治，综合治理。大力推行政务公开工作，各项业务工作除保密的之外，坚决实行"阳光下操作"，避免"暗箱操作"而产生腐败。当前特别要认真落实行政审批制度改革、干部人事制度改革、财务管理体制改革、招投标工程、政府采购制度等要求，切实加强对权力运作的监督制约。三是要与侨办中心工作相结合。落实党风廉政建设责任制就是要紧密围绕中心工作，坚持服务大局和三项任务，把落实党风廉政建设责任制寓于侨务业务工作之中，使党风廉政建设与侨务中心工作融为一体，相互促进，共同发展。

落实党风廉政建设责任制，纪检监察部门要充分发挥组织协调和监督检查的职能作用。纪检监察部门要进一步解放思想，大胆探索落实责任制的新思路和新方法；要加强监督检查，狠抓责任分解，责任考核，责任追究三个重要环节的落实；要加强与人事部门的联系，注重考核结果的运用，为干部选拔和使用提供依据。各部门、各单位领导干部要积极支持和配合纪检监察部门落实党风廉政建设责任制的工作。

落实党风廉政建设责任制，是一项难度很大的工作，我们并不指望一下子就全面解决问题，但必须锲而不舍地加紧推进这项工作的落实。我们要针对新情况、新问题，以与时俱进的精神，不断实践，不断探索，不断创新，不断总结经验，改进作风，求真务实，真抓实干，扎扎实实地把党风廉政建设责任制一步一步地引向深入，更好地完成党风廉政建设和反腐败各项任务，为推进我国侨务事业健康快速地向前发展提供有力的政治保障。

| 我的理论思考 |

坚持反对腐败　保证廉洁执政

（中央纪委机关党委1995年1月24日批示："拟刊《机关政治生活》"）

中国共产党是我们国家的领导党、执政党。党要领导得好，执政得好，必须坚持党的全心全意为人民服务的宗旨，保证执政的廉洁性。为此，必须坚定不移地贯彻邓小平同志提出的"两手抓紧，两手都要硬"的战略方针，坚持不懈地开展反腐败斗争，加强党风廉政建设，克服党内存在的消极腐败现象。

廉洁是腐败的对立物。廉者倡，腐者亡。廉洁的共产党战胜了腐败的国民党，这是历史的必然、历史的结论。我们党是工人阶级的先锋队，除了工人阶级和最广大人民群众的利益，没有自己特殊的利益。廉洁执政是我们党的本质体现。廉洁是我们党执政之本。在新的历史时期，我们党要继续执政，领导广大人民实现社会主义现代化的目标，关键的是我们党要保持廉洁，全心全意为人民，否则，必定导致失败。因此，我们党在新时期必须经得起执政的考验、改革开放的考验和市场经济的考验，必须深入持久的把反腐败斗争进行到底。

改革开放十几年来，我们国家的面貌发生了翻天覆地的变化，人民群众无不满怀喜悦。如果说还有什么问题使人民群众最不满意的话，那就是党内发生的腐败现象尚未得到有效的遏制。虽然我们对腐败现象进行了持续不断的斗争，取得了一些胜利，但许多方面的腐败现象还在滋生蔓延。近十几年来，有数以万计的党员干部包括一些高级干部也被资本主义腐蚀了。现在还有为数不少的党员干部，不把自己年当作人民的公仆，而以人民的主人自居，或专横跋扈，道貌岸然，"讲台上高喊反腐败，讲台下大搞腐败"，以权谋私，权权交易，权钱交易，权色交易，沉醉于纸碎金迷、灯红酒绿之中；还有的人如周恩来同志早就痛斥的那样"一人做官，全家享福，一人得道，鸡犬升天"[①]。这些腐败现象引起广大人民群众的强烈不满，极大地损害了党的威信。当然，我们党和人民群体心

[①]《周恩来选集》下卷第420页

连心，对腐败一样疾恶如仇，在惩治腐败问题上，党和人民群众是站在一起的。问题是，在新的形势下，如何有效地惩治腐败和预防腐败，党和人民群众有一个共同探索的过程。

反腐败工作千头万绪，最重要的是，从党的领导干部、特别是高级领导干部抓起。领导干部、尤其是高级干部直接关系党和国家的命运。中国有句古语："上梁不正下梁歪"。党员领导干部、特别是高级干部应当有无产阶级革命家的伟大胸怀和高尚品格，象毛泽东、朱德、周恩来等老一代革命家那样为了党和人民的事业，处处以身作则，严以律己，清正廉洁，勤政为民，不惜牺牲个人和家庭的一切，鞠躬尽瘁，死而所已。如果他们这样做了，广大党员和一切有良心的人就会跟他们学习，党风和社风就一定会好起来。同时，他们自己两袖清风，廉洁奉公，腰杆子就会硬起来，能够对腐败现象敢抓紧敢管，进行坚决的无情的斗争，那么再顽固的腐败痼疾也没有解决不了的。邓小平同志在1989年那场政治风波之后敏锐而严肃地指出："惩治腐败，要认真做几件大事，至少一、二十件，透明度要高。最近我想，这个问题为什么一直搞不通，可能因为我们党的高级干部或他的家庭陷进去的比较多。这个问题过去讲过多次，讲了好几年，为什么成效不大，原因可能在党内，在高层。"邓小平同志的话真是一针见血，击中要害，令人深思，发人警醒：惩治腐败"成效不大，原因可能在党内，在高层"。从邓小平同志这明察秋毫的论断中，我们应当明确：惩治腐败的重点在党内，党内的重点在领导干部，领导干部的重点在高级领导干部。抓住重点，一级抓一级，层层抓落实，从上至下、上下结合地开展反腐败斗争，就能够保证反腐败斗争顺利进行。反腐败斗争的有效性主要表现在逐年降低腐败发案率，而不是逐年增加腐败发案率。当然，这场斗争是长期的、复杂的、有时很激烈，会时有起伏，但从总趋势看，反腐败的有效性是腐败现象逐步减少。要使反腐败斗争具有有效性，根本途径是什么？就是实行标本概兼治、综合治理。这其中包含的内容十分丰富，重要的是把惩治腐败与预防腐败有机地结合起来。

第一要惩治腐败。这是反腐败斗争进行的首要条件。因此，对党的干部、尤其高级干部的腐败行为，必须一查到底，不管他的地位多高、权力多大、后台多硬，都要一律平等地绳之以纪、绳之以法。这里必须铁面无私，毫不怜悯，毫不宽容，在执纪执法上失之于软、失之于宽就无异于助纣为虐、催化腐败。那种主张对腐败行为、腐败分子要宽大为怀，宽容一点，严厉惩处会影响经济发展的观点是完全错误的。因此，坚决地惩治腐败，坚决地惩治腐败分子，这是我们任何时候都不能有丝毫动摇的。

第二要预防腐败。这里主要指逐步消除产生腐败的原因。不仅要逐步消除上层建筑领域里产生腐败的原因，而且要逐步消除经济领域里产生腐败的原因，这是一项比惩治腐败更为重要也更为艰巨的伟大任务。这一任务是一个系统工程，所要解决的问题成千上万，不仅要用政治的、经济的、行政的、文化的、教育的各种手段来解决问题，而且还要从体制、机制、法制上来解决问题。这里仅就人们容易忽视的两个问题加以强调。

一是必须解决分配上高低悬殊的问题。按照马克思主义的观点，分配是由所有制关系决定的，同时又反作用于所有制关系。分配不公会导致犯罪，实际上在马克思主义之前，空想社会主义者欧文就充分地论证了，并主张用公有制代替私有制，才能解决分配不公的问题。马克思主义对此也是肯定的。无数事实证明，分配上的高低悬殊是产生腐败的重要原因。列宁在苏维埃政权初期，由于实际需要，对资产阶级专家实行高薪，但列宁同时提醒人们说，这是违反巴黎公社原则的，"高额薪金的腐化作用既要影响到苏维埃政权……也要影响到工人群众，这是无可争辩的。""如果对群众隐瞒这一点，那我们就堕落到了资产阶级政客的水平，那就是欺骗群众。"①在当今我国社会里，虽然没有规定对某些人实行高薪，但由于种种原因，在我们的工人、农民、知识分子和干部的身边站着一批暴发户、千万富翁、亿万富翁。这些人存在的本身，对我们党政机关有着极大的腐蚀作用。他们一般都有与经济相适应的社会地位，有的还戴着种种令人羡慕的桂冠，他们较普通群众更容易与党政机关领导干部发生千丝万缕的联系，影响和吸引某些领导干部的行为、批示以至决策向他们倾斜，为他们谋利益；他们用大量的金钱，利用各种媒体或自印刷各种宣传品，大肆宣扬他们阶层的观点、主张和各种意识形态的东西；他们中一些人挥金如土、一掷千金的高消费，必然使一引起人包括某些领导干部心里失衡，产生"捞一把"的心里；更不用说，他们中的一些人还不时地向党政机关一些干部抛去金钱的诱饵，用他们的话说："用我的钱换你的权，用你的权为我赚钱"，于是权钱交易的腐败现象不可避免地发生了。用不着再证明：在我们社会主义社会中产生的千万富翁、亿万富，对于我们的共产党及其领导的政权有着巨大的腐蚀作用。这个真理是普通老百姓都十分容易明白的，而且是经常看见的大量事实。我们要是隐瞒这一点，我们也会如列宁

---

①《列宁选集》第3卷第502—504页

所痛斥的"堕落到了资产阶级政客的水平"。因此，不解决分配上的高低悬殊的问题，就不可能有效地解决腐败产生的问题。现在，党十四届五中全会已经把解决分配上的高低悬殊的问题和暴富的问题提到议事日程上来，我们应当重视，应当贯彻，应当解决。

二是要坚决禁止党政机关经商办企业。官商结合，权力进入市场，权力商品化，金钱权力化，全世界历史证明了没有不腐败的。党政机关经商办企业，不仅使机关失去其对社会事务评判与管理的公正性，而且导致各机关苦乐不均，促使它们互相攀比，滥用职权，以权谋私，敲诈勒索，大刮"三乱"，殃及百姓，腐败就会越演越烈。为了防止腐败，保证党政机关的廉洁，必须严禁党政机关经商办企业，必须责令党政机关与其所办企业彻底脱钩。但此事已经成为"天下难事"。难者，除某些政策不配套外，主要是利益驱动也。寸权必夺，寸利必得。既得利益者毫不迟疑地运用他们手中的权力维护自己既得的利益。他们编造种种借口，欺上瞒下，从中渔利，拒不执行中央三令五申的关于"脱钩"的规定，漠视中央的权威。一些党政领导干部明知党政机关经商办企业必然会腐败，还是要咽下这个苦果。但他们这样做中央不答应，人民不答应。中央的权威必须维护，中央的指令必须执行，有关党政机关下其所办企业脱钩的规定必须贯彻，这是反对腐败、保持廉洁执政的必然要求。

廉洁执政之要在于惩治腐败和预防腐败，在于坚持党的领导，依靠广大人民来监督党和政府，并建立和完善各项监督制度。腐败是重症、顽症，但决不是是不治之症。其根治良方，毛泽东同志早就讲过。1945年，他在回答黄炎培先生提出的中共如何跳出从兴盛到衰败的"周期率"的问题时说："我们已经找到新路，我们能跳出周期率。这条新路就是民主。只有人民来监督政府，政府才不敢松懈。只有人人起来负责，才不会人亡政息。"[①]这段话极其深刻地精辟地指明了人民广泛参加管理国家、管理企业事业、管理一切社会事务并监督政府是反腐防腐的新路，是新政权稳定的基础。邓小平同志也强调共产党要接受监督的问题，他指出党内必须实行民主集中制，加强党内监督，特别是常委会内部的监督，同时"要有群众监督制度，让群众和党员监督干部，特别是领导干部。凡是搞特权、特殊化，经过批评不改的，人民有权依法进行检举、控告、弹劾、撤换、罢免，要求他们在经济上退赔，并使他们受到法律、纪律处分。对各级干部

[①] 转引自薄一波《若干重大决策与事件的回顾》上卷，第157页

的职权范围和政治、生活待遇，要制定各种条例，最重要的要有专门的机构进行铁面无私的检查和监督"。我们必须充分发扬党内民主和人民民主，使党员的民主权利得到党纪的保障，使人民的民主权利得到法律的保障，从而能够有效地对领导干部实行监督。党和政权机关的监督部门要充分发挥专门机关监督的职能作用，坚持党员在党纪面前一律平等的原则和公民在法律面前一律平等的原则，敢于碰硬，使任何违纪违法者都逃不脱应得的制裁。要在民主的实践中不断建立健全各项监督制度，并不折不扣地付诸实施。只要我们坚持这样做下去，只要把专门机关的工作和广大人民群众的监督结合起来，就能激发广大人民群众同腐败现象斗争的热情、决心和毅力，把反腐败斗争进行到底，我们党能够在斗争中千锤百炼，廉洁自律，不断地洗涤自己身上的污垢，永葆无产阶级的革命本色和青春活力。完全可以相信，以马克思主义武装起来的中国共产党一定会以最廉洁、最大公无私的典范光耀于全世界！

标本兼治预防和治理腐败

（《光明日报》2001年11月3日）

　　为了坚持清正廉洁，防止以权谋私，有效地预防和治理腐败，必须全面贯彻标本兼治、综合治理的方针，既要从严治标，严惩腐败分子，又要注重治本，从源头上预防和治理腐败。

　　加大查办案件的力度，严厉惩处腐败分子，是搞好党风廉政建设和反腐败斗争的关键环节。隐藏在我们党内的腐败分子，是寄生在我们党肌体上的毒瘤、是埋在党内最危险的定时炸弹。堡垒是最容易从内部攻破的。党内绝不允许有腐败分子的藏身之地，必须把党内的腐败分子清除出去。这是维护党的先进性和纯洁性的需要，是巩固社会主义制度和人民民主专政的需要。各级党委必须旗帜鲜明，以除恶务尽的决心，切实加强对查办案件工作的领导。越是高层机关和部门发生的案件，越是高级别领导干部中的案件，其危害性就越大，越是应该作为重点来查办。在各种案件中，贪污受贿是以权谋私、权钱交易的一种最普遍、最典型的权力腐败现象，徇私枉法和买官卖官是属于司法腐败和吏治腐败，是危害最烈的权力腐败现象，这些方面的违纪违法案件都应作为重点来查办。按照中央关于反腐败工作的部署，在继续查办贪污、受贿、挪用公款以及走私贩私、骗税骗汇、金融诈骗等案件的同时，要注意查办领导干部严重违反政治纪律、组织人事纪律的案件，司法干警贪赃枉法、徇私舞弊的案件，严重失职渎职案件，领导干部配偶、子女和亲属利用该领导干部职权和职务影响谋取非法利益的案件。还要查办国有企业领导人员在企业改制、股票上市、产权变动过程中私分、侵吞、转移国有资产的案件，个人擅自决定重大事项给国家、企业造成严重损失的案件。也要严肃查处基层干部中的违纪违法案件，特别是侵犯国家、集体和群众利益的案件。要集中力量查处大案要案，不管涉及到谁，不论职务多高，权力多大，都要排除阻力，一查到底，依纪依法严肃处理，绝不手软。

　　要坚持党委对查办案件工作的统一领导，加强查办大案要案的组织协调机制。各级纪检、法院、检察、公安、监察、审计等部门要各负其责，各司其职，密切配合，形成办案的整体合力。执纪执法机关在重视群众举报的同时，要主动深入到当前易发、多发案的部门和单位，通过执法监察、审计监督、专项清理等方法发现案件线索。对腐败问题严重又长期没有查办重大案件的地区和部门，要找出问题症结，组织力量加以解决。要坚持分级管理、分级办案的原则，实行办案工作责任制。要严格依纪依法办案，做到事实清楚、证据确凿、定性准确、处理恰当、手续完备，使办理的案件经得起历史的检验。

在狠抓治标的同时，必须加大治本力度，从加强教育、加强法制、加强监督入手，着眼于体制、机制、制度、管理的改革和完善，从源头上预防和治理腐败。

要抓好理想信念和廉洁从政的教育。首先，必须加强对党员领导干部进行理想信念教育。对当代中国共产党人来说，为建设有中国特色社会主义事业而奋斗，为将来实现共产主义而奋斗，是我们最崇高的理想、信念和人生追求。坚定共产主义理想信念，身体力行共产主义道德，是共产党员拒腐防变的最强大的精神力量。但在改革开放的新形势下，有极少数党员干部包括个别高级干部对共产主义理想信念发生动摇，对社会主义前途失去信心，最终走上了以权谋私的违纪违法甚至犯罪的道路。事实证明，党员领导干部要拒腐防变，必须牢固树立建设有中国特色社会主义信念和共产主义理想。其二，必须对党员干部进行廉洁从政的教育。教育党员干部要牢记全心全意为人民服务的宗旨，正确对待权力、地位和自身利益，永远做人民的忠实公仆。要清醒认识到，权力具有两重性，依纪依法行使权力，恪守职责，为党为人民作贡献，对自己也是无尚荣光；如果滥用职权，以权谋私，贪污受贿，贪赃枉法，损害党和人民的利益，最终会使自己堕落，甚至身败名裂。领导干部应具有不为名不为利，对革命无限忠诚，为人民鞠躬尽瘁的精神，抗得住诱惑，经得住权力、金钱、美色的考验，慎重行使权力，为人民掌好权用好权。领导干部要以身作则，严格自律，做清正廉洁的表率。

要对权力运行实施有效的监督。反对以权谋私、预防和治理腐败，关键是靠民主监督。我们党作为执政党，人民把权力交给我们党，交给各级领导干部来行使。这就需要依靠广大党员和广大人民群众对干部行使权力进行监督，把党内监督和群众监督结合起来，形成监督的合力。

要建立和健全依法行使权力的制约机制。权力被滥用，以权谋私得以发生，一个重要原因就是权力运行不规范、权力内部缺乏有效制约。要防止权力腐败，需要以权制权，针对容易产生滥用权力的具体体制、制度和薄弱环节，建立结构合理、配置科学、程序严密、互相制约的权力运行机制，保证权力沿着制度化和法制化的轨道运行。在这种权力运行制约机制中，权力要作适当分解，分权后各种权力由不同部门（单位或岗位）行使，使各种权力之间形成合理的结构；职权配置要科学，体现分工明确、各负其责，职权与责任统一；根据分权和各自的职权来设计权力运行的程序，这一程序要严密，环环相扣，体现行使各种权力的部门（单位或岗位）既分工负责、互相配合，又互相把关、互相制约，保证权力依法运行，防止以权谋私的发生。

要加强制度建设和法制建设。反腐败，根本的还是要靠制度和法制。党和国家都要建立健全民主选举、民主决策、民主管理、民主监督的制度。党要依照党章党规治党；国家要实施依法治国的基本方略，建设社会主义法治国家。党的六中全会《决定》中十分强调制度建设和法制建设，提出要制定党的作风建设多方面的工作制度，要抓紧制定中国共产党党内监督条例，建立健全党风廉政责任制，严格执行责任追究，保证权力正确运行，使领导干部恪尽职守，保证依纪依法办事和预防腐败。

| 我的理论思考 |

坚持清正廉洁 反对以权谋私

(《加强和改进党的作风建设的行动纲领》
中国方正出版社2001年)

党的十五届六中全会向全党提出要坚持清正廉洁，反对以权谋私的要求，这是党在新世纪加强自身建设，拒腐防变，永葆工人阶级先锋队本质，保持同广大人民群众的密切联系的重要保证，也是党凝聚民心，团结全国各族人民在新世纪实现中华民族伟大振兴的重要保证。必须围绕为人民掌好权、用好权这个根本问题，坚持标本兼治、综合治理的方针，进一步推进党风廉政建设和反腐败斗争。

一、立党为公、执政为民是党风建设的根本目的

立党为公、执政为民，是我们党的性质和宗旨决定的，是党的作风建设的根本目的。党员干部是否廉洁从政，直接关系民心向背，关系党的执政地位能否巩固和国家的安危。

立党为公、执政为民，是我们党与剥削阶级政党的本质区别。中国共产党是工人阶级先锋队，它以消灭阶级、消灭剥削，建设社会主义和最终实现共产主义为奋斗目标，以全心全意为人民服务为惟一宗旨。这是共产党与一切剥削阶级政党的本质区别。一切剥削阶级政党，都是代表剥削阶级利益，为剥削阶级服务的。剥削阶级政党本质决定它具有立党为私、欺压人民的作风。剥削阶级政党执政，始终是为了实现它所代表的阶级利益而奋斗的，特别是当它腐朽的时候，更是对广大劳动人民横征暴敛，残酷压迫和剥削。以权谋私是它本性的必然表现。作为剥削阶级政党的对立物，我们党作为工人阶级的政党，除了人民的利益外，是没有任何私利的，一切都是从人民的利益出发，而不是个人或小集团的利益出发。我们党在夺取政权之前和取得政权之后，都代表最广大人民群众的根本利益，是完全为着解放人民的，是彻底为着人民利益工作的。共产党人的一切言论和行动，必须以合乎最广大人民群众的最大利益，为最广大人民群众所拥护为最

高标准。我们党具有立党为公、执政为民、清正廉洁、克己奉公的优良作风。国民党反动派因为少数剥削阶级谋利益、因腐败而垮台；我们共产党因为广大人民谋利益、因清正廉洁廉洁而胜利。这是历史已经证明了的。我们党执政后，决不能腐败，决不能蜕化为剥削阶级政党，决不能走向人民的对立面而自取灭亡。

立党为公、执政为民，贯穿于我们党的全部奋斗历程之中。我们党是马列主义与中国工人阶级运动相结合的产物，是中国工人阶级在反对阶级压迫和阶级剥削中诞生的。党领导全国人民，经过长期的浴血奋战，推翻了帝国主义、封建主义、官僚资本主义在中国的统治，建立了能够使劳动人民在经济上获得彻底解放的社会主义国家。党在五十多年的社会主义实践中，英勇奋斗，艰苦探索，把我国建设成为初步繁荣昌盛的社会主义国家，并找到了建设有中国特色社会主义道路。中国走这条道路，是为了进一步解放和发展社会主义社会生产力，增强社会主义国家的综合国力，不断提高全国人民的生活水平，消灭阶级、消灭剥削，消除两极分化，达到共同富裕。历史证明，我们党与剥削制度、剥削阶级是根本对立的，因而与腐败也是根本对立的。我们党是腐败的天敌，一贯反对腐败，反对以权谋私。在中国革命和建设的过程中，党的三代领导集体都旗帜鲜明反对腐败。我们党的全部奋斗历程，都闪烁着立党为公、执政党为民的灿烂光辉。

以毛泽东同志为核心的第一代领导集体高度重视党风廉政建设，为开展反腐败斗争制定出一系列行之有效的方针政策，并领导制定惩治贪污条例。在民主革命时期，毛泽东同志反复强调要建立廉洁政治，坚持反对贪污、反对浪费，他特别注重对党员进行党性教育，进行党的奋斗目标与党的政策界限教育，保持共产主义思想的纯洁性。在新民主主义阶段，党的三大政策之一是保护民族工商业，允许有益于国计民生的私人资本主义的发展。同时，党从来不隐瞒自己的政治主张，其奋斗目标是实现社会主义和共产主义。共产党员必须抵制资产阶级思想的侵蚀，为社会主义和共产主义而奋斗。1941年4月，毛泽东同志在《〈农村调查〉的序言和跋》中指出："严肃地坚决地保持共产党员的共产主义的纯洁性，和保护社会经济中的有益的资本主义成分，并使其有一个适当的发展，是我们在抗日和建设民主共和国时期不可缺一的任务。在这个时期内一部分共产党员被资产阶级所腐化，在党员中发生资本主义思想，是可能的，我们必须和这种党内的腐化思想作斗争；但是不要把反对党内资本主义思想的斗争，错误地移到社会经济方面，去反对资本主义的经济成分。我们必须明确地分清这种界限。"这一教育，使党员干部在复杂环境中明辨是非，分清党的奋斗目标与党的政策界限，在思想上保持党的纯洁性，保持了党和革命队伍的清正廉洁。随着民主革命即将胜利，共产党即将掌握全国政权，我们党分析了这一历史性转变使党有更多为人民谋利益的机会，同时也容易使党内产生脱离群众、滥用权力、滋生腐败的危险。在党的七届二中全会上，毛泽东同志向全党指出要警惕资产阶级糖衣炮弹的攻击，敲响了如何经受住胜利和执政考验的警钟，把反腐败斗争摆到全党重要议事日程，常抓不懈。他认为，党内出现腐败现象是剥削阶级思想在党内的反映。贪污、浪费、官僚主义"就其社会根源来说，这是反动统治阶级对待人民的反动作风（反人民的作风，国民党的作风）的残余在我们党和政府内的反映的问题。"同时，腐败产生与工作作风中存在的问题有关"各方面存在着的各种程度的官僚主义和自由主义的工作作风"，"是贪污和浪费现象所以存在和发展的根本原因。"建国初期，毛泽东同志亲自领导反贪污、反浪费、反官僚主义的"三反"斗争，重点抓紧大案的处理，特别是对大贪污犯刘青山、张子善的处理，表明了我们党惩治腐败的坚强决心，对当时防止腐败起了很大的作用。经过大量有效的工作，党和政权保持了廉洁，得到广大人民群众的衷心拥护。

以邓小平同志为核心的第二代领导集体，拨乱反正，清除"文化大革命"的流毒，在改革开放新的历史条件下，把反腐败作为党和国家的大事来抓。邓小平同志指出："如果我们党不严重注意，不坚决刹住这股风，那末，我们的党和国家确实要发生会不会'改变面貌'的问题。这决不是危言耸听。"他把坚持社会主义制度作为反腐败的基本方略，指出："我们为社会主义而奋斗，不但是因为社会主义有条件比资本主义更快地发展生产力，而且因为只有社会主义才能消除资本主义和其他剥削制度所必然产生的种种贪婪、腐败和不公正现象。"他深刻阐明了社会主义公有制经济是消除腐败的最深厚的经济基础和力量泉源，指出："社会主义的经济以公有制为基础，生产是为了最大限度地满足人民的物质、文化需要，而不是为了剥削。由于社会主义制度的这些特点，我国人民能有共同的政治经济社会理想，共同的道德标准。以上这些，资本主义社会永远不可能有。资本主义无论如何不能摆脱百万富翁的超级利润，不能摆脱剥削和掠夺，不能摆脱经济危机，不能形成共同的理想和道德，不能避免各种极端严重的犯罪、堕落、绝望。"他还提出了坚持"一手抓改革开放，一手抓惩治腐败"的方针，提出了靠发展、靠教育、靠监督、靠法制的反腐败基本对策。这一系列的重要战略思想和具体对策，保证反腐败斗争的顺利开展，维护了改革、发展、稳定的大局。

以江泽民同志为核心的第三代领导集体,高度重视和坚持不懈开展反腐败斗争。从党的十四大以来,每年召开中央纪委全会,江泽民同志都在会议上就党风廉政建设和反腐败工作作重要讲话,阐述了反腐败的重大政治意义和方针、政策、策略。他指出,反腐败是关系党和国家生死存亡的政治斗争,全党必须高度重视,加强领导;反腐败必须围绕和服从服务于经济建设这个中心;反腐败斗争具有长期性复杂性和紧迫性,战略上要有总体要求,战术上要分阶段实施;要坚持治国必先治党、治党务必从严的要求和标本兼治、综合治理的方针;坚持领导干部廉洁自律、查办案件、纠正部门和行业不正之风的三项工作一起抓;坚持反腐败的领导体制和工作机制;要高度重视党的思想政治建设,使党员干部在思想上筑起拒腐防变的牢固堤防;加强和健全党内监督,增强党组织解决自身问题的能力;加强制度和法制建设,严格纪律,依靠制度预防和治理腐败;通过深化改革,不断铲除滋生腐败的土壤等。近些年来,在党中央的领导下,反腐败斗争深入发展,惩治了一批腐败分子,特别是惩治了一些高层的腐败分子,振奋了党心民心,促进了党风和社会风气的好转。党在实践中探索和初步形成了符合中国实际的反腐败路子,为深入开展反腐败斗争指明了方向。

在新的世纪,我们党在国际国内尖锐复杂的政治斗争中,在领导全国各族人民建设有中国特色社会主义过程中,一定要坚持不懈地反对腐败,加强党风廉政建设,不仅使我们国家经济繁荣,文化进步,社会发展,而且使党风良好,政治廉洁,社会稳定,人民安居乐业。

二、认真抓好理想信念和廉洁从政的教育

共产主义理想信念,对于共产党员来说,是灵魂、是方向。党员干部失去理想信念,就会走上邪路上去,就不可能保持清正廉洁的政治本质。为了保持清正廉洁,必须加强对党员干部进行共产主义理想信念教育。

一是党员干部必须坚定共产主义理想信念。邓小平同志说:"过去我们党无论怎样弱小,无论遇到什么困难,一直有强大的战斗力,因为我们有马克思主义和共产主义的信念。有共同的理想,也就有了铁的纪律。无论过去、现在和将来,这都有是我们的真正优势。"对当代中国共产党人来说,为建设有中国特色社会主义而奋斗,为将来实现共产主义而奋斗,这我们最崇高的理想、信念和人生追求。没有这样的理想、信念,就不是一个真正的共产党员。坚定共产主义理想信念,身体力行共产主义道德,是共产党员抗拒腐败的最强大的精神力量。由

于西方敌对势力对我国进行"和平演变"活动，苏联瓦解、东欧巨变，世界社会主义运动处于低潮，剥削阶级思想影响，以及国内极少数暴发户的存在及分配不公等原因，极少数党员干部对共产主义理想信念发生动摇，对社会主义前途失去信心。有的认为"共产主义渺渺茫茫，社会主义模模糊糊，资本主义实实在在"，因而对共产主义失去信仰，认为"理想是远的，政治是空的，权力是硬的，金钱是实的"，应该"抛开远的，不想空的，抓住硬的，大捞实的"。有的迷恋资本主义制度和资本主义的民主、自由和生活方式，错误判断我国改革的历史走向，认为我国走私化道路只是迟早的事情，因而趁大权在握的时候，把国有企业、集体企业"卖光送光"，从中大捞一把，迅速积累私有财产。有的思想颓废，不相信马列主义，求神拜佛，甚至个别高级干部拜倒在神佛脚下达到痴迷的地步。近几年来，一些领导干部包括个别高级干部以权谋私，贪污受贿，走上违纪违法和犯罪的道路，最根本的原因就是他们丧失共产主义理想信念。成克杰、胡长清、慕绥新、丛福奎等人就是崇拜资本主义、丧失共产主义理想信念的典型。事实告诉我们，党员领导干部要拒绝腐败，必须牢固树立建设有中国特色社会主义信念和共产主义理想。

要联系新的历史条件，加强党的理想信念教育。在改革开放和实行社会主义市场经济的条件下，情况错综复杂，需要从以下三个方面进行教育：

二要坚持改革开放的社会主义方向。要经常重温邓小平同志的重要教导："在改革中坚持社会主义方向，这是个很重要的问题。""社会主义有两个非常重要的方面，一是以公有制为主体，二是不搞两极分化。""我们允许个体经济发展，还允许中外合资经营和外资独营的企业发展，但是始终以社会主义公有制为主体。社会主义的目的就是人民共同富裕，不是两极分化。"我们只有深刻理解和牢牢掌握邓小平同志这一重要的论述，才能在改革开放中不迷失前进的方向。

三要正确认识党的奋斗目标与社会主义初级阶段的基本经济制度的关系。在社会主义初级阶段，由于生产力水平低和发展不平衡等因素，为了尽快发展生产力和促进社会全面进步，在坚持公有制经济为主体的同时，允许个体经济和私营经济存在和适当的发展，但是，在党内，党员干部必须坚定理想信念，在思想上保持共产主义的纯洁性，反对和抵制剥削阶级思想的侵蚀。邓小平同志指出，要继续批判和反对封建主义，批判和反对崇拜资本主义、主张资产阶级自由化倾向，批判和反对资产阶级损人利己、唯利是图、"一切向钱看"的腐朽思想，批判和反对无政府主义、极端个人主义。"必须在思想政治领域把上述的斗争进行到底"。必须明确，坚持党十五大提出的社会主义初级阶段的基本路线和纲领，坚持和完善社会主义公有制为主体、多种所有制经济发展的基本经济制度，这是建设有中国特色社会主义的必然要求，而不是要搞私有化、搞资本主义。只有坚持共产主义的崇高目标，并脚踏实地地为当今的中国特色社会主义而奋斗，为解放和发展生产力、消灭剥削、削除两极分化、逐步达到共同富裕这一社会主义本质而奋斗，这才是真正的共产党员。这样的领导干部，才能经得起改革开放和社会主义市场经济的考验，经得起执政和拒腐防变的考验。

四要正确把握"先富"与共同富裕的关系。允许一部分地区、一部分人通过诚实劳动和合法经营先富起来，是党和国家的一大政策，是加快发展、达到共同富裕的一个条件。但更重要的是，邓小平同志指出："社会主义最大优越性是共同富裕，这是体现社会主义本质的一个东西。如果搞两极分化，情况就不同了，民族矛盾、区域间矛盾、阶级矛盾都会发展，相应中央和地方的矛盾也会发展，就可能出乱子。"解决地区之间的发展差别过大，避免由于少数人收入畸高形成两极分化，是一个十分重大的问题，我们要认真对待，随着经济的发展逐步加以解决。作为共产党员特别是领导干部，要正确理解和处理"先富"和共同富裕的关系，应当牢记党的理想和宗旨，忧国忧民，吃苦在前，享乐在后，把为实现共同富裕作为自己义不容辞的崇高职责。如果以为党和政府鼓励一部分人先富起来，党员干部自己应该先富起来，就可以利用手中的权力，搞权钱交易，以权谋私，聚敛财富，那就会堕入腐败的泥沼，那是对共产主义理想和全心全意为人民服务宗旨的背叛，彻底丧失了作为一个共产党员的资格。

五要针对以权谋私产生的主客观原因，必对党员干部进行廉洁从政教育。在改革开放的情况下，商品等价交换的观念会渗透到党的政治生活中来，腐蚀一些党员干部的思想，权钱交易的现象容易发生，特别是权力已成为一些不法之徒追逐和进攻的目标，权力商品化的危险性确实存在，这种情况应该坚决加以防止和制止。其一，要加强对党员干部廉洁从政的教育。教育党员干部牢记全心全意为人民服务的宗旨，不论何时何地都要以人民利益看得高于一切，以个人利益服从人民的利益。党员干部应当彻底明确，加入共产党、参加革命、当干部是为了消灭压迫和剥削，为了全中国人民的解放，为了更好地为人民谋利益，而不是为了自己和家庭谋取私利。其次，要教育党员干部正确对待权力、地位和自身利益，永远做人民的忠实公仆。要认真解决为谁掌权、为谁服务这个根本问题。应该明确我们手中的权力是谁给的？是广大人民群众给的。党员干部只有无条件地服从人民的意志、为人民谋利益的义务，而丝毫没有搞特权和以权谋利的权利。要清醒认识到，权力具有两重性，依纪依法行使权力，恪守职责，为党为人民作贡献，对自己也是无尚荣光；如果滥用职权，以权谋私，贪污受贿，贪赃枉法，损害党和人民的利益，也最终使自己堕落，甚至身败名裂，遗臭万年。领导干部要具有不为名不为利，对革命无限忠诚，为人民鞠躬尽瘁的精神，做到威武不能屈，贫贱不能移，富贵不能淫，抗得住诱惑，经得住权力、金钱、美色的考验，严肃对待权力，慎重行使权力，为人民掌好权用好权。其三，领导干部要以身作则，严格自律，做清正廉洁的表率。这个问题非常重要。古人说："公生明，廉生威"。领导干部只有清正廉洁，才能有威信，才能领导群众；如果不廉洁，就会威信丧失，甚至威信扫地，何以谈得上领导呢？领导干部要自觉遵守廉洁从政的各项规定，严格要求自己，不搞特权，不谋私利。领导干部要管好配偶、子女和身边工作人员，防止他们利用领导干部的职权和影响谋取非法利益。按有关规定，领导干部不准利用职权为配偶、子女和亲友经商办企业提供任何优惠条件；不得利用任何形式，为配偶、子女和其他亲友获取贷款、物资、承发包建筑工程项目等提供方便。领导干部的配偶、子女，不准在该领导干部管辖的地区及管辖的业务范围个人从事可能与公共利益发生冲突的经商办企业活动，不准在领导干部管辖的地区和业务范围内的外商独资企业或中外合资企业担任由外方委派、聘任的高级职务等。对违反的，必须严肃处理。对于这些规定，领导干部应该严格遵守。领导干部要尽职尽责，管好身边工作人员，管好分管地区、部门和单位的党风廉政建设。要按照规定对照检查自己，自我反省。有违纪问题的、拒不自查自纠的，要从重处分；能够自觉检查、纠正错误的，可以从轻处分或不予处分。对领导干部自查自纠的情况要采取适当的方式予以公布，接受群众监督。在廉洁自律工作中，要把自律与他律结合起来，要组织检查，发现问题及时处理，以保证廉洁自律工作的有效性。其四，要为领导干部廉洁从政创造良好的舆论氛围。榜样的力量是无穷的。要大力宣传清正廉洁、勤政为民、敢于同腐败现象作斗争的党员干部的模范事迹，弘扬正气，以正祛邪。要深刻剖析典型腐败案件，鞭笞腐败行为，进行警示教育，可以挽救一批干部，使他们避免重蹈一些干部腐败的覆辙。

三、依靠民主对权力运行实施有效的监督

权力一旦脱离了民主监督，就必然腐败。反对以权谋私、预防和治理腐败，关键是靠民主监督。民主是我们党能够跳出腐败"周期率"的最终的决定性的力量。我们党作为执政党，人民把权力交给党，交给各级领导干部和人民代表来行使。这就需要依靠广大党员和广大人民群众对干部行使权力进行民主监督，把党内监督和群众监督结合起来，形成监督的合力。

（一）要加强和健全党内监督。党内监督，主要是发扬党内民主，依靠广大党员对权力监督，同时也依靠上级党组织对下级党组织的监督，以及下级党组织对上级党组织的监督，各级党委会内部的监督，依靠专门监督机关即党的纪律检查机关进行铁面无私的监督。党内监督的重点对象是各级领导机关、领导班子和领导干部特别是高级干部，以及各级领导班子的主要负责人；监督的主要内容是执行党的路线、方针、政策的情况和党风廉政建设的情况以及干部个人廉政的情况。我们党是全中国人民的领导核心，是执政党。党内监督搞好了，就能够带动国家的民主监督，就能够有效地反对以权谋私，预防和治理腐败。六中全会提出以下几方面加强党内民主监督的措施：

一要保障党员充分行使民主监督的权利。加强党内民主监督，实质上就发扬党内民主，每个党员都有权对党组织和领导干部行使权力进行监督。这就必须切实保障党员享有党章规定的批评权、检举权、申诉权和控告权等权利，否则，党员的监督权利就无法行使。侵犯党员权利的行为，是严重违反党纪的。必须严禁对批评者、检举者、控告者打击报复。对打击报复的行为，要追究责任，按照纪律严肃处理，使党员的权利得到保护，以真正发挥党员的民主监督作用。

二要建立健全党内民主监督的程序和制度，健全定期报告工作制度和廉洁从政制度。有了监督实体制度和监督程序制度，监督什么和怎样监督就有章可依。健全监督制度，强化党内的制约和监督，要保证党员对党的组织实行监督，党的委员会对常委会实行监督，党的代表大会对党的委员会实行监督；要保障党内民主充分发挥和民主集中制原则全面贯彻执行，更好地发挥党的各级代表大会制度和党的各级委员会的作用，特别是更充分发挥党的全国代表大会作为党的最高权力机关和最高的监督机关的作用，以防止破坏民主集中制情况的发生，避免决策失误和防止以权谋私。比如，中央为了强化监督，曾规定凡属重大决策、重要干部任免、重要项目安排和大额资金的使用，不准个人或少数人专断，必须按照民

主集中制原则，由领导集体讨论决定。各地又根据实际情况对实体与程序方面的内容作了具体规定，便于操作。实践证明，这项制度的实施，对这四个方面减少腐败问题的发生起了很大的作用。

三要建立巡视制度。这是加强监督，保证政令畅通的一种有效形式。中央和各省区市党委要逐步建立巡视制度，把下一级领导班子特别是主要负责人的廉政勤政情况作为重要内容，进行监督检查。这项制度的实施，有利于保证党的路线方针政策的贯彻执行，有利于解决下一级领导班子特别是主要负责人在廉政勤政方面存在的问题，弥补同级纪委对同级党委监督不力的问题。

四要改革和完善党的纪律检查体制。纪律检查机关对派出机构要实行统一管理，纪律检查机关要加强内部监督，保证其有效履行职能。党的纪律检查体制改革的核心问题，是改变纪律检查委员会对同级党委监督的乏力状况，这项工作正在探索之中。近年来，有些省的纪律检查机关针对派出机构对派驻单位监督乏力的情况和原因，对派出机构的管理进行改革，即纪律检查机关对派出机构实行统一管理，改变过去由派驻单位管理。实践证明，这项改革有利于派出机构独立依照党章党纪履行职能，加强对派驻单位的监督，提高监督工作的效能。纪律检查机关要置于党组织和广大党员的监督之下，同时还必须加强内部监督和制约，抵御腐蚀，防止违纪违法行为的发生。

(二)要依靠广大群众，对干部行使权力实行有效监督。我国实行的人民民主专政的国体和人民代表大会制度的政体是实现人民根本利益的最有效的制度。在这一制度下，人民当家作主，有权对我们党和国家机关实行监督，对干部行使权力实行监督，防止干部从社会的公仆变为社会的主人。人民群众的监督，是防止干部以权谋私，防止党和国家改变颜色的决定性力量。民主越广泛、群众发动越充分，对权力运行的监督就越有力。只有广大人民群众都来监督我们党和政府，权力才不会被滥用。要通过加强社会主义民主政治建设，使广大人民群众享有的民主选举、民主决策、民主管理、民主监督得以真正现实。必须千方百计地寻找依靠人民群众监督各种途径和形式。

近些年来，党领导人民群众在实践中，不断拓宽民主渠道，创造出许多依靠广大群众对权力运行实施监督的有效形式。政务公开、村务公开、厂务公开是人民群众在社会主义民主政治建设中的伟大创造。它是人民群众参加管理国家、管理企业事业和管理各项社会事务的重要途径；是实施依法治国战略，促进依法行政的重要环节；是改进机关工作方式和工作作风，密切党群干群关系的重要保重；是强化对权力的监督制约，积极预防和治理腐败的重要措施。这种公开抓住了民主监督的关键环节。公开是民主监督的前提条件，没有公开就没有监督。只有公开，使群众享有充分的知情权、参与权、选择权和监督权。以权谋私者、腐败分子最喜欢权力"暗箱操作"，最害怕权力运行实行公开。一旦对权力运行实行公开，各种以权谋私的丑恶行为就会暴露，谁想以权谋私也难以得逞。这种公开，是社会的消毒济，是铲除腐败的法宝。群众把这种公开称之为"反腐败的阳光行动"，是很有道理的。

一要进一步在全国推行政务公开、村务公开、厂务公开，并使之规范化制度化。政务公开、村务公开、厂务公开的共同点是：公开工作职责、办事依据、办事程序、办事纪律、办事期限、监督办法和办事结果等，将权力运行置于广大群众的监督之下，保证办事依法、公开、公平、公正。就乡镇的政务公开和村务公开来说，凡是涉及群众利益的事项都要公开，主要是：各项财务收支情况（包括乡镇财政预算及执行、乡村税费收缴及使用、乡统筹村提留等情况，水电费价格及收缴情况等）；集体企业及其他经济实体承发包、租赁、拍卖情况；集体工程项目招投标及社会公益事业建设情况；计划生育情况；宅基地审批情况等都要公开。县级政府部门所属的基层站所也必须实行办事公开，其中公开的事项包括收费、罚款标准和收缴情况等。为了使公开办事真实、可靠，要充分发挥乡镇人民代表大会、村民大会或村民代表会议监督和审计监督的作用。乡镇政府和村民委员会可以根据实际需要，建立有各方面群众代表参加的如议事小组、理财小组等组织，对公开办事的真实与否实行监督，必要时召开乡镇群众代表会议和村民代表会议对公开办事情况实行评议和监督。上级有关部门要加强领导、组织协调和监督，保证乡镇政务公开和村务公开健康顺利地推行。国有企业、集体企业和公有产权占主导地位的企业，要实行厂务公开制度，凡涉及企业资本运营和改革方案等重大决策，凡涉及职工群众切身利益的事项，以及领导个人廉洁自律的有关情况，必须向职工群众或职代会公开，接受监督。要充分发挥职工代表大会为基本形式的企业民主管理制度的作用，维护职工合法权益。

二要推行民主评议、质询听证等制度。民主评议、质询听证是扩大民主和对权力运行民主监督的有效形式。近几年来，公有制企业职代会对企业领导班子成员每年进行一次民主评议、民主测评的制度；全国各地组织广大群众对行业作风及行业管理进行民主评议和质询听证活动，对于改进领导干部工作作风和纠正不正之风起了很好的作用。从今年开始，对领导干部实行民主评议，对在年度考核、届中届末考察中民主评议不称职的领导干部，应免其现职。各地区、各行业行政主管部门要在认真总结经验的基础上，提出加强这项工作的措施，推进民主评议、民主质询工作普遍深入开展，取得新的成效。

三要健全举报制度，加强信访工作。信访工作是沟通党和政府与人民群众密切联系的重要渠道，是人民群众对党和政府及其干部实行监督的重要途径。这些年来，全国查办的违纪违法案件有80%以上是来自群众举报的线索。必须加强举报制度建设，包括信访制度、保护举报制度方面的制度建设。认真办理举报事项，保护举报人的合法权益，以加强人群众对权力运行的监督。

四要进一步加强法律监督、群众监督和舆论监督。我们党领导人民制定宪法和法律，也领导人民执行宪法和法律。因而我们党必须率先在宪法和法律范围内活动，自觉接受法律监督，接受人民代表大会的监督。我们党大力发扬社会主义民主，在接受广大人民群众监督的同时，也与民主党派同舟共济、荣辱与共、肝胆相照、互相监督。民主党派诚心献计献策，提出批评意见，有利于我们党改进工作和作风。各新闻舆论部门要加强对党风廉政建设的引导和舆论监督，大力宣传党中央反腐败的路线、方针和政策，宣传反腐败的成效和经验，宣传坚持和发扬党的优良传统和作风、廉洁奉公、勤政为民、勇于反腐败的先进事迹；同时加大舆论监督力度，对不正之风和丑恶现象进行揭露，对典型腐败案件进行剖析。通过新闻舆论宣传工作，以达到动员人民群众广泛参与监督，推动党风廉政建设和反腐败斗争深入开展。

四、建立和健全依法行使权力的制约机制

权力被滥用，以权谋私得以发生，一个重要原因就是权力运行不规范、权力内部缺乏有效制约。要防止以权谋私和权力腐败，不仅需要党内的民主监督和广大人民群众的民主监督，而且需要以权力制约权力，建立和健全依法行使权力的制约机制。就是针对容易产生滥用权力的具体体制、制度和薄弱环节，建立结构合理、配置科学、程序严密、制约有效的权力运行机制，保证权力沿着制度化和法制化的轨道运行。在这种权力运行制约机制中，权力要作适当分解，分权后各种权力由不同部门（单位或岗位）行使，使各种权力之间形成合理的结构；职权配置要科学，体现分工明确、各负其责，职权与责任相统一；根据分权和各自的职权来设计权力运行的程序，这一程序要严密，环环相扣，体现行使各种权力的部门（单位或岗位）既分工负责、互相配合，又互相把关、互相制约，保证权力

依法运行,做到既完成共同的任务又防止以权谋私的发生。

各部门各单位都应当根据实际情况,建立权力运行的机制。六中全会提出,当前要着重抓好以下几方面的权力运行制约机制。

一要改革行政审批制度,规范行政审批行为。我国已经从计划经济体制向社会主义市场经济体制转变,过去反映计划经济要求的行政审批制度已经不适应社会主义市场经济发展的要求,容易使权力进入市场,发生权钱交易,滋生腐败,必须加以改革。这一改革,要在调查研究和科学论证的基础上,严格按照规定的程序,对可以取消的行政审批项目予以取消;可以用市场机制替代行政审批的要通过市场机制来处理;对确需保留的,要建立健全公开、制约的制度和机制。审批项目,要公开项目审批的条件和程序等,透明度要高,实行"阳光下操作",预防违纪行为的发生。由一个部门审批的项目,程序的各个环节应互相制约,环环严格把关,防止个人或少数人说了算。由几个部门审批的项目,可以几个部门集中办公,分工负责,各自把关,流水作业,规范审批。现在,全国有不少地方建立了政务办公大楼,有关部门包括监督部门集中办公审批项目,既大大提高了工作效率,又有效地防止和减少腐败的发生。

二要要深化财税、投融资、金融制度改革,规范财经秩序,强化资金监管。财税、投融资和金融制度和管理中漏洞,发生违规操作,造成资金大量流失,这是腐败的一大突出问题和一大顽症。近些年来,这些领域通过改革,情况虽然有些好转,但漏洞与隐患还不少,重大案件仍时有发生,问题还比较严重。财税、投融资、金融制度改革势在必行。财税制度改革主要是,实行部门预算,细化预算内容,将部门所有收支均纳入财政预算管理,从而理顺财政资金管理关系,从体制上彻底扭转资金管理混乱的状况;改变资金缴拨方式,加快实施国库集中收付制度,防止各种国家专项资金流失;继续对各单位银行账户进行清理,严禁设立账外账,坚决取消"小金库";规范政府收费行为,进一步加大清理乱收费的力度,取消不合法、不合理收费;对确需保留的行政事业性收费,要严格实行"收支两条线"管理,防止部门利益趋动而加重企事业单位和群众的负担,防止由此产生各种腐败行为。推行税费改革,重点抓农村税费改革以及交通和车辆税费改革;进一步推行税收管理方式改革,强化税收过程中各环节的相互制约,防止税收流失。要进行投融资、金融管理制度改革,整顿金融秩序,规范金融行为,惩治金融犯罪,避免金融风险,保证金融安全。

三要推行和完善政府采购、招投标等制度。以前因没有实行政府采购、招投标等制度，政府采购工作中、工程建筑领域中发生了大量的腐败案件，特别是工程建筑领域成为腐败的高发区。近些年来，由于建立政府采购制度和工程建设项目招投标制度，凡严格实行这些制度的地方，这方面的腐败案件大量减少。从全国各地看，实行这些制度的地方，政府采购资金、工程建设资金大致节约了15%左右。实践证明，运用市场机制是抑制权钱交易一种有效办法。当前，要进一步建立和健全政府采购制度、建设工程项目公开招投标制度、经营性土地使用权转让招标拍卖制度和产权交易等制度，按照公开、公平、平等、竞争的原则，依靠规范的严密的程序和监督以及计算机手段，对这些经济活动进行全过程监控，以预防和减少腐败发生。

四要完善决策机制，将预防腐败寓于决策之中。有腐败就得治理，但在我们的工作中，不能让腐败滋生蔓延后再治理，如同搞环境保护工作，不能先污染后治理一样。将预防腐败的工作做好，是最有效的反腐败。过去有些决策不当或有漏洞，产生大量腐败现象后再治理的教训值得记取。应当完善决策机制，将预防腐败寓于决策之中。出台重大改革措施和政策，制定有关法律和法规，要认真调研，周密论证，完善决策，做到预防在先，防患于未然。有些决策不可能完全避免产生腐败，也要权衡利弊，"两利权衡，取其大；两弊权衡，取其小"，并针对可能产生的腐败环节，采取相应的配套的对策，尽量将产生腐败的条件减少到最低限度。有些问题在决策时，由于客观条件的限制，或调查研究不够，论证不充分，对可能发生的腐败现象未能完全预料到，决策不完善，当决策付诸实施时会出现腐败现象的苗头，就应及时研究和提出相应对策措施，防止腐败现象的滋生蔓延。这不仅是一个思路，而且应当是决策中必须实行的一项原则和制度。只要坚持这样做，反腐败工作才能事半功倍。

五要加强制度建设和法制建设。反腐败，根本的还是要靠制度和法制，用制度和法制来制约权力，使权力依法行使，不得滥用。党和国家都要建立健全民主选举、民主决策、民主管理、民主监督的制度和法制，党的权力和国家权力的运作都要纳入制度化和法制的轨道。党要依照党章党规治党；国家要实施依法治国的基本方略，建设社会主义法治国家。六中全会《决定》中十分强调多方面的制度建设和法制建设，还提出要抓紧制定中国共产党党内监督条例，表明决心把党内监督纳入制度化的轨道。特别要建立健全党风廉政责任制度，严格执行责任追究，保证权力正确运行。按照中央要求，执行责任追究的规定，着重从以下几个方面加强监督检查：一是本地区、本部门出现重大经济损失的；二是本地区、本部门发生重大事故和恶性事件的；三是本地区、本部门不正之风严重、群众观点反映强烈、长期得不到治理的；四是领导干部配偶、子女利用该领导干部职权和职务上的影响获取非法利益、造成恶劣影响的；五是领导干部对自己职责范围内的反腐败工作敷衍塞责、不抓不管，以致发生大案要案、造成恶劣影响的；对选拔任用领导干部违反有关规定、用人失察的，要追究有关领导干部的责任。通过强化责任追究制度，使领导干部恪尽职守，保证依纪依法办事和预防腐败。

五、坚决反对以权谋私，严厉惩治腐败分子

搞好党风廉政建设和反腐败斗争，关键在党。只要党的各级组织和领导干部高度重视反腐败斗争，旗帜鲜明、态度坚决，切实加强领导，锲而不舍地开展工作。

全党要从讲政治的高度来认识和重视反腐败斗争。反腐败是关系党和国家的生死存亡的严重政治斗争。谁也打不倒共产党，历史已经反复证明了的；但腐败不除，就会不打自倒。我们党只有坚决反腐败，才能保持工人阶级先锋队的纯洁性和先进性，经得住执政的考验、改革开放的考验和拒腐防变的考验；才能打破西方敌对势力分化、西化的图谋，维护我国改革发展稳定的大局，在日益激烈的国际竞争中实现中华民族的伟大复兴，建设富强、民主、文明的社会主义强大国家。这是我们党肩负的伟大的历史使命和神圣的政治责任。我们就必须打胜反腐败这一仗。党的各级组织在建设社会主义现代化过程中，在日理万机的繁忙工作中，千万不能忘记反腐败这一严重政治问题，坚持"两手抓，两手都要硬"方针，坚定不移地把反腐败斗争进行到底。

加强党对反腐败斗争的领导，要求各级党委把反腐败摆在重要议事日程，认真贯彻党中央关于反腐败的路线方针政策，坚持标本兼治，综合治理，既要治标，严厉惩治腐败，又要治本，源头上预防和治理腐败。要分析形势，正确决策，具体部署；要调查研究，总结经验，把握规律；要加强指导，检查督促，排除阻力；要搞好动员组织，协调各方，齐抓共管，形成合力；要促使部门各负其责，各尽其职，狠抓任务落实；要按照党风廉政责任制的规定，严格执行责任追究。各级党委要以对党对人民高度负责的态度，转变作风，深入实际，加强领导，认真组织，真抓实干，扎实工作，不断取得反腐败斗争的新成效。

要正确认识查办案件的形势，高度重视查办案件工作。近几年，在党中央的正确领导下，不断加大查办案件工作的力度，取得了比较明显的成效，得到广大人民群众的认可和支持。但由于各种原因的存在，查办案件的任务还很繁重艰巨。从近些年来看，腐蚀与反腐蚀斗争异常尖锐激烈。成克杰、胡长清、孟庆平、徐炳松、李恩潮、姜殿武、许运鸿、丛福奎等由于自身的弱点，都是被一些不法私营企业主和不法之徒拉拢腐蚀而走上腐败的道路的。厦门特大走私案件中涉案人员五百多人中的二百多干部，是被远华公司董事长、不法私营企业主赖昌星为首的犯罪集团拉下水的。以浙江东海集团有限公司董事长、不法私营企业主张畏为首的黑社会犯罪集团，腐蚀了干部六十七人。以沈阳民营企业嘉阳集团董事长、不法私营企业主刘涌为首黑社会犯罪集团腐蚀了一批干部，等等。腐败案件产生呈现新的特点：金额巨大的案件增多；窝案串案、涉案人员增多；领导干部包括高级干部及其配偶子女参与违纪违法的案件增多；领导干部与不法私营企业主、黑社会势力相互勾结的案件增多。许多触目惊心的事实告诉我们：我们党失败的最大危险是腐败。隐藏在我们党内的腐败分子，是寄生在我们党肌体上毒瘤、是埋在党内的定时炸弹。堡垒是最容易从内部攻破的。邓小平同志指出："不惩治腐败，特别是党内的高层的腐败现象，确实有失败的危险。"党内绝不允许有腐败分子藏身之地。必须不断地把党内的腐败分子清除出去。这是维护党的先进性和纯洁性的需要，是巩固社会主义制度和人民民主专政的需要。在这个问题上来不得半点的犹豫和手软。否则，就是对党对人民的犯罪。各级党委要有除恶务尽的决心，必须把查处以权谋私案件和严惩腐败分子作为重大政治斗争来抓。

要加大查办案件工作的力度，严厉惩处腐败分子。查办案件是反腐败斗争的重要方面，也是人民群众关注的热点问题。要重点查处党政领导机关、行政执法机关、司法机关、经济管理部门和县（处）级以上领导干部中的贪污受贿、徇私枉法、买官卖官案件。这里，"三机关一部门"发生的案件和县（处）级以上领导干部中的案件，危害很大，要作重点查办。越是涉及高层机关和部门的案件和越是涉及高级别领导干部的案件，其危害性就越大，越是应该作为重点来查办。在各种案件中，贪污受贿是以权谋私、权钱交易的一种最普遍、最典型的权力腐败现象，徇私枉法和买官卖官属于司法腐败和吏治腐败，是危害最烈的权力腐败现象，这些方面的违纪违法案件都应作为重点来查办。按照今年中央关于反腐败工作部署，在继续查办贪污、受贿、挪用公款以及走私贩私、骗税骗汇、金融诈骗等案件的同时，要注意查办领导干部严重违反政治纪律、组织人事纪律的案件，司法干警贪赃枉法、徇私舞弊的案件，严重失职渎职案件，领导干部配偶、子女和亲属利用该领导干部职权和职务影响谋取非法利益的案件。要查办国有企业领导人员在企业改制、股票上市、产权变动过程中私分、侵吞、转移国资产的案件，个人擅自决定重大事项给国家、企业造成严重损失的案件。也要严肃查处基层干部中的违纪违法案件特别是侵犯集体和群众利益的案件。要集中力量查处一批大案要案，不管涉及到谁，不论职务多高，权力多大，关系网多复杂，都要排除阻力，一查到底，严肃处理，绝不手软。

要加强组织协调，严格依纪依法办案。坚持党委对查办案件工作的统一领导，加强查办大案要案的组织协调机制。各级纪检、法院、检察、公安、监察、审计等部门要各负其责，各司其职，密切配合，形成办案的整体合力。实行垂直领导的部门在查办案件工作中，要加强与地方纪检监察机关的协作配合，主动接受协调和指导。执纪执法机关在重视群众举报的同时，要主动深入到当前易发、多发案的部门和单位，通过执法监察、审计监督、专项清理等方法发现案件线索。对腐败问题严重但长期没有查办重大案件的地区和部门，要找出问题结症，组织力量加以解决。要坚持分级管理、分级办案的原则，实行办案工作责任制。要严格地依纪依法办案，做到事实清楚、证据确凿、定性准确、处理恰当、手续完备，使办理的案件经得起历史的检验。要剖析典型案件，研究案件发生的特点和规律，总结教训，教育干部，堵塞漏洞，把查办案件与预防、教育结合起来，使查办案件的成果得到巩固，腐败现象的滋生蔓延的势头得到遏制。

总之，各级党委、政府和纪委要按照党中央关于反腐败的部署，紧紧依靠广大人民群众，在狠抓治标、严惩腐败分子的同时，加大治本力度，从加强教育、法制、监督入手，针对自身的实际和业务特点，着眼于体制、机制、制度、管理的改革和完善，从源头上预防和治理腐败，不断推动标本兼治工作同步进展，以反腐败斗争的新实效，取得广大人民群众的信任和拥护。

| 我的理论思考 |

在国务院侨务办公室新任司处级干部集体廉政谈话会上的讲话

（2007年11月21日 根据录音整理）
（《侨务工作研究》2007年第6期）

按照党组的意见，今天召开这次国务院侨务办公室新任司处级干部集体廉政谈话会。这廉政谈话会，是廉政谈心会，也可以说是学习十七大精神心得交流会。由我来谈，心里忐忑不安，一是水平有限，再是时间紧，来不及写讲稿，只写个简要提纲，缺乏充分准备，深怕耽误大家的时间。要讲的这个问题又是老问题，我很难谈出什么新意来，可能是老生常谈，那怎么办？一是你要是觉得没什么意思，可以看一看带来的材料，思考别的问题，二是你也可以认真地听，发现我讲话中的错误，提出你的批评意见和建议，我想这是你的最大收获。

根据廉政谈话这个题目，来谈我学习十七大报告和党章的体会。胡锦涛在十七大报告中指出："坚决惩治腐败和有效防止腐败，关系到人心向背和党的生死存亡，是党必须始终抓好的重大政治任务。全党同志一定要充分认识反腐败斗争的长期性、复杂性和艰巨性，把反腐倡廉放在更加突出的地位，旗帜鲜明地反对腐败。"我们新任职的领导干部如何贯彻十七大这一精神，加强党风廉政建设，加强党性锻炼，保持共产党员的先进性，弘扬共产党员的昂扬锐气、浩然正气、蓬勃朝气，旗帜鲜明地反对腐败，抵制资本主义腐朽思想的腐蚀，做清正廉洁的模范，这是大家面临的一个重大课题。我就围绕着这个主题来探讨，和大家交换意见。

一、坚持伟大理想，明确政治方向

党的十七大报告要求广大党员干部"做共产主义远大理想和中国特色社会主义共同理想的坚定信仰者"，党章规定"中国共产党党员必须全心全意为人民服务，不惜牺牲个人一切，为共产主义奋斗终身"。共产主义理想是共产党员终身为之追求和奋斗的理想。共产主义理想是决定我们坚持正确政治方向的核心问题。这个理想是灯塔,是照耀着我们前进的政治方向;这个理想是旗帜,是鼓舞我们前进的力量源泉;这个理想是号角,它以激越的号声催促我们冲锋陷阵、勇往直前。正如一个正常的人的身躯需灵魂一样,那么共产主义理想就是我们共产党员的灵魂,是共产党员的政治生命。有理想有抱负的共产党员是不可能腐败的,也不会腐败的,因为坚定的共产主义理想,与腐败是格格不入的。真正的共产党员不会向腐败屈服,相反地,为了捍卫党,捍卫社会主义事业,捍卫人民的利益,坚定不移地把反腐败斗争进行到底。

我们树立的共产主义理想是科学真理,是建立在历史唯物主义基础之上的。共产主义学说是由马克思和恩格斯所创立的,1848年他们发表了《共产党宣言》。共产主义理论从创立时起,就受到资产阶级的围剿,创始人马克思和恩格斯就到处被驱逐、遭迫害,因为欧洲的资产阶级把共产主义视为幽灵,妄图把它消灭掉,但是他们无法消灭它。因为共产主义思想是存在于工人运动之中的,它随着工人运动的发展而激扬起来。到了1871年,法国爆发了巴黎公社革命运动,这是摧毁资产阶级国家机器的、建立社会主义社会的革命,是石破天惊的革命,是翻天覆地的革命。但是,巴黎公社在资产阶级残酷镇压下失败了。马克思和恩格斯并没有指责巴黎公社的领导人和革命运动中的种种错误,而是及时认真地总结这一伟大革命的经验和教训,高度热情地赞扬巴黎公社自觉地开辟了历史的新纪元,这些巴黎人具有何等的历史主动性,何等的冲天气概,何等的英雄主义,何等的自我牺牲精神!马克思还说,巴黎公社实质上是工人阶级的政府,是生产者阶级与占有者阶级斗争的结果,是终于发现的、可以使劳动在经济上获得解放的政治形式。巴黎公社虽然被消灭了,但巴黎公社原则是永存的,在工人阶级获得解放以前,这一原则将一再地表现出来。马克思这一论断是英明正确的,因为资本主义生产社会化和私人占有性这一根本矛盾的存在、发展和激化,必然会导致革命,社会主义必然代替资本主义。所以,马克思说巴黎公社的原则是消灭不了的,在工人阶级获得解放以前,这些会一再地表现出来,也就是说这是历史发展的客观规律,人为地要把它消灭是消灭不了的。巴黎公社之后将近半个世纪,在列宁为首的布尔什维克党的领导下,1917年爆发了十月革命,取得了社会主义革命的胜利。从此,十月革命一声炮响,给中国送来了马克思列宁主义。中国共产党成立了,领导人民取得了新民主主义革命的胜利,之后在中国建立了社会主义制度。到了20世纪末,苏联瓦解,东欧崩溃,帝国主义者幸灾乐祸,他们狂妄地说，共产主义已经消灭在20世纪！他们消灭了共产主义吗？没有！这是消灭不了的，一些国家社会主义的失败，并不表明共产主义思想已经被消灭了，并不是存在社会主义革命的历史条件被消灭了，并不是作为革命领导阶级的工人阶级被消灭了，正如巴黎公社被消灭了，但它的原则是永存的一样，是消灭不了的。在国际社会主义运动低潮的形势下，我们中国走上一条中国特色社会主义道路，巍然崛起，日益强大起来，展示了社会主义的蓬勃生机和活力，使我们国家的社会主义制度站稳了脚跟。中国特色社会主义航船迎着惊涛骇浪，奋勇前进，给世界无产阶级和广大劳动人民极大的鼓舞和希望，看到了社会主义胜利的曙光。

　　回顾历史，证明了共产主义具有强大的生命力。共产主义运动不管经历什么样的过程，经过多少的曲折和失败，最终必将取得彻底胜利。因为历史的发展总是曲折的。列宁曾经讲到历史唯物主义的时候说，如果认为历史不会向后作巨大的跳跃，那是不符合辩证法的。在"文化大革命"中，我读到列宁的这句话的时候，给我震惊一下，因为那时候宣传的是"历史绝不会走回头路"。如果说历史发展的总趋势是不可逆转的，这是对的，但历史有时候会倒退也是客观存在的，历史前进要走曲折的道路。就像苏联东欧社会主义瓦解，明显是历史的大倒退。但是，世界资本主义社会的生产社会化和私人占有性这一根本矛盾及其所决定的生产力和生产关系之间的矛盾、经济基础和上层建筑之间的矛盾，这些基本矛盾的本质是阶级矛盾，解决这些基本矛盾，最终要以工人阶级与资产阶级对抗性斗争表现出来，革命是不可避免的，社会主义必将代替资本主义。这就是历史发展的规律。随着经济全球化，发达资本主义国家跨国公司垄断作用日益扩张，资本主义矛盾必将更加集中，更加尖锐，更加激烈，所以革命只是一个或迟或早的时间问题，历史终将为社会主义运动高潮的到来开辟道路。我们不能因为当前世界社会主义运动处于低潮，而对共产主义丧失信念，就像当年林彪看到我国革命处于低潮的时候说红旗能打多久，现在有人也怀疑共产主义这面旗帜还能打多久，这是错误的。我们用历史唯物主义观察这个问题，就高屋建瓴、高瞻远瞩，坚信共产主义必将取得胜利，用李大钊烈士的话来说：试看将来的环球，必定是赤旗的世界。

　　我们要认真地学习贯彻十七大报告和党章，胸怀共产主义远大目标，努力推动中国特色社会主义伟大实践。共产主义理想是远大的、长期的、极其艰巨的事业，因而她是人类历史上空前光荣伟大的事业。如果我们想不付出极大的努力，轻而易举地、一天就实现共产主义，那是不切实际的空想，也体现不出共产主义之无比伟大。但是，共产主义并不是虚无缥缈，不是可想而不可及的。在世界上，共产主义思想和运动是此起彼伏地发展着，中国社会主义蓬勃发展就是明证。当然，社会主义是共产主义的初级阶段，从中国特色社会主义到达共产主义，要经过几十代人的长期坚持不懈地努力，经过无数的艰难和曲折，不断地向目标靠近，共产主义因素不断增长着，最终达到胜利的彼岸。党的十七大明确了中国特色社会主义与共产主义的关系，我们要坚持党的基本理论、基本纲领、基本路线和基本经验，高举中国特色社会主义伟大旗帜，走中国特色社会主义道路，一步一步地向着共产主义远大目标迈进。

必须坚定共产主义理想，警惕和反对资本主义腐蚀。在我国改革开放的时期，我们国家社会主义现代化建设事业迅速发展，社会面貌发生了历史性的巨大变化，增强了社会主义的吸引力和凝聚力。但是，与一切事物具有两重性一样，改革开放也不可避免带来一些负面的东西，特别是资本主义腐朽思想、价值观念、生活方式和资本主义政治制度还影响着我们的人民，影响着我们干部队伍中的一些人。有些人对共产主义的前途感到很茫然，有的说共产主义是空的，金钱是实的，要抛弃空的，捞取实的。有一些领导干部也抛弃了共产主义的理想信念，结果他们走上了腐败的道路。胡长清原先在江西当副省长，他因为要调到中央部门来工作，临走之前江西给他一项好差事，让他带团去参加昆明举办的园博会。在会议期间，他不告而别，跑到广州去找他的情人去了，团员们发现团长丢了，赶快报告中央，到处寻找，找到一个信号，最后顺着这个信号，找到了他居住的房间，推开门一看，问胡长清你怎么在这里呢？接着检查他的密码箱，里头有护照等各种证件30多本。他在此之前还给在国外的儿子打电话，大意是说你要好好干，在美国打好基础，中国社会主义干不了多久了。这表明他完全丧失共产主义理想信念了，走上了腐败道路是必然的。其他一些高层腐败分子包括成克杰、王怀忠、李嘉廷、刘芳仁、陈良宇等同样是抛弃了共产主义的理想信念，走上了腐败道路。中央纪委关于许多高级干部走上腐败道路的通报，都讲到一个根本原因，就是他们抛弃了共产主义的理想信念。所以，我们要清楚地认识树立共产主义理想和反腐败之间的关系，坚定共产主义理想信念，高举中国特色社会主义伟大旗帜，坚定不移地走中国特色社会主义道路，才能有效地惩治和防止腐败。

二、坚持追求真理，掌握革命理论

马克思主义理论是人类最先进阶级智慧的结晶，是无产阶级的世界观和方法论，是无产阶级和广大劳动人民认识世界改造世界的锐利思想武器。党章规定："中国共产党以马克思列宁主义、毛泽东思想、邓小平理论和"三个代表"重要思想作为自己的行动指南。"坚持党的指导思想理论，是十分重要的，因为我们认识世界和改造世界，必须要有先进的思想武器。马克思曾经说过："批判的武器当然不能代替武器的批判，物质力量只能用物质力量来摧毁；但是理论一经掌握群众，也会变成物质力量。理论只要说服人，就能掌握群众；而理论只要彻底，就能说服人。所谓彻底就是抓住事物的根本。"同时还说过"哲学把无产阶级当作自己的物质武器，同样，无产阶级也把哲学当作自己的精神武器"。毛泽东同志引用列宁说的"没有革命的理论，就没有革命的运动"的著名论断。这些论述充分说明了，马克思主义理论对指导我们党的建设和进行社会主义建设具有极端重要性。"工欲善其事，必先利其器"。我们党的各级领导干部，包括新任的领导干部肩负着重大历史使命，要建设中国特色社会主义，必须掌握这个马克思主义的理论武器，用马克思主义的理论武装自己的头脑，把这个武器砥砺得非常锐利，才能很好地认识世界和改造世界，做好工作，完成肩负的任务。我们应当从完成伟大使命的高度，来认识学习和掌握马克思主义理论的必要性、重要性和迫切性，不断提高学习自觉性。讲了这些，是要说明为什么要学习马克思主义理论，这是其一。

其次，我们用怎样的态度来学习呢？我们要谦虚而不自满，要静心而不浮躁，要勤奋刻苦而不懈怠畏难，要深入钻研而不浮光掠影。诸葛亮讲到："夫学须静也，才须学也，非学无以广才，非志无以成学。"我们要通过学习增长才干，就要对学习抱有这样的态度，即以坚定的志向和意志，静下心来，坐得住冷板凳，专心致志地学习，如饥似渴地学习，认真地钻研。马克思主义理论本来是为无产阶级和广大劳动人民服务的，是与我们切身利益息息相关的，只要我们用心，肯下真功夫，就一定能够学好用好。

其三，用什么方法来学习呢？学习马克思主义，有一句"博学之，审问之，明辨之，慎思之，笃行之"的格言，尽管是古人总结出来的，但对我们如何好学习很有启发。"博学之"，你要尽量多学一点，多懂一点，知识丰富一点；还要"审问之、慎思之"，善于详细提问、缜密思考，追根问底，弄通弄懂精神实质；还要"明辨之"，分清是非，坚持正确的，摒弃错误的；最后要"笃行之"，坚决按照正确的思想观点去行动、去实践，去认识和改造世界，这是根本目的。

学习马克思主义理论，重要的是掌握其精神实质。对马克思主义的基本理论、基本观点，要分析，研究它们提出的历史背景是什么？具体条件是什么和针对的问题是什么？内涵和实质是什么？我们今天应用它的时候，应该具备哪些具体条件，不能乱搬硬套，这样才能弄懂这些马克思主义的基本理论、基本观点的精神实质，才能掌握这个马克思主义理论体系。马克思主义不是教条主义，它是严整的开放的发展的科学学说，要严格地根据一定的时间、地点和条件来运用它，因为真理向前迈进一步就会变成谬误，若是把马克思主义当作标签，到处乱贴，那必然要犯错误把马克思主义庸俗化了，那不是"左"倾机会主义，就是右倾机会主义，把事业搞糟了搞坏了。

要坚持原则，坚决捍卫马克思主义理论的纯洁性。在经济全球化的条件下，西方国家各种思想加快进入我们国家，在对我国学术思想的繁荣和先进理论的发展都起了很好的作用，但是另一方面资本主义腐朽思想也影响着我们，有些人对马克思主义理论重视不够，有的有点淡化了。尽管中央很重视，加强中国化的马克思主义理论建设，专搞马克思主义理论工程课题研究，但在不少人心目当中还觉得不重要，比如有些人就认为资产阶级一套法学、经济学理论好，大加宣扬。还有一些人披着马克思主义的外衣，来贬低、歪曲、篡改马克思主义，磨灭马克思主义的革命锋芒，把它庸俗化。记得马克思批判机会主义时说的"我播下的是龙种，收获的却是跳蚤。"记得列宁说的"马克思主义在理论上的胜利，逼得他的敌人也装扮成马克思主义"，这是一个危险的倾向。我们一定要明辨是非，坚持原则，捍卫马克思主义的纯洁性，捍卫列宁主义、毛泽东思想和中国特色社会主义理论体系的纯洁性。

以毛泽东思想为基础的中国特色社会主义理论体系包括邓小平理论、"三个代表"重要思想和科学发展观战略思想，这一体系与马列主义是一脉相承的。我记得六十年代在大学读书的时候，有一位系主任说：马列主义是一棵大树，毛泽东思想是枝干。当时大家批判了他。现在反思一下，我认为他的这句话不一定完全错了，但确实有明显缺陷。因为创始人毕竟是马克思了，马克思主义是根基，后来马克思主义发展了，有列宁主义，又有毛泽东思想，不仅是增加了枝杆，而且壮大了主杆。毛泽东思想是马列主义与中国新民主主义革命和社会主义革命、社会主义建设相结合的产物。毛泽东思想的伟大历史地位是无可置疑的，是后来进一步发展的中国特色社会主义理论的根基。这样，马克思主义这棵参天大树越长越大，它不仅仅是枝干更多了，枝叶更茂盛了，而且它主杆更壮大了，它的根系更发达、扎得更深。这证明马克思主义体系在不断发展，具有无限的生命力。以毛泽东思想为基础的中国特色社会主义理论体系与马克思主义是一脉相承的，是继承和发展的关系。学习马克思主义就是为了应用它，要结合实际进行运用，分析社会现象，对错误思想观点分析批判，来捍卫马克思主义。我们说发展马克思主义，怎么发展？很重要的是，真理和谬误相比较而存在，相斗争而发展，马克思主义是在斗争中发展起来的。毛主席讲过这个话，邓小平同志也重复强调了这句话。要捍卫马克思主义，首先要掌握马克思主义精神实质，再要捍卫马克思主义，还要把马克思主义理论和实践结合，做到学以致用。

　　要坚持学以致用，用马克思主义理论指导工作实践。这就要求我们要以我国现代化建设和改革开放的实际问题，我们正在做的事情为中心，着眼于现实问题的理论思考，着眼于现实实践和新的发展来进行研究。现在很重要的是，我们要把毛泽东思想与学习中国特色社会主义理论结合起来，才能正确理解继承与发展的关系及其内容，才能正确贯彻中国特色社会主义理论，全面落实科学发展观，深刻理解科学发展观非常丰富的内容和精神实质，掌握其立场、观点和方法，结合实际，指导和解决我们工作中的各种问题，就使工作水平产生质的飞跃。我们一定要很好地贯彻落实科学发展观，真正使这个理论经过我们的手而在实际生活中生根、开花、结果，创造别人没有创造的成绩出来。我们学习马克思主义理论，要有"路漫漫其修远兮，吾将上下而求索"的探索精神，一定要下真工夫，坚持不懈地学习，努力用这个理论改造客观世界，同时改造自己主观世界，改造自己的非无产阶级思想，纠正和克服资产主义思想腐朽的影响。

三、坚持崇高宗旨，忠实服务人民

　　我们党是完全为人民服务的党，是彻底为着解放人民的党。我们党一诞生就以代表中国最广大人民根本利益的姿态登上历史舞台，推动中国历史前进。我们党认为人民是历史的创造者，是新社会的主人，因而始终坚持群众路线，充分相信群众，一切依靠群众，一切为了群众，才得到广大人民群众的衷心爱戴和拥护，获得了无穷无尽的力量，半个多世纪来，中国取得革命胜利和社会主义事业蓬勃发展，都是党依靠人民奋斗的结果。

中国共产党一贯热爱人民，憎恨腐败，惩治腐败。毛主席特别强调我们全体党员要树立全心全意为人民服务的宗旨，并告诫全党，要把鲁迅先生的"横眉冷对千夫指，俯首甘为孺子牛"的话作为座右铭。在民主革命时期，许多革命者为了救国救民，打倒反动的腐败的政权，在生死抉择的关头，毫无犹豫的把人民的利益看得高于一切，重于一切，赴汤蹈火，前赴后继，慷慨赴死。我们党执政之后，坚持立党为公，执政为民，坚持权为民所用，情为民所系，利为民所谋。在社会主义事业的奋斗中，涌现过成千成万清正廉洁、公而忘私、服务人民的优秀党员干部，他们得到广大人民的尊敬和爱戴。他们心灵太美好了，他们是人间确实最美好的人。但也有一些背离人民、损害人民利益的人，受到党和人民的严厉谴责，一些以权谋私、贪赃枉法、贪污受贿的腐败分子，被党和国家绳之以纪、绳之以法。其中有一些腐败分子贪得无厌、心肠毒辣、手段残忍，甚至与黑社会势力勾结，穷凶极恶、无恶不作，他们是人间最丑恶的人。物以类聚，人以群分，这是现实的情况。我们要用阶级观点来分析这方面的社会现象。在为什么人的问题上，我们一定要立场坚定，爱憎分明，热爱人民、服务人民，憎恨敌人，鞭笞腐恶，惩治腐败，一辈子为人民做好事，而不做坏事。

我们领导干部必须学习伟大导师和先进人物热爱人民的崇高品质。在热爱人民、服务群众方面，伟大导师永远是我们学习的光辉典范。马克思为了无产阶级解放事业和创立共产主义学说，奋斗了一生。他受尽资产阶级的迫害，流离失所，甚至生活难以为继，两个孩子也因饥饿而死。但他始终保持昂扬斗志，到处支持革命，宣传革命，指导革命，撰写革命著作。在他身体衰弱不堪的时候，对人说："我一直在坟墓的边缘徘徊。因此，我不得不利用我还能工作的每时每刻来完成我的著作。为了它，我已经牺牲了我的健康、幸福和家庭。"他在伏案写作时溘然长逝，一颗伟大的心脏停止了跳动。这使我不禁想起马克思青年时代的一段话："如果我们能选择最能为人类福利而劳动的职业，那么，繁重的担子就不能把我们压倒，因为这是为人类而献身，那时我们所感到的就不是可怜的、有限的、自私的乐趣，我们的幸福将属于千百万人，虽然我们的事业不显赫一时，但它将永恒发挥作用地存在下去。面对着我们的骨灰，高尚的人们将洒下潸潸热泪。"马克思献身于共产主义事业的伟大精神，永远令人民敬佩，永远激励我们前进。毛主席同样如此献身于革命事业，他全家有六位亲人为革命献出了生命，特别是毛主席把心爱的儿子毛岸英送到朝鲜战场，那危险是可想而知的，但是为了保家卫国，也是为了国际主义，他毫不犹豫。有些同志再三劝毛主席说：您几个孩子只剩下岸英这个健康的孩子，他从小坐牢、流浪以及后来参加苏联卫国战争、回国后受苦受难太多了，别让他上朝鲜战场！毛主席却说："谁叫他是毛泽东的儿子！他不去谁去？"毛主席毅然同意毛岸英上战场的请求。后来，毛主席得知毛岸英在朝鲜战场牺牲了，痛苦万分，有人建议把毛岸英的遗体运回国内安葬，但毛主席坚决不同意，他说毛岸英是一名普通战士，再说"青山处处埋忠骨，何必马革裹尸回！"大家还看到许多有关毛主席生活艰苦简朴的报道，在延安的时候，他自己常常把洗脸的毛巾和洗脚的毛巾一起用，工作人员给他多发一条毛巾，他不同意，他说战士们拿一条毛巾，我不能特殊。解放后，毛主席极有条件改善生活，但他心中想的是劳苦人民。我曾在中南海工作过几年，听一些在毛主席身边工作过的老同志讲，毛主席生活非常俭朴，一件睡衣、一条毛巾被都有几十个补丁；在三年自然灾害时，他给自己规定一不吃肉，二不吃鸡蛋，三不吃超额粮，结果得了浮肿病。对子女的要求极其严格，甚至过于苛刻。所有这些，让人感到，唉，怎么能这样呢？这么一个大党的领袖、大国的领导人，完全可以给他照顾，他完全可以生活得好一点，但他拒绝，他永远和人民心连心，同呼吸共命运。毛主席用他的行动表明了他在实践他自己的诺言，对革命无限忠诚，为人民鞠躬尽瘁。我常想人们说"仆人眼里没有伟人"，那是过去的时代，共产党时代不是这样，领袖毛主席就是光辉的典范，在工作人员眼里，毛主席确实是伟人。只有这样全心全意为人民服务的伟人，才能凝聚党心民心，才能集中全党的智慧，创造出伟大的毛泽东思想，成就中国开天劈地的伟大事业。在民主革命时期和社会主义现代化建设时期，也涌现了很多人民的勤务员、好干部，他们也是一心为革命，勤勤恳恳、兢兢业业，为人民做了很大贡献，这是值得我们很好学习。只要我们把人民的利益放在第一位，就能够抵制各种歪风邪气侵蚀，做到清正廉洁。

我们一定要按照党章的要求，牢记党的宗旨，忠实地为人民服务。一是要坚持党和人民的利益要高于一切，个人要服从党和人民的利益，吃苦在前，享受在后，克己奉公，作出贡献。二是密切联系群众，真诚地把自己当作普通劳动者，不能有任何官气和特殊化，真正与群众打成一片，遇事同群众商量，反映群众的利益和要求，维护群众的正当利益。三是弘扬社会主义新风尚，身体力行社会主义荣辱观和共产主义道德，为保护国家和人民的利益，在困难和危险的时候挺身而出，英勇斗争，不怕牺牲。四是要模范遵守国家的法律法规，依法办事。要坚持人民至上，人民意志至上，坚决依照反映人民意志的法律行使权力，决不能把自己凌驾于法律之上谋取特权。五是要开展批评和自我批评,坚持真理,修正错误,为了人民的利益坚持好的,为人民的利益改进错的,坚决改正虚报浮夸、伪造政绩、沽名钓誉、官僚主义、形式主义等方面的错误。

四、坚持艰苦奋斗,反对骄奢淫逸

我们应当从关系我们事业的成败、党和国家的兴亡的高度,来认识坚持和发扬艰苦奋斗精神的重要性。艰苦奋斗是我们的传家宝,是我们胜事业利的保证,也是我们抵御腐败的法宝。大家知道,压在中国人民头上的"三座大山",是靠人民用自己的双手来推翻的,中国特色社会主义同样要靠人民用自己的双手来建设,社会主义制度为我们开辟了到达理想境界的道路,但理想境界的实现要靠我们一代又一代人的艰苦奋斗。社会主义大厦要用广大干部和群众的辛勤汗水来建造。如果把艰苦奋斗精神丢弃了,让个人主义、享乐主义恶性膨胀,让铺张浪费、挥霍奢华之风到处漫延,就会危及中国特色社会主义大业,就会危及党和国家的生死存亡。"历览前贤国与家,成由勤俭败由奢",这是一条历史规律和社会真理。对于我们党员领导干部来说,坚持艰苦奋斗,反对骄奢淫逸,是励志图强的雄心,是忧国忧民的觉悟,也是立身做人的明镜,是引导民众的表率,我们必须身体力行,用艰苦奋斗的实际行动为党和人民事业多作贡献,用艰苦奋斗精神和行动来抵御和战胜骄奢淫逸的腐败之风的侵蚀。

我们要把艰苦奋斗作为锤炼思想的熔炉,砥砺意志的金刚石。中国的一句谚语:"汗水是滋润灵魂的甘露,双手是理想飞翔的翅膀",离开了艰苦奋斗,再美好的理想也是海市蜃楼。我们党员领导干部是肩负着历史重任的人,是带领人民群众的人,要经过艰难困苦的磨练,才能有高尚的思想,坚韧的意志,才能担任起领导人民群众建设社会主义伟大事业的重担。孟子说过:"天将降大任于斯人也,必先苦其心志,劳其筋骨,饿其体肤,空乏其身,行拂乱其所为,所以动心忍性,增益其所不能。"大凡有作为的人物都要经过艰难困苦的磨练,才能明确志向,陶冶情操,开阔胸襟,砥砺意志,以奋不顾身的精神去成就大事业。今天,对于我们领导干部来说,要继承和发扬革命先辈和当今先进人物艰苦奋斗、排除万难的精神,生命不息、奋斗不止的精神,不图安逸、不畏艰险的精神,和广大人民群众一起,投身到建设中国特色社会主义现代化建设的火热斗争中去努力拼搏,建功立业。

我们要把艰苦奋斗作为骄奢淫逸的消毒剂,预防腐败的防腐剂。我们干部是人民的勤务员,大多数能够以此严格要求自己,以身作则,身先士卒,坚定立场,坚持艰苦奋斗,经得住金钱美色权力的考验。但也有一些干部丢掉艰苦奋斗精神,因贪图享乐,进而骄奢淫逸,终成"糖衣炮弹"的俘虏和享乐主义的牺牲品。面对今天各种资本主义腐朽因素的腐蚀,我们党员干部一定要振奋精神,提高警惕,学习先进,坚持艰苦奋斗、勤俭节约,甘于清贫、乐于奉献,反对拜金主义、享乐主义,反对好逸恶劳、挥霍浪费。要坚持高尚情操、健康情趣,反对灯红酒绿、骄奢淫逸,耐得住寂寞,挡得住诱惑,拒绝腐败。力戒骄奢才能激励人的前进和向上,拒绝淫逸才能铸造人的灵魂和志向。我们要投身到时代的激流中去,用艰苦奋斗的精神开创中国特色社会主义伟大事业,那么,我们的幸福将是无限高尚的,因为我们的幸福将属于亿万人民!

五、坚持廉洁自律,终身洁身自好

我们的党员领导干部应当廉洁自律,终身保持洁身自好,才能称得上是党的领导干部。如果做不到这一点,那就不够格了,而且是危险的,甚至陷入腐败的泥潭。一个领导干部要有威信,威信从哪里来的呢?首先要廉洁奉公,没有廉洁奉公,你即使有再大的本事,干部会瞧不起你,群众也不会拥护你。廉洁奉公是领导干部威信的基础。古人有这么几句话,明朝有个郭允礼写的《官箴》中说:"吏不畏吾严而畏吾廉,民不服吾能而服吾公。公则民不敢慢,吏不敢欺。公生明,廉生威。"意思是说,官吏不怕你威严,而怕你廉洁;老百姓不敬畏你有能力,而是敬畏你办事公道。你办事公道,老百姓不敢怠慢你;你很廉洁,身正不怕影子斜,你说话就硬气,和你再一起当官的人就不敢欺负你。我们领导干部要奉行"公生明,廉生威",才能在干部队伍中有威望,在群众当中有威信,才有可能做到一呼百应,推动工作。

廉洁自律是领导干部从政的基本道德要求。为了党的事业的成功,必须把干部廉洁提到非常重要的位置,作为考核领导干部的基本政治导向。因为干部廉洁与否关系到人民赋予领导干部的权力是用来为人民谋福利还是用来谋取私利,这关系到党和国家政权的性质。那么怎样做到廉洁自律呢?我们要提高认识,自觉接受党的先进性教育,加强党性锻炼,牢固树立正确的世界观、人生观、价值观,正确对待权力、地位和利益,身体力行社会主义荣辱观,以贪为耻,以廉为荣,增强拒腐防变的能力。古人这方面有很生动的事例,《左传》中有一则故事:宋人偶得玉,献诸司城子罕,子罕弗受。献玉者曰:"以示玉人,玉人以为宝也，故敢献之。"子罕曰："我以不贪为宝，尔以玉为宝，若以与我，皆丧宝也，不若人有其宝。"就是说宋国一个人得了一块宝石，拿来献给子罕，子罕不接受，献玉人说我这块宝石经过雕刻师鉴定过了，这是非常珍贵、稀有的宝石，所以我才敢献给你。子罕说我以不贪为宝，你以玉为宝，如果你把玉给我，你丢了宝，我也丢了宝，二人皆失宝，还不如这样把，你保持你的玉，我保持我的不贪，那么我与你的宝都存在了。这个典故讲的道理很深刻，值得深思，我们可以从中得到启迪，如何正确对待利益的问题。现在有的人迷信权力、跑官跑疯了，总觉得自己能力比谁都强，没看到自己的短处弱点，要官争官千方百计，甚至不惜弄虚作假，行贿买官。像这种跑官要官买官卖官的人，他必然要用这个权力去巧取豪夺、贪污受贿，把他的投资成本拿回来，要是拿不回来，他决不会甘心，不但要拿回来，而且要有超额利润。这种人多么危险啊！

为了坚持正确行使权力，必须坚持廉洁自律，反对以权谋私。我们领导干部手中的权力是人民给的，我们只有按照人民意志行使权力和依法行使权力的义务，丝毫没有以权谋私的权利。我们领导干部要始终做到：

一要严格自律，清正廉洁。坚持廉洁奉公、勤政为民，秉公办事，反对以权谋私、权钱交易、贪污受贿。为此，要"吾日三省吾身"，经常自我检讨，检查自己有无贪财、贪色、贪权的思想动机和行为，有则坚决改之，无则加倍预防。特别是要积极参加反腐败斗争，在斗争中清洗自己身上不可避免沾染上的污泥浊水，把自己锤炼得品行端正。

二要严守党纪国法，抵制腐败。党章规定："中国共产党党员永远是劳动人民的普通一员。除了法律和政策规定范围内的个人利益和工作职权以外，所有共产党员都不得谋取任何私利和特权。"作为领导干部必须增强党纪法纪观念，做遵守党纪国法的模范，把党的纪律作为拒绝腐败的护身法宝，要严格执行领导干部廉洁自律的制度、述职述廉制度、报告个人有关事项制度、诫勉谈话制度、函询制度等，要自觉接受反腐教育、提醒和告诫，充分理解和重视组织的关心和爱护，避免自己陷入腐败的泥坑。同时，要坚持"两手抓、两手都要硬"的方针，落实好党风廉政责任制，管好自己所分管范围的党风廉政工作。

有些人对纪委调查、提醒、诫勉谈话不理解，埋怨纪检在找茬，其实因为人家有举报，找你谈话，或者是诫勉谈话、函询，这是必要的，你没有违法乱纪的话，事情说清楚就好。我们搞纪检的不希望人家犯错误，没有犯错误的也有纪检工作的成绩，而且我们心里会为同志们的进步而高兴，希望人人都能进步，不希望有人犯错误。我几年前在中国社会科学院当过纪检组长,那时候就有个院级领导干部,有人举报,拖了几年没有查,大家议论纷纷,我们认真调查后把事实一公布,问题清楚了,她当上十六大代表。总之,为了党的事业,要实事求是,一方面,要坚决查处违纪违法案件,对任何腐败分子,都必须依法严惩,决不姑息。另一方面,对有一般违纪犯错误的干部,在依纪依法处理的同时,要及时批评、教育和挽救;对有违法乱纪苗头的干部要及时提醒、警示,加以防范;对于被诬告和错告的干部,要澄清事实,给予保护。这是我们执行的政策。

三要坚持党性原则,正确处理公私问题。公与私的问题,作为一个领导干部,在行使权力时,都面临着如何处理好公私关系的问题。这里要学习毛主席处理亲情的三个原则,就是"恋亲不为亲徇私,恋旧不为旧谋利,济亲不为亲撑腰"。我们党员领导干部不论职务高低,在行使权力过程中,要以党和人民的利益高于一切为原则,决不能谋取任何特权,对待亲友问题上,必须做到公私分明,党纪国法和私人感情要分清,权力运用和个人家庭利益要分清,行使职务与私人行为要分清,那么按照法律法规和廉政制度的要求,领导干部不能利用职权便利为亲友谋取私利,家属子女不能在领导干部管辖范围内从事可能影响公正执行公务的经营活动,职务活动涉及家庭子女的利益时要主动回避,个人家庭重大事项要向组织报告。

最后,我想起两本书,一本是苏联奥斯托洛夫斯基写的《钢铁是怎样炼成的》,一本是中国吴运铎写的《把一切献给党》,书中的内容是他们为共产主义事业而奋斗的行动和内心世界的真实写照,鼓舞着亿万中国人民。我还记得奥斯托洛夫斯基有句名言:"人的一生应该这样度过:当他回忆往事的时候,不因虚度年华而悔恨,也不因碌碌无为而羞愧。这样,在他临终的时候,他就能够说:我的整个生命和全部精力,都已经献给了世界上最壮丽的事业——为人类的解放而斗争。"这句话作为我与同志们共勉!祝大家不断努力学习,进步再进步!

我讲得不对的,请大家批评指正!

加强党风廉政建设　促进后勤管理工作

——在国侨办机关服务中心领导班子扩大会议上的讲话

（2007年6月27日 根据录音整理）
（《国务院侨务办公室文件（秘行发[2007]44号）》）

刚才，杨首民同志就机关服务中心工作作了全面的汇报，我听了受到启发，谈一些感想和参考意见。

近两年来，服务中心做了大量的工作，各项工作有比较大的进展，面貌正在逐步更新。我们这次来巡视，不仅仅是廉政监察，还有效能监察。因此，我认真听取服务中心工作的全面汇报，一边听一边思考，谈以下几点意见。

一、提高认识，深刻理解后勤服务工作的重要意义。做好后勤工作，很多机关单位都感到是个难题。解决后勤这个复杂而困难的问题，要花很大的功夫，要用我们的智慧，要有各方面的政策和配套措施。首先，要把后勤服务工作放在一个重要的地位来认识，才能重视它，想办法从制度创新和从人力、物力、财力等多方面来解决它。我们机关后勤服务的战线长、涉及面广，不仅有机关办公楼设施管理、环境卫生管理、保安队管理、伙食管理、车队管理，还有职工（居民）宿舍管理、绿化基地管理等等。这些后勤工作是侨办机关正常运行的保障。过去打仗要"兵马未动，粮草先行"，现代战争也需要后勤作保障，侨办机关要开展工作，同样是如此。后勤工作是侨办机关这部"机器"不可缺少的齿轮和螺丝钉，解决好后勤工作，才能保障侨办机关这部"机器"正常运转，才能完成国家交给我们的侨务工作任务。要从这样一个高度来认识、重视后勤工作。从事后勤工作的同志就会因此而感到工作很光荣，从而增强政治意识、全局意识、责任意识。从事后勤服务的同志要把后勤工作当作一项事业来做，努力创造出一流业绩。

二、牢记宗旨，全心全意做好后勤服务工作。后勤工作人员的工作是直接服务机关干部，但是机关干部从事的行政工作又是国家的要求，两者最终都归结于为人民服务。在我们机关干部职工队伍里，大家也都是同志，不管你从事什么工作，大家都是一种平等的关系，共同目标都是为人民服务。我们应当树立全心全意为人民服务这样一种思想，要有这样的觉悟，大家的主动性、积极性和创造性才能发挥出来。刚才，首民同志讲到进行一系列的思想政治工作，谈到学习理论、理想教育、荣辱观教育，还有廉洁自律等方面的教育，这些思想政治工作都是为了调动大家的积极性，使大家全心全意地投入到后勤服务工作之中。要搞好后勤工作，干部职工不仅要提高觉悟，造就优良的政治素质，同时，要加强业务学习，提高业务能力。这个学习是很重要的，如果你只有做好工作的良好思想动机，但你没有业务工作能力，能力低下做不好工作。我们追求的是动机和效果的统一，就像过去毛主席说的，你作为一名医生，有给病人治病的良好动机，但你没有医术不行，把病人治死了，动机和效果就不能统一。我们主张动机与效果相统一，要求良好动机要经得起实践的检验。我们的干部职工既要有很高的觉悟，又要有很强的实际工作能力，这两者要有机地统一起来。这就要解决服务中心干部职工素质参差不齐的问题，加强干部职工的培训工作。在一个岗位上，我们不要求他方方面面都行，只要求他熟悉本岗位业务工作，掌握和精通有关业务知识和技术，做好本职工作。比如你们搞招投标、审查合同，就要有这方面的知识，没有这方面的知识怎么审查，你查不出合同存在的毛病，最后问题暴露了，给单位、国家造成了损失。因此，我们干部职工既要提高政治素质，又要提高业务素质，把两者有机地统一起来。

三、推进改革，创新体制机制和制度。这两年后勤工作进行了一些改革，取得初步成效，但过去后勤管理工作体制机制留下了许多问题，有的甚至是后遗症，难以一朝一夕都解决了，有一个进展的过程。但是面临的许多问题，如不抓紧解决，后勤工作就不能前进，不能为侨务工作提供有力的保障。当前后勤工作中存在的许多问题，每年大家都提意见。这些问题和意见就是压力，我们要把这种压力变成动力，就是通过改革来产生动力，取得后勤工作的突破性进展。那怎样搞好改革？我认为，要精心策划，周密部署，积极、稳妥、有序地推进；没有通过深入的思想政治工作和周密策划，冒冒失失地搞改革，就会引起思想混乱、队伍涣散，贻误后勤工作。在改革当中，涉及到一些体制机制方面的，领导体制大的方面已经明确，还要很好地具体运作；但是工作机制中的一些问题也要解决，比如机构的设置、权力运行程序的设置，各个权力之间怎样相互配合与制约，权力只有既互相配合又互相制约，才不会偏离法治的轨道出现失误。这就需要建立一个科学的权力运行制约机制，保证权力能在法治的轨道上运行。再一个改革，刚才汇报中讲到了，就是事业单位岗位设置以及收入分配制度方面的改革。这些涉及到大家的切身利益，因为改革从本质上是利益的调整。调整的目的，也是改革的目的，就是要建立激励机制，激发大家不断努力前进，把后勤工作做好。这项改革因为涉及到每个职工切身利益，关系到后勤工作发展，要积极推进，如果畏缩不前的话，改革就不可能进行下去；同时，又要强调改革必须稳妥和有序，要慎重、科学地进行策划，逐步推进。这项改革，涉及定编、定岗、竞争上岗、聘任制、合同制等等，工资方面有岗位工资、薪职工资、绩效工资等，怎么样做到具体问题具体分析，区别不同情况，先易后难，逐步整体推进，关键是要认真贯彻落实国务院的有关文件，提出有力措施来推进改革，确保改革取得成效。这一系列改革都是围绕着一个中心问题进行，这个中心就是提高后勤工作质量，创造一流的业绩。这是检验改革成功与否的标准。改革不就是要把工作做好吗？离开这样一个中心去搞改革，就会偏离方向。当然，这里的改革涉及后勤服务社会化方面的问题，这里头也有许多方面的问题需要研究解决。

四、加强管理，不断提高后勤工作效益。加强管理是做好后勤工作的基础。要通过严格管理、科学管理、依法管理，提升后勤工作的水平。管理工作，从事管理的同志觉得自己与一线的不一样，第一线工作的员工把这个机器安装好了或者是把一项具体工作好了，马上显示出成绩。但是从事管理工作的同志，他的成绩，不是直接体现，是通过间接的，通过对人的管理实现对物的管理，体现出成绩，这种间接性，人们往往忽视管理的重要性。实际上，管理工作至关重要，我们要向管理要质量，向管理要效益。管理工作的科学性如何，对于后勤工作的成效关系极大。管理是一门科学，需要用科学知识来加强管理。我以前看过列宁的书里头，他讲到资本主义管理里头使用"泰罗利制"，把工人制作某一零件的一连串动作进行科学分析，鉴别哪些是必要的，哪些是不必要的，把不必要的动作除掉，把必要的动作组合起来，工人按照必要动作的规范进行工作，就大大提高了劳动效率。列宁认为泰罗利制，剔除资本主义的剥削因素以外，这种方法本身是科学的，应当普遍运用到社会主义生产中去，来提高社会主义生产效率。比如现在我们提倡集约化管理，把一些先进的东西，把人才、技术、资金、材料集约在一起，科学地有机地紧密结合在一起，形成配套措施，尽量减少办事程序的环节，减少运输路程，节省工作时间，这样就产生聚集效应，产生巨大的能量，大大提高工作效率。这两个例子说明管理方法、工作方法方面也要进行改革。在管理工作中要坚持依法管理，很重要的就是把各项工作纳入规定程序，按程序办事，离开了程序，依法管理就无从谈起，当然程序本身必须是科学的。要坚持严格管理，管理不严格，制度程序就成了摆设。首民同志汇报中提到了资产管理交接的问题，过去资产管理存在一些问题，如帐目不清楚，这反映了管理松弛。这种现象再也不能继续下去了，不能稀里糊涂地混下去，否则，迟早会出大问题。现在对资产必须登记清楚，以后再交接时不能再出现这样的问题。我认为，这是有责任感的表现，过去一些不明不白的，现在要弄明白，下一次移交给别人的时候，要完整无缺，这是一种责任感，这也是管理的起码要求。资产管理要跟踪管理，既有静态管理，又有动态管理，发生发展变化都要体现在一个记录当中，这样才能防止出现资产流失的问题。又比如财务管理，最重要的一个就是严格财经纪律，要坚持精打细算、厉行节约的原则，各类预算、决算、报销等，都要严格按照一整套程序来进行审批、审核、做帐，避免发生失误。再比如采购方面，现在你们进行采购，不是一个人去采购、去结算，而是集体决定，集中采购，按程序规定进行采购。有关重要的采购，如工程建设项目、大宗物资的采购等，凡是按照规定应该纳入政府招投标范围的，都必须纳入，并且按照招投标的程序来做，以避免产生漏洞和腐败问题。还有合同管理问题，订立的合同要保证严密性，比如采购什么，标的是多少，交货时间是何时，运输方式是什么，付款方式是什么，违约责任是什么，如何解决纠纷以及不可抗力等等，这些都要明确，体现权利和义务的对等。有了严密的合同，一旦出了事，也好追究对方的责任，否则的话，合同有漏洞，最后只好"哑巴吃黄连"，造成很大的损失。再就是合同审核工作和管理工作，合同订立前，要很好地审核把关，确保合法、周密、无误；合同订立后，要跟踪合同履行的情况，督促合同的履行。我以前搞过国际贸易仲裁，有的企业把订立的合同扔一边，忘记了，过了合同期限以后，才发现这个合同还没有履行，那就造成了损失。后勤管理涉及很多方面的管理，我认为，后勤管理表面上看是对物的管理，但是实质上是要通过对人的管理，来实现对物的管理，对人的管理要寓于管理的过程之中，必须切实提高管理人员的管理水平。

五、强化监督，大力推行业务公开。我国正在构建社会主义和谐社会，最重要的就是要发扬人民民主，只有人民当家作主，才能建设和谐社会。我们机关也要贯彻这样的民主政治建设的要求，带头实行民主，实行政务公开。公开是民主的前提，没有公开，就不可能实现民主。在事业单位的业务管理方面实行民主，就是除了保密事项之外，要实行业务公开。业务公开有什么好处呢？我们讲公开、透明，可以称为"阳光工程"。在阳光普照下，腐败的细菌就会容易灭亡。如果不实行公开，暗箱操作，那就容易产生腐败，历史经验已经反复证明了这一点。所以，必须积极地推进业务公开工作，公开事项包括工程招投标、服务、采购、医疗等等方面，凡是需要公开的应该实行公开。要明确规定公开的事项、程序、方法和纪律等，保证业务公开工作规范运行。为保证公开的真实性和有效性，每过一段时间，需要进行检查监督，总结经验，通报情况，让群众参与民主监督，促进业务公开工作深入开展下去。现在国务院对政务公开工作抓得很紧，并要求实现电子化，我们机关也不能落后，也要采取一些现代技术，使公开更便捷，使群众更容易知情和参与监督。

六、健全制度，实现后勤管理工作制度化、规范化。制度是很重要的，没有制度的保障，那么社会一切就会乱套了。道理很简单，假设没有交通法规规定马路上车辆行驶规则的话，或者假如交通法规得不到普遍遵守的话，那么社会交通一下子就会陷入瘫痪。后勤工作要做好，也必须制度化、规范化，按照制度化的轨道运行，才能够顺利地达到工作的目标，若是违规了，产生错误，就要通过监督及时纠错，恢复到正确的轨道。这表明加强制度建设是十分必要的。现在服务中心已经有许多方面的制度，要检查一下，哪些方面还有不足，还有漏洞，还要制订一些什么新的制度，这项工作一定要抓紧，结合惩治与预防腐败体系制度建设，进一步完善和健全制度。健全制度有什么好处呢？一个，能够保证工作正常运行，提高工作质量和效率，并防止腐败。另一个，领导工作完全靠领导者对被领导者面对面领导、管理和监督是做不到的，靠得住的主要是制度。领导者把本单位制度建设搞好了，他暂时离开单位一段时间，工作人员都按制度办事，工作也会照常进行。

七、加强领导，切实发挥党组织和行政领导班子的作用。总的来讲，党政要分开，在工作上互相配合，党组织要充分发挥政治保障作用，行政领导班子要充分发挥行政管理作用。要切实加强领导班子建设，提高政治水平和业务水平，提高领导能力。党组织的活动，要体现集体领导，特别是民主决策，这些方面的制度进一步完善。你们服务中心对业务工作也有一些集体研究讨论问题的制度，体现了集中集体智慧，可以避免和减少失误，但要行政领导负责制。你们抓了廉洁自律方面的工作，开展学习和教育，要求领导干部作表率，起模范带头作用，这是很重要的。领导干部作廉洁的表率，是反腐倡廉的关键。领导干部如果贪小便宜、贪污受贿、徇私舞弊，那有失尊严，是很不光彩的，也是很不值得的，将丧失个人的前途，也给国家和人民造成损失。我们领导干部一定要站在党和人民的立场上来抵制各种腐蚀、引诱，保持廉洁，并带好队伍。

推行政府采购制度 努力预防工程建设和物资采购领域的腐败

——在国务院侨办纪检监察干部专题研讨班上的讲话

（2005年10月24日）

这期研讨班是我们根据今年国侨办党组反腐败工作部署举办的。研讨班主题是研讨推行政府采购制度，预防工程建设和物资采购领域腐败的问题。这个问题很重要，很复杂，将由专家给我们讲课，几个单位要介绍经验和做法，大家要进行讨论，一定会启发我们的智慧和思路。我用十来天时间阅读一些有关资料，根据自身的经历和体会，匆忙为这次研讨会写了一篇发言稿，谈点粗浅的看法，抛砖引玉，希望大家提出修改意见。

一、审时度势，突出重点，预防工程建设和物资采购领域的腐败

近两年，国侨办党组和中央纪委监察部驻国务院侨办纪检组监察局为深入贯彻中央纪委五次全会精神和国务院第三次廉政工作会议精神，反复强调要推行政府采购制度和招投标制度，加强对工程建设和物资采购的管理和监督，力争把所有工程建设成为"阳光工程、廉洁工程、质量工程、高效工程"。我们之所以强调把预防工程建设和物资采购领域腐败作为国侨办机关和直属单位反腐败工作的重点，其理由是：

（一）根据工程建设和物资采购领域腐败的态势提出来的。工程建设和物资采购领域是腐败现象易发多发区。在物资采购中发生大量的商业贿赂现象层出不穷；在工程建设领域，出现"建成一座高楼，倒下几个干部"、"建成一公里高速公路，倒下一个领导干部"的腐败现象屡见不鲜，甚至同一单位出现领导干部前仆后继搞腐败的严重情况。前车之覆，后车之鉴。我们应当汲取教训，坚决制止腐败。国侨办机关和直属单位也是置身于纷繁复杂的社会生活之中。我们的工程建设和物资采购与社会必有千丝万缕的联系，如果不采取有效措施，严密设防，坚决抵制，社会上的腐败因素必然会通过各种渠道渗透进来，产生腐败的结果。综观时势，我们对本部门本单位工程建设和物资采购领域可能产生的腐败绝不可掉以轻心。

（二）针对国侨办机关及直属单位工程建设和物资采购领域的实际情况提出来的。未来五年，侨办机关和直属单位预计物资采购和基建投资约30亿元。这样大规模的采购和建设，如不加强管理、强化监督，在当前多种所有制并存的市场经济条件下，要避免腐败是不可能的。实际上，前些年，我们系统在工程建设和物资采购领域中出现过一些不廉洁行为和腐败行为，有些干部包括个别基建处长因腐败而进了监狱。这说明我们这里并不是一片净土。凡事预则立，不预则废。预测今后，预防工程建设和物资采购领域的腐败是我们面临的一个严重问题，强调把这个问题作为我们反腐败工作的重点来抓，是完全必要的。

这次研讨班，要研究工程建设和物资采购领域腐败产生的原因、特点、规律以及应采取的对策，交流推行政府采购制度方面经验和教训。我们就这个问题进行比较深入的探讨，认识反腐败的规律，在工程建设和物资采购领域建立健全与落实惩治和预防腐败制度体系，有效地预防腐败。

二、加强体制机制建设，健全法制，强化管理和监督

预防工程建设和物资采购领域腐败的工作，重要途径是推行政府采购制度，健全体制、机制和法制，强化管理和监督，达到降低成本、保证质量、提高效率、预防腐败的目的。

（一）搞好招投标必须把握四项原则

1．坚持公开民主的原则。要把工程建设和物资采购列为政务公开、校务公开的重要内容，推行政府采购制度。公开是发扬民主的前提，也是加强监督的前提。公开、透明，有利于加强内部监督，加强上下级之间监督，加强专门机关监督，加强群众监督。没有公开、透明，就谈不上民主和监督。缺乏民主和监督，搞暗箱操作，必然产生腐败。搞腐败的人总是处心积虑地伪装自己，施展伎俩，搞暗箱操作，逃避监督。解决工程建设和物资采购领域的腐败问题，必须铲除暗箱操作，在工程建设和物资采购的公开化上出主意，想办法，寻找新思路，提出新对策，最大限度地增加公开度和透明度。

2. 坚持制度规范在前的原则。在工程建设和物资采购领域推行政府采购，必须规范在前，建立健全规章制度。没有规矩不成方圆。无法可依、无章可循，或有法不依，必然会造成极大的混乱，混乱就必然给以权谋私者造成可乘之机，使他们能够混水摸鱼，鱼目混珠，偷梁换柱，以次充好，假冒伪劣，徇私舞弊，贪污贿赂，造成国有资产严重流失，造成建设工程和采购物资的质量问题。有人认为，我们缺乏经验，可以一边干，一边建立制度。从实践论、认识论来看，这个观点貌似有理，实际上是行不通的。为什么我们不可以反过来做呢？先规范，制订制度，再依章办事呢？这是完全能够办得到的。因为有关国家法律、法规和规章，已经对政府采购、工程招投标等方面作了规范，还有许多部门和单位的丰富经验和制度可供借鉴。我们完全可以结合本部门本单位的实际，研究制定切实可行的制度，将工程建设和物资采购的决策、执行、管理、监督、防范腐败加以具体规范，并在实践中进一步完善。退一步说，有的甚至可以先实行"拿来主义"，主要照搬人家的有关制度规定，待在实践中积累经验再修改完善，这总比没有这方面的制度要好。这就像盖楼房一样，必须先要有设计图纸，再依设计盖楼房，当然设计是建立在前人的经验和现有的科学论证的基础之上的。如果一边设计图纸，一边盖大楼，是肯定要出大事故的。实践证明，规范在前、健全制度，既有利于保障工程建设和物资采购节约、保质、按期、有序进行，又有利于制度预警，变事后惩治为事前设防，有效预防腐败，避免先腐败、再治理的恶性循环。华侨大学及其厦门新校区建设在制度建设方面提供了一个范例。他们根据国家法律法规，对物资采购和物资招投标作了规范，对工程建设项目的立项、地质勘探、规划设计、工程施工单位确定及工程质量控制、工程监理等方面，制定一套比较适合学校实际的管理办法；厦门新校区建设中还制定了有关基建工程竣工结算审批程序、基建工程审计办法、工程进度款申报审批办法、工程项目资金支付管理办法以及廉洁规定等工程监督、审计和管理的一系列规章制度，比较有效地防止腐败和保证了工程建设顺利进行。暨南大学认真总结经验和教训，近三年来加强制度建设，对于基建、修缮工程、物资采购包括医疗器械和药品采购的招投标工作做了规范，制定和完善了一系列规章制度、实施细则和工作程序，在实际中起了很好的作用。

3. 坚持严格科学预算的原则。节约是实现利益最大化的必然要求。节约并不是不讲质量，而是在保证质量的前提下的节约。工程建设和物资采购项目的预算要进行实际的考察调查，货比多家，科学论证和测定，做好预算。这里需要实事求是的科学态度，不能马虎应付，不能大概推算，要严格细致预算。虽然做到完全精确预算是不可能的，但使预算最大限度地接近市场价格的实际是完全能够做到。预算过高或过低的倾向都要避免，否则，预算就失去了意义。工程建设项目预算要客观、全面，避免某些遗漏计算，要避免在建设过程中再追加，再追加投资可能造成不利于建设单位的结果。预算是编制标底的重要依据，也是订立合同标价的重要依据。工程建设方面，招标人如需要根据招标项目编制标底的，应根据批准的初步设计、投资概算，根据有关计价办法，参照有关工程定额，结合市场供求情况，综合考虑投资、工期和质量等方面的因素确定。工程建造施工难度的问题包括技术含量和工作量的问题，是一个比较难计价的问题。但可以参考同类工程建造施工的情况，可以请有关工程专家提供咨询和帮助计算，可以委托有资质的造价咨询公司造价，或者委托代理招标机构编制标底。不管是工程建设预算还是物资采购预算，采购单位要认真细致、严格把关是十分重要的。

4. 坚持依法招标投标的原则。招标投标工作要严格依法进行，充分体现公开、公平、公正、竞争、择优和诚实信用的原则。有人提出应该把国有企业排除于投标主体之外，由私营企业作为投标主体，才能建立健全招投标秩序。这种观点是极其错误的，把公有制为主体排队在外，是违反公平、公正、平等的原则，是反对社会主义初级阶段基本经济制度的，是违反宪法和法律的。这种观点实际上是主张建立资本主义市场经济，而不是社会主义市场经济。

在招标投标工作中，要坚持公平、公正、平等，要有公开性、透明度，这就必须公开工程建设和物资采购项目的内容和具体程序及其过程的结果，使有关部门和单位及其有关人员能充分行使监督的权利，使群众和社会舆论也能够参与监督。政府采购实行集中采购和分散采购相结合。集中采购的范围由省级以上人民政府公布的集中采购目录确定。采购人采购纳入集中采购目录的政府采购项目，必须委托采购机构集中采购；采购未纳入集中采购目录的政府采购项目，可以自行采购即分散采购，也可以委托集中采购机构在委托的范围内代理采购。政府采购的方式：公开招标、邀请招标、竞争性谈判、询价、国务院政府采购监督管理部门认定的其他采购方式。公开招标应作为政府采购的主要采购方式。我们系统各单位要根据国家法律法规和有关规定，应当根据采购项目的情况及其项目的金额，选择委托集中采购机构代理采购还是自行采购，选择哪一种采购方式。我们要总结经验，分析各种采购方式的利弊，采取制约和监督措施，防止权钱交易，防止产生不公正和腐败问题。

（二）依法搞好招投标要特别注意的三个问题

1．搞好招标方案编制。在做好立项管理的基础上，认真做好招标方案编制。招标文件要科学、规范，具体项目和数据要具备真实性、可靠性。招标人应当根据招标项目的特点和需要编制招标文件。招标文件应当包括招标项目的技术要求、对投标人资格审查的标准、投标报价要求和评标标准等所有实质性要求和条件以及拟签订合同的主要条款。应由内行人搞编制，充分调查研究和科学论证，必要时向有关部门及专家咨询，或者委托有关部门做编制。委托政府采购机构采购的项目，由采购单位报送采购计划，政府采购机构立项并确定采购方式，政府采购机构编制招标文件，采购单位确认招标文件。采购单位对招标文件进行严格认真审核，发现误差，应要求代理采购机构进行修改。采购单位自行编制的招标文件，一般由基建、财务、审计、监察等部门审核并签署意见，依照程序报送有关部门审核，防止和纠正失误。

2．防止在标底上出问题。标底泄露和围标、串标所引发的不公与腐败，一直是困扰着招投标工作的一大难题。解决这个问题，许多单位在实践中创造的多种方法可以供参考，如：一是不以预算为标底，而是以投标人各方报价的平均数据为实际的标底，没有标底可泄露。二是设有标底的，编制标底的过程和标底必须保密。在易出现标底泄露的环节上，规定由招标人发标书给投标人，投标人在早于招标人定标底的时间内将标书投寄到招标人一方的监察部门，招标人定标底后再由监察部门在开标评标会议上当场开标。三是对项目设置总报价上限价及其子项目报价上限价。因为我方是买方、不是卖方，设置上限价是必要的，以防止竞标各方报价串标、围标、抬标给我方造成损失。反之，如果我方是卖方，则有必要设置下限价，以防止竞标各方串标、围标、压标而损害我方的利益。

3．严格依照程序进行招投标。招标投标要严格遵守《招标投标法》、《政府采购法》的规定。招标投标活动包括招标、投标、开标、评标、中标以及签订合同等各阶段。其中有关投标方资格审查与确定、组织评标委员会、举行开标与评标会议、发布预中标公告和中标公告等环节要特别加以重视。

（1）对投标人资格必须严格把关。投标人资格审查与确定，要谨防不公正的问题发生。招标文件不得要求或者标明特定的供应商以及含有倾向或者排斥潜在投标人的其他内容。招标文件可以根据采购项目的特殊要求，规定供应商的特定条件，但不得以不合理的条件对供应商实行差别待遇或者歧视待遇。采取邀请招标方式采购的，招标人应当从符合相应资格条件的供应商中，通过随机方式选择三家以上的供应商,并向其发出投标邀请书。实行公开招投标方式的,要认真审查投标人的资格,看投标人提供的资质证明文件和业绩情况是否真实、可靠,是否具备承担招标项目的能力,是否符合国家有关法律法规对投标人资格条件的规定和招标文件规定对投标人资格条件的规定。那种将符合资格条件的投标人排挤掉,或将不符合资格条件的投标人拉进来参加投标的不正常现象,必须加以防止。要坚决排除那些弄虚作假、冒名顶替、挂靠作假、违法转包的供应商,把严重违法乱纪而被列入"不良纪录供应商"名单的供应商,坚决排除招投标活动之列。有些现象应当引起我们的警觉,比如,有的投标人过去有"不良记录",有行贿违纪行为,它再次进行投标时,对其资格审查竟然获得通过,并且中了标,这种奇怪现象当然不能不引起人们的怀疑。如果遇到这种情况,就得认真地调查,依法处理。

(2)组织评标委员会。为保证评标工作客观、公正,评标委员会成员的组成是十分重要的。依法进行招标的项目,其评标委员会由招标人的代表和有关方面的专家组成,一般成员人数为5人以上单数,其中专家人数不得少于成员总数的2/3。如是委托政府采购机构采购的,专家评委的产生,要在政府采购机构的主持下,在招标人的代表参加监督的情况下,从评审专家库中随机抽取,专家和招标人的代表共同组成评标委员会。自行采购实行公开招标方式的,或采取邀请招标方式的,评标委员会的组成应参照这种比例和专家从有关评标专家库中随机抽取的做法。这样做,有利于保证评标委员会委员独立、公正地履行评标职责,防止投标人与评委的联系而可能产生不公正的行为与结果。

(3)搞好开标、评标与中标工作。要采取有效的措施,对开标、评标的过程实行极其严格的监督包括采用现代技术手段进行严密监控,防止违规行为的发生。举行开标与评标会议,要符合法定程序,评委会成员该回避的要回避,评标要客观公正。开标由招标人主持,邀请所有投标人参加。如果是委托政府采购机构采购的,开标时,由政府采购机构主持的,要有招标人或者其推选的代表检查招标文件的密封情况,也可以由委托的公正机构检查并公证;经确认无误后,由工作人员当众拆封,宣读有关内容。然后由评标委员会举行评标会议,按照有关法律法规的规定和招标文件关于评标标准与方法的规定,客观公正进行评审,确定预中标人。可以由政府采购机构发布预中标人公告。招标人在收到评标报告书后,在规定的时限内,按照评标报告书中推荐的中标候选人的顺序确定中标人;也可以事先授权评标委员会直接确定中标人。中标人确定后,由政府采购机构发布中标公告，向中标人发出中标通知书，同时将中标结果通知未中标的投标人。

（4）实行预中标、中标公告制度和投诉制度。为了加强监督，防止不公正，实行预中标、中标情况公告制度和投诉制度。发布预中标公告，在公示期限内接受投诉。在确定中标单位后，再发布中标公告，接受投诉。通过公布预中标公告和中标公告，投标人和其他利害关系人认为招投标活动不符合法律、法规和规章规定的，有权依法向有关行政监督部门投诉。对投诉中提出的有关招投标过程中程序违规的问题，资格不实、串标围标、泄露标底、弄虚作假的问题，评标不公、玩忽职守、滥用职权、徇私舞弊、以权谋私的问题等等，有关行政监督部门收到投诉书后要依法审查处理。对于依法受理的不涉及招标人的投诉，招标人可以协助有关行政监督部门调查处理，实行事后监督。

4. 对订立的合同要严格审核。签订合同是招投标活动的一个重要阶段。合同是实现合同当事人所要达到的自身目标的依据，也是约束合同当事人行为的准绳。合同订立的怎么样，关系到合同当事人的合法利益能否得到维护。合同的每一条款、每一句话、甚至每一个字都是很重要的，有时真是一字值"千金"，稍有不慎，损失惨重。因此，对订立合同必须高度重视，认真负责。签订合同要符合《合同法》和其他法律规定，要按照招投标文件的条款签订。对订立工程建设合同、物资采购合同，在签订之前要严格审查，看合同是否合法、是否与招投标文件的条款相符合，权利义务是否对等，是否全面、严密、完备，用词是否准确，这些都要认真审核。依我从事国际仲裁工作的实践来看，订立的合同有以下几个条款容易出问题，着重讲一下。

（1）关于合同标的的技术条件、质量、标准、规格、数量的条款。这一条款规定必须十分具体、明确、确凿无误。如果规定不明确具体，就无法很好执行这一条款。如有关工程建设和采购物资的质量，就很难进行检验、验收。双方极容易产生合同纠纷，很可能给一方或双方造成重大损失。建设工程竣工验收，应以施工图纸及说明、国家颁布的施工验收规范和质量检验标准为依据。物资采购方面，产品质量要求和包装质量要求，有国家强制性标准或者行业强制性标准的，不得低于国家强制性标准或者行业强制性标准签订；没有国家强制性标准，也没有行业强制性标准的由双方协商签订，并以此作为验收的依据；对于产品标准可以设定以封存的样品作为验收依据的标准。采购人或者其委托的采购代理机构应当组织对供应商履约的验收。大型或者复杂的政府采购项目；应当邀请国家认可的质量检测机构参加验收工作。验收方成员应当在验收书上签字，并承担相应的法律责任。

（2）关于价格条件、支付金额、支付方式和各种附带的费用的条款。我前面讲项目预算时，涉及价格条件和支付金额问题，这里仅谈一下合同中的付款方式问题。付款方式的规定是很重要的，是督促合同双方履约的有效手段。物资采购方面，除了定金之外，可按货物收到检验合格即付款，也可以约定给供应商开户银行设定预付金，货物收到并检验合格即从银行划拨款项，使双方合法权益都得到保障。涉及定金的，要按规定应适度掌握。工程建设项目付款，可根据工程建设的进度阶段付款，付款要留有控制权的必要余地，最后工程完工并检验合格后总结算。不管是工程建设项目付款和物资采购项目付款，都要按照合同规定履行。要加强预算管理和付款管理，对完成采购数量、质量的真实性进行审核，确定按时应付款数额，由采购单位财务部门支付，其中属于政府集中采购项目的可由政府财政部门直接支付，保证和促进合同双方履行好合同。

（3）关于违反合同的赔偿和其他责任的条款。违约责任规定要具体明确，违反什么义务承担什么违约责任，如违反质量问题应负什么责任、违反期限问题应负什么责任等等，使违约责任具体化，不可规避，并且违约责任包括违约金的额度要足够使违约方付出必要的沉重代价，这是有效履行合同的关键之所在。成千上万的合同纠纷，原因是多方面的，其中一个重要原因是对违约责任规定不明确，有的大而统之、没有具体规定，有的模棱两可、不够准确。由于合同对违约责任缺乏明确规定，对双方行为及其后果缺乏有效约束，削弱了双方履约的责任感。当一方不认真履约时，另一方往往会束手无策，不能给对方以有效的制约，结果造成损失。合同中明确的违约责任的规定，即使一方违约了，另一方可以与对方友好协商或通过仲裁或提起诉讼，能够比较容易得到解决，使自己合法利益得到维护。合同中明确具体的违约责任的规定，可以说是"金箍咒"，是有效制约双方履约的法宝，签订合同时不可不倍加注意。

（4）关于合同变更、解除和终止的条款。规定合同变更、解除和终止的条件和解决办法要具体明确。合同变更应由合同双方协商一致来决定。物资采购合同变更相对比较好处理。工程建设合同的变更比较复杂，这既有客观原因，如不可抗力的原因以及当时不能预见的客观原因，也有主观原因，有当时能够预见而没有预见的过失，还有故意留下的漏洞。对主观方面的原因要实行问责制。在工程建设过程中，有的一再通过变更合同，一再追加投资，而合同的变更又太随意，缺乏严格的程序，有些单位仅是某一领导说了算数，结果造成有些人包括合同的一方或双方中的某些人利用变更合同的手段谋取非法私利，这种现象经常发生，应当高度重视。对于合同变更，特别是工程建设合同变更要慎重。工程变更而引起合同变更，例如变更设计是否必要和追加或减少投资是否合理？如何论证、集体决策和监督？最重要的是，必须设计和规定一个严格的变更程序，非经过一定的程序不得变更，以防止通过合同变更以权谋私。此外，合同签订之后，要加强合同管理，对合同履行情况进行有效监控，经常检查督促，保证合同履行。

（三）必须加强对招投标工作的严格管理和监督

在工程建设和物资采购中，要加强管理和监督。管理出质量、出效益，监督也出质量、出效益。管理与监督两者既相互对立，又相辅相成。管理与监督要有机地结合起来，贯穿工程建设和物资采购活动的全过程。依法对政府集中采购全过程实行最严格、最全面的管理和监督，这是从源头预防腐败的有效措施。但是，如果缺乏依法对政府集中采购全过程实行最严格、最全面的管理和监督，那么政府集中采购必然会产生集中腐败，甚至比其他采购方式更为严重的腐败。所以，政府有关部门和有关采购单位要坚持对政府采购特别是政府集中采购进行严格的管理和监督。有关法律对政府采购和招标投标的行政监督都作了具体规定。这里我只讲我们系统单位对于工程建设和物资采购的过程，进行监察和审计的监督问题。

1. 加强对招投标工作的监察和审计监督。在工程建设和物资采购过程中，要把事前监督、事中监督与事后监督结合起来，注重事前监督和事中监督，体现预防为主、预防在前。如监察部门组成监察组对项目实施全过程的效能监察，监察组深入到各项目部、各环节、各工作程序上，特别是对工程招投标重点设防，实现了全过程参与、全过程监督。招投标各项程序没有监察部门审核签字都不能生效。审计部门要加强对工程建设各阶段进展情况及其付款情况进行审计监督。

2. 加强对质量管理和监督。工程建设和物资采购都必须实行严格的质量把关。为防止出现质量问题，质量管理贯穿于合同订立和执行的全过程，订立合同时要规定质量标准，执行时要按规定的质量标准进行检验和验收。在物资采购中，涉及科研仪器、医疗器械或其他重要设备的采购，应由有关专家参与质量把关，具体使用单位参与质量把关，监察部门对质量验收实行监督。工程建设项目质量把关更是如此。工程建设是百年大计，要严格实行监理制度，签订监理合同，由监理单位履行监理职责。招标人应有（或聘请）内行人、工程技术人员参与跟踪督查，督促监理单位和施工单位履行职责，并参加对工程验收工作的监督。

（四）必须建立健全权力运行制约监督机制

1．建立权力制约监督机制。要完善单位采购机构的内部监督制约机制，实行项目责任制度、人员轮岗和工作回避制度，明确采购活动的决策和执行程序，并互相制约。单位领导集体决策，负责监管，指导工作，不参与、不干预具体商务活动。由单位采购机构实行采购，在特殊情况下可由指定的执行机构实行采购，对采购项目实行管理。由监察、审计部门依据各自职责，对单位采购机构的采购活动和委托政府采购机构的采购项目进行监督。各方不缺位，不越位，分工负责，互相配合，互相监督，建立有效的权力运行机制。

单位采购机构内部要形成制约机制，单位采购机构与其他相关机构也要形成制约监督机制。经办采购的人员与负责采购合同审核、验收人员的职责权限应当明确，并互相分离，互相制约。暨南大学在工作机制方面的做法很好。他们在物资采购过程中实行经费分配与采购分离制度，执行立项管理、预算计划、经费安排审批监督与经费使用采购相分离的原则，体现交叉监督的做法，是对权力制约监督的创新。

我这里介绍一个可资借鉴的经验。某公司建立比较完备的全方位的权力运行制约监督机制，就是建立"矩阵式管理模式"，以"责任矩阵"为核心形成了新的管理体系。纵向上，公司实行了项目经理负责制，项目经理与单位签订"项目工程责任书"和"廉政承诺书"，围绕投资、工期、质量、安全、生产的全过程对总经理负责；每个项目又与下属各专业负责人签订"两书"，明确他们在组织工作中的关系、责任和地位，对项目全体人员进行风险抵押考核。横向上，公司基建技改部设置了设计工程师、设备管理工程师和施工管理工程师，融入各项目，对各个项目进行业务服务和监督，从而对投资和各个项目形成了纵横交错、责权利统一的共同责任人。矩阵管理体制模式最大的特点和关键，是明确了项目责任人的责任，最大限度地调动了参与各方的积极性，建立了有效的激励和约束机制。"项目工程责任书"和"廉政承诺书"同时签订，利益机制和监督机制同时生效。监察部门按照"廉政承诺书"实行全过程监督。"两书"的签订和贯穿全过程的效能监察，使得预防职务犯罪的关口前移，有效预防职务犯罪，也体现了对干部的爱护。这一做法，产生了预防腐败的很好效果，可供我们研究和借鉴。

2. 健全责任制和责任追究制。这是保证政府采购顺利进行的关键环节。在实行政府采购和招投标工作中，必须明确有关采购单位、采购机构、工作岗位、主要负责人和其他人员的职责，必须明确纪律包括廉政纪律，在发生失职和违纪违法时，要追究其责任。《中国共产党纪律处分条例》明确规定："党和国家机关、国有企业（公司）、事业单位、人民团体，违反政府采购和招投标法律、法规的，追究主要责任人和其他责任人员的责任，情节较轻的，给予警告或严重警告处分；情节较重的，给予撤销党内职务或者留党察看处分；情节严重的，给予开除党籍处分。"同时，要按照《政府采购法》、《招标投标法》和其他有关法律法规关于法律责任的规定，对政府采购、工程建设和物资采购中的违法行为的有关人员追究法律责任。

三、加强对政府采购工作的领导和管理

（一）提高认识，加强领导。这些年，在工程建设和物资采购领域发生了许多腐败问题，给国家造成重大经济损失，还毁掉一批干部，事实令人触目惊心。解决这方面的问题，重要途径是推行政府采购制度。实行政府采购制度是建立公共财政体制的内在要求，是从源头上、机制上预防和治理腐败的重要措施，是国家宏观经济调控的一项重要性手段。在工程建设和物资采购方面推行政府采购制度，不仅是关系节约资金、提高效率、保证质量的问题，而且也关系党风廉政建设和干部队伍建设的问题，意义十分重大。各部门各单位要按照政府采购方面的法律和政策，明确一名负责同志分管政府采购工作。要切实加强组织领导，建立政府采购的具体工作机构，经常听取汇报，检查并及时解决工作中出现的问题，真正做到组织领导到位、政策落实到位、监督检查到位。不管是实行政府集中采购还是分散采购的，都要加强管理和监督，防止腐败。今后五年，侨办机关和直属单位总计投资额约有三十亿元，如何搞好资金运作十分重要。有关单位的领导，应该把加强工程建设和物资采购的管理摆在重要议事日程进行研究，实行依法决策、民主决策、科学决策，切实加强领导，大力支持政府集中采购工作，积极搞好部门集中采购和单位分散采购工作，强化管理和监督，预防和减少腐败，达到"依法采购、廉洁采购、确保质量"的要求和"阳光工程、廉洁工程、质量工程、高效工程"的要求。我们系统各单位能做到这一点，那就是一大成功，一

大政绩。在座同志都不愿意看到，国有资产的流失和有些人跌入腐败的泥潭，也不愿意看到有的领导干部因失职渎职而被追究责任。希望大家尽最大的努力，履行职责，保护国有资产不流失，保护干部队伍不被腐蚀。

（二）健全组织机构，为实行政府采购提供保证。组织机构健全、人员到位，是落实政府采购制度的重要保证。各单位要根据工作需要，相应设立招投标工作领导小组和采购机构，并加强负责采购部门和负责基建部门的组织建设。对一些大的工程建设项目，有关单位根据需要成立领导机构和工程指挥部，指挥部根据需要下设若干不同职能的工作小组，并授予领导机构、指挥部、工作小组履行职责所必要的权利，并明确其义务。将任务和责任作层层分解，分工负责，将责任落实到各组织、岗位和个人。华侨大学厦门校区建设的做法可供借鉴。

（三）加强管理人员和监督人员的培训。为了适应推行政府采购制度的需要，为了加强新形势下预防工程建设和物资采购领域腐败的需要，必须提高管理人员和监督人员的监管能力。对于政府采购、工程建设和物资采购领域有关法律有哪些规定，有哪些关键部位、可能有哪些薄弱环节和漏洞会产生腐败，我们有些管理人员和监督人员懂得不多、不深，要加强管理和监督谈何容易？有些同志即使对这一领域懂得比较多、比较深，但情况是在不断发展变化，新情况、新问题层出不穷，不法分子搞腐败会千方百计，施展各种伎俩，无孔不钻，搞权钱交易，我们往往防不胜防。为了适应这种斗争的需要，有效地预防和惩治腐败，我们必须建设一支政治坚定、业务精通、严格执法、作风优良、廉洁奉公的监督管理队伍。为此，各单位一定要重视抓好培训工作。

一是要加强对管理监督人员的思想政治教育、党风廉政教育、纪律教育，并形成学习制度。通过思想政治教育，使他们不断提高思想政治觉悟，增强工作责任感，坚持清正廉洁，敢于坚持原则，依法办事。二是加强对管理监督人员的业务培训。有计划地组织管理监督人员通过参加学习班、岗位训练和工作研讨等方式进行培训。通过培训，使他们熟练掌握政府采购、招标投标、订立合同等方面的法律知识，熟练掌握有关工程建设和物资采购方面管理和监督的知识和实践经验，增强素质，提高本领，以适应管理和监督工作的需要。

依法治国理论研究

加强党对依法治国的领导

《求是》1998第2期

把依法治国提到治理国家的基本方略的高度，在我们党的历史上还是第一次。在建设有中国特色社会主义过程中，我们党将坚定不移地坚持依法治国的基本方略，加强对实施依法治国基本方略的领导，推进民主法制建设，努力建设社会主义法治国家。

首先，党要对依法治国实行全面的领导。党通过经常性的政策指导，进一步加强立法工作，提高立法质量，使社会主义民主制度化、法律化，更全面地做到有法可依，有法必依，执法必严，违法必究，为依法治国创造必要的条件，保证国家机关独立公正地依法行使职权，依法调整各种社会关系。这就是党领导人民实行依法治国的具体体现。因此，那种把党对依法治国的领导理解为党可以直接行使国家的立法权、司法权和行政权的观点是错误的。其所以错误，就是党政不分，以党代政，结果不是促进而是破坏民主法制建设。

其次，加强党对依法治国的领导，关键在于党必须在宪法和法律范围内活动。我们党是社会主义事业的领导核心，党能否在宪法和法律范围内活动，对于依法治国至关重要。党领导人民制定宪法和法律，也要领导人民遵守和执行宪法和法律。党只有模范地遵守宪法和法律，才能领导人民遵守宪法和法律。因此，要实行依法治国，党在宪法和法律范围内活动，是关键，是前提，是保证。

要实现党在宪法和法律范围内活动，必须正确处理党的政策和法律的关系。党的政策和国家法律在本质上是一致的，都是工人阶级和广大人民群众意志的反映，但它们各自有不同的特点和功能。要正确处理两者的关系。既要反对以党的政策代替法律，又要反对固守已经过时的法律。应当十分重视将党的政策与法律有机结合，协调发展，根据实际需要对法律立、改、废，注意把经过实践证明是正确的、长期适用的、并需要在全社会实行的党的政策通过国家立法机关转变为法律，以国家的意志取得全国范围内一体遵行，从而不断推进依法治国的进程。

要保证党在宪法和法律范围内活动，必须发扬党内民主，强化党内监督。要搞好党内上下级之间的监督，搞好党委会内部监督，发挥党的纪律检查机关监督的作用，发挥党员群众监督的作用，对各级党组织、党的领导干部尤其是高级干部是否在宪法和法律范围内活动实行监督。对党组织的负责人和党员的违法行为，应当给予党纪处分的，一律严格按照党纪予以处分，同时也决不能以党纪处分代替法律制裁。

党必须在宪法和法律范围内活动

(《中州学刊》1983年第4期)

新党章明确规定:"党必须在宪法和法律范围内活动。"这是一项极其重要的原则,是共产党在新的历史条件下领导广大人民群众建设现代化的、高度文明的、高度民主的社会主义国家所必须遵循的原则。正确认识党必须在宪法和法律范围内活动的必要性、重要性,研究如何保证党必须在宪法和法律范围内活动,具有重大的理论意义和现实意义。

"党必须在宪法和法律范围内活动",这是根据马克思主义基本原理提出来的,是为了加强社会主义法制,维护社会主义民主提出来的,是为加强党领导人民群众进行社会主义现代化建设的需要提出来的。

马克思主义认为,在共产党的领导下,掌握政权的无产阶级除了必须以国家的形式组织自己的力量以外,还必须把他们自己的由一定经济利益和社会关系决定的意志上升为国家意志即法律,并依靠国家强制力来保证法律在全国范围内和在全体规模上普遍实施。只有这样,党和人民的利益和要求,才能转变为现实。就是说,党必须运用法律的武器,才能领导人民战胜剥削阶级残余势力的不可避免的反抗,克服剥削阶级思想在政治、经济、思想、文化方面的影响,排队前进道路上的重重障碍,建设社会主义。列宁十分严厉地指出:"假使我们拒绝用法令指明道路,那我们就是社会主义的叛徒。"[1]可见,党领导人民创立革命法制,是现实无产阶级革命任务的要求,是社会主义发展客观规律的要求。党领导人民创立革命法制,就应当使法制具有极大的权威,成为任何人都有不可侵犯的力量。恩格斯说:"所有通过革命取得政权的政党和阶级,就其本性来说,都有要求由革命创造的新的法制基础得到绝对承认,并被奉为神圣的东西。"[2]因此,我们党要求任何人都必须绝对服从,绝对遵行社会主义法制,如有违反,坚

---

[1]《列宁全集》第29卷,第180页
[2]《马克思恩格斯全集》第36卷,第38页

决依法制裁，社会主义法制的巨大威力就在这里。如果有法不依，执法不严，违法不究，那么法律就会形同虚设，甚至"很可能变成儿戏而得到完全相反的结果"。①如果革命法制可以不遵守，那么共产党创立革命法制还有什么意义呢？如果共产党自己创造革命法制而自己却超越宪法和法律之上，享有特权，为所欲为，姿意横行，破坏法制，这不就等于自取灭亡吗？不就是丧送党领导的社会主义事业吗？

党能否真正做到在宪法和法律范围内活动，不但是关系社会主义法制生死存亡的问题，也是关系社会主义民主生死存亡的问题。这方面我们已经有了成功的经验和失败的教训。建国初期，我们党领导人民制定宪法和法律，同时严格遵守宪法和法律，从而带动了全国人民都严格遵守宪法和法律。那时候，尽管是我国政治制度、经济制正处在翻天覆地的变革时期，然而整个社会秩序比较安定，革命和建设有条不紊地顺利进行，人民的民主权利得到保障，一切危害人民的犯罪行为受到有效的惩治。但到了一九五七年以后，我们党受到了法律虚无主义的影响，"要人治不要法治"的口号也开始风行起来；由于种种原因，党没有能把党内民主制度化，没有能把国家政治和社会生活加以法律化，或者虽然制定了法律，却没有得到遵守和执行，失去了应有的权威。这使我们党不能防止和制止"文化大革命"的发动和发展。林彪、"四人帮"就利用这种情况，疯狂地破坏社会主义法制，制造数以万计的冤假错案，人民的人身权利、民主权利毫无保障，社会主义民主荡然无存。在这场大动乱中，受害最深的是各级组织上，是党的各级领导，尤其是党的老一代无产阶级革命家。我们各级党政机关遭到了严重摧残和打击，处于瘫痪和半瘫痪状态。这一严峻的历史事实给予我们党上了一堂最好的法制课：党在宪法和法律范围内活动，是加强社会主义法制和维护社会主义民主的根本保障。党不讲法制，就会破坏法制，坏人就会横行，危害党和人民。这个用血写的历史，我们千万不能忘记。

党在宪法和法律范围内活动，才能加强党的领导，体现党是领导社会主义事业的核心力量。党领导人民制定法律，就是科学地认识到社会主义社会发展规律的要求，帮助人民群众及其在立法机关中的代表理解这些要求，并使其反映在法律的规范之中。因此，法律是党的意志和人民意志结合的体现。党要不违背自己的意志和人民的意志，要不违背党的政策，就不能为严格地遵守宪法和法律。

---

① 《列宁全集》第30卷，第123页

列宁在论到签署土地社会化法令时曾经严肃地指出："对我们来说，大多数人的意志永远是必须执行的，违背这种意志就等于背叛革命。"①如果我们党不遵守体现人民意志的宪法和法律，那么我们党就会脱离群众，失去群众的支持，就会丧失对工人、农民、知识分子等广大人民群众的领导权，就会把党和人民的事业引向绝路。只有保证党在宪法和法律范围内活动，才能使党医治好动乱造成的创伤，克服纪律松弛、轻视法制的现象，清除自视特殊、搞特权的倾向，密切同群众的血肉联系，把社会主义伟大事业引导到胜利。从上述可以看出，党在宪法和法律范围内活动，实际上就是党遵循社会主义社会发展的客观规律来领导人民群众建设社会主义，就是党为健全社会主义法制、建设高度的社会主义民主而进行的斗争，就是党加强对人民群众的领导而不是削弱党对人民群众的领导。由此可见，那种认为党在宪法和法律范围内活动会使党"束手束脚"的观点，那种认为"党大于法"，党可以凌驾于宪法和法律之上的主张，那种认为强调党必须严格守法就是"以法抗党"的论调，统统是错误的。

怎样才能保证党在宪法和法律范围内活动呢？总结历史的经验和针对现实的情况，应当注意解决以下几个方面的问题。

首先，要正确处理党的政策与国家法律的关系。重视党的政策的执行是应当的，但因此而轻视法律的执行则是错误的。从根本上讲，党的政策与国家的法律是一致的，法律是党的政策的一种特殊表现形式。我们国家的法律是党领导制定的，是通过国家权力机关把经过反复证明其正确性并且需要长期执行的党的政策用法律形式确认下来，从而取得了对全社会具有普遍约束的效力。因此，执行法律实际上是执行党的政策的一种更高的更有效的形式。党领导人民制定法律，但法律一经制定出来，任何组织、任何个人都必须遵守，我们党也不例外。新党章规定："党必须在宪法和法律范围内活动"，还规定："一切国家和武装力量、各政党和各社会团体、各企业组织都必须遵守宪法和法律，一切违反宪法和法律的行为，必须予以追究"，"任何组织或个人都不得有超越宪法和法律的特权"。如果党发现某些法律规定已经不适应形势发展的需要，党应当通过民主的、法定的程序，建议国家立法机关对某些法律进行补充、修订，而不能自己修改，不能丢在一边，另搞一套，以政策代替法律。总之，我们应当纠正那种把党的政策与国家的法律对立起来的错误思想，改变长期以来只讲政策，不大讲法律

---

① 《列宁全集》第28卷，第157页

的习惯，严格地依法办事，维护社会法制的尊严。

其二，要正确处理党同政府的关系。党政不分，以党代政，这与宪法是相抵触的。党政之间必须实行适当的分工，才能保证党在宪法和法律范围内活动。毫无疑问，我们社会主义国家是由共产党领导的，这在宪法上也作明确的规定。但是，党领导着国家政权，这决不是说党直接管理国家事务，决不是说可以把党和国家政权看做一个东西，可以党政不分，以党代政，党委包揽一切。党对各级国家机关的领导应当理解为经过它，把它强化起来，使它发挥其政权的作用。党直接做政权机关的工作是不好的，毛主席在一九二八年就批评过这种做法。他在《井冈山的斗争》一文中指出："党在群众中有极大的威权，政府的威权却差得多。这是由于许多事情为图省便，党在那里直接做了，把政权机关搁在一边，这种情形是很多的。……以后党要执行领导政府的任务，党的主张办法，除宣传外，执行的时候必须通过政府的组织。国民党直接向政府下命令的错误办法，是要避免的。"[①]党的十二大报告指出："党的工作和政府的工作，企业事业单位事党的工作和行政、生产工作必须适当分工。党不是向群众发号施令的权力组织，也不是行政组织和生产组织。……党的领导主要是思想政治和方针政策的领导，是对干部的选拔、分配、考核和监督，不应当等同于政府和企业的行政和生产指挥。党不应当包办它们的工作。"因此，为了实现党在宪法和法律范围内活动，党必须保证国家的立法、司法、行政机关，经济、文化组织和人民团体积极主动地、独立负责地、协调一致地工作，坚决纠正过去许多方面存在的党政不分的现象。

其三，通过各种形式，对党是否在宪法和法律范围内活动实行监督。一、党中央纪律检查委员会和党的基层纪律检查委员会必须按照党章的规定，对党是否在宪法和法律范围内活动实行严格的监督，如发现党组织的活动与宪法和法律相抵触，就要坚决要求党组织纠正这种错误，如果这种错误比较严重，那么对于直接责任人应当予以党纪处分。二、全国人民代表大会和地方各级人民代表大会根据宪法的规定，有权对党是否在宪法和法律范围内活动实行严格监督，如发现党组织活动与宪法相抵触，应坚决要求党组织纠正这种错误，如果这种错误已经造成严重的危害结果，应当建议司法机关对直接责任人依法追究法律责任。三、党要自觉地置于广大人民群众的监督之下，要和广大人民群众保持经常的密切的

[①]《毛泽东选集》合订本，第72页

联系，虚心听取群众的呼声，努力改正自己工作中的缺点和错误，从而保证党在宪法和法律范围内活动。四、我们党要继续坚持"长期共存，互相监督"，"肝胆相照，荣辱与共"的方针，争取各民主党派对自己的监督和批评，以于纠正错误，搞好工作，保证党在宪法和法律范围内活动。

其四，必须在全党进行社会主义法制的宣传教育。全体党员、特别是各级党的领导干部，都要认真学习马克思主义的法学理论，学习宪法和法律，做知法、守法、护法的模范。为此，各级党组织必须把党员学法提到议事日程上来，把学法作为党员政治学习的重要内容之一，写进党员的学习计划之中，各级党校应当开设法制课，把法制课作为学员的必修课。总之，必须扎扎实实地在全党进行法制宣传教育，增强全体党员的法制观念，提高全体党员遵守法制的自觉性，并带动全国人民学法守法，才能有效地保证党在宪法和法律范围内活动。

我国社会主义法律体系的基本特征初探

(《法学评论》1983年第3、4期)

现在,不是如有的同志认为的那样,似乎中国至今还没有创立自己的社会主义法律体系,而仅仅是"已经有创立中国式的社会主义法律体系的条件"。实际上,几十年来在中国共产党的领导下,我国人民已经创立了符合中国国情的社会主义法律体系,全国五届人大五次会议通过了新宪法,标志着我国社会主义法律体系进入了新的发展阶段。为了进一步发展和完善我国社会主义法律体系,弄清这一体系的基本特征是十分必要的。

我国社会主义法律体系,不是某些人凭空杜撰出来的,而是中国社会实际中产生出来的,并处在逐步发展和不断完善的过程之中。它是马列主义普遍真理与中国革命具体实践相结合的产物。它不仅具有社会主义法律体系发展的共同特征,而且还具有由中国特殊历史条件所决定的特殊特征。这就要求我们从中国的具体情况出来研究我国社会主义法律体系的特征。我们试图从以下几个方面来阐述我国社会主义法律体系的基本特征。

第一,我国社会主义法律体系是在中国革命斗争中,在破除剥削阶级法律体系的基础上产生和发展起来的。

大家知道,奴隶制国家、封建制国家和资本主义国家都建立了各自的法律体系,而实际上,这些类型的国家具有共同的本质特征,都属于剥削阶级国家,因而依次取代前者的剥削阶级国家法律体系中的许多东西,只是加以改造,使之适合自己的统治所需要的形式而已。例如,一八〇四年的法国民法典就是以罗马法为基础而建立起来的,只不过表现普遍化了的商品社会关系。

我国是以生产资料公有制为基础的社会主义国家,我国的社会主义法律体系当然不可能在剥削阶级法律体系的基础上建立起来,恰恰相反,只能按照马克思主义并于打碎旧的国家机器的普遍原理,在彻底废除剥削阶级法律体系的废墟上建立起来。我国社会主义法律体系经过孕育、产生和发展的过程,这是与中国共产党领导中国革命由新民主主义革命转入社会主义革命的历史进程相联系的。

在新民主主义革命时期，各革命根据地的人民政权就开始了革命法制的建设工作。一九三一年中华苏维埃共和国成立以后，制定了《宪法大纲》、《中央苏维埃组织法》、《地方苏维埃暂行组织法》、《土地法》、《惩治反革命条例》等近百种法律法规。一九四六年陕甘宁边区人民政权制定了《陕甘宁边区宪法原则》和其他法律，其他解放区也制定了施政纲领和其他法律。这些法律的性质都是由新民主主义的经济和政治所决定的。当革命即将在全国胜利前夕，一九四九年二月中共中央作出了《关于废除国民党的六法全书与确定解放区司法原则》的决定，这一决定成为我国社会主义法制建设的根本指导方针。随着新民主主义革命转入社会主义革命，我国的新民主主义政权转变为无产阶级专政的政权，新民主主义时期所创立的革命法律体系就成为创立社会主义法律体系的坚实基础。建国以后，根据社会主义革命和社会主义建设的需要，制定了一九五四年宪法。毛泽东同志在谈到新中国第一部宪法草案的特点时强调指出："搞宪法是搞科学。"这是我们制定或修改宪法的正确指导思想。在毛泽东同志直接领导下制定的一九五四年宪法，具有民主性和科学性，是法制建设史上的一座丰碑。这部宪法坚持了民主原则和社会主义原则，确立了我国的人民民主专政的国体和人民代表大会制度的政体这一根本政治制度，确立了社会主义根本经济制度，明确了社会主义改造和社会主义建设的方向。这表明创立我国社会主义法律体系工作已经开始了。但是，后来由于"左"的影响，特别是十年动乱，这项工作遭到了极其严重的破坏。粉碎"四人帮"以后，我国社会主义法制建设的步伐大大加快了，在短短的几年里，已经制定了刑法、刑事诉讼法、民事诉讼法（试行）、新婚姻法等一系列重要的法律。特别是一九八二年制订的新宪法，是一部体系完整，结构严整，逻辑严密，语言准确，内容全面，重点突出，深入本质，反映规律，实事求是，切实可行，达到形式和内容较完美结合。这部新宪法是继一九五四年宪法之后的最好的一部宪法，它标志着我国社会主义法律体系已经基本上建立起来了。由此可见，我国社会主义法律体系是在我国革命实践中，在废除剥削阶级法律体系的基础上逐渐形成的，它与一切剥削阶级的法律体系是根本对立的。记住我国社会主义法律体系的这一特征，使我们在社会主义法制建设中保持清醒的头脑，既不能承袭旧中国剥削阶级法律体系和外国资产阶级法律体系，也不能以其他社会主义国家的法律体系为模式，而以它们为借鉴，科学地实事求是地根据中国的国情，创立中国式的社会主义法律体系。

第二，我国社会主义法律体系贯穿着四项基本原则。

坚持四项基本原则是我国工人阶级和广大人民意志的集中体现，是我们立国之本，是社会主义事业胜利的根本保证。反映工人阶级和广大人民意志的我国社会主义法律体系理所当然应该坚持四项基本原则。新宪法明确规定："中国各族人民将在中国共产党领导下，在马克思主义、毛泽东思想指引下，坚持人民民主，坚持社会主义道路。"坚持四项基本原则贯穿于我国社会主义法律体系之中，贯穿于宪法和法律之中。

我国社会主义法律体系体现了坚持共产党的领导的原则。中国共产党是代表中国人民利益，执行人民意志的工人阶级政党，是领导我们事业的核心力量。所以我国社会主义法律体系只能在共产党领导下创立，这主要表现在：（一）党领导人民制定法律，也领导人民维护和遵守法律；党必须在宪法和法律的范围内活动；（二）法律是党的政策的定型化、固定化。就是说，已被实践证明是正确的，并且在较长时期内仍然适用的党的政策，通过国家立法机关转化为法律。但法律又不同于党的政策，它是国家意志，是依靠国家强制力而保证一体遵行。正确处理各个时期党的政策与国家法律之间的关系乃是社会主义法律体系发展的关键。因此，离开党的领导，离开党的政策，就不会有社会主义法律体系。

我国社会主义法律体系体现了坚持以马列主义毛泽东思想为指导的原则。马列主义毛泽东思想是最严整、最正确、内容最丰富的发展着的科学，是无产阶级的世界和方法论，是指导我们思想的理论基础，也是我们探索社会主义法律体系发展的客观规律和工具。马列主义毛泽东思想关于粉碎旧法制、创立新革命法制的观点，法律是统治阶级意志反映的观点，权利平等和义务平等的观点，专门机关与群众相结合的观点等，在我国社会主义法律体系中得到了充分的体现。特别是我国社会主义法律体系中体现了中国共产党和毛泽东同志对马列主义法律思想的创造性发展。例如，建国初期，毛泽东同志根据惩办与宽大相结合的一贯政策，一方面领导了镇压反革命和其他坏分子的伟大斗争，另一方面又提出要尽可能把一切没有犯现行罪的敌对分子以及虽然犯现行罪的还有可能挽救的犯罪分子努力改造成为新人，并且在这方面取得巨大成就。毛泽东同志首创判处死刑缓期两年执行、强迫劳动、以观后效的处刑办法，并且大力普遍推行劳动改造制度、劳动教养制度和人民调解制度等一系列卓有成效的治理社会的法律制度，这是世界司法史上的创举。在社会主义改造刚刚基本完成以后，1957年2月，他就提出了正确处理人民内部矛盾这一重大课题。现在，党中央根据我国政治情况的变化，提出了社会治安综合治理的方针。毛泽东同志和中国共产党的这些理论和实践经验是对马列主义关于法律思想的重大发展,并且反映到我国社会主义法律体系之中。实践证明,只有遵行马列主义毛泽东思想的道路前进,我们才能制定出符合社会主义社会发展的各种法律,不断地丰富和发展我国社会主义法律体系;而任何背道而驰,只能破坏和瓦解和国社会主义法律体系。

我国社会主义法律体系贯穿着人民民主专政的原则。新宪法明确规定我国是工人阶级领导的、以工农联盟为基础的人民民主专政的社会主义国家。我们国家的一切权利属于人民。人民按照法律规定,通过各种途径和形式,管理国家事务,管理经济和文化事业,管理社会事务。国家保障公民享有宪法和法律规定的权利,同时履行宪法和法律规定的义务。国家在对广大人民群众实行最广泛的民主的同时,坚决镇压叛国和其他反革命的活动,制裁危害社会治安、破坏社会主义经济和其他犯罪的活动,惩办和改造犯罪分子。这些规定,是我国社会主义法律体系的阶级性的最鲜明同。由此可见,离开了人民民主专政的原则,我国的法律体系就不成其为社会主义的法律体系了。

我国社会主义法律体系体现了坚持社会主义道路的原则。以生产资料公有制为基础的社会主义制度是我国的根本制度,我国社会主义法律体系中的基本内容就是保护社会主义制度,禁止任何组织或者个人破坏社会主义制度。社会主义制度是我国社会主义法律体系借以建立和发展的基础,不坚持社会主义道路,决然不会有我国社会主义法律体系。

综上所述,可以肯定,四项基本原则是支撑我国社会主义法律体系大厦的四根柱石,离开四项基本原则,我国社会主义法律体系的大厦就必然会倾覆。

第三,我国社会主义法律体系最深厚的基础和发展的源泉是人民群众。

剥削阶级国家依靠少数人制定法律、执行法律,强迫大多数人遵守法律。这是由体现少数人统治大多数人的法律性质决定的。与此相反,我国是社会主义国家,法律是无产阶级和人民意志的体现,人民是法律的制定者,又是法律的维护者和遵守者。我国宪法和法律的有关规定都鲜明地体现了这一点。党领导人民制定法律的过程中,始终贯彻"从群众中来,到群众中去"的基本路线。法律制定不仅要经过人民代表充分讨论,反复修改,民主决定,并经过立法机关通过才能生效,并且法律在立法机关通过之前,总是要最广泛地征求广大人民群众的意见,以求真正集中和代表人民的意志和根本利益。例如,1982年制定的新宪法,在它制定的过程中,党领导发动全国人民群众发扬民主,对草案进行反复学习、讨论,提出修改意见,集中了全国人民的智慧和正确意见。党领导人民制定法律,也领导人民实施法律。只有全体人民动员起来,自觉地遵守法律,勇敢地维护法律,才能做到有法必依,执法必严,违法必究,才能使法律变为改造社会、改造自然的巨大物质力量。同时,人民群众通过实践活动,又检验了法律客观规律的正确程度,发现了新问题,总结了新经验,这就为补充、修改法律和制定法律创造了必要的条件。可见,我国社会主义法律体系最深厚的基础和发展的源泉是人民群众,丰富和发展我国社会主义法律体系的必由之路就是必须依靠群众、走群众路线。

第四,我国社会主义法律体系的活力在于它适应社会主义发展的客观要求而发展和变化。

我国社会主义法律体系并不是僵死的,一成不变的,而是必须适应社会主义的经济、政治情况的变化而变化,不断加以完善。这就要调整社会主义法律体系,使它与社会主义济基础及其形成的社会关系之间建立和谐关系。但是,这种和谐关系只有暂时的、相对的稳定性,经济进一步发展的影响和强制力又必然打破这种和谐关系,使社会主义法律体系落后于经济状况,阻碍经济发展,这又必须调整社会主义法律体系,使它与经济基础及其形成的社会关系之间建立新的和谐关系。我国社会主义法律体系就是这样在不断的解决矛盾的过程中发展的。调整和发展社会主义法律体系总是通过修改、补充、废除法律或者制定新法律来实现的。当法律已经落后于实际,不能再为无产阶级政治服务,不能再为社会主义经济基础服务,妨碍社会主义事业的发展,那么就得修改、补充或者废除。当前我国正在进行政治体制和经济体制的改革,为了适应这场伟大改革的需要,就必须相应的修改、补充、废除法律,或者制定新的法律。法律愈是正确地反映社会主义经济和政治发展的需要,愈是充分地反映人民利益的要求,社会主义法律体系也就愈臻完备。我国社会主义法律体系的活力也就在这里。为什么粉碎"四人帮"以来,我国社会主义法律体系得到生机勃勃的发展呢?就是因为我们国家适应新的历史时期经济和政治情况的变化,密切注视实施法律过程中出现的各种问题,大力加强立法工作,经常地消除法律与经济发展过程中不相适应的矛盾,才能使我国社会主义法律体系不断发展和趋于完善,保持旺盛的活力。最近,六届全国人大常委会二次会议针对当前社会治安情况,通过了《关于严惩严重危害社会治安的犯罪分子的决定》和《关于迅速审判严重危害社会治安的犯罪分子的程序的决定》,对《刑法》和《刑事诉讼》的有关规定作了修改、补充,为政法机关依法从重从快打击严重危害社会治安的犯罪活动提供了有力的法律武器,完全符合广大人民的愿望、意志和利益，对争取社会治安的根本好转，保障社会主义建设的顺利进行，具有极其重大的意义。

第五，在我国社会主义法律体系中，各项法律规范之间相互区别，又相互联系，协调一致，法律表现的形式适合人民群众的需要。

首先，在我国社会主义法律体系中，按照一定的标准，把现有的法律划分为几个种类，建立内在的有机联系。这就要有划分种类的统一标准，没有统一的标准就无法进行这种划分种类工作。我们认为，应当以法律调整的社会关系的不同范围和法律的不同效力为标准来划分法律的种类。例如，宪法对调整总的社会关系作出了全面的规定，它是具有最大权威性和最高效力的国家根本法，它在法律体系中处于主导和统帅的地位，是制定各种法律的根据；各种法律都不得同它相抵触。同时宪法又必须有以它为依据又同它相配合的各种法律才有可能得到遵守。没有这些法律，宪法就无从落实。行政法规对调整国家行政机关行使其职权的社会关系作出规定，它处理违反其规定而不足构成犯罪的行为。经济法规，要对调整社会主义某些经济方面的社会关系作出规定，它处理违反其规定而不足构成犯罪的行为，等等。而刑事法规则协同其他法律共同调整有关的社会关系，当行为破坏法律所保护的社会关系达到相当严重的地步即构成犯罪的时候，其他法律因不具有处理犯罪行为的效力，就需要运用刑法规定来处理。此外，程序法为实施实体法而服务。程序法对调整诉讼过程中的社会关系作了规定，它的效力在于保证任何诉讼活动必须依照法定程序进行。总之，在社会主义法律体系中，各种法律之间应该彼此联系，协调一致，配套成龙，便于适用。应当指出，目前我国法律体系与实际需要还不很适应，法律还不齐全，不完备，所以务必加强立法工作。

其次，在我国社会主义法律体系中，每一种法律内部应该协调一致，不能自相矛盾，否则自己否定了自己。并且，各个法律之间应该和谐一致，不能相互抵触，否则就会造成混乱，削弱法律应有的作用。当发现法律之间有矛盾的时候，就应该修改，使之和谐一致。例如，五届全国人大五次会议通过的新宪法，为了完善国家的领导体制和政治体制，发展社会主义民主，健全社会主义法制，对国家机构作了一系列新的重要规定。同时，在实践中也出现了一些新的情况和新的问题。因此，需要对同宪法相配合的有关国家机构和几个法律（即一九五四年制定的《全国人民代表大会组织法》和《国务院组织法》、1979年修订的《地方各级人民代表大会和地方各级人民政府组织法》和《全国人民代表大会和地方各级人民代表大会选举法》）作相应的修改或者重新修订。这几个法律经过修改或者修订，与宪法保持协调一致。目前有些法律之间还存在某些矛盾的现象，就影响了法律的实施，应当加以修改，使它们一致起来。

其三，在我国社会主义法律体系中，法律表现形式是规范性的。结构严谨，篇章条款布局合理，逻辑严密；语言通俗，简明扼要，易懂易记；表述准确、肯定。法律允许、禁止或要求人们必须实行的各种行为规则及其适用条件的规定要十分准确、肯定，决不容许模棱两可，含混不清，既可以这样解释，又可以那样解释，而只能作唯一的解释，才能被正确地适用和实施。法律的内容决定法律的表现形式，形式为内容服务。社会主义法律一旦找到最合适于它的表现形式，就容易被广大人民群众所掌握，成为他们治国安邦，建设四化的得心应手的工具。

我国公民基本权利的现实性

(《解放军报》1983年1月18日)

我国宪法规定公民权利能否实现,决定着人民能否真正掌握国家的一切权力,成为国家的主人。这是关系到我国社会主义建设事业成败的一件大事。应该肯定地回答:宪法规定的我国公民的基本权利,是具有充分的实现性的,是完全能够实现的。这是因为:

(一)我国宪法和法律本身就是保障公民权利和自由的有力武器。我国宪法明确规定公民享有各种权利和自由,其他法律对宪法赋予公民的各种权利和自由又加以保证,如刑法第一百三十一条规定:"保护公民的人身权利、民主权利和其他权利,不受任何人、任何机关非法侵犯。违法侵犯情节严重的,对直接责任人员予以刑事处分。"刑法对侵犯公民人身权利、民主权利的各种犯罪行为及其刑罚都作了具体的规定。人民群众能够运用宪法和法律这一武器,维护自己的民主权利,并监督司法机关严格执行这些法律规定。由于我国的宪法和法律,是根据全国各族人民的共同意志和根本利益制定的,这就决定了,法律规定越明确、越完备,越有利于保障人民的民主权利。相反,在资本主义社会里,资产阶级法律是资产阶级意志的体现,这种意志的内容是由资产阶级的经济利益决定的,而资产阶级的经济利益又是建立在剥削劳动人民的基础之上的。这就从根本上决定了资产阶级法律是剥削和压迫劳动人民的工具,只能为资产阶级所利用,而不可真正能成为劳动人民争取民主权利的有效武器。

(二)生产资料的社会主义公有制决定了社会财富用于整个社会的进步事业,因此我们国家能够为公民民主权利和自由的实现提供物质保障。例如,公民的选举权是不受公民个人财产状况等的限制的,选举活动的经费一律由国库支付,国家为公民参加选举提供各种方便条件,使所有有选举权的公民都能参加选举。当然,这并不是说今天公民行使各种权利的物质保障都已经很充分,实际上这种物质保障还相对不够充分,但这不是因为受法律的阻碍,而是因为我国目前生产力水平还比较低。我国宪法规定的公民权利和自由的范围、内容、物质保障,是与现阶段我国国民经济发展的水平相适应的。例如,关于公民的劳动权,宪法根据实际情况,规定"国家通过各种途径,创造劳动就业条件",这就是说,除国家安排待业人员就业外,还支持和帮助集体组织安排待业人员就业,还支持待业人员在国家政策法律许可的范围内自谋职业。总之,我国宪法赋予公民的权利和自由都有有相应的物质保障,因而是真实的,是能够实现的。并且随着我国的经济发展,人民的科学水平、文化水平的提高,公民的权利会更扩大,更充实,更有更充实的物质保障。而在资本主义社会里,由于资产阶级对生产资料和其他大部分社会财产的占有,劳动人民实际上不有享受资产阶级宪法规定的那些公民的权利和自由。例如,资产阶级宪法规定有选举权,但在选举中又对选举权加以居住年限、财产状况、文化程度等等限制,实际上剥夺了广大劳动人民的选举权。英国选举议员始终实行保证金制度,凡是要参加竞选的要缴纳一百五十英镑的保证金。法国1974年6月修改的选举法,仍然规定必须在一个地方居住六个月以上、连续五次缴纳直接税的人才有选举权。这些限制就使许多到处流动做工或虽有固定住所但经济贫困的劳动者失去了选举权。至于资产阶级国家每隔几年一次的竞选,参加竞选需要惊人的巨额竞选活动经费,更说明资产阶级国家宪法在形式上宣布公民的权利和自由,只有资产阶级及其中那些富豪们才能充分享用。

(三)我们国家还从公民平等履行义务上来保障公民权利和自由的实现。宪法规定:"任何公民享有宪法和法律规定的权利,同时必须履行宪法和法律规定的义务。"这表明,公民不仅权利是平等的,而且义务也应当是平等的。没有平等的义务,决然不会有平等的权利。如果允许一些人只享有权利、不尽义务的特权存在,那么必然使另一些人的民主权利遭到践踏和损害。不允许任何人有超越法律之外的特权,才能保障公民民主权利的真正实现。与我国的这种情况相反,在资本主义社会里,权利和义务是分离的,资产阶级只享有权利,而把一切义务都推给劳动人民。这种义务上的不平等,正是资产阶级几乎享有一切权利的基础,也正是劳动人民不能享受权利和自由的重要原因。

(四)我们党和国家领导人民群众为实现公民的基本权利而斗争。列宁说:"什么是宪法?宪法就是一张写着人民权利的纸。真正承认这些权利的保证在哪里呢?在于人民中意识到并善于争取这些权利的各阶级的力量。"[①]在我

---

① 《列宁全集》第9卷,第448页

国，人民，只有人民，才是国家和社会的主人。宪法赋予人民的权利能否实现，完全取决于人民群众的觉悟和对宪法法律尊严的维护。因此，我们党和国家大力向广大人民群众宣传宪法，使广大人民群众都知道宪法，自觉地严格遵守宪法，并动员广大人民群众，用宪法这个武器来监督国家机关及其工作人员严格依法办事，对任何违反宪法的行为都要进行揭发、检举和斗争；以此来保证宪法真正实现。这是任何资产阶级执政党和资本家都不可能这样做的。

从以上几点可以看出，资产阶级宪法规定的公民权利，对于劳动人民来说，是骗局，残缺不全的，是不能实现的。而我们的国家制度和社会制度从法律上和事实上保证公民享有广泛的、真实的自由和权利。这显示了社会主义制度比资本主义制度具有无可比拟的优越性。我国人民一定能够认识这种优越性，无限珍惜自己的权利，正确地行使权利，忠实地履行义务，为把我国建设成为现代化的、高度民主的、高度文明的社会主义国家而奋斗。

| 我的理论思考 |

中国司法组织在刑事诉讼程序中的关系

(《法制建设》1990年第2期)

[编者按：本文是1989年10月在维也纳举行的国际刑法学大会的论文之一]

中国1979年颁发的《中华人民共和国刑事诉讼法》是一部具有中国特色的刑事诉讼法，这部刑事诉讼法对司法组织在刑事诉讼程序中的相互关系所作的科学规定，对于刑事诉讼的公正性、准确性起着极为重要的作用。

在中国刑事诉讼过程中，参加刑事诉讼活动的司法组织有：公安机关、人民检察院、人民法院和劳动改造机关（受司法行政机关的领导）。这四个司法机关在刑事诉讼过程中实行分工负责、互相配合、互相制约的原则，以保证准确有效地执行法律，共同完成打击危害国家安全犯罪，惩罚刑事犯罪分子，保护人民，促进四化建设的共同任务。

各司法机关分工负责，就是依法各尽其职，各司其责，不能逾权，不能互相代替。公安机关、人民检察院、人民法院和劳动改造机关在刑事诉讼中的职权分工是：对刑事案件的侦查和对人犯的拘留、预审，由公安机关负责。批准逮捕和检查（包括自侦案件的侦查）、提起诉讼、由人民检察院负责。审判由人民法院负责。对被告人判决刑罚的执行，除被判处死刑立即执行等特殊情况以外，主要由劳动改造机关负责。

各司法机关相互配合，就是在分工负责的基础上，通力协作，互相支持，协调一致，密切配合，严格按照刑事诉讼程序进行活动，共同完成惩罚犯罪，保护人民这一共同的目标，而不能违反刑事诉讼法，各行其是，互相设置障碍，抵消力量，影响诉讼活动的正常进行，破坏法制。

各司法机关相互制约，是分工负责的目的，有分工负责，才能有互相制约。互相制约贯穿于分工负责、互相配合之中。所谓互相制约的实质上就是互相监督，在诉讼活动的每一个环节中从事实上和法律上把好质量关，依法指出对方的错误，以求得及时纠正错误。四个机关从各自分工的不同职责的角度进行互相制约和监督,对于防止错误,避免造成冤假错案,保障办案质量起了重要的作用。

司法机关在刑事诉讼过程中分工负责、互相配合、互相制约,这是一个完整的原则。如若没有分工负责,就谈不上互相配合和制约,没有互相配合与制约,分工负责就失去了意义;配合与制约,既互相对立,又相辅相成,配合中要体现制约,制约中要体现配合。这样,各司法机关在刑事诉讼中才能形成一种特殊的合力,达到依法正确处理案件的共同目的。这一原则,贯彻于刑事诉讼过程中的侦查——起诉——审判——执行的每一程序之中。

一、侦查程序中司法机关的相互关系

公安机关逮捕人犯,必须提请人民检察院批准。(一)公安机关要求逮捕人犯的时候,应当写出提请批准逮捕书,连同案卷材料、证据,一并移送同级人民检察院审查批准。人民检察院对于公安机关提请批准逮捕的案件进行审查后,应当根据情况分别作出批准逮捕,不批准逮捕或补充侦查的就决定。(二)公安机关对被拘留的人,认为需要逮捕的,应当在拘留后的三日之内,提请人民检察院审查批准。在特殊情况下,提请审查批准的时间可以延长一日至四日。人民检察院应当在接到公安机关提请批准逮捕书后的三日以内,作出批准逮捕或者不批准逮捕的决定。人民检察院不批准逮捕的,公安机关应当在接到通知后立即释放,发给释放证明。(三)公安机关对人民检察院不批准逮捕的决定,认为有错误的,可以要求复议,但是必须将被拘留的人释放。如果意见不被接受,可以向上一级人民检察院提请复核。上级人民检察院应当立即复核,作出是否变更的决定,通知下级人民检察院和公安机关执行。人民检察院在审查批准逮捕工作中,如果发现公安机关的侦查活动中,采取刑讯逼供、威胁、诱骗、欺骗等方法取得证据以及其他非法的方法进行讯问的违法情况,应当通知公安机关予以纠正,公安机关应当将纠正情况通知人民检察院。

公安机关在侦查过程中,发现不应对被告人追究刑事责任的,应当撤销案件;被告人已被逮捕的,应当立即释放,发给释放证明,并且通知原批准逮捕的人民检察院,以便人民检察院对公安机关决定的正确与否实行监督。

公安机关侦查的案件,侦查终结后,应当写出起诉意见书或者免于起诉意见书,连同案件材料、证据一并移送给同级人民检察院审查决定。

二、提起诉讼程序中司法机关的相互关系

在中国，提起诉讼是人民检察院依法提请人民法院对刑事被告人进行审判的诉讼活动。凡需要提起诉讼或免于起诉的案件，一律由人民检察院审查决定。

人民检察院对公安机关侦查终结移送起诉或免于起诉的案件，进行全面审查。人民检察院通过阅卷或案件调查，对公安机关在侦查中所进行的拘留、逮捕、勘验、搜查、扣押证物等活动，是否合法，进行监督。如果发现有违法情况，应及时通知公安机关纠正。公安机关应讲纠正的情况通知人民检察院。人民检察院对案件进行审查后，如果认为犯罪事实不清，证据不足或者有遗漏罪行、遗漏同案犯，从而需要补充侦查时，可以自行侦查。对公安机关的勘验、检查，认为需要复验、复查时，可以要求公安机关复验、复查，并可以派检察人员参加。公安机关补充侦查后，如果对被告人主要犯罪事实有改变，应当从新制定起诉意见书；如果是补充或变更个别的犯罪事实、情节，可以将补充或变更的情况写成书面材料递交人民检察院，如果认为需要撤销案件，应当通知人民检察院撤销原起诉意见书。

人民检察院对于公安机关移送的案件，经审查，认为要判处刑罚的被告人或者虽应追究刑事责任，但同时又具有免除刑罚情况的被告人，应依法决定免于起诉。决定免予起诉的，应当将免于起诉决定书送公安机关。公安机关认为免于起诉的决定有错误的时候，可以要求人民检察院复议，如果意见不被接受，可以向上一级人民检察院提请复核。上级人民检察院应当进行复核并将复核的决定通知公安机关和下级人民检察院。

人民检察院对于公安机关移送的案件，经审查，认为被告人的犯罪事实已经查清，证据确实、充分，已经构成犯罪，依法应当追究刑事责任的，应当作出起诉决定，按照审判管辖的规定，向人民法院提起公诉。

三、审判程序中司法机关的相互关系

人民法院对提起公诉的案件进行审查后，对于犯罪事实清楚、证据充分的，应当决定开庭审判；对于主要事实不清、证据不足的，可以退回人民检察院补充侦查。对于不需要判刑的，可以要求人民检察院撤回起诉。

人民法院审判公诉案件，除犯罪较轻经人民法院同意的以外，人民检察院应当派员出席法庭支持公诉。检察人员在出席法庭支持公诉的过程中，必须对审判

活动是否合法,即法庭组织人员是否合法,审理案件是否按照法定程序进行,有无妨碍或限制诉讼参与人依法行使诉讼权利行为,对诉讼参与人在法庭上的违法行为是否及时予以制止,所作出的裁判是否正确等,实行监督,发现审判活动有违法情况,有权向法庭提出纠正意见。

在审判过程中,检察人员发现提起公诉的案件需要补充侦查,提出建议的,经法庭同意,可以延期审理,由人民检察院补充侦查,在庭审调查中,合议庭认为案件证据不充分,或者发现新的事实,需要退回人民检察院补充侦查或者自行调查的,可以延期审理。

地方各级人民检察院认为本级人民检察院第一审的判决、裁定在认定事实上有错误,或者适用法律、定罪量刑上有错误,或者违法诉讼程序而作出错误的判决或裁定就应当向上一级人民法院提出抗诉,在法定期间内要求上一级人民法院对案件进行第二次审理的诉讼活动。

第二审法院对不服第一审裁定的抗诉案件,经过审理后,应按不同情形分别处理:1. 原判决认定事实和适用法律正确、量刑适当的,应当裁定驳回抗诉,维持原判。2. 原判决认定事实没有错误,但适用法律有错误或者量刑不当,应当改判;3. 原判决事实不清楚或者证据不足的,可以在查清事实后改判;也可以裁定撤销原判,发回原审人民法院重新审判。

人民检察院提出抗诉的案件或者第二审人民法院要求人民检察院派员出庭的案件,同级人民检察院都应当派员出庭,并对第二审的审判活动实行监督。原审人民法院对于发回重新审判的案件,应当依照第一程序进行审判。对于重新审判后的判决,同级的人民检察院可以抗诉。

四、刑罚执行程序中司法机关的相互关系

除了被判处死刑立即执行的、被判处徒刑缓刑的、管制的以及监外执行的以外,对于被判处死刑缓期二年执行的、无期徒刑、有期徒刑或者拘役的罪犯,有监狱或其他劳动改造场所执行。

罪犯在服刑期间又犯罪的,或者发现了判决时所没有发现的罪行,监狱和劳动改造机关应当将有关材料移送人民检察院处理。

监狱和劳动改造机关在刑罚执行过程中,如果认为判决有错误或者罪犯提出申诉,应当转请人民检察院或者原判人民法院处理。

被判处管制、拘役、有期徒刑或者无期徒刑的罪犯,在执行期间确有悔改或者立功表现,应当依法予以减刑、假释的时候,由执行机关提出书面意见,报请人民法院审核裁定。

人民检察院对刑事案件的判决、裁定的执行和监督、看守所、劳动改造机关的活动是否合法,实行监督。如果发现有违法的情况,应当通知执行机关纠正。如发现监管人员虐待、打骂、或其他侵犯犯人合法权益的,要通过执行机关给予纠正,对于严重违法而构成犯罪的,予以追究刑事责任。

我国刑事诉讼法关于司法机关在刑事诉讼程序中的相互关系的规定,有利于相互配合与制约,防止每一诉讼阶段中由某些司法机关无根据地任意追究公民的刑事责任,对于避免冤假错案的发生,对于准确有效地适用法、保障被告人的合法权益包括辩护权利具有重要意义。我国正是由于实行这样的原则,所以使一些可能发生的冤假错案得到有效地防止,对于一些已经发生的冤假错案得到纠正,从而在实际中把可能发生的错案降低到最少的程度。实践充分证明,我国刑事诉讼法关于司法机关分工负责、互相配合与互相制约的原则是一项巩固社会主义法制的重要原则,是保障刑事诉讼活动科学化的重要原则。此外,在刑事诉讼过程中,实行辩护制度,有利于保护被告人的合法权益,有利于保证案件得到正确的判决。

当前律师管理体制改革的目标刍议

(《中国律师》1988年第1期)

随着经济体制改革和政治体制改革高潮的到来,律师管理体制改革已势在必行。科学地确定律师管理体制改革的目标,是正确指导管理体制改革的首要问题。为了使改革不走大的弯路,必须对这个问题加以探讨。

我国现行的律师管理体制是1979年建立起来的,对我国律师事业的恢复和发展起过一定的积极作用。但是,随着时间的推移,社会的进步,已不适应客观的要求,甚至现在已达到了不但不能推动、反而阻碍着律师事业发展的地步。它的主要弊端是:律师编制和经费由国家统包,法律顾问处(律师事务所)实际附属于司法行政机关并受其直接管理,致使法律顾问处缺乏活力,律师工作不能适应改革、发展的形势,特别是不能适应商品经济发展的需要。所以,改革现行管理体制,是律师事业的前途之所系,不改革就没有出路。

律师管理体制改革的一个主要目的是为了解决律师工作与社会发展不相适应的尖锐矛盾。产生这一尖锐矛盾的主要原因是律师编制和经费由国家统包,一方面国家不可能拿出更多的编制和经费来发展律师队伍和律师事业,另一方面由国家统包的作法也违反了律师工作本身和律师事业发展的客观规律,束缚了律师的积极性,使律师事业的发展失去内在的动力。为了解决这一尖锐的矛盾,必须针对现行的管理体制的弊端开刀。从这一点出发,当前律师管理体制改革的目标应该是:打破由国家统包的旧体制,代之以律师工作机构自主经营,独立核算,自负盈亏,自我积累,自我发展的新体制。这种管理体制的特征是:不要国家编制,可以根据社会需要来发展律师队伍;不要国家经费,包括不要"三费保留",即不要国家保留律师的公费医疗开支、基建投资和离退休费用,实行自负盈亏和按劳分配原则;独立自主地开展各项业务,不受行政干预。在这种管理体制下,律师事务所将是以企业化管理为特征的法人单位,因而能获得自我发展的内在动力和外部条件。

这种管理体制的优越性在于:首先,它是律师工作与社会需要保持一致的调节器。实行这种管理体制,当律师工作与社会需要之间出现供不应求或供过于求的时候,由于律师管理体制内部利益机制的作用,加上科学的预测和规划,能够自觉地及时地使这种供求矛盾得到解决,从而使律师工作与社会需要可能经常保持基本协调的状态。这实际上是律师管理体制改革所追求的基本目标。只有律师工作与社会需要处于供求大体平衡的状态,律师工作才能在社会主义民主与法制建设中和社会主义现代化建设中发挥最大的作用,获得最好的社会效益。

其次,这种管理体制能不断提高律师工作质量,为社会提供优良的法律服务。因为在这种律师管理体制下,律师事务所之间和律师之间都不免产生适度的合法的竞争。在社会主义制度下,这种竞争不能偏离平等、合法的原则,并且应以法律服务的质量和数量为条件,实行按劳分配。律师提供优质的法律服务,关系着律师事务所和律师个人的前途。在优胜劣汰的竞争规律的作用下,一些差的律师事务所或律师个人会因无人聘请或业务量严重不足而被淘汰。这种竞争机制可以推动律师事务所和律师千方百计地按照国家和人民的要求,不断地搞好法律服务。当然,竞争会带来消极现象包括用不政治手段拉拢拉拢客户或腐蚀有关人员,这要通过加强思想政治工作来加以抑制,通过健全制度来管理、激励和惩治。

其三,实行这种管理体制将能有效地提高律师队伍的素质,造就优秀律师人才。这是因为,把竞争机制引进律师工作,每个律师事务所能否生存、发展下去,主要取决于它能否提供优质的法律服务。而法律服务的质量问题,归根到底是人才问题。人才与每个律师事务所命运休戚相关。律师事务所应当把建设优秀的律师队伍放在首位,培养律师具备坚定的社会主义立场,坚定维护社会主义法制和正义,应当具备丰富的法律知识和实践经验及工作能力。在这种情况下,各个律师事务所自然要把优秀人才的引进和培养放在首位,对进人严格把关,避免随便派进、调进人员,影响律师队伍应有的质量。同时,要激励律师争先创优,发奋学习,自觉地提高工作能力。这些都有利于提高律师队伍的素质。

其四,这种管理体制具有自我发展的内在动力,能够推动律师事业不断前进。因为这种管理体制发展的内在动力在于实行自负盈亏和多劳多得的分配原则(即体现公有制性质的按劳分配的原则,体现每个律师在按劳报酬方面一律平等的原则),因而要求生存、图发展,就非靠奋斗不可;律师个人要有优异的工作和较好的收入,非靠发奋努力、诚实工作不可。这种压力转化为动力,能够促使律师事务所改善内部管理,调节它与外界社会的关系,调动工作人员的主动性、积极性和创造性。在这种管理体制下，公有制企业经营管理中的成功经验将能引进律师事务所，使律师事务所的经验管理得到完善。比如，实行主任选举制或投标承包制，工作人员聘任制，合同制，岗位目标管理责任制，满负荷工作法，按劳分配，奖勤罚懒，等等，都可借鉴。此外，还可以实行经营管理的民主决策和科学决策，并使经营工作制度化、法制化。这样就必定大大增强律师事务所的生机与活力，为律师事务所的发展开辟广阔的天地。

其五，实行这种管理体制将有效地改善司法行政机关与律师事务所的关系。在这种管理体制下，司法行政机关对律师工作担负着规划、指导、监督、协调和服务的责任，可根据需要对律师机构的设置、队伍的发展作出规划；根据党和国家的工作重点和经济政治的发展变化，对律师工作的重点和方向实行指导；根据规章制度，对律师实行监督；根据开拓和发展律师业务的需要，对理顺律师组织与司法行政机关其他业务部门的关系、律师事务所与其他国家机关的关系进行协调；根据发展律师事业的需要，为律师事务所输送合格人才，培训律师、供给信息资料，并在创造其他工作条件方面提供服务。司法行政机关在发挥上述职能作用的过程中，始终必须保证律师事务所作为法人的法律地位，使之拥有业务和管理的自主权；在人事方面，它可以依照制度规定，自主地选择工作人员而不受干涉；在财务方面，它实行自负盈亏和按劳分配，按有关规定设立由集体支配的各类基金(包括公益金、公积金、发展基金等)；在工作方面，它可以在司法行政机关的宏观指导下，独立自主地开展各项业务。基于司法行政机关对律师事务所只实行一般的行政管理和监督，其他如对律师业务的具体管理、指导、总结交流经验等，则应交由律师协会管理。实行这样的律师管理体制，才能真正理顺司法行政机关与律师事务所及律师协会的关系，使律师事务所获得应有的自主权，从而促进律师事业的发展。

为了稳妥地加快律师管理体制的改革，实现其改革的目标，可以分两步走：第一步，律师事务所实行在国家给予"三费保留"条件下的自收自支；第二步，律师事务所实行自力更生，自负盈亏，割断与国家财政拨款的联系，不要国家编制，自身根据需要增加人员，内部实行公有制性质的一律平等的按劳分配原则。一般地说，未实行"自收自支"的律师事务所，应当创造条件，实施第一步改革，为第二步的改革作好准备；已经实行"自收自支"的，应当继续努力，在条件成熟时实施第二步改革。第二步改革是第一步改革的深化，带有根本的性质，是达到改革目标的关键。唯有实现第二步改革，律师才能大有作为，律师事业才大有希望。

　　合作制的律师事务所是公有制性质的，符合上面所说的改革的目标和方向，有着光明的发展前途，应经过试办，取得经验逐步推广。建立合作律师事务所不是瓦解现有的律师事务所，但是，它对现行的律师管理体制将是一种挑战，将有力地促进律师管理体制的改革，使现有的律师事务所尽快地实现第二步改革。这里应当指出的是，现有的律师事务所尽管在管理体制上有不少弊端，但消除其弊端后，仍然是律师事业发展的组织基础。离开现有的律师事务所，企图在短时期内建设起一大批合作制的律师事务所并不符合实际；把现有的律师事务所在短时期内大批地改为合作制的律师事务所也不现实。而在较短时期内把现有的律师事务所通过第一步改革，进而实现第二步改革则是可能的，或者说，经过努力是可以办到的。这样可以逐步增强律师承受改革的能力，避免产生大的波动，又可以尽快地调动全国律师的积极性，推动事业的发展。因此，当前在积极大胆地进行合作制的律师事务所的事业工作的同时，应该把改革的重点放在现有律师事务所的第一步改革和第二步改革上面。忽视了这一点，就会延缓律师管理体制改革的步伐。只要我们牢牢地把握律师管理体制改革的目标，又紧紧地抓住律师管理体制改革的重点和步骤，就能稳当地驾驶着这一改革的航船乘风破浪，达到胜利的彼岸。

　　实现律师管理体制改革的目标是非常复杂和艰巨的。因为这一改革涉及诸多方面的社会关系的改变，涉及人民利益的调整，涉及传统观念的转变，将会遇到很多的阻力。但困难并不可畏，改革就是在克服种种阻力中前进的。重要的是，现在改革已是大势所趋，不可逆转。只要我们坚持党的十三大路线和社会主义初级阶段理论，有魄力，善决断，勇于探索，善于试验，积极努力，坚忍不拔，我国律师管理体制改革的目标就一定能够实现。

被告人有权获得辩护

(《学习与思考》1981年第4期)

编者按：本文阐明了我国法律规定的"被告人有权获得辩护"的原则是社会主义民主和法制的生动体现；论述了被告人为自己辩护和辩护人为被告人辩护的具体权限、做法以及行使辩护权利所必须遵循的基本原则；指出了在刑事诉讼过程中司法机关应该切实承担"保证被告人获得辩护"的义务。

我国宪法、法院组织法和刑事诉讼法都明确规定"被告人有权获得辩护"。辩护制度是加强社会主义法制，保障公民民主权利，保证案件正确处理的一项重要措施。在刑事诉讼过程中，必须坚定不移地贯彻执行。

一

在刑事诉讼过程中，被告人享有充分的辩护权。所谓"被告人有权获得辩护"，是指被告人及其辩护人有权根据事实和法律提出材料和意见，证明被告人无罪，罪轻或者应减轻、免除其刑事责任的一种行为。

为什么我国宪法、法院组织法和刑事诉讼法要规定被告人有权获得辩护呢？这是因为在刑事诉讼的实践活动中提出了这样的问题：所有的被告人是不是都有罪，是不是控告他有什么罪，他就有什么罪，这些问题都不能简单地回答，因为犯罪的情况是十分复杂的。犯罪分子多数是采取隐蔽的狡猾的手段进行犯罪活动的。犯罪后，往往又毁灭罪证，制造假象，企图掩盖犯罪事实，甚至栽赃陷害，嫁祸于人。证人也可能因记忆不准而作出错误的证明，或者因案件与自己利害有关而故意作出虚假的证明。侦查、检察、审判人员收集证据、判断案情，也可能因主观或客观的因素而发生错误。所有这些错综复杂的因素，决定了被告人有各种不同的情况：有的被告人可能无罪，或者是被人错告，或者是被人诬告有的；被告人虽然有违法行为，但尚不足构成犯罪，有的被告人虽然有罪，但没有控告的那样严重，等等。

既然被告人中存在着上述种种不同情况的可能性，那么，为了正确定案，防止形而上学，主观片面，我们就不能只了解原告一方，而不了解被告一方。对原告与被告这一对既互相对立又互相联系的矛盾，如果我们只听原告一方，先入为主，偏听偏信，主观武断，那就很可能造成冤、假、错案。而给被告人以辩护权，就是克服片面性、避免冤假错案发生的一项重要措施。被告人否认罪行的辩解和反证，可以树立对立面，促使侦查、检察、审判人员更细心更全面地调查研究，收集证据，查证核实。如果被告人的辩解和反证，经查证是正确的，那就可以使错误得到纠正，防止错案发生。如果被告人的辩解和反证，经查证是虚伪的或错误的，那就排除了无罪或罪轻的证据，更加肯定了有罪或罪重的证据，从而作出正确的判决。

　　由此可见，给被告人以辩护权，有助于正确地定罪及适用刑罚，既防止罪及无辜或轻罪重判，又防止重罪轻判或放纵坏人，从而准确地打击犯罪分子，保护公民的人身权利、民主权利和其他权利。这正是社会主义民主的具体体现，也是无产阶级专政的基本要求。

　　有的人把"被告人有权获得辩护"这一原则说成是资产阶级的，把我们无产阶级国家的辩护制度与资产阶级国家的辩护制度混为一谈，这种认识是没有根据的。

　　实际上，我国的辩护制度与资产阶级的辩护制度是有原则区别的。虽然"被告人有权获得辩护"这一原则，最早是资产阶级为反对封建社会专横暴虐的司法制度而提出的，有其历史的进步性，但是在资本主义制度下，这一原则不可能得到真正的实行。这是因为，第一，资产阶级法律本身就是鞭笞和捆绑劳动人民的皮鞭和绳索，而且它纷繁复杂，自相矛盾，条文含混不清，广大劳动人民难以掌握和运用，这就严重地阻碍了被告人行使辩护权。第二，资产阶级的律师是维护资本主义制度的雇佣工具。律师自由开业，以赢利为目的，看人论价，看价办事，谁给的钱多就为谁辩护，甚至串通法庭，狼狈为奸，不择手段，陷害忠良。这自然只能有利于占有大量财富的资产阶级，而劳动人民则请不起律师，特别是请不起有名望的大律师，即或倾家荡产请了律师，也难免遭到败诉的厄运。可见，在资本主义社会里，所谓被告人有辩护权，对劳动人民来说始终是一句空话，一种骗局。它实际上是粉饰资本主义"民主"，维护资本主义私有制，镇压劳动人民的一种"精巧"工具。在我国的社会主义制度下，被告人有权获得辩护的原则，在法律上和实践上都绝不允许受金钱、权势的阻碍，但在实际上要经过艰苦的努力才能能够得到真正的贯彻实行。这首先是因为我国的法律是代表广大劳动人民利益的,而且法律条文简明准确、通俗易懂,比较容易为被告人所掌握;其次是因为我国的律师是国家法律工作者,他们有组织有领导地进行工作,遵守法纪,不谋私利,从而能够真正维护被告人的合法权益。这就是我国的辩护制度与资产阶级国家的辩护制度的本质区别。

二

被告人最清楚地知道自己是否有犯罪行为,如有犯罪行为,他也最清楚犯罪的动机、目的、时间、地点、对象、手段、结果等等。因此,被告人有权获得辩护,首先就应该是被告人在受侦查和受审判的全部刑事诉讼过程中,都享有为自己辩护的权利。

在侦查阶段,被告人应该知道他被控告犯了什么罪,应该有权提出无罪、罪轻的辩解,有权要求侦查人员、鉴定人员回避,有权要求用作证据的鉴定结论应当告知被告人,被告人可以提出申请,要求补充鉴定或者重新鉴定。在法庭审理阶段,被告人有权对合议庭组成人员、书记员、公诉人、鉴定人和翻译人员申请回避,有权申请向证人、鉴定人发问,有权辨认物证,参与对未到庭的证人证言、鉴定人鉴定结论、勘验笔录和其他作为证据的文书的查证,有权申请通知新的证人到庭和调取新的物证,申请重新鉴定或勘验,有权在法庭上提出辩解,参加辩论辩论终结,有权作最后陈述。第一审法院判决后,被告人有权上诉。此外,在审判过程中,被告人还可以拒绝辩护人继续为他辩护,也可以另行委托辩护人。

被告人为自己辩护,是法律赋予他的权利,任何人、任何机关和团体都不得干涉和阻挠。林彪、"四人帮"横行时,这一权利受到粗暴践踏,被告人只有承认和交待罪行的义务,毫无申辩的权利。这种做法,实际上就是把被告人一律看成是有罪的,而且其罪行一定如控告的那样严重,甚至比控告的更严重。这种武断专横,导致了大量冤假错案的发生。这就从反面教育我们,必须坚决维护"被告人有权获得辩护"的法律规定。

当然,允许被告人为自己辩护,并不等于要我们相信被告人的辩解都是正确的。有的被告人的辩解,实际上是企图逃避惩罚。因此,对被告人的辩解,不能轻易地肯定或否定,而必须遵照"重证据、重调查研究、不轻信口供"的原则,认真查证核实,辨别真假,去伪存真。对被告人的正确辩解应该肯定,对错误的辩解应予否定，从而得出正确的结论，做到不枉不纵。至于被告人的态度是否老实，也只有最后根据案件的全部事实与被告人对全部事实所持的态度，才能作出正确的评定。把被告人的辩解一律视为态度不老实或认为被告人只有交待罪行、承认罪行才算态度老实的看法，是片面的，错误的，有害的。

三

在法院审判阶段，被告人除了自己行使辩护权以外，还可以委托辩护人为其辩护。

有些被告人由于他所处的地位，如在押而失去活动自由，或在共同犯罪中所处的地位不同，对于案件情节不能全面了解，或者由于他的法律知识不足，不能从法律上分析自己的行为是否犯罪，犯的什么罪，应受到什么惩罚或者由于他生理方面的缺陷等原因，不能充分地行使辩护权和正确地为自己辩护。为了克服被告人为自己辩护的这些局限性，我国刑事诉讼法规定，被告人除自己行使辩护权外，还可以委托辩护人为他辩护。

在法庭审理阶段，被告人可以委托下列人员为他辩护：律师、人民团体或被告人所在单位推荐的、或者经人民法院许可的公民，被告人的近亲属、监护人。公诉人出庭公诉的案件，被告人没有委托辩护人的，人民法院可以为他指定辩护人。被告人是聋哑或未成年人而没有委托辩护人的，人民法院应当为他指定辩护人。

辩护人的地位与被告人的地位不同，法律规定辩护人享有比被告人更多的权利。但由于辩护律师与其他辩护人的职务不同，法律赋予他们的权利也不同。刑事诉讼法第二十九条规定："辩护律师可以查阅本案材料，了解案情，可以同在押的被告人会见和通信，其他的辩护人经过人民法院许可，也可以了解案情，同在押的被告人会见和通信。"在法庭审理时，所有辩护人享有同等的权利，有权申请向被告人、证人、鉴定人发问，参与其他各种证据的查证，有权申请通知新的证人到庭，调取新的物证，申请重新鉴定或者勘验，有权为被告人辩护，参加辩论。第一审法院判决后，辩护人经被告人同意，可以提出上诉。

为了使辩护人正确地为被告人辩护，刑事诉讼法第二十八条规定："辩护人的责任是根据事实和法律，提出证明被告人无罪、罪轻或者减轻、免除其刑事责任的材料和意见，维护被告人的合法权益。"这一规定，不仅为辩护人名正言顺、理直气壮地为被告人辩护提供了法律根据，更重要的是为辩护人如何进行辩护，指明了正确的方向。从这一规定出发，一方面，辩护人不得营私舞弊，捏造事实，曲解法律，为被告人开脱罪责；另一方面，对于辩护人根据事实和法律进行的辩护，应视为正当的、合法的，并受到法律的保护。也就是说，不仅被告人无罪应当为他辩护，即使被告人有罪，但不象控告的那样严重，或者有减轻、免除刑事责任的根据，也应当为他辩护。辩护人站在正确的立场上，无私无畏，敢于依法辩护，维护被告人的合法权益，这正是伸张正义，维护社会主义法制的表现，理应受到欢迎和支持。

然而，在过去很长一段时间里，在法律虚无主义思潮的影响下，我国五十年代初建立起来的辩护制度曾经被否定，辩护人为被告人进行正当的辩护也被指责为"站在反革命的立场"，"替反革命说话"，"包庇犯罪分子"等等。由于这种流毒，至今还有人认为辩护人依法为被告人辩护是"没有站稳无产阶级立场"。试问如果我们对被告人定罪量刑有错误，辩护人为被告人辩护，要求我们改正，这难道不正是我们法律的严肃性所要求的吗？难道我们对确实存在的错误坚持不改，允许错案发生，反而是"站稳了无产阶级立场"吗？我国法律是无产阶级意志的集中体现，因而在司法实践中，谁能严格依法办案，正确实施法律，准确打击犯罪，同时维护被告人的合法权益，保护人民的利益，谁就是维护了社会主义法制，也就是站稳了无产阶级立场。相反地，谁不依法办案，任意侵犯被告人的合法权益，制造冤假错案，谁就是破坏了社会主义法制，也就是背离了无产阶级立场。

辩护人依据事实和法律为被告人辩护，是符合人民民主专政的根本利益的，是符合我国刑法、刑事诉讼法的基本精神的。当然，我们是辩证唯物主义者，我们只能要求辩护人努力做到正确运用无产阶级法律，不断提高辩护水平，而不能要求他们在辩护工作中绝对做到百分之百的正确。只要他们不是徇私舞弊，贪赃枉法，而只是在辩护工作中发生这样或那样的缺点错误，就应该被看作是正常的，是可以帮助他们纠正的，不应该对他们乱扣帽子，乱打棍子。不仅辩护人的辩护可能有错误，而且公诉人的控告也是可能有错误的，只有通过法庭辩论，才能明辨是非。如果说"真理是在争论中确立的"，那么正确的判决也只有在辩论中才能做到。因此，在诉讼过程中，决不能无视辩护人的意见，采取"你说你的，我判我的"做法，而应该欢迎辩护人坚持原则，大胆揭露矛盾。经过法庭的全面调查和认真辩论，做到证据确凿，定性准确，量刑适当，保证办案质量，既不使一个犯罪分子逃避应得的惩罚，也不使一个无辜的人受到刑事处分。

从表面上看，公诉人和辩护人的分工不同，职责不同，在诉讼过程中互相"对立"、"唱对台戏"，而从实质上看，他们是从不同的角度进行工作，通过互相制约又互相配合的途径，达到一个共同的目的，即准确实施法律，惩罚犯罪，保护人民，维护社会主义法制的尊严和权威。因此，我们的侦查员、检察员、审判员、律师及其他辩护人，都必须彻底抛弃资产阶级旧法人员的恶习，决不为个人名利而在胜诉与败诉的问题上闹纠纷，争输赢，而应该以人民的利益为重，无条件地服从真理，服从法律和事实真相，把维护社会主义法制作为自己的崇高使命。

现在，体现社会主义民主的和作为社会主义法制重要组成部分的辩护制度，已经重新在我国建立起来了。但是，要使这一制度真正得到贯彻执行，还需要进行大量的工作。一方面要坚持不懈地同一切践踏法制、破坏辩护制度的行为作坚决的斗争；一方面还必须不断地努力克服诸如上面所指出的各种妨碍辩护制度实行的错误认识和错误观点，加强司法队伍的建设，造就一大批忠于无产阶级革命事业的大无畏的司法人员和辩护律师。公检法机关应该切实承担"保证被告人获得辩护"的义务，经常检查、监督辩护制度的实行，总结经验，努力探索，使它不断完善起来。

辩护律师在刑事诉讼中的法律地位

（《政治与法律》1983年第6期）

我国辩护律师在刑事诉讼中维护被告人的合法权益，帮助司法机关正确定罪量刑，适用法律，避免冤假错案的发生，对于巩固社会主义法制、维护社会主义民主起了很大作用，但是，在实际生活中，还存在着轻视律师在刑事诉讼中的作用，不尊重律师的法律地位的现象。例如，有的律师在法庭上为被告辩护被指责为"丧失立场、替坏人说话"，甚至责令辩护律师退出法庭。产生这种现象的重要原因之一，就是对辩护律师在刑事诉讼中的法律地位没有正确的认识以及法律对于辩护律师在刑事诉讼中的地位的规定还不够明确和完善。

第一，辩护律师的职责。

我国律师制度是社会主义性质的，律师是国家的法律工作者，是在司法行政机关的组织和领导下依法进行工作的。律师受被告人的委托或者被人民法院指定为辩护人以后，就应当依法为被告人辩护。根据刑事诉讼法第二十八条规定，"辩护人的责任是根据事实和法律，提出证明被告人无罪、罪轻或者减轻、免除其刑事责任的材料和意见，维护被告人的合法权益。"这一规定给辩护律师为被告人的合法权益辩护提供了法律根据：（一）律师依法为被告人辩护是正当的，是受法律保护的。被告人无罪要为其辩护；被告人有罪，但没有如控诉的那样严重，也要为其辩护；被告人有从轻、减轻、免除刑事责任的情节，要为其辩护；被告人被适用的法律不当，也要为其辩护。这是辩护律师义不容辞的光荣职责。（二）律师为被告人辩护必须根据法律和事实，不得徇私枉法、捏造事实，曲解法律，欺骗法院。辩护律师履行职责，依法提出有利于被告人的材料和意见，反驳不正确的控诉，不仅有利于保障被告人的合法权益，而且有利于法院全面了解案情，作出客观的公正的判决，从而维护法律的正确实施。

辩护律师的职责决定了他在刑事诉讼中与被告人、公诉人、审判员之间相互关系的性质，从这些相互关系中可以看出辩护律师在刑事诉讼中的法律地位。

第二，辩护律师与被告人在诉讼中的法律关系。

辩护律师作为被告人的辩护人，他的职责是协助被告人行使诉讼权利，因而他在法庭上不是揭露和证实被告人的罪行，而是提出有利于被告人的材料、意见和法律依据，以维护被告人的合法权益。否则，他便不成其为被告人的辩护人了。被告人如果认为辩护律师不能维护自己的权益，那么他有权拒绝律师继续为其辩护，也可以委托其他辩护人为其辩护。律师在刑事诉讼中为被告人的合法权益辩护，他的职责与被告人要求维护自己的合法权益的愿望是一致的。

同时，辩护律师为被告人辩护并不是无原则的，而必须坚持"以事实为依据，以法律为准绳"的原则。辩护律师可以从事实的有无、情节的轻重提出证明被告人无罪、罪轻，或者减轻和免除其刑事责任的材料和意见，如起诉书提出对被告人控告的根据与事实全部不符，应该做无罪辩护，如部分不符，应该做减轻罪责的辩护；也可以适用法律方面提出辩护意见等。这就是说，辩护律师要维护的是被告人的合法权益，而不是依照法律应当予以限制或者剥夺的权益。因此，辩护律师不是被告人的代理人、代言人、不是被告人要他说什么他就得说什么，要他怎么辩他就得怎么辩护。被告人所追求的非法权益，辩护律师理所当然不能为其辩护。辩护律师在办理案件过程中，如果发现被告人隐瞒罪行，不肯坦白交代，那么辩护律师应该根据法律，说服被告人采取实事求是的态度，主动坦白交代，争取从宽处理。若是被告人仍然执迷不悟，固执错误，辩护律师有权拒绝担任被告人的辩护人。有一种观点认为，即使在这种情况下，辩护律师也不能拒绝为被告人辩护。我认为，这种观点是不符合社会主义法制原则的。如果辩护律师明知被告人隐瞒重大罪行而仍然为被告辩护，那么只能违背事实，违背法律地为其辩护。这是与辩护律师的庄严职责和辩护制度的目的和原则相悖的。况且，被告若采纳辩护律师的意见坦白交代其罪行，还能得到从宽处罚。由此可见，辩护律师有自己的神圣职责和辩护原则，他不能完全替代、也无权完全代替被告人，这是辩护律师与被告人的根本区别，把辩护律师与被告人混为一谈是错误的。辩护律师在诉讼中始终不处于被告人的地位，也不从属于被告人，不能为被告人的意志所左右，律师凭自己对法律的理解和对事实的认定为被告人辩护，完全处于独立的诉讼地位。

第三，辩护律师与公诉人在诉讼中的法律关系。

在法庭上，公诉人代表国家支持公诉，控诉被告人的犯罪行为，他的任务主要是揭露和证实被告人的罪行；而辩护律师出席法庭为被告人辩护，他的主要任务是维护被告人的合法权益，反驳公诉人不正确的控诉。从形式上看，辩护律师和公诉人似乎互相对立,"唱对台戏",但是从实质上看,两者的根本立场、办案原则和追求目的都是一致的。辩护律师和公诉人都必须站在国家和人民的立场上,坚持以事实为根据,以法律为准绳的原则,他们的目的都是为了正确实施国家法律,维护社会主义法制的尊严和权威。由于两者的分工和任务不同,因而从不同的角度,通过既相互制约又相互配合的形式来保证法律的正确实施。

检查机关是国家的法律监督机关。检查机关决定是否批捕、审查决定是否提起公诉,以及出庭支持公诉,以期做到准确、及时地打击犯罪活动。为此,公诉人代表国家行使检察权,在审查起诉工作中,应该坚持实事求是的原则,既要注意调查被告人的犯罪事实和证据,又要调查被告人无罪、罪轻或减轻、免除刑事责任的事实和证据,根据全部事实和法律,严格区别罪与非罪、此罪与彼罪、重罪与轻罪的界限,作出起诉、免于起诉或不起诉的决定。对于提起公诉的案件,在法庭审理被告时,公诉人出席法庭的主要任务当然是支持公诉,控诉被告人。但是,犯罪现象是复杂的,公诉人由于主客观的原因,也可能在认定犯罪事实,犯罪性质、情节和社会危害程度以及适用法律上发生错误。因此,需要设置"对立面",对立的双方从不同角度去理解、判断事实和法律,通过辩论从中得出正确的结论。律师出庭为被告人辩护,正是体现了这一点。律师针对公诉人控诉中的错误进行反驳,通过双方辩论,真理越辩越明,以达到案件的正确处理。这样,既能防止放纵坏人,又能避免冤枉好人,既能防止处刑畸轻畸重,又能避免发生冤假错案。这是辩证法原理在诉讼活动中的具体运用。

从上述可知,辩护律师和公诉人在刑事诉讼活动中的关系是相互制约的关系。他们的根本目的是一致的。因此,双方在法庭辩论过程中,都应该抱着"坚持真理,修正错误"的态度。律师维护被告人的合法权益,在法庭上,对公诉人控诉中的错误提出的反驳,以及对于检查机关在办案过程中违反法律规定或者没有履行侦查监督的职能所提出的批评意见,公诉人应当虚心听取,认真研究,支持律师的正确意见,纠正自己的错误,秉公执法。当然,律师对公诉人正确的控诉也不能无理辩驳,而必须尊重事实,尊重法律。总之,辩护律师和公诉人在诉讼中应该忠实于人民,忠实于法律制度,忠实于事实真相,服从真理,修正错误,而决不能闹意气,争输赢,比高低,影响案件的正确处理。

第四,辩护律师与审判员在诉讼中的法律关系。

人民法院是国家的审判机关。法院收到检察院提起公诉的案件后,经过审查,在和检察院的公诉意见基本一致的基础上,开庭审理案件。因此,在法庭上审判员与公诉人一样，其主要任务是揭露，证实犯罪，正确定罪量刑。而辩护律师如前面已经讲到的，他的主要任务是依法为被告人辩护。辩护律师反驳公诉人的控诉，也就间接地反驳审判员的意见。辩护律师和审判员之间往往会对案件产生意见分歧，但这种意见分歧并非坏事，实际上往往是案件得以准确处理的必要前提。律师对案件提出不同意见，也可以使审判员防止先入为主，偏听偏信，主观断案，也可以使审判员把辩护律师的意见与公诉人的意见加以比较鉴别，准确地认定犯罪和判处刑罚。

可见，辩护律师与审判员互相制约的目的是为了互相配合，共同依法处理案件。因此辩护律师应该大公无私，仗义执言，依法为伴高人辩护；审判员则应当尊重辩护律师的辩护，欢迎律师对案件进行"推敲"，"找漏洞"，"挤水分"，以便使自己听到不同的意见，防止思想上的主观性和片面性，从而客观地全面地了解案情，准确地援引法律，避免差错。据河南省一百二十九个法律顾问处一九八二年一月至九月的统计，经律师辩护结案的三千二百九十九个刑事案件中，改变案件性质和变更主要起诉事实的就有一百五十二件（其中宣判无罪的七十八件，撤诉的六十八件）。这证明，律师出庭为被告人辩护，不仅维护了被告人的合法权益，而且协助了人们法院正确处理案件。

第五，辩护律师是刑事诉讼中独立的诉讼主体。

从上述分析中可以看出，辩护律师为被告人辩护，既不受被告人意志的支配，也不受检查机关和审判机关意志的支配，而是独立的诉讼主体。为此，法律赋予律师从事辩护所必要的权利和义务。辩护律师享有广泛的权利，主要是：（1）有权根据事实和法律，独立地为被告人辩护；（2）可以查阅本案的案件材料，了解案情；（3）可以同在押的被告人会见和通信；（4）在法庭审判阶段，可以同控诉人辩论，可以依法提出上诉，等等；（5）为了执行辩护任务，有权向有关机关、团体、事业单位及公民个人调查访问。这些权利是辩护律师执行辩护任务所必需的。同时，辩护律师还必须履行相应的义务，主要是：（1）律师在接受委托和被指定为辩护人后，有义务为被告人辩护，除特殊情况外，不能拒绝辩护；（2）必须依据事实和法律为被告人辩护；（3）必须准时出席法庭执行任务；（4）必须严格保守国家机密。

第六，必须切实保障辩护律师在诉讼中应有的法律地位。

我国律师制度恢复以来，律师作为辩护人参与刑事诉讼活动，对于保障被告人的合法权益、维护社会主义法制和社会主义民主发挥了很好的作用。但是，目前在有些地区还存在着阻碍辩护律师参与刑事诉讼活动和不尊重辩护律师的辩护意见的现象。例如,有的审判员对辩护律师的辩护意见不予理睬,"你辩你的,我判我的";有的在开庭审判之前已经拟定了判决书;有的在开庭审判之前,已经对被告人定了罪、量了刑,还取得了上级人民法院的同意,用以对付辩护律师的辩护,等等。产生这些现象的一个重要原因是我们的律师制度不健全有密切的关系的。这就要求我们在立法上进一步明确辩护律师在刑事诉讼中的法律地位,完善我国的律师制度。

发挥乡镇法律服务站作用
努力为经济社会发展服务
——在山东省烟台市乡镇法律服务站
工作经验交流会上的讲话

（1985年6月10日 根据录音整理）

我受司法部的委托，来参加会议，主要任务是学习、了解情况，回去向部里汇报，没有在会议上作讲话的任务。主持会议的领导同志再三要我发表讲话，我只好把这两天参加会议的学习体会向同志们作个汇报。这次烟台市乡镇法律服务站工作交流会开得很好，很成功。

这次会议很重要，马副省长、陈厅长、烟台市委李书记出席会议作指导。会议上所介绍的法律服务经验，内容很丰富，事例很生动，经验很深刻。我来学习收获匪浅，启迪了思想，打开了眼界，拓展了思路。去年，在全国司法行政工作会议上，司法部部长邹瑜同志在工作报告中大力提议建立乡镇法律服务站，并提出要树立三个服务的观点，即为人民群众服务，为经济建设服务，为国家长治久安服务。从那时候起，特别是党的十二届三中全会作出《关于经济体制改革决定》以后，全国乡镇法律服务站发展很快。从地市来讲，烟台是走在全国的前面，是首当其冲的，工作搞得很出色。烟台市创造的经验，表明烟台市的司法行政工作真正转移到为经济建设这一中心服务上来。学习烟台的经验，我有以下几点体会。

第一，法律服务站蓬勃发展，是符合经济发展客观规律的要求。从去年初开始，中国东部、南部、中部、东北部经济比较发展的地区相继出现了法律服务站这样的事物。这是星星之火，正燃成燎原之势。这是不是偶然的呢？是不是少数人一时激动而创立的呢？不是的！要寻找它产生的根本原因，不能从人们的思想意识中去寻找，而要从经济关系发展中去寻找。这是马克思主义告诉我们的一个基本原理。大家知道，近几年来，在党的正确路线指引下，在对外开放，对内搞活经济的新形势下，生产关系、经济结构、经济组织形式、流通形式、分配形式，都发生了重大的变化，商品经济迅速发展，经济流转日益频繁，越来越多的各种经济关系已经和将要用法律固定下来。我们要遵循经济规律来管理经济，就离不开反映经济发展客观规律的法律。运用法律杠杆来解决经济关系的问题，已经成为行政机关、经济管理部门、企业单位和事业单位的迫切要求。运用法律手段正确处理经济关系，预防和解决经济纠纷，保证经济体制改革顺利进行，巩固和发展经济体制改革的成果，这就需要有一个机构来为经济建设提供法律服务。法律服务站就是顺乎改革的潮流，合乎实际的需要，应运而生的。这是这次会议上介绍的许多新鲜经验的一个共同特点，说明了法律服务站不是人们主观树立的，而是适应社会经济发展和商品交换的需要而建立的。它的产生也是符合中共中央关于经济体制改革决定中提出的"司法部门要积极为经济建设提供法律服务"的要求的，大方向是正确的。法律服务站是一个符合中国实际的需要的，是一个新生事物，有着光明的发展前途。社会一旦有了法律服务的要求，我们如果主观的、人为地废除它，是办不到的。法律服务站如果被废除了，那就会有其他的形式出现，来为经济建设提供法律服务，否则经济建设就要遭到损失。可见，法律服务站不是可有可无的，而是现阶段经济基础发展的必然产物。我们论证乡镇法律服务站产生具有必然性，并不说全国每个乡镇都必须立即建立法律服务站。因为我国地域如此广大，各地的经济、政治、文化发展不平衡，若不顾客观条件的差异性，强求每个乡镇都必须立即建立法律服务站是不现实的。但是，我们既然认准了方向，开始着手这项工作，就要坚定信心，坚定不移地干下去，做出优异的成绩来，为四化建设作贡献。

第二，法律服务站蓬勃发展，是各级党政领导和广大司法行政干部发挥主动性、积极性，进行创造性工作的结果。经济发展要求司法部门为其提供法律服务，这是客观存在的。但这一条规律为人们普遍认识到是不容易的，只有认真观察经济迅速流转对法律服务需求的辩证关系，把握其本质，才能认识这一新鲜事物，并促进它健康成长。烟台市委、市政府和市司法局的同志们正是认识到这个新生事物，积极推广建立法律服务站。陈厅长告诉我，烟台市委书记和市长亲自指导、组织法律服务站的建设工作。因而大家行动很快，措施得力，现在全市已经普遍建立了乡镇法律服务站。法律服务站明确了服从于、服务于以经济建设为中心的现代化建设，建立了一系列必要的规章制度，使法律服务站走上了健康发展的轨道。可以说,没有省司法厅的有力指导,没有市委和市政府满腔热情地扶持,没有司法行政干部的热情、决心和毅力,就不会出现今天这样生动的大好局面。烟台市二百六十九个乡镇,建立了二百六十一个服务站,还有八个乡镇没有建,这也好。说明你们工作是稳步推进,不是搞一刀切。没有建成的,它有主观和客观存在原因,不要求之过急,待遇条件具备了再建成。因此,建立法律服务站工作要积极进取,创造条件,成熟一个个,建立一个,巩固一个,稳步发展,遵循事物发展的客观规律办事。

第三,法律服务站是为经济建设服务,为综合治理服务的一种好形式,也为司法行政工作扎根基层奠定了组织基础。烟台市创造的经验,充分证明了这一点。法律服务站建立在基层,面向基层,面向群众,把法律服务落实到基层。它已经有力地促进国家长治久安和社会主义物质文明建设、精神文明建设。从烟台的经验来看,法律服务站主要从以下几个方面发挥积极的作用:一是通过担任企业和两户一体的法律顾问,通过协助办理公证、代书、审查经济合同、参与调解经济纠纷,巩固和发展了农村经济体制改革的成果,促进了农村商品经济的发展;二是通过调解民间纠纷,把大量矛盾解决在萌芽状态,防止矛盾激化,预防恶性案件的发生,增进人民内部团结,有效促进社会安定;三是通过宣传法制,向农村干部群众进行普及法律常识教育,大大增强干部群众的法制观念和遵守法纪的自觉性。像烟台市这样大多数乡镇有法律服务站,实现用五年左右的时间向全体公民普及法律常识的这个任务,已经有了坚实的组织准备;四是通过法律服务站的各项工作,促进了基层司法行政工作的全面发展,使司法行政工作在基层扎根,给予司法行政工作带来了生机和活力,可能为创造具有中国特色的司法行政工作开辟了一条切实可行的道路。

第四,提高法律服务站的服务能力、服务质量、服务效率是法律服务站生存和发展的根本途径。法律服务站作为上层建筑的一个部分,它能够为经济基础服务,就有生命力,服务得越好,其生命力就越强;一旦它对经济基础漠不关心,成为经济基础发展的阻力,那么它或迟或早就会被抛弃掉。法律服务站现在和将来都面临着这样一个严峻的考验。法律服务站为经济建设服务的好与坏,决定着它的前途和命运。服务好的标准是什么呢?我想主要是两条:一是方便群众,全心全意为群众服务,解决群众的实际问题;二是能够熟练地、准确地、及时性地为经济建设和社会治安综合治理提供法律服务。掖县金城镇法律服务站和海阳县徐家店法律服务站基本达到了服务好的标准。他们对人民群众不是摆着官僚主义的态度，而是抱着热情关心的态度，急群众之所急，想群众之所想，倾心尽力地为群众服务。他们没有一点坐堂办案的衙门作风，而是深入群众，体察民情，调查研究，了解案情，核准事实，把法律服务建立在实事求是的基础之上。他们没有搞不正之风、徇私枉法，而是廉洁奉公，秉公执法，以法律为准绳，使处理问题，严格符合法律的要求。

烟台市乡镇法律服务站已经取得很大的进展，这次会议又为法律服务站进一步巩固、发展、提高作了准备。为什么这么说呢？一是这次会议本身就说明对法律服务站加强领导、精心指导。马副省长的讲话，市委李书记的讲话，刘局长的报告，都体现了对法律服务站高度重视、悉心指导。二是这次会议提出法律服务站要建立健全一整套的规章制度，这是法律服务站巩固、发展、提高的保证。你们应尽可能做到管理工作、服务工作规范化，用制度管人、管财物、管工作，保证各项工作有序进行。三是这次会议强调要加强干部队伍建设。我认为这个问题强调得好。法律服务站要名符其实，不能糊弄人，不能违反法律和政策，要有过硬的真本领，用法律搞好服务工作。必须加强队伍建设势在必行。队伍问题，说到底是个人才问题。每个服务站没有几个能干的人才，那是不行的。队伍素质不好，怎么能提供法律服务？你自己不懂法律，不懂政策，不懂经济，你怎么能为经济建设提供优质的、高效的法律服务呢？所以，加强培训干部，采取多种形式培训干部，提高干部的政治素质和业务素质的水平，是当务之急，必须下功夫抓紧抓好，否则法律服务站就不可能健康发展。

第五，法律服务站是在实践中探索，在探索中前进。法律服务站是刚产生不久的新生事物，不可能很完善。它必须在实践中探索前进，它必须从群众的实践中，从经济改革的实践中，从社会治安的综合治理的实践中汲取营养，使自己健康成长，使自己的指导思想、工作作风、工作方法、工作质量符合形势发展的需要。现在法律服务站如何加强搞好自身建设的问题和如何搞好三个服务的问题，还有许多尚未被认识，我们要注重调查研究，总结经验，不断地加深认识，使我们的工作更自觉更主动一些，为社会提供更佳的法律服务。现在有许多问题尚待进一步探讨。一是法律服务站的性质问题。它是基层政权的组成部分，还是事业单位？从目前来看，各方面的因素都有一些，事业单位的因素多一些。二是服务站的服务范围问题。它的服务范围基层司法行政工作四大任务中的一部分，还是独立的一部分。三是服务站的成员构成的问题。由哪些人员组成，有搞招聘的，还有兼职的，什么样最合适。四是服务站的从属关系问题，是乡镇政府领导，还是司法局领导？五是服务站的收费问题。是有偿服务的，还是无偿服务，总的说有偿服务是趋势。但决不能什么服务都是有偿的，有些服务应当是无偿的。哪些收费，哪些不收费，以及收费标准、收费管理办法等，都要明确规定。六是服务站要搞自负盈亏，乡镇政府给予补贴等等。上述六个问题，现在各地做法不一样，可自由探讨，但政权机关对它的性质要下结论、作规定，必须符合法律。对这六个问题，烟台市的经验，在不同程度上作了回答。乡镇法律服务站建立不到一年的时间，能在一些方面作出较好的回答，我觉得是不简单的。

总之，我们要把高度热情与冷静思考结合起来，要把改革精神与科学态度结合起来，坚定不移，慎重初战，务求必胜。要反复试验，总结经验，发扬成绩，克服缺点，有所创造，巩固提高，稳步前进，把法律服务站工作办好。

谈社会治安的综合治理

(中央党校《理论动态》1982年第364期)

如何实现社会治安的根本好转？党中央指出，根本途径是"全党动手，实现全面综合治理。"所谓综合治理，就是在各级党委的领导下，组织社会各方面的力量，充分运用政治的、经济的、思想的、行政的、教育的、文化的和法律的各种手段，打击犯罪，改造犯罪，不断地消除犯罪的原因和条件，达到预防和减少犯罪的目的。综合治理，是我们同犯罪作斗争的总方针。

综合治理的方针是根据我国社会的实际情况提出来的。随着阶级状况和阶级关系的变化，现在犯罪的情况和犯罪的原因同建国初期比较，发生了新的变化。从犯罪的性质看，有敌我矛盾，也有人民内部矛盾，而由人民内部矛盾激化走向犯罪的，占有相当大的比重；从犯罪的成员看，反革命分子和旧社会的残渣是极少数，而绝大多数是工人、农民、干部和知识分子队伍中分化出来的犯罪分子以及这些基本群众的子弟，其中青少年占百分之七、八十左右；从犯罪的原因看，有的是受了林彪、"四人帮"的流毒和影响，有的是受了极端个人主义的资产阶级思想的腐蚀和外来资产阶级文化、生活方式的侵蚀，有的是由于国外敌对势力的渗透和破坏，还有的是由于多年积累起来的、一时不能完全解决的问题引起的。由此可见，当前的社会治安问题，是一个极其复杂的社会问题，是由各种因素造成的一种"综合症"。要解决这个问题，只靠法律手段是不够的，必须全党动手，全体人民动员，采取多种手段综合治理。

现在，有的同志不敢放手抓综合治理，他们担心这样做会影响依法从重从快方针的贯彻。这种把综合治理和贯彻依法从重从快方针对立起来的观点是错误的。实行综合治理不但要进行多方面的工作，还必须注意认真贯彻党的下述三个具体政法工作方针，即：第一，对于极少数杀人犯、放火犯、抢劫犯、强奸犯、爆炸犯以及其他严重危害社会的现行犯罪分子，要坚决依法从重从快惩处；第二，对大量有轻微违法行为的人，既不要判刑劳改，也不要送去劳教，而是要依靠全党、依靠全社会的力量，加紧进行教育、感化、挽救工作，预防犯罪；第三，对于一般的现行刑事犯罪，要分别情节轻重，区别对待。这就是说，综合治理的基本要求之一，就是要全面贯彻党的各项具体政法工作方针和政策，依法从重从快方针是综合治理的一个有机组成部分，它与综合治理的关系，是政法工作的具体方针与总方针的关系。党的各项具体政法方针，是以党的政法工作总方针为指导，并为这个总方针服务的。这就要求我们在惩办犯罪的时候，要时刻牢记"综合治理"这个总方针，要自觉地把依法从重从快方针纳入综合治理的轨道，坚持打击犯罪与预防犯罪相结合，即治标与治本相结合。

还有的同志觉得搞综合治理麻烦，多一事不如少一事，认为一切都应由政法部门负责。这种看法、做法缺乏全局观点。诚然，搞综合治理要涉及到各条战线、各个领域，要从各方面做艰苦细致的工作，要同许多"麻烦"的事打交道，确实不是轻而易举的。但是，这项事业关系到全国人民的根本利益，和各个单位的生产、工作有着密切的联系，如果我们不能正确地认识、处理综合治理与生产和各项工作的关系，那就必然受到辩证法的惩罚。安定的社会环境，是从事生产、工作的必要条件。抓综合治理，表面上是"多一事"，"麻烦"一些，实际上，治安搞好了，就能保证生产、工作得顺利进行。反之，不抓综合治理，表面上是"少一事"，实际上，社会秩序不好，违法犯罪增加，就会直接影响群众的情绪，给生产和工作带来损失。因此，权衡利弊，我们可以说，要创造一个良好的生产秩序和工作秩序，搞好综合治理是"麻烦"最少、最有效的途径。

综合治理所包括的内容很广泛，但概括说来，主要是打击犯罪和预防犯罪这两个方面的辩证结合。一是打击犯罪。即侦查、拘捕犯罪分子，依法判处刑罚，把其中一部分犯罪分子送进监狱或其他劳动改造场所，防止他们继续作案危害人民，并实行强制改造，努力化消极因素为积极因素。二是预防犯罪。这里讲的预防犯罪，不是刑罚的一般预防与特殊预防的作用，而是从政治、经济、思想、文化教育等各个方面加强工作，对各个社会矛盾和社会问题，有条件解决的要抓紧解决；暂时不能解决的，要用疏导和教育的方法，减少和消除不安定因素，至少不使其激化，并逐步地消除犯罪的原因和条件。打击犯罪和预防犯罪二者是辩证的统一，有力地惩办犯罪，可以发挥法律的震摄作用，分化瓦解犯罪分子，警戒社会上的不稳定分子，这是搞好预防犯罪所不可缺少的条件。而预防犯罪，不仅可以大大减少犯罪的发生，还有助于我们集中力量和准确地打击犯罪。打击犯罪和预防犯罪是社会治安综合治理中两个紧密联系，不可分割的重要环节，必须同时下力气抓好。

最近一年来，通过对依法从重从快方针的宣传和贯彻，各级党委和政法部门对打击犯罪比较重视，且已取得了明显的效果。对此，今后还应该继续坚持下去。但是，对于预防犯罪的重要性，一些同志还认识不足，工作也往往跟不上去。正因为这样，发案率时降时升，治安情况不够稳定的问题至今没有得到很好解决。不少地方的经验表明，要实现社会治安的根本好转，只抓打击犯罪、不抓好预防犯罪是不行的。道理很简单：打击犯罪属于治标，预防犯罪属于治本，如果我们忽视了预防犯罪这个治本的工作，就如斩草未除根一样，那么，今天我们打击一批犯罪分子，明天仍会有一批新的犯罪分子产生出来。这样，不管我们建立多么庞大的政法机关，集中多么大的人力、物力去侦查和打击犯罪，社会仍然达不到长治久安。空想社会主义者欧文认为："预防犯罪远胜于惩罚罪行。"①这是一个十分卓越的见解。他的这一见解在资本主义社会里是无法实现的，因为资本主义制度本身就是犯罪的温床，犯罪的根源。而社会主义制度由于消灭了生产资料私有制，消灭了剥削，也就消灭了引起犯罪的最主要的根源。同时，由于我们有共产党的坚强领导，有马克思主义这个抵制剥削阶级思想腐蚀的强大思想武器，能够发动各行各业和广大人民群众参加治安管理，这就使社会主义制度下预防犯罪完全成为可能。所以，在实现社会治安综合治理的过程中，我们一定要全面地理解执政党的政法工作指示，在继续加强打击犯罪的同时，要注意研究发生犯罪的原因和条件，研究犯罪分子活动的特点和规律，充分认识在一定范围内存在的阶级斗争，采取有效措施，把预防犯罪的工作做好。

实行社会治安的综合治理，涉及到社会的各个方面。为了使社会治安在短期内取得明显好转，我们必须抓好以下几个方面的工作。

首先，坚决打击经济领域内各种严重违法犯罪活动，开展反对资本主义腐蚀的斗争。经济领域内的犯罪活动，不仅严重破坏了社会主义经济，而且有巨大的腐蚀性，是引起其他方面犯罪的一个重要条件。因此，同经济领域中的违法犯罪活动，是社会治安综合治理的一项极其重要的内容。我们既要坚定不移地执行对内搞活经济和对外开放的政策，又要在广大党员、干部和群众中深入持久地进行反腐蚀斗争的教育，搞好各单位内部秩序的整顿，完善各种管理制度，堵塞一切可能被犯罪分子利用的漏洞，以保证我们党和国家机关的健康肌体不受侵害。

第二，在思想文化领域内，反对资产阶级自由化思潮，不断地清除剥削阶级

---

① 《欧文选集》第1卷，第67页

的思想影响。按照马克思主义的观点，犯罪活动是和阶级斗争的存在相联系的。在我国，剥削阶级作为阶级已经消灭，但是，阶级斗争在一定范围内仍然存在，在意识形态领域内各种剥削阶级和其他非无产阶级的思想影响依然存在，随着对外交流的增多，国际资产阶级思想渗透也在增加。而资产阶级和一切剥削阶级思想的侵袭则是产生犯罪的重要阶级和思想根源。如果我们听任西方没落文化的传播和蔓延，那就不仅会严重毒化社会风气，还会导致更多的犯罪现象的发生，使"和平演变"的可能性在一部分人和某些单位变成现实。对于这种危险性，千万不可掉以轻心。为此，必须高度重视加强对广大干部和群众的政治思想教育。这样，我们就会极大地增加识别和抵制资产阶级思想侵袭的能力，逐步地消除引起违法犯罪的思想根源。

第三，加强对青少年的教育，是搞好综合治理的中心环节。广大青少年的政治思想状况，主流是好的，必须充分肯定。但也要看到，这一代青少年，生在新中国，缺少新旧社会对比的亲身感受，他们许多人又是在十年内乱中成长。其中极少数青少年受到林彪、"四人帮"散步的无政府主义、极端个人主义的毒害，资产阶级腐朽生活方式和资产阶级自由化思想也在侵蚀着他们，因而程度不等地发生了违法乱纪行为。当前，青少年的犯罪问题已成为一个严重的社会问题，必须认真加以解决。这就要求整个社会动员起来，都来关心青少年的健康成长，关注他们的思想动态，积极地采取教育引导和预防犯罪的措施。要针对青少年的特点，做过细的政治思想工作，深入持久地进行爱国主义、社会主义、革命理想、共产主义道德和法纪教育。对于失足青少年，要组织力量对他们帮教、包教，满腔热情地做好教育、感化、转化工作。劳改部门、劳教农场、工读学校要认真贯彻教育、感化、挽救、改造的方针，努力把违法犯罪的青少年教育好、改造好。

第四，加强基层基础工作，这是扎扎实实地落实综合治理方针的重要保证。五十年代初期，我国的社会秩序较好，犯罪率较低，一条重要的经验，就是当时的基层基础工作组织健全，制度落实，在治安工作中执行了党委领导下专门机关与广大群众相结合的方针。经过十年内乱，我们的基层和基础工作受到严重破坏，至今一些地方尚未完全恢复起来。这些年来，不仅许多城市，而且农村的社会风气和治安状况不好，这种情况的出现，与一些地方的基层党组织涣散无力、治安和调解组织不健全有很大关系。因此，要是综合治理取得成效，就必须加强城乡、特别是农村基层党组织和政权组织的建设。公社、生产大队作为基层政权的职能，只能加强，不能消弱。城乡基层的治安组织和调解组织，应当尽快地恢复和健全起来，以发挥他们的维护治安、加强法制建设和处理人民内部纠纷中的作用。要充分动员群众，积极参加安全防范工作，明确分工和职责，把责任落实到人，使治安工作建立在坚实的群众基础上。

党风、社会风气、社会治安，三者是密切联系的。凡是社会风气败坏的地方，治安问题也最突出。而党风不正，又会直接影响社会风气。因此，社会治安的综合治理，要同抓社会风气和党风的好转同时进行。特别要抓好党风。党风端正了，就为扫除社会上的歪风邪气，减少和制止犯罪行为创造了极有利的条件，就能带动社会治安的根本好转。

实行社会治安的综合治理，是关系到全国人民切身利益和四化建设进程的大事。社会各方面都要在各级党委的领导下，积极参加综合治理。社会治安问题，不仅政法部门要全力以赴去抓，工、青、妇组织，宣传、教育、文化部门，学校、家庭和一切机关、企业事业单位及基层组织，都要同心协力、密切配合，各尽其责。

(本文作者：杨一凡　林文肯)

| 我的理论思考 |

综合治理　预防犯罪

（《上海司法》1982年10期）

　　今年七月，中共中央召开的全国政法工作会议指出：近两年来，在全党、全军、全国人民的共同努力下，经过实行"综合治理"，整顿社会治安特别是整顿城市治安已经取得成效，整个社会风气和社会治安有明显好转，总的情况是发案率下降，破案率提高，社会稳定进一步增强，群众的安全感增多了。但工作发展不平衡，治安情况还比较波动，有些地方的社会治安问题时起彼伏，因此，对整顿社会治安工作必须坚持不懈地继续抓下去。实行社会治安的"综合治理"，是党中央总结我国三十多年来同犯罪作斗争的经验基础上提出来的一项重要方针，是根据社会治安问题乃是社会问题综合反映的实际情况，并根据马克思主义关于消灭阶级、从而消灭犯罪这一基本原理提出来的。综合治理的方针是实现社会治安根本好转的正确方针，是实现我国长治久安的战略方针。

　　按照马克思主义的观点，犯罪是阶级社会的特有现象。在我国，虽已消灭了私有制度，消灭了剥削阶级，但是，"由于国内的因素和国际的影响，阶级斗争还将在一定范围内长期存在，并在某种条件下还可能激化。"[1]我们不但要同国内剥削阶级的残余势力作斗争，而且要同国际剥削阶级势力作斗争。这是长期的、持久的、复杂的、尖锐的阶级斗争。有阶级斗争，必然会有犯罪。当前我国的犯罪问题，实质上"是我国社会主义社会在新的历史条件下阶级斗争的重要表现，是国内外阶级敌人用资本主义腐朽思想对我们进行破坏腐蚀的反映"。因此，预防犯罪，搞好社会治安，决不是哪一个部门单位的单独事情，单靠一个部门一个单位是搞不好的，单靠法律一种手段也是不够的，只有各个部门、单位一起动手，才是实现社会治安综合治理根本好转的唯一途径。综合治理，就是从客观的社会实践出发，在党委的统一领导下，充分发挥政法部门的作用，发挥各部门、各单位从政治、经济、教育、思想、道德、文化、艺术等各个领域，来为整

---

[1]《关于建国以来党的若干历史问题的决议》

顿社会治安共同努力做好工作,不断地消除产生犯罪的原因和犯罪分子作案的条件,打击现行犯罪和改造犯罪,从而达到预防犯罪、减少犯罪的目的。

综合治理主要包含两方面的内容:一是打击犯罪,发挥刑罚的特殊预防和一般预防的作用。所谓特殊预防作用,就是把犯罪分子缉拿归案,依法惩处,限制他们的自由,迫使他们无法继续为非作歹,危害社会,并通过强制性的劳动和耐心细致的政治思想教育改造他们,化消极因素为积极因素;所谓一般预防作用,就是通过对犯罪分子的严厉刑事惩罚,"杀鸡给予猴看",使那些蠢蠢欲动企图犯罪的人和有犯罪动机萌芽的人看到暴力处罚的震慑和警戒,使他们收敛或放弃犯罪邪恶念头,同时教育广大群众,提高觉悟,激发同犯罪作斗争的决心和勇气。二是预防犯罪,这里讲的是指消除产生犯罪的原因和犯罪分子作案的条件,这方面所涉及的范围和内容极其广泛,有政治方面的阶级斗争,打击剥削阶级残余势力的反抗,有在思想方面抵制国内外腐朽的资产阶级思想的腐蚀,有经济方面要巩固社会主义所有制,正确处理人与人之间的利益关系,正确解决冲突,努力解决生产力低下产生的贫困所引起的利益争夺,此外,还有解决治安防范各种措施不力等问题。打击犯罪与预防犯罪这二者是辩证的统一,只有打击犯罪,才能搞好预防犯罪,也只有搞好预防犯罪,才能有效改造罪犯。如果对于当前杀人、放火、抢劫、强奸、爆炸等严惩的现行刑事犯罪分子不予以从重从快打击,那么他们的犯罪气焰就会愈加嚣张,使犯罪急剧地蔓延开,所以严厉打击是十分必要的。但只是靠惩办是不够的,必须同时搞好预防犯罪工作。因为只有消除产生犯罪的原因和犯罪分子作案的条件,有效地治理犯罪。否则我们打击一批犯罪分子,仍然会产生新的甚至更多的犯罪分子,我们破获一些案子,还会产生新的甚至更多的案子。因为,如果犯罪的原因在蔓延以至泛滥,这些原因必然要产生犯罪的结果来。因此,打击犯罪和预防犯罪二者不可偏废,应当很好地有机地结合起来。在某些时候,我们集中力量打击犯罪是完全必要的,但总的说来,应当把预防犯罪放在首位,贯彻始终。因为从根本上上看,打击犯罪是针对已经出现的犯罪行为加以惩治,虽然也有特殊的预防作用,但其主要是对犯罪的事后抑制作用。而预防犯罪则是消除产生犯罪的原因和条件,是事前防范和消除犯罪的作用,前者为"治标",后者为"治本"。可见,预防犯罪要比打击犯罪更具有更重大的深远意义。

现在有一种观点认为,"打击犯罪是硬任务,不抓不行;预防犯罪是软任务,不那么紧迫,可以放一放",按他们的意思,现行犯罪,直接危害社会,是火烧眉毛的事，必须及时侦查捕判。这从前提的意义上讲，问题确实是如此，确实是无产阶级专政的前提条件，必须毫不放松地抓紧这项工作，稳、准、狠地打击犯罪。但从另一方面讲，对于这些出现的犯罪问题如何去作社会的必要预治，他们又感到本身重要工作很多，无暇以顾，被摆在次要地位。其结果仍是主要靠刑罚的惩办来解决社会的犯罪问题，使预防犯罪的社会任务被削弱，形成在社会防治方面"头痛医头"、"脚痛医脚"的被动局面，使打击犯罪和预防犯罪这两者应有的关系本末倒置，涣散了社会的综合治理工作，这种错误思想是十分有害，必须纠正。在一个时期集中力量打击严重犯罪现象的同时，必须重视预防犯罪工作；在一个时期集中力量打击严重犯罪现象取得显著成效之后，更要加倍努力做好预防犯罪工作。

预防犯罪应当抓好哪些工作，概括地讲，可分两个方面：一是消除犯罪产生的原因，主要是消除政治、经济、文化、思想方面的原因，这是根本的；二是消除犯罪分子作案的条件，做好防范工作，如加强巡逻和值班、加固防御设施等等。前者可称为"积极预防"，后者可称为"消极预防"，但这二者都有是预防犯罪的必要的措施，缺一不可。如果不消除犯罪的原因，仅仅从消除犯罪分子作案的条件方面做工作，那就堵不胜堵，防不胜防；反之，只从消除犯罪产生的原因方面做工作，而不去消除犯罪分子作案的条件，那就无法及时打击和遏制犯罪分子的犯罪活动。因此，抓预防犯罪，必须从两个方面着手，结合进行。

为了有效预防犯罪和和犯罪，必须抓紧清除犯罪的原因和条件。首先必须坚持党的四项基本原则，同反对四项基本原则的资产阶级自由化思潮作斗争，同资本主义腐蚀作斗争。在各条战线、各个领域加强思想政治工作，引导广大群众学习马列主义毛泽东思想，批判和抵制资本主义腐朽思想侵蚀。不断灌输社会主义思想，批判唯利是图和"一切向钱看"的资本主义思想，培养人们的共产主义劳动态度；坚持共产主义旗帜，坚持不懈地扩大无产阶级思想阵地，批判资产阶级自由化、文化商品化倾向，要坚决禁止出版、销售反动的、黄色淫秽的精神垃圾去毒害人民，尤其是青少年一代。在学校教育方面，当前应当强调党的教育方针，克服目前实际存在的片面追求升学率的思潮，大力加强思想政治工作，纠正学生中不问政治的倾向，培养学生的共产主义道德品质。

其次，要重视改进和加强劳改工作和劳教工作，努力把违法犯罪的青少年和其他犯罪分子改造成为新人，做好释放后的善后安置工作，使他们有业就、有饭吃、有房住，有生活出路，减少犯罪的因素，防止他们回到社会后又重新犯罪，形成恶性循环。各单位对有违法行为的青少年，要认真做好帮教工作，及时挽救他们，防止他们走上犯罪道路。

其三，要加强基层政权建设，加强人民调解工作，正确处理人民内部矛盾，防止人民内部矛盾和转化而引起犯罪。当前要特别注意解决好农村和城市实行生产责任制后出现的人民内部的新问题，及时解决人们经济关系方面的大量新问题，消除可能产生犯罪的各种因素。

其四，要整顿组织纪律，加强治安责任制建设。应当看到，某些地区、某些单位和部门，当前法纪不严、纪律松弛，无法可依或有法不依，无章可循或有章不循，以及缺乏严格的检查和监督，工作人员警惕性不高，麻痹大意，漫不经心等等，都是给犯罪分子可以乘隙利用的条件。各部门、各单位都要抓紧好治安保卫工作，把治安保卫责任和安全责任纳入本部门本单位的生产、工作责任制之内，建立和健全工作、生产、学习、经营管理等各项纪律和安全责任制度，实行严格的岗位责任制，健全保卫处、科和内部治保会，落实内部治安保卫工作的各项措施，防止犯罪分子钻纪律制度不严的空子。对于重点要害部位或者重要物资存放要实值班制度，还可以采取某些特殊的技术防范措施，例如设置警报器、保险箱，或者其他掩蔽、闭锁装置。并且，经常教育广大干部和群众，"对敌视社会主义的分子在政治上、经济上、思想文化上、社会生活上进行的各种破坏活动，必须保持高度警惕和进行有效的斗争"。①监视犯罪分子的一举一动，努力造成犯罪分子难以实施犯罪的环境和条件。

其五，要加强社会主义法制建设。抓紧立法工作，尽快地制定出各种具体、明确、比较完备的法律，做到有法可依、避免犯罪分子利用法律不完备、法制不统一的漏洞进行犯罪。在抓紧立法、做到有法可依的同时，特别是要抓好"有法必依、违法必究、执法必严"落实工作，使任何违法、犯罪的人逃不脱法律的追究。

总之，为了实现社会治安的根本好转，必须领先各级党委的统一领导，全党动员，全民动手，实行全面综合治理。必须把打击犯罪和预防犯罪结合起来，把消除产生犯罪的原因与消除犯罪分子作案的条件、做好防范工作结合起来。只有这样，才能预防犯罪、养活犯罪，实现良好的社会治安秩序，保障社会主义现代化建设顺利进行。

---

① 《关于建国以来党的若干历史问题的决议》

论我国刑法中的犯罪客体

(《法制建设》1984年第4期)

在刑法理论中，关于犯罪客体的问题是一个十分重要而又复杂的问题。只有弄清犯罪客体的问题，才能揭示犯罪的共同本质和特殊本质，才能正确理解我国刑法关于犯罪的分类和分则体系，才能正确认定犯罪构成，揭示具体犯罪的性质、社会危害程度，做到定罪准确，量刑适当。当前在犯罪客体的理论问题上尚存在一些混乱现象，因此对犯罪客体问题进行深入的探讨是十分必要的。

一、什么是犯罪客体

按照马克思主义的观点，任何一种犯罪行为所侵犯的客体都是统治阶级为了本阶级利益而建立起来的社会关系。在阶级社会里，社会关系具有强烈的阶级性，在经济上、政治上占统治地位的阶级总是运用各种手段，包括刑法来建立和维护符合统治阶级利益的社会关系。侵犯统治刑法所保护的客体——社会关系的行为，就被称为犯罪。

资产阶级国家刑法所保护的客体就是资本主义的社会关系即资本主义的经济基础和上层建筑。这种社会关系的最本质的特征是资产阶级对无产阶级和广劳动人民的剥削和压迫的关系。可是，资产阶级刑法学家总是力图回避犯罪客体问题的正解解释，或说犯罪客体是法律规范，或说犯罪客体是物质世界的物体或物品，以及人等。这些观点都掩盖了犯罪的政治本质和资产阶级刑法所保护的真正客体——资产阶级为维护阶级利益而建立起来的社会关系，抹杀了资产阶级刑法的阶级性。

社会主义国家刑法保护社会主义社会关系。社会主义社会关系的本质特征就是无产阶级和广大劳动人民对极少数剥削者的压迫关系和人民内部的平等关系。我国刑法第二条规定，无产阶级专政制度，社会主义全民所有制和劳动群众集体所有制，公民私人合法财产所有权，公民的人身权利、民主权利和其他权利，社会主义的社会秩序等都是我国刑法保护的客体。这鲜明的表明了我国刑法是人民民主专政的工具。

我国刑法中犯罪客体具有以下特点：

（一）犯罪客体只能是社会主义的社会关系，一切对社会主义制度有危害的旧社会关系的残余都不可能成为犯罪客体。例如，买卖婚姻关系、封建迷信思想和迷信活动所代表的社会关系等，都不可能成为犯罪的客体。有些社会关系是将注定要被社会主义革命所消灭的，但在一定时期内还有可能成为犯罪的客体。例如，信仰宗教是人类愚昧、迷惘的产物，终究要随着社会主义物质文明和精神文明的高度发展而消失，但它在现有的条件下还有存在的理由，人们宗教信仰自由是受法律保护的，如果有暴力或者其他手段干涉他人信仰宗教，那么信仰宗教这一社会关系就可能成为犯罪的客体。

（二）犯罪客体只能是刑法保护的社会主义的社会关系，非刑事法律保护的客体不能成为犯罪客体。例如，侵犯婚姻法、行政法、民法保护的客体，就不能认为是犯罪的客体，对于这种侵犯行为就不能按照刑法处罚，而只能按照婚姻法、行政法和民法的规定处理。这就是说，只有行为侵犯某一种社会主义社会关系达到相当严重的程度，即触犯刑法的程度的时候，某一种社会主义社会关系才能成为犯罪客体。

（三）犯罪的客体只能是犯罪行为所侵犯的社会主义社会关系。只有当犯罪行为已经开始实施，并给社会主义社会关系某个方面造成或可能造成危害结果的时候，社会主义社会关系的某个方面才能成为犯罪客体。如果社会主义社会关系的某个方面没有受到某种犯罪行为的侵犯，它就不是犯罪客体。

对犯罪客体的研究，使我们明确：人的行为侵犯了刑法所保护的社会主义社会关系时，才能构成犯罪。不侵犯任何客体的行为或者侵犯非刑事法律所保护的客体的行为，都不能认为是犯罪。

二、犯罪客体种类的划分

任何犯罪行为，不论是反革命行为，还是其他犯罪行为，不论是严重的犯罪，还是轻微的犯罪，都会给社会主义社会关系造成危害。因此，社会主义社会关系是作为一切犯罪的共同客体出现的。刑法理论上，把一切犯罪所侵犯的共同客体称为犯罪的一般客体。犯罪的一般客体表明一切犯罪之间的本质联系，是犯罪概念籍以确立的根据。

犯罪的一般客体只能说明一切犯罪构成的客体方面的共同性，但是它不可能说明某种类型的犯罪或某一具体犯罪在犯罪客体方面的特殊性。因此，为了判明每一种犯罪的性质，就必须把犯罪的一般客体划分为犯罪的同类客体和犯罪的直接客体。犯罪的一般客体与同类客体、同类客体与直接客体的关系就是"一般"与"个别"的关系。同类客体和直接客体与一般客体相联系而存在，一般客体只能通过同类客体和直接客体而存在。同样的，直接客体与同类客体相联系而存在，同类客体又只能通过直接客体而存在。这里存在两个层次的一般与个别的关系。

刑法理论中把一定类型的犯罪所侵犯的具有紧密联系的有共同特点的客体归纳为一类，称为犯罪的同类客体。我国刑法分则各章规定的犯罪，是根据犯罪的同类客体的定义，把各种各样的犯罪合并为八个种类。

刑法分则的各章，有的章在条文中直接指明了犯罪的同类客体是什么，例如第一章反革命罪，就在条文中指明了其同类客体是无产阶级专政的政权和社会主义制度；有的章的标题就直接表明了其同类客体是什么，例如第四章侵犯公民人身、民主权利；有的章的标题和条文都没有说明同类客体是什么，这不等于这类犯罪没有同类客体。遇到这种情况，就必须根据犯罪客体的概念，根据同犯罪作斗争的政治意义，对这类犯罪的同类客体作出补充解释。例如第五章侵犯财产罪，其同类客体是社会主义社会的财产所有权关系。

刑法分则体系是以犯罪的客体为主要标准制定的，但是，有的章使人认为主体是分类的根据。有的人认为渎职罪这一章是特殊的，主体的特征是分类的根据，其实这种看法是不对的。渎职罪的客体是正确行使职权的制度。从这一正确解释出发，第八章的分类标准，仍然是以犯罪的客体为主，而主体的只不过是附属的必要条件。因职务上的犯罪而侵害正确行使职权制度的，只能是国家工作人员，非国家工作人员就不存在正确行使职权的问题，不存在职务上的犯罪。另外，国家工作人员在职权范围以外的犯罪，尽管犯罪主体是国家工作人员，但他犯的罪不是渎职罪。由此可见，渎职罪这一章也主要是根据犯罪的客体建立起来的，而特殊主体不是主要的根据，正像分则有些章的个别规范也包含有特殊主体一样，例如第五章中规定的贪污罪，其主体就是特殊主体。

还有一些章看起来不是根据犯罪客体进行分类，因为有的犯罪行为所侵害的，不是一个客体，而是两个客体。大家知道，每一个客体都不是孤立存在的，都是与其他客体互相联系而存在的。当一个客体受损害时，往往引起与它联系的客体受到损害。在这种情况下，就要以犯罪所侵害的其中一个客体为主要对犯罪进行分类。例如,"国家工作人员滥用职权、假公济私,对控告人、申诉人、批评人实行报复陷害的"犯罪行为就侵害了两个客体,既侵害了国家工作人员正确行使职权的制度,又侵害了公民的人身权利、民主权利。因为这一犯罪侵犯公民人身权利、民主权利比侵害正确行使职权制度更直接、更主要,所以把它列入侵犯公民人身权利、民主权利这一章;又如,"国家工作人员利用职务上的便利,贪污公共财产的"犯罪,也侵犯了两个客体,既侵害了国家工作人员正确行使职权的制度,又个侵害了社会主义公有制,因为这一犯罪侵害社会主义公有制比侵害正确行使职权的制度更直接、更重要,所以把它列入侵犯财产罪这一章。

　　刑法分则各章内部又包含多种具体的犯罪行为,每一具体的犯罪行为都侵害一定的社会关系。刑法理论上把每一具体犯罪行为所直接侵害的具体社会关系,称为犯罪的直接客体。

　　刑法分则各章内部不同的罪名,就是根据犯罪所侵害的直接客体的不同来确定的。在侵犯财产罪一章中,侵犯国家财产罪的直接客体是社会主义全民所有制,侵犯集体财产罪的直接客体是劳动群众集体所有制,侵犯个人财产罪的直接客体是公民个人的合法财产权。财产上的犯罪,确定其直接客体,就能判明具体犯罪的政治意义。另外,因为犯罪手段对其罪行的轻重有较大的影响,所以财产上的犯罪又要以犯罪手段——抢劫、盗窃、抢夺、诈骗、敲诈勒索、贪污、故意毁坏等而加以区别,但这并不否定财产上犯罪的直接客体。

　　犯罪的同类客体和直接客体在大多数情况下是容易确定的,但在某些情况下比较难以确定,为了查明犯罪行为侵害的客体,必须查明犯罪人的主观意图。例如,为了确定是否反革命杀人罪,就必须查明行为人是否具有反革命的目的。只有行为人具有反革命的目的,才能确定行为人杀人的行为所侵害的客体是无产阶级专政的政权和社会主义制度。

　　从上述可以看出,犯罪客体种类的划分,可以使我们认定犯罪的性质,正确评价犯罪的社会危害程性,从而做到正确定罪量刑。

三、犯罪客体与犯罪对象的关系

　　犯罪客体是我国刑法保护的、被犯罪行为所侵害的社会主义社会关系。许多文章都承认这一点,但是在分析具体的犯罪时,却把犯罪对象混同为犯罪的同类客体或直接客体。因此,为了弄清犯罪客体,还必须研究犯罪客体与犯罪对象的区别和联系。

犯罪对象是受犯罪行为直接影响的体现社会主义社会关系的物品、人（包括自然人和法人）及其行为。犯罪的对象是具体的社会主义社会关系存在的条件，当犯罪行为使对象受到直接影响时，就侵害了社会主义社会关系。因此，如果以犯罪对象代替犯罪客体，那么就不能正确说明犯罪的实质和社会危害性。例如，有的文章认为盗窃罪的客体是财产，这是不正确的。因为，第一，在盗窃时，财产本身可能有未受到任何损失，比如犯罪分子盗窃一部电视机，这部电视机本身没有受到损害。如果说盗窃罪的客体是财产的话，那么就会得出结论：在这一盗窃罪中客体没有受到损害。这显然是与我们关于犯罪的概念、犯罪客体的概念是相矛盾的，哪有不会受到犯罪损害的犯罪客体呢？！第二，盗窃罪的客体并不是财产，而在于侵犯了财产所有权。如果是盗窃国家的财产，那么这种犯罪就在于侵犯了国家对财产的关系，即国家丧失了对被盗窃的财产行使其所有权（占有权、使有权和处分权），这样也就破坏了社会主义的所有制关系。这说明，财产上的犯罪，财产只是犯罪对象，而财产的所有权才是犯罪的客体。

有的文章讲杀人罪的客体是人的生命，伤害罪的客体是人的健康等等。这种观点也是错误的。尽管某些行为使人的生命、健康受到或可能受到损害，但是把它们当作犯罪的客体，就有可能混淆罪与非罪、此罪与彼罪的界限。按照马克思主义的观点，人是不同社会关系的代表者和参与者，因此损害人的行为的背后就可能隐藏各种不同的社会关系。对于定罪来说，只根据公民人身伤、亡这一事实还不够，因为这一事实还不能说明行为侵害了什么社会关系。人本身并不是犯罪的客体，使人的生命、健康遭到损害的除了意外事件以外，有两种可能：一是合法的正当防卫的行为使犯罪分子的生命、健康遭到损害，这种行为是依法保护公民的生命权、健康权免遭犯罪分子的侵害。在这里，如果把人当作犯罪的客体，就会把正当防卫当作犯罪行为处理，混淆了罪与非罪的界限；二是非法的侵害行为使人的生命、健康遭到损害，但是犯罪行为引起公民的生命、健康的损害，也可能是由侵犯不同的社会主义社会关系方面引起的。例如反革命的杀人罪、伤害罪与一般的杀人罪、伤害罪是由于反对不同的社会主义社会关系方面引起的。如果把人的生命、健康当作犯罪的客体，就分不清此罪与彼罪的界限。

综上所述，为了正确认定犯罪客体，必须正确理解犯罪客体与犯罪对象的辩证关系。这里主要要掌握两点：第一，要把犯罪客体与犯罪对象加以区别。马克思指出：盗窃林木这一"犯罪行为的实质并不在于侵害了作为某种物质的林木，而在于侵害了林木的国家属性——所有权本身"，这就是说，盗窃林木罪的犯罪对象是林木，而林木的所有权才是犯罪的客体。在其他各种犯罪中，犯罪客体与犯罪对象同样有这样的区别。第二，要弄清犯罪客体与犯罪对象的联系。犯罪的对象只能是社会主义社会关系存在的条件，就是说，犯罪的对象必须是社会主义社会关系的体现者。例如，某一财产是社会主义所有制的财产，如果从具体的社会关系中非法的改变或消除了这一财产，那么就侵犯了社会主义所有制。由此可见，虽然对象与客体不同，但它是社会关系存在的必要条件。没有犯罪的对象，也就没有犯罪的客体。犯罪的客体是隐藏在犯罪对象的背后，必须经过科学的分析，才能被正确的揭示出来。

论共同犯罪的构成

（《求索》1984年第2期）

在我国同整个犯罪现象的斗争中，与共同犯罪的斗争始终占据着极其重要的地位。正确解决共同犯罪构成的理论问题，对于社会主义司法实践具有重大的意义。

共同犯罪与分散的孤立的个人犯罪具有更大的社会危险性。几个人共同犯罪的力量比几个人分散犯罪的力量的总和要大得多，能完成较大规模的犯罪活动，造成严重的社会危害性；由于共犯者的联合活动，可以引诱、欺骗、拉拢、教唆、胁迫更多的人参加犯罪，使更多的人与社会主义的社会关系发生冲突；共同犯罪的协作使他们更加狡猾地隐藏事迹，较容易逃避国家法律对他们的惩罚。因此，正确解决共同犯罪的构成的理论问题，使我们能够更有效地与危险的共同犯罪作斗争。

大家知道，过去出现一系列破坏社会主义法制的现象，产生了大量的冤假错案，株连数以万计的无辜，固然主要是林彪、"四人帮"破坏的结果，但同时也是与我们的不正确的共同犯罪的理论相联系的。这一反面经验向我们表明：正确解决共同犯罪构成的理论问题，对於进一步健全社会主义法制，对於司法依法办案有着很大的意义。

无产阶级关于共同犯罪的理论，不仅具有鲜明的阶级性，它为无产阶级政治服务；而且具有严格的科学性，它是建立在辩证唯物主义的基础之上的。

我国刑法规定："共同犯罪是指二人以上共同故意犯罪。"这一规定科学地概括了共同犯罪的最本质的特征。要构成共同犯罪，共犯者在主观方面必须有共同犯罪的故意，在客观方面必须有共同犯罪的行为。正是由于这两个条件的相互结合，使各个共犯者的犯罪活动联成一个有机的整体而构成共同犯罪。缺乏其中任何一个条件都不能构成共同犯罪。

第一，从客观方面来说，每一个共犯者都必须有共同犯罪的行为。这种行为的共同性有三个特征。

行为共同性的第一个特征，就是各个共犯者为实施同一犯罪而联合行动。如果没有进行这种同一犯罪活动的行为，行为就缺乏共同性，就不能构成共同犯罪。

行为共同性的第二个特征，就是第一个共犯者的行为是其他共犯者的行为实现的必要条件。在共同犯罪中，各个共犯者的行为就是彼此联系，相互制约，互为条件的，如果缺乏其中一个人或某些人的行为，犯罪结果就不能发生。

行为共同性的第三个特征，就是每个共犯者的行为都与已经造成的或可能造成的犯罪结果之间存在着因果关系。如果缺乏这种因果关系，行为之间就没有共同性，也就不存在共同犯罪。

根据马克思主义关于因果关系的原理，在刑法范围内，行为人的行为与犯罪结果之间有因果关系，这是使他负担刑事责任的客观根据，如果缺乏这种因果关系，就不能使行为人负担刑事责任。这是确定刑事责任的一个基本原理。大家在理论上都承认这一基本原理，但在实际中动用这一基本原理时却存在着不同的见解。因此，我们有必要对共同犯罪中的因果关系问题作比较详细的分析。

在共同犯罪中，如果所有的共犯者直接地实施了同一犯罪，那么他们的行为就是直接造成犯罪结果的原因。不同的地方是，可能有的共犯者的行为成为犯罪结果的主要原因，有的共犯者的行为则是犯罪结果的次要原因。

在共同犯罪中，如果各共犯者的行为有不同的分工，那么实行犯的行为就是直接造成犯罪结果的原因。至于其他共犯者如教唆犯、帮助犯、或组织犯，他们每个人的行为则是经过实行犯的行为而与犯罪结果相联系，间接地促进了犯罪结果的发生。所有共犯者行为的总和，是犯罪结果发生的原因。

在共同犯罪既遂的情况下，共犯者的行为与犯罪结果之间存在着因果关系。对此，大家没有疑义。但是，在共同犯罪未遂的情况下，犯罪结果没有发生，这能说共犯者的行为与犯罪结果之间存在着因果关系吗？要解决这个问题，我们必须先从一般犯罪未遂的情况谈起。在犯罪未遂的情况下，从表面上看，似乎犯罪行为与可能的犯罪结果之间不存在因果关系。但是，犯罪是一个过程，故意犯罪过程包含几个阶段。从故意犯罪过程来考察，我们就会发现，在故意犯罪过程未结束之前，犯罪行为与可能造成的犯罪结果之间一直保持着因果关系。如果犯罪行为已经使犯罪发生，就是犯罪既遂。如果由于犯罪分子意志以外的原因，犯罪行为没有使犯罪结果发生，就是犯罪未遂。在犯罪未遂的情况下，并没有推翻犯罪和与犯罪事实或可能造成的犯罪结果之间存在的因果关系。例如，犯罪分子甲拿着一把斧头要杀害仇人乙，甲的行为可能会导致乙死亡的结果。可是，如果正当甲举起斧头要砍乙的时候，斧头被丙夺过来，结果乙没有死。乙没有死的原因是丙夺了甲的斧头。从这个例子来看，在甲进行犯罪的过程中，出现了两对因果关系，一是甲的行为与乙的可能死亡之间的因果关系；另一对是丙的行为与乙没有死亡之间的因果关系。前一对因果关系是刑法上的因果关系，后一对因果关系不是刑法上的因果关系。但是后一对因果关系却验证了前一对因果关系的制约，所以乙死亡的可能性没有转化为现实。反之，如果没有后一对因果关系对前一对因果关系的制约，那么乙死亡的可能性就会转化为现实。由此可见，由於犯罪分子意志以外的原因包括客观条件的阻碍，犯罪行为没有产生预期的犯罪结果，这一事实证实了犯罪行为与可能造成的犯罪结果之间因果关系的客观性。同样地，几个人有共同犯罪故意，在实施这各犯罪故意过程中，由于他们意志之外的原因，使他们的犯罪目的没有实现，显然这已经构成共同犯罪未遂。这是使共犯者对未遂犯罪的事实担负刑事责任的客观根据。

依照我国刑法规定，犯罪行为的本质特征就是具有社会危害性，就是因为这对我国刑法所保护的客体造成了或可能造成一定的损害。如果某种行为根本不可能对客体造成危害的结果，那么这种行为就不具有社会危害性，就不是犯罪行为。因此，当我们确定某种行为是犯罪行为时，就是肯定这种行为对刑法所保护的社会主义社会关系造成了或可能造成危害社会的结果，不具有这种因果关系，就不能使行为人对危害社会的结果负责。刑法上这一因果有关系的基本原理对於共同犯罪也是适用的，如果各犯罪人的行为与发生的某一犯罪结果之间缺乏因果关系，就不是共同犯罪。例如，不能把事先没有预谋的窝藏行为看作是共同犯罪。因为这样的窝藏行为，既没有同实行犯所实施的该种犯罪行为有因果关系，也没有同所发生的该种犯罪结果有因果有关系。

综上所述，从客观方面评价共同犯罪，各犯罪人都必须有共同实施的犯罪行为，因此，这种共同犯罪行为永远是社会主义法制确定共同犯罪的客观根据。

第二，从主观方面来说，共犯者必须有共同犯罪的故意。这种故意的共同性有三个特征。

第一个特征是共犯者之间在主观上有一定的联系。这种主观上的一定联系有两种不同情况。

一种情况是各共犯者之间都相互了解他们是在共同实施同一犯罪。

另一种情况是每个共犯者都只知道自己是在和共犯者中的某个人或某些人在

共同实施同一犯罪，但并不是每个共犯者都彼此互相知道。

第二个特征是共犯者对共同犯罪行为所引起的危害结果都有预见。对于犯罪结果的预见，并不要求共犯者预见到犯罪结果实现的必然性，而只要求预见到犯罪结果实现的可能性就足够了。因为共犯者主观上预见的犯罪结果是否能实现，不但取决於共犯者行为的特征，而且还取决于时间、地点和条件。对于犯罪结果的预见也不要求对犯罪结果预见得很具体，只要求预见大概的犯罪结果就足够了。上述情况说明，在共同犯罪中，只要要求共犯者对共同犯罪的一般的危害结果有预见就可以了。但是，如果各犯罪人对这种犯罪结果缺乏共同预见，不能构成共同犯罪。

第三个特征是共犯者都希望或者放任共同犯罪结果的发生，也就是对犯罪结果采取直接故意或者间接故意的态度。这样，犯罪结果与所有共犯者的故意态度相联系，都在所有共犯者的故意之内，从而使所有共犯者产生联合行动，促使犯罪结果的发生。因此，如果各犯罪人对同一犯罪结果缺乏希望或者放任的态度，那么就不能构成共同犯罪。

综上所述，从主观方面评价共同犯罪，各共犯者必须具有共同故意。只有各共犯者有共同故意，才能使共犯者的意志联系一体，从而使各共犯者的活动具有内部的一致性，共同造成犯罪结果。缺乏共同故意，就不能可有内部一致性的共同犯罪的行为，就不能构成共同犯罪。例如，几个人过失行为造成同一犯罪结果的；过失帮助犯罪分子故意犯罪的或者犯罪分子利用他人过失进行犯罪的；各犯罪人故意实施的犯罪在客观上有联系，但在主观上并无联系；犯罪分子利用或教唆无责任能力的人进行犯罪，等等；所有这几种情况，都是缺乏共同故意，不能引起共同犯罪所固有的各共犯者之间的必要的内部一致性，因此不能构成共同犯罪。

由此可见，共同犯罪的行为是以共同故意为前提的。正确地确定几个人实施犯罪的主观方面的性质，具有重大的实践意义。在确定共同犯罪时，如果忽视了几个人的行为中法律所要求的实施犯罪时的共同故意，那么就可能把非共同犯罪当作共同犯罪，以致对某些人进行客观归罪，毫无根据地予以刑事制裁。

我国刑法把共犯者的刑事责任建立在共同犯罪故意和共同犯罪行为相统一的基础上，这是无产阶级关於共同犯罪概念与资产阶级关於共同犯罪概念的本质区别。资产阶级刑法中对於共同犯罪作了较具体的规定，例如1810年法国刑法第五九——六二条中，从行为的特点上规定了共犯者的条件，限制了共同犯罪的刑事责任的范围，它比起封建的共同犯罪牵连广泛的刑事责任的范围来说，无疑是一大进步。但是法国刑法典和其他资产阶级国家的刑法都没有给共同犯罪下一下科学定义，例如日本刑法规定："二人以上实行犯罪，都叫正犯"；德国刑法典规定："数人共同犯一罪时，各以正犯论处"。所有这些关于共同犯罪的概念都没有规定共同犯罪在主观方面的必要条件。资产阶级这种关于共同犯罪构成的概念，把共同过失犯罪也包括在共同犯罪之中，这既违反了犯罪的因果关系的规律，又违反了犯罪以主观故意罪过为基础的原则。资产阶级关于共同犯罪构成的理论，是为了加强对无产阶级和广大劳动人民的镇压，达到巩固资产阶级专政的目的。

为了加强社会主义法制，我们必须以无产阶级关于共同犯罪构成的理论为指导，以刑法关于共同犯罪的规定为准绳，准确地认定共同犯罪，正确地适用法律，避免把非共同犯罪误认为共同犯罪，也避免真正的共同犯罪逃避应得的惩罚。这对于当前打击严重经济犯罪中的共同犯罪具有直接的现实意义。

正确运用刑事法律同犯罪作斗争

（《河南司法》1982第3期）

我国刑事法律是无产阶级意志的反映，是人民群众同犯罪作斗争的武器。只有正确运用刑事法律，才能准确地有力地打击敌人、惩罚犯罪、保护人民、维护稳定，保障社会主义现代化建设顺利进行。

正确执行法律要接受党的政策的指导，要服从形势的需要。我国的法律，是国家立法机关制定的，是一些较长期适用的政策加以定型化、法律化。其特点是具有较大的稳定性。而政策可以是党根据各时期的形势制定的，其特点是更能够及时地反映形势与斗争任务的需要，具有更强烈的现实性和灵活性。党的政策虽然不能代替法律，但是，只有在党的方针政策指导下，适用和实施法律，才能保证有效地发挥其威力。

依法从重从快地惩处六类严重的犯罪分子，是党根据当前社会治安严峻形势提出来的一个正确方针。当前，社会治安形势虽然有所好转，但还没有根本好转，恶性案件还时有发生。如杀人、放火、抢劫、强奸、爆炸和其他严惩危害社会的现行犯罪等，对这六类严重犯罪分子，人民群众强烈要求尽快予以严惩。如果对人民群众的呼声充耳不闻，那么党就会脱离人民群众。因此，中共中央21号文件指出："目前群众意见大，认为我们打击不力的，就是这百分之六左右的重大、恶性案件的首要分子，我们要依法从重从快打击的，也就是这些人。"这反映了形势的要求，反映了人民群众的意志，与我国刑事法律的本质是完全一致的。形势对量刑有一定的影响。情节相同的一个罪行，在不同的形势下就可能有不同的社会危害性。形势虽然不能决定刑罚，更不是单独适用刑罚的根据，但它确实是量刑的一个不可忽视的必要条件，它影响着量刑的幅度。所谓"乱世用重典"是有一定道理的。在审判实践中，必须严格遵循"以事实为根据，以法律为准绳"的基本原则，同时考虑当时的形势，在法定的范围之内，选择与罪行相适应的刑罚。这正体现了审时度势与依法办案的一致性，原则性与灵活性的结合。只有这样，才能发挥法律对犯罪分子的极大威慑，对制止犯罪活动能起明显的效果。显然，量刑考虑形势同法律虚无主义、实用主义毫无共同之处。

正确运用刑事事法律，必须严格依法办案。依法从重从快的方针与严格遵守社会主义法制不但不矛盾，而且是一致的。就是说，依法从重从快，不是法外从重、法外从快；而恰恰相反，从重是在量刑的法定幅度内从重，从快是依照我国刑事诉讼法规定的程序和时限内尽快办案。在立案、侦查、批捕、起诉、审判、执行的每一个环节都有要做到及时、准确、合法，保证公、检、法三机关按照法定的活动规则，行使各自职责，保证诉讼当事人、参与人的诉讼权利和义务得到实现，达到正确地揭露和打击犯罪，保护公民合法权益的目的。那种认为，从重从快就是可以任意违法办案，粗枝大叶，草率从事的认识，是错误的，是与我们主张的依法从重从快的方针背道而驰的。在实际工作中我们应该十分注意防止和纠正这种错误的倾向。

正确运用刑事法律，必须贯彻惩办与宽大相结合的原则。马克思说："不考虑任何差别的残酷手段，使惩罚毫无效果，因为它消灭了作为法的结果的惩罚。"[1]我们一贯主张要分别情况、区别对待。目前，我们对六类严重犯罪分子依法从重惩处，并不是只有从重没有从轻，只有从严没有从宽，而宽严结合、宽严相济。这主要体现在以下几个方面：其一，依法从重从快只是针对极少数六类严重的现行犯罪分子讲的，而对大多数一般犯罪分子相对来说则是从轻的；其二，对一般违法犯罪的青少年从轻处罚，重在教育、感化、挽救和改造；其三，对六类犯罪分子，总的说来是从严的，但也不是没有区别。要重点打击主犯、累犯、教唆犯和情节严重的犯罪分子，对坦白交代和带罪立功的人则适当从宽，而不是一律从重；其四，仍然坚持"可捕可不捕的不捕，可杀可不杀的不杀"的政策。这样，依法从重从快处罚，捕人和杀人虽然会增加一点，但不会增加很多。可见，那种认为依法从重，就是不加区别地搞"一刀切"的"重刑主义"，是没有根据的。

正确运用刑事法律，对犯罪分子就必须及时打击，勿使漏网。列宁指出："惩罚的警戒作用，决不是看的严厉与否，而是有没有人漏网。重要的不是惩罚罪行，而是使所有一切罪案都真相大白。"[2]犯罪分子敢于作案，是妄图既达到

---

[1]《马克思恩格斯全集》第1卷，第139—140页
[2]《列宁全集》第4卷，第356页

犯罪目的而又逃避刑事罚。如果对犯罪分子不能给予及时地打击，他就必然愈加猖狂，愈加频繁作案，这是一条规律。因此，必须贯彻依从重从快的方针，及时揭露犯罪，提高破案率，努力造成这样一种局面：胆敢作案，法网难逃。特别是对六类案件要摆在首位，集中人力、物力迅速侦查破案。公、检、法三机关要互相配合，互相制约，把好"操作程序"的每一关，在保证办案质量的前提下，尽快办理案件。查清犯罪的基本事实，及时判处，不纠缠枝节问题。这样，及时打击犯罪，警戒不稳定分子，预防犯罪。

正确运用刑事法律，还必须正确执行劳动改造的刑事政策。无产阶级的伟大历史任务就是要改造社会、改造人类。而改造罪犯、消灭犯罪，正是这个任务的一个重要组成部分。我们惩罚犯罪是为了预防犯罪，而不是惩罚主义和报复主义。我国刑法规定，除对极少数罪大恶极的犯罪分子依法判处死刑立即执行以外，对其他绝大多数犯罪分子，则分别判处不同的刑罚，强制他们从事生产劳动。劳动改造工作必须坚持"惩罚与思想改造相结合，劳动生产与政治教育相结合"、"改造第一、生产第二"等一系列正确的方针政策，努力把监狱办成改造罪犯的学校。对劳改人员不准打骂、体罚、虐待和侮辱人格，关心他们的吃、住、医疗、卫生，认真组织他们学习政治，学习文化，学习技术，促进他们在劳动过程转化思想，逐步把他们改造成为新人，为社会主义现代化建设服务。我国在改造罪犯方面已经取得了举世瞩目的巨大成就，许多国际友人称赞说："劳动改造是中国人民对人类文明的伟大贡献，创造了我们想象不到的奇迹"。

总之，我们必须全面地正确地理解和执行国家刑事法律，依法惩处六类严重的现行犯罪分子，同时开展综合治理，扎扎实实地从政治、经济、文化、思想、教育等各个领域里逐步地消灭犯罪的根源、原因和条件，改造罪犯，预防犯罪，争取社会治安的根本好转。

| 我的理论思考 |

论同过失犯罪作斗争

（《江淮论坛》1981年第6期）

从主观方面看，犯罪有过失犯罪和故意犯罪两种形式。一般地说，故意犯罪是犯罪中最危险的形式。在同整个犯罪现象作斗争中，把打击故意犯罪分子的犯罪活动放在首位，无疑是正确的。但随着现代化建设的发展，同过失犯罪作斗争不容忽视，而必须高度重视和加强。

加强同过失犯罪作斗争是社会主义现代化建设发展的客观要求。社会主义制度本身要求建立在生产现代化的基础之上。现代化生产要求高度的组织性和纪律性。生产各个工序之间是一环扣一环，每一个生产单位又与其他一些生产单位互相联系，彼此制约。要是一个生产单位的某个生产环节发生重大事故，就可能使该生产单位的生产无法进行，接着还可能发生连锁反应，引起那些与它相联系的生产单位的生产也不能正常进行，造成重大的损失。特别是生产规模越大，生产现代化的程度越高，过失犯罪所造成的危害结果往往越严重。飞机、火车、汽车和轮船失事、煤矿井瓦斯爆炸、桥梁坍塌、工厂火灾、油库爆炸、高楼倒塌、剧毒物质泄露、食品和环境严重污染等等，造成人民生命财产巨大损失，令人触目惊心。事实证明，现代化生产必须坚持安全第一，把安全生产作为社会主义建设的一项基本国策。必须健全制度，精心组织，严明纪律，严格管理，采取最先进技术、科学生产程序和人员培训等各种措施保证安全生产。其中运用法律手段同过失犯罪作斗争，对保障社会主义现代化建设顺利进行有着特殊的重要意义。

加强同过失犯罪作斗争，是反对官僚主义，提高国家机关和企事业单位工作效率的需要。我国是社会主义国家，国家的职能除了镇压国内阶级敌人的反抗和防御外敌的侵略以外，还担负着组织社会主义经济建设和文化建设的巨大任务。这就要求国家机关工作人员全心全意为人民服务，以极端负责的态度，认真地工作，不能容忍任何过失犯罪的发生。同样也不能容许企事单位人员过失犯罪。因为国家机关和企事业人员严重的不负责任的过失行为，就可能使人民用血汗凝成的价值数百万、甚至数千万元的财产毁于一旦，造成人员重大伤亡，给国家政权的威信造成不可挽回的严重损害。运用刑罚手段对过失犯罪行为进行斗争是完全必要的。列宁在苏维埃政权时期，曾经再三强调对国家机关工作人员和企业人员的过失犯罪必须进行坚决的斗争。他写道："对官僚主义、拖拉作风、不尽职、疏忽大意等过错的人……情节严重者必须撤职，并交法院审办，由司法人民委员部进行公审。"①列宁这一论述，对我们同国家机关工作人员和企事业人员的过失犯罪作斗争具有指导意义。

加强同过失犯罪作斗争，也是同人们意识中的剥削阶级思想残余作斗争的需要。深入地分析大量的过失犯罪，从中发现一条基本规律：犯罪的原因，往往是行为人对待国家和公共财产，对待人民群众的利益没有表现出必要的关心态度，没有表现出自觉的态度来遵守社会主义公共生活准则、工作制度、劳动纪律，而是表现出过多地考虑个人的方便、得失和利益。工人们讥讽某些人，"厂里毁了一台机，漫不经心不着急；家里丢失一只鸡，四处寻找真积极"。这种对人民事业缺乏应有的主人翁的态度，正是剥削阶级思想影响的表现。国家机关、企事业单位的某些领导者和职工由于剥削阶级思想的影响，对待本职工作粗心大意、漫不经心、马虎应付、不负责任、玩忽职守的态度，是过失犯罪的原因。因此，除了加强政治思想工作之外，运用刑罚手段同过失犯罪作斗争是同剥削阶级思想的特殊表现形式作斗争的必不可少的手段之一。

加强同过失犯罪作斗争，是巩固社会主义法制的需要。恩格斯说："所有通过革命取得政权的政党或阶级，就其本性说，都要求由革命创造新的法制基础得到绝对承认，并被奉为神圣的东西。"②要使我国社会主义法制神圣不可侵犯和得到绝对承认，最重要的是，要做到有法可依，有法必依，执法必严，违法必究。我国刑法对过失犯罪及其刑罚都作了具体的规定。但是，有些人对由于玩忽职守、违章作业、官僚主义的瞎指挥等过失行为造成的重大事故，并不认为是犯罪行为。往往在事故发生后，企业的领导检讨几句，或有些领导干部为之说情，以言代法，大事化小，处罚偏轻。这在很大程度上助长了一些人不守法、不依法办事的错误思想，致使一些重大的或特大的事故一再发生。这种漠视法律、有法不依、违法不究的现象，再也不能继续下去了。

---

① 《列宁全集》第33卷304页、299页
② 《马克思恩格斯全集》第36卷，238页

为了有效地同过失犯罪作斗争，必须依法惩罚过失犯罪，而且着重做好预防过失犯罪工作。

首先，必须坚决运用刑事法律这一武器同过失犯罪作斗争，引起人们的警戒，预防过失犯罪的发生。我国刑法关于过失犯罪的有关规定，表明国家用刑罚强制力来惩治过失犯罪的决心。列宁指出："惩罚的警戒作用决不是看惩罚的严厉与否，是看有没有人漏网。重要的不是惩罚罪行，而是使所有一切罪案都真相大白。"①对于过失犯罪的原因务必查得水落石出，不得隐瞒，不使用权行为人漏网，坚决依法追究其刑事责任，不管他职务多高、权力多大、关系多硬，也不管有谁替他说情干扰，决不能让他逃避责任和刑罚而逍遥法外。如果对过失犯罪的行为人不绳之以法，施之以刑，就丧失了刑事法律的权威，就是放纵过失犯罪，从而导致过失犯罪现象愈演愈烈的严重危害结果。

其次，必须加强社会主义法制教育，使广大干部和群众自觉地遵纪守法，积极主动地同过失犯罪作斗争。在社会主义法制教育中，必须克服妨碍同过失犯罪作斗争的种种错误观点和糊涂认识。比如，有些人把"过失犯罪比故意犯罪的危害性小"作为放松同过失犯罪作斗争的理由。有些领导人认为过失犯罪不属于主观故意，为过失犯罪人说情，开脱罪责。这些是不对的。"过失犯罪比故意犯罪的危害性小"，是指犯同一个犯罪行为的情况下讲的，如过失杀人比故意杀人的社会危害性要小。然而，谁也不会认为，过失行为引起矿井爆炸造成数百工人死亡的社会危害性比故意伤害某些人命的社会危害性小。再说，公民的权利和义务是一致的，没有无权利的义务，也没有无义务的权利。每个公民在行使权利的同时，必须严格履行义务，在日常生活和工作中，应该谨慎从事，时时注意防止自己的行为对国家和人民可能造成的危害。如果对于应当预见的可能发生危害结果的行为不加注意，以致发生了严重的危害社会的结果，那末他的行为就构成犯罪，理所当然地应受到刑罚处罚。还有些人认为刑法是阶级斗争的工具，因此对人民内部的过失犯罪不应该适用刑罚。这种观点也是错误的。我国的社会主义法制对于破坏社会主义革命和建设的敌人是无情的铁腕，对于一般违法犯罪的人是强制和束缚，对于广大人民群众则是自觉遵守的行为准则。社会主义法制所具有的这种普遍的约束力，是社会主义法制本身所固有的属性。任何人犯罪包括过失犯罪，都应该受到刑法的制裁，人民内部有人犯罪也毫不例外。毛泽东同志

---

①《列宁全集》第4卷356页、24页

说:"人民犯了法也要受到处罚,也要坐班房,也有死刑。"①那种用党纪处分、行政处分来代替刑事处分的做法是完全错误的,是与社会主义法制的原则背道而驰的。我国刑法关于过失犯罪的规定为我们理直气壮地同过失犯罪作斗争提供了法律根据。

第三,必须规定能够判明行为人是否对过失犯罪有预见的客观标准,明确人们的行为规范。这应该进一步完善社会主义法制,制定各种必要的法律、法规、规章,并且在工作、生产过程中,对于每一种职业都制定出一定的预见性的制度要求,例如劳动纪律、安全操作规程、岗位责任制等制度。这对于预防过失犯罪具有特别显著的效果。列宁指出:"任何时候,在任何情况下,集体领导都要明确地规定每个人对一定事情所负的责任。借口集体领导而无人负责,是最危险的祸害。"②必须对每一个"工作人员的责任极其明确地分别地加以规定。对普遍存在的每个人的职务模糊不清以及由此而产生的完全不负责任的现象进行无情的斗争"。③根据列宁的思想,我们必须建立和实行以个人岗位责任制为基础的工作生产责任制,明确个人和单位及其负责人的具体责任。并加强经常性的检查、监督,严格责任追究,以避免把工作中的不负责任的过失所造成的错误推到"客观"条件上去,才能有助于克服官僚主义、无政府主义,有效地克服责任不明、管理混乱的现象,从而预防和减少各种危害社会的过失犯罪的发生。

---

① 《毛泽东选集》4卷,第1413页
② 《列宁全集》第4卷,第356页、24页
③ 《列宁全集》第33卷,第304页、299页

正确贯彻劳改、劳教工作方针

(《中国法制报》1985年6月14日)

对反革命犯和其他刑事犯实行劳动改造（简称劳改），对有轻微违法犯罪行为屡教不改而又不够刑事处罚的人实行劳动教养（简称劳教）。劳改和劳教的性质不同，前者是对犯人实施刑罚惩罚的条件下进行劳动改造，后者是对劳教人员实施行政强制条件下进行劳动教养。

劳改与劳教的区别集中到一点就是，一个是刑罚强制下的劳动改造，即用刑罚手段严厉限制犯人行动自由，强迫其劳动改造；一个是行政强制下的劳动改造，即用行政手段适当限制劳教人员行动自由，强制其接受教育和劳动改造。两者强制改造的性质不同，但从改造这一点来看，还有相同之处。就改造的目的来说，对犯人实行劳改和对劳教人员实行劳教，都是为了改造他们，使他们弃旧图新，改邪归正，成为遵纪守法的劳动者。就改造的手段来说，除刑罚与行政强制的不同之外，都采取政治思想教育、文化技术教育、组织劳动生产、卫生生活管理等各种手段。劳改与劳教都必须通过这些手段而得到贯彻执行。

劳改与劳教在政治目的上有一致的方面，因而在改造与生产的问题上也有其共同性。劳改工作和劳教工作中都始终存在改造与生产的关系问题。能否正确处理改造与生产的关系问题，是决定劳改和劳教的政治目的能否实现的关键，归根到底，是决定改造工作成败的问题。只有抓住改造与生产这一主要矛盾，各项工作围绕正确处理这一主要矛盾，才能实现劳改和劳教的政治目的。"改造第一，生产第二"这一方针，正确阐明了改造与生产之间相互依存、相辅相成的关系，改造作为目的与生产作为手段之间存在着辩证统一的关系。改造是第一位的，生产要为改造服务，但生产决不是可有可无的，大量的改造工作必须依托于劳动生产才能进行。同时，改造工作做得好，能调动犯人和劳教人员的积极性和觉悟，并促进了劳动生产。因此，我们必须从改造的政治目的出发，合理地组织安排生产劳动和政治思想教育工作，使犯人和劳教人员在生产劳动过程中和接受政治思想教育过程中，逐步认识到劳动创造财富、劳动改造世界、劳动是光荣的，逐步认识到那种好逸恶劳、骄奢淫逸、贪婪无度及其所产生的各种违法犯罪行为是最可耻，逐步培养热爱劳动、接近劳动人民的感情，逐步养成遵纪守法的习惯，从而转变思想，改邪归正，改恶从善。1961年第十一届全国公安会议关于当前公安工作十个具体政策问题的补充规定中肯定了"一切劳动教养机关，必须坚持'劳动生产和政治教育相结合'的方针，坚持'改造第一，生产第二'的原则，除了强制被劳教人员劳动生产外，还必须安排一定时间进行政治教育和思想发行工作。"这一方针和原则，对于监狱和劳改队也是适用的。在改造工作中，对犯人和劳教人员一律不搞超体力的劳动，但是安排劳动的时间是不同的，犯人一般一天劳动六小时左右，其余一些适当的时间学习文化技术或从事文体活动，而劳教人员一般是劳动四小时左右，其余一些适当的时间学习政治文化技术和从事文体活动。这就说，我们要把监狱、劳改队办成学校，更应当把劳教单位办成学校，认真教育人、改造人、挽救人、培养人，把犯罪的人和违法的人改造成为对人民、对社会有用的人。还应当强调，刑满释放人员和劳教期满人员要返回社会，一定要搞好交接工作，社会有关方面要继续做好他们的安置工作，保障他们应有的公民权利，使他们有生活出路，做有益于社会的公民。

对犯人和劳教人员的改造，是实施不同性质的强制条件下进行的，强制条件是改造的前提，他们的改造有一个从强制阶段到自觉阶段的过程。但对他们实施的强制，决不是报复主义、惩办主义，而是为了保证和促进他们的改造。改造，从根本上讲，就是改造他们的世界观，转变他们的立场、观点和方法。这种解决思想问题、解决主观世界的问题，靠压服是不行的，而要靠加强政治思想工作。从这个意义上讲，我们对劳教职工人员当然要耐心做好教育、感化、挽救工作，使他们幡然悔悟，走上正确的道路。就是对犯人也要做到仁至义尽，深入细致进行教育、感化、挽救工作，促使他们愿意接受改造，在劳动中改造成为新人。其实，我们中国共产党人早就开始这样做，中华苏维埃共和国中央执行委员会于1932年6月9日颁布的《裁判部暂行组织及裁判条例》中规定"设立劳动感化院"，就是为了教育、感化犯人，使他们悔过自新。在抗日战争时期，陕甘宁边区政府对边区第一届参议会的工作报告指出，"对一般犯人更多注意政治教育和感化，使他们改邪归正，禁止对犯人犯人施行报复手段或虐待犯人"。当然，全国解放以来，这方面的工作有了极大的丰富和发展，对于犯人的政治思想教育工作做得更耐心、更深入、更细致、更卓有成效。这是革命人道主义的具体体现，是无产阶级解放全人类伟大胸怀和气魄的生动体现。

| 我的理论思考 |

在新的历史时期,我们必须实事求是,从实际出发,勇于改革。在当前推行改造生产双承包责任制的过程中,应当严格纪律和制度,要实行奖励与惩罚相结合的机制,鼓励积极改造,惩罚抗拒改造,要特别注重全面贯彻劳改、劳教工作方针,努力开创劳改工作和劳教工作的新局面。

青少年犯罪的原因、实质和预防

(《现代法学》1990年第2期)

[编者按:近年来,人们从青少年犯罪问题进行了多角度、多侧面的有益探索,但用阶级分析的观点来分析青少年犯罪是不够的。1982年6月,在全国首届青少年犯罪学术研讨会上,林文肯同志从我国现阶段的阶级斗争和青少年犯罪的实际出发,用阶级分析的观点剖析了青少年犯罪问题,提出了反对帝国主义的"和平演变"战略和资产阶级自由化、加强思想政治工作等观点。可惜当时没有引起足够的重视。现将林文肯同志向讨论会提交的论文删节发表,以飨读者。]

青少年是我们党和国家的未来和希望。把青少年一代培养成为什么样的人,这是关系到无产阶级革命事业是不是后继有人的问题。鉴于青少年犯罪率上升的严重性、危害性、危险性和预防青少年犯罪的迫切性,我们必须把预防青少年犯罪作为一项长期的战略任务。为此,本文就青少年犯罪的实质、原因和预防作一个大概的分析。

一、青少年犯罪的实质

马克思主义理论的彻底性和科学性,就是因为它抓住了事物的本质。研究青少年犯罪问题,最重要的也是必须抓住青少年犯罪的本质。按照马克思主义的观点,犯罪并不是从来就有的和永远存在的社会现象,而是人类社会发展到一定阶段,即在私有制和阶级产生以后,随着阶级斗争和国家的出现而出现的,它也必将随着私有制、阶级和国家的彻底消灭而消灭。在我们国家里,虽然在国内,大陆上的剥削阶级作为阶级消灭了,但剥削阶级的残余分子和其他敌对分子还存在,他们经常要进行各种破坏活动,剥削阶级的意识形态还长期存在,它必然对一些人起腐蚀作,我国台湾地区,还存在着剥削制度和完整的剥削阶级,他们中的反动分子不利欲熏心之徒,必然会通过各种方式对大陆进行侵蚀;在国际上,帝国主义、霸权主义时刻都在千方百计地从政治上、经济上和思想文化上对我国进行渗透、破坏和颠覆活动，随着对外经济交往的快速发展，西方资本主义腐朽思想和资产阶级生活方式也会通过各种渠道侵袭进来。由于国内和国际的原因，在我国，阶级斗争在一定范围内存在，因而不可避免地还会产生犯罪现象。特别应该指出，国际垄断资本的代表把"和平演变"的希望寄托在我国第三代、第四代青年身上，它们的这一重大的战略图谋是决不会改变的，对此，我们任何时候都绝不能掉以轻心，否则就必然要犯下历史性的巨大罪过。近几年来，国际资本妄图利用中国对外开放政策，用资本主义思想、文化和生活方式腐蚀中国青少年一代，这正是他们为了实现"和平演变"的战略目标的一个重要手段。由此可见，我们不但要同国内的剥削阶级残余势力作斗争，而且要同比我们强大许多倍、甚至百倍的世界资产阶级势力及其侵蚀和影响作斗争。我国的青少年一代正面临着空前未有的复杂的阶级斗争的环境。这就是社会主义思想与资本主义思想两种思想之间为争夺青少年一代而展开的一场无比尖锐、复杂、深刻的斗争，这也是社会主义制度和资本主义制度两种制度之间的斗争，这场斗争最终决定中国的前途和命运。

当前青少年犯罪问题突出，占我国当前全部犯罪的70-80%，正是国内外激烈的阶级斗争的反映。在政治上，国内外阶级敌人互相勾结、煽动、引诱、收买、教唆青少年反对社会主义制度、反对人民民主专政，一旦有机可乘，他们就会兴风作浪，妄图搞垮中国的社会主义制度。在思想上，由于国内剥削阶级思想的影响相国外资本主义腐朽思想的侵袭，以及国内外阶级敌人加紧对我国青少年进行腐蚀活动，使一些青少年成为极端个人主义者，他们对"人不为己，天诛地灭"的剥削阶级道德观顶礼膜拜，对资产阶级腐朽糜烂的生活方式拚命追求，以至最终走上盗窃、抢劫、流氓、强奸、杀人的犯罪道路。凡此种种，证明了青少年犯罪是阶级斗争的反映。毫不夸张地说，如果不实事求是地把青少年犯罪看作是阶级斗争问题，看作是国际国内阶级敌对势力与无产阶级争夺接班人的问题，那么我们就无法真正揭示出青少年犯罪的实质和原因，因而也无法找出预防青少年犯罪的有效办法。

绝大多数资产阶级犯罪学家根本否认犯罪问题是阶级斗争问题，否认青少年犯罪是剥削制度的产物，所以他们根本不可能找出一条预防青少年犯罪的正确道路。由此可见，犯罪问题、青少年犯罪问题实质上是不是阶级斗争问题，是马克思主义犯罪学与资产阶级犯罪学的根本区别。我们只有沿着马克思主义指明的方向前进，才能彻底地揭示青少年犯罪的原因，找出预防青少年犯罪的有效办法。

二、青少年犯罪的原因

国内外阶级敌人从政治、经济、思想、文化、教育等各个领域对我们进行破坏和用资本主义思想进行腐蚀，这是我国青少年犯罪的总根源，根本原因。近十几年来，我国青少年犯罪率上升，最根本原因是林彪、"四人帮"搞了十年动乱，严重地破坏了社会主义革命和建设事业，致使无政府主义、资产阶级个人主义大泛溢，毒化了社会风气，诱发了青少年犯罪。其次是因为我们有些地区和部门对政治思想方面的领导软弱涣散，忽视阶级斗争问题，削弱政治思想工作，使得资本主义思想得以传播，腐蚀了青少年。青少年犯罪的具体原因是多方面的，下面仅就学校教育方面的弊病和思想文化领域的资产阶级自由化倾向对于青少年犯罪的影响作些探讨。

十年动乱中，林彪、"四人帮"刮起了一股凛冽的寒风，破坏了无产阶级教育制度，严重摧残青少年一代。他们用无政府主义、利己主义、法西斯主义教育学生，竭力要把青少年训练成为作奸犯科的人。这种教育已经产生了惊人的社会恶果，而且它的流毒和影响还在继续产生犯罪。在粉碎"四人帮"之后的拨乱反正过程中，许多学校片面地强调给学生补习文化课，忽视了必须加强对学生的思想教育，提高学生的思想觉悟和道德水平。在许多地方形成了片面追求升学率的浪潮，给学校全面贯彻党的教育方针以极大的冲击。第一，学校一切工作都围绕着升学率转，实质上就是围绕着百分之四的学生转，而对大多数，特别是对那些学习差的学生，则失去了信心，采取放任自流的做法。这些被歧视的所谓"双差生"流落社会，流落街头，他们其中的一些人在社会上犯罪分子的教唆、引诱、拉拢下，最终走上犯罪道路。第二，有些学校只注重书本知识，忽视教育与生产劳动相结合，忽视教育学生树立群众观点和劳动观点，结果使一些学生受到"万般皆下品，唯有读书高"的剥削阶级信条的毒害，他们把升大学看作是唯一的出路，一旦考不上大学，就感到万念俱灭，一切都完蛋，又由于没有养成独立生活的能力和习惯，一旦离开学校，跨进社会的门槛，觉得自己与社会格格不入，从此就消沉、悲观、失望、颓废、自暴自弃，甚至对社会主义制度产生强烈不满，又受到无数丑恶诱惑的围攻，以致有不少人走上了违法犯罪的道路。第三，由于片面追求升学率，有些学校只抓学生的分数，不抓学生思想道德教育，政治思想工作十分薄弱。学校这个思想阵地，无产阶级思想不去占领，资产阶级思想必然乘虚而入。同样，思想文化领域的资产阶级自由化对于青少年犯罪也产生非常严重的影响。大量事实说明，资本主义思想文化的腐蚀是青少年犯罪的主要原因之一。

近几年来，由于国际的和国内的因素，资本主义思想加紧对我国进行思想文化渗透，是我国犯罪率上升的重要原因。在这种复杂的阶级斗争的面前，由于我们警惕性不高，又缺少实际经验，少数崇洋媚外的人又在其中兴风作浪，使得西方世界的伤风败俗和资产阶级的文化、道德观念、生活方式通过各种渠道，严重地污染着我们社会的道德、精神、文化和生活方式，严重地腐蚀着人们的思想，尤其是对缺少生活经验和对是非识别能力不强的青少年的腐蚀毒害特别大，产生了极大的危害结果。

一是资产阶级唯利是图的道德观念严重地毒化社会风气，毒害青少年。在市场经济的条件下，商品经济的消极方面突显出来，一些青少年受了这种资产阶级道德观念的严重毒害，形成了利己主义的世界观。拜金主义占据了他们的心灵，认为金钱万能，金钱高于一切，有了钱就有了一切。他们为了捞到钱，就不惜去偷盗，去抢劫，去谋财害命。

二是资本主义腐朽的文艺严重影响着我们社会，毒害着青少年。近几年，资本主义腐朽文化对我们社会产生了较大影响。出版领域和文艺领域出现资产阶级"自由化"和"商品化"倾向。有的出版机构为追求利润和奖金，大量出版离奇的惊险小说，印发一些政治反动、艺术拙劣的小说和形形色色的"老古董"；有些文艺期刊刊登了一些黄色下流、低级趣味的东西。事实上，宣扬资本主义腐朽文化，客观上起着诲淫诲盗、教唆犯罪的恶劣作用。

三是资产阶级生活方式污染着我们的社会，毒害着青少年。由于西方资产阶级生活方式通过各种渠道污染着我们社会，一些青少年受到影响，向往西方所谓"极乐世界"，好逸恶劳，羡慕资产阶级金钱万贯，挥金如土，纸醉金迷，吃喝玩乐、骄奢淫逸的糜烂生活，追求个人生活"西化"，醉心于建设"个人安乐窝"。

由此可见，资本主义腐朽的思想、文化和生活方式已经一点一滴渗透到我们的社会生活里，严重地腐蚀着青少年，使一些青少年是非不分，抛弃了理想，歪曲了信念，追求资本主义那一套，结果腐化堕落，走上违法犯罪的道路，情况十分严重，甚至令人触目惊心。对此，我们决不能熟视无睹，等闲置之，而应该高度重视，采取有力措施，竭尽全力与资本主义腐蚀作坚持不懈的斗争，以无限的爱心保护青少年，预防青少年犯罪。

三、对青少年犯罪的预防

为了彻底击败国内外阶级敌人妄图在我国青少年一代身上实现"和平演变"的阴谋，为了防止资本主义思想对青少年的腐蚀，预防青少年犯罪，最根本的就是全面贯彻综合治理、预防为主的方针。

第一，搞好综合治理，必须开展反对资本主义思想腐蚀的阶级斗争。

既然我们承认青少年犯罪问题实质是一个阶级斗争问题，是资产阶级与无产阶级争夺青少年斗争的反映，那么预防青少年犯罪，最主要最重要的就是必须在各种战线而不是在一条战线上开展反对资本主义思想腐蚀的阶级斗争。近几年，青少年犯罪率急剧上升，就我们自己工作方面的原因来讲，主要是我们对党的三中全会以来的路线、方针、政策理解不够全而，执行不够得力，特别是对阶级斗争不大注意，抓得不紧。联系马克思主义的观点，我们党是无产阶级进行阶级斗争的工具，而阶级斗争却没有引起全党足够的重视，这确实是一个问题。如果我们对现实的阶级斗争没有足够的重视，那末对于阶级敌人的进攻和资本主义思想腐蚀就不可能进行有效的斗争和抵制，青少年犯罪就会增加。因此，预防青少年犯罪，首先就要求我们对阶级斗争有足够的重视。近几年来，党中央反复强调全党要重视阶级斗争，要提高警惕，要正确开展阶级斗争。但近几年我们在政治思想方面的领导处于软弱涣散的状态，使得资产阶级自由化思潮能够蔓延开来，使得资本主义思想能够广泛地传播。对此我们应该吸取深刻的教训。

第二，搞好综合治理，必须正确处理打击犯罪与预防犯罪的辩证关系。

我们在打击犯罪的同时，要扎扎实实地抓好预防犯罪的工作。这就必须抓住整顿党的作风这一关键，坚决纠正党内不正之风，就可带动让会风气的好转，从而大大减少犯罪的发生。在思想文化领域里，必须坚持四项华本原则，克服资产阶级自由化的倾向，制止资本主义思想、文化和生活方式等犯罪原因的传播。在经济领域里，必须坚决打击破坏经济的犯罪活动，反对资本主义自由化倾向，搞好发展社会主义经济。在教育领域里，学校必须全面贯彻党的教育方针，坚持教育必须为无产阶级政治服务，必须同生产劳动相结合的方向，努力把学生培养成为有社会主义觉悟的有文化的劳动者。还必须加强基层党组织和基层政权的建设，克服瘫痪和半瘫痪的状态。必须大力加强政治思想工作，做好青少年的学习、娱乐和安置就业等各方面的工作，对有违法犯罪行为的青少年做好帮教工作，促其转化，预防犯罪。

第三，搞好综合治理，必须加强马列主义毛泽东思想的宣传，加强共产主义道德教育和社会主义法制教育。

马列主义毛泽东思想是我国十亿人民的精神支柱，也是广大青少年的精神支柱。对青少年进行马列主义毛泽东思想教育，是他们健康成长的最重要的条件。但是，有一种观点认为解放思想可以"突破四项基本原则"，可以不以马列主义毛泽东思想为指导，这种错误的观点，造成了很大混乱，造成了政治思想工作的涣散软弱，造成了某些青少年的"信仰危机"。针对这种情况，我们应当向群众大力宣传党中央反复指出的解放思想就是实事求是的精神，宣传我们的旗帜是共产主义，宣传马列主义毛泽东思想，批判资产阶级思想。只有这样，才能克服资产阶级自由化的倾向，抵制资产阶级思想文化的渗透和侵袭，抵制资产阶级利己主义道德观念对人们的腐蚀。我们还应当加强对青少年进行社会主义法制教育。针对青少年的特点，经常对他们进行生动的社会主义法制教育，使他们懂法、守法和自觉维护社会主义法制，勇于同一切违法犯罪行为作斗争。

第四，搞好综合治理，必须改革制度方面的弊病，健全法制，健全规章制度。

我国社会主义制度的某些方面还不够完善，一些部门、单位的规章制度还不健全，还有漏洞，国内外阶级敌人往往利用这一点来传播犯罪的因素，使犯罪增长起来。因此，只有从制度上来预防青少年犯罪，我们的预防工作才能坚强有力。比如许多同志都已经看出资本主义腐朽思想文化的传播是青少年犯罪增长的重要原因之一，并且大声疾呼要加以制止，可是收效甚微。这是为什么呢？除了一些领导干部思想不重视外，重要原因之一就是我们的某些制度还有弊病，法制还不健全，比如说现在还没有出版法和青少年保护法，来禁止那些有害于青少年的作品的传播。因此，我们必须改革制度方面的弊病，包括教育制度改革，健全法制，健全各项规章制度，为青少年学习和健康成长创造良好的环境和条件，从而有效地预防犯罪和减少犯罪。

社会主义制度为减少和消灭犯罪创造了条件
——驳"社会主义制度产生犯罪"

(《青少年犯罪研究》1984年第1期)

在"社会主义异化论"的影响下,法学界有个别同志提出社会主义制度是产生犯罪的制度的观点。现在,我们应当响应党的十二届二中全会的号召,高举马克思主义、社会主义旗帜,积极展开思想斗争,认真开展批评与自我批评,澄清所谓"社会主义制度产生犯罪"的观点所造成的思想混乱。

一、青少年犯罪的实质是不是阶级斗争的反映?

有一种观点主张社会主义制度为减少和消灭犯罪创造了条件,认为当前青少年犯罪问题突出,正是国内外激烈的阶级斗争的反映。对于这个问题作肯定或否定的回答,是马克思主义犯罪学与资产阶级犯罪学的根本区别。如果否定了青少年犯罪的实质是阶级斗争的反应,那么我们在研究青少年犯罪中,除了造成思想混乱和得到一大堆有利于资产阶级的谬误以外,我们就什么东西也得不到。

另一种观点认为"社会主义制度产生犯罪",反对青少年犯罪的实质是阶级斗争的反映的观点,并提出论证性的意见,认为"青少年犯罪现象不仅仅是阶级斗争这一种矛盾的单一反映,同时还是我国社会中确实存在着的其它许多重要矛盾的综合反映。""无论是理论上的社会主义制度,或者是现实的社会主义制度,都不是完全不产生犯罪的制度,它都不具备根绝犯罪现象的必要条件。只有共产主义社会,才是不会产生犯罪的社会。"这些论证的意见,考虑到许多矛盾,似乎考虑得很全面,笼统来看似乎是多么正确的,但是这些论证的意见是有针对性的,避而不谈产生犯罪的主要原因,避而不谈主要原因决定青少年犯罪的实质,硬把我国社会产生犯罪说成是社会主义制度造成的,这是以折中主义代替辩证法,给人一种似是而非的满足。

我国实践已经对上述两种根本对立的观点作了检验。正如马克思指出:

"社会生活在本质上是实践的。凡是把理论导致神秘主义方面去的神秘东西,都能在人的实践中以及对这个实践的理解中得到合理的解决。"①可以说,这几年来同犯罪作斗争、特别是当前严厉打击刑事犯罪活动斗争的实践以及对这个实践的理解,完全具备了解决上述两种对立观点争论的条件,并且现在也有必要澄清上述两种观点的是非,澄清社会主义制度是否是产生犯罪的制度这个涉及到马克思主义基本理论的重大问题。

我们认为,青少年犯罪,也和经济领域中的犯罪一样,如党中央指出的实质上"是社会主义社会在新的历史条件下阶段斗争的重要表现,是国内外阶级敌人用资本主义腐朽思想对我们进行破坏腐蚀的反映"。这不是主观臆造的,而是分析我国近几年来青少年犯罪的具体事实所得出的结论。

从反革命罪来看,青少年犯罪中的反革命犯罪行为具有强烈的反动性,是国内被推翻的反动阶级和国外帝国主义妄图颠覆我国人民民主专政的政权和社会主义制度、实现反革命复辟的反映。例如有一个反革命集团,崇拜和鼓吹西方资本主义制度,公然提出反党反社会主义的政治纲领,叫嚣要"修正马克思主义,废弃毛泽东思想","取消阶级斗争,暴力革命和一切形式的专政","提倡学习基督教精神","建立起以孙文学说为核心的新国家",并写信乞求帝国主义头子支持他们的"人权运动"。又如一个反革命集团抢劫枪支,阴谋进行反革命暴动,夺取地方政权,进而夺取全国政权,他们丧心病狂地与人民为敌,提出"杀一个人是犯罪,杀一百万人就是英雄"的反动口号。青少年中还有一些反革命份子给敌特机关写挂钩信,为敌特机关收集情报,有的还企图劫机叛国投敌。他们的这些犯罪行为都是为国内外阶级敌人的反革命目的效劳的,这能说不是阶级斗争的反映吗?从他们犯反革命罪的原因来看,是由于帝国主义和台湾特务机关千方百计要颠覆我国人民民主专政,向我国大陆派遣特务,发展敌特,搜集情报,进行策反,大搞思想渗透,一些涉世未深的意志薄弱的青少年经不起腐蚀、拉拢、而走上反革命道路。这也清楚表明青少年中反革命犯罪是阶级斗争的反映。

从走私、投机倒把等破坏经济秩序的犯罪和抢劫、盗窃、诈骗、抢贪污等侵犯财产权的犯罪来看,这些犯罪行为也具有明显的剥削属性,是剥削阶级残余势力反抗社会主义制度、破坏社会主义公有制、破坏社会主义按劳分配原则的表现。从这类犯罪的原因来看,主要是这部分青少年由于受到资本主义私有制的影

---

① 《马克思恩格斯选集》第1卷,第18页

响和资本主义的唯利是图、损人利己、投机取巧、享乐腐化等思想的侵蚀，使他们信奉"人不为己，天诛地灭"、"金钱万能"、"一切向钱看"的利己主义信条，追求资产阶级吃喝玩乐、纸醉金迷的腐烂生活方式，以致为了捞到钱而不惜手段地去偷盗，去谋财害命。这类犯罪难道不是活生生的阶级斗争的反映吗？！

从流氓、强奸等犯罪来看，流氓、强奸犯罪分子是剥削者的孪生兄弟，都是剥削阶级残余势力反对社会主义制度的同盟军。当前揭露出来的许多流氓犯罪集团大都带有浓厚的政治色彩，是地地道道的黑社会势力。因此，流氓、强奸犯罪分子的犯罪活动，也无疑是阶级斗争的表现。青少年中流氓、强奸等犯罪明显是受剥削阶级思想影响的结果。一些人为了谋取暴利，大量贩卖黄色小说、颓废电影、裸体录相、淫秽图片、色情歌曲，使这些东西在社会上迅速传播，严重地污染了社会风气，毒害了一些青少年，使一些青少年生活颓唐，道德败坏，走上流氓、强奸犯罪道路，其中有些青少年是直接被阶级敌人教唆、引诱而去进行流氓、强奸的犯罪活动。这不是阶级斗争的反映又是什么呢？！

从故意伤害、杀人、放火、爆炸等犯罪来看，这些暴力犯罪行为具有剥削阶级压迫人民的性质。青少年中一些人进行这种犯罪活动，主要是他们受到剥削阶级思想腐蚀或者阶级敌人的教唆、个人主义恶性膨胀，为了达到自私自利的目的，而采取残忍的危险手段来发泄对人民、对社会主义制度的仇恨。这无疑也是阶级斗争的表现。

上述青少年犯罪行为的性质和原因，都证明了青少年犯罪实质上是阶级斗争的反映，这是无可辩驳的事实。凡是敢于正视现实的人，都不能不承认这一点。那种否认青少年犯罪实质上是阶级斗争的反映，而认为是社会主义制度产生犯罪的观点，显然是毫无根据的，是错误的。

二、社会主义制度产生犯罪是马克思主义观点还是反马克思主义的观点？

马克思主义认为，犯罪现象并不是从来就有的，也不是永恒存在下去的。犯罪仅仅同社会生产的一定历史阶段相联系，当人类社会出现私有制、阶级的时候，犯罪也随之发生了，它也必将随着私有制、阶级的消灭而消灭。私有制是产生犯罪的总根源，犯罪是阶级斗争的反映。在资产阶级国家里，资本主义制度是犯罪的温床、犯罪的总根源。资本主义制度天天都在制造犯罪，犯罪是资本主义制度的必然伴侣。恩格斯在考察了资本主义社会的犯罪现象以后深刻地指出："竞争不但支配着人类在数量上的增长，而且也支配着人类在道德上的发展。凡是稍微熟悉犯罪统计的人都会看出,犯罪按照特殊的规律性在年年增长着,一定的原因按照特殊的规律性在产生一定的犯罪行为。……这种规律性证明犯罪也受竞争支配,证明社会产生了犯罪的需求,这个需求要由相应的供给来满足;它证明由于一些人被逮捕、放逐或处死所形成的空隙,立刻就会有其他人来补充,正如人口一减少立刻就会新来的人来补充一样;……我认为这里只有一点是重要的,那就是证明竞争已经扩展到了道德的领域,并表明私有制使人堕落到多么严重的地步。"①这说明资本主义制度本身产生犯罪,犯罪的增长是资本主义竞争的客观规律。只有推翻资本主义制度,并彻底根除资本主义在政治、经济、思想、文化等一切领域中的影响、才能最终消灭犯罪。社会主义制度的建立为最终消灭犯罪开辟了广阔的道路,因为以马克思主义为指导的社会主义上层建筑和以生产资料公有制为基础的社会主义经济基础,是消灭犯罪的最根本的条件。当然,社会主义制度的建立,不可能一下子就消灭了犯罪。因为社会主义制度本身在政治、经济、文化方面还不可避免地带有它产生出来的那个旧制度的痕迹。彻底消灭犯罪,要经过无产阶级专政的整个历史时代。列宁指出,"社会主义就是消灭阶级"。②经过无产阶级专政一个长期的历史时代而达到阶级的消灭,而阶级一旦消灭了,犯罪也将随之消灭。这才是马克思主义的理论常识。

社会主义制度不是产生犯罪的制度,而是消灭犯罪的制度,这已经被实践所证明。在旧社会,三大敌人骑在中国人民头上作威作福,任意宰割人民、蹂躏人民,制造了无数骇人听闻的屠杀人民的惨案。社会上妓院、烟馆、赌场林立,兵匪、恶霸狼狈为奸,为非作歹、欺压百姓,抢劫、杀人、防火、暗害、诈骗、强奸、卖淫、贩毒、吸毒充斥着整个旧社会。这充分说明万恶的剥削制度是产生犯罪的制度。全国解放后,我国建立了社会主义制度,经济上确立生产资料公有制,消灭了人剥削人的制度,政治上确立了中国共产党领导的人民民主专政即无产阶级专政,思想上确立了以马列主义毛泽东思想为指针,因此,我国社会主义制度不仅不产生犯罪,反而为预防犯罪,减少犯罪和最终消灭犯罪创造了前提条件。社会主义制度正在逐步地消灭犯罪,这是有目共睹的事实。解放后,我们党和国家充分运用人民民主专政的力量,进行了清匪、反霸、镇反、三反五反等一系列斗争,横扫旧社会遗留下来的各种犯罪现象,并进行了生产资料所有方面

---

① 《马克思恩科斯全集》第1卷,第623-624页)
② 《列宁选集》第4卷,第91页)

的社会主义改造，深挖产生犯罪的根源，使犯罪现象极大地减少了，五十年代和六十年代初期，犯罪率仅万分之四点五左右，社会出现了空前的安定局面。由于十年动乱，社会主义制度遭到严重破坏，犯罪率急剧上升，现在犯罪率达到万分之七左右，这是令人不安的。我们党和国家充分发挥社会主义制度的优越性，正在采取综合治理社会治安的有效措施，把严厉打击刑事犯罪活动与采取预防犯罪各项措施紧密结合起来，犯罪率已经开始下降。尽管我国现在的犯罪率比"文化革命"前高得多，但我国仍然是世界犯罪率最低的国家之一。特别应该指出：资本主义制度把良民变成罪犯，而我国社会主义制度则把罪犯改造成新人。三十多年来，我们成功地将封建末代皇帝、日本战犯、国民党的党政要员、美蒋特务以及一大批其他刑事犯罪分子改造成新人。参观我国监狱许多外国朋友称赞"中国创造了人间奇迹，这是中国对人类文明所作出的巨大贡献"。这些事情无情地推翻了社会主义制度是产生犯罪的制度的谬论。

　　当然，我们将社会主义制度不产生犯罪，决不是说社会主义社会不存在产生犯罪的原因和条件。但是，重要的问题是：社会主义社会存在犯罪的根源是社会主义制度本身固有的呢？还是旧社会的剥削阶级残余势力和国外资本主义的遗留和影响呢？党的十二大报告中指出："现在，还有形形色色的敌对分子从经济上、政治上、思想文化上、社会生活上进行着蓄意破坏和推翻社会主义制度的活动。……在剥削阶级作为阶级消灭后，……阶级斗争还将在我国社会的一点范围内长期存在，并且在某种条件下还可能激化。这不但因为历史上的剥削制度和剥削阶级在各方面的遗毒不可能在短时间内清除干净，而且因为我们祖国的统一大业还没有最后完成，因为我们还处在复杂的国际环境中，资本主义势力以及某些敌视我国社会主义事业的势力还会对我国进行侵蚀和破坏。我国经济文化还比较落后，年轻的社会主义制度还有许多不完善的地方，还不可能完全防止某些社会成员以及我们党的某些党员发生腐化变质的现象，不可能杜绝极少数剥削分子和各种敌对分子的产生。"这些论述科学地阐明了我国社会产生犯罪的根本原因，不是社会主义制度本身，而是剥削阶级思想的影响和国内外阶级敌人对我国进行的腐蚀和破坏。至于我国经济文化比较落后和社会主义制度还有许多不完善的地方，这些缺点妨碍我们有力地打击犯罪和有效地预防犯罪，但是社会主义制度在实践中不断发展、完善，我国经济文化不断快速发展，为了减少犯罪和预防犯罪日益创造新的条件，这不是一日之功，而是一个长期的历史过程。事实证实这样，三十多年来，在中国共产党的领导下，我们社会主义制度凭着自身的力量不断克服自己身上的缺点，不断地发展完善，显示出强大的生命力和无比的优越性，社会犯罪现象虽然此起彼伏，但总的趋势是朝着下降的方向发展。

综上所述，我们得出这样的结论：不论是理论上的社会主义制度，还是现实中的社会主义制度，都不是产生犯罪的制度，而是逐步消灭犯罪、并最终彻底消灭犯罪的制度。说社会主义制度产生犯罪，这就抹杀了社会主义制度与资本主义制度的本质区别，是与马克思主义背道而驰的。

《联合国少年司法最低限度标准规则》在中国的贯彻

(《中外法学》1991年第2期)

联合国大会1985年12月10日通过的《联合国少年司法最低限度标准规则》，被命名为《北京规则》。这是赋予我们的一种信任与荣誉，我国政府十分重视《北京规则》在我国的贯彻落实。几年来，我国在立法和司法实践中坚持不懈地把贯彻《北京规则》与执行我国的法律、政策紧密地结合起来，从整个社会发展与进步的角度观察、处理少年司法问题，从而有效地预防少年违法犯罪，公正、合理地解决少年司法问题，保障了少年的合法权益，取得了显著的成效。

一、加强对少年违法犯罪的预防

《北京规则》要求"会员国应尽力创造条件确保少年能在社会上过有意义的生活，并在一生中最易沾染不良行为的时期使其成长和受教育的过程尽可能不受犯罪和不良行为的影响"，"以便促进少年的幸福，减少根据法律干涉的必要"。我国对社会治安实行综合治理的措施，体现和发展了《北京规则》的这一规定。我国把预防少年违法犯罪摆在极为重要的地位，动员共青团和工会、妇联等群众团体以及机关、学校、企业事业单位，依靠广大群众，从政治、经济、文化、教育等各个方面，采取多种办法，预防少年违法犯罪，尽量减少少年受刑事司法的处理，从而从跟本上保障了少年的利益，促进了少年的健康成长。

（一）为少年健康幸福成长创造良好的社会环境和条件。社会环境如何，对少年能否避免违法犯罪至关重要。不良的社会环境，往往首先使缺乏社会经验的少年成为犯罪的牺牲品。因此，我国坚定不移地把消除社会不平等、消灭剥削和犯罪作为长期奋斗的目标。近几年来，我国在创造良好的社会环境方面，取得了很大进展。一是在在大力进行现代化建设中，坚持了社会主义道路，坚持以公有制为主体和共同富裕的根本原则，防止了贫富悬殊的两极分化，随着经济的发展，社会不平等和贫困现象在逐步缩小和减少。这就使生长在每个家庭中的少年都有生活的保障，都有上学的机会，不至于应贫困流离失所而走上违法犯罪的道路。二是我国十分重视发展全社会的教育、科学、文化事业。健康的文学、艺术、电影、电视、录音、录像以及报刊杂志广泛地传播着高尚的道德品质和思想情操，使广大少年受到良好的社会道德的熏陶，培养了他们的高尚思想品德。三是严厉打击各种刑事犯罪活动，特别是严厉打击教唆少年犯罪的教唆犯，减少犯罪行为对少年的影响。同时，根据有关法规，严禁和取缔各种传播犯罪的淫秽的、色情的、暴力的书刊、电影、录音、录像等，消除这些最易诱发少年犯罪的因素。上述政治的、经济的、文化的法律的措施，使我国社会治安持续稳定，经济蓬勃发展，文化不断提高，道德日益进步，这样的社会环境和条件，从根本上保证了少年的健康成长。

（二）办好学校，加强对少年的文化教育和思想教育。学校是造就人才的基地，也是培养学生思想品格的基地。我国近几年来加强了对学校的领导，增加了对学校教育的投资。学校全面贯彻了国家的教育方针，在向学生传授现代文化知识的同时，十分注意培育学生的共产主义、集体主义的精神和公而忘私、毫不利己、专门利人的精神。现在全国中小学校的校风基本上是好的，千百万少年在茁壮成长，优秀少年大量涌现，违法和犯罪的少年是极少数。我国还通过立法，加强对儿童、少年的教育、一九八六年颁布的《中华人民共和国义务教育法》规定，国家实行九年制义务教育。义务教育必须贯彻国家的教育方针，努力提高教育质量，使儿童、少年在品德、智力、体制等方面全面发展，为提高全民族的全面素质，培养有理想、有道德、有文化、有纪律的社会义建设人才奠定基础。国家、社会、学校和家庭依法保障适龄儿童、少年接受义务教育的权利。禁止任何组织或个人招用应该接受义务教育的适龄儿童、少年就业。这个义务教育法的实施，必将更有效地预防少年的违法犯罪，促进少年健康幸福地成长。

二、加强对有轻微违法犯罪少年的教育和挽救

我国为了尽量减少少年受到刑事制裁，在加强社会主义精神文明建设、大力开展预防犯罪工作的同时，采取多种形式，对有轻微违法犯罪行为的少年，积极进行教育、挽救工作。

（一）开展社区帮教活动。即对有一般违法行为的有劣迹的少年，由所在地区、单位包干负责，就地进行帮助教育，组织由教师、街道干部、家长和民警等参加的帮助小组，竭尽全力对他们进行教育和挽救，使他们悔过自新，避免在违法犯罪的道路上越陷越深而受到刑事制裁。这是正确解决少年司法问题的辅助性工作，实际上也是少年司法的重要组成部分。

（二）举办工读学校。根据国务院有关规定，由教育部门主办工读学校。工读学校是对有违法和轻微犯罪行为的中学生（13岁至18岁）进行特殊教育的半工半读学校。一九八零年以来，全国大中城市办起了一百零二所工读学校。学校主要开设思想政治、法律、语文、数学、历史、地理、体育、音乐、美术、生理、卫生、职业技术教育等课程。凡在学校坚持学习，能接受教育，改正错误，遵守纪律，经文化、职业技术科考试、考核合格者，准予毕业。他们毕业后，可以升学、参军或劳动就业。不受任何歧视。各地工读学校开办以来，坚持"挽救孩子，造就人才，立足教育，科学育人"的原则，关心、爱护、尊重学生，耐心启发和帮助他们，做了大量的工作，在教育改造违法犯罪的少年学生方面已初见成效，绝大多数学生都有明显的进步，毕业后的学生重新犯有违法犯罪行为的极少，大约在百分之三左右。

（三）举办劳动教养所。劳动教养不是一种刑罚，是对于有轻微犯罪行为而又可以不追究刑事责任的人，实行一定期限的强制性教育改造的行政措施，劳动教养中青少年占较大的比例。教养期限为一至三年。实行半工半读，学政治、学法律、学文化、学技术，劳教人员劳教期满后升学和就业不受歧视。几年来，各地劳动教养场所认真贯彻"教育、感化、挽救"的政策，努力把劳动教养场所办成改造人、造就人的特殊学校，使绝大多数劳教人员经过劳动教养能够改过自新，改恶从善，做有益于社会、有益于人民的人。

三、依法审理少年犯罪案件

在我国，广大少年在社会主义思想的哺育下，道德品质、精神风貌是好的，少年因犯罪被判处刑罚的为数不多。对于少年犯罪的司法问题，我国法律有专门的规定，并在实践中得到贯彻执行，完全符合《北京规则》的要求。

（一）关于少年在适用法律上一律平等的问题。我国由于消灭了生产资料私有制，建立了生产资料公有制，因而公民在适用法律上一律平等的问题，不仅在法律上已有明确的规定，而且已经是活生生的现实。在我国，任何少年犯罪都是依法平等处理，不会因种族、肤色、性别、语言、宗教、政治或其他见解、民族本源或社会出生、财产、或其他身份地位的差别而受到优遇或歧遇。法律的适用，对他们是平等的。

（二）关于我国刑法对少年犯的特殊规定。我国刑事立法十分注意保护少年的特殊利益。1．对少年犯罪的刑事责任年龄作了从宽的规定：已满十六岁的人犯罪，应当负刑事责任；已满十四岁不满十六岁的人，犯杀人、重伤、抢劫、放火、惯窃罪或其他严重破坏社会秩序罪，应负刑事责任。2．对少年犯罪的刑事责任作了从宽的规定：（1）已满十四岁不满十八岁的人犯罪，应当从轻或减轻处罚；（2）因不满十六岁不处罚的，责令他的家长或者监护人加以管教，在必要的时候，也可以由政府收容教养；（3）犯罪的时候不满十八岁的，不适用死刑，已满十六岁不满十八岁的，如果所犯罪行特别严重，可以判处死刑，缓期二年执行，实行劳动改造，以观后效。在缓期二年中有悔改表现的，不再执行死刑。

（三）关于我国刑事诉讼法对少年被告的审理的特殊规定。1．十四岁以上不满十六岁未成年人犯罪的案件，一律不公开审理。十六岁以上不满十八岁未成年人犯罪的案件，一般也不公开审判。2．对于不满十八岁的未成年人犯罪案件，在讯问和审判时，可以通知报告人的法定代理人到场。3．未成年被告受审时，除了可以由他近亲属、监护人为他辩护，也可以委托律师为他辩护以外，法律还特别规定，未成年被告如果没有委托辩护人的，人民法院应当为他指定辩护人。此外，少年被告能够参与诉讼的，可以充分表述自己的意见。在诉讼的各个阶段，少年被告的诉讼权利和其他合法权益都能得到充分的保护。

我国少年犯的侦查、起诉、审判活动，都遵循以事实为依据，以法律为准绳的原则。同时，侦查人员、检察人员和审判人员都经过培训和专业学习、有较高的政治觉悟、职业道德和业务能力，因而能够严格依法办事，保证了少年犯罪案件的正确处理。

四、依法教育改造少年犯

我国对少年犯的教育管理的做法，不仅完全符合《联合国少年司法最低限度标准》（北京规则）的基本精神，而且在许多方面有所创造，有所发展。我国对少年犯实现"以教育改造为主，轻微劳动为辅"的方针和教育、感化、免救的政策，在改造少年犯方面取得了极大的成功。

（一）为了有利于少年犯的教育改造，对少年犯专设场所进行改造。这种场所成为"少年管教所"它由省、自治区、直辖市一级政府设置和领导，受司法部门的指导。少年管教所收押、收容由法院判处有期徒刑、无期徒刑、死刑缓期二年执行的少年犯和政府收容的由因不满十六岁而不受处罚的犯罪少年。

(二)少年管教所执行国家制定的少年管教方针、政策和办法。努力把少年管教所办成"改造人、造就人"的特殊学校，对少年犯实行半工半读制度，对他们进行正规的、系统的政治教育，政治教育以法纪教育、认罪守法教育、道德品质为主；劳动技术教育主要根据少年重返社会后的就业需要，着重进行职业技术培训；文化教育以普及初中文化教育为主，对一些文化基础较好的少年，指导他们自学进修。同时，组织他们开展文体活动，重视培训和使用它们的生产技能，以矫正恶习，养成劳动习惯，把他们培养成为爱祖国、爱劳动、有理想、有道德、有文化、有纪律的社会主义劳动者。

(三)根据少年犯的特点进行教育管理。对少年犯既严格管理、文明管理、科学管理，又给予人道主义的待遇。对少年犯严禁打骂、体罚、虐待、歧视，原则上不使用戒具。少年管教所不设岗楼、电网，不设武装看押。少年管教所还广泛依靠社会力量对犯罪少年进行帮助教育，我国各级党政机关的领导人，人大、政协和工、青、妇等群众团体负责人，许多专家、学者、艺术家、知名人士和英雄模范人物，以及犯罪少年的家长，经常到少年管教所做报告，讲形势，赠书刊，提希望，与犯罪少年联欢，谈心，帮助他们接受教育改造，走向新的生活。

（四）提高对少年犯的生活生活、劳动等方面的待遇标准。对少年犯的生活保健、劳动的条件、劳动保护、医疗卫生予以良好的保障，其生活标准高于成年犯，与社会上职业技术学校学生的生活水准相当。少年管教所还十分注意美化环境，讲究清洁，为少年犯转变思想、改过自新、长身体、长知识创造良好的环境和条件。

(五)对少年犯实行考核奖惩，建立考核制度。根据奖惩条例，对改造表现好的给予表扬、记功、物质奖、减刑（或减期）和假释（或提前解教）等奖励。对于改造表现较好、原工作单位或学校同意接受的少年，允许他们回原单位、原学校试工、试读。对于少年犯改造中表现不好或重新犯罪的，给予警告、记过处分，情节严重的，依法加刑或延长收容教养期。

（六）正确处理服刑期满和收容发行期满的少年。对服刑期满和收容改造期满的少年，有少年管教所作出鉴定，发给刑满释放证明或解除收容教养证明，按期出所。为使他们更好地恢复正常生活，国家对重返社会的少年给予关注，规定由劳动部门、教育部门解决他们就业、复学等问题；还规定他们所在的单位、学校和街道，继续对他们进行帮助教育，促使他们更好地弃旧图新，重新做人。

（七）配备素质好的干部进行教育。少年管教所配备的干部都是严格考核、择优录用的，这些干部大多数政治觉悟高，思想品德好，业务能力强，热心于教育挽救犯罪少年的事业。这些干部还定期到干部管教学校进行培训，提高执行法律、政策的水平。广大干部能够忠于职守，严于执法，努力做好教育改造犯罪少年的工作。少年管教所对工作人员实行严格的纪律、严明的奖惩，对于在改造少年犯工作中做出显著成绩的，给予表扬、记功、物质奖、提职或提高工资待遇；对违法乱纪、玩忽职守者根据问题的性质和情节的轻重，分别给予处分，直至追究刑事责任。这些措施有效地保证了少年犯改造工作的顺利进展。

注：本文的全部内容作为中华人民共和国常驻维也纳联合国和其他国际组织代表团1987年5月15日给联合国的《关于〈联合国少年司法最低限度标准规则〉（北京规则）的执行问题给联合国的复照》的内容

国际社会中犯罪行为与预防犯罪的新领域

（《国外法学》1983年第6期）

第七届联合国预防犯罪和犯罪待遇大会亚洲和太平洋区域会议，于一九八三年七月四日至八日在泰国曼谷的联合国亚洲及太平洋经济社会委员会总部举行。出席这次会议的主要有亚洲、大洋洲国家的代表，还有几个欧洲国家的代表，共有五十多个代表团包括中国代表团，此外还有一些国际组织的代表和专家。这次会议由五个议题，其中"从发展角度来看犯罪行为和预防犯罪的新领域：未来的挑战"。这个问题是中心议题。代表就这个中心议题进行了热烈的讨论，对犯罪的原因，犯罪的领域和趋势、预防和控制犯罪的措施发表了各种看法。我作为中国代表团副代表出席大会作发言，并参加大会准则的讨论和倾听代表们的发言，现对这一中心议题的观点作一综合概括和评论。

一、导致当前犯罪激增的原因

当前国际社会中，许多地区动荡不安，经济萧条不断扩延，犯罪急剧上升。各种犯罪层出不穷，造成恐怖和暴力气氛，对社会长生很大的影响，使许多国家在发展上所取得的成就被日益严重的犯罪所抵消。许多国家为了维护统治秩序，每年拖入大量金钱和人力，研究预防犯罪并制定控制犯罪发展的新法规，同时不断改善警察、检察院、法院、监狱和司法部门的装备，甚至采用最新的电子电脑技术手段，也未能扭转犯罪剧增的局面。他们惊呼：现在是警察为之奔命，法院积案如山，监狱人满为患，社会为之惶恐。导致当前犯罪激增的原因是什么？这是为搞好预防犯罪必须探讨的根本问题。

会议在讨论犯罪激增的原因时，出现了各种不同的看法。有的人认为，工业安排的结构变化，经济发展，迅速都市化等导致了犯罪的增加。多数人认为，社会发展与经济发展齐头并进时，后者不会导致犯罪增加。在社会普遍进步的国家，某些种类的犯罪过去十年事实上已经在减少。不过，有些国家一把经济增长当作其主要目标的同时，忽视社会问题的解决，因而导致犯罪增加。贫穷区域经济增长不均、财富分配不均、人口增加和流动性（尤其是农村向城市移民）、特别是社会中一些集团靠财富和（或）权势支配其他集团和弱势群体，失业、贫困、疾病缠身、基本需要不能满足的广大贫民而产生怨愤，大众传播界的反面影响、黄色的和暴力的电视传播，所有这些因素造成错综复杂关系，即使没有使犯罪增加，也是犯罪难以消除。

大会讨论到，当前世界各地经济衰退，影响到就业、收入分配和贫穷现象，也可能促成某几类形式的犯罪和暴力，在失业率很高和存在着社会和经济不公平现象的许多地区，情况尤其严重。许多代表指出，非法滥用权力使许多人受害，有是由刑事司法系统本身和其他政府机关造成了大规模的迫害。滥用公共权力，损害到一大群人，破坏社会基本正义的原则而又无法加以纠正，更促使犯罪增加，阻碍着许多国家经济社会的发展进程。

特别是基于种族、宗教或意识形态的原因，或者其他原因而受到制度化的迫害，这种行为有时会在合法性的掩饰下侵害大多数人，如种族隔离政策和其他形式的种族歧视，以及政府当局（应理解为某些反动政府当局）对政治反对者和其他人实行的酷刑，等等。

如果我们对上述现象作马克思主义的分析，那么就会明确：私有制、剥削、政治腐败和阶级压迫加重，是某些国家当前犯罪激增的根本原因。这些国家的政治制度和经济制度若不改进，若不发生根本性的社会变革，那么要做到有效的预防犯罪、减少犯罪是很难做到的，而要最终消灭犯罪是根本不可能的。

二、犯罪的领域和趋势

近几年来，新形势的犯罪不断出现，其普遍程度和严重情况各国不同，也因各国的社会、经济、政治和文化环境不同而异，但他们似乎都有一些共同的特征，表现在下列各种犯罪之中：

1. 经济领域中的犯罪日益严重，走私、诈骗、投机倒把活动非常猖狂。在商业、经济和技术领域中的犯罪，其中有些涉及跨国公司和国际贸易，有些有害商品、废物垃圾向别国倾销，损害消费者利益或危害环境。

2. 跨越国界的犯罪正在大量增加，尤其是包括毒品、武器、甚至包括人类在内的各种非法贩运和走私。跨国性犯罪组织的魔爪无远弗及，操纵毒品的生产、买卖和销售，以及进行大量军火买卖，获得巨大超额利润，对一些国家的政治、经济和社会产生了恶劣的影响。在亚太区域大部分地区的犯罪形式或最容易导致犯罪活动就是毒品的贩运和吸用。犯罪行为和毒品关系是一个特别复杂的现象，因为贩运和吸用两者所涉及的活动属于非常不同的形态。本区域若干国家是各种毒品（海洛因、鸦片、大麻）的产地，其中大部分已受到官方的管制和监督，但官方机关的贪污和受贿又产生了有组织的毒品走私。国际麻醉品管理局最近指出："对吸毒问题的斗争首先是要防止人的堕落沉沦。吸毒也是上瘾的人无法对他们所属的社会作出应有的贡献。因此，吸毒的社会和经济代价是惊人的，尤其要考虑到吸毒还会引起犯罪和暴行，破坏伦理道德。吸毒问题阻碍了许多国家的发展，把迫切需要的发展资源用到别的地方。"此外，亚太区域贩运军火在增加，输出熟练人力方面的诈骗罪行、对难民的海盗罪行和跨越国界贩运妇女的罪行都在增加。

3. 地区性和国际性的恐怖主义，对财物和人身的暴力行为，包括劫持航空器、船只和人质、绑架、武装袭击爆炸、毁坏公共财产和设施，这些罪行在世界各地近几年来都大量增加，是社会更加动荡不安。

4. 侵犯国家艺术遗产犯罪也在增加。有些国家对艺术作品和国家文化遗产的私人收藏虽然已经强制管理，但对艺术珍品、文物的盗窃、有计划的共同走私犯罪却有增无减。

5. 在世界的某些地区，涉及种族歧视和侵害基本人权的有组织的暴力行为，包括酷刑、失踪和大规模屠杀，以及国家强权采取有计划的集体或个别行动，严重破坏别国的经济，造成普遍社会动乱。这种由国家采取行动的种族歧视、压迫和侵略的严重罪行使广大民众受害，造成极度恐怖和不安气氛，严重破坏和妨碍社会的和谐发展。而这种由国家发动的或种族冲突引起的集体屠杀犯罪没有得到有效制止，反而还在蔓延。

6. 若干国家报告了各种形式的"白领"或经济犯罪的增加，包括舞弊和挪用公款的犯罪。在发达国家，这个现象出现在运用各种电子计算机进行犯罪持续和急剧增加。因为公共部门和私营部门已经普遍使用电子计算机，又因为发展中国家可能很快也会普遍使用电子计算机，因此将来几年内它很可能成为亚太区域许多国家的一大犯罪领域。

上述各种犯罪情况，在世界许多地区和国家已经十分严重，而且有发展的趋势。我国是社会主义国家，我们已经比较有效地控制和预防犯罪，上述某些犯罪在我国是不存在的，但是，在我国对内搞活经济和对外开放的条件下，国际上某些犯罪可能波及到我国，对此，我们要保持高度的警惕，并采取各种有效的预防措施。

三、预防犯罪的政策和措施

大会讨论了当前世界犯罪激增的原因、犯罪的领域和趋势之后，对于如何预防犯罪提出许多可供各国参考的看法。

1. 多数代表认为，强调预防犯罪政策应配合各国社会、经济、政治和文化发展的战略，从广泛的角度去拟定和执行并列入国家的规划过程。如果要想在促进经济增长和社会进步的同时，也努力使犯罪停留在较低的程度，那么把预防犯罪政策列入国家发展计划是不可缺少的。要充分认识犯罪会妨碍社会发展，甚至抵消社会发展上所取得成就，从而重视预防犯罪，把预防犯罪方案列入国家规划，并分配给充足的经费作保障。

2. 特别强调设立国家预防犯罪协调委员会。这个委员会由刑事司法机构和国家发展规划部门的成员组成。在这个委员会中，规划人员因为与各种不同的刑事司法系统的代表和参与预防犯罪方案的民众团体成员的讨论，而能够理解和帮助解决预防犯罪的种种问题。

3. 预防犯罪必须有各式各样的民众参与，其中包括民众参与公断、调停、和解和平息争执。国家机关要加强民众对控制犯罪的合作。通过动员社会所有阶层并确保预防和控制的必要协调，也可以补充其他刑事司法机构的工作，更好地搞好预防犯罪的工作。

4. 在工业发展和都市化过程中要注意预防犯罪。有人认为，都市化和移民的发生，经常是因为民众被"赶出"土地，而非被"拉进"城市。在（按国家平均收入计算的）更大的经济发展不曾导致移民，都市化和人口密度加剧的地方，都产生了总犯罪率减少的情形。因此，高人口密度和高犯罪率之间的相互关系对人口迁移、就业政策、人类住区、环境设计、社会组织的发展和社会服务的提供的城市规划工作有重大意义。正确解决城市规划中的一系列政策问题，对于预防犯罪是十分重要的。

5. 进行专门性调查研究，确定犯罪形态和趋势诸如卫生、教育、社会福利、住房和人类住区、旅游、工业发展和农村发展、财政、就业、人口、大众传播媒介、交通、技术突破和经济增进等每一不同发展部门之间的关系，以便在各部门采取有利于预防犯罪的最佳的措施。

6. 通过国际经济关系方面的必要的结构和政治调整来消除贫困。一个国家内部要通过经济关系和政治结构的调整来解决贫困问题。在国际社会，调整的宗旨是要在发展中国家与发达国家之间实现符合新的国际经济秩序目标的更平衡的经济关系。

7. 向穷人群体和那些失业及无业的群体提供福利和就业，有目的地给他们以发展的机会，使他们基本生活能够得到确实的保障。

8. 就涉及跨国公司在内的经济犯罪、其他从事大肆破坏财产或环境的国际财团、贩毒和吸毒、对儿童、少年的剥削和强迫、收留妇女从事卖淫等，要审查现行政策和措施的效用并进行纠正。对警察和检察官进行专业培训，以便更容易更有效扑灭诸如贩毒及跨国性犯罪。

9. 大会认为，犯罪已经成为全球性问题，要加以预防和控制，必须由各级机构共同努力。首先要加强区域间合作，以便在文化相近的国家间以及文化和制度不同的国家间收集与分发有关资料，联合发展有关预防犯罪和刑事司法的数据库，交流科研成果，并采取适当措施来增加现有知识，把可靠的数据变成切实的计划和方案，主动推行预防犯罪的综合战略、机制和进程。特别应该在预防犯罪工作方面加强技术合作与多边援助，对付新形式的犯罪，尤其是国际性的犯罪。

由于出席这次大会的许多代表是不同制度国家的代表，因此他们对犯罪、犯罪原因、犯罪领域和趋势、犯罪预防等不可能有一致的看法。有的国家的代表甚至把本国人民反对剥削和压迫的革命斗争当作犯罪看待，提出要加强镇压，维护社会秩序。尽管这次大会存在着一些问题，但是大会对于当前犯罪激增的原因、犯罪领域和趋势、预防犯罪的政策和措施的阐述都比以往大大前进了，有许多很好的意见值得各国借鉴。

在大会上，中国代表团就这个议题作了发言，分析了当前中国社会中的犯罪原因，介绍了我国对社会治安实行综合治理、预防犯罪的情况和经验。中国代表团的发言，获得许多代表的好评，不少国家代表在会上表示向中国学习，负责这次会议的联合国官员在总结报告中说："中国的'综合治理'的经验，特别是发动全社会预防犯罪的经验值得在本地区交流。"

注：本文作者作为中国代表团副代表出席本次会议

学校建设管理工作研究

加强和改善党的领导 促进学校全面发展
——在华侨大学领导班子座谈会上的讲话

（2006年7月4日 根据录音整理）

刚才，党委书记、校长吴承业同志把学校党风廉政建设情况，作了全面的介绍，他讲得全面，又很简洁、概括，语言很朴素，说得很实在，内容丰富，又突出了重点，给我深刻印象。在这之前我们开了四个座谈会，又听你们的介绍，我看基本情况是一致的，总的感到学校的党风廉政建设、学校风气、师生精神面貌都比较好。领导班子团结，有战斗力，带领全校师生把学校各项工作搞上去，创造新局面，整个学校呈现出生机蓬勃的景象。你们工作很有特点：

一是坚持加强和改善党的领导。从实际情况来看，校领导班子确实对党风廉政建设高度重视，认真贯彻中央关于党风廉政建设路线方针政策，能够与学校的实际情况结合起来，落实到实际当中去，各方面工作取得显著的成绩。从这几天的座谈会和今天的汇报会来看，最主要的一点，就是学校坚持加强和改善党的领导。为什么这么说呢？我们学校有特殊性，有特殊的要求。特殊在哪里呢？由于形势的变化，1989年那场政治风波之后，全国高校实行的是党委领导下的校长负责制，而华大和暨大是外向型的特殊大学，实行的是一种特殊的领导体制，是党委领导和校长负责制。那么怎样建立一种特殊的领导体制？怎么样处理好党的领导问题，我觉得校党委对这个问题的认识有高度有深度，真正体现了在这种特殊体制下，应该坚持党的统一领导，这一点不能动摇，这一点不能搞特殊。吴校长对这个问题的理解，是很深刻的，能够把党的领导贯穿到学校的各项工作当中去，保证学校沿着党的教育方针指引的正确方向前进。我们学校在面向华侨华人，弘扬中华文化、为华侨华人服务，要做出特殊的更大贡献。学校这种特殊性，不能违背坚持党的领导的普遍性原则，把坚持党的领导的普遍性原则寓于特殊性之中。坚持党的领导，主要体现在贯彻党的路线方针政策，但是要分别情况，探索这种校长负责制、党委领导的特殊的领导体制。这种体制怎么样运作能够更好,你们做了许多探索。党委工作与行政工作要分别运作,现在是书记、校长一人一肩挑了,这方面问题比较好协调与解决。那么,对二级院、系的领导体制,也是执行院长负责制,再加上党总支领导,你们并不是说简单地搬用学校的领导体制,而是对具体问题作具体分析,要善于根据实际情况来做决策。现在,你们院系在党政结合、体现党的领导方面,创造了一种特殊形式,即院系党总支管党务方面工作,行政领导班子管行政方面工作,在有关行政大事决策方面可先征求党总支的意见,再由一个党政联席会议来商定,这样一种会议制度,或者说议事制度、决策制度,这样一种党政协调运作模式。这就把原则性和灵活性结合起来,能够更好地体现党的领导。今天上午,我们在建筑学院召开一个座谈会,有院一级的领导、办公室的人员、教职员工代表发言。大家发言很热烈,很能反映出这种党政关系处理得好,党总支在那里有威信,行政领导也有威信,大家都很拥护很支持,赢得民心,凝聚了力量,对他们开展工作、推动工作起了很大作用。我用这个事实来印证说明你们的探索,应该说是有效的。这就是说,党的领导这个大的原则,在这个学校里实现,怎么样层层实现,落实到基层单位,这个是非常重要的。实行党委的正确领导和监督,更好地发挥行政领导班子实施学校教学、科研、后勤管理等工作的主要作用。坚持党的领导是贯彻党的教育方针的根本保证,也是搞好党风廉政建设的根本保证。加强和改善党的领导的结果,这个关键的一环,你们抓住了,而且抓得很好。

二是认真贯彻党的民主集中制原则,搞好民主决策。党的民主集中制原则贯彻得好不好,事关大局,即关系到党委领导的认识能不能统一,意志能不能统一,能不能团结一致、齐心协力,带领全体师生员工朝着一个共同目标前进,开创教育工作局面。你们贯彻民主集中制的制度,很重视多方面地听取意见,如发挥教代会、工会作用,听取民主党派的意见,听取广大党员的意见,听取院系中层干部的意见,还通过各种形式、途径,包括信访等等,听到多方面的声音、不同的意见,把各种意见进行梳理、分析、比较和综合,择其善者而从之,体现在决策之中。你们发扬民主,走群众路线,做到心中有数,使决策不容易失误。你们执行民主集中制的能力不断提高,对重要决定、重要项目安排、重要干部任用、大额资金使用,还有招生、评职称等等,你们执行了民主决策。有一些需要保密的,在党委会内部是公开的,大家都知道的,不隐瞒,这样就发挥了每个党委成员的积极性,大家都参与到民主决策中来,大家有意见能提出来,不是一把手说了算,这样能更好地执行民主集中制。教学也好,科研也好,反腐倡廉也好，其成败与否，关键在于执行民主集中制，实行民主决策、科学决策、依法决策。决策正确与否关系极大，决策错了，执行得越好，错误越大，影响也就越恶劣；决策对了，是成功的前提和保证。我们常说反腐败要从源头治理，把预防腐败寓于决策之中，预防腐败最重要的是决策正确，决策错了，就产生政策性的错误、制度性的错误。这种错误就会产生大面积的腐败。政策性的腐败、制度性的腐败，是面上的腐败，不是个案，不是特殊情况，而是制度本身产生的腐败，这种腐败比一般的更加严重，危害更恶劣，影响更重大。所以，要把决策是否正确放在首要位置，领导班子的一个主要的职责就是要保证正确决策和执行。毛主席曾讲过，路线的正确与否，是决定一切的。他曾经举过一个例子，我们红军经过第五次反围剿失败了，长征前有30多万人，到了陕北的时候只有3万人。毛主席说究竟是30万多人强大，还是3万人强大？毛主席进一步说，因为遵义会议以后，我们到了延安，我们3万人经历了锤炼，这比原来30多万人还强大，什么原因呢？找到了一条正确的路线，所以路线正确决定一切。中国革命的胜利完全证实了毛主席的这一观点。我们的各项决策一定要按照民主决策、科学决策、依法决策这样来进行，保证我们教学、科研、教师工作、学生工作、反腐倡廉、校区建设、工程建设、物资采购、财务"收支两条线"等方面决策，尽量做到正确，减少失误，避免大的失误。对小的失误，我们尽可能及时发现、及时纠正。

制度性的腐败是最大的腐败。一些地方在行政执法中搞"收支一条线"，这是制度性的失误，产生徇私舞弊、以权谋私、权钱交易。就是私利驱动，一些单位包括行政执法部门，跟利益挂钩来搞提成，这样公共权力就变形了、歪曲了，就不能做到公正执法，给许多单位下达了执法罚没的任务，你罚没的越多，你提成越多，你个人收入越高。这个权力本来是人民赋予的，应该公正执法，结果变成了为牟取个人私利而执法，必然造成乱罚款，"三乱"起因不就是这个嘛！这样把人民的权力跟私利挂钩了，变成了小集团的私利，乱收费乱罚款就屡禁不止。你们学校有许多方面的收费规范比较好，规定不能乱办班，乱收费，办培训班要经过批准，按制度收费，严格实行"收支两条线"，能有效预防腐败。

讲到决策，昨天我与吴校长交谈时提到了，前几年有些高校盲目扩张、贷款规模过大，我们这个学校不跟风，却是贷款不多（吴承业插话：咱们用了财政1个亿的贴息贷款）。有些学校因为脱离实际，盲目扩张，过度贷款，现在造成了包袱沉重，举步维艰，影响学校进一步健康发展。这虽然是贷款问题，也涉及决策问题，这个做得对不对，就影响到学校的发展。如何决策，有个责任感或者说党性问题，应该站在党和国家最高利益的高度，来观察我们具体部门的建设规模问题。为什么这么说呢？站在国家的、全党的最高利益的高度即全局的高度，进行科学的可行性论证，该贷的贷了；如果站在部门的小集团的、局部的利益上，反正是国家的钱，我贷得多多益善，最后还不起，反正这个学校是国家的，我不负什么责任，反正是国家的钱，我拿来建了学校，校舍在这里，大楼也在这里，国家要没收就没收吧，这是一种不负责任的态度。决策是与我们的党性强不强紧密地联系在一起的，我们要把国家的、全党的最高利益与我们部门的局部的利益统一起来作决策，用坚强的党性来保证决策的正确性。

三是坚持正确的政治方向，深入开展反腐倡廉的宣传教育工作。我们学校是培育人才的地方，育人要把德育放在首位。我看这个德育放在首位，不是我们共产党人的发明，连空想社会主义者欧文说过，治国有方的领导者要把教育放在首位，又说要把道德教育放在首位。学校培养的人才为谁服务是一个根本的问题。学校不但给学生各种丰富的科学文化知识，还要使他们明确学到本领是为谁服务。我们学校既然是这样一个教书育人的场所，那么我们就会更加重视思想教育工作，你们开展了多方面的多种形式的、内容也是很丰富的宣传教育活动。一个是对领导干部的教育，一个是对党员的教育、对教职工的教育、对学生的教育，这些不同的层次、教育的内容、教育的形式，都应该有针对性的，根据不同的情况，实施不同的教育，按照你们的行话来讲，思想政治教育也要因材施教，这样效果比较好。学校里办了一个党校，进行干部培训，培训的内容比较好，抓得比较紧，把包括党的知识和反腐倡廉的有关内容，纳入党校培训教育工作中去，对层层干部进行培训。这些干部经过培训，方向明确了，廉洁自律了，他们的积极性能够调动起来，学校就能指挥得动，招之即来，来之能战，战之能胜，这个思想工作无形的力量就显现出来了，对教学、科研和后勤等各项工作都起推动作用。要深入反腐倡廉教育工作，必须创造多种形式，包括你们办的培训班、廉政知识竞赛、征文比赛、警示报告，还有网络、电视、文艺等载体都可以利用，其它好的宣传形式都可以采用，要在实际当中去探索、去创造，宣传教育工作大有作为。总的来讲，思想宣传教育工作要渗透到各个领域，特别是社会科学各个学科的教学当中，更要注意党的基本理论教育。你们说有的一些学生不知道什么是社会主义、什么是资本主义，那就是缺乏马克思主义基本理论学习和研究。青年一代是我们国家的未来，他们的状况如何，尤其是思想状况如何，决定我们党和国家的前途命运，关系到人民的前途命运。这个问题十分重要，不可忽视，要把它放在非常重要的地位，意义非常重大。加强马克思主义基础理论研究，是关系党的前途命运的战略问题。现在一些西方敌对势力，在意识形态领域对我们进行"西化"、"分化"、"渗透"和"颠覆"活动，鼓吹资产阶级的自由、民主、平等、人权、多党制及三权分立等，并且我们内部一些人遥相呼应。我们要研究马列主义，同时要加强毛泽东思想、邓小平理论、"三个代表"重要思想和科学发展观的研究，以促进党的先进性建设、党的执政能力建设和党风廉政建设。为了保证我们党和政权永不变色，为了国家的长治久安，必须对我们的党员干部和教师进行党的基本理论教育，还要对青年学生一代进行教育，深刻理解邓小平同志提了这样一个基本问题，即弄清什么是社会主义、怎么建设社会主义的问题，否则的话稀里糊涂，就会酿成原则性的、方向性的、历史性的错误，这决不是危言耸听！

　　胡锦涛同志最近提出树立社会主义荣辱观，学校要对师生员工进行深入教育，做到"八坚持、八反对"，提高思想道德水平。这有利于弘扬正气，抑制歪风邪气，消除消极腐败的因素，使大家廉洁自律、克己奉公，明是非，知荣辱，树新风，出廉政，也使大家工作学习中奋发向上，争先创优，发挥主动性、积极性和创造性，创造一个良好的氛围，办好学校就有希望，就有保证。

　　四是从实际出发，努力建立健全制度体系。近年来，华大重视学校制度建设。去年，我们召开招投标研讨会，你们学校介绍了工程建设招投标制度建设和推动厦门校区建设的经验。你们学校规范管理，实行"收支两条线"管理制度，乱收费和"小金库"问题基本上解决了，解决得比较好。对财务方面出了那个案子，你们分析内因和外因，针对制度上的原因，制定了财务方面的几个制度，堵塞漏洞，还采用"不可更改"的光盘和"一卡通"等现代先进技术手段来强化资金管理，预防腐败。这种用技术手段加强财务管理的做法值得大大加强。加强制度建设是很重要的，搞好党的工作和行政工作和教学工作要靠制度来保证，搞好反腐败工作也要靠制度来保证，靠制度来规范，什么应该做，什么不应该做，什么允许做，什么是禁止的，明确人们的行为规则。建立健全制度，不仅是为了反腐败，而且是为了提高领导水平、提高工作质量和工作效率。学校要建立健全涵盖各项工作的制度体系，使学校各项工作走上规范化、制度化的轨道。你们学校正在贯彻中央关于建立预防和惩治腐败体系的部署，做了规划，要抓紧落实，对制定哪些制度，应该按轻重缓急排好顺序，定出时间表，有条件出台的要尽快出台，保证质量，抓紧把这方面工作完成好。

五是进一步发扬民主,加强群众监督。吴校长刚才讲到加强民主监督。你们采取了多方面的措施,最重要的是搞好群众民主监督。你们一是发挥院系职代会的作用,让他们积极出提案,你们对提案作认真的答复。二是建立校务公开制度,推行校务公开。把有关事项公开,召开各种会议,征求意见,听取群众呼声。学校设立的校长信箱,发挥了不小的作用,不是形同虚设,而是能够对大家所提的问题,认真的分析研究,需要答复的就给以答复,做得实实在在。政务公开是防止腐败的一个重要方面,看来学校的校务公开工作已经拉开了序幕,还须进一步深化,做得更扎实。我们今天参观的建筑学院,实行院务公开,教职工有知情权、参与权、建议权、监督权,大家感到心理明白了,干群关系密切了,更团结紧密了,形成一种力量,推动了工作。这些党的工作、校务公开工作、反腐倡廉工作,看起来似乎与教学不太有关系,实际上关系很大,这些是软实力,硬实力和软实力要很好地结合,才能产生推进工作的动力。

六是加强案件查办工作和发挥办案的治本作用。你们重视查办案件,发挥查办案件的警示作用,做得比较好。这里我顺便说一下,就是你们学校那个"肖案"的发现和办理,肖的贪污行为,数额比较大,对本学校来说算是一个大案,给学校的资产造成了损失。我这两天听了两个单位座谈中谈的情况,觉得案件情况还是比较复杂一点,还牵连到银行。肖取款的时候,包括涂改那个单据,银行明知不对,还照样付给他钱,错误地以为学校要搞"小金库",照顾关系户。有种种复杂的情况和原因,但不管怎么样,事情发生在你们这里,跟你们工作不到位还是有直接关系,你们是负有责任的,当然是各层次有不同的责任。我觉得校党委能认真地对待这样一个问题,发现问题就组织有关人员进行查处,积极支持司法部门进行查处,态度是坚决的,工作是得力的,使违法犯罪者受到惩处,这是第一点。第二、你们事情发生以后,对相关直接责任人进行了处理,包括一些奖金的扣除,或者是职务的暂缓提升等,追究了责任。第三、对这个案件进行了分析,加强了警示教育。第四、吸取这个案件教训,在全校采取了一些"拉网式"的财务大检查,先是自查自纠,又组织一部分力量进行抽查,把这项检查工作落到实处。总的来讲,采取这四个方面的措施,使这个坏事变成了好事,加强了财务方面制度建设,强化了管理,加强了监督。但现在这方面发展得比较好,完全杜绝出问题不太可能,还得保持警惕。以后要加强责任制,建立层层责任制。刚才你说的"抓龙头",建立个人岗位为基础的层层责任制,明确责任,实行责任追究。你们善于从办理案件中吸取教训,"吃一堑,长一智",而且举一反三，在全校范围的教育、自查自纠，加上抽查，然后加强制度建设，确实把坏事变成了好事。

七是重视加强纪监审工作，充分发挥其监督作用。党委对党风廉政建设工作的重视，体现在坚持党的领导、贯彻民主集中制、推行政务公开、加强制度建设、开展反腐倡廉宣传教育等一系列工作中，体现在对纪检监察审计干部队伍的建设重视。纪监审工作任务很重。过去是说纪检监察是监督，人们不欢迎，现在随着反腐工作的深入，越来越多的人认识到，办案或者是监督，特别是监督，是对自己的关心爱护，对干部的保护。有问题及时指出来了、提醒了、警戒了，就能够及时纠正，他就不会继续犯错误，如果不及时纠正的话，一个人犯下严重错误，也可能影响一片，为什么许多地方出现了窝案、串案，其原因之一是没及时纠正，他在犯罪的道路上越走越远，结果他周围的人也就牵连进去，违纪违法了。现在，在学校已形成了一个自觉接受监督的氛围，许多部门都有要求，招投标也好，或者什么重要事情也好，要纪监审部门派人参与和监督，有一些问题的决定还要有他们签字，这个量很大，任务比较重，据说他们经常加班。我说这要规范，有一些需要他们签字的，就得签字，有的不需要的，就不用签字。纪监审部门也不是万能的，纪监审干部不可能方方面面都知道，我特意地强调他们要学习有关的业务知识，全面提高素质。但是，还要弄清哪些方面是必需纪监审部门签字的，哪些是不必纪监审部门签字的，签字了就得负责任。在职权范围内，该签的字要签字，否则，就不要签字，区别对待好。校党委很重视审计工作，在编制很紧的情况下，又增加了两个。现在，纪监审部门还希望增加编制，因为工作忙不过来。那么就说根据国家有关规定，应有一个基本的配备比例，要根据咱们学校的实际情况，能够增加的，或者说有灵活余地，尽量地给予适当的增加力量，这是一个辨证的关系，这里的力量加强了，某种意义上能够起到为党委和学校行政工作保驾护航的作用，使你们把主要精力用于决策上面，用于全局事业如何发展上面，去干许多方面的事情。我看这是相辅相成的，可能这里多一个人，那里少一个人，这里发挥的作用更大，这可以权衡利弊，进行比较，然后看如何加强这方面的工作。纪监审部门的同志认为，校党委对他们很关心，关心这些干部的工作、成长、生活，也把他们当作专业人员，特别是审计人员。他们在座谈会上发言很热烈，情绪也很高涨，认为党委对他们很重视，很关心，一定要不辜负党委的希望，努力把这个工作做得更好。当然我还强调，就是通常说的，有为才有威、有位的辨证关系。我还表示，在纪委书记朱琦环同志的带领下，纪监审部门全体同志非常努力，反腐倡廉建设力度很大，廉政建设工作取得了很大成绩，腐败案件很少很少，这就是最好的证明。

　　学校反腐倡廉工作取得很大进展，有一些工作刚开始，还需要再加一把劲，比如说惩治预防腐败制度体系建设，这项任务还很繁重。同时，新情况新问题会不断地出现，必须与时俱进，继续探索，把反腐倡廉工作做得更好。

坚持为国家工作大局服务 努力办好华文学院

——在华文学院座谈会上的讲话

（2006年7月7日 据录音整理）

我先提一个批评意见。我知道你们诚心诚意地欢迎我们来，但是你们没有必要挂这样一条热烈欢迎的横幅大标语，既费工、费时、费精力，再说咱们都是自己人，不必像对待外宾那样对待自己人，在外面做这幅标语要花很多钱，即使是自己做的，今后也免了。

刚才金院长做了全面的、概括的介绍，赵书记和其他同志作了发言，我谈些感想。

一要充分认识办好华文学院、搞好华文教育的重大意义。咱们这个华文学院，虽然不大，但这是一个不平凡的学院，是一个特殊学院，是一个涉外型的华文教育学院。这个学院近些年来，办学规模越来越大，质量越来越提高，学院名声越来越大，声誉越来越高，影响力、辐射力越来越强。可以说这个学院在我国东南海滨城市，像一颗璀璨的明珠，光芒照射到东南亚，还波及到澳洲、新西兰、中南美洲的巴西、阿根廷等等，范围逐步扩大，有60多个国家和港澳台地区，可见它的影响力多么大。近两三年，我带团出国访问，深深感到开展对外华文教育的重要性。因为我们现在需要创造一个良好的国际条件，才能搞好我们国家的现代化建设。我们的侨务工作要服从于国家大局、中心工作。开展华文教育，是贯彻国家外交政策所必需的，也是贯彻"一国两制"方针的需要。我想你们所取得的成果，是别的工作不可替代的。这几年，你们这方面取得成绩是比较大的，你们外向型华文教育，某种意义上带有民间外交的性质。你们能与60多个国家发生联系，你们能把一些外国的政界人士、军界人士，请到这个华文学院来参观访问，包括泰国公主、议长、国防部重要官员来访问，而且还接收一批军官到学院来培训，这有利于增进我国与有关国家的友谊和合作。可以说，你们学校虽小，可能量不小、作用不小、影响不小，你们做了一个对国家、对人民非常有益的工作。

在这个学校里，你们坚持正确的教育方向，贯彻党的教育方针，同时贯彻国家外交路线，把这个教育的点点滴滴与党和国家的事业联系在一起，把华文教育当作国家一项重要的事业来做的，勤勤恳恳、尽职尽责工作，才取得这样好的成绩。中华文化源远流长、博大精深、智慧深广，是中华民族的灵魂，也是华侨华人与祖（籍）国保持联系的精神纽带。因此，华文教育对于保持华侨华人的民族特性来讲很重要的。从这个意义上讲，如果说教师是人类灵魂的工程师，那么华文学院教师就是传播中华文化，塑造海外华侨华人保持中华民族特性的工程师。可见，加强华文教育意义十分重大。

二要加强领导班子建设是办好华文教育的关键。你们学院管理工作相当繁重。学院虽小，正如麻雀虽小，五脏俱全。你们是二级学院，你们管理的事情方方面面，学院既有党的工作、政治工作、思想工作，又有教学工作、行政工作、后勤工作、财务、审计以及物资采购和工程建设招投标工作等。管理这样一个二级学院，比本部院系的情况更复杂，任务更艰巨。如果没有一个坚强的领导班子，没有一个有力的干部队伍，没有一个很好的教师队伍，没有一个强有力的思想政治工作做保障，没有一套比较完备的规章制度，管理好这样一个学院也是非常难的。我觉得要办好这样一个学院，关键是建设一个政治坚强、业务过硬、作风民主、团结一致的领导班子。今天，你们搞了换届选举，新的领导班子要加强自身建设，努力把学校办得更好。刚才，金院长说了领导班子重视搞好决策工作，对学院要做一些重大问题，很注意听取各方面的意见，开了各种座谈会，听取老师意见和其他各方面意见；在科学发展观指导下，进行可行性论证，进行民主决策、科学决策、依法决策，保证决策正确性。学院尽管任务重、困难多，但你们团结一致，齐心协力，不畏艰难，踏着坚定的步伐前进，带领广大师生员工克服一个个困难，取得了显著的成绩。

三要以创新的精神搞好教师队伍建设。我们学院主要的任务是全面贯彻党的政策方针和对外华文教育政策、原则和要求，保证教学工作很好发展，传播中华文化，造就人才。培养人才要有很好的专业教师队伍，教师与学生关系要处理好。老师和学生是一对矛盾，要使他们很好地结合起来，要发挥老师和学生两个积极性，老师要发挥主导作用，调动学生积极性，引导和培养全面发展的高素质的学生。教师队伍的政治素质、业务素质、教学能力强不强，这是至关重要的。

你们在教师队伍建设中有改革创新，组织公开招聘教师，经过严格的考核后，订立聘用制合同。这一改革的效果不错，为教师队伍增添了生机和活力，为提高教学质量提供了基本保障。这证明改革是前进的动力，改革才能开拓新局面。你们在教师队伍建设上这一尝试是成功的，可以加快新陈代谢，使教师队伍成长壮大，即使出现点问题，及时纠正，总比墨守成规、安于现状、死水一潭要好得多。我们不能保证任何改革都百分之百成功，没有任何风险，这是不可能的。任何改革可能有失误，但失误并不可怕，我们要出自公心，用心工作，避免大的失误，小的失误我们及时发现、及时纠正。现在通过改革，正在建设一支优秀的教师队伍，成了开拓教学工作新局面的重要条件。

四要十分重视教材建设和搞好启发式教育。搞好教学工作，首先要有好的教材。教材建设要符合华文教育实际、预科实际、海外学生要求的实际。决定课程设置后，重在教材怎么建设，除了采购外，可根据本校学生的特殊性，编写一些符合他们需要的有特色的补充教材。所有教材，不仅是学生自学用，而且教师备课时首先应当把它理解深、理解透。为此，老师备课要多参考有关资料，经过理解，融化于备课中，解释得更丰富、更准确、更透彻，更有条理性、逻辑性。这样，老师讲课时就不会照本宣科，而讲得生动深刻，容易被学生所接受。当然，还有一个教育方法问题也非常重要。过去传统的有一种教学方法叫填鸭式的方法，是照本宣科，满堂灌，给学生一些死知识。现在新的教学方法就是毛主席提倡的启发式。启发式的方法是给学生学习的思路、方式和方法，如用辩证唯物主义方法论，开启学生的头脑，使他们开动脑筋，善于思考，善于学习，善于联系实际，观察问题，分析问题，解决问题。在启发式教学过程中，老师与学生是互动关系，学生可以提出与老师不同的观点，和老师进行平等的讨论，通过讨论把有关问题搞清楚，搞得更深、更透、更准确。启发式教学方法，能够高效地培养学生独立思考能力、实践能力、解决实际问题的能力。要做到这一点，必须大力全面提高老师的素质和改进教学方法，坚持教学与实践相结合。

五要把学生管理工作放在重要地位。实际上你们领导班子成员也好，老师也好，面对的就是学生，学生是你们工作对象，你们要把他们造就成全面发展的人才，经过在学院几年学习，在全面发展方面要有质的飞跃。管好学生不容易，他们来自五湖四海，来自许多国家，各个学生过去所处的环境不同、教育不同、所受社会风气影响不同，他们身上有许多优点，也有些缺点。有些学生比较懒散，有不良的习惯、性格或有劣痕。你们要重在发现和发扬他们优点，勉励他们进步，同时要注意耐心纠正他们不良习惯和行为，克服缺点，这个工作难度比普通学校大得多，任务比较繁重。做好学生思想工作非常重要，要结合社会主义荣辱观进行思想道德方面的教育，培养广大学生有优良的思想道德品质，使学生能在遵守纪律，听从老师教诲，并且学生之间能和睦相处，互相帮助。这方面以前有过惨痛教训，前年有一所学院发生一起国外学生间的凶杀案，他们之间平时有些矛盾，以致矛盾激化了，酿成杀人事件，造成了学校在海内外不良影响，给学校声誉造成了损失。从这一事件看出，有时小小失误也会酿成重大事故。平时政治思想工作要贯穿学校工作始终，管理工作、纪律教育工作也要跟上，对学生间不良苗头，及时发现，及时纠正，解决在萌芽状态。搞好学生管理工作，保持学校团结、稳定、发展，这是一项重要的工作，不能以为我们过去没有发生问题，就掉以轻心，前车之覆，后车之鉴，我们可以吸取教训，举一反三，工作做得更好，避免各种事故的发生。在平静时期，我们也要提高警惕，领导班子每个成员，责任要到位，把工作做好。

五要坚持不懈地推进党风廉政建设。我上面讲的几个问题，似乎与党风廉政建设没有关系，实际上关系很大，你们领导决策执行过程、教学管理、行政管理、学生管理的过程当中，你们做得好，不出问题，就会产生效能，腐败问题就不容易发生，减少产生条件和土壤，这就是预防为主，预防在先。

要建立健全制度来预防和治理腐败。你们学院有一系列规章制度，还要按照建立惩治和预防腐败制度体系的要求，建立和补充一些规章制度，并坚决贯彻执行，用制度管人、管钱、管物，来预防和治理腐败。凡是重要的决策都要纳入科学决策、民主决策、依法决策的制度和程序之中，从决策这一源头上把好关，预防腐败。

要通过实施院务公开制度来预防和治理腐败。你们有院务公开方面的规定，明确了公开的原则、内容、措施、办法，重要的是进一步抓好落实。特别是对工程建设项目必须认真实行公开招投标。搞好招投标是比较复杂的，贯彻采购法、工程招投标法、合同法和有关制度，要熟悉这些方面的内容，尤其是主管这方面工作的领导同志更要懂得一些。我们还可以依靠外力，利用外智，来搞好这方面工作。对工程招投标、政府采购、物资采购要很好管理和监督，防止存在漏洞，防止产生贪污受贿等腐败问题。

要加强党风党纪教育来预防和治理腐败。经常教育和提醒，使干部不犯错误，这是对干部最大的保护。前不久校本部发生的那个"肖案"，不是发生在学院这里，学院也以此案要进行教育，并且还进行自查自纠，从中发现了一点问题，有人交出两万多元钱吧，返还给学生，这不就很好吗？防止一些事情由小变大，小洞不补，大洞难补，酿成祸害。你们进行自查自纠的过程就是强化管理的过程，强化监督的过程，也是解决问题的过程，防止类似问题发生。但这决不会是一劳永逸的，学校不可能跟社会隔绝，也不是游离于整个社会之外的世外桃源，各种腐败因素会侵入学校。腐败因素就像"SARS"病毒那样，我们不警惕、不认真预防行吗？因为这个腐败因素就像"SARS"病毒那样厉害，一些不法分子腐蚀干部的方法多种多样，而且千方百计，无孔不入，往往抓住人性的弱点，进行腐蚀。应当引起我们高度警惕。人性当中还有一些弱点，就因为有弱点，我们要自警、自省、自律，严格要求自己，搞好廉洁自律工作。我就希望你们搞好反腐倡廉工作，把学院各项工作做得更好，努力开创工作新局面。

| 我的理论思考 |

认真办好图书馆
为教学科研服务

——在听取华侨大学图书馆
负责同志汇报工作时的讲话

（2006年7月5日 根据录音整理）

馆藏图书数量，这不是我们采购图书的目的，尽管现在高校有一个指标，怎么样的学校才能升为学院，怎么样的学院才能升为大学，图书要有多少万册等，这有它的合理性，但我认为各类图书不要以数量为主，根本的在于质量，在于能够发挥它的作用，发挥的作用越大越好，适合于我们教学、科研的需要，能够推动学校教学科研的发展，要以这个为标准来采购图书。

你们馆的图书应多样化，有社会科学的，有自然科学的、还要有人文科学方面的，要用各种各样的书籍来丰富师生的知识和精神生活。政治方面书籍，如马列主义的基本书籍应该有，马克思、恩格思、列宁、毛泽东的著作以及邓小平思想、"三代表"重要思想、科学发展观的都应该齐备一些。胡锦涛同志最近提出要加强马克思主义基础理论工程的研究。我前天与吴校长谈过这个问题，因为对学生进行这方面的教育很重要，学校在这一基本点上要把握住。国外包括欧洲的一些资本主义发达国家都有些人在研究马克思主义，我们不研究怎么行？在迎接新千年之际，西方的传媒机构评选千年最伟大的思想家，马克思被评选为千年最伟大的十大思想家之首。把社会科学家和自然科学家一起排列，而且是由西方传媒评选，马克思居然排了第一名，说明马克思主义深入人心，有强大生命力。当然，现在西方一些学者的研究，有的本身歪曲和违反了马克思主义。我国是社会主义性质的国家，我们共产党是马克思主义的政党，需要马克思主义作指导，就需要学习马克思主义的著作。现在要搞马克思主义基础理论研究工程，这是保持我们国家、我们共产党的性质所决定的。在学校，我们引导学生坚持马克思主义的正确方向。你们学校有社会科学的教学与研究，政治书籍要买，其中也包括购买一些有错误政治观点的书籍，可供研究使用，因为正确的东西总是与错误的东西相比较而存在，相斗争而发展的。不要害怕错误的东西，关键是要能把错误的东西从现象与本质上分析透彻，正确的东西就能更加彰显出灿烂的光芒。自然科学、科学技术方面的书籍，特别是新兴学科的书籍、世界前沿科技的书籍，要适应教学科研的需要，根据教师和学生的需要采购。还有一个，人文学科包括小说、诗歌以及心理学方面的书籍，这些熏陶人们思想的，休闲娱乐的，健身的，适当买一些。但主要的，还是我刚才讲的，以有效性为前提，按照有效性、效益最大化的要求来采购书，避免造成浪费。要听取方方面面的意见，包括党的组织方面的意见，做政治思想工作方面的意见，教学方面的意见，科研方面的意见，专家的意见，学生的意见，使所购的书籍更具有实用性，得到师生的欢迎。

买书也是一门学问，要弄得好也不容易，要在实践中不断总结经验。看你们墙壁上这条幅的一句话："路漫漫其修远兮，吾将上下而求索"。在采购图书工作中，要不断地探索、探索、再探索，在探索中总结经验教训，把有限的资金用好，发挥应有的作用。你们对图书采购实行招投标制度，要坚持下去，不断完善，防止浪费和腐败的发生。你们在图书采购中除有的实行招投标外，有的实行议价，要规范合同，折扣要明示入帐，防止搞"回扣"、收受贿赂。

为什么国家对图书馆的工作很重视呢，因为它是知识的宝库。我们说书籍是人生前进的一个灯塔。书籍很重要，图书馆应该说是一种宝藏，宝藏要很好地利用，要吸引大家来用，你不是把书封闭在那里保管得好好地，完整无损，那样发挥不出它的作用。要让大家知道你们购进了什么书，让大家来借，这里现在借书不要交费吧？（馆长插话：不收费）。对，无偿的好。我到美国参观一些大学，比如夏威夷大学、伊利诺大学，那里的图书馆，学生自由进出看书。他走出时，要经过一道门，你拿走的书，有没有登记，书里头埋一种线，就会发出声音来，进行警示，现代化管理很好，你们是不是也采取这种措施？（馆长插话：是。）我是1986年去美国的大学参观，那个时候他们就弄了，咱们可能至少落后十几年。就是说，要发挥书籍的作用，应吸引大家乐于使用。对于图书的重要性，列宁在十月革命前，被流放的时候，他就曾经考虑到这样一个问题，他说俄国革命胜利以后，应该建立很多图书馆，就像瑞典那样，瑞典那个年代图书就无偿借阅，只需打一个电话，告知我要什么书，就给你寄去。看列宁对图书馆工作如此重视。所以，你们保管的不是黄金，你们保管是知识，知识某种意义上，经过一定的过程转变成黄金,比黄金还宝贵,人的思想是买不来的,黄金有价,思想无价,有科学的思想就能创造黄金,创造价值,创造生产力。

这些体会和想法,仅供参考。

创新监管办法　提高财务工作水平

——在华侨大学财务工作座谈会上的讲话

（2006年7月3日　根据录音整理）

今天下午，请大家来开这个座谈会，对我们来讲是一个学习的机会，因为财务管理方面是外行，我们虽然也知道要花钱，但学校财务怎么样管理，怎么样管好钱、用好钱，不太清楚。听了你们的发言，我谈一些初浅的体会和意见。

一是认识做好财务工作的重要性，增强责任感。这对于一个单位来说是非常重要的。对我们办好大学来讲，一是要有一批有能力的教学骨干人才和管理人才；二是要搞好财务管理，这两个方面是办好一个学校的两大因素。财务管理在学校当中的地位是十分重要的，对这个工作的忽视必然影响到整个学校的建设，包括整个学校的硬件建设，大到教学楼，还有其他的一些仪器设备，一直到教职工的日常生活都和财务联在一起。这个资金对学校发展很重要，某种意义上是一种血液，只有源源不断输送这些资金的话，学校才能运转起来，活跃起来。既要有资金的来源，要能够拿到钱，还要管好钱，用好钱，保证一定的钱发挥最大的效用，真正能推动学校发展，这是财务工作的重要目标。管理好学校财务是财务处肩负着的重要责任。你们目标已经明确了，管好这个财务，就是为国家管好财，为学校管好财，为师生服务，为学校工作正常运行提供财务保障。

二是要把资金管好用好作为财务工作的目标。对资金进行有效的配置，也叫资源配置，或者叫资金怎么有效配置，配置有各种各样的方式方法，怎样科学论证，使它确实有效配置，使用合法、合理、有效，发挥应有效益。我们要遵循国家的财政方面的法律法规，来用好这个钱，不是随意地用，要把好钢用在刀刃上，要有轻重缓急之分，不能撒胡椒面，要有重点，要突出重点，保证重点，同时兼顾其它的。要是只顾重点的，非重点不兼顾，也会有缺陷，影响不好。要非常严格控制资金的使用，不该用的一毛不拔，保证资金使用的效益。你们在资金的预算控制、效益控制所采取的一些措施是必要的。你们进行立项的可行性研究，对它的价格计算是否合理进行了评估研究，而且在全过程中都抓效益，立项、招投标，直到最后结算，按阶段时间，要进行效益方面研究，项目搞了有没有效益，只投入不产出不行，产出小了也不行，要争取最大的效益。比如你们刚才说的买一台机器，如事先没有全面地论证好，买进后搁在那里几年，成了一堆废旧物品，就造成国有资产的流失。要使有限的资金发挥它最大的效益，你们不仅仅注重一般的统计、会计工作，而且工作进一步扩展，提高了效益，简单说就是"节约"二个字。因为节约包括多方面，一个是资金节约，一个是建立这个项目，采购这个东西，发挥它的最大的效益，还包括时限的问题，效益往往以单位时间来计算，如果采购的东西推迟了，超越了时限，这是无形的损失。要节约就要精打细算，包括你们采购的时限都要考虑在内，这好比说工程，国家给你们多少钱，如果哪一年用不完，就暂时不给拨款，这就是时限问题、时间的问题。时间的问题关系到效益的问题。我们有一些人往往对时间浪费无所谓，耽误了一天两天不要紧。但是，从经济效益来看，它是属于经济效益的高低问题，所以马克思说过，一切的节省，归根到底是时间的节省。要抓住效率问题，效益问题是非常重要的。你们进行了一系列的监控，为了保证效益，也需要廉洁，廉洁与效益是统一的。没有这样一个廉洁作保证，那么贪污受贿的腐败就会不断产生，也不可能搞好工作。学校这里前不久发生的一个案子，原因是多方面的，还与银行有关系，过去我还不了解，某种意义上减轻了你们一点责任，但还是有责任的，这对大家心里是个震动，平时还以为是很太平，出了问题大家震动一下还是有好处的，接受这个教训，整改工作。

三是要坚持"不可兼容"的原则，完善权力制约机制。总的来说，权力要分解，结构要合理、配置要科学、程序要严密、制约要有效，形成权力运行的制约机制。要执行这个原则，就是处长刚才说的坚持"不可兼容"的原则。要是两种不同的职能给予兼容在一起，他个人就可以利用这种兼容来徇私舞弊。因此，凡是权力遇到这种情况，就是你说的实行不可兼容的原则，必须分开，使权力之间产生了互相配合、互相制约。还要实行定期轮岗，避免互相串通，保证"不可兼容"原则的实行。这样权力运行的过程即你们说"流程"，真正形成环环相扣，前一道程序好了转到下一道，下一道对前一道进行把关，如果你不符合规则，发现你的问题，我下道把关给你退回去，就进不了我这一道程序，经过我这道审核好了以后，再转入下一道程序，别人也进行把关，那么层层把关的这个"流程"，产生了互相制约的作用，权力运行才不会偏离正确的轨道，不会偏离法制的轨道。你们要从这些方面动脑筋、想办法，进一步下功夫进行权力运行机制方面的创新。

四是要用一整套有效的规章制度来提高工作效率和预防腐败。会计方面制度国家有法律了，但国家法律的是大的原则方面，你们要结合实际来制订适合学校情况的、可操作性强的具体规章制度。你们说票据制度，还有其它报销等各方面制度，要系统化，要有全面涵盖各个方面的系统制度，遇到事情有章可循，就保证了不出问题，否则，你作为一个处长，整天进行面对面的监督，是不可能做到的，没那么大的精力，要靠制度来管人管财，要全面地规范起来。你们不仅要看到已有的成绩，要看到随着情况发展变化，可能会出现一些新的问题，要及时发现、研究并解决。一定要敢抓敢管，重在坚持制度面前人人平等，执行制度要坚决，对任何违反制度的行为必须一律追究责任，绝不允许任何人有超越制度的特权，绝不以感情代替制度而搞因人而异、亲疏有别，这样才能维护制度的权威，培养人们对制度的敬畏和遵守，才能警戒他人，避免重蹈覆辙。你们在制度建设方面再继续探索。

五是要严格实行"收支两条线"规定，防止乱收费。财务方面实行"收支两条线"管理，中央强调了十几二十年了，现在有许多地方受本位主义、个人主义、小集团私利的驱动，往往逃避管理，那就不可能不产生腐败，这个问题还没很好地解决。刚才，你们谈到的"收支两条线"情况，看来你们执行得还比较好，比较规范。对一些办培训班有收费，也严格实行"收支两条线"的规定。学校实行财务公开制度，实行收费公开，对乱收费坚决清理、制止。要继续搞好财务公开，通过公开收费项目、内容、标准、程序、结果、纪律、违反纪律应负的责任等，接受学校各个部门、师生、社会的监督，使我们财务工作做得更好，开创新的局面。

六是要用现代化科技手段来加强财务监控工作。随着现代科技的发展，在财务管理方面要运用先进的技术，包括电脑技术，或者财务方面的一些软件，还有收费"一卡通"等。你这个单位有固定的某种收入，就给你设定"一卡通"，那就很难逃避你们监督，这种现代化电子技术的应用，提高财务管理质量，保证它的准确性。用现代化电子技术设置这样一个关卡，谁要超越这个关卡和障碍不可能，使企图回避监督的行为成为不可能，要在这方面多动脑筋，多想办法。我看你们已经这么考虑了，你谈到的弄个"不可更改"的光盘，如果要作案的话，很难实现，这样一个技术屏障来预防腐败，这是个有效的"防火墙"，使人想搞腐败也不能腐败。我们必须与时俱进，采取现代最先进技术手段来搞好财务，既做到多快好省，提高效率，又预防腐败。

　　七是搞好财务工作要有人才和智力作支撑。为了保证这个效益和廉洁，你们开展了一系列的工作，你们谈到提高人员素质，引进人才，你们原来19个，现在28个。一定要把好进人关，要求高质量和素质，进来以后，还要抓好培训教育。培训教育无非两个方面，一是思想教育、廉政教育、财务纪律方面的教育，提高工作人员职业道德，对工作有高度责任感，能够认真履行职责，有自我约束能力，能自警自励自律，警钟长鸣，保证不以权谋私、贪污受贿，杜绝弄虚作假、防止做假账。二是要教育工作人员精通业务，要常抓不懈。队伍建设好了，才能促进财务工作健全制度，改进机制，改善技术手段，提高财务管理的科学化、规范、现代化水平。

　　我听了你们的发言，谈了这些意见，仅供参考。

认真探索和改进监管工作
努力实现资产保值增值

——在华侨大学资产管理工作座谈会上的讲话

（2006年7月5日 根据录音整理）

我认真听取你们的发言，受到启发，谈一些感想和参考意见。你们资产处工作很重要，这是因为全校的资产，总体上由你们进行管理。资产管理的好坏对于学校的正常运转，对学校发展，至关重要。

一要明确资产管理的目标是保值增值。我们要提出的管理目标是什么，就是通过科学管理、严格管理和高效使用，来实现所管理的资产保值增值。要使资产保值增值，一是必须管理好资产，使资产不流失，不能因管理不善、管理失误或有一些漏洞，造成物资腐蚀损耗，或产生某些腐败，或被盗窃，致使国有资产流失；二要高效使用，使所管理的资产产生应有的效益，若是资产闲置，表面上没有损失，实际上是造成损失。资产要在管理过程中保值增值，需要有很高的领导水平和管理能力。我所说的保值增值，有这样一层含义，学校主要不是生产部门，主要是消费部门，那么资产保值增值，主要是指资产得到有效的使用，发挥应有的效益，这就要很好地根据实际的需要来决定。比如采购的物资，根据实际的需要来采购，发挥它应有的功能。现在有的单位由于没规划好，或者是立项没立好，购进了很高价的设备，或是进口的设备，但不能很好地发挥它应有的作用。所以，发挥资产的效益和作用，要提供高效优质的服务，这需要研究。当然对保值增值，要有一系列的统计方法，对于生产性的和有偿服务的与无偿服务的，有不同的计算方法，对正常的合理的损耗怎么样统计、科学测定等，这都属于保值增值的范畴。一是管理和使用的资产，如果用于无偿服务的，属于正常的合理的损耗，计算为保值；超过合理的消耗部分就属于亏损部分。二是管理和使用的资产，如果是用于生产性的和有偿服务的，那么不仅要保值，而且必须增值。就是经过一阶段使用之后，某资产产生的收益减去那些属于正常的合理的损耗和折旧，如果有盈余就是增值；如果没有盈余或者是负数，就仅是保值或者属于亏损。要对不同情况，对各单位管理的资产进行科学计算，进行考核，使各单位对管理资产真正负责任。要按照保值增值目标要求，应采取措施。你们已建立了一些制度，要进一步探索。

你们的采购工作要保证质量，要有效益，按照这样一个思路制定具体措施。一个方面规范在先、完善制度，为什么要规范在先、完善制度呢？现在改革开放进行这么多年了，我们有很多的实践，在实践的基础上，又总结了很多的经验，从国家这一层面上，已经建立了一系列的资产管理制度，我们要熟悉，并在熟悉的基础上，结合我们管理的领域制订这一系列具体的管理制度。你们已经规定了一些制度，包括招投标方面的管理制度，资产监管方面也有一些制度，还要进一步完善。制度规定了，就要严格执行，否则的话，制度只不过是一纸空文而已。制度要落实到实际，在贯彻执行当中，当然要有创造，对贯彻执行好的，要注意总结推广他们的经验，如果他们违反了纪律，要严格处理，体现制度的权威性。如果违反了制度却得不到追究的话，权威性也就没有了，使人敢于蔑视制度。

二要和有关部门协调好，不断完善权力制约关系。你们在资产管理过程中，许多运行机制要搞好，部门与部门之间的关系要搞好，这种关系就是在你们资产管理过程中体现出来，体现在部门之间的职责关系，划清职责范围是关键。对权力要作适当的分解，做到职责明确、分工负责、各司其责，既相互配合，又相互制约。就说资产管理处，招投标中心又是挂靠你这里，这种挂靠关系，搞不好了，容易产生有某种共同利益的关系。你们作为管理部门，对下属单位不能产生某种共同利益的关系而成为利益共同体，凡是产生某种共同利益关系的情况，就要采取措施，决然地给予分开，就是行政管理与采购要分开，以加强资产管理处对下属单位如采购中心的管理监督作用，这样的管理才会有力量。要从利益关系来划分职能范围，使不能兼容的东西不许兼容，能兼容的东西给它合并起来，也可以精简机构，减少环节。但不可兼容的地方，不管它多少环节，那些必要的环节、不可或缺的环节不要减少。为什么事物的运行有很多环节，看来繁琐，就是为了保证工作正常运用，这些环节就像一部机器有很多螺丝钉，只要它是必要的，就必须保留，否则机器就不能正常运转。当然，如果可减少的话，越简化越好，程序越简化越好，越简化就越能产生效率，但是不可或缺的必须保留，这样才能起着互相制约的作用，不会产生徇私舞弊行为。从利益关系上处理好权力的分工和制约。如果引起共同利益关系，不宜合在一起的职权，那就要把它分开，就像会计和出纳，不能由一个人兼做，也不能够自己采购，自己报销，自己做帐，这就很容易出问题。别看这么简单的一个道理，但许多干部却不是太懂。南方某很小银行的一个科级干部，把几千万的资金弄跑了，原因就是她既是会计，又是出纳，应该分开的却合并在一起，结果产生腐败。这个权力制约机制的建立很重要。我们部门之间，要按照程序办事，看似有一些繁杂，但是必要，因为如果由一个单位或一个人说了算，独断专行，那最简单了，程序也简单了，可是不符合规定程序，也不符合民主原则。这个程序要体现公开、公平、公正，透明度高，接受部门之间、上下级之间的监督、专门机关的监督和群众的监督，保证权力正确行使。我们要保证廉洁，按程序办事，提高工作效率。对有一些工作，就要各部门协商、研究、探讨，比如你提出来廉洁和效益的关系，应该是统一的，不应该是对立的，从哲学上讲，既对立又统一。那怎么样处理好这个问题，如何减少某些环节，你刚才讲了招投标的问题，如以前要在开标前半个小时，投标单位到财务处去交钱，最后没中标的还要退掉，现在你们跟财务处协商，直接由你们这里暂时负责收款、退款，待招标程序完成后再将款项移交财务处，像这种不是原则性的、不是说绝对不可兼容的事情，可以灵活处理，但要搞好协商，约定好，一般都是可以做得到的。

　　三是要把严格管理作为资产管理中的一个永恒主题。你们在资产管理过程当中，要发挥好效益，就要严格管理。管理实际上也是一种监督，疏于管理必然会有漏洞，容易造成有机可乘，就容易产生腐败。管理某种意义上是一种生产力。你们看待自己的管理行为，要从更深层次来认识其重要性，搞好资产管理，使资产不流失，使资产增值，它本身也是一种生产力。我们要向管理要效益、向管理要廉洁。你们一定要职责明确，把权力层层分解，从内部的管理人员和负责人，部门、科室的职责都要明确，任务要层层分解，落实到部门，落实到个人。其它部门的管理也是如此，如某个设备交付他使用，他对它有什么责任，包括维修责任、使用责任。他有使用权，但没有处置权。你们要给予一定的权利，当然他也有对资产管理负责的义务。他对资产有什么使用的权利和负有什么保管的义务？要防止被盗，防止过失的损坏，当然正常损耗是可以的，你们要进行使用效益的检查，要是丢失了，或者非正常损耗了，你们可以提出追究他的责任，你们如发现他管理不到位，就要提出批评和建议，促使他改进管理工作。资产管理工作是非常复杂的，要管理到位，要制度化、规范化管理，要科学管理，明确各个部门对资产使用的权利和义务，以利于你们按章办事，如果谁出了什么问题，有明文规定，不是对这个单位特殊对待，不是有意对谁发难，学校的制度就是这样的，可以少得罪人，便于管理。这个规范很必要，不然的话，就会像你刚才说的，我们现在只有得罪人的份了。

　　四是要加强对采购工作的具体检查和指导。资产管理处负有对采购工作管理的责任，对采购工作要具体检查和指导。那天听了几个部门的发言，我们又走访了一些单位，包括财务处、后勤处、教材中心。他们谈到自己许多实际工作都跟采购工作联系在一起。从我们整个学校来看，通过招投标，带来的效益是可观的，总共节省了一个亿多元。虽然其它部门也有招投标任务，但是你们进行宏观调控和指导，也是发挥了无形的作用，你们制定了一些制度，采取了一些措施，与它的正确性、科学性是相关的。去年在国侨办举办招投标工作研讨班的时候，我讲到我们有关人员至少对政府采购法要熟悉，工程招投标法要熟悉，物资采购方面的法律法规要熟悉，合同法要熟悉，否则，无法去把关、去审查。刚才，你们谈到按照有关的程序去办，包括项目的立项怎么论证，依靠专家学者，依靠群众，依靠使用部门的参与，还讲到招标、投标、开标、评标、定标一系列程序。还有很重要的是合同问题，合同是否完备、周密、无懈可击，合同的漏洞往往造成重大的损失。我搞过国际经济贸易仲裁工作，遇到我们有一些地方的领导干部，不懂合同，可一拍脑袋，就签字了，只一字之差，可那是一字值千金啊，那何止值千金，多少万就打水漂了。对合同的审查要慎之又慎，避免造成巨大的损失。我们搞招标，对于标的、品种、质量、价格、时限、运输、付款时间与方式、违约责任、纠纷处理等各方面一定要在合同中明确规定。比如，人们往往不注意时限，往往拖延履行合同，造成无形的浪费，因为时间就是金钱，时间就是效益。再如，合同中没有规定违约责任，相信供货商的口头承诺，是最容易出大问题，到时候你没有手段制约他。比如说某个方面违约了，应该负多大的违约责任、赔偿多少合同中不明确，那时就相对不好办了，当然通过诉讼，国家有这方面总的规定，但太被动，还不如未雨绸缪，在合同中明确了违约责任来制约他，使他不敢轻易违约，他要考虑违约所要承担的损失。前几天，我也看到审计协会关于审计方面的指导性文件，就是审计工作指南一、二号，一号是关于工程招投标审计，二号是关于物资采购审计，内容极其丰富，所要审计的内容，刚好是我们进行招投标方面相关的许多内容。如果我们对这样的文件能够熟悉一下，对我们搞好招投标很有好处，因为事物都是相关联，许多东西都是可以触类旁通的，领会了这个文件精神，联系工作实际，做到融会贯通，就能增强监管能力。

五要正确处理廉政与部门把关的问题。现在，要真正搞好把关这个问题也不容易，看来很简单，你们采购一样东西，要七、八个部门来联签，要真正起到联签的作用，不容易，为什么呢？可能搞不好，就成了有的部门推卸责任的借口，如果责任不清的话，你们八个部门都签，八个部门都有责任，结果大家有责任，大家都没有责任。就可以借口集体负责而推卸个人责任。所以，必须明确各个部门的具体责任，这是非常重要的。如果责任不明确，虽然他签了字，但事后成了自己推卸责任的借口，成了挡箭牌，成了护身符。在会签文件中，各部门责任要明确。资产处、财务处、审计处、纪监审部门及其他相关部门，各自应负责制的责任要细化、具体化，否则的话，我刚才说的，联签就成了形式主义，结果也不能不出问题。一定要做好责任的分解、细化，保证会签的有效性，预防这种情况的发生。

最后谈一点，建设一个坚强的领导班子、一支优良的干部队伍是搞好资产管理的关键。要搞好培训工作，工作人员的素质、能力是非常重要的。首先要有较高的政治素质，要有政治责任感，对资产管理的责任感，要站在国家、人民的高度来保护国有资产，保障国有资产不流失，而要保值增价，我们要有这样一个起码的觉悟。要忠于职守，认真工作、廉洁奉公、依法办事，这是政治方面最起码的要求。再就是业务要精通，要力求朝这方面努力，要适应这方面的工作。一个特别能干的人，可以顶得上好几个人。现在情况都在不断的变化，许多新知识层出不穷，现代信息技术、现代管理科学高速发展，如果不重新学习，加强培训，就不能适应新形势变化的需要，对招投标工作，我们以前不太懂，现在有了这几年的摸索，也懂了一些，但是还有许多未知的领域，需要我们去加强学习，只有我们学习加强了，有关的专业知识和相关知识丰富了，能够与实际结合起来，应用自如，就能产生很好的效益。我们大家素质都提高到一定的水平了，既能防止出现腐败事情，又保证做好资产管理工作。

| 我的理论思考 |

创新机制和制度
加强对工程建设的管理和监督
——在厦门校区建设指挥部座谈会上的讲话

（2006年7月7日 根据录音整理）

刚才，李冀闽副校长、总指挥作了非常好的、全面的、突出重点的介绍，大家作了许多补充，内容非常丰富。同志们做了大量的工作，有很多闪光点，倾注了大家的心血。2004年我来过，那时这里还是一片荒地，一年半过后，这里已是一批高楼拔地而起，一派蓬勃景象，令人喜悦，鼓舞人心。华侨大学将有更大发展甚至跨跃式发展，在国内国际的形象会大大提高，产生很大的凝聚力，会吸引各方面高素质的教师来任教，而且能够吸引更多的海外华侨华人子女来学习。这就能更好贯彻我们党的教育方针，更好地落实中央关于华文教育的指示，拓展海外华文教育，更好地服务于我们国家的外交路线，这是一个非常重要的事情。你们肩负这项工作任务，责任重大，任重道远，工作艰巨，非常光荣。你们有强烈的使命感，已经下定了决心，克服困难，把这个重担挑起来，创新制度，加强对工程建设的监管，把这个工程做成一流的工程。

下面我再谈几点体会：

一、努力实现阳光工程、廉洁工程、质量工程、高效工程的目标。学校厦门校区建设任务比较重，项目比较多，建筑项目最能引起社会一些施工单位的关注，有些人为了拿到项目，千方百计不择手段，拉拢腐蚀干部，有些干部头脑刚开始很清醒，时间一长，就麻木不仁了，经不起各种糖衣炮弹诱惑，就会陷入了腐败的泥潭，这种情况可能发生。如果我们对这种情况估计不足和缺乏清醒的认识和警觉，"工程上马、干部下台"，或者说"大楼盖起来、干部倒下去"的现象就会发生。我们必须加倍警惕和采取措施加以设防。在工程建设过程中，我们要坚持反对贪污受贿，反对浪费。现在最重要的是，要继续加强实施"阳光工程、廉洁工程、质量工程、高效工程"的目标要求。实行阳光工程、廉洁工程，是实现质量工程、高效工程的前提和保证；质量工程、高效工程是实行阳光工程、廉洁工程的结果和目的。实行阳光工程，就必须加强监督和实行工程项目公开招投标，择优录用，既保证工程质量和高效，又防止暗箱操作，防止腐败，保证廉洁。当然，"质量工程"不全部是你们指挥部的责任，因为质量工程是要求实用、坚固、美观，以实用为中心、以坚固为基础，以美观为形式，达到三者的完美结合。这涉及设计、材料、施工都必须围绕这三者的相互关系来进行，最终才能达到三者完美结合的质量工程。但是，你们指挥部通过正确指挥、严格管理和严格监督，为实现质量工程重要提供保证。这里提出的"高效工程"，所谓高效主要体现节约，反对浪费。节约有多方面的，你们谈到很多方面的节约，包括你们深入实际，反复比较，认真细致，严格把关，做到价廉物美，已经节约了资金1亿多元，这是在节约。同时节约还包括时效，除了不可抗拒力因素以外，要求和监督施工部门保证工程按计划时间完成。我们说时间是金钱，如果工程不能按期完成，影响使用，也直接影响教学，效益就差，达不到高效。所以要从节约、时效、效益这三个方面来把握，把工程建设成为"高效工程"。我们纪检监察工作在实现阳光工程、廉洁工程、质量工程、高效工程的目标中是可以大有作为的。

二、坚持预防在先，规范在先，健全制度。这二年来，指挥部一开始就把制度建设摆在非常重要的地位，重视制度建设，制定了指挥部的工作制度、会议制度、招投标制度、采购制度、财务制度以及廉洁纪律等。这些制度规范，保证整个指挥部工作能按制度轨道去进行，能够有条不紊，不产生混乱和漏洞。这样既提高工作效率，保证工程质量，又能够防止工作失误造成损失，也能够预防腐败。工程搞得好不好，制度是保证，这个方面你们做得比较好。如果制度残缺不全的话，工作不规范，工作就容易失范、失误，容易造成腐败和其他一些不良的后果。

三、建立适用的有效的权力运行制约机制。你们建立一个名符其实、指挥有力的指挥部。指挥部指挥有力是与指挥部内部机构设置合理、分工明确、职责清楚、行为规范分不开的，是与权力运行机制分不开的，是与领导班子得力分不开的。从权力运行的监督方面，李副校长形象地比喻为"猫和老鼠、猫和老狗"的关系，把你们总指挥比作老狗，一层监督一层。这比喻形象，也很深刻，你们对权力的监督非常理性。这种权力制约机制，就是要把权力作适当的分解，使各方面的权力配置要科学，结构要合理，程序要严密，制约要有效。权力运行过程中，环环相扣，保证这个机器有效运行。总指挥一旦把这个按钮按下去，整架机器就运转了，每一个部门和各个岗位工作人员都按这个程序进行工作。按照程序，一环扣一环，环环相扣，相互制约。当然还要专门机关要加强检查监督，保证权力制约的有效性。

四、在强化管理的基础上加强监督。要把管理作为最重要的基础性工作来抓，管理要严格、严密，不产生漏洞。在管理过程当中，指挥部的各个部门发挥了很好的作用，你们责任制很明确，在严格管理当中强化管理、科学管理、精细管理，向管理要效益。比如刚才介绍你们说，货比三家，多方面调研，深入了解，还有其它单位、用户情况，你们也去调研，从中择优录用。还有一些不是你们的工作，你们为了把工作做得更好，还深入实际调查研究，结果就节约了资金，提高了质量。这些管理工作，实际也把监督寓于管理过程之中。管理是基础呀，管理不好，漏洞百出，出了问题再去监督，再去查处和纠正，那是不行的，损失太大了。现在许多单位就是因为管理不到位、不严格、不严谨，问题百出。你们要吸取他人的或自己的经验和教训，继续强化管理，对管理的全过程跟踪检查督促，发现问题，及时纠正。搞好管理主要靠工作人员的自觉性，但总会有人不自觉，放弃了跟踪检查督促，人的自觉性会大打折扣，必然会发生失误或腐败问题。

要加强监督，不仅是纪检监察，还有审计，更广泛地讲，还有财务监督，财务也要把关。你们财务、审计方面监督发挥得都比较好。你们刚才提的一些亮点、一些比较生动的例子，可以说明审计出效益，财务出效益。审计和财务工作不仅仅是简单做做帐，而是注意堵塞漏洞，发现和解决问题，这方面做得比较到位。你们在监督方面抓得比较紧，有内部监督，还有外部监督，实行全方位的监督。发挥纪检、监察、财务、审计的监督和把关的作用，还有领导的监督，从方方面面进行监督，形成监督的合力，同时，营造良好的监督氛围，大家都正确认识监督，支持监督，监督才能发挥威力，监督才能有效性。

五、发扬求真务实，真抓实干的优良作风。这支队伍在指挥部领导带领下，经过两年半艰苦复杂环境磨练和摔打，越来越坚强，越来越有战斗力。至于我们这个工地呀，是一个练兵场，也可以说是一个革命的熔炉，大家炼得意志更坚强了，思想道德更高尚了，知识经验更丰富了，工作能力更提高了。

你们发扬不尚空谈、注重调查研究的作风。在决策过程中，你们不是盲目决策，很注意结合实际，调查研究，尽可能地将所需要的东西都要调查清楚。如到市里调查，到其他学校调查，到有关部门去调查，而不是坐在屋里苦思冥想。你们来到这样一个地方，也十分重视调查与校区相关的情况，正确处理与市里的关系、与集美区的关系、与这个村委会的关系、与当地居民的关系。这些方面关系的正确处理，克服了许多困难和阻力，解决了一些复杂的难题，保证校区建设比较顺利进行。

你们发扬求真务实、严谨求实的作风，敢抓敢管，狠抓落实。任务提出来，就要及时抓落实，保证落实到位。保证每项工程质量、进度，甚至每种材料质量都要保证到。刚才你们讲到涂料问题，已经招投标了，也定标了，而且又是国外名牌公司的产品，该放心了。看来，这个事件给了我们深刻教育，哪怕名牌公司也不能百分之百相信他，还要提一些疑问。你们认真核查，及时发现问题，纠正对方的错误，保证了质量，避免了损失。如果你们工作不严谨求实，没有这么认真细致，那不就过去了，造成了损失谁也不能给你们多大的指责，最后说好像也没大责任呵。还有，刚才你们提到的审计，你们委托给人家，那么就很简单了，你们还要与另一家比较，还要请专家论证，或再请政府部门评价，做了多方面的论证工作，增加了很多工作量，但你们不辞辛苦地去做，保证了质量，提高了效益。这要是没有一种高度责任心，是不可能这么认真去做。

你们发扬清正廉洁、无私奉献的精神，勤奋努力、忘我工作精神。总指挥李副校长刚才发言中所讲这方面的事例，可以看出他为大家的精神所感动，而且在他心目当中有大家，他对同志有着这样丰富的、深沉的、诚挚的感情，我听了也非常感动。我们这支队伍在艰苦工作中培养出优良作风，现在工程已经完成一部分，后面工程建设任务还很艰巨，大家一定会继续把这种求真务实、开拓进取的精神发扬下去，把艰苦奋斗、特别能打硬仗的精神发扬下去，进一步把工作做得更好。

| 我的理论思考 |

深入贯彻科学发展观
开创学校工作新局面

——在向暨南大学领导班子反馈巡视调研意见会议上的讲话

（2008年4月21日 根据录音整理）

几天来，我们对学校党政领导班子贯彻党的路线方针政策和反腐倡廉建设等情况巡视调研，听了校党委书记蒋述卓同志和校长胡军同志的发言，在此之前和几位校领导同志进行个别交谈，还召开几个座谈会听取各方面的意见，了解了学校许多情况。今天开这个会，向校领导班子反馈有关意见。反馈什么？我苦思冥想，也没有想好，刚才简写了几个要点，可能讲不到点子上，意见也不成熟。

我四年前到过咱们学校，这次来看到学校变化比较大，新教学楼和图书馆盖起来了，校园比较整洁美观，管理有序，教学科研取得了很大进步，师生精神面貌很好。总的来看，近几年来，新的校领导班子很努力，能够高举中国特色社会主义伟大旗帜，坚持以邓小平理论和"三个代表"重要思想为指导，全面落实科学发展观，全面贯彻党的教育方针，学校各方面工作特别是教学科研工作蓬勃发展，学校面貌发生了深刻的变化。从发展趋势看，学校充满希望，必将有更加美好的发展前景。你们有很多经验，也有教训，要很好总结，以利于开创学校工作新局面。

第一，坚持社会主义办学方向，全面贯彻党的教育方针。近几年来，暨大坚持社会主义办学方向，全面贯彻党的教育方针，改革教学内容和方法，不断提高教学质量，教学科研力量有较大发展，力争把学校办出特色，办成名校。

一是把培养社会主义建设人才作为办学的根本目标。培养什么人的问题是一个核心问题。办学是离不开政治的，政治方向是起决定性作用的。不论哪一个国家哪一个统治阶级都把这个问题作为首要问题。资产阶级总是要模糊其办学政治目的，实际上他们心里是一清二楚。列宁讲过，资产阶级是要把学生培养成为资本主义服务的奴才，成为资本主义的辩护士，为资产阶级生产剩余价值、创造利润而又不会干扰主人的安宁。我们学校培养人才、培养精英，这些人才精英应该是能够坚持为人民服务、为社会主义服务的劳动者，不是凌驾于劳动群众之上的特权人物。这是社会主义办学与资本主义办学的分水岭。对这个培养目标，我们任何时候都是不能忘记的，不能模糊这个界限，我们是共产党领导下，是为人民办学，是培养为社会主义服务的人才。

暨大要办成侨校加名校，具有独特性。具有什么独特性呢？现在暨大共有学生近24000人，其中有五大洲华侨的学生近1400人，有香港的5600多人，澳门的3800多人，台湾的800多人。我们港澳台学生人数是在全国高校中港澳台学生总数的一半。就培养港澳台学生来讲，这是一项重要的战略任务。为什么呢？这一培养人才工作与我们国家贯彻"一国两制"的战略目标是紧密联系的。现在培养港澳台学生一万多，并且是滚动发展的，人数总和在不断地增加，港澳台来学习的学生越多越好，对实施国家战略目标越有利。我们培养港澳台的人才，他们有知识有本领，有一技之长，这无疑是需要的。同时，他们的政治立场更为重要，他们应该是爱国主义者，应该是"一国两制"的坚决拥护者，积极支持者，坚定贯彻者和维护者。有这样一批人才，他们成为香港、澳门、台湾社会的中坚力量，甚至成为中流砥柱，对于我们国家实行"一国两制"战略有着其它方面不可替代的作用。所以，我们学校培养港澳台学生具有特殊的战略意义。对这一特殊的战略意义认识不足或不认识，是极为错误的。暨大按国家政策，从前年开始对侨胞子弟和港澳台学生在学费方面实行国民待遇，使学校一年就少收入七千万元，资金遇到困难。我认为，一方面学校要想方设法克服困难，另一方面有关部门应该给予暨大大力支持，解决办学方面的困难问题，促进学校更好更快地发展。

二是实行开门办学，坚持走教学与社会实践相结合的道路。学校与社会是联系在一起的，办学是为了适应社会的需要，而不能闭门造车。我们学校的产品是人才，要适应社会的需要，围绕培养适应社会主义建设需要的人才做文章。坚持开门办学，走与社会实践相结合的道路。从书本上学习知识固然很重要，书本知识是人类几千年实践的积累，是前人经验的总结，是劳动智慧的结晶，今天我们仍要学习，要批判地继承，就是扬弃和创新。但是，学校办学的根本动力是与社会实践相结合。我们要与社会实践活动相结合来办学，来改革教学内容，改进教学方法，提高教学质量。因为任何知识归根到底都来源于实践，毛主席的《实践论》告诉我们，实践是真理的源泉，实践是真理发展的动力，实践是检验真理的标准。教育要健康发展，应该走与实践相结合的道路。曾经一段时间，全国学校学生读书学习时间太少了，劳动时间太多了，以劳代学，那种做法不行，但是现在有可能走向另一极端，以学代劳，也不行。应该坚持教育与生产劳动相结合，这个命题是正确的。实际上这个命题马克思早就提出了，认为生产劳动同智育和体育相结合，它不仅是提高社会生产的一种方法，而且是造就全面发展的人的唯一方法；连空想社会主义者也提出过，认为教育和生产劳动实践相结合是社会进步的杠杆。社会生产每天都在发展变化，我们的教学要从实践当中吸取新经验、新知识，从生产的需要来改进教学方法，使我们培养的人才能够适应社会的需要。社会实践是多方面的，有工业生产实践、农业生产实践、科学实验实践，有信息网络方面的实践，像这些都要结合，除此以外还有其他社会活动，有社会管理活动，治党治国治军的政治活动，实行人民民主专政的政治活动，与这些实践相结合也是十分必要的。在实践中首先向工农兵学习，并向一切有生产科研经验和社会实践经验的人们学习。要从开展多方面实践活动来丰富学生的知识，使他们所学的书本知识和实践结合，变成活的知识、有用的知识，能够为社会主义现代化建设做出贡献。

三是实行教学科研生产相结合，不断提高教学质量。教学、科研、生产相结合的问题，实际上是教学与生产实践相结合的题中应有之意。我这里强调一下，学研产相结合是提高教学质量的一个根本途径。教学要与科研结合，教学、科研都要与生产相结合。社会生产所提供的课题，推动科研的发展。马克思讲过如果社会生产一旦有了科学技术需要的话，比办十所大学更能把科学技术推向前进。这个问题，实际上资本主义国家很早就认识到了。1998年我参加一个中央国家代表团，到美国去考察经济全球化情况的时候，了解到美国许多大学对科研工作非常重视，在科研成果转化为生产力方面下很大工夫。许多大学在各州设了办事处，主要任务是沟通学校科研与社会生产的需要，有的是企业提供资金或者合作进行研究，进行科技开发；有的学校是转让科研成果给企业，促进科研成果转化成产业，成为现实的生产力。暨大已经抓了这项工作，而且初见成效。暨大的科技产业集团公司，尽管现在比一些大学的知名企业规模较小，但它毕竟是新生事物，是发展的方向，是大有作为的。还有信息所的信息公司，是根据社会的需要搞研究，用自己科研成果去占领市场，为社会生产服务。还有出版社也有这方面的功能，要坚持经济效益与社会效益并举，以社会效益为主的原则。这种学研产相结合，有利于提高教学质量、科研水平。学校把这些企业经营得好，可以源源不断地为学校的发展提供资金支持，作为发展支撑的力量，否则的话，学校要大发展就会受到制约。我们学校坚持学研产相结合的方向明确了，要具体抓，抓紧、抓实、抓出成效。要加强管理，特别对投资、财务、人事方面要正确决策，在管理过程中要实行严格管理、精细管理，实现成本最低化，利润最大化。如何精打细算、厉行节约十分重要，讲排场摆阔气是不行的，乱开支不行的。要按照规定计算好各方面开支的钱所占的比例，那天在科技产业集团等单位座谈会上，有的同志说，唉呀，我们招待的钱太少了，少得可怜，人家企业的招待费多，很大方，在竞争中处于有利的地位。这一情况是事实。我想，我们要按规定办事，想办法解决一些实际问题，促进企业发展，使学研产更好结合，相辅相成，不断提高教学科研水平。

四是把马克思主义贯彻到教学的全过程。包括社会科学和自然科学在内的教育方面，都有一个教书育人的问题。这集中地反映在教材里面，教材建设要搞好，要有好教材。自然科学教材，要反映新理论、新方法和新的前沿科学知识，体现与时俱进的辩证唯物主义。特别是社会科学教材，这并不是要把马克思主义当作标签到处乱贴，而是要运用历史唯物主义作指导来编写教材，把马克思主义贯穿在里面。编出的教材和教师教学的过程，应体现教书育人，要贯穿马列主义、毛泽东思想、中国特色社会主义理论的指导，全面落实科学发展观，这是搞教学的基本前提。特别是社会科学方面的教材，更要突出这个思想。在这个过程中，教师起主导作用，教师要掌握和传播马克思主义，引导和激发学生对学习马克思主义的热情和积极性，形成教师与学生的互动关系，从而使马克思主义真正贯穿于教学科研工作的全过程。

五是加强学生思想政治工作。我们是侨校，除内地学生外，有来自五大洲许多国家华侨华人子女，有来自港澳台地区的学生，这种情况给我们做学生思想工作增加了艰巨性。这与国内一般高校情况不太一样。要加强学生思想工作，必须区别对待，因材施教。我们不能因为有特殊性，对港澳台学生或者其它外国学生就放弃思想教育工作，而是要把原则性和灵活性结合起来。资本主义国家的学校可以大肆地宣传资本主义的优越性，讲得很多，多党制呀，三权分立呀，私有制呀等等。我们学校为什么不可以理直气壮地讲我们国家社会主义制度的优越性，中国共产党领导的优越性，社会主义法治和人民当家作主的优越性，社会主义公有制的优越性呢？！要改进思想政治教育的方式方法，使它真正能够和学生的实际结合，与当前的一些热点、焦点问题结合，要使学生感兴趣，用马克思主义进行分析，释疑解惑，只要分析得好，有说服力，就能够被学生所接受。马克思讲过："批判的武器当然不能代替武器的批判，物质的力量只能用物质来摧毁。但是，理论一经掌握群众就会变成巨大的物质力量。"怎么能掌握群众呢？马克思说"理论只要彻底，就能掌握群众。所谓彻底，就掌握了事物的根本。"我们如果不懂马克思主义还去教马克思主义理论课，去做思想工作，那就很为难，也没有市场。我这里借用"市场"这个词，就说在课堂上讲课，要让学生愿意听，听得进去，又能消化。必须培养马克思主义哲学、经济学、政治学等社会科学方面的教师，还有政治思想工作方面的教师，他们能够懂得马克思主义，懂得中国特色社会主义理论，才能讲得生动活泼，深入人心，使学生心服口服。

第二，坚持解放思想、实事求是，积极谋划和推进学校发展战略。学校提出了发展战略，有丰富的内涵。为了搞好学校的发展战略，进行广泛深入的大讨论，在许多方面形成了共识，比如发展战略、办学理念、发展思路、教育思想、培养体系、实践理念等，在这些当中什么是核心呢？它们各处在哪一个层次上要理清楚，它们之间的相互关系要搞清楚。要明确整体的战略目标，明确阶段性目标，为实现战略目标及阶段性目标采取哪些方面的措施，要更具体清晰。你们这一大讨论是很有益的，大家解放思想，实事求是，对未来发展有较清晰的轮廓，有利于调动干部职工的积极性，也会鼓舞师生的热情。发展战略实施的全过程是一个有机的整体，要进行系统思维。在发展战略实施过程中有哪些方面，比如工程建设方面要怎么做到系统和集约，资源共享、总体规划、分步实施，逐步地达到目标。这是一个复杂的系统工程，比如新校区的建设问题，你们已经把这个问题提到议事日程进行研究，并且在广大教职员工中进行大讨论，基本上取得了共识，是很好的。看来学校要发展是势在必行，是形势发展的需要。这个发展战略，要从社会需要和学校实际情况结合起来，要量力而行，又要积极稳妥，推动发展，不能守旧摊子，也不能搞冒进。现在看来新校区建设的难度不小，涉及大额资金需筹措十分不容易，要征地，涉及拆迁和农民利益的复杂问题，解决起来也是非常不容易。对各方面的困难与其想得容易一点，还不如把困难问题都调查清楚了，提出实实在在的方案，有组织、有计划、有步骤地推进。不仅要下很大的决心，而且要采取有力的措施和适当的方法，还要进行艰苦细致的思想工作。新校区建设在学校发展战略中占有十分重要的位置，必须搞好。此外，你们对学校现有的资源要整合利用，合理配置，充分发挥现有资源的效能。有一些资源要进行整合，比如说两地办学的问题，有一些类同的学科或专业，本校有的，学院那边也有，应该进行有机整合。校本部与学院要搞差异性办学，突出差异，合并同类，发挥优势，使学校的教学资源能更有效发挥作用。主要是根据学科内在联系的特点，搞学科集群，扬长避短，优势互补，整合力量，节省资源，提高效率，才能形成实力，产生最佳效果。学校对现有各种教学资源怎样合理整合，有效利用，促进教学科研发展，必须重视对这个问题的研究和解决。

第三，坚持不断完善决策机制，进行正确决策。学校要发展决策是至关重要的，决策失误就是最大的失误，决策正确是解决万事开头难的问题。这一点大家有切身的体验，过去我们暨大没有进广州大学城设立分校，失去了一个难得的机遇，造成多大的损失呵！现在谁来弥补这个损失，后悔也来不及了。经验告诉我们，一定要把决策提到首要的地位，而决策要正确，必须要有预见。决策正确与否，对学校的发展十分重要，从反腐败的角度看也是如此。决策正确与否是首位的，要把反腐败寓于决策之中，寓于各项改革措施之中，寓于各项制度之中，这样才能有效地遏制和减少腐败的发生。

新的领导班子重视民主决策、依法决策、科学决策，能够发扬民主，深入群众调查研究，集思广益，反映民意，凝聚民智，把决策建立在调查研究的基础之上。为了搞好学校发展战略和新校区建设，你们大兴调查研究之风，到各基层单位进行调查，开了几十次座谈会，听取五百多人的意见，然后又经过群众民主讨论，从群众中来，到群众中去，这样循环往复，大家认识逐步深化，形成共识，使决策更加正确。

学校建立了决策议事规则，明确决策原则、决策范围、决策议题的提出和审批、议题论证包括专家论证，写出可行性报告和方案，最后进入审议程序，由领导集体讨论决定，并且明确决策责任。在具体操作方面，你们在决策程序、机制方面有创新，为决策的正确性打下了基础。如在人事方面的决策，关于推荐引进人才、职称审议、教师资格认证、评优方面实行公开，成立了"高级专业职称评审委员会"和"职工聘任申诉委员会"，以利于及时有效解决这些方面工作中出现的矛盾和问题；为搞好学校发展方面的决策，成立了一个"发展规划委员会"，等等。这些专门委员会对有关问题进行可行性研究，这样至少可以为决策提供了一个比较可靠的基础；否则，马马虎虎地提供方案，领导也不可能什么都很详细地调查论证，甚至某些方面知识还不够，决策就容易出问题。现在学校党委决策范围比较明确、内容、程序比较规范；学校行政事务就比较多，在学校进行行政决策时，对一些重大事项要经过党委会审议提出一些建议意见，再由校行政领导会议讨论决定。这体现党政适当分开的原则。党的领导是普遍的原则和要求。我们学校里，一个是党委统一领导，另一个校长负责制，一些党务事项和重要干部任免事项的决策由党委会讨论决定，一些行政事项由校长办公会议讨论决定，还有一些重要行政事项的决策通过党政联合会议讨论决定。发挥校长负责制的作用，主要是对行政管理包括对教学管理、科研管理、教师管理、学生管理、后勤管理、校园建设等学校各项事务管理的领导作用，保证教学科研工作能够正常进行。学校新的领导班子配合得比较好，比较民主，希望在制度方面进一步规范化，把党政领导班子工作协调做得更好。

第四，坚持充分发扬民主，全面推行校务公开工作。实行社会主义民主政治，公开是民主的前提，没有公开就没有民主。推行校务公开，实际是社会主义民主政治在我们学校的具体体现。学校要发挥教职员工和学生的作用，校务公开方面做得比较好，近两年有了较大进步，学校成立校务公开领导小组，还有监督小组，还发挥了教代会作用。我这里讲一下为什么要搞公开的问题？公开与不公开是不一样的，实行公开，群众了解有关情况、参与民主活动，行使当家作主的权利，有利于决策贯彻执行，也有利于维护领导班子的威信。如果搞暗箱操作的话，必然产生腐败，即使没有腐败也容易引起群众的怀疑。1997年，我和中央纪委领导同志到福建晋江去调研村务公开问题，有个村的村务公开做得比较好，他们介绍情况时说：在村财务公开之前，村民对村干部意见很大，与干部对立严重，认为每个干部屁股下面都有一把屎。后来推行村务公开，村民推选财务审查小组去查账，将村财务收支情况在全体村民大会上公布，结果表明村干部是廉洁的，广大村民就支持拥护党支部和村委会，党群干群关系好了，村子各项事业就发展了。后来，我对村务公开的好处概括了两句话："干部给群众一个明白，群众还干部一个清白"。这两句话激励干部积极推行村务公开。校务公开也是这样一个道理，其好处是显而易见的。只有实行校务公开，群众才享有知情权、参与权、监督权、选择权。只有实行校务公开，才能增加透明度，增强公平度，提高公信力。我们要继续把校务公开引向深入。

现在学校把实行财务公开作为一个重点，在校这一级实行得是比较全面的，不是说在公告栏一贴就完了，还进行网络公示，很便捷。校务公开首要的是全面、客观、真实，同时要便捷，便于群众监督。如果不便捷，不方便群众，即使公开了，没几个人知道，形不成广泛的真实的民主，实际上就是形式主义。

第五，坚持把加强管理和强化监督紧密结合，并尽量采用现代化电子技术手段。从工作效率来讲，管理和监督都是非常重要的，向管理要效益要廉洁，也可以说向监督要效益要廉洁。我们常说预防腐败关键在监督，但我可以补充一句，预防腐败基础在于管理。基础不打好，各个环节乱套了，怎么监督？专门部门监督，没办法监督，杂乱无章，像乱糟糟的一团线，难以监督。管理是基础性工作，要重视管理。我看沃尔玛非常重视管理，而且重视每个细小环节的管理，通过管理来精打细算，降低成本，增加竞争力，取得赢利。学校管理当中也有这样一个管理问题，通过科学管理、严格管理、精细管理来提高学校的管理水平，保证学校秩序良好，保证教学科研顺利发展。同时还要强化监督，一方面是寓监督于管理之中，在管理的过程当中某种意义上也有监督，是上级对下级的监督，下级对上级也有监督作用；另一方面是专门机关的监督，比如审计监督、纪检监察监督。这些专门机关的监督是不可缺少的，它是权力制衡中的一个重要方面。要通过强化监督，把监督贯穿于管理的全过程，特别是关键岗位、关键环节更应该要强化监督。要监督，除了一般检查监督之外，还要通过受理举报进行核查监督。学校党政领导班子很重视加强监督，很支持纪检监察工作，纪检监察干部热情也很高，工作很扎实，这几次座谈会中，大家对校纪检监察工作给予很高评价。

现在已经进入了信息化时代，应利用电子网络信息技术进行管理和监督。今天上午我们到华侨医院，听他们讲每一年进药就一亿多元，药品种类很多，他们有一次检查，发现差了三百万元的药品，很难具体查清。为解决这类问题，他们就抓紧建设电子网络管理系统，已初步建成，正在试运行。现在情况有很大好转。以前用人工去翻去审查那么多药品的流程和去向，非常繁杂，非常艰巨，而用现代化的电子网络手段就非常简单，非常便捷，省工省力省时间，多快好省，而且便于监督，防止一些药品被盗窃被贪污了，防止管理不善药品失效了、过期限了。所以应用现代化的电子技术手段加强监管是非常必要的。

第六，坚持进一步加强制度建设，规范权力正确运行。

一个学校要办好，要有一套系统有效的规章制度。没有规矩不成方圆，有了制度才能使人们的行为有规范，应该做什么、不应该做什么、允许做什么、禁止什么，非常明确。我们要依靠这种科学的可行性的制度来规范人们的行为，规范权力运行。就是说，要用制度管权、管事、管人，凡是涉及权力运行的都要纳入制度化的轨道，按制度办事，按程序办事，一律没有例外。制度要涵盖权力运行的各方面，党务方面有一整套制度，行政方面有一整套制度。要加强制度建设，包括党风廉政制度建设，建立健全惩治和预防腐败制度体系。我记得，四年前学校发生过八、九起违纪违法犯罪的案件，当时制度为什么不起作用？是不是制度没有得到执行，还是制度不健全不完善，有弊端，值得研究。如果有缺陷有弊端要及时修订，或者制订一些新的制度来补充，因为情况不断地发展变化，要适应新的情况，制度也要及时进行废、改、立，不断完善。我看近几年学校在制度建设方面很下功夫，学校文件汇编制度中，有党委工作文件汇编制度，有教学管理文件汇编制度，有三百多个，比较全面的。制度制定出来后，关键在于执行，不执行比没有制度规定更糟糕。重要的是加强制度的执行力，发挥制度的权威性。运用制度管理学校，是领导方式的转变。领导干部对被领导者完全面对面地发号施令是不行的，从中央来讲要改变执政方式，要实施依法治国的方略，从我们学校来讲要依法治校，领导方式要从这方面来转变。这样领导者可以腾出一些时间去调查研究、检查督促，发现新情况、新问题，总结新经验，提出新措施，或者加强学校发展战略性问题的研究，来把学校办得更好。

第七，坚持着力加强领导班子和干部队伍建设。为了搞好教学，要有一支德才兼备的教师队伍以外，还要建设一支干部队伍，尤其要加强领导班子建设。加强领导班子和干部队伍建设，对我们整个学校管理和发展，起着主导作用。毛主席曾经讲过政治路线确定之后，干部就是决定的因素。应该认真地选拔干部，培养干部，使用干部，使我们这支队伍真正坚强有力，才能有效实施学校发展战略，全面提高教学水平。

领导班子和干部队伍建设要坚持德才兼备、以德为先的原则。怎么样识别干部？因为现在有的腐败干部也提拔上去了，虽然不是发生在我们学校，我们也可以引以为鉴。公开选拔干部，还要按照中央所提的一些条件，政治、业务、知识、作风等方面都要具备。就说在干部选拔当中要怎么样提名、考察、或者考核、考试、公示、群众推荐，一系列程序方面要做到以外，要善于识别干部和选拔干部，是十分不容易的。几千年来人们都在研究怎样用人这个问题，有些经验值得我们学习。我看诸葛亮的用人之道很不简单。他提出用人之道有七个方面：一是"问之以非而观其志"，二是"穷之以辞辨而观其变"，三是"咨之以计谋以观其识"，四是"告之以难而观其勇"，五是"醉之以酒而观其性"，六是"临之以利而观其廉"，七是"期之事而观其信"。我认为诸葛亮这七个方面的用人之道，不仅对我们考核考察干部、推荐干部和任免干部有一定的借鉴意义，而且对于我们干部加强自身修养也有借鉴意义。

加强干部队伍建设，要把好进人关、用人关、考核关。加强干部教育和培训工作，经常进行党的基本理论、基本路线、基本纲领、基本经验教育，共产主义理想和中国特色社会主义信念教育，立党为公、执政为民、为人民服务的宗旨教育，社会主义道德教育，以政治纪律为主的纪律教育。

最重要的是加强领导班子建设，首先是加强思想建设，其核心是领导班子和成员要高举中国特色社会主义旗帜，学习和掌握中国社会主义理论体系，全面贯彻和落实科学发展观，注意更新思想观念，统一思想，开拓进取，努力开创学校工作新局面；要加强领导作风建设，树立宗旨意识，心系教育，情注师生，无私奉献，求真务实，真抓实干，务求实效；要把反腐倡廉建设作为应尽的职责，自己要廉洁自律、率先垂范，亲自抓好职责范围内的反腐倡廉工作。

我们这次巡视调研了解到，大家普遍反映，现在学校的党政领导班子很好，发扬民主、团结共事、有事业心、求真务实，特别是紧密联系群众，注重调查研究。大家看到校领导班子坚强有力，干部带头苦干，对把暨大建设成为一流的学校增强了信心。不久前，教育部对暨大进行了本科教学评估，暨大被评为优秀，这是可喜可贺的。你们在成绩面前要保持戒骄戒躁、谦虚谨慎和艰苦奋斗的作风，总结经验，开拓创新，乘胜前进，把暨大建设得更好。

我讲的不妥之处，请大家批评指正！

| 我的理论思考 |

坚持正确办学方向　努力提高教学质量
——在珠海学院中层以上干部座谈会上的讲话

（2008年4月19日 根据录音整理）

我们今天来这里看了校园，刚才又听了几位领导和其他同志的介绍，有所印象，只是感性的，谈不上有深刻的理性认识。因为时间仓促，来不及全面了解你们丰富的办学实践和经验，所以谈了粗浅的看法，请大家批评指正。

这个校园给人一种美好的感觉，是非常适合学习的地方。有一个优美的校园，关键还在于它的内涵，教学科研活动和学生学习活动是最主要的。珠海学院既是暨大办学的延伸，又突出自己的特色，做出了成绩，给暨大增添了光彩。从学院所招的学生来看，有相当数量的来自国外和港澳台地区的，这符合暨大的办学方向。珠海学院的影响是很大的，不仅在广东有影响，更重要的是，在实行"一国两制"的港澳地区有影响。把这个学院办好责任重大，办好这个学院具有特殊意义。我想简单谈两点感想：

第一点，学院坚持正确的办学方向、办学道路。

从大家的发言中，我体会到，学院把办学质量放到首位，把创新作为灵魂，把培养优秀人才作为目的。我们这个学院作为暨大的延伸办学，做到"四个统一"：招生标准、培养目标、教学运行、教师聘任和评价，形成了整个暨大教学的一盘棋。在这个基础上，你们又结合珠海办学的情况，再进行探索，使这个延伸办学具有特色和优势。学院在办学过程中，坚持把提高办学质量作为办好学院的关键。学院的产品是学生，应该培养优秀人才，培养精英。当然，优秀人才也好，精英也好，在我们国家应当是劳动者，而不是教育学生自恃特殊，可以凌驾于其他社会成员之上。你们注重学生思想教育是正确的。要把政治思想工作放在首位，实际上是为谁培养人才这样一个核心问题。我们要培养的人才不是自私自利的个人主义的人才，而是为广大人民群众服务的人才。你们这里有900多个澳门学生，还有800多个香港学生，把他们培养成为爱国主义的人才，对我们国家实行"一国两制"具有非常重要的意义。我们要有这样一种政治意识，应看到这样一个重大深远的意义。学院为港澳地区培养了社会的精英骨干，为社会稳定和发展发挥骨干作用。你们的工作在整个国家贯彻"一国两制"的方针当中有特殊的贡献，应当感到光荣，责任重大，任重而道远，继续努力工作，多作贡献。

培养人才要坚持德才兼备，以德为先。思想是统帅，还要学习各种知识，有社会科学方面的和自然科学方面的知识，要成为全面发展的人才。列宁曾讲过，用人类创造的全部知识武装自己的头脑，才能成为真正的共产主义者。毛主席说过，我们的教育应该使受教育者德智体几个方面都得到发展，成为有社会主义觉悟的有文化的劳动者。邓小平提出"三个面向"即面向现代化、面向世界、面向未来。总的来讲，我们教育的目标应该是培养全面发展的优秀人才。学生首先要有政治觉悟，还有掌握科学知识，要有实际本领，才能为社会做贡献。政治觉悟和文化知识这两者是相辅相成的关系，思想起着统帅作用。学生要立志为祖国为人民而发奋学习，掌握现代科学知识，为国家为人民做贡献。当前我国以经济建设为中心，学生若没有掌握社会科学知识和现代科技知识，四个现代化建设是不可能实现的。把经济建设作为主要任务的时候，掌握科学技术知识更显得十分重要。像十月革命以后，当时苏联经济极其困难，怎么样摆脱这一困境，重要的任务是发展经济。发展经济需要有专家，没有专家的话，国家经济就不能发展上去，必须去寻找专家，不得不吸引资产阶级专家参加经济建设，但对资产阶级专家实行高薪又会影响和腐蚀苏维埃政权。列宁用唯物辩证法解决当时特殊历史条件下经济困难的问题，包括使用资产阶级专家，使苏维埃政权渡过难关。我讲这个例子是为了说明，我们学院如何把思想教育与一般知识教育结合起来，正确地处理好政治与业务两者的关系，坚持正确的培养目标，要培养的是热爱社会主义的专家、爱国主义的专家。

坚持走教学与实践相结合的正确道路。在教学过程中进行教学改革，要有一套好的教材，教材建设应该是优秀的，或者是比较先进的，同时要注意和实践结合起来。学院在这方面努力探索，创造各种形式，搞许多实践的平台、基地，让学生参加各种社会实践活动，增强动手能力、实际操作能力，同时使学生在参加社会实践活动中，增强劳动人民的思想感情。你们在实践活动当中创造了多种形式，并且为学生的全面发展创办各种活动，参加各种比赛，你们这方面做得很好，在全国许多竞赛中拿了金奖、优秀奖，小小的学院涌现这么多优秀的学生。实践证明，把教学和实践结合起来，把师生的聪明智慧激发出来，发挥出来。师生不仅要有书本知识，更重要的是要有实践能力，分析和解决问题的能力，要有所创新能力，学院才会生机蓬勃。

教学与科研相结合是学校的生命力之所在。暨大提出了建设教学科研型大学的目标，基本上教学科研并重。学院要根据实际情况和教师科研能力来具体确定，量力而行，朝着这个目标努力。坚持学研产相结合是我们办学的方向。为什么要学研产相结合呢？我想这是一个基本的历史唯物主义的原理问题，因为我们学校不能脱离社会的发展，而必须随着社会的发展而发展，科研要搞好不能脱离社会，教学也是如此。学研产为什么要相结合呢？社会的生产实践活动会提出许多新的课题供我们去研究，那么我们研究的成果又必须回到社会上去，使科技成果转化为产业，转变为生产力，同时，新的科研成果又起到加强教学方面的教材建设，提高教师的教学水平，产生连锁反应，形成良性循环，螺旋式的不断上升和向前发展。社会发展需要提出各种新的课题，不管是自然科学方面的，还是社会科学方面的，需要我们去研究、去攻关、去突破，这样就促进了科研的发展。学研产这三者结合起来是非常必要的。比如学校有了科技研究成果，可以转让给企业或者与企业合作，使科研成果转化为生产力；学校有某种科研能力，而企业有某种技术需求，双方可以合作进行研究。学校一旦有新的科研成果，要把这个科研成果转化为生产力，与社会互动，为自己课题研究创造条件，促进科技进步，提高教学水平。

教师要围绕学生转，努力培养优秀人才。办好一个学校，过去毛主席说主要是一个好的教材，除此以外还要一个条件是校长和教师，也就是现在说的领导班子和教师队伍要建设好。学院这几年蓬勃发展，说明我们学院领导班子是坚强的，教师队伍是良好的。"打铁必先自身硬"。领导成员和教师必须首先加强学习和锻炼，不断提高政治和业务素质，才能担负起培养优秀学生的重任。我们教师有一种高度责任心，把自己的精力倾注在培养学生这个事业上，比如说为搞好教学，为辅导学生去参加一些比赛，跟学生同吃同住，做到了非常认真和忘我。只有学生的积极性是不行的，而且学生的积极性要通过老师教育来激发和引导。老师要起主导作用，要围绕学生转，为学生服务，把学生的积极性发挥好、保护好。你们正在造就一支品质优秀、业务精通、求真务实的教师队伍，这是办好学校的中坚力量和希望。

第二点，加强班子建设和党风廉政建设。

学院要发展关键在领导班子，领导班子水平有多高，学院发展就有多好。我们学院这几年来应该说发展良好，是贯彻党的路线方针政策的结果，是暨大党委行政领导努力的结果，也是学院领导班子带领广大师生共同努力的结果。这个学院虽然是暨大办学的延伸，但作为二级学院，跟本部的学院有很大的区别，有相对独立性，有较大的自主权。学院领导班子建设就成为关键的问题。要加强学院领导班子建设，首先是加强思想建设，最重要的学习好中国特色社会主义理论，用这个理论来武装自己的头脑，全面贯彻落实科学发展观。中国特色社会主义理论、科学发展观是世界观、方法论，是我们认识和解决当代一切问题，认识和解决学校一切问题的根本指导思想。我们掌握了这些世界观、方法论，才能站得高看得远，看全局，既立足当前又有前瞻未来，这对于学院的决策和教育工作至关重要。领导班子掌握和全面贯彻落实科学发展观，才能指导学院怎么坚持这种既有统一领导又有相对的独立性的体制，处理好这两者的关系，把统一性和相对独立性的结合发挥到最佳地步，学院才能办得最好；才能够综揽全局，以教学为中心，搞好差异办学，学科集群，发挥优势，搞好学研产结合，推进学院全面发展；才能对学院的发展规划、教学科研、教材建设、学生思想教育、实践活动、教师队伍建设、后勤保障、校园建设以及反腐倡廉建设等方面作出正确决策，全面加强学院管理；才能激发领导班子树雄心立壮志，有把这个学院打造成为名牌学院的坚强决心，并把决心化为行动，求真务实，殚思竭虑、千方百计、集思广益，集聚力量，探索这个学院发展的道路方式方法，不断提高教学质量。

学院领导班子不断提高民主决策科学决策的水平。比如有关学科建设的决策问题。你们学院的发展，受到过去确定的一些条件限制，现在提出要差异性办学，不要跟本部完全类同，类同会造成资源的浪费，提出要搞学科集群，为什么要搞学科集群呢？这是根据学院优势来确立这个学科集群，一个是要相关的学科专业集中在一起，它们之间应该是密切的有机联系的集群，集约的结果不是一加一等于二，要使它大于二；如果搞孤立的、没有机联系的一群，结果反而适得其反，一加一小于二。就要科学地来研究探讨这种集群应该怎么样来集群，用科学的方法来集群，集群的结果是要避免重复建设，发挥各方面的优势，形成优势互补，资源共享，节约资源，提高效益，达到质量最优化，效益最大化。

领导班子要团结和依靠广大教师，调动教师的积极性。平等对待老师，调动广大教师的主动性积极性创造性，使大家凝聚起来形成合力。团结就是力量，大家齐心协力，那就没有什么事情办不好的。这涉及到教师的切身的利益问题，如职称评定、工作安排、工资级别、评优奖励、住房安排等问题，要实行校务公开。如聘用老师的条件、标准应该是一致的，是公开、公平、公正、择优录用的，给老师的待遇在规定面前是一律平等的，要通过实行校务公开来维护教师的正当的合法的权益，调动教师的积极性，搞好教学和科研工作。

领导班子要高度重视党风廉政建设，做好廉洁自律工作。领导班子成员要身先士卒，做廉洁的表率，才能带领整个学院管理干部保持廉洁，才能办好学院。领导班子是关键，一把手是关键，要经常进行反腐倡廉教育，使大家脑子里有这根弦。你们刚才讲了在学校工程建设中，有的人走上了腐败的道路，这种沉重的教训应当记取。我们要把暨大和学院过去发生的违纪违法的案例，结合实际给大家进行警示教育，身边的案例最能教育人、警示人。要经常进行思想纪律教育，警钟长鸣，严格廉洁自律，经常检查监督，是非常必要的。实际上这种严格的监督是真正的关心干部爱护干部，保证他们健康成长。暨大有几个干部教授犯了错误，感到很后悔，有人给他们算了一笔账，他们损失太大了，毁掉了自己的前途。前天在座谈会上，一个同志讲，几年前她曾与某人一起到北京学习的时候，几个人还在一起议论腐败，某人也讲肯定自己要抵制腐败，讲得非常好，可是他一不小心，就掉进了腐败的泥坑，后悔得很哪！有人有时头脑清醒有时糊涂，因为腐蚀是一种糖衣炮弹，它是甜蜜的，人们往往不知不觉地陷入了温柔的陷阱，不能自拔。平时要多加教育，多加提醒，把我们领导班子建设好，干部队伍建设好，教师队伍建设好，由此来带动学生健康成长，同时在学生中加强政治思想教育，加强廉洁廉政思想教育，造就政治可靠的接班人，对党和国家未来事业的发展是有好处的。

坚持走科技成果产业化道路
促进教学科研的发展

——在暨南大学信息所、产业集团和出版社领导班子座谈会上的讲话

（2008年4月18日 根据录音整理）

刚才大家发言热烈，谈的意见很好。你们是行家，我对经营管理方面是外行，外行受到内行的启发产生一些感想。

信息所、科技产业集团、出版社三个单位可以说都属于产业经营管理方面的，是暨大的组成部分，暨大的发展决定了你们三个单位的发展，反过来，你们三个单位的发展壮大，也促进了暨大的发展。三个单位和暨大是利益共同体。大家都为了一个共同目标来努力，把企业搞好，做大做强，为学校发展做出更大的贡献。听大家的发言，如何搞好这些产业的发展，我有四点想法。

一、坚持走科技成果产业化道路，促进教学科研的发展。你们这三个单位，其中信息所通过本单位成立的公司运作，进行信息技术的研究开发，转让科技成果给社会企业，再转化为产业。科技产业集团可以自己设立工厂，生产科技含量高的产品，也可以将科研成果经过集团的手，联系社会企业，使科技成果转化为产业。出版社可以出版本校的研究成果和教材转化为图书产业，也可以把外校的、社会的研究成果，通过出版向社会传播。三个单位经营的共性就是要赢利，这没有什么不好的，是为学校赢利，为国家赢利。这是走一条科研成果产业化的道路。这条道路与其说是创新，还不如说是向一些资本主义国家学习先进的经验。为什么这么说呢？我1998年参加中央国家考察团，到美国去考察经济全球化问题，了解到美国许多大学实行科研与生产相结合，在许多州设有科研成果推介办事机构，起牵线搭桥的作用，把学校的科研成果跟社会企业联系起来，把科研成果转化为产业，转化为现实的生产力。他们做法有两种，一是把科研成果转

让给社会企业，将科技成果转化为产业，或者与企业合作将科研成果产业化；二是社会有什么项目需要研究的，而学校有研发实力，可以由社会上一些企业提供资金，进行合作研究，决定利润分配，互利共赢。这样做法非常有利于推动学校的教学科研发展。我们应当向他们学习。从当今世界一些著名高校来看，往往科研占了非常重要的地位。他们学校强化科研，不断地出现新思想、新观点和新技术，这成为名校的重要标志。我们要充分认识到，发明创造是学校的灵魂、生命力，是学校发展的动力源泉。我们要追赶时代潮流，搞好学研产相结合，促进科技成果产业化。学校搞出科研成果，不能只是为了评职称，不是为了炫耀，不能将科研成果搁置在那里，束之高阁，锁在柜子里，而是要转化为现实的生产力。你们从事经营活动，想方设法，力求把科研成果尽快转化为生产力，使企业盈利，并促进学校教学科研进一步发展。

二、坚持利润最大化的原则，维护国有资产保值增值。产业集团也好，信息所也好，出版社也好，你们的办公条件包括办公楼、仪器设备以及资金属于国有资产，你们只属于国家聘用的工作人员，你们要为国家服务，为学校服务，经营管理一定要盈利，而且要实现利益最大化。资产要保值增值，要有先进的经营管理理念、原则、方式和方法，同时，坚持精打细算、厉行节约，实现成本要最低化，利润要最大化。除此以外，防止贪污挥霍浪费也很重要。总之，要围绕利益最大化和维护国有资产保值增值这样一个目标去努力。国家给你们提供了这样一个工作条件，你们目的是要创造更多的价值、更多的利润，为学校多做贡献。现在北大清华那些企业集团就很厉害，每年创造了很多利润，对学校改善教学条件、加大科研投资都做了很大的贡献，我们要向他们学习，要朝这方面去努力。

三、坚持在经营活动中要瞄准方向，把握商机。商场如战场。一个企业在市场经济的汪洋大海中激烈的竞争拼搏，因为市场瞬息万变，稍有不慎，一个企业就覆没了。要及时了解和掌握市场经济变化的情况，发现其中的规律性是非常重要的。你们的眼光不是只盯到自己一个单位，也不仅仅盯住学校这样一个范围，你们要立足全国甚至要放眼世界，看这个市场是怎么样变化的，在市场当中，你们是企业的领导者，是舵手，要把握方向，怎样使驾驶的这艘航船能够规避风险，不要触礁沉没，能够乘风破浪，奋勇前进。这就考验企业领导者的能力问题、本领问题。首先要在决策上很下功夫，决策失误是最大的失误。有的企业搞得好好的，瞬息之间垮台了，寻找它的原因，有管理不善、营销策略不对、制度缺陷、人员使用不当等原因，但往往决策失误是根本原因。企业要成功，要与时俱进，有前瞻性意识、忧患意识和创新意识，否则，不能适用形势发展的需要，就被市场淘汰了。在企业经营中，选择投资方向、选择项目和选择技术创新都很关键，选择错了，企业就衰败了。企业寻找发展机遇，不是一般的盲目从众。真正有作为的企业家，眼光敏锐，看准问题，抓住关键，把握时机，来发展自己。"世界船王"包玉刚是在世界海运业萧条的时候能够崛起，世界华商之秀李嘉诚是在香港房地产低迷的时候发展起来，他们有独特的敏锐眼光，有很强的洞察能力，有分析市场怎么发展变化和应对市场变化的能力，因而取得成功。在激烈的市场竞争中往往需要迅速决策，抓住商机，完全靠领导班子有善于观察问题分析问题、做出正确决断的能力。商机许多时候是瞬息万变，"机不可失、时不再来"，平时要注意对各种信息善于捕捉、分析和综合，抓住关键，打好为迅速正确决策打好基础，在适当时机果断作出正确的决策，该出手就出手。要搞好决策，还必须完善决策的机制、内容和程序，来保证民主决策、依法决策、科学决策。从领导层来讲，注重抓好投资项目、融资财务、人才这三者，要抓住不放，抓紧抓细抓实。抓住这三者，是企业经营中的核心问题。这三个问题的决策要搞好，凡是重大项目、大额资金使用、产权转让、重要干部任免、重大技术改造和创新等，这些方面的决策要非常谨慎，谨慎不是拖拉，而是要积极抓紧科学论证，保证其正确性。

　　四、坚持严格管理、精细管理和严格监督。有效的管理是企业成功的基本保证。要向管理要效益，向管理要廉洁，同样地要向监督要效益，向监督要廉洁。为什么向管理要效益呢？因为管理过程当中是非常精细的，要精打细算、厉行节约，那样就会出效益。向管理要廉洁呢？堵塞了漏洞，贪污或者挪用不可能了，也产生了效益。这两者紧密结合，相辅相成。我们要向管理和监督要效益、要廉洁，必须在管理制度方式方法方面要创新。管理过程是一个系统的过程，如某一个项目从开始规划到签订合同，合同的执行和进度等，到全过程每一个环节严格控制，才会有效益，达到预期的目的。管理不能马虎，稍有不慎就可能失败，有的一点小失误会引起大失败。如我国前些年发射澳星失败就是细节问题：在配电器上多了一块0.15毫米的铝物质，正是这一点点铝物质导致澳星爆炸。可见有时小的失误造成巨大的失败，不像学生在学校考试错了一点，扣1分可得99分。卫星发出一小点儿差错，不是扣1分得99分，而是百分之一的错误甚至千分一、万分之一的错误，会造成百分之百的失败。管理企业也要在精细上下工夫，向管理要效益。我看了那个沃尔玛公司，在管理上非常精细，在竞争当中居于优势地位，管理产生了效益。我们这方面要有一套管理的制度，按照这个制度去办，要细化，进行科学管理、严格管理、精细管理，就不是粗放式经营，而是高水平的经营，并随着情况的发展变化，不断创新管理的方式方法。

在管理当中要实行岗位责任制，岗位责任制要与权责利结合起来。没有权责利的结合，单靠思想政治工作激发员工的热情是不能持久的。提高员工的觉悟是完全必要的，同时也必须与其切身的利益联系起来。无私奉献必须提倡，但对大多数人，在社会主义初级历史阶段还实行按劳分配，人们奋斗的一切跟他们的利益有关系。我们实行按劳分配，要有激励机制，激励机制要细化，比如创收方面，贡献有多大，按多少比例给予奖励。反过来讲，在可以预见的范围之内失误了，造成了损失，也必须依规定进行处罚。因此，权责利三者必须一致，以此形成了一种激励机制和惩治机制，赏罚分明，激发大家对工作的责任感，认真完成所担负的任务。

五、把经营活动纳入制度化的轨道。企业要发展壮大，很重要的是要有制度作保障，需要建立比较完备的系统的规章制度。制订规章制度，要明确各个制度所规范的责任主体是什么、行为范围是什么、运行程序是什么，要规范应该做什么、禁止做什么、按什么程序去做，还要规范违反了要负什么责任。你们这些新成立的单位，有的缺乏实践的基础，没有以前制度建设方面的积累，怎么办呢？要以国家法律法规为依据，参考借鉴其它一些管理比较好的相似的企业的规章制度，把国家法律法规和相似企业的规章制度与自己企业的实践对照和结合，制定适合自己企业的制度。制度制定了，就要按制度办事。制度有一个防范的作用，实际上起着教育和引导作用；再一个是强制作用，制度必须执行，违反了就要受到处罚。我们往往对一些违反制度行为没有实行严格的责任追究，使制度有弹性，成了"豆腐渣"的制度，这种制度是没有用处的，我们需要的是"钢铁一般"的制度，务必执行，对违反制度的行为必追究责任。

你们三个企业有一个共同点，依法经营。在企业经营过程中，合同很重要，合同实际上是经营过程中的一个纽带。在经营活动中，要通过合同把交易双方的，或者是合作双方的权利义务确定下来，体现权利义务对等，并且将违约责任等，作详细规定。现在经营管理中的纠纷出现最多的是合同纠纷，我当中国国际经济贸易仲裁委员会仲裁员二十多年，就看到一些企业合同没订好，跟外商贸易当中，造成重大损失。合同是经济活动中的重要纽带，经营管理人员不能不懂装懂，要认真研究，必须懂得一些基本常识，需要时要请律师当顾问。总之，合同一定要完备和严密，要无懈可击，这样才能维护企业的合法权益，即使通过仲裁或诉讼，也有理有据取得胜诉。此外，加强对合同管理，跟踪监视合同的执行，以维护企业的权益。

六、加强领导班子建设和反腐倡廉建设。刚才大家介绍中都谈到重视领导班子建设，非常重要。因为领导班子在我们企业中起了主导地位，决策和决策执行的正确与否、效果如何，与这个领导班子的整体能力有重要关系。领导班子成员思想觉悟要提高，应该有责任心，把对国家对人民负责放在第一位，把个人利益服从国家和集体的利益，要对这个企业负责任，对资产保值增值负责任，把这个企业做好。按照这一基本要求，加强班子领导能力建设、经营能力建设、思想作风建设、反腐倡廉建设。对企业干部严格要求、严格教育、严格管理，对国家对学校有利，对他本人健康成长有利，是对干部的爱护和保护。经常对企业干部进行党风党纪和廉洁方面的教育是非常必要的。还有警示教育，平安无事的时候也应清醒，还要看到企业经营会受到社会上消极因素的影响，有可能产生腐败。我看了近十几年来有一批国有企业负责人违纪违法，分析原因大都是私营企业主行贿把他们打倒了。在多种所有制并存的市场经济条件下，企业经营管理人员尤其领导者，要保持警惕，警钟长鸣，廉洁自律，促进企业发展，为学校的发展做出更大的贡献。

将纠正不正之风寓于医院管理工作之中

——在暨南大学华侨医院领导班子座谈会上的讲话

（2008年4月21日 根据录音整理）

院长和几位同志刚才发言介绍了许多情况，我很受教育和启发。你们把党风廉政建设和医务工作紧密地结合在一起，用廉洁来促进和提高医疗服务的质量，这几年工作富有成效，一年比一年好。特别是最近你们加大了工作力度，这方面工作有显著进步。我有这么几点体会：

一、要全面贯彻国家关于医疗方面的方针政策。要办好医院，真正办成高水平的一流医院，关键的是全面贯彻国家关于医疗方面的方针政策。一个医院办得好不好，最重要的是要提高医疗服务质量，实行优质服务，使病人得到有效的治疗。我认为医院要坚持医德高尚、医术高明、救死扶伤、病人满意的目标，医院一切工作要围绕这样的目标来进行。首先，要在全体医务人员中进行医德教育十分重要。毛主席曾号召我们向白求恩学习，学习他对同志对人民极端热忱、对工作极端负责的精神，学习他毫不利己、专门利人的精神，学习他对医术精益求精的精神。医生有这样一种高尚的医德，才能全心全意为病人服务。医德高尚是关键的，医生如果斤斤计较个人得失的话，那么他就会利用职务谋取私利，不可能很好地为病人服务，他的医术也很难得到提高，服务质量上也会出问题。其次，医生不仅要有为病人服务的动机，而且要有过硬的医术。医生要医术高明，有真本领，动机和效果才能得到统一。正如毛主席说的，如果一个医生强调他自己的动机是好的，但给病人乱开处方，病人吃药产生的后果他不管，那么这种所谓好的动机是值得怀疑的。因此，医生既要有高尚医德，又要高明医术，才能不断地提高医疗质量，做到救死扶伤、病人满意。在全体医务人员和职工中形成良好的医德和医风，就会成为一种无形的强大的力量，抵制不正之风，促进人人争取进步,力争上游,搞好医疗服务工作。你们医院现在进行医德教育,正在形成良好的医风,在广东省医院医风评比中获得优秀,要再接再厉,继续努力。

二、要将纠正不正之风寓于医疗服务和管理工作之中。从刚才介绍的情况来看,你们纠风工作做得很突出,而且是紧密结合医疗服务管理工作去做。现在社会上用药方面有各种不正之风,一些医药企业的代表拉拢医生,根据医生开药情况,给予医生回扣,还有其它不正确的用药情况,损害患者的利益。你们采取相应的对策措施纠正不正之风,ys有三个措施,我觉得非常好。一是对用药情况进行专家点评,说明用药对不对。通过专家点评,能够起到很好的教育作用。如果是因为技术水平的问题,经验不足的问题,对这种人是教育,使他学到好的经验,提高了医术水平。如果是那种利用开药方来谋取私利的人,专家点评就是一个冲击,使他感到这样的行为是卑鄙的,是有悖于社会主义医德的,使他良心上受到谴责,或通过谈话,批评教育,促进他改正自己的错误。二是通过科学检测的办法,来检验医生用药对不对。这对专家点评是一个补充,有它的功能和作用。三是对错误用药和谋取私利的举报进行调查,表明纠正之风是动真格的。有一些对错误用药或者谋取某一种商业利益用药的举报,你们认真把事情查清楚。对举报,先要分析一下看有无调查的价值,看是否需要查,如果是天方夜谭,风马牛不相及,当然首先排除了,避免浪费时间进行调查;如果有可查性的,就得认真调查,把事情的来龙去脉查得水落石出,作出正确的判断。要是确实是违纪的,必须严肃处理;要是不存在违纪违法问题,查清楚以后,维护了这些医生的声誉。就像院长刚才提的那个例子,有人举报你们医院把李嘉诚先生免费为癌症病人提供的镇痛剂被滥用,你们经过调查,有根有据地证明,举报所说的那种药品已经不生产了,而且现在用药是按照国家规定的一种镇静药品,所取得的药品是通过正常渠道来的,并且是李嘉诚先生基金会认可的,说得清清楚楚,医院就清白了,维护了医院的声誉,这一种情况可能是为了商业竞争利益的诬告。你们要通过对举报案件的认真查处,来维护整个医院的声誉,得到更多的民众信任,会有更多病人愿意到医院来就医,能够促进医院蓬勃发展。

三、要对采购药品设备项目正确决策,并纳入招投标程序。你们对药品设备要采购什么采购多少,特别是涉及大的项目,要通过集体讨论研究,坚持民主决策、科学决策、依法决策。这话说起来容易,做起来难。你们坚持集体领导,民主决策,把要采购的东西事先由有关部门提出来,需要集体讨论的项目由集体来进行研究,要在预算上控制,采购医药也好,采购设备也好,都要进行控制,避免采购方面偏差或者不适用；要精打细算，进行可行性方面的研究，要进行效益方面的评估，使你们采购的东西，实用性强、效益高，要把有限的资金用到关键的方面。对于一个医院来讲，要精打细算，厉行节约，节约成本，提高效益，医院就能越办越好，也能改善工作条件，改善职工的福利待遇，就能形成一种良性循环，增强全体职工的凝聚力，把大家的积极性创造性调动起来，医院蓬勃发展更有希望了。

你们在采购方面按照规定进行"阳光采购"，通过"阳光采购"做到公开、公平、公正，取得好的效益。按规定应该纳入招投标的，一定严格按照程序进行采购。你们在药品采购方面，有个由专家组成的药师委员会负责把关，通过投票决定要采购的药品，这个做法很好。院长没有把这个权力揽在自己手里，而让分管副院长来负责，还有医疗器械的采购，也让另一位副院长来负责，这种做法从权力配置方面也做得比较好。院长在行政管理方面统揽全局，参与决策，避免"一言堂"、一个人说了算，又充分发扬民主，发挥大家的积极性，相互监督又相互配合，这样有利于做出正确决策，避免某些失误。除了药师委员会外，还有一个设备采购委员会。这两个委员会，为你们领导班子的决策打下了良好的基础，基础性工作由他们各个科室提出，经过调查论证，提供可行性研究报告，或者是多个方案供选择，领导班子会议来评议，决策有依据。因为几个领导毕竟精力是有限的，你们分管工作千头万绪，都做得很细不可能，交由他们具体研究提出方案供你们参考，如果他提的方案缺乏某些依据和不足，调查的不够深入，你们可以请他们再补充调查，使这个方案更加完善，然后拍板决策。那么拍板决策以后，决策就进入执行的程序，要认真贯彻执行。决策的执行是很重要的，必须提高决策的执行力，保证决策的执行，达到预期的结果。此外，还要加强监督，没有监督就会产生失误。对决策的监督，纪检监察部门参与监督是必要的，你们在医药及设备采购这方面分别成立了监督委员会进行监督，让懂得有关方面专业知识的专家来监督，这样就更周全。

四、要利用现代科技手段，加强对医药流程管理。对医药管理，除了建立权力制约机制以外，管理手段的现代化是非常重要的。运用现代化技术手段对医药流程管理，比如，你们现在一年采购一亿多元的药品，采购药品的数据直接进入到网络系统，对使用了的药品跟踪适时、迅速、便捷，实行动态管理。如果你们还用过去人工的办法进行登记、对账、对实物，要达到这个清理好药品的目的，就非常费时、费力，而且不可能很及时。你们下了决心，花了一些钱搞网络建设，我看是值得的。刚开始多花点钱，以后效益就出来了，反而省钱了，比如你们前不久通过检查，费很大力气，发现缺少三百万元的药品，现在你们运用现代化手段加强管理，情况正在发生根本改变，能够对各种药品的进出随时进行监控，是否有缺失、是否有过期的，都一目了然。现在药品管理基本进入有效管理状态，堵塞了漏洞，减少损失，预防腐败，保证国有资产能够保值增值。你们运用网络技术手段，既加强了管理，又加强了监督，也提高了效益。

五、要加强制度建设，把医院管理纳入制度化的轨道。领导班子要把制度建设放在重要的位置，把医院各方面工作管理规范化、制度化、程序化，有了完善的制度，务必按照制度办事。你们依靠制度进行领导、指挥、管理，保证医院正常运转。你们医院有1500多职工，不需要天天当面指挥和当面监督，要用制度管权、管人、管事、管物、管财，把各项工作纳入制度化轨道。制度的执行情况要由相关部门认真督促检查，及时反馈情况，领导者要及时发现已经发生的问题和可能发生的问题，及时研究解决和防止，保证制度的执行和落实。只要把权力运行规范化制度化程序化，保证它在法制的轨道上运行，就不容易发生问题。我们要向管理要效益要廉洁，向监督要效益要廉洁，归根到底，是要用制度来保廉洁、保效益。高度重视制度建设，其中包括惩治与预防腐败制度体系建设，这项工作做好了，使医院里出现一些问题、利益纠纷或者其它方面的纠纷能够通过制度来解决，和院外病人的纠纷能够依靠制度来解决。另外，你们为医院大发展而准备盖一栋大楼，一定把大楼盖好，一定要把反腐败贯穿于工程建设过程中，这也必须用制度来规范。从全国各看，工程建设领域是发生腐败的重点领域，带有一定的规律性。所以，你们必须高度警惕，要加强领导，精心组织，周密安排；要有可靠能干的人来负责，有得力能干的工作人员来操办；特别要建立健全和严格执行一整套工作制度和程序及廉洁纪律，来保障工程建设任务很好完成，又保障不发生腐败问题。

六、加强领导班子建设是关键。我们通常讲：事在人为。一个单位的领导班子在事在人为当中起决定性的作用。领导班子是带领我们全院干部职工工作的，首先要加强班子自身建设。一要加强理论学习，提高政治素质。要用中国特色社会主义理论来武装自己的头脑，全面地贯彻落实科学发展观，才能够不断地增强分析问题的能力和解决问题的能力，才能不断地提高领导水平。看问题又有高度又有深度，对于可能发生的问题就会有预见性，认真做好工作。二要加强业务学习，提高业务素质。学习领导和管理方面的知识，探索规律，取得这一领域的发言权、指导权、领导权。三要树立廉政意识，在廉洁自律方面要身先士卒，起表率作用，并且坚持"两手抓，两手都要硬"，旗帜鲜明地反对腐败。四要继续加强和维护领导班子团结，光明正大，齐心协力，共同搞好医院的领导工作。五要将党委和行政班子的职权加以区别，分工负责，互相协调；包括决策范围要划分明确，要规范具体运作的制度和程序，有些决策通过联席会议来决定，就容易协调一致，相互配合，工作做得更顺当、更好一点。

外宣与侨务工作研究

树立世界眼光
开拓侨务外宣工作新局面

——在中国新闻社巡视调研座谈会上的讲话

（2007年12月14日 根据录音整理）
《中新社业务通讯》2008年第3、4期)

四年前，我刚来侨办工作不久，就到中新社和你们座谈过一次。今天座谈会上，郭招金同志作了很好的情况介绍，刘北宪同志和其他同志作了很好的发言，使我进一步了解到，近四年来，中新社工作日新月异、蓬勃发展，中新网、中国新闻周刊、通稿、用户、图片、视频、供版等各项业务不断迅速扩大，取得了很大的成绩，很鼓舞人心，前景充满着希望。这最主要是因为中新社坚持正确的指导思想，就是坚持以邓小平理论和"三个代表"重要思想为指导，全面落实科学发展观，认真贯彻外交方针政策、外宣工作和侨务工作的方针政策，积极开展侨务外宣工作，为华侨华人服务，为我国建设小康社会服务。你们有正确的指导思想，思路清晰，目标明确，采取一系列有力措施，勤奋努力，锐意进取，推动侨务外宣工作大发展。我们今天来巡视调研，包括执法监察、廉政监察、效能监察的内容。这里，我谈几点看法和意见。

一、树立世界眼光，充分认识侨务外宣工作的重大意义

我们要树立世界眼光，努力开拓侨务外宣工作新局面。为什么要树立世界眼光呢？这是由侨务外宣工作的特殊性决定的。侨务外宣工作服务的对象有国内大陆民众，还有港澳台同胞，但主要是海外华侨华人。服务对象的特殊性是什么呢？几千万华侨华人分布在世界100多个国家，华侨华人都属于中华民族，和中国即祖（籍）国有血脉相连的关系，是民族同源、文化相承、语言相通、情感相融的关系，同时，他们在境外求生存、谋发展，和住在国有极其密切的关系。他们的活动和利益必然随着中国和住在国的政治经济变化而变化，随着中国和住在国的关系变化而变化。由于华侨华人与世界各国有着密切联系的原因，华侨华人问题是世界性的问题。我们要做好侨务外宣工作，就必须用世界的眼光来观察、思考和处理华侨华人问题。

侨务外宣工作要围绕华侨华人特殊性，发挥他们为我国现代化建设服务的独特优势。华侨华人有强烈热爱祖(籍)国的诚挚感情，在许多方面表现出独特优势。在我国外交方面，华侨华人充当民间友好使者，促进我国和住在国之间建立起互信、友好和合作的关系。在争取实现中国统一大业方面，华侨华人在世界各地持续开展"反独促统"活动。改革开放以来，我国实施"引进来"的战略，引进大量资金、技术和人才，主要是来自华侨华人。随着开放的深入，世界500强正在相继进来，这是好事。在我国实施"走出去"战略中，华侨华人同样起着重要的作用。华侨华人对住在国的法律关系、社会关系、经济关系、政治关系、人脉关系以及风俗习惯等比较熟悉，在世界建立了广泛的商业网络，我国能够利用这些有利条件进行运作，开拓国际市场。同时，华侨华人在帮助我国的过程中也不断提升了自己的实力。实践证明，华侨华人是我国改革开放和现代化建设的独特优势和重要资源。

侨务外宣工作要坚持为华侨华人服务和为我国现代化建设服务。中新社是承担侨务外宣工作主要任务的民间新闻机构，要发挥民间通讯社的特色和优势，坚持为华侨华人服务和为我国现代化建设服务的有机统一，做好侨务外宣工作。中新社对国家侨务工作方针政策和各方面侨务工作的情况、对各国华侨华人社会和团体及其媒体的情况，比较了解和掌握，再加上掌握外宣工作方针政策，就能够更好地发挥自己的特色和优势，起着我国人民与海外广大华侨华人相互沟通与联系的桥梁作用。

二、增强政治意识，认真贯彻侨务外宣工作方针政策

党和国家的外交方针政策、外宣工作方针政策和侨务工作方针政策，是侨务外宣工作的生命线。郭招金同志刚才特别强调了侨务外宣工作要讲政治，政治是个首要问题，要坚决贯彻中央的方针政策。侨务外宣工作无小事，它每件事都和政治联系在一起。我们如果不掌握党的十七大有关外交方针政策，不掌握党和国家外宣工作和侨务工作的方针政策，那就不可能做好侨务外宣工作。我们要按照中央关于"大国是关键，周边是首要，发展中国家是基础，多边是重要舞台"的总体外交布局，来谋划侨务外宣工作；按照十七大提出的"不管国际风云如何

变幻,中国政府和人民都高举和平、发展、合作旗帜,奉行独立自主的和平外交政策,维护国家主权、安全、发展利益,恪守维护世界和平、促进共同发展的外交政策宗旨",来谋划侨务外宣工作。我们要推动建设持久和平、共同繁荣的和谐世界,必然会遭到霸权主义和强权政治的阻挠。十七大报告提出"持久和平、共同繁荣的和谐世界"的含义是十分深刻的,我们要和平,他们要搞霸权;我们要共同繁荣,他们要"一超独霸";我们要搞和谐世界,他们要搞分争动乱的世界。这里斗争是不可避免的,有时甚至是激烈的。我们要贯彻"推动建设持久和平、共同繁荣的和谐世界"的方针,表明中国将始终不渝地走和平发展道路,中国将始终不渝地奉行互利共赢的开放战略,中国坚持在和平共处五项原则的基础上同所有国家发展友好合作。这一战略思想对我们侨务外宣工作是极其重要的,要根据侨务方面具体情况来运用。

做好侨务外宣工作,要准确把握外交方针政策、外宣工作和侨务工作的方针政策。这是十分关键的,若把握不好,就会出问题。比如说鼓励和引导侨胞积极参与住在国的投票参选,就会发生失误。我们现在笼统说的侨胞是什么?是华侨华人的统称。严格来讲华侨没有住在国的国籍,不是住在国的公民,没有选举权,鼓励他们参与当地投票参选是不行的。只有取得住在国国籍的华人,才有权利参与投票参选。可见小小的失误可能影响国家之间的关系。再比如说,帮助中国企业融入当地主流社会,消除文化差异,这一提法也是不妥的。今年,我带代表团出国做侨情调研的时候,我给侨胞们讲,侨胞们融入当地社会,是指遵守住在国法律,和当地民众和睦共处,尊重当地民族、宗教和风俗习惯,但要继承和弘扬中华优秀文化,保持中华民族的独立性。这里讲的融入和独立性是一对矛盾,正确处理这对矛盾,既要融入,又必须保持独立性。如果侨胞完全融入当地主流社会了,完全被同化了,那么他们的中华民族特性也不存在了。可以坚信,在很长历史时期,在世界各地的中华民族族群是不可能消亡的,也是不会消亡的,这有利于世界各民族互相学习、共同发展,现在侨胞族群正在发展壮大,为世界和平发展做出更大的贡献。

做好侨务外宣工作,要注意政策和策略,严格遵守政治纪律。我们搞侨务宣传报道,决不主动挑起纷争,但必须应对某些人挑起的不同政治观点的交锋,要审时度势,注意策略,做到有理有利有节。我们为国外华文媒体合作,注意符合住在国法律。我们要坚持原则,原则的政策是唯一正确的政策。我们若是放弃了原则,就不能维护我们国家最高利益和华侨华人正当合法权益,就会丧失侨务外宣工作的目的。这里重要的是，要讲策略，摆事实，讲道理，观点要准确、鲜明、生动，表现形式方面要注意方式方法，分别情况，区别对待。对有些问题，我们要据理力争，不亢不卑，把原则性和灵活性结合起来，充分发挥侨务外宣工作的战斗力。政策和策略是侨务外宣工作的生命，我们必须牢牢地记住。记者在外采访中要坚持不做与记者身份不符的事情。你们发现本单位在外的记者出了一点问题，很认真地调查，最后认定不是严重违纪，但这是一种警示，一种严格要求，如果马马虎虎过去，以后会出大的问题。这种严格要求对记者是关心、爱护和保护，防患于未然，也是从根本上维护中新社在境外开展新闻报道工作。实行严格的政治纪律，好像不自由，实际上记者理解和掌握了纪律，自觉遵守纪律，在纪律范围内活动，就会有自由，不会感到束手束脚，反之，不遵守纪律，盲目乱闯，违反了纪律，受到纪律处罚才会不自由。自由和纪律是对立统一的，经常进行政治纪律教育很有必要。

三、增强全局意识，统筹谋划，发挥侨务外宣工作优势

侨务外宣工作是国家全局工作的一个部分，必须把握全局、服从服务于全局。党的十七大报告提出了要善于统筹国际国内两个大局，树立世界眼光，加强战略思维，善于从国际形势发展变化中把握发展机遇、应对风险挑战，营造良好的国际环境。我们谋划侨务外宣工作，要总揽全局、统筹规划，科学安排，突出重点，聚焦主题，有针对性地聚焦各个时期重大的、倾向性的问题，加大侨务外宣工作力度。中新社策划的一些专题报道比较成功，比如有关十七大方面的宣传报道、"反独促统"方面的宣传报道，你们精心组织安排，工作很有成效，有很多亮点，许多新闻报道稿被海外华文媒体所采用，你们这方面工作受到中央有关部门的表扬。中新社过去默默无闻，近几年不一样了，表现越来越突出了。

要在把握全局中，充分发挥侨务外宣工作的优势。如何发挥这一优势呢？要根据华侨华人的需求进行宣传，没有需求就没有市场，而没有市场，侨务外宣工作就站不住脚。要开拓市场，我们就要把握华侨华人精神方面的需求，而精神方面的需求是实际生活中遇到问题的反映，存在决定意识嘛。我们要深入了解华侨华人在住在国的生活情况、华文教育情况、经商从业情况、与当地各民族相处情况、和当地政府关系情况等等，对他们在国内有关情况也需要了解，了解他们所思、所需、所急，然后进行分析综合，有的放矢地开展宣传，为华侨华人所喜闻乐见。对住在国法律，我们也适当地做一些宣传，特别是宣传有关经商的法律。

如华侨华人和住在国当地的贸易磨擦如何依法处理的问题。比如，在西班牙所发生的"烧鞋事件"，是怎么回事呢？今年我带团去西班牙了解到，那里一条街原来是当地小业主办了一些手工皮鞋厂，生产皮鞋。后来，有一个中国人去了，高价租下来一套铺子，作为卖鞋店。他周围的房主认为租给中国人合算，渐渐地把房屋租给中国人，最后这一条街就变成了中国皮鞋的一条街。这样一来，一些人的利益受到影响，就纠集一些人去闹事，结果把一家华侨店铺给烧掉了。从一般意义上讲，商品贸易自由竞争是理所当然的，是符合法律的，当地房主出租房屋没有错，华侨华人承租房屋也没有错，但却导致这场纠纷。通过我国使馆与当地政府进行交涉，一些华侨华人团体联合建立一个机构，与当地的政府进行沟通、协调，通过这样正常的渠道去解决这一纠纷。后来，侨团就与当地政府之间建立这种解决纠纷的协调机制。这样的好经验，我们可以宣传报道。我们这次到西班牙看到，一个厂区有很多大厂房，现在不生产了，全部租给当地华侨华人当作仓储批发站。按当地规划这里不是商业区，华侨华人在此经商还未取得营业执照，防火方面还不太规范，经营暂时还被许可，但实际上存在一些隐患，需要提醒他们，舆论方面引导他们。诸如这类新情况和新问题，值得我们新闻方面来了解它、研究它，有针对性地对华侨华人宣传，进行正确引导。

要坚持正面宣传为主，也要反驳那些故意造谣、诬蔑、贬低中国和华侨华人的观点。侨务外宣工作要坚持弘扬主旋律，要书写华侨华人的光辉形象，宣传好华侨华人艰苦创业，依法经商办企业和优秀品质，为住在国经济社会发展所做出的重大贡献，维护华侨华人的正当合法权益。要书写中国的光辉形象，宣传中华民族的优秀文化，宣传我国社会主义建设的辉煌成就，宣传我们建设民主法治国家，宣传中国是愿意与各国友好合作、共同发展的负责任的大国，维护中国的尊严和利益。

广大华侨华人为住在国作出很大贡献，对此要大力宣传。中国人到外国经商，不是排挤人家，而是互利共赢。有位侨胞跟我讲，他们曾邀请当地的一些政府官员到中国来考察，请中国政府部门领导人接见，带他们去杭州、上海、北京，到那些最好的地方去看一看，他们非常高兴。他们说，我们原来以为中国很穷，中国人到我们国家来跟我国民众争饭吃，过去的看法不对了，你们国内情况也很不错。中国人来我国经商，有利于共同繁荣。这些官员到中国考察后，他的观念发生了变化，感到中国和他们国家利益相关，能够相互协作、共同发展，像这种好的做法要宣传报道。还有我们一些华侨华人做善事，给养老院老年人送温暖，给学校捐款，参与慈善事业，像菲律宾的华人消防队训练有素、装备先进超过国家消防队，华侨华人所做的好人好事何其多，为当地做出很大贡献，我们应当大量报道，不仅可以在华侨华人中弘扬正气，而且能使外国人知道华侨华人讲道德、崇友善、重情义，增进他们对华侨华人的友好情感和合作关系。

我们侨务外宣工作要尽可能对海华文媒体传播工作进行正确引导。我曾看到海外有的华文媒体不恰当地宣染华侨华人中发生的坏事，如，有一张华文报纸报道过一起发生在华侨华人当中的凶杀案，排在头版头条，大加宣染；另一张华文报纸报道过中国大陆来的一个20几岁姑娘与70几岁的老翁同居的闹剧，作为特大新闻排在头版头条，题目又特别醒目，何必如此炒作。我们坚持实事求是的报道，不是要把消极东西都搬到新闻报纸上面去，也不是说消极东西不可以通过新闻报道进行曝光，而是要有选择，对华侨华人、对我们人民有警示和教育作用的，对推动社会进步有利的，可以刊登。有一些涉及我国重大问题和敏感性问题，要开展舆论方面的斗争，特别是一些外国媒体攻击我国民主人权方面的问题，还有鼓吹"台独"、"藏独"、"东突"、"法轮功"以及中国"威胁论"等谬论，要进行必要的斗争，以维护我们国家利益。

四、增强责任意识，着力提高宣传报道的实效性

要不断增强责任意识，努力打造精品。中新社作为民间通讯社，担任侨务对外宣传工作，这个担子是沉甸甸的。我们要有一种使命感、责任感，一定要不辱使命，要讲实效，把党和人民交给我们的工作做好。要围绕侨务外宣工作的实效性做文章，怎么样去增加它的吸引力、感染力，争取良好的实效呢？要取得实效，从社里的领导到采编人员，都要有很强的责任心，高度的责任感，勤勤恳恳，兢兢业业，埋头苦干，求真务实，精益求精，打造精品。打造成精品，才能扩大影响，取得实效。要打造精品，除了采编人员的素质水平以外，还要科学谋划，严谨求实，严格把关。首先要把好事实关，保证事实客观、真实；要把好政策关、法律关，保证准确性，切忌发生违反政策法律的错误；还要把好逻辑关、文字关、排版关，防止因小错导致大错。我们对原则问题要着力把好关，对细节的东西，也要追求完美。我们肩负着宣传重担，细节上搞不好，容易失误，有时会造成重大损失，甚至有的失之毫厘，谬以千里。细节决定成败，这是我们每个人时刻要警惕的，要有那种战战兢兢、如履薄冰的责任感，把好事实关、政策关、法律关、文字关、逻辑关和排版关，将把关工作系统化、规范化、程序化起来。我很喜欢的几个成语,如"千锤百炼、百炼成钢,精雕细刻、精益求精",办事情要一丝不苟、追求完美。道理很简单,同样雕刻一样东西,有的成了精品,有的成了次品。新闻报道也是这样,要打造精品,必须精雕细刻,严格把关。

要改革创新,增强宣传报道的实效性。要围绕侨务工作中心任务,适应华侨华人读者群体的需要,进行侨务外宣工作改革包括宣传内容、形式手段和机制制度方面的改革。有关内容方面改革的要求,我在前面已经讲到了,形式手段方面你们有很多创新,有中国新闻网、中国新闻周刊、通稿、专稿、影视、图片、供稿,当然还须进一步扩展和深化。你们在人事制度进行改革,实行聘任制。这项改革的对象首先是领导成员,领导班子成员实行聘任制,没有勇敢的无私的精神,就会畏葸不前。但为了把事业推向前进,改革从领导成员开始,采编人员和其他工作人员也实行聘任制。实行聘任制,双方的权利义务关系,包括工作职责、工作任务与报酬待遇等以及违约责任等都很明确,体现权利与义务的一致性,对聘方和受聘方都起着约束和激励的作用。依靠这样的机制把大家积极性调动起来,这一做法比较成功。同时你们对机构改革有一些新的设想,对机构进行一些调整,比如设立中新网视频中心、中新社海外供版中心。机构整合,看起来很简单,但整合得好,运转更科学更便捷,就会扩大生产力,产生效益。你们要继续把改革作为动力,多下功夫,深入思考,周密策划,通过改革推动中新社工作的发展。

保证侨务外宣工作沿着正确的方向前进,还要正确处理社会效益和经济效益的问题。大家刚才谈到,中新社几年来发挥较大的作用,但和有些报社比,所得经费比较少。我看是投入少,产出多,成绩大。但是,由于投入少,经费比较紧张,和人家相比,容易心理不平衡,就会想法去创收,在创收过程中,符合国家法律政策的做法是允许的,但稍不注意,往往容易利令智昏,突破"红线",这是必须加以防止的。目前,社会上一些小报刊登不好的东西非常多,经济效益很高,我们绝不能效仿。在社会效益和经济效益发生矛盾的时候,我们一定要坚持以经济效益服从社会效益,不能见利忘义。我们要依靠改革创新,通过正确途径,力争做到经济效益和社会效益双丰收。

五、加强内外联合,促进世界华文媒体传播工作

促进世界华文媒体传播工作,是中新社义不容辞的光荣职责。我们做侨务外宣工作，要立足中国，放眼世界，要内联外合、做大做强，形成合力，进一步扩大侨务外宣在国际社会的影响力。在侨务外宣工作方面，国内有许多侨胞报，从某种意义上讲，中新社是举旗的。我们做得好不好，在世界许多的华文媒体中，也具有举足轻重的影响作用。我们应当高瞻远瞩、高屋建瓴，要有势如破竹的气概、意志和决心。我们要促进世界各国华文媒体共同发展，要有干大事业的雄心壮志。我们要精心组织、精心策划，正确促进世界华文媒体传播工作。实际工作方面你们已经进行了很长时间的探索，做出了许多鼓舞人心的成绩。

要创造各种形式和渠道，加强与世界华文媒体的联系或联合。与各个华文媒体怎么联合呢？我们要选择影响较大的、与我友好的媒体，和它们建立联合互动的平台，既可以请进来，也可以走出去。中新社创造的形式比较有效的、比较闪亮的，就是"世界华文传媒论坛"。在这个论坛上，中新社所作的主旨发言，对世界华文媒体传播工作是有力的引导，这是很重要的。这个品牌产生了很大吸引力，今年在四川成都举办"世界华文传媒论坛"，工作做得很好。最近，我见了四川省一位副省长和侨办主任，我刚说他们举办论坛很舍得花钱呀，他们就说，花这点钱很值得，取得了很大的效益，就眼前看得见的效益很大，利用这个机会已引进了可观的外资，而且宣传了四川，使四川名扬世界。中新社的工作就是要促进中国了解世界、走向世界，也帮助外国了解中国、走进中国。"世界华文传媒论坛"作为一大品牌，不单四川愿意承办，其它省区市也争取要承办，说明我们抓住了关键的东西，对国内外都有吸引力。

与海外华文媒体加强联系，可以搞一些联谊会，与一些主要华文媒体负责人、采编骨干建立友好关系，交朋友，我们工作就更好开展。还可以组织海外一些华文媒体记者，安排一些采访线路，让他们对我国某些方面进行采访和报道，正确宣传中国。我们依托华文媒体的优势做这些工作，报道宣传的是我们国家，别的部门不容易做到这一点，中新社做到了，这不是为别人做嫁衣裳，实际上为国家做工作，是应该的、光荣的。

还有其它联系的形式，你们提供宣传信息资料，特别是提供版面方面是非常重要的，真正对海外华文媒体传播工作起到重要作用。你们现在每天给海外华文媒体供版，说穿了，就是他办报，我供版，共同宣传，帮他盈利，不就是这么个问题吗？现在你们一天供版43个，相当办几份报纸，小小的投入产生了这么大的效益，应该增加经费投入。我们要很好地让领导们知道这个作用，认识增加投入是必要的，一定的投入能产生多倍的效益。我认为，你们供版工作应当做得好上加好，要不断创新，严格把关，打造成精品，客户觉得好，需求量就越来越大。现在有300多家与你们签约，成为你们供版的客户，成效非常显著。你们要跟他们进一步加强联系和合作，争取更大的发展。

再一点，你们与海外华文媒体加强联系的对象，首先是与那些和我们有较深历史联系的国外主要华文媒体建立牢固的联系；其次是和其它一些国外侨报建立联系，人家出钱办报，我们可以和人家合作进行宣传，成本很低，效益很大，何乐而不为呢？我们要尽最大努力，提高供版质量，扩大供版数量，供版多多益善，实际效益也越大，如果认识不到这一点，以为供版是"亏本生意"，就不积极去做好这项工作，那是不好的。提供版面的做法，实际上是各有所求，友好合作，相互促进，互利双赢，各得其所。

要以扩大海外媒体客户为重点，做好中新社宣传媒体在国外落地工作，更好发挥民间通讯社的优势。你们正在推动这项工作，《中国新闻周刊》（日文版）已经在日本落地，首期发行4万册，很不简单，有良好开端，但前进中一定会遇到很多困难，要下决心做好，让周刊能够在日本落地生根、开花、结果。我国与日本关系有着历史的原因，我们要把爱国主义旗帜高高举起，把中国人民与日本人民友好的旗帜高高举起，报道中国与日本建交以来经济文化交流合作的重大发展及和平共处将给两国人民带来共同利益。策略方面要非常讲究，通过一些宣传，比如说宣传一些历史性的、知识性、趣味性、娱乐性的内容，报道我国经济社会发展和外交的情况，促进两国人民的友谊。你们还有更多的设想，将来做更多的落地工作，既扶持当地的华文媒体，又促进世界华文媒体传播工作。这需要建立动态的世界华文媒体数据库，掌握世界华文媒体变化情况，以便通过各种渠道和他们建立联系，及时有效地开展侨务外宣工作。

要与海外华文学校加强联系，对华文教育多加宣传，以扩大侨务外宣工作覆盖面。中新社进行侨务外宣要有读者，读者在哪里？很多读者在国外，郭招金同志的一篇论文提出正确的看法。我还看到的一个材料当中讲，美国的移民局为了回答移民究竟对美国是起促进作用还是反作用的疑问，经调查和评估，结论是总体上对他们的国家发展起促进作用，比如说移民到美国工作的人，每年为国家所作的贡献，其中高中毕业生是6万美元，大学毕业生是10万美元，硕士研究生是12万美元，博士毕业生是18万美元。这些移民的语言习惯等方面在不断变化，第一代保持它原来的，第二代就丢掉了一半，第三代基本就融入当地社会了。我们侨报要扩大读者，归根到底要依靠华文教育在世界范围蓬勃兴起，现在看来有这个发展趋势。你们开展侨务外宣工作，要注意华文教育方面的宣传，促进海外华文教育的发展。世界华文教育大发展，必然带来华文媒体的读者大发展，也必然促进华文媒体传播工作大发展。华文教育的舆论宣传工作靠你们去做，你们推动了华文教育发展，反过来有利于侨务外宣工作的发展。

六、坚持清正廉洁，保证新闻报道客观真实准确

坚持清正廉洁是新闻工作的党性要求。新闻工作是有政治性的，中新社也是人民的喉舌，宣传国家和人民的声音，必须坚持为人民服务的宗旨。新闻工作者只有保持清正廉洁，拒绝贿赂，杜绝有偿新闻，才能保证新闻报道的客观性、真实性、准确性、公正性，否则，新闻报道就会成为某些人徇私舞弊的工具，损害国家的形象。中新社这几年坚持进行"三项教育"，一是邓小平理论、"三个代表"重要思想和科学发展观教育，二是马克思主义新闻观的教育，三是新闻从业道德教育包括廉洁自律教育，这三项教育工作要继续深入持久地抓下去，提高大家的道德水平和敬业精神，规范大家的行为，很有必要。中新社摊子这么大，由于种种诱惑存在，有时受到利益的驱动，有偿新闻还是可能发生的，要严加防范，教育在前；如果发生了个别有偿新闻的现象，就应该认真查处，维护宣传纪律的严肃性。你们这几年对内部加强了管理。对分支机构管理要进一步加强，避免像广东分社那两个人案件的发生。分支机构远离总社，山高水远，鞭长莫及，容易违反纪律，更需要想办法加强监管。解决分支机构存在的问题，关键是要严格把好用人关，健全制度，加强教育和管理，经常监督检查，还要解决正常经费方面的实际问题。

对中新社的国内外资产的管理要进一步加强。你们刚才汇报当中谈到了，比如房屋出租，实行了"收支两条线"管理，应该坚持，并继续完善。资产管理不仅是不丢失、不贪污、不被偷盗，还要使资产尽可能发挥它的最大效用，保值增值。你们推行社务公开工作、政府采购工作、离任审计工作，取得一定成效，还须加强。你们对财务管理方面有创新，成立了财经小组，不搞"一支笔"，有关大额资金安排，首先经财经小组论证以后，再由领导班子做出决定。财经小组与领导班子在决策过程当中形成一种机制，可以防止决策失误，防止暗箱操作发生腐败，有利于科学决策，有利于监控资金正常运转，这是一个好的做法，一定要扎实做好。

建立健全制度，保证权力正确运行。中新社制度建设工作有较大进展，正

在加紧编制《中国新闻社章程》，成为一个制度体系，它不是凌乱的、个别的，而是系统的、全面的，把各项工作都纳入制度化的轨道，既能够提高工作效率，又能够防止腐败。有了系统的规章制度，领导干部实施管理有章可循。要用制度管理人、用制度管财、用制度管事，这种办法才是最好的。当然制度首先必须是科学的制度、便于操作的制度，其次要明确适用范围，其三要明确执行主体的责任，其四要明确监督主体及其职责，对执行过程加强监督检查，保证制度得到落实。

七、加强领导班子建设和队伍建设

要坚持政治家办报的原则。刚才刘北宪同志说"我们是书生办报，希望纪检监察对我们加强监督。"这是一句谦虚谨慎的话。你们经过党长期的教育和培养，在实践中成长起来，不断地增强了党性，书生经过熔炉长期的冶炼，也变成了优质的"钢材"，成为特殊材料吧！实际上你们按照政治家办报的原则来办报。这几年，你们坚持把国家利益放在首位，加强了领导班子建设，充实了新生力量，努力建设一个政治坚定、业务精通、作风优良、清正廉洁、开拓创新、民主团结的领导班子，同时要努力建设一支优秀的采编队伍和干部职工队伍，按照坚持政治家办报的原则要求，认真贯彻落实党的路线方针政策。

加强领导班子建设，最重要的是贯彻党的路线方针政策，实行民主集中制，坚持廉洁自律。几年来，你们社党委会认真贯彻党的路线方针政策，严格实行民主集中制，充分发扬民主，完善决策机制，特别是"三重一大"要纳入决策程序之中，实行民主决策、科学决策、依法决策。加强党风廉政建设，严格执行责任制，保证党风廉政建设责任制落实到位。领导班子成员能够严格要求自己，坚持廉洁自律，克己奉公，艰苦奋斗，勤俭节约，起表率作用。领导班子一二把手没有配备专用小车，班子成员住房面积平均只有84平方米，这种情况在其他类似单位恐怕是少有的，但大家没有怨言，认真工作。在督促检查和查办案件方面也做一些努力，取得一定的成绩。我希望，在大好形势面前，你们要认真学习贯彻党的十七大精神，全面落实科学发展观，加强领导班子建设，认真带好队伍，增强居安思危的忧患意识，找准存在的问题，深入开展反腐倡廉工作，把中新社工作做得更好，开创侨务外宣工作新局面！

在涉外学术交流活动中要积极宣传我国的国情和政策

（《社科党建》2003年第12期）

最近，中国社会科学院代表团在丹麦、瑞典、挪威三国访问期间，与十几个哲学社会科学研究机构和大学院系进行访问和会谈，签订两个双边学术交流与合作的协议，还有些项目达成合作意向。代表团在访问期间，从我国大外交战略出发，积极主动宣传我国，理直气壮地旗帜鲜明地从理论与实际结合的高度，实事求是阐述我国的国情和有关政策，以争取沟通信息，增进了解，形成共识。这次访问期间，主要宣传了以下几个观点。

一、宣传中国共产党的地位和作用。我代表团在丹麦商学院亚洲研究中心访问时，该中心主任介绍他们去年召开了有关中国共产党地位和作用问题的国际研讨会，并向我代表团赠送了研讨会论文集一书。这一论文集究竟是什么东西，我代表团不了解。因而，我代表团为防止被动，即时阐明了中国共产党的地位和作用，指出，要了解中国共产党，应了解近代中国的历史。1840年鸦片战争之后，中国沦为半殖民地半封建国家，广大人民受到帝国主义、封建主义、官僚资本主义的三重压迫和剥削。中国共产党1921年成立时，只有几十个党员，受到当时中国反动派和帝国主义势力的疯狂镇压和围剿。中国共产党不但没有被消灭，反而越来越发展壮大，并领导中国人民推翻了帝国主义、封建主义、官僚资本主义在中国的统治，建立了中华人民共和国。在中国共产党的领导下，50多年来，中国发生了翻天覆地的变化。中国人民走上社会主义道路，成为国家和社会的主人，掌握自己的命运，社会经济、文化、教育等各项事业迅速发展。中国从一个贫穷落后的半殖民地半封建的国家成为一个初步繁荣富强的社会主义国家。为什么会出现这样一个伟大的历史奇观？原因就是中国共产党代表最广大人民群众的根本利益，得到最广大人民群众的拥护和支持，因而战无不胜。这就是历史事实，这就是中国共产党的地位和作用。我代表团还在各场合表示，欢迎研究中国问题的专家到中国做实地调查，掌握第一手研究材料。

二、宣传中国政府重视人权和中国人权的状况。我代表团应邀访问挪威国际人权研究中心，在会谈中，向其介绍我代表团对人权的看法和中国人权的状况。

一是阐述了人权与主权关系的观点。指出，我国主张不同社会制度的国家在和平共处五项原则的基础上和平共处，反对一个国家对另一个国家的侵略和占领。如果一个国家侵略占领另一个国家，必然会对那个国家的人权进行大规模的践踏和危害。比如，日本帝国主义曾对中国发动侵略战争，对中国实行"烧光、杀光、抢光"的政策，仅南京大屠杀事件就杀害了中国民众30万人，他们竟把这种侵略犯罪标榜为建立"东南亚共荣圈"，是为了"保护人权"。因此，我们反对以人权为借口，干涉别国内政，侵略、占领别的国家。各国的人权问题只能由各国人民自己来解决。在人权问题看法上的分歧，应该进行对话，不搞对抗。

二是阐述中国人权进步的状况。我代表团指出，要真实了解中国人权的状况，必须了解中国人权的过去、现在和将来发展趋势。旧中国是一个半殖民地半封建国家，广大人民群众受帝国主义、封建主义、官僚资本主义的压迫和剥削，社会黑暗到了极点。那时是兵荒马乱、军阀混战、民不聊生，广大人民群众在水深火热中挣扎。广大人民群众连最基本的生存权利都得不到保障，更谈不上享有什么政治权利。在中国共产党的领导下，中国人民经过28年的浴血奋战、流血牺牲，终于推翻了反动派在中国的统治，于1949年建立了新中国。中国人民从此站起来了。中国人民在政治上、经济上、文化上都得到翻身解放。广大人民群众参加管理国家、管理企业事业和管理社会各项事业，推动着社会主义政治、经济、文化的不断发展，人民群众享有的各种权利不断扩大，人民群众的人权得到保障。国家法律惩治危害人民群众人权的犯罪行为，以保护人民群众的人权。当然，任何国家都不可能无条件地保护一切人的人权，中国也不例外。按照中国法律规定，对罪犯的人权保护是有条件的。对有的犯罪，其罪大恶极，要剥夺其全部人权包括生命权，如判处死刑立即执行；对有些被判处拘役、有期徒刑、无期徒刑的罪犯，要剥夺其部分的人权，除被剥夺的那部分权利之外，其他的权利如健康权、人格权、生存权等受到法律保护，不准对其打骂、体罚、侮辱和搞超体力的劳动，其中没有被剥夺选举权的，还享有选举权。

对西藏的人权问题，有各种不同的说法，其中有的说法是覆倒是非，需要澄清。要了解西藏的人权问题，必须了解西藏的历史。西藏在实行民主改革之前，是一个最黑暗、最残酷、最野蛮的封建奴隶主社会。农奴主拥有一切权利，对农奴进行残酷的压迫和剥削，对农奴有生杀予夺之权，任意打骂、侮辱、处罚农奴，甚至用农奴的头盖骨加工成吃饭用的碗，剥农奴的皮做鼓，抽农奴的筋作皮鞭，等等。我曾看过这方面的展览会，也听过翻身农奴对农奴主血腥罪行的控诉。西藏1959年实行民主改革之后，百万农奴翻身作主人，那些凶残的农奴主成为专政的对象，即对他们中的许多人实行强制的劳动改造，其目的是要把他们改造成为自食其力的、遵守法律的劳动者。民主改革之后，昔日的农奴成为社会的真正主人，当家作主，第一次享有真正做人的权利和决定社会事务的民主权利。这是人权发展史上一个跨越社会发展阶段的伟大飞跃。国家实行民族平等政策，特别保护少数民族的权益。国家对西藏实行民族区域自治政策，成立西藏民族自治区，西藏人民群众选举自己的政府，管理西藏的政治、经济、文化、教育等社会事务。国家实行宗教信仰自由政策，即公民有信仰宗教的自由，也有不信仰宗教的自由。国家对西藏信仰宗教的公民予以保护。中央财政拨款修建寺院，也将布达拉宫修理一新。国家尤其重视西藏经济文化的发展，中央财政拨巨资加快西藏的经济建设。自从民主改革以来，西藏广大人民群众的人权发生了历史性的根本变化，这是有目共睹的事实。只有西藏农奴主才企图改变这一现实，妄想复辟奴隶主的统治。

我代表团还指出，一个国家人权状况是一个历史发展过程，不仅受政治条件的制约，而且受到经济条件的制约。就中国现阶段来说，人权的发展主要是受到经济条件的制约。中国属于发展中国家，虽然五十多年来中国经济有巨大的发展，但总体上讲，经济还不够发达，并且各地区发展不平衡，如东部与西部差距很大。现在中国还有3000万人的贫困问题。另外还存在侵犯人权的问题，如个别不法私营企业主不顾工人死活，造成矿工死亡的事故，等等。我国政府十分关注人权方面存在的问题，正在采取各种措施加以解决。特别是致力于发展经济，从根本上普遍解决生存权、受教育权的问题。总的说，中国共产党和中国政府在发展和保护人权方面取得了史无前例的辉煌成就，现在仍继续高度重视解决人权方面存在的问题。欢迎你们到中国实地考察，了解中国人权的真实状况，指出中国人权方面存在的问题，提出批评意见和建议。

三、宣传妇女解放和男女平等的观点。在访问丹麦性别协调研究中心和北欧亚洲研究所时，针对他们对中国妇女问题包括家庭暴力问题研究的兴趣，我代表团阐述了妇女解放和男女平等的基本看法。指出，研究男女平等问题对于社会进步，具有重要意义。妇女同男子一样是构成社会的重要部分。妇女与男子平等的程度和妇女解放的程度，是社会进步程度的重要标志。

一是妇女与男子平等受经济发展程度的制约。在人类原始社会的一个时期,妇女以养植维持氏族社会经济的主要来源,而男子打猎成为氏族社会经济的辅助来源,由于妇女在社会生产中的主要作用,产生当时的母系社会。后来由于男子在社会生产中起主要作用,母系氏族社会被父系氏族社会所代替。不过,原始社会里,不存在权利与义务的区别,不存在男女不平等。随着社会分工和生产发展,产生私有制,社会分裂为阶级。在阶级社会中,男子的权利高于妇女的权利,妇女的义务重于男子的义务,男女不平等一直存在着。社会发展到现时代,由于生产的高度发展,彻底实现男女平等的任务已经提上了历史的日程。社会主义制度为妇女解放和实现男女平等开辟了道路。在我国,法律规定妇女与男子平等。在生产劳动中实行男女同工同酬,为妇女广泛参加社会劳动、争取经济上的独立自主,从而实现男女平等创造经济条件。

二是妇女争取解放和男女平等应当与社会解放运动结合起来。妇女争取解放是社会解放的一个组成部分,妇女只有在社会解放斗争中才能取得自身的解放。中国妇女积极参加新民主主义革命和社会主义建设,中国革命的胜利和社会主义事业的发展,使中国妇女获得解放和逐步现实男女平等。在法律上,中国妇女与男子是平等的,但事实上还存在大量不平等的现象,一方面是几千年剥削阶级造成妇女低下地位的遗留,还有几千年剥削阶级歧视妇女观念的影响还存在;另一方面中国经济发展水平低,制约着妇女地位的提高,重男轻女现象还存在,妇女受教育程度较低。中国政府在推进现代化过程中,采取法律的、政治的、经济的、教育等各种综合治理的措施,努力实现男女平等。

三是妇女必须为争取自身解放和实现男女平等而斗争。妇女要积极参加各种社会政治活动,要了解妇女解放和男女平等的历史条件、进程和规律,大力宣传妇女解放和男女平等的理论,唤醒广大妇女积极参加妇女解放运动,推动各国政府在法律和决策中保障妇女与男子平等的权利,保障妇女参政议政的权利和受教育的权利,保障妇女劳动权利和与男子同工同酬的权利以及妇女其他特殊的权利,惩治针对妇女的犯罪活动。在中国,有全国妇联组织和地方各级妇联组织,它们在维护妇女的权益方面发挥积极的作用。

四、宣传我国对外交流与合作的精神。我代表团在访问中,与14个单位进行座谈、会谈,都在友好的气氛中进行。我代表团宣传我国改革开放,在经济全球化中我国已成为最具有活力的国家之一,成为国际上大公司投资的重要场所,与各国包括与西欧国家的经贸关系日益密切。这种经济合作,必然推动各国文化、科技、教育包括社会科学研究领域的合作。社会科学研究领域合作的成果又会成为各国经济合作新高潮的先导。并表示我方愿与对方在平等的基础上加强学术交流与合作。我代表团在与瑞典隆德大学签订学术交流协议时也表达了上述观点，受到赞赏。签订协议后，隆德大学校长请我代表团团长题词，我代表团团长即席题词："友谊作桥梁，天涯若比邻。交流与合作，携手共前进。" 题词受到与会人员的鼓掌欢迎。在隆德大学校长的提议下，与会全体人员在题词下面签名留念。

注：本文是根据作者率中国社会科学院代表团访问欧洲三国的讲话内容整理

坚持一个中国原则
为实现中国统一大业而奋斗

——中南美洲中国和平统一促进会
2006年智利大会上的讲话

（2006年5月20日）

尊敬的大会名誉主席钟月钧先生，

尊敬的大会主席彭奋斗先生，

尊敬的中国驻智利大使李长华先生，

尊敬的智利政府代表，

亲爱的侨胞们、朋友们：

我们中国代表团荣幸应邀参加"中南美洲中国和平统一促进会2006年智利大会"。请允许我代表中国全国人大华侨委、外交部、国台办、国侨办、民革中央、台盟中央、中国海外交流协会、中国和平统一促进会向大会胜利召开表示热烈的祝贺！向大会主席、向中国驻智利大使、向智利政府代表、向来自世界各地的代表们致以热烈的欢迎和崇高的敬意！向辛勤筹办大会的中南美洲中国和平统一促进会、智利中国和平统一促进会表示衷心的感谢！

维护中国主权和领土完整，向来是中华民族的神圣职责和伟大使命。这是中华民族五千年灿烂文明积淀起来的对祖国无限热爱的感情。华侨华人弘扬中华民族的崇高精神，为中国的解放事业、社会主义现代化建设和统一大业做出了巨大贡献。长期以来，广大华侨华人以满腔的激情，高昂的斗志，在亚洲、欧洲、美洲、澳洲、非洲广泛开展"反独促统"活动，做了大量卓有成效的工作。一是华侨华人及其社团不断增强互信与团结，按照拥护中国统一不分先后的原则，团结一切反对"台独"、拥护中国统一的人们，壮大了中国和平统一的力量。二是华侨华人加强与所在国政府和社会团体及媒体的联系与沟通，增进他们理解中国政府对台政策,支持中国统一大业。三是华侨华人在与台湾同胞交往过程中,不断增进彼此的深厚情谊,传递"和平统一、一国两制"的理智选择,展示中国和平统一的美好前景,促进两岸同胞形成共识。四是华侨华人与中国不断深化经济文化合作,开拓自己的事业,支持中国现代化建设,同时更多关注和了解台海局势的变化,熟悉和理解大陆对台政策,取得了促进中国和平统一的发言权。五是华侨华人自强不息、开拓进取,壮大实力,努力将利益惠及所在国人民,与他们共建美好的家园,从而更有力地支持了中国和平统一大业。事实证明,华侨华人是"反独促统"的一支伟大力量,在"反独促统"中能够大有作为。

中南美洲广大侨胞为促进中国统一进行不懈努力,做出重要贡献。中南美洲广大侨胞不畏艰难险阻,凭着对中华民族的深厚感情和高度历史责任感,坚持在一个中国原则的基础上,加强团结与合作,联合本地区13个国家的有关组织成立了洲际性的中南美洲中国和平统一促进会,发展壮大"反独促统"力量,并且轮流在各成员国召开洲际性的"反独促统"大会,旗帜鲜明地表达了广大侨胞反分裂、求统一的强烈愿望和主张,产生了重大影响,使本地区"反独促统"活动不断高涨,深入发展。

台湾是中国神圣的领土,这是不容争议的。联合国和绝大多数国家都承认世界上只有一个中国,台湾是中国领土的一部分。解决台湾问题,实现中国统一,是海内外中华儿女的共同心愿,是中国历史发展不可抗拒的潮流。实现了中国统一,中国必将以更加雄壮的步伐走向繁荣富强,那时候全体中华儿女将共享一个统一中国的荣誉和尊严,将感受到伟大中国给自己带来的自豪感、安全感和幸福感,将以更加宏大气魄开辟辉煌的事业,创造美好的新生活。

针对近些年来"台独"分裂活动不断加剧的台海局势,大陆采取了一系列维护台海地区和平稳定、促进两岸关系发展的重大举措。继去年开启了海峡两岸政党交流的新渠道之后,今年4月又在北京举办"两岸经贸论坛",大陆方面又宣布促进两岸交流合作、惠及台湾同胞的15项政策措施。经过两岸同胞的共同努力,两岸关系朝着和平稳定方向发展的趋势增强,台湾岛内求和平、求稳定、求发展、求统一的民意正在显现出来,"台独"分裂势力受到一定程度遏制。

同时要看到,近年来"台独"分裂活动变本加厉,台海局势严峻复杂。陈水扁当局不顾岛内外的强烈反对,一意孤行,公然背弃以往多次作出的承诺,宣布终止"国统会"和"国统纲领",企图通过"宪政改造",谋求"台湾法理独立"。事实说明,"台独"分裂活动日益成为两岸关系发展的最大障碍和台海地区和平稳定的最大威胁,如不予以坚决反对和遏制,势必严重威胁国家主权和领土完整,断送两岸和平统一的前景,危害中华民族的根本利益。坚决反对"台独"分裂活动,是当前最紧迫的任务。

反对"台独"分裂,实现中国统一,是中华民族坚定不移的意志和决心。我们将继续依法维护中国统一,全面贯彻《反分裂国家法》,绝不允许"台独"分裂势力以任何名义、任何方式把台湾从中国分裂出去,同时以最大的诚意,尽最大的努力,争取中国和平统一的前景。我们将继续努力推动两岸和平发展,把坚持"九二共识",作为实现两岸关系和平发展的重要基础;把为两岸同胞谋福祉,作为实现两岸关系和平发展的根本归宿;把深化互利双赢的交流合作,作为实现两岸关系和平发展的有效途径;把开展平等协商,作为实现两岸关系和平发展的必由之路。我们将继续团结广大台湾同胞,进一步促进两岸人员往来,拓展两岸经济文化交流与合作的广度与深度,促进早日实现两岸直接"三通"。我们将继续与反对"台独"、认同"九二共识"、主张发展两岸关系的台湾各党派、团体和各界人士广泛开展交流与对话,并积极推动在一个中国原则基础上恢复两岸对话与谈判。两岸同胞团结起来,努力构建和平稳定发展的两岸关系,坚定维护国家主权和领土完整,坚定推动祖国统一大业的实现和中华民族的伟大复兴。

中国统一大业是正义的事业,正义的事业是必胜的。但走向胜利的道路不是平坦笔直的,而是崎岖曲折的。中国人民有坚定不移的伟大决心,有志在必夺的崇高信念,有不屈不挠的坚强意志,一定能够克服任何困难,一定能够排除任何障碍,一定能够坚决挫败和彻底粉碎"台独"分裂势力与国际上反动势力互相勾结的图谋,试看将来的中国,必定是一个统一而强大的国家。

各位代表!中国和平统一,这是历史的呼唤,人民的愿望。让全世界华侨华人同胞更加紧密地团结起来,和祖(籍)国人民一道,为实现中国和平统一大业而共同奋斗!

注:本文是作者作为中国各代表团总团长在大会所做的发言

| 我的理论思考 |

开创中韩文化交流与合作的新局面

(《当代韩国》2002年冬季号)

尊敬的各位专家、学者:

女士们、先生们:

我曾于1997年访问过韩国,从汉城到济州岛,山美水美人更美,韩国人民对中国人民的深厚感情,给我留下深刻而美好的印象。在中韩建交10周年之际,我有机会率中国社会科学院代表团来韩国参加"第十次中韩论坛",感到非常高兴。请允许我代表与会的中国专家、学者,向为增进中韩友谊作出贡献的韩国同仁们致以亲切的问候和诚挚的敬意!我们这次研讨会的目的,是进一步把中韩文化交流与合作推向前进。为此,我作题为《开创中韩文化交流与合作的新局面》的基调报告。

一、中韩文化交流与合作有着深厚的文化渊源和基础

中国是世界文明发达最早的国家之一,已有将近四千年的有文字可考证的历史。在中华民族的开化史上,有四大发明,有许多伟大的思想家、科学家、发明家、政治家、军事家、文学家和艺术家,有丰富的文化典籍,展示着中华文化的风采。中华文化中虽然也有一些糟粕,但瑕不掩瑜,中华文化主体的精华始终闪耀着灿烂的光辉。这是中国文明经久不衰的真谛,也是新文化潮流能够磅礴于中国大地、使中国半个多世纪来发生翻天覆地变化的根源。

中韩两国地缘相近,两国文化交流源远流长,关系密切。韩国人善于学习,总以开明的态度欢迎中国文化,学习中国文化,吸收中国文化的精华,创造具有本国特色的优秀文化。当代韩国历史学家全海宗教授强调"对韩国影响最大的中国文化是儒教文化(儒学、政治制度——包括科举制度、教育制度和生活伦理)和从中国传来的佛教。韩国从未摆脱中国文化的影响"。韩国驻中国大使馆文化院院长张世昶公使也认为:"韩国一直受到来自中国强有力的文化影响。由于韩国和中国地理上的连接,自古以来不断进行文化交流并相互影响。韩国接受

东方文化之源——中国文化后，逐渐发展成为符合自己的特点和具有独创性的文化与传统。"事实确是如此。1997年我访问韩国时，曾与三星、现代、重工、浦铁等企业集团的高级管理人员交谈，发现他们中有不少人熟悉中国的《孙子兵法》和《三国演义》、《水浒传》、《西游记》、《红楼梦》四大名著，并将其中一些观点运用于现代企业的管理。我在韩监察院的大院里看到一块巨石上雕刻着四个汉字"公明正大"。这四个字是从中国的"光明正大"演变而来的，细加思索，含义深邃：只有大公无私的人，才能做到光明磊落、廉洁公正。可见，韩国人富有创造性，善于把别国的优秀文化植根于本国的土壤。正由于韩国善于把学习外国文化与继承本国文化传统相结合，才使韩国文化保持强大的生命力。尽管韩国曾遭受日本帝国主义的殖民统治长达35年之久，在战后50多年又受到美国文化的侵入，但是韩国在实现现代化的过程中，依然保持着自己的文化传统和价值观念，尤其是"仁"和"义"的观念得到发扬光大。在1997年韩国遭受金融风暴袭击、遇到严重经济危机之时，韩国人表现出强烈的爱国主义精神和自强不息精神，团结协作，共渡难关，决心"拯救经济，再创汉江奇迹"。这不仅是经济形势所迫，也是传统的价值观念使然。事实证明，中韩文化交流悠久，文化传统相近，两国人民情感亲近，两国文化交流容易被两国民众所接受。

二、中韩文化交流与合作是两国经济合作的必然要求

中韩自1992年建交后，两国关系迅速发展，经贸关系日趋密切，双边贸易额由1992年的50亿美元增至2001年的359亿美元。中韩互为重要的贸易伙伴，中国还是韩国最大的海外投资对象国。在全球经济低迷的情况下，中国经济保持健康、稳定、快速发展的势头，吸引着世界许多国家纷纷来华贸易和投资。最近，韩国的三星、SK、LG等大企业集团的董事长相继访问中国，实地考察中国经济发展的情况，运筹帷幄，准备进军中国。这不仅会给中国经济发展带来好处，也必将为韩国重振经济雄风注入新的活力。

中韩两国随着经济合作高潮的到来，必然掀起文化交流与合作的高潮。经济合作的进一步发展，要求以文化交流与合作作为基础。可以想象，如果双方没有文化的交流，没有思想的沟通，没有价值取向的趋同，要发展经济合作就会障碍重重。文化交流与合作，能够增进两国人民的思想感情，容易使双方在经济合作中形成共识，减少分歧和磨擦，大大提高成功率。过去10年，中韩两国经济合作能够顺利地发展，除了两国关系正常化外，还因为两国有源远流长的文化交流为

基础。对于新的世纪和经济全球化的挑战,中韩两国经济合作要有更大发展,两国文化的交流与合作必须加大力度。文化交流与合作,已成为中韩两国经济合作的先导。可以说,中韩经济合作必然绽开文化交流与合作的灿烂之花,而中韩文化交流与合作也必然结出丰硕的经济合作之果。

三、中韩文化交流与合作10年来取得可喜的进展

从中韩建交以来,两国政治、经济、文化关系都得到全面的发展。两国文化交流呈现出快速发展的趋势,具有广泛的群众性。两国人员交流在1992年只有20万人次,到2001年已达到220万人次。这些交往的人员中,虽然直接从事文化交流的是少数,从事经济和旅游等活动的是多数,但这多数人的活动也带来了两国民间频繁而广泛的文化交流。这一发展趋势预示着中韩文化交流与合作有着更加美好的前景。中韩建交后,中国各地成立了许多韩国学研究机构。值得一提的是,早在1979年,中国就成立了朝鲜半岛问题的研究机构——中国朝鲜史研究会。它是由中国社会科学院主管的国家级学术研究团体。在中韩两国建交之前,该研究会非常关注韩国的经济起飞和社会发展,并多次向国家有关部门提出尽快与韩国建交的建议,成为促进中韩友好的民间使者。在中韩两国建交后,中国社会科学院很快与韩国现代中国研究会达成协议,共同出版《当代韩国》季刊和共同举办"中韩论坛"。《当代韩国》受到了中韩学术界以及广大读者的欢迎,已成为中国人民了解韩国的窗口和桥梁。"中韩论坛"

也已成为研究中韩两国有关问题的重要理论阵地。通过文化交流,加深了两国的信任和理解,促进了两国经济、教育、艺术、体育、娱乐、政治、法律等领域的合作。

四、努力开创中韩文化交流与合作的新局面

10年来,中韩文化交流与合作取得了可喜的成果。但是,两国之间的文化交流还落后于经济合作;一些文化领域的交流虽然已经开展,但规模不大,并尚未形成规范。这些问题有待于我们共同解决,努力开创中韩文化交流与合作的新局面。中韩开展文化交流与合作的领域非常广泛,前景十分广阔。两国的政府和民间组织可以在学术、文艺、教育、体育、旅游等领域以及文化产业领域进一步加强合作,特别是在文化产业领域的合作大有可为。

中国有文化资源的优势。中国数千年的文化积淀,可以成为文化交流的依

托和转化为文化产品。有许多优秀的文学著作、民间故事和传统戏剧，有秀美的名山大川和神奇的名胜古迹，有考古发掘出千古之谜的盖世奇观，有气势非凡、神采飞扬的绘画，有巧夺天工的艺术雕刻，有富有神韵的精美刺绣，还有与现代文化相结合而创新的各种文化产品。这些文化资源可以进一步开发和利用，为中国与各国(包括韩国)进行文化交流与合作提供良好的条件。中国有文化产品的广大市场。有13亿人口的中国，1999年实际文化消费总量为800多亿元人民币。据有关部门预测，2005年，我国文化的潜在消费能力是5500亿元人民币。中国广阔的文化市场，为各国包括韩国来参与中国文化市场的竞争提供了机遇。中国有文化产业发展的广阔空间。一是中国文化产业起步较晚，文化产品的生产远远不能满足群众文化消费的需求。二是随着知识经济迅猛发展，互联网与报刊、广播、电视组合成为强大的新闻媒体。文化产业与新闻媒体紧密相关。文化产业中的相当一部分文化产品，如计算机软件、影视作品、录音制品、文字作品等，以及文化服务包括信息服务，成为交易的对象。中国在这个方面正处在发展阶段，还是弱势。以上两方面，相对中国而言，韩国具有比较优势。这为中韩文化交流与合作开辟了新的领域。中国有文化投资的良好环境。目前中国正在加快文化市场的法制建设，使文化方面的法规与WTO规则衔接一致，并加强了文化市场的规范管理，以利于中国与各国进行卓有成效的文化交流与合作。

韩国在文化产业化方面具有较低大的优势：有将流行文化塑造、包装和产业化的能力，有比较充足的资金来源和良好的投资模式，有文化产业的经营管理经验，有开发国内国际文化市场的有效做法，有一支从事文化产业的专业人才队伍。韩国只要充分发挥这些优势，就能够在与中国文化产业的合作中取得显著成效。

加强中韩文化交流与合作，将促进两国文化的伟大复兴。两国应该在平等的基础上进行对话，加强交流，增进了解，扩大共识。我们愿意在自愿、平等、协商、诚信、互利的原则上与韩国发展文化交流与合作。所谓自愿，就是双方从各自的利益出发，对有关问题进行讨论，自由表达各自的意见和愿望；所谓平等，就是互相尊重，以诚相待，实行权利与义务对等；所谓协商，就是通过友好磋商，就有关合作项目达成一致协议，共同遵守；所谓诚信，就是诚实信用，恪守协议，言之有信，行之必果；所谓互利，就是要使双方在文化交流与合作中都得到应有的利益，即达到双赢的目的，以保证合作深入持久地进行下去。

女士们、先生们！

| 我的理论思考 |

中韩文化交流与合作,有利于两国人民的友谊和两国经济文化的发展,有利于朝鲜半岛的自主和平统一,也有利于亚太地区乃至世界的和平、稳定与发展。今年是中韩建交10周年,又是中国国家主席江泽民和韩国总统金大中共同倡导的"中韩国民交流年"。让我们抓住这一有利契机,携手并肩,努力把中韩文化交流与合作的事业不断推向前进,共同创造美好的未来!

谢谢大家!

万水千山送亲情　海外赤子盼乡音
——在新西兰侨界社团欢迎会上的讲话

（2005年8月22日　根据录音整理）

和平统一促进会会长、各位侨胞、女士们、先生们：

刚才，于志民先生代表侨胞们作了热情洋溢的讲话，我代表中国海外交流协会代表团，向侨胞们表示衷心的感谢！我们从澳大利亚来到新西兰的时候，大家说这里的气温比较低，但受到热烈的欢迎，感到这里风和日丽，像春天般的温暖。我想一个重要原因，不仅是天公作美，而且是侨胞们的热情和温馨，使我们处处感受到侨胞们对祖国的深情厚意。今天看到侨胞们在当地《乡音报》上头版头条刊登的欢迎词："万水千山送亲情，海外赤子盼乡音，祖国腾飞今非昔，天涯欢聚万事兴"，这充分表达了侨胞们对祖国人民的真情亲情和爱心。

这几天慰问侨胞的过程中，我反复思考这样一个问题，为什么我们中华民族在几千年的历史中，历尽无数挫折而不衰，遭受无数劫难更坚强？为什么我们中华儿女不管在什么地方，都有很强的凝聚力，在世界许多大城市出现了唐人街、华人街这样伟大的奇观？为什么中华民族的儿女不管在什么地方都能够勤劳勇敢，艰苦奋斗，开拓进取，创造出不逊于其他民族的辉煌业绩？这里一个主要原因，就是有中华文化。几千年来，我们中华民族在悠久历史中千锤百炼，创造了博大精深的中华文化，是维系中华民族大团结的精神纽带。

我们要继承和弘扬中华文化。中华文化的核心是什么？就是爱国主义，就是对祖国特别真挚的爱心和纯洁的真情。这种爱国主义是源远流长的。大家都知道，宋朝诗人文天祥的不朽诗篇"人生自古谁无死，留取丹心照汗青"；岳飞的名句"八千里路云和月、待从头收拾旧山河"，都是一片爱国之心的真实写照。到鸦片战争时期，有林则徐的"苟利国家生死已，岂因福祸避趋之"；后来有杨靖宇、方志敏等等，许许多多革命志士抱着"砍头不要紧，只要主义真"，为人民的解放事业，奔赴革命战场，英勇献身，都表现出炽热的爱国主义热情。可以说爱国主义的精神在我们中华儿女的血液中流淌着。

在不同时期,华侨华人对祖国充满着爱国主义热情。在抗日战争中,许多海外侨胞,捐物捐钱,热血青年奔赴战场,打击日本侵略者,陈嘉庚先生组织代表团冲破艰难险阻,奔赴延安慰问,支援抗战。毛主席曾评价陈嘉庚先生是"华侨的旗帜,民族的光辉"。在新中国刚刚诞生的时期,祖国大陆还是千疮百孔、百废待兴,很多侨胞捐钱捐物支援祖国建设,许多科学家冲破重重阻挠,率先回国成为科技的带头人,为祖国科学快速发展作出了杰出的贡献;在祖国建设事业腾飞的时期,特别是改革开放以来,有许多的侨胞企业家回国投资办企业,为振兴中华做出了贡献,使我国以更快的步伐向前迈进。祖国现在正发生着日新月异突飞猛进的变化,令世界震惊。在祖国的崛起中,有着华侨华人同胞的重要贡献。这种爱国主义的精神是多么的崇高、多么伟大。

现在我们面临祖国的统一,华侨华人对祖国统一大业是非常关心的,在世界各地建立了中国和平统一促进会,积极开展斗争,掀起了"反独促统"的强大声势,有力地支持了祖国统一事业。但国内也有个别的人背叛祖国,与国际上一股反华的反动势力相互勾结,竭力阻挠和反对中国统一大业。昨天,我在宾馆里看一份《大纪元》的报纸,报上刊登一个从祖国叛逃的陈某某的文章,疯狂地攻击我国,宣扬台独,进行分裂祖国的活动,很不得人心,堕落为可耻的叛徒。对此我们要警惕,要斗争。实现祖国统一大业是全中国人民和海外侨胞的坚不可摧的意志,是历史的必然趋势,是任何霸权主义和反动势力都阻挡不了的。

有一位科学家说过,"科学是没有国界的,因为她是属于全人类的财富,是照亮世界的火把,但学者是属于祖国的。"那么,我们可以说,经贸是没有国界的,但从事经贸活动的人是有祖国的。祖国欢迎侨胞把祖(籍)国作为发展自己的事业的一个重要基地,你们可以从这个基地出发走向世界各地再创业,祖国会尽心尽力为侨胞营造良好的创业环境。你们的命运与祖国息息相关。你们的事业将与祖国共兴共荣。随着祖国的繁荣富强和强大,侨胞们在世界各地事业更好发展,侨胞的地位必将随着提升。祖国时刻关心着侨胞们的生存和发展。中国驻新西兰大使表示要努力为侨胞服务,我们国内侨务部门一定要努力为侨胞办实事、办好事,促进共同发展。

在此,我代表慰问团向侨胞们致以亲切的问候,祝侨胞们身体健康,合家幸福,事业发展。

五星红旗把我们的心连在一起

——在新西兰基督城华侨社团欢迎会上的讲话

(2005年8月24日 根据录音整理)

刚才,和平统一促进会会长王治平先生作了热情洋溢的讲话,表达了华侨华人对代表团的到来表示热烈欢迎的深情厚意。今天举行160多人的盛大欢迎宴会,表明侨胞们团结一心和对祖国的真情热爱。

昨夜我们乘机来到基督城的时候,我先走在前面,本想暂停下等团员们一起出港,当看到侨胞们举着五星红旗来迎接的时候,我不由自主地加快了步伐,走到侨胞的队伍中。在异国他乡看到侨胞们举着五星红旗和献给我们代表团的鲜花,我深受感动。在异国他乡,侨胞们高举五星红旗,这表明侨胞们对祖国的无限热爱,为祖国感到无比自豪!

近几天我们在访问过程中,在每一个场合,都受到侨胞们热烈欢迎和真诚款待,倾听侨胞们对祖国恋眷和希望的心声,倾听侨胞介绍艰苦创业的感人事迹,处处感觉到侨胞们的语言里蕴含着中华文化的精髓,血管里奔腾着中华民族的血液,我们怎能不为着深深敬佩?我们带来的遵义杂技团,将向大家作精湛的表演,但这些表演节目仅仅是浩瀚的中华文化大观园中一朵美丽的小花。侨胞们将看到精彩的节目,可以从中领会到中华文化的无穷魅力。中华文化源远流长,博大精深,是维系和激励中华儿女团结奋斗的精神纽带,也是鼓舞广大侨胞在世界各地拼搏奋斗、艰苦创业、不屈不挠、志在必夺的力量源泉。

中华文化的精神实质、核心是什么呢?这就是爱国主义。什么是爱国主义?就是对祖国的一种特殊的深厚感情,犹如儿女对自己母亲那样一种无比热爱的诚挚感情。对祖国母亲的这种感情,是多么真挚、多么崇高、多么伟大啊!爱国主义精神在各个不同的时期,有着不同的表现内容和形式,当旧中国政治腐败、外侮内患、山河残破、民不聊生的苦难时期,海外侨胞为了拯救祖国于危亡之中,千方百计地支持民主革命事业;当新中国建设时期,海外侨胞积极地支持和参加祖国社会主义建设事业，在祖国改革开放的时候，海外侨胞率先回到祖国进行创业，沟通与世界的联系，推动中国现代化建设，并在世界各地开展"反独促统"的伟大斗争，积极地为祖国统一大业而努力。可见，祖国日益发展壮大都倾注了广大侨胞的无数心血，体现了侨胞们爱国主义的崇高情怀。

大家知道，过去我们的祖国积贫积弱、民众饥寒交迫，许多中华儿女为谋生、逃难，流落国外。1986年我率团到美国去访问的时候，到夏威夷，那里的行政长官向我介绍情况时说，第一批华人到夏威夷，传说这批华人都是麻风病人，就把这些人运送到一个孤岛上，后来统统死去了。去年我率团到巴拿马访问，参加华侨华人赴巴拿马150年纪念活动，了解到华人华侨在当地修建运河、铁路，有一部心酸的血泪史。祖国命运遭受浩劫，华侨华人的命运同样是多么悲惨。半个多世纪来，在中国共产党领导下，中国发生了翻天覆地的变化，华侨华人和全中国人民为之欢欣鼓舞，全世界爱好和平的人民也无不为之赞扬，但却令帝国主义和霸权主义为之惊恐。特别是现在祖国正在和平崛起，社会主义建设正以骄健的步伐前进，并坚持与各国相处中坚持和平、发展、合作的立场和政策，引起发展中国家和发达国家的普遍关注和欢迎，大多数国家进一步加强与中国的友好合作。但世界上一些不甘心中国和平崛起的人，一忽儿诬蔑"中国威胁论"，一忽儿诬蔑"中国失败论"，这本身说明中国正在强大起来，这是他们用阴暗的心理观察中国所表现出来的恐惧、狂叫和诅咒。中国爱好和平的社会主义国家，始终不渝地奉行独立自主的和平外交政策。中国的崛起，只能有利于推进世界经济共同发展，有利于促进世界和平和全人类的安宁和幸福；同时也必然给海外广大侨胞带来福音，使海外广大侨胞有更多的机遇、更好的条件发展自己的事业。随着中国的发展强大，海外广大侨胞在住在国的生存环境将逐步得到改善，经济将有更大发展，社会地位会有很大提升。完全可以相信：祖国强大与广大侨胞是休戚相关的关系，一定会更加激发广大侨胞对祖国无限热爱的感情。

现在祖国正在强大起来，广大侨胞能够昂首挺胸，奔走世界各地，不断开创事业。我希望侨胞们进一步加强与祖国的联系，把祖国当作你们开创事业的一个重要基地，因为在这块辽阔的土地上，有你们祖先英勇奋斗的足迹，有你们挥汗参加改造过的河山，有你们永远眷恋的故土，有你们永远割不断的亲情爱情，有你们同胞的深厚情谊，还有你们与亿万同胞有共同语言，这里是你们投资创业的热土，你们一定能够寻找到良好的发展机遇。商贸是没有国界的，但商人是有祖国的。请把侨胞们的事业与祖国联系在一起，在支持祖国现代化建设中不断地发展壮大自己的事业，开辟更加美好的未来。

这两天和一些侨胞畅谈，大家有一个共识，祖国和平统一的事业是世界的潮流，是不可阻挡的，是不可逆转的。这次我们新西兰访问时，有几位侨胞说，他们回国时，站在天安门广场，望着五星红旗高高飘扬，今昔对比，心潮澎湃，为祖国繁荣强大感到无比自豪。这说明华人华侨与祖国命运相连、血脉相通。广大侨胞祖露心怀：先祖国之忧而忧，后祖国之乐而乐。这种感情是多么真挚，襟怀是多么宽广啊！这几天我在飞机上俯瞰大海，在岸边眺望大海，心潮激荡，感触很深，想起侨胞的可爱，想到祖国的伟大，我作了一首诗《大海啊，我们的母亲》，现将这首诗献给伟大祖国，献给在座的侨胞们。

《大海啊，我们的母亲》

（一）

有谁不纵情恋眷
恩深无比的大海？
她用乳汁哺育了
特殊生命的素材，
我们人类的先祖
从汪洋中走出来，
又历尽漫长的砥砺
终于成为地球的主宰！

（二）

有谁不由衷感激
广博无垠的大海？
她以浩瀚的魅力

展示着永恒的壮美,
她赋予了我们
无比宽广的情怀,
她培养了我们
非凡智慧的天才!

（三）
有谁不诚心敬仰
激情奔放的大海?
她以伟大的力量
掀起波涛汹涌澎湃,
她锻造出我们
壮志凌云的风采,
她炼就了我们
英勇无畏的气概!

（四）
有谁不衷心钦佩
慈祥无私的大海?
她是我们人类
忠实可靠的依赖,
当陆地上的资源

逐渐紧缺的年代，
她却奉献给我们
无穷无尽的宝贝！

（五）
有谁不真心爱护
深邃温馨的大海？
我们决不让她
受到污染和侵害，
让鱼儿在碧波中
畅游得自由自在，
让这里宝藏的利用
得到科学的安排！

（六）
有谁不永远钟情
人类生存的大海？
用我们的赤诚
凝成崇高的挚爱，
以拳拳爱心驱除
一切灾难和悲哀，
让母亲幸福的微笑
延续着亿年万载！

| 我的理论思考 |

高举"反独促统"的伟大旗帜奋勇前进

——中南美洲中国和平统一促进会 2007年委内瑞拉大会上的讲话

（2007年5月19日）

尊敬的大会主席，尊敬的中国驻委内瑞拉大使，尊敬的委内瑞拉政府代表，尊敬的代表们，同胞们！

我们代表团荣幸应邀出席"中南美洲中国和平统一促进会2007年委内瑞拉大会"。请允许我代表中国国务院侨务办公室和李海峰主任、中国海外交流协会向大会成功召开表示热烈的祝贺！向与会各代表团的代表们表示诚挚敬意！向不远万里从世界各地赴会的代表们表示深切敬仰！向辛勤筹办大会的中南美洲中国和平统一促进会、委内瑞拉中国和平统一促进会致以衷心感谢！向支持本次大会的委内瑞拉政府和人民、友好人士和团体表示深深的谢意！

进入新世纪，华侨华人怀着强烈的赤子之情，不畏艰难险阻，在世界各地不断掀起声势浩大的"反独促统"的伟大斗争，为实现中国完全统一大业所作出的重大贡献将永垂史册。今天，侨胞代表们怀着无限的忠诚、满腔的热情，会聚一堂，申明大义，以民族团结为荣，以祖国统一为重，共商中国和平统一大业。你们这种崇高的精神，不仅受到祖（籍）国人民的敬仰，也为全世界主张正义的人民所钦佩！

一、"台独"势力分裂祖国的阴谋注定要失败

台湾是中国神圣领土的组成部分，这是中国长期发展所形成的历史事实，是联合国和国际社会公认的历史事实。中国统一的总趋势是任何人都改变不了的。然而，陈水扁等顽固的台独分子却逆历史潮流而动，明目张胆地站在包括台湾同胞在内的中国人民的对立面，大搞"台独"分裂活动。

陈水扁妄图把台湾从中国分裂出去，要尽了阴谋诡计。中国有句古训：人无

信则不立。陈水扁就是一个出尔反尔、背信弃义的人。他曾经在2000年"就职演说"中，再三保证，在他任内，保证"四不一没有"。即"不宣布台湾独立，不变更国号，不做所谓的统独公投，也不将两国论入宪；没有废除国统纲领与国统会的问题。"可是，他一上台，就撕掉伪装，故伎重演，出尔反尔，变本加厉地推行"台独"分裂活动。今年3月4日，他又悍然抛出"四要一没有"，即"台湾要独立、台湾要正名、台湾要新宪、台湾要发展；台湾没有左右路线、只有统独问题。"这是陈水扁继去年"终统"、"正名"之后挑衅两岸关系的又一重大动作。

陈水扁推行"四要一没有"活动，当前加紧"宪改"，谋求"法理台独"，其实质就是依仗国际反华势力和霸权主义的支持，走与祖国大陆对抗的道路，制造两岸关系紧张局面，实现其"台独"妄想。"台独"分裂活动具有极端严重的危害性，威胁国家主权和领土完整，危害中华民族的根本利益。所以，坚决反对"台独"分裂活动，是当前最紧迫的任务。世界广大侨胞和海峡两岸的中国人民一起行动起来，积极开展"反独促统"斗争，彻底挫败台独势力和国际上反动势力分裂中国的罪恶阴谋！

二、"反独促统"的伟大事业必定要胜利

全国人大通过的《反分裂国家法》表达了中国人民实现祖国完全统一的坚定意志和决心。一方面，《反分裂国家法》强调，"台湾是中国的一部分。国家绝不允许'台独'分裂势力以任何名义、任何方式把台湾从中国分裂出去。"这表明了全中国人民绝不容忍"台独"的坚定意志，一旦和平统一的可能性完全丧失时，将义无反顾地采取必然措施，捍卫国家主权和领土完整，维护国家核心利益。另一方面，《反分裂国家法》指出，"以和平方式实现祖国统一，最符合台湾海峡两岸同胞的根本利益。国家以最大的诚意，尽最大的努力，实现和平统一。"这表达了全中国人民的共同愿望，显示了国家将以最大的诚意，不遗余力地争取祖国和平统一的前景。

我们要坚定不移地贯彻胡锦涛总书记的"四点意见"，坚持一个中国原则决不动摇，争取和平统一的努力决不放弃，贯彻寄希望于台湾人民的方针决不改变，反对"台独"分裂活动决不妥协。我们将继续努力推动两岸和平发展，把坚持"九二共识"，作为实现两岸关系和平发展的重要基础；把为两岸同胞谋福祉，作为实现两岸关系和平发展的根本归宿；把深化互利双赢的交流合作，作为实现两岸关系和平发展的有效途径；把开展平等协商，作为实现两岸关系和平

发展的必由之路。我们将继续团结广大台湾同胞,进一步促进两岸人员往来,拓展两岸经济文化交流与合作的广度与深度,推动两岸经济共同繁荣和发展,激励两岸同胞共同继承和发扬中华文化的优秀传统,大力弘扬爱国主义的崇高精神,促进早日实现两岸直接"三通"。我们将继续与反对"台独"、认同"九二共识"、主张发展两岸关系的台湾各党派、团体和各界人士广泛开展广泛的深层次的交流与对话,并积极推动在一个中国原则基础上恢复两岸对话与谈判。两岸同胞团结起来,努力构建和平稳定发展的两岸关系,坚定维护国家主权和领土完整,积极推进祖国统一大业的实现和中华民族的伟大复兴。

三、全体侨胞要积极投入"反独促统"的伟大斗争

实现中国完全统一是中华儿女的共同心愿和崇高使命。中国的统一和强盛,关系海峡两岸同胞的根本福祉,也与华侨华人的生存和发展息息相关。解决台湾问题,实现中国完全统一,有赖于海峡两岸人民和华侨华人的共同努力。华侨华人是实现中国统一的一支重要力量,为"反独促统"作出了杰出的贡献,并将继续发挥独特作用。

为了实现中国统一的共同目标,我们主张"反独不分先后,促统就是一家"。我们希望华侨华人及其社团要在拥护中国统一不分先后的原则下,求同存异,加强交流与合作,增进共识与互信,团结一切反对"台独"、拥护中国统一的人们,形成海外侨胞"反独促统"的最广泛联合阵线。我们希望侨胞与大陆和台湾同胞加强联系,深入推动经济文化的交流与合作,共同弘扬民族精神,增强民族凝聚力,激发对中国统一的使命感、紧迫感和责任感。我们希望侨胞充分发挥独特优势,运用各种方式,积极开展对当地政要、民众、团体和主流媒体的宣传工作,帮助他们增进对中国解决台湾问题的理解和支持。我们希望侨胞自强不息,把握时机,快速发展,壮大实力,开辟新天地,形成强大力量,和所在国人民共建美好家园,并为推动中国现代化建设、完成中国统一大业、促进中国人民同世界各国人民友好事业多作贡献!

亲爱的代表们、侨胞们,中国正像初升的太阳一样朝气蓬勃,蒸蒸日上。中国发展腾飞是不可避免的,中国完全统一也是不可避免的,是任何反动势力都阻挡不了的。中国必将以一个统一而强大的国家屹立在世界的东方,给人类进步事业和建设和谐世界以巨大的促进和鼓舞。中国统一的曙光就在前面,让我们团结起来,高举"反独促统"的伟大旗帜,不屈不挠,奋勇前进!

高扬中华民族精神　开辟前面伟大事业

——在德国波恩海姆市华侨华人座谈会上讲话

（2007年5月23日 根据录音整理）

亲爱的各位侨领、侨胞们，尊敬的市长代表：

我代表国务院侨务办公室和国务院侨务办公室主任李海峰女士、代表中国海外交流协会向同胞们致以崇高的敬意和亲切的问候！

中国有一句名言："海内存知己，天涯若比邻"。同胞们和祖（籍）国虽然相隔着万水千山，但是我们的心永远是连在一起的！昨天和今天，我们坐飞机又乘车，匆匆忙忙，活动比较多，比较辛苦，但在这里，被同胞们的热情所感染，所激动，我们就忘记了疲劳。今天这个座谈会有80多名侨胞来参加，大家发言很踊跃、很热烈，提出很好的建议，表达了对祖国的无限深情。

我先回答关于办侨报的问题。刚才一位侨胞建议国内侨务部门支持你们办一份侨报，需要发出自己的声音，让当地政府和民众知道华侨华人活动的真实情况，平息当地有些报纸对侨胞所作的某些不实的或不公正的报道。对这个问题，我讲点意见。华侨华人应有话语权，要善于通过媒体宣传正确的观点，对侨胞行为进行正确引导，并宣传侨胞对当地社会发展的贡献，实事求是地对个别报纸有关诬蔑侨胞的恶意报道进行批评和反驳，要做到有理有利有节，保护侨胞合法的和正当的权益。现在广大华侨华人在世界一百多个国家办了很多侨报，报当地政府登记认可，这些侨报是华侨华人自筹资金办起来的。中国新闻社是民间报社，主要是从事侨务外宣工作的，召开过世界侨报研讨会，进行经验交流；还可以为一些侨报提供各种有关信息，包括提供报纸的版面，可以无偿提供某些支持和帮助，你们可以进行策划，具体研究怎么做，需要我们帮助的，我们一定尽力支持。

另外，我要说一下，今天下午经金先生安排，我们会见了这里波恩海姆市的市长，和市长进行友好的交谈，市长发表了热情友好的讲话，他讲该市华侨华人还不多,欢迎更多的中国人来这里经商办企业,和他们进行经济文化交流,并且称金先生为桥梁和纽带。我希望在座的侨胞都成为桥梁和纽带,成为联系中国人民和德国人民的民间友好使者。

在今天座谈会上,你们发言不仅热烈诚恳,精神振奋,而且内容很丰富,意见中肯。从你们的发言中,我更知道了你们对祖国的诚挚情感和渴望祖国的强大,更理解到你们生活的环境、创业的艰辛和成功来之不易,更感到侨胞有着这样五种精神,也就是中华民族的伟大精神,值得继续大力发扬光大。

第一,侨胞们要继续发扬矢志不移的爱国主义精神。中华民族不愧为一个优秀的民族,侨胞作为这个优秀民族的组成部分。广大侨胞自觉地把自己的命运与祖(籍)国联系在一起,与祖国同呼吸、共命运、风雨同舟、荣辱与共。

过去因为旧中国政府腐败无能,军阀混战,兵荒马乱,列强入侵,国亡家破,许多中国人浪迹天涯谋生,被洋人们瞧不起。那是因为中国这只雄狮还在沉睡。拿破仑曾说过,中国是一个沉睡的雄狮,让它沉睡吧,如果它一旦清醒过来,必将震撼整个世界。在1949年10月1日,毛主席在天安门城楼上庄严宣告:中华人民共和国中央人民政府成立了,中国人民从此站起来了!这石破天惊的语言震撼了全世界。从此开始,中国发生了天翻地覆的伟大变化。新中国以巨人步伐奋勇前进,特别是在改革开放以来,中国经济社会各方面都取得了举世瞩目的巨大成就。回顾历史,可以知道,海外侨胞的命运和祖国的命运是休戚相关的。为什么呢?过去旧中国非常贫穷、落后、黑暗,侨胞们在世界各地被许多人鄙视。随着新中国的诞生和日益强大起来了,侨胞们有了靠山,腰杆也逐步硬起来了。2004年我到巴拿马访问,开了个侨胞座谈会,与会的一位台湾"侨委会委员"84岁了,他在会上表示拥护一个中国原则,而且他讲到了中国的巨大变化在他心灵里起到了很大的震撼,他讲中国过去很落后,他们在国外几十年,总被人瞧不起,"过去人家叫我们为'小人',那么现在祖国强大起来了,当地人尊敬地称我们为'先生'"。2005年我带团到澳大利亚访问的时候,在一个会上,一位老侨胞讲:"我母亲103岁逝世时,三百多人为她老人家送葬,当时我没有流泪。但当我看到中国的宇宙飞船成功着陆,杨利伟从返回舱里走出来的时候,我激动地流下了眼泪。" 这样的例子说明侨胞们的命运是和祖国联系在一起的,他为祖国的发展和富强而感到无比自豪。中国强大起来了,我们中国人包括华侨华人可以昂首阔步,走遍世界开创事业。侨胞们对祖国是一片赤子真情,时时刻刻惦记着祖国,这种感情是非常深沉的、诚挚的。

侨胞们感到自己是炎黄子孙，血脉里流淌相同的血液，内心充满对祖国的感激之情，大力支持祖国现代化建设。回顾近百年来，从旧民主主义革命到新民主主义革命，从社会主义革命到社会主义现代化建设和改革开放，广大海外侨胞都为中国人民正义事业作出了巨大的不可磨灭的贡献。大家为祖国的繁荣富强而高兴，为祖国在前进中的一些困难挫折而担忧，一心想祖国强大，千方百计地以自己的实际行动来支持祖国的现代化建设事业，希望祖国尽快实现统一，积极开展"反独促统"的斗争。这次我是带代表团参加中南美洲和平统一促进会2007年委内瑞拉大会，五大洲的侨胞代表也参加了，这个情景是令人很感动的。侨胞们把自己的营业放在一边，自掏路费和其他费用，不远万里，不辞辛苦来参加这次"反独促统"大会，这说明侨胞们和祖国心心相印，为中国统一大业贡献自己的力量。广大侨胞心怀祖国，你们的事业一定能够与祖国事业一起腾飞，创造出奇迹，并为祖（籍）国作更大贡献。大家有这个信心，有这个决心，这个信心和决心就来自对祖（籍）国矢志不移的热爱热情。

第二，侨胞们要继续发扬自强不息的奋斗精神。这种奋斗精神在每一位侨胞身上得到充分的体现。侨胞们从中国来到德国，在这异国他乡，环境条件都变了，许多人刚来时可以说是举目无亲，但来到这里之后，大家逐步彼此了解，互相帮助，发扬着不屈不挠的精神，不畏艰难困苦，绝不在困难面前低头，奋发图强，顽强拼搏，取得事业的初步成功。侨胞们靠着自己不平凡的智慧，靠着勤劳的双手，靠着自己坚韧不拔的意志，这是你们事业成功的秘诀。长期以来，许多人经过多少次的挫折和失败，还是站起来，挺起腰杆，努力打拼，终于创造了今天的业绩，你们继续顽强地拼搏下去，你们的前程一定会更加灿烂辉煌。

第三，侨胞们要继续发扬诚实守信的文明精神。侨胞们在异国他乡经商，政治制度、经济制度和人际关系都不同了，环境条件不同了，侨胞们要在经济全球化当中占有一席之地，一定要发扬我们民族的诚实守信的优良传统，以诚实守信来开创自己的事业，以诚实守信来结交朋友，以诚实守信来发财致富，这是致胜之本。在商品交换过程当中，要遵守法律，坚持公平交易，要靠诚实守信取胜，要靠质量取胜。大家遵守所在国的法律，要争取维护自身合法的正当的权益，而不是非法的不正当的权益；要诚信经商，信守诺言，履行合同，不能搞假冒伪劣，不能搞坑蒙拐骗，否则的话，是行不通的，最终会失败。说到底，侨胞需要不断提高素质，做到依法经商、诚信经商、文明经营、文明礼貌、讲究卫生等等，从而不断塑造我们华侨华人那种纯洁高尚的人格、可信可亲可敬的形象。

第四，侨胞们要继续发扬风雨同舟的团结精神。中国有一首歌，大家都很熟悉，歌词是"团结就是力量，力量是铁，力量是钢，比铁还硬，比钢还强……"为什么呢？我们中国人在过去旧社会四分五裂，被列强侵略践踏，没有自己的地位，在中国共产党的领导下，全国人民团结起来了，推翻了三座大山，建立了新中国；又在中国共产党的领导下，依靠全国各族人民的大团结，中国从一个"一穷二白"的国家，现在初步建设成为繁荣昌盛的社会主义国家。我们侨胞在国外创业，同样也要靠团结。只有团结才有力量。如果同胞之间互相不信任，互相猜疑，互相拆台，甚至互相残杀的话，那么会像什么样呢？你们在这里本来就是少数民族，如果你们不团结起来，你们有什么体面？有什么力量跟当地人打交道，比如人家欺负了你们，你有什么力量跟人家交涉呢？2000年我随代表团去法国访问的时候，听侨胞讲了这么一件事，当地有一条街，主要是来自温州的侨胞们在那个地方搞小百货经营，晚上要用汽车运送货物，很嘈杂，当地居民说影响他们的休息，结果被警察局宣布为步行街，那么货物就运不进去了，这里的百家货店就办不下去了。就在这个时候，当地侨团经过研究和谋划，通过各种途径和方法，与当地居民沟通，与警察局进行交涉，最后，"步行街"的禁令被警察局宣布解除了，又可以照常营业了，华商的利益得到了维护，同时华商也注意改善经营方式方法，受到当地民众的接受和欢迎。由此可见，团结是成功的保证。侨胞们在异国他乡，还要跟当地民众和谐共处，搞好团结，要跟当地的政府搞好沟通和联系，关键的时候能找得到人，说得上话，能够解决面临的困难和问题，维护侨胞合法的和正当的权益。

第五，要保持忧患意识的精神。刚才有位侨胞讲到现在发展比较顺利，应有忧患意识。我觉得这个意见提得很好。侨胞们在顺利的情况下，在风平浪静的情况下，时时应该居安思危，树立忧患意识。如果缺乏忧患意识的话，你们就不可能前进，不可能取得胜利。我看过一本书，书里讲到了美国一个原始森林公园里，有一群鹿，还有一批狼，鹿时常被狼吃掉了。鹿群就有忧患意识，为了避免被狼吃掉，它们经常要拼命地奔跑，结果这里大多数鹿的身体就越来越健壮。后来，管理人员感到鹿被狼吃掉很可惜，就把狼一网打尽。这样，鹿就在平静的环境中悠闲生活了，天天吃饱喝足了，躺在哪里睡觉，结果这些鹿的体质不如原来健壮了，疾病又多了，鹿的数量越来越减少。究其原因是什么呢？因为它们已经没有忧患意识了，没有准备对付其它的敌人，它们看不到疾病、细菌这些敌人，它们也就不再努力奔跑了，结果鹿群就衰弱下去。后来，管理人员发现了这个原因，就适当引进一些狼，这里的鹿群又开始奔跑起来，增强了体质，又逐步壮大起来。这个例子给我们启示，我们华侨华人首先要树立忧患意识，防范于未然，把各种危险、风险消灭于萌芽状态。一个人，一个团体，一个企业如果没有忧患意识，就必然缺乏进取精神和竞争能力，缺乏创新能力，也就必然衰败，被历史所淘汰。无数事实都证明了这一点。侨胞们要把事业包括企业做大做强，时刻都要有忧患意识。要有忧患意识，才能保持自强不息的精神，不断地提高自身的素质，提高科学知识水平和思想道德水平，提高应对各种复杂情况的本领和能力。

| 我的理论思考 |

华侨华人生存和发展的重要经验

——在西班牙巴塞罗那市华侨华人欢迎大会暨座谈会上的讲话

（2007年5月25日 根据录音整理）

尊敬的各位侨领，各位同胞们：

首先，请允许我代表国务院侨务办公室和新任的国务院侨务办公室主任李海峰女士向侨胞们表示亲切的问候，并对大家热情接待代表团表示衷心的感谢！

这次我们代表团先去参加了中南美洲和平统一促进会2007年委内瑞拉大会，然后到了德国，现在又来到了西班牙，主要是来看望侨胞们，了解侨胞们所想所求，需要我们做一些什么工作，如何改进我们的服务工作。我们一来到西班牙，就被侨胞们的热情所包围、所感染，内心非常激动。我们看到了短短二十几年，侨胞们在这里打拼，事业蓬勃发展。我们为侨胞们所创造的业绩，感到非常欣慰，倍受鼓舞。同时，我们看到了你们有着昂扬进取的精神，一定会有更美好的发展前景。

这几天，我们和大家交谈和今天座谈会中知道，你们之所以能在短时间内做出这样骄人的业绩，可以说，是因为我们侨胞不愧是中华民族优秀儿女，既有大无畏的精神，敢闯敢干，敢于登上世界舞台，奋力拼搏，开拓进取，又有善于深思熟虑，精明能干，因势利导，乘势而上，表现出非凡的智慧。你们身上体现着中华民族的深厚的文化底蕴，这个太重要了。这种文化成为我们中华民族的灵魂，深深地扎根在每个人的脑海当中。侨胞们用智慧的大脑和勤劳的双手，在世界各地创造出各种奇迹来，在西班牙的侨胞们显得尤为突出。我认为侨胞们的事业之所以能够快速发展，原因是多方面的，其中主要有这几个原因：

一、坚持依法经营。你们努力熟悉所在国的法律，在法律允许的范围内，依法经营，排除各种障碍，不断地前进。昨天叶会长跟我谈到了，他聘用律师已经有二十多年了，请律师运用该国的法律为自己服务，维护自己的合法权益。依法经营是侨胞们能够立得住脚的一个重要条件。侨胞们在异国他乡发展，就必须依法经营，包括依法登记取得取得执照、依法购销产品、依法纳税、依法用工、依法做好消防、卫生等方面工作，否则的话，就会处处碰壁，甚至碰得头破血流。当然，侨胞们也有很多好办法，在合法范围经营，只要是法律无明确规定的，如可以合法避税，只要是不违法的事，可以去试去做，因时因地，迂回前进。但是，不管如何，要善于在合法范围之内经营，适度灵活地开拓发展空间，需要发挥你们的智慧，事先考虑好。凡事预则立，不预则废。办事情，要善于深谋远虑，把各项事情考虑好，要有对策和预案，不要待到出了问题的时候，才去找法律，去想办法。总之，我们要牢记，依法经营是侨胞发展事业的重要条件。

二、坚持文明经商。我们中华民族是优秀的民族，有先进的思想文化，有优秀的道德品质，但对一些不良的陋习要勇于改正。这样侨胞才能保持做人的尊严，赢得世人的尊重。侨胞在当地生活、生产、经商、工作和其他活动，不仅语言要文明，而且行为举止要文明，要尊重他人，尊重当地的民众。要诚实守信，要诚实守信"打天下"。经商要讲质量，要用质量来占领市场，就是通常所说的要价廉物美。要诚实守信，不要违背诺言。诚实才是上策。如果我们不讲诚信，就会失去朋友，失去良好的社会关系，失去市场。如果我们搞坑蒙拐骗、假冒伪劣，可能得逞一时，但不会长久，最终肯定会遭到失败。侨胞为什么在这里能站得住脚呢？其中一个重要的原因就是坚持文明经商，信守诺言。你们商品的质量和价格应该说是一致的，体现价廉物美，随着产品质量的提高，随行就市，其价格也可以相应地提高。总之，要讲文明，讲诚信，树立华侨华人的良好形象，这个是极其重要的。

三、坚持融入社会。侨胞们从中国来到隔着万水千山的西班牙，要在异国他乡站稳脚跟，要求生存，图发展，必须善于融入这个社会。为此，就要了解这个社会，了解这个社会经济和政治的变化，了解这里的社会组织结构和风土人情，了解人们之间的关系，了解住在国的法律，了解掌握方方面面的情况，还应当懂得当地的语言，以便与当地民众和政府交流，才能融入这个社会，适应这个社会，尊重当地风俗习惯，遵守法律和运用法律维护自己的正当利益，取得生存发展的权利。从和侨胞们的交谈当中，我觉得要融入社会有两个方面是非常重要的，一方面要善于和政府打好交道，处理好关系。要和一些官员打好交道，有的要和他们成为好朋友，他们越了解侨胞的情况，就更加支持侨胞在这里发展，这是非常重要的。你们和他们关系好了，你办事情也方便了，甚至在关键的时候你找得到人，说得上话，解决得了问题。我听一位侨胞说，前一段时间，当地有些人要搞反对华商的游行，我们的使领馆人员和侨领们与当地政府进行沟通，结果政府就制止了，这是对侨胞很大的支持。如果平时没有这一沟通的渠道，那么要做到这一点是不可能的。平时看来风平浪静，麻木不仁，无所警惕，如果一旦危机来了，出了问题的话，损害的不仅是个别华侨华人的利益，有可能涉及到侨胞群体的利益。如果不看到这一点，觉得我这个店里搞得很好，无所谓，那是不行的！我们要洞察全局，预测未来，看到侨胞群体的根本利益和发展，所以要和他们打好交道。另一方面，要融入社会，还要和当地民众打交道，成为他们的朋友，和睦相处。这是一项经常性的很重要的工作。刚才李副总领事所讲的，侨胞来到这里经商，当地人感到一下子来了一批陌生的人，原来他们的商店一个个退出了，现在由华人来经营，他们心里有想法，那要经过沟通解决矛盾。这个意见是对的。我们说市场经济要竞争，但竞争只是一个方面，还应该要讲合作，讲互利共赢，这样才能搞好关系，才能融入当地社会。总之，侨胞要生存和发展，必须善于处理好与当地政府、社团、民众、媒体等各种关系，为当地社会经济发展作出贡献，取得当地民众和政府的支持，同时也取得保护自身的正当合法权益的条件和力量，并充当民间友好使者，增进住在国政府和人民与我国政府和人民的友好关系。

四、坚持回报社会。侨胞们在这里生存和发展，有法律方面的责任，更有社会方面的责任。这也是融入当地社会的一个重要方面。侨胞们在事业发展的同时，要注意回报当地的社会和民众，一是依法纳税，为当地政府增加财政收入，帮助政府减轻财政负担；二是企业适当招聘当地一些职工，减轻当地社会的就业压力；三是与当地其他民族企业加强合作，在互利互惠条件下共同发展；四是参加当地社会的各种公益性活动。我听几位侨领给我介绍了这方面的情况，侨胞们参加了当地的一些救灾活动，搞一些公益事业、慈善事业，向当地养老院老人送温暖的活动等，这些行为都体现了中华民族助人为乐的优秀美德，今后应当大力发扬。有人说过这样的话："你赚了钱，你如果愿意捐献一点钱，你以后还可以赚到更多的钱；如果你不愿意的话，你以后可能就丧失赚钱的机会了。"这句话有一定的道理。一定要注意回报社会，参加一些公益事业的活动，使侨胞们能够在这里生根开花结果，和当地民众一起共建美好的家园。

五、坚持勤勉奋斗。侨胞在世界各地创造出许多的业绩，靠的是什么？靠的是保持中华民族特性，发扬勤勉奋斗的优良传统。中华民族来具有不屈不挠、坚忍不拔、始终不懈、不畏艰险、勇往直前的英勇气慨和艰苦奋斗精神。侨胞把这种伟大的精神在世界各地发挥得淋漓尽致。不管是在发达国家，不管是在发展中国家，不论那里有多大艰难困苦，也不论那里是穷乡辟壤、环境如何恶劣，只要那里可能有较大的商机、有可能取得更大的成功，侨胞们就敢于闯到那里去寻找，去尝试，去探索，去拼搏，许多人终于历尽艰辛和挫折，吃尽苦头和磨难，善于学习各种知识和生存本领，创造出令人折服的成就。在座的侨胞们，你们所取得的业绩又何尝不是如此呢？！我们几天来听了侨胞的倾诉，知道你们成功的背后都有二十几年艰辛奋斗的历史。大家都深知，任何成功都不会从天掉下来，非靠自己努力奋斗不可。再好的机会，对于聪明的但又懒惰的人都等于零；而那些勤勉奋斗的平凡人，看来没有什么机会，但他们勤奋学习和工作，却能捕捉机会发展自己的事业。在座的侨胞，你们是事业的成功者，祝愿你们再接再厉，继续努力，创造更加美好的明天。

六、坚持热爱祖国。侨胞们要深刻认识与祖（籍）国的命运与共。加强与祖国的联系也是侨胞事业发展的一个重要条件。许多侨胞支持中国经济建设过程中，自己的经济实力也发展和壮大起来，这就是证明。侨胞要加深与祖国的联系，努力学习中华文化的精髓，了解祖国的历史和现状，热爱祖国的人民和美好河山，用中华文化锻造自己的中华民族特性，深化与祖国发展经济文化交流与合作，在支持祖国现代化建设过程中，同时发展壮大自己的事业。

七、坚持侨胞的团结。侨胞加强团结，是事业发展的又一个重要条件。侨胞要认识到在特殊环境中加强团结具有特别的重要性。团结就是力量，团结就是胜利。侨团的团结是全体侨胞大团结的关键。特别是一些大的侨团要起着模范的和引领的作用。各华侨华人社团组织要加强沟通，协调关系，消除误会，调解纠纷，要求大同存小异，团结起来，促进和保护侨胞的生存和发展。强调加强团结，就是因为有不团结的因素存在，就因为旧的不团结因素解决了，又会产生新的不团结因素，这是很自然的，所以团结问题虽是老问题，但常讲常新。要有针对性，善于循循善诱，说服教育，解决矛盾和纠纷，使侨团之间团结和全体侨胞的团结不断提高到一个新的水平。侨胞是中华民族的组成部分，大家的血管里都奔流着中华民族的血液，保持中华民族的特性，有关共同的历史背景，有共同的文化底蕴、有共同的语言、共同的信念、共同的追求，广大侨胞一定要团结起来，共同创业，争取更大的胜利！

侨胞既要融入当地社会
又要保持中华民族特性

——在西班牙马德里市华侨华人代表座谈会上的讲话

（2007年5月27日 根据录音整理）

首先，请允许我代表国务院侨务办公室和主任李海峰女士、代表中国海外交流协会向侨胞们致以亲切的问候！对你们给予代表团的热情款待表示衷心感谢！

刚才，大家进行了双向交流，进行了热烈讨论，讲出了心里话，认识到自己的发展与祖国的发展是联系在一起的，前途和命运也是联系在一起的。你们提了很多有见地的建设意见，我们会带回去，要进行研究，要向有关部门反映。我听了大家的意见，就侨胞如何既要融入当地社会，又要保持中华民族特性问题，谈一些看法。

侨胞要融入当地社会，又保持中华民族特性。这是关系到华侨华人这个族群生存和发展的重大问题。侨胞们不融入当地社会，就不可能在当地生存和发展，但侨胞要是不保持中华民族特性，华人族群就会被削弱，失去其族群的独特优势，也难以在当地社会生存和发展。

一、侨胞只有融入当地社会，才能在当地扎根，图生存，谋发展。其根本问题是处理好与当地政府和民众的关系，围绕这样一个核心问题，也就是处理好利益关系问题，其它问题就会迎刃而解。总的来说，侨胞们融入当地社会，就要学习和遵守当地的法律，要依法经商，要学好当地的语言，要和政府方面打交道，和当地民众打好交道，友好相处，这是融入社会所必须做到的。政府掌握着公共权力，它有执行法律的权力，我们侨胞不跟它们打交道行吗？移民局也好，商务局也好，税务局也好，警察局也好，侨胞要学会同它们打交道，维护自己正当的权益，这是很重要的。同时，通过跟当地民众搞好关系，还要注意反馈社会，提高侨胞们的形象，使当地民众认识到侨胞们在这里发展不会损害他们的利益，而且会给他们带来利益，愿意相互和谐共处。

一要善于学习当地各民族的优秀文化，为己所用。中华文化在世界文化之林中是非常优秀的文化，但切不可夜郎自大，要谦虚学习当地各民族和世界各民族的优秀文化，并融入中华文化之中，使中华文化更加璀璨夺目。我想，我们侨胞在国外，要抱着中华民族复兴的热情，勤奋学习住在国的文化，特别学习他们先进的科学技术，学习他们的所有优点，进行消化吸收，成为中华文化的组成部分，侨胞们的知识就会丰富起来，与当地民众就会加深感情上的联系，就会有更多的共同语言和共同追求，与他们互帮互学、和睦共处。

二要遵守住在国的法律，依法经营。你们要依法经营，你们的权益才能按照法律得到保护，如果行为违法，就会受到处罚，如果经常违法或严重违法，这里没有你们的立足之地。刚才你们介绍了入关问题，防火问题，还有税收问题等，你们懂得当地的法律有什么规定，该怎么遵循，怎样依法保护自己的利益。我们一些侨胞对当地的法律不太懂，来到发达国家，它们的法律制度比较完善，强调要依法办事，依法经营，侨胞们有一个适应的过程，但要力求尽快适应。只有依法经营，才能得到法律的保护。比如，办理营业执照难，有的是由各种原因造成的，如你们租赁那个地区的闲置厂房当仓库做批发生意，在当地市政统一规划当中，不属于商业区，营业执照暂时还没有办下来，确实存在隐患，要抓紧解决好这个问题。比如依法纳税，应当遵守，才能得到当地政府的认可，而偷税逃税就会受到制裁。刚才大家谈到要有忧患意识，这一点很重要，没有忧患意识的一个民族，一个团体，一个企业不可能有什么发展。因为处在和平的环境当中，看不到和平背后隐藏的险恶，看不到坚冰下可能产生激流，一旦危险发生的时候，我们就可能措手不及，束手无策，侨胞群体的利益就会遭到危害。所以，要有忧患意识，要遵守法律，合法经营，即使合法避税，也是在法律框架范围内进行活动，可以运用法律保护自己的合法利益。

三要坚持文明经商，树立良好形象。刚才几位侨胞建议，对出国创业人员要进行培训，很有必要。这是一个好建议。培训应该包括对有关人员出国前由有关部门组织在国内培训和侨胞在住在国由侨胞团体组织培训这两个方面，学习前人的知识和经验，也总结自己的经验。这种培训能够到事半功倍的作用。我们往往是行动在前，思想还不一定能够跟得上实际情况的发展，当然实践是第一，实践产生思想，要在实践有意识地培养自己的文明行为。大家需要不断地总结经验，不断地学习，提高自身素质。你们在经营过程中，经过这么多年的艰难曲折，克服了种种困难，既有成功的经验，也有一些挫折的教训，你们善于把这些经验总结起来，提高自己的素质，用良好的素质来促进事业的发展。你们发展经济，要坚持依法经商、文明经商，讲求诚实信用，靠诚信打天下。在经商中一定要诚信，信守诺言，不搞坑蒙拐骗，让人家觉得中国人诚实厚道，讲信誉，信得过，愿意跟你们打交道，进行合作，共同发展，做到互利双赢。

四要坚持和发扬助人为乐的精神，反馈当地社会。侨胞们要发扬中华民族助人为乐的优秀传统，慷慨解囊，多做些公益事业，救助当地社会的弱势群体如孤儿院和养老院，和当地民众共同抵抗自然灾害，如风灾、水灾、雪灾、火灾和其他事故。这方面工作，各侨胞团体要善于引导，调动广大侨胞的主动性和积极因性，要从一件一件事情做起，积少成多，持之以恒，那么你们在当地广大民众中就彰显出中华民族的高尚品德和高大形象，受到当地民众的尊重、信任和欢迎。这样，你们作为华人的族群就能更好地在当地扎根、生存和发展，与当地民众和谐共处，共建美好家园。

二、要保持中华民族特性，才能更好地生存和发展。提倡侨胞们融入当地社会，但并不是一切都融入，如果一切融入，那就被同化了，侨胞这个群体的中华民族特性就不复存在了。我们中华民族是优秀的民族，当然住在国的其他民族也有许多优点，我们要向他们学习，学习是为了提高我们民族的素质，使我们这个民族更优秀，但不要被人家完全同化了。侨胞这一华人群体作为少数族裔，处在当地各民族的汪洋大海中，怎么保持自己的中华民族特性呢？出路在哪里？

一是侨胞要保持中华民族特性，最重要的出路，是要搞好中华文化教育。我们中国有悠久的历史，古代文明与现代文明的结合，使中华文化更加进步，更加光辉灿烂。中华文化博大精深，是塑造中华民族特性的根本。如果丢掉中华文化，可以说中华民族特性就丧失了。因此，要把学习中华文化作为一项根本大事来抓，以保持中华民族特性和民族自豪感。这当然并不排斥学习外国文化，而是把学习外国优秀文化融化到中华文化之中。记得英国著名学者罗素曾讲过，中国在其开化的历史始端，便属于人类历史文明的巨流。当代中国人以极大的热情渴望学得西方的知识，不仅是为了富国强民，抵抗西方人的侵略，而且是相当多的人们希望从西方文化中学到有价值的东西。崇尚知识的价值，是中国的传统。他还说，我敢断言，假如中国人有一个稳定的政府和充裕的资金，那在未来30年内，他们将在科学上创造出引人注目的成就。他们很可能超过我们，因为他们具有勤奋向上的精神，具有民族复兴的热情。这位当代著名的学者说的话是很正确的，表现出他对中国文明的崇敬，他大胆的预言也正在变为中国的现实。中华文化在其发展的历史途程中，正在创造当代社会主义文化的新辉煌。我们侨胞有千条万条理由，要重视学习中华文化，保持中华民族特性。从刚才听侨胞们发言，有一个强烈的愿望，就是要大力发展华文教育，把中华文化传承下去，让子孙后代能够学习华文，让中华文化在华人群体中代代相传，发扬光大。这是热爱祖（籍）国的表现，也是对后代保持中华民族特性及其未来发展的远见卓识的考虑。我认为华人群体要存在下去，华文教育不可放松而要加强，大力发展，如果中断了，后代就要被同化了。一定要把华文教育作为一件大事来做，希望大家齐心协力，共同搞好华文教育工作。我们大使馆会大力支持，我们主管侨务部门也会大力支持。

　　二是侨胞要向当地社会弘扬中华文化，保持和彰显自己的中华民族特性。要弘扬中华文化，宣传中国的悠久历史、名胜古迹、壮丽山河等等，宣传中国的和平外交政策，宣传中国和平崛起和现代化建设成就，还要邀请外国朋友到中国走一走，看一看，换一换脑筋，更新观念。发达国家有一些人，还对中国、对华人知之甚少，有的甚至仍存有偏见，以为中国还是解放前的中国，中国人是"东亚病夫"，中国还是那么贫穷落后。昨天有一位侨领跟我讲他们请当地警察局长等政府官员到中国，参观杭州、上海、北京呀，把这些发展快的地方让他们看一看，他们看后说，你们不是那么贫穷落后，不是走投无路，才跑到西班牙来赚钱、争饭碗。他们观念就改变了，就对我们侨胞更尊重、更友好了。侨胞要通过各种办法来传播和弘扬中华文化。当然，刚才我们讲到侨胞融入当地社会，要组织一些活动。一九八六年前我去过夏威夷讯问，那时当地举行节日庆祝活动，华侨华人团体也参加这一活动，组织自己的游行队伍，在大街上表演舞狮、太极拳等文艺节目。我认为举行这样的活动是必要的，借此展示华人的智慧和才华，就会减少有些人对我们这个民族群体的歧视。现在，在世界各地的华侨华人更多地利用中国春节和住在国的节日开展具有中国特色的文化艺术活动，要让外国人看到我们中华民族是一个有很高文化素养的民族，是一个优秀的民族，他们才会对我们民族肃然起敬，愿意和我们侨胞和睦相处和共同发展。这有利于侨胞保持民族特性。

　　三是侨胞保持中华民族特性，核心是要发扬热爱祖（籍）国的精神。这种精神具体体现是，广大侨胞对中国历史发展所作出的重大贡献。孙中山领导旧民主主义革命的时候，他就是从国外发动华侨华人开始的，然后到国内搞民主革命，华侨华人给予支持；到了共产党领导的新民主主义革命，侨胞给予大量的资金和物资支持,有许多华侨华人回到国内参军参战,在前线打仗,为中国的解放事业作出巨大贡献。新中国成立以后,华侨华人的心更是与祖国联系日益紧密。解放初期,许多华侨华人科学家放弃在国外优越的生活条件,冲破重重阻力,回到祖国,参加社会主义建设,为祖国科技进步作出巨大贡献,如"两弹一星"的成功研制,就有他们的功劳。改革开放以来,华侨华人发挥的更大的作用,广大侨胞大力支援中国现代化建设,不但捐资助学、支援抗洪救灾等,而且带许多资金到国内投资,带来许多先进的技术、先进的管理经验,加快了中国现代化建设。近几年在全球开展"反独促统"的伟大斗争,为推动祖国统一大业的逐步实现作出了很大的贡献。侨胞们为祖国做贡献,祖国永远不会忘记,感谢侨胞们对祖国真诚的热爱,要努力为侨胞们服务,为侨胞提供更多的发展机会。

四是侨胞加入住在国的国籍,同样可以保持中华民族特性。刚才座谈会上,几位侨胞讲到双重国籍的问题,这是很自然的,可以理解的。侨胞取得所在国的国籍是好事,比较容易融入当地社会。有些侨胞有一种这样的情感,他觉得我有双重国籍也挺好,这个是对祖国一种热爱的感情,这种感情是真挚的。刚才朱慧玲同志对这个问题作了明确的回答,我完全同意她的观点。我们大家知道,上个世纪在六十年代,有的国家"排华"搞得非常利害,侨胞的命运很悲惨,我们国内为接纳归国难侨就建了八十几个农场。总结这一个"排华"的教训,我们国家主张实行一个国籍的原则。我们要用世界的观点和历史的观点,来观察国家之间关系,从华侨的根本利益着想,来观察和分析和处理华侨的国籍问题。在全球化发展的情况下,如果几千万华侨华人都取得双重国籍的话,华侨华人众多的当地政府可能产生一些疑虑。特别是有的国家,他们总是别有用心地宣传"中国威胁论",挑动某些国家与我国发生利益磨擦和冲突。在这种特殊情况下,这些国家很可能会产生戒心,容易把大批取得双重国籍的华侨华人看成是另类或者说是异己分子,这对华侨华人在当地发展是不利的。也有人建议可以采取对等的政策,就说他们侨民在我们国家实行双重国籍,我们相同数量的侨民也在他们国家取得双重国籍,实际上两者情况差距极大,他们国家有多少人在我国,我国有多得多的人是在其它国家,显然这种对等政策不具有可行性。对历史和现状及其趋势加以全面考虑,还是坚持一个国籍制度更有利于华侨华人在当地发展。华侨华人在当地发展,心里还想着祖国,刚才我提到了他们为中国的解放事业做贡献,为祖国现代化建设做贡献,为实现祖国统一大业做贡献。侨胞们在全球许多国家成立了中国和平统一促进统会,表现出高度热情,希望中国统一起来,强大起来。中国统一和强大起来，我们华侨华人会更有光明灿烂的发展前景，这是毫无疑义的。大家有这个共识，要齐心协力地为祖国富强和统一事业而奋斗。同时，对华侨华人，中国一如既往地关爱他们，视为中华民族的骨肉同胞，根据实际情况为他们来往中国提供方便条件，大力支持他们开创前面辉煌的事业！

　　五是侨胞们保持中华民族特性，必须加强团结，共同奋斗。中华民族大团结也是我们民族特性的要求和表现。我们常讲团结就是力量，团结太重要了。没有团结的话，就会毫无力量，中国过去被人欺凌，不仅是旧中国政治腐败、经济落后，还有一个重要原因，就是四分五裂，一盘散沙，所以任其列强宰割。在共产党领导下，中国人民团结起来，把侵略者打败了，把旧中国推翻了，建立了新中国。同样的道理，我们华侨华人在许多国家发展，也需要团结，团结就要有组织。华侨华人，作为单个人的力量是有限的，组织起来才是强大的，这就要很好地建立团体组织。这种组织结构就像排列组合一样，大家知道金刚石是由碳元素组成的，石墨也是由碳元素组成的，可是，金刚石比石墨坚硬多少万倍，就是由于组合排列的结构不同造成的。广大侨胞要科学地组织起来，才能形成出巨大的力量。侨胞凝聚成巨大的力量干什么呢？不是为了自傲逞强，而是为取得平等的权利，维护自身的合法权益，也是为了更好地与当地民众平等和睦相处,为当地经济社会发展多作贡献。刚才访问了你们西班牙华人企业联合会，知道了你们不但意识到团结重要性这一点，成立了这个联合会，既有章程，有宽大的活动场所，还开展各种活动。从你们的介绍材料看，你们联合会的宗旨、原则、组织机构、工作目标和内容已经有所体现。要把这个联合会办好，首先侨领们要有高尚的思想，要有无私奉献的精神，要有宽广的胸怀，才会受人尊重，才会有凝聚力，使大家团结在一起。要和其它侨团之间要搞好关系，要团结友爱，如果侨团之间相互倾轧，窝里斗，伤害的是自己人，也会被当地人瞧不起，而且损害侨胞共同的力量和利益。所以，我们衷心希望侨领们认真办好侨团，特别是对其它侨团要互相理解、尊重和谅解，和谐共处，用和谐促发展，用和谐来拓展新事业。

　　昨天，我们到大使馆听取侨务工作的介绍。我认为，邱大使对侨务工作是非常重视的，认识很深刻，对侨务工作非常关心，他们做了大量的工作，为侨胞办实事，办好事，但这都是在职权范围之内进行的，他们也不能超越当地法律的范围，这里也请大家理解，相信他们会尽心尽力为侨胞服好务。你们有什么情况和问题及时向他们反映，他们会帮助你们。我们国务院侨务办公室的职能是负责侨务工作，一定尽力而为。

| 我的理论思考 |

广大侨胞联合起来 为共同事业而奋斗
——在世界越柬寮华人团体联合会第三届会员代表大会上的讲话

（2007年9月18日）

尊敬的主席先生：

尊敬的各位代表、侨胞们、女士们、先生们：

请允许我代表中国国务院侨务办公室和李海峰主任、代表中国海外交流协会，向本届世界越柬寮华人团体联合会会员代表大会的召开表示热烈的祝贺，向与会的代表和朋友们致以亲切的问候！

代表们、侨胞们，中国有句名言：艰难困苦，玉汝于成。你们过去侨居的几个国家曾经政局动荡、战火纷飞、民不聊生、歧视和欺压，逼迫你们背井离乡，历尽艰辛，怀着愿景，奔走远方。在那艰难的岁月里，你们不仅没有被巨大困难所压倒，反而在劫难临头中顽强不屈，寻找到了新的出路。你们终于在世界许多新的地方生根、开花、结果。你们传承和发扬中华民族的优良传统和美德，志存高远、自强不息、坚忍不拔、不屈不挠，团结一心、互助合作，艰苦奋斗、开创事业，取得了今天这样不平凡的业绩，改变了自己的命运，提升了自己的地位，赢得世人的尊重。你们迎难而上的拼搏精神可歌可泣，你们所创造的骄人业绩可钦可佩，我们全国同胞向你们表示崇高的敬意！

代表们、侨胞们，你们在移民和再移民的过程中，努力融入当地社会，遵守住在国法律，与当地民众和睦相处，虚心学习其他民族优点的同时，继续弘扬中华优秀文化，保持中华民族特性，以利发挥自己的独特优势，为自身生存和发展而拼搏奋斗，也为当地经济社会全面发展做出了应有的贡献。在这一过程中，你们积累了丰富的经验，一是你们曾历尽了常人难以忍受的痛苦、曲折磨难、失败和成功，增长了见识，丰富了智慧，磨练了意志，开创了事业。二是你们深知团结就是力量,团结是成就事业的保证,坚持以共同发展为重,加强侨胞之间的团结,加强侨团之间的团结,共建和谐社会,共创美好的新生活。

代表们、侨胞们,你们不愧为中华民族的优秀儿女,你们不论在世界什么地方,不论是过去、现在和将来,总是怀着一颗赤子之心,始终不渝地情系桑梓、思念中国、牵挂家乡,真诚地为推动中国统一大业和实现中华民族伟大复兴,为促进住在国与中国加强经济文化的交流与合作而作出了不懈的努力。你们这种高尚品质,就是中华民族爱国主义的伟大精神和生生不息的强大凝聚力。你们今天召开世界越柬寮华人团体联合会第三届会员代表大会,是同胞情义的纽带牢固地把你们联系在一起,欢聚在一堂,共商发展大事。这个大会是海外越柬寮华侨华人大团结的象征,也是海外华侨华人热爱祖(籍)国的象征。你们表现出赤胆忠心的可贵品格和无私奉献的高尚精神,必将在今后工作中继续发扬光大!

代表们、侨胞们,台湾和大陆同属一个中国,这是中国历史长期发展的必然结果,是海峡两岸人民的共同选择。世界上只有一个中国,台湾是中国领土不可分割的组成部分,这已为联合国所确认,也是全世界一切主张正义的人民和国家的共识。实现中国的完全统一,这是不可抗拒的历史潮流。顺之者昌,逆之者亡。任何国内外反动势力妄图阻挠和破坏中国统一大业、妄图把台湾从中国分裂出去,只能搬起石头砸自己的脚,以彻底失败而告终。实现中国统一大业,是光荣的正义事业,是永垂史册的伟大事业,是两岸人民包括海外中华儿女的共同追求和坚强意志。长期以来,包括印支华人再移民在内的广大海外侨胞密切关注海峡两岸关系的发展,在世界各地积极开展"反独促统"斗争,为推动中国和平统一大业作出了不可磨灭的贡献。我们相信,全世界侨胞和全中国人民共同奋斗,中国统一大业一定能够实现!

代表们、侨胞们,我衷心希望本届会员大会继往开来,坚持团结合作、互相支持、共同发展的原则,把世界越柬寮华人团体联合工作越做越好!祖国人民热烈地欢迎你们经常回来观览祖国的壮丽河山,领会中华民族悠久的伟大历史,重温博大精深的中华文化,考察和了解中国正在崛起的巨大变化,体验和加深中国同胞之间的深情厚谊,享受美好的快乐时光!希望你们在中国现代化建设中加强合作,互利共赢,使你们自己的事业获得更快更好地发展!希望广大侨胞联合起来,为共同事业而奋斗!

| 我的理论思考 |

华侨华人成就事业要正确处理若干关系
——在荷兰旅荷华侨总会欢迎宴会上的讲话

（2008年12月10日 根据录音整理）

尊敬的各位会长，各位侨胞，女士们，先生们：

首先，我代表国务院侨办和主任李海峰女士、中国海外交流协会向侨胞们表示亲切慰问，并对荷兰旅荷华侨总会会长热情诚挚的致词和各侨团代表参加欢迎宴会表示衷心的感谢！

我们来到荷兰时，那天正是深夜，天气寒冷，侨胞们举着欢迎的横幅标语，在机场欢迎我们代表团。我们真切的感到在这寒冷的冬天里，侨胞们的热情像一团熊熊燃烧的火焰，温暖着我们的心，我们感到特别温馨、愉快、欢乐！

在这两天，我们和侨胞们在一起，感受到亲人格外亲！侨胞们的发言和情况介绍，实事求是，情真意切。荷兰侨胞回顾了走过的艰辛历程，真是使人感慨万千。侨胞们所取得的业绩令人骄傲自豪！我们看到侨胞们脸上洋溢着自信的笑容，心里特别喜悦，相信侨胞们前程一定更加美好！

在短短的两天里，我们了解到的信息是多方面的。听了张大使全面介绍荷兰华侨华人的情况，还在几个座谈会上听到侨胞们介绍许多情况，我们感到，这些旅居荷兰的华侨华人非常不简单，是一支非常优秀的队伍。今天晚上一百多位侨胞在这里聚会欢迎我们代表团，表明侨胞们对祖国特殊挚爱的深情。侨胞们求生存、图发展，走过的艰辛的历程，积累了许多丰富的经验，需要总结。我概括这样几个方面的体会，供大家参考。

一、既要依法经营，又要文明经商、诚信经商，做到互利共赢。依法经商，遵守所在国的法律，这是侨胞们立得住脚的一个根本，侨胞们可在用法律允许的范围内来发展各项事业，除了经商以外，还有律师、医生，其它各项事业，同时，又可以用法律来保护自己正当的和合法的权益免遭侵害。善于利用这个法律武器是非常重要的，这要求侨胞们懂得所在国的法律。昨天一位协会主席讲，这里许多中餐馆需要厨师，怎么办呢？当地没有，咱们皇家中国餐饮工会和荷兰劳动局进行谈判，签订了协议，准许1600名厨师从中国来荷兰，这就是运用法律武器来拓展侨胞事业的范例。

　　同时，还要文明经商，不单包括环境卫生、消防管理等各方面要做好。要诚信经商，你们在经营中要信守合同，按时将货物与款项结清，即使遇到需要规避法律的事情，也必须以不违法为前提，这样才能站得住脚，事业才能发展。有时在法律范围内，搞贸易自由，就是竞争自由，包括那些资产阶级的经济学家有一个派别就认为这是丛林法则，丛林法则就会损害一部分人利益，尽管你是合法的，可能会损害一部分人的利益，激起一些人的不满，积怨多了，就会发生象西班牙那个违法的"烧鞋事件"，后来经过我们大使馆和侨胞团体与当地政府交涉，解决了这个问题。侨胞应从这一事件中吸取教训，在经商中既要坚持依法经营，得到法律的保障，又要坚持互利共赢，减少磨擦和纷争，取得当地民众的支持，事业才能发展得更好更快。

　　二、既要发财致富、成就事业，又要回馈当地的社会。侨胞们要在这里站得住脚，肯定要有经济基础，没有经济基础，别的话都免谈。你们在经营过程当中必然要谋求利益最大化，要追求发财致富，但必须取之有道，在法律的范围内活动。追求利润最大化，并非是抬高价格、搞假冒伪劣或投机取巧取得，而可以通过瞄准某一高利润行业或项目来取得，可以通过改进营销策略来取得，可以通过加强管理和薄利多销来取得，等等。你们除了依法缴纳税收外，还应该在创业过程当中要注意回馈当地社会，如参与一些公益事业，开展捐款捐物和慰问活动，支持当地的教育文化活动，慰问和关爱老年院老人、孤儿院孤儿等方面工作，多做一些慈善事业，树立良好的形象，取得当地民众的拥护和支持，尽管你们的道路坎坷不平，但你们一定能够不断地开拓进取。

　　三、既要加强华侨团体的团结，又要处理好与当地政府和其它团体组织及新闻媒体的关系。首先，华侨华人团体的团结是关键，在异国他乡，如果不团结的话，各自独立作战，那就不可能成就大事业。单个人单打独拼，可以成功一时，但不能够永久。只有团结起来，大家互相支持，互相帮助，你们的利益才能有保障，你们的力量才是坚强的。

　　我们旅荷华侨总会能够高举团结这面旗帜，今天晚上能有18个侨团来参加这个集会，就说明大家目标一致，总会有很强的号召力、有向心力、有凝聚力。要搞好侨团的团结最主要的是：首先，侨领们要有为旅荷华侨华人谋取共同利益的目标，又要有不为名、不为利这样一种无私奉献的精神，还要有海纳百川的宽广胸怀。大家要坚持求大同、存小异的原则，以此来处理好侨团之间的关系，很好地团结起来。在大的方面，各侨团一定要顾全大局，通力合作，齐心协力，把大的事情办好。比方说要在春节共同搞个大规范的节庆活动，各个侨团要识大体，顾及大局，齐心协力来办；至于小的事情各自独立自主。侨团内部的团结和侨团之间相互团结这个关键问题，一定要从大局出发，认真解决好。

要和当地的政府、其它社会团体以及新闻媒体搞好关系，这个也很重要。各侨团组织起来，共同应对和处理关系侨胞利益的各种事项，要与政府建立沟通协调机制交流，对有关事项进行交流和沟通，提出维护侨胞合法权益的诉求，争取政府的支持和保护。要向他们宣传华侨华人的主张和在这里经商从业的情况，这样可以破除许多方面的误会，可以扫除许多前进道路上的障碍。侨胞们要用自己的实际行动说服当地的民众和官员，使他们认识到，华侨华人在当地经商办企业，不仅不会损害当地民众的利益，而且会给当地民众带来利益，促进当地经济社会发展，实现互利双赢。还要善于通过媒体宣传，树立华侨华人的良好形象，维护侨胞的合法权益，维护侨胞的生存和发展。

四、既要融入当地社会，又要保持中华民族的特性。侨胞如果不融入、拒绝融入当地主流社会，就寸步难行，融入当地社会，才会有发言权。要想融入当地社会，侨胞不仅要懂得和遵守所在国的法律，要尊重当地的风俗习惯包括宗教信仰和民族习俗，要多参加当地社会的一些公益性活动，要懂得当地的语言，学习他们的文化，吸取其优点，这样才好交流沟通，增进共识和感情。我们所说的融入当地社会性主要是这几个方面，但是，不能全部融入，如果全盘融入的话，华侨华人群体就会失去了中华民族的特性，那就叫被同化了，侨胞这个中华民族的族群也就不存在了。当然未来共产主义的遥远目标是各民族优势互补、相互融合成为一体，不是一个民族对另一个民族的同化。现在我们这个非常优秀的中华民族的族群还应该存在，并在促进各个民族、族群的关系和发展中发挥更大的作用和作出更大的贡献。怎么样才能保持中华民族的特性呢？最根本的就是传承弘扬中华文化。中华文化历史悠久、睿智非凡、博大精深，是塑造中华民族特性的根本。在华侨华人群体中进行华文教育非常必要、十分重要。我们的中文是联合国使用的五种语言之一，随着我们国家逐步强大，在经济全球化和世界多极化的趋势下，在世界范围内兴起了一个学习中文热。这种形势，对于我们开展华文教育是一个千载难逢的好机遇，应该抓住这个机遇，大力发展、推动华文教育。发展华文教育是我们民族的根本,这项工作不仅是学校部门的事情,而且是每个华侨华人家庭的责任,学校要加强华文教育,家庭更应注重对子女进行华文教育,在平时生活中要渗透华文教育,使孩子在日常生活中受到熏陶,这是极为有益的方面。

五、既要弘扬艰苦奋斗的优良传统,又要发挥聪明智慧,与时俱进,改革创新。这两方面的结合是保持和发扬中华民族特性的要求。我们侨胞不管在世界上任何地方,始终发扬艰苦奋斗的优良传统,敢于跨跃千山万水,历尽千辛万苦,百折不回,不屈不挠,开辟前面的事业。我了解到,侨胞们每一项事业的成功与辉煌,都是血汗凝成的,同时又是智慧和经验的结晶。总的说,事业的成功就在于苦干加巧干。苦干就是能吃苦耐劳、敢于拼搏,巧干就是有知识、有智慧、善于创新。苦干是事业奠定的基础,巧干是事业腾飞的翅膀。比如,侨胞们现在经营企业,在经济全球化和知识化、信息化的这个时代,不仅要坚持艰苦奋斗,而且要更加重视学习各种知识,追赶时代,注重创新,因为只有创新才能为企业兴旺发达提供动力源泉。企业若是安于现状,不改革创新,就会停滞不前,必然会被淘汰。因此对企业要注重体制机制创新,管理方式方法创新,技术创新,吸引和培养人才等方面的创新,不断提高企业的综合素质,善于捕捉商机,企业才能保持生机和活力,不尽财源才可能滚滚而来。

六、既要热爱祖籍国,支持祖籍国的建设事业,又要和当地的民众和睦共处,共建美好的家园。侨胞们热爱祖籍国,做了许多好事。刚才张参赞已列举了大量的激动人心的事例,简单来说你们支持祖国建设,支持了祖国教育卫生事业做了许多贡献。在这次汶川特大地震中,应该说荷兰的华侨华人不是特别富有,大家慷慨捐款,数量不少,很可观,很突出,体现了大家为祖国之忧而忧,对祖国人民有深切的同胞感情。你们的事业越发展对祖国的贡献就越大。同时,你们要立足于当地,与当地民众一起共建美好的家园,为当地经济社会建设作出应有的贡献,这样你们的事业就能够蒸蒸日上,欣欣向荣。

我刚才讲了这几点体会,不知能否总结了你们的经验,仅供参考。我们非常感谢侨胞们关心祖籍国,关心和支持祖籍国的建设,关心和支持祖(籍)国的统一大业,并为祖(籍)国和人民与住在国及人民的友好关系所作出的出色贡献。

| 我的理论思考 |

加强海外华文教育是一项植根工程

——在荷兰海牙市华侨华人座谈会上的讲话

(2008年12月9日 根据录音整理)

尊敬的会长、主席：

我们受国务院侨务办公室和李海峰主任的委托、中国海外交流协会的委托，率团来荷兰就侨情问题进行调研，并且向旅居在荷兰各位侨胞致以最诚挚的慰问！

刚才，杨会长和陈主席作了热情友好的讲话，我们心里感到热乎乎的。昨天深夜，正值荷兰严冬，天气寒冷，我们在机场就受到侨胞们热烈欢迎，然后侨胞们又聚会在一起，那时已经是十二点多了，大家还热情洋溢，为我们举行晚宴。我们深深感受到侨胞对祖（籍）国的无限热爱，也感受到荷兰华人总会有向心力、凝聚力。大家为了一个共同的目标走到一起来了，团结拼搏，开创事业。侨胞们只有团结一心，趋利避害，适应当地实际情况，才能开辟更加美好的未来！

为了创造更美好的前途，重要的就是要弘扬中华文化，我们提出融入住在国主流社会的口号。什么是融入？我的理解是部分融入，是指侨胞要遵守住在国的法律，入乡随俗，尊重当地社会风俗习惯，和当地族群和睦相处，共同参加许多社会公益活动；在这些方面融入的同时，必须保持华侨华人的中华民族特性。我们中华民族有着几千年的悠久历史，历尽无数的狂风恶浪、艰难险阻、挫折浩劫，但中华民族经久而不衰，每当陷落时又上升起来，像太阳升起一样发射出灿烂光辉。在几千年的历史中，经过无数的劫难和成功，铸造了勤劳勇敢的精神、百折不挠的毅力、开拓创新的智慧、追求光明的志向和无比热爱祖国的崇高品德。这些丰富思想和品德，集中体现在中华民族在长期的历史进程中创造的中华文化之中，特别是中国社会主义文化是中华文化发展史上最光辉灿烂的时期。

中华文化就是塑造我们民族伟大特性之根源。我们通过华文教育，学习中华文化，才能塑造中华民族的品格，这是非常重要的，这个是根！你杨华根先生担任荷兰华文教育协会会长，就像中国的胡杨一样，不管在沙漠恶劣环境中，怎么干旱、沙暴、狂风、雨雪，胡杨能够深深地扎下根。中华文化就像胡杨那样有顽强的生命力。你杨华根这一名字与你从事华文教育工作真是名符其实，太好了！搞好海外华文教育，是一项具有重大意义的植根工程。在这里办学校，将华侨华人子女组织起来进行华文教育，传承和弘扬中华文化，把中华儿女塑造成优秀的人才，使他们保持中华民族的特性，并一代一代地延续下去。当然，除了加强华文教育之外，还应当吸收当地荷兰的优秀文化，两者结合，成为中华文化有机组成部分，侨胞就会如虎添翼，就会更加有知识有智慧，更全面地全面发展，成为优秀人才，能够在荷兰站住脚，扎下根，前途会更加美好，一代更比一代强。这样说，加强海外华文教育是一项植根工程。

从我们侨务工作来讲吧，侨务工作可持续发展的关键在什么地方呢？根本在于加强华文教育。把华文教育摆在首要的地位，是侨务工作的战略问题，这是关系到侨务工作能否持续发展的一个重要问题，归根到底，是关系到在海外的华侨华人这一中华民族的族群能否延续发展下去的问题。我们要增强这样一个使命感、紧迫感、责任感，认真推动海外华文教育工作，把华侨华人及其子女教育好。

在荷兰开展华文教育工作，条件很差，因为这里的华侨华人居住很分散，在异国他乡遇到的困难比较多，刚才会长先生也讲到了这个问题。要搞好华文教育工作，需要大家群策群力，有钱出钱，有力出力，出谋献策；需要和当地的政府进行沟通，得到他们政策方面的支持；我们也要向国内反映这里的情况，国务院侨办要通过各种途经和方法，提供支持，尽最大的努力帮助荷兰华文教育的发展。

我刚才看了这个材料，你们已经克服了许多困难把华文学校办起来，现在已有5000多名学生了，很不容易。你们经历了许多艰难曲折，许多老师、校领导都是一心扑到华文教育上，不计个人得失，做出了很多无私的奉献。新一代华侨华人的成长，确实凝聚着你们的心血，所以历史不会忘记你们，华侨华人和全中国人民都不会忘记你们所做出的卓越贡献。在这里，我对你们付出的辛勤劳动致以衷心的感谢！大家是百忙中，有些侨胞是从很远的边缘地区不辞劳苦赶来参加这个座谈会，真是太感谢大家了！

| 我的理论思考 |

搞好海外华文教育必须解决的重要问题

——在荷兰海牙市华文教育座谈会上的讲话

（2008年12月9日 根据录音整理）

今天，荷兰全国的华文学校校长和老师代表聚集在这里，大家积极发表意见。刚才你们争先恐后地、一个接一个地站起来演讲，非常精彩，讲得生动活泼，讲得神采飞扬，讲得实事求是，讲得情真意切。所讲的内容非常丰富，有的谈到了如何搞好华文教育，如何同当地的华侨华人学生的实际情况结合起来进行教学内容和教学方法的改革，如何引导学生参加实践活动，如何调动学生的积极性等问题，讲得很好。这种生动的发言场面，我见得很少，很受感动。我就大家所讲到的问题，也是搞好海外华文教育必须解决的重要问题谈一些看法。

大家发言中谈到华文教育的重大意义。我认为，广大侨胞学习中华文化，有利于提高自身的素质，有利于弘扬中华文化，促进中国与各国在文化方面的交流与合作。中国过去有几千年文化发展的光辉历史，也遭受过无数的曲折、摧残和劫难，但是优秀文化丰厚的积淀仍然保存和发展起来，表明中华文化有着极其强大的生命力。大家知道，自从1840年鸦片战争之后，中国沦为殖民地半殖民地半封建主义的国家，中华民族在世界上曾经是一落千丈，让人瞧不起。而自从新中国成立后，中国人民站立起来了，中国发生了翻天覆地的变化，随着社会主义经济建设高潮的到来，也出现着社会主义文化建设的高潮。特别是改革开放以来，经济迅速发展，文化日益繁荣，中国逐渐强大起来了，在世界上提高了地位。随着经济全球化和政治多极化发展，中国快速发展和崛起，综合国力日益增强，在世界上的地位越来越重要，国际声望越来越高。现在世界范围内掀起了一个学习中文热潮，这是历史发展的必然趋势。作为华侨华人更应当把学习中华文化作为一个重要的任务。为什么世界很多民族都来学习中国文化？这是因为随着中国的发展和强大，他们开始初步认识到中华文化是一个优秀的文化。中华文化的传播有利于世界各国文化的交融，互相激荡，能够出现璀璨的浪花。开展海外华文教育，不仅有利于教育我们华侨华人的下一代，而且有利于促进各国文化的交流，有利于促进所在国多元文化的发展。在教育过程当中，我们侨胞也将其他民族的优秀文化吸收过来，加以改造和创新，成为中华文化的有机组成部分，使我们侨胞的素质发展得更加全面。我们对开展华文教育要有这样一种历史责任感，要培养华侨华人保持中华民族特性，富有民族自豪感，有崇高的理想和追求，有热爱祖籍国的高尚情操和持久热情，提高华侨华人的全面素质，造就一大批大有作为的人才，使华侨华人更好地开创事业。加强华文教育的重要性就在这里。从今天老师们的发言，我深深感到，你们为了传播中华文化，全心全意倾注于中华文化的教育，你们走过了许多困难曲折的道路，付出了很多心血，来培养下一代，提高下一代的中华民族特性，这种精神是非常可贵的，非常感人的，我深受感动。

大家谈到学生的学习兴趣问题。我认为，调动学生学习华文的积极性，关键在于使学生对于学习华文有兴趣，兴趣对于小学生来讲是最大的动力。如果学生没有这个兴趣，感到枯燥无味，很机械死板，是外来的强迫，那么学生会反感，就没有学习的动力，不可能学好华文。我们必须千方百计想办法怎么样调动学生的积极性，启发学生自己愿意学、喜欢学。刚才几位老师都谈到了这个问题，怎样根据实际情况，就是和学生的年龄特点、知识情况及实际需求结合起来。学生学习华文，不仅主要是在学校里学，而且要在和华人的交往中学，在和家人的共同生活中学，融化到日常生活当中，这样容易学好。刚才有的同志讲的，引导学生读一些中国故事和典故，或者看一些影视片，学习和了解一些中国现代化建设的情况，多方面结合起来，学生对学习华文就会产生兴趣。还有一位老师还讲到不仅仅是让学生认得汉字，还要进一步懂得中华文化的实质。我认为这一观点是很正确的，汉字仅是一种语言工具，而更重要的是用汉字来表述中华民族所创造的中华文化。中华文化是随着中国历史的发展而发展，是优秀历史文化的传承与现代文化创新的结合，最重要的是价值观。华文教育，要使学生认识到中华文化历史悠久、博大精深，是在世界各个民族文化当中一支非常瑰丽的奇葩；要使学生逐步学到中华文化的精髓，不仅要丰富学生的知识，而且要提高学生的思想境界，使学生感到作为中华民族一员有无比的自豪感，热爱中华民族，愿意为中华民族的复兴和崛起而贡献智慧和力量。学生有了民族自豪感，有了理想和抱负，就会激发学习中华文化的渴望。刚才讲的以兴趣学习中华文化上升到一个更高的层次，也就是说从感性认识上升到理性认识，就会成为推动学生学习中华文化的不竭动力，学生就会如饥似渴地自觉学习，真正学到中华文化的精神实质。

大家谈到教学内容和教学方法的改革问题。这个问题很重要，要认真结合实际，考虑怎样进行改革，怎样和荷兰的华文教育实际结合起来，编写适合这里需要的教材。教学方法也要不断地进行改革，按照中国的话说要启发式的，不是填鸭式的。填鸭式很死板，枯燥无味；启发式教学，生动活泼，就能激发学生自己开动脑筋。刚才有一位老师说到她讲中国的历史和地理，中国的很多典故和故事，知识非常丰富，我们应该想办法，如利用网络、音像、影视等载体，来帮助学生学习中华文化，使他们乐意去学习、去钻研。中国有悠久的历史，灿烂的文化，深邃的智慧，学生学习中华文化，就能够学到中国的历史和文化，增长智慧和才干，铸就优秀品德。这样，学生将来走上社会，就会用这些知识和品质去经商也好，搞科研也好，当医生也好，从事其它职业也好，一定能够做出更优秀的或杰出的成就。

我认为开展华文教育，学习和弘扬中华文化，要有一个正确的态度和科学的方法，才能真正达到其目的。几千年以来所创造的中华文化，就其主体来讲是精华的东西，但也存在一些糟粕的东西。学习和弘扬中华文化，并不是不分精华和糟粕，一概兼收并蓄。必须对几千年以来的中华文化要作分析、批判、扬弃和传承，剔除其糟粕，吸取其精华，即继承和弘扬其主体的精华文化。我们一般意义上所讲学习和弘扬中华文化，是指学习和弘扬中华优秀文化。当然要学习一些古代的文化，有批判地学习孔孟之道，但应与时俱进，更要注重学习近代的和当代的符合时宜的和先进的中华优秀文化，特别是新民主主义文化和社会主义文化，这是中华文化发展的最高水平。对此我们应当有正确的认识，避免事与愿违，发生方向性的错误，保证学习和弘扬中华文化沿着正确的方向前进，促进中华文化的繁荣和发展。

大家谈到了许多教学的意见。我认为还有一个很重要的问题，就是加强学校领导班子、老师队伍的建设是非常重要的，是很关键的。办好学校，教育好学生，都是与老师们的努力分不开的。中国有一句话叫"名师出高徒"。真正提高老师的素质，提高老师的文化底蕴，提高老师的道德水平和工作热情，不断地提高教学能力，那么华文学校就会越办越好，培养出大批优秀学生。

大家发言中对老师做义工的观点持有不同的意见。我认为老师做义工是一种奉献，同时也应做有报酬的工作，这两者应该很好地结合起来。我主张，在老师工作中既要提倡奉献精神，不要斤斤计较个人得失，更多做些无私奉献，要有这种精神，不是纯粹的商品等价交换。同时，在实际工作中，要把提倡奉献精神与政策要区别开来，将鼓励奉献与按劳分配相结合，这样就会做得更好一点。我想许多老师付出了很多心血，他们并没有得到应得的报酬，有的不要报酬，还努力从事教学工作，这种精神是十分可贵的，应当得到大家的赞扬；但是，他们毕竟是要生活的，要养家的，应当付给他们劳动相应的报酬，使他们生活得好一些，工作得好一些。因此要把提倡奉献精神与劳动报酬政策相结合，坚持合理的劳动报酬，这样做会更切合实际，教师工作会做得更好、更持久，有利于华文学校可持续发展。

大家谈到争取把中文教育纳入荷兰政府教育的序列中去的问题。我认为这是很有意义的。荷兰华文教育协会杨会长和同事们正在做很多的努力，但离成功会有很长的过程。中文是联合国通用的五大语言之一，从世界发展的趋势、全球化的进展以及中国的巨大进步来看，中文教育在世界大发展是一个必然的过程。但是，不能急于求成，否则欲速则不达，要有一个努力的过程。在荷兰，我们侨胞要经过许多工作的准备，要用自己的实际行动，创造出更多成绩，从而促使荷兰政府也认识将学习中文列入政府教育序列有其必要性，那时就会水到渠成，是我们期待的一个重要的目标。我想杨会长会在这方面领导大家共同朝这方面努力是很重要的，因为政策的突破那不是解决个别人的问题，而解决一个普遍的问题，不是一点点的成绩，而是大面积的成绩。今天中午吃饭的时候，陈主席向我谈到了一个事例，荷兰开了很多中餐馆，需要补充好多厨师，这些厨师从哪里来，当地是找不到的，怎么办呢？只能靠从中国来，那么他们以皇家中国餐饮工会的名义，同荷兰劳工局进行谈判达成协议，准许从中国进来1600个厨师，这样就有利于促进荷兰中餐业的发展。这样从政策上和从协议上解决问题，比我们单个人努力的收获大得多。这个事例启示我们，通过大家共同努力，使荷兰政府看到了华文教育的必要性，并与荷兰政府协商，争取从政策方面解决问题，将中文列入政府教育序列之中，推动华文教育的发展。

今天听了大家的发言，我们深受教育和启发，大家提了非常宝贵的意见，包括对侨办的一些殷切期望，我们回去要和有关部门很好地研究，提出有利于促进荷兰华文教育的意见。这里我非常感谢各位老师在荷兰对华文教育所做出的辛勤努力和卓越贡献！

| 我的理论思考 |

祖国和人民时刻牵挂着侨胞
——在瑞士华侨华人总会暨潮州同乡会欢迎宴会上的讲话

（2008年12月14日 根据录音整理）

刚才，柯会长讲了热情洋溢的话，对我们代表团表示热烈的欢迎，我们深表衷心的感谢！我代表国务院侨务办公室主任李海峰女士向侨胞们致以亲切的问候！今天晚上大家冒着严寒，从各地来到这里聚会，体现了侨胞们对祖国的满腔热爱，我们代表团每个同志都深受感染，心中热血沸腾。

这几天，我们所见所闻，了解到在瑞士的侨胞队伍是非常优秀的队伍，大多数人素质很高，有许多人是精英人才。在你们身上体现了中华民族勇敢勤劳的精神、睿智的思想和优秀的品质。你们能够在瑞士扎根、开花、结果，在许多领域开拓进取，取得了许多令人鼓舞的成绩，在与当地民众共建美好家园中作出应有的贡献，我们感到特别欣慰。有一位哲人说："太阳、明月和繁星是天空的光彩；森林、果树是山岭的光彩；人民，这是国家的光彩。"那么，我们可以自豪地说，中华民族是我们中国的光彩，侨胞们在国外的杰出表现为中国增添了光彩！

侨胞在实践中认识到了，要有更大的作为，应该团结起来。团结就是力量，这是一句至理名言。要成就小的事业，就要有小的团结，要成就大的事业，必须有大的团结。毛主席曾经对民众大联合的伟大意义作过非常深刻的论述，中国共产党就是团结全国人民共同奋斗，翻天覆地，扭转乾坤，创建了新中国。我们侨胞在异国他乡单打独拼，纵使有所成就，也难以持久，特别是遇到大风大浪、遇到巨大的艰难险阻，就无能为力。侨胞们需要加强团结，互相扶持，互相帮助，共同进步。你们为此建立华人社团组织，建立了这个瑞士华侨华人总会。总会的侨领们能够引导大家正确前进，首先是领导班子必须团结，各个侨团之间也必须团结，并且这些侨团之间应该有个协调机制，加强沟通，在许多问题上能够达成共识，特别是要坚持求大同、存小异，很好的团结起来。如果各侨团的侨领们之间闹矛盾，那么必然会造成侨团之间的分裂，就会削弱全体侨胞的力量，就会影响和损害侨胞们的共同事业。侨胞们有一个共同的目标，就是推动侨胞的事业能够不断地蓬勃发展，取得更大的成就，就是热爱祖国，为祖国繁荣富强和统一事业贡献自己的力量。大家要在这个共同的目标下团结起来。只有加强团结，侨胞们在面临许多困难中，互相帮助，共渡难关；只有加强团结，侨胞们才能通过侨团组织，和当地的政府更好地打交道，更好地沟通，来保护侨胞合法权益和正当利益；只有加强团结，侨胞们才能赢得当地民众的尊重，与当地民众和睦共处；只有加强团结，侨胞们的事业才能兴旺发达。通过侨团之间的团结，才能达到全体侨胞之间的团结。侨团之间的团结，是为了维护侨胞的共同利益，并教育侨胞们要服从当地政府的管理，遵守所在国的法律，而且要善于与政府打交道，疏通关系，运用法律手段保护自己的合法权益，更好地求生存、谋发展。

我们了解到，在瑞士的侨胞们能够很好地融入当地的社会，这是一个非常大的优点。你们能够融入社会，在当地开拓自己的事业，前途越来越宽阔了。同时侨胞融入这个社会又要保持自己的中华民族特性，作为中华民族的一员应当感到自豪。中华民族是世界民族之林的一个优秀民族。中华民族靠什么成为优秀的呢？这就是中华文化所塑造我们民族的优秀灵魂、优秀品格和睿智头脑。坚持加强华文教育是非常重要的，才能保证这一代侨胞和下一代子女，代代都坚持学习中华文化，保持中华民族特性。侨胞们一定要重视对自己子女进行华文教育，并把教育子女放在一切工作的首要的地位。同时，要善于向瑞士各民族学习他们的优秀文化，进一步丰富自己的头脑，我们侨胞就会更加聪明，更有智慧。

大家知道，现在经济全球化和世界多极化这个趋势下，中国正在和平崛起，华侨华人为自己有这样一个伟大的祖（籍）国而骄傲，能够不亢不卑地昂起头，挺起胸，阔步前进。我们听到许多侨胞发出自己的心声，希望中国强大、强大再强大！这是对祖（籍）国的一种无比信任和热爱的特有感情，这种感情是多么真挚而崇高啊，是令全世界一切高尚的人们所钦佩啊！有这样一个强大的祖（籍）国，对于华侨华人在当地发展确实是非常重要的。大家回想一下，改革开放这三十年来，祖国在腾飞，侨胞的事业随着腾飞。为什么？这二者是相辅相成的，互相紧密地联系在一起，这是雄辩的事实。这个事实就告诉我们，侨胞在住在国开创自己的事业，也离不开与祖（籍）国建立紧密的关系，得到祖（籍）国的有力支持，同时侨胞也为祖国现代化建设和祖国统一事业做出很大贡献。祖国和人民对侨胞的贡献永远不会忘记,并时刻担心、挂念海外的侨胞,牵挂大家生存发展的状况怎么样?牵挂大家生意做得是否顺利?牵挂大家在复杂环境中有时会遇到什么意外和挫折?牵挂大家的人身健康和安全怎么样?总之,海外广大侨胞永远在祖国和人民的心中!祖国政府和人民一定会通过各方面的努力和途径来支持广大侨胞,帮助大家走上康庄大道,创造更加美好幸福的未来!

最后,我再说一遍,祖国和人民时刻牵挂着侨胞,支持你们发展事业,希望你们更好地团结起来,发奋图强,努力奋斗,争取更大的成功!

依法加强资金的募集、使用、管理和监督工作

——在中国华文教育基金会一届六次理事会上的讲话

（2008年12月23日）

今天中国华文教育基金会理事会会议选举我为理事长，我向全体理事对我的信任和重托表示诚挚感激和崇高敬意！我就任理事长，面临着崭新的工作，一定要在理事会、监事会、顾问委员会的领导和监督下，加强学习，勤奋工作，履行职责，和全体同志在理事会开创性工作的基础上把工作向前推进。

这次会议上，将有罗豪才副主席、李海峰主任、卢瑞华主席的重要讲话，为理事会工作进一步指明方向，我们要认真学习和贯彻执行。

我们要深刻领会华文教育基金会工作的重要意义。胡锦涛总书记亲自倡导成立中国华文教育基金会，是一项极其重要的政策。这项政策对于发展海外华文教育，塑造华侨华人的中华民族特性，促进侨务资源可持续发展具有重大意义；对于弘扬中华文化，促进中国与各国的文化交流与合作具有重大意义。我们要增强光荣感、使命感、责任感和紧迫感，不遗余力地做好华文教育基金会工作，为推进海外华文教育而努力。

我们要坚持以中国特色社会主义理论体系为指导，全面落实科学发展观，团结奋进，求真务实，锐意进取，开拓创新，继续探索适合基金会稳健、良性、快速、持续发展的新路子，开创工作新局面。

我们要坚持依法搞好资金的募集、使用、管理、监督，完成基金会的主要任务。一在募集好资金方面，要进一步开阔思路，拓宽渠道，改进方法，加大工作力度，把普遍宣传与做重点捐赠人工作结合起来，把表彰捐赠人的奉献精神与维护捐赠人的合法权益结合起来，把对协助做捐赠工作有功人士给予必要经费开支

与鼓励结合起来，大力营造为海外华文教育募集资金多作贡献的良好社会氛围。二在使用好资金方面，关键在于加强项目管理，要科学论证、严格把关、选准项目、优化项目、认真实施、创立品牌，使华文教育项目做到精准、精细、精致，符合实际需要，杜绝人情项目，杜绝低效和无效项目，使所做的每一个华文教育项目能够实现成本最低化、效益最大化，使所做的每个项目能够起到示范效应。三在管理好资金方面，要严格财务纪律，坚持厉行节约、精打细算，少花钱，多办事，办好事；四在强化资金监督方面，要实行业务公开，加强内部审批监督、检查监督、群众监督、基金会成员单位监督，加强审计监督；保证进出每笔资金必须清清楚楚，使用每笔资金必须明明白白，确保资金管理的合法性和有效性，维护基金会的崇高信誉，提高基金会的公信力和吸引力。

为了搞好基金会工作，我们必须加强制度建设，健全权力运行制约机制，把基金会工作纳入规范化、程序化、制度化的轨道；要加强工作人员的学习和培训，建立一支政治坚定、业务精通、作风优良、廉洁奉公的工作人员队伍；要加强思想政治教育，坚持清正廉洁，反对弄虚作假、反对浪费、反对贪污、反对回扣，保证洁身自好、廉洁奉公；要树立政治意识、大局意识、责任意识，在国务院侨办领导下，全面贯彻侨务工作方针政策，积极主动地与国务院侨务办公室各部门协调配合，形成合力，共同推动海外华文教育工作，让海外华文教育的灿烂之花，结出丰硕之果！

同志们，在我就任新职之时，正值新年即将来临之际，我真诚地把吉祥幸福、万事如意的祝愿敬献给大家！

办好中国华文教育基金会
促进海外华文教育的发展

——在中国华文教育基金会
二届一次会议上的讲话

(2009年12月30日)

今天经过理事会选举,我继任第二届中国华文教育基金会理事长,衷心感谢全体理事对我的信任和重托。我深知肩负使命光荣,责任重大,一定认真工作,履行职责。

基金会工作在2009年取得突破性的进展,离不开国务院侨办正确领导、李海峰主任卓越工作和赵阳副主任具体指导,离不开罗豪才名誉会长和卢瑞华主席的亲切关怀和指导,离不开全体理事和工作人员积极努力所做的贡献。今后二届理事会工作将沿着李主任重要讲话指明的方向努力,落实二届理事会工作报告,开创基金会工作新局面。这里,我讲几点意见。

一、要加大基金会工作的宣传力度。采取多种形式、多种渠道,广泛深入地开展宣传工作,使社会各界和海外侨胞深刻了解党中央和胡锦涛同志倡议建立的中国华文教育基金会对于促进海外华文教育、弘扬中华文化、促进侨务资源可持续发展的重大战略意义,并扩大中国华文教育基金会的知名度,造成广泛支持海外华文教育的良好社会氛围。

二、要坚持在国务院侨办领导下做好基金会工作。我们基金会要树立全局观点,坚持在国务院侨办领导下开展工作,全面贯彻侨务工作方针政策,紧紧依靠国务院侨办,主动与国务院侨办各部门紧密配合,发挥全国侨务系统的作用,形成共同推动海外华文教育的合力。

三、要充分发挥理事单位在基金会工作中的作用。各理事单位是基金会主要依靠力量。要加强组织协调,让他们充分发挥独特优势,利用相关资源,为基金……联系有识之士和重点单位，多开辟募集资金渠……

……持基金会工作。必须建立激励机制，实事求……物，弘扬他们的奉献精神，为他们提供优良……出重要贡献的好人好事和勤奋努力、创造性……和维护他们的合法权益结合起来，充分调动……

……加强资金的募集、使用、管理和监督。在这四项工作中必须坚持依法、公开、透明、有效的原则，维护基金会的崇高信誉，提高基金会的公信力和吸引力。在募集资金方面，要在拓宽渠道，改进方法，创新工作模式，加大工作力度，吸引更多人愿意自愿捐款，吸引更多的人协助做好捐赠工作。在使用资金方面，要加强项目管理监督和风险控制，坚持科学论证、严格把关，选准项目、优化项目，认真实施、创立品牌，使华文教育项目符合实际需要，少花钱，多办事，办好事，实现效益最大化。在管理资金方面，要严格财务纪律，坚持厉行节约、精打细算，坚持清正廉洁，反对浪费、反对贪污、反对回扣，堵塞漏洞，确保资金管理的合法性、安全性和有效性。要加强资金的内部监督和审计监督，发现徇私舞弊行为务必依照纪律和法律严肃处理。

六、要进一步加强制度建设。有针对性地加强基金会制度建设，健全权力运行制约机制，强化管理和监督，把基金会工作纳入规范化、程序化、制度化的轨道。要健全队伍建设制度，大力提高基金会工作人员政治素质和业务工作能力，以适应拓展工作的需要。

同志们，我们正满怀豪情地送走不平凡的2009年和迎接充满希望的2010年。让新的一年给我们事业带来蓬勃发展，让新的一年给各位同志带来吉祥幸福！

关于认真落实胡锦涛同志"支持海外华人社会开展华文教育"指示的提案

十一届全国政协特邀组 林文肯

（2010年3月12日）

去年提出加强国家财政支持海外华文学校建设的建议，没有引起重视。重要原因之一，是人们容易把海外华文学校与海外孔子学院等同起来，认为我们国家很重视支持海外孔子学院建设，有什么必要强调支持海外华文学校建设？其实，这两者虽有共同点，但有很大区别：海外孔子学院是外国为本国公民学习汉语而举办的学校，而海外华文学校是华侨华人为自己子女学习中华文化而举办的学校。毫无疑问，孔子学院应当尽力办好，加强中国与各国的文化交流。但现在的问题是，国家财政支持海外华文学校建设的资金太少了。许多侨胞对此颇有微词。他们说，希望我们国家多拿一些钱支持海外华文学校建设，优先把侨胞自己的后代培养起来，增强中华民族的凝聚力，这是几千万侨胞未来的希望，也是中华民族未来的希望。此话说得十分恳切，切中要害，值得我们倍加深思。

大力支持海外华人社会开展华文教育，是继续发挥侨胞支持中国社会主义现代化建设的独特优势的需要。改革开放以来，广大侨胞在我国现代化建设中做出了重要贡献。要继续发挥广大侨胞对我国现代化建设的独特优势，关键在于大力支持海外华人社会开展华文教育。胡锦涛同志指出："博大精深的中华文化，是海外侨胞联系祖国的精神纽带，无论是从我们民族优秀传统文化的传承考虑，还是从我们骨肉同胞的亲情考虑，支持海外华人社会开展华文教育都是我们义不容辞的责任。"胡锦涛同志的指示具有重大的战略意义。从华侨华人资源可持续发展的角度看，只有海外华文教育大发展，才能使广大侨胞传承中华文化，保持中华民族特性和对祖（籍）国的特殊亲情，从而使广大侨胞支持我国现代化建设的独特优势获得可持续发展。从在世界弘扬中华文化的角度看，支持侨胞把海外华文学校办好，把几千万华侨华人培养好，激发他们热爱祖（籍）国的巨大热情，这几千万华侨华人能成为在全世界弘扬中华文化的一支生力军,大力弘扬中华文化,必将大大增强我国文化软实力和促进世界和平发展。因此,必须从战略高度来认真贯彻落实胡锦涛同志的重要指示。

大力支持海外华文学校建设,是支持海外华人社会开展华文教育的迫切需要。改革开放以来,我国重视和支持海外华文教育工作,广大侨胞的中华民族特性有很大提升,但从总体看,仍面临着严重困难和隐患。移居在国外的华侨华人,第一代深厚的中华文化底蕴,保持完整的中华民族特性;第二代(后裔)大部分较少接受中华文化教育,其中华民族特性削弱很多;到了第三、四代(后裔)大部分没有受中华文化教育,其中华民族特性大部分流失了。这种流失的主要特征不仅仅是他们不懂中文,更重要的是不懂中华文化,缺乏对祖籍国和中华民族的认同感。造成这种状态有多方面原因:一是一些国家过去推行排华政策,华文学校被取缔或受限制,华文教育屡遭挫折,举步维艰;二是现在华文学校正在重建和新建,但由于侨胞实力有限,发展缓慢,远远不能适应实际需要;三是我国对海外华文教育虽从多方面给予支持,但国家财政资金支持较少,其他方面筹集资金也不多;四是侨胞子女有经济条件回国留学、接受华文教育的毕竟是极其少数。面对这种形势,加大支持海外华文学校建设的力度是一个非常紧迫的问题。

国家在世界弘扬中华文化过程中,要把支持海外华文学校建设放在优先地位。这是正确理解胡锦涛同志关于"支持海外华人社会开展华文教育都是我们义不容辞的责任"的指示所必然得出的结论。从促进华侨华人资源可持续发展考虑,还是从中国在世界弘扬中华文化考虑,国家用钱的地方很多,但应优先将有限资金用于支持海外华文学校建设。现在条件已具备、时机已成熟:一是我国综合国力上升,有加大支持海外华文学校建设的能力;二是侨胞对办好华文学校十分迫切,急需祖籍国给予大力帮助;三是中国正在经济全球化中崛起,激起世界范围的"中国热",为加快海外华文学校建设提供了有利的国际氛围和良好的时机。现在应抓住机遇,乘势而上,加大国家财政资金对海外华文学校建设的支持力度,大力促进海外华人社会开展华文教育。

附录一

作者人生足迹

（注：本文主要内容录自《莆田京人》2010年第3期报道）

林文肯，男，1945年11月生，福建莆田人，中共党员。1964年至1969年北京大学法律系学生。1969年至1970年留校待分配，由学校组织在延庆县集体劳动。1970年至1971年任解放军某部队北大清华学生连副指导员。1971年至1978年任武汉钢铁公司教育处干部。1978年至1981年在中国社会科学院研究生院法律系攻读硕士学位。1981年至1988年任司法部研究室干部、处长、政研室副主任。其间，1984年至1985年在北京市通县司法局挂职任副局长。1988年至1990年任司法部办公厅副主任（正厅级），主持全面工作。1990年至1994年任中央办公厅法规室副主任、主任。1994年至2001年任中央纪委研究室主任，中央纪委副秘书长。2001年至2003年任中央纪委驻中国社会科学院纪检组组长、院党组成员。2003年至2008年任中央纪委驻国务院侨务办公室纪检组组长、国务院侨办党组成员。中国海外交流协会副会长。其间2005年任中央督导组第47组组长。2008年任中国华文教育基金会理事长。在中共十六大当选中央纪委委员。十一届全国政协委员。其他社会职务有：国际刑法协会会员、中国国际贸易仲裁委员会仲裁员、中国法学会会员，曾任全国党建学会常务理事、国家哲学社会科学规划领导小组法学组成员、中国决策科学研究会常务理事、中国企业家协会顾问等。

人民至上 心系人民

林文肯出身在农村，两岁时父亲去世，母亲带着四个孩子在黑暗的旧社会苦苦挣扎。解放后，土地革命、历次社会变革和社会进步深深地铭刻在他心中，跟着共产党建设社会主义是他终生的崇高愿望。他热爱劳动，从小放牛、割草、捡粪、参加田间劳动，后来一贯积极参加所在的学校、机关组织的每一次劳动，珍惜到农村、工厂、农场、部队的数年劳动。几十年来，他充分利用时间，勤奋学习和工作。艰难困苦，玉汝于成。贫困和艰辛的磨练，与群众一起挥洒汗水，砥砺了他的意志，净化了他的心灵，培养了他与人民群众心心相印的感情。他始终认为自己是普通劳动人民的一员，不能有任何特权思想，要坚持人民利益高于一切，全心全意为人民服务。这是他的为人之本，从政之基。

刻苦钻研 追求真理

林文肯喜欢在刻苦钻研中寻找真理，把追求真理作为人生的最大幸福。他认为自己懂得一些东西，并非自己聪明过人，而是充分利用时间的结果。他相信书籍是黑暗中的明灯，孜孜不倦地读毛主席著作、马列著作，其中许多重要文章反复研读，领会其精神实质，曾向武钢教育处举办的干部学习班作过有关《哥达纲领批判》、《法兰西内战》、《国家与革命》、《反杜林论》等著作的宣讲。这为他后来理论方面进展奠定了基础。

林文肯认为理论的灵魂在于创新，必须坚持与时俱进，不断汲取新知识，力求融会贯通，紧密联系实际，揭示事物的本质，形成新的观点。他利用业余时间写作，发表著作（包括主编、合著）《共同犯罪的理论和司法实践》、《中国法律知识普及教程》、《中外市场经济合同示范大全》等20本。在《求是》等四十多个杂志报刊发表马克思主义理论、法学理论及其他方面文章100多篇。这些著作和文章，体现了跟上时代前进的步伐，站在理论的前沿，从实际需要选题，进行研究，为我国改革和发展服务。如，在《求是》杂志上发表的文章有《科学发展观——马克思主义哲学的生动体现》、《反腐倡廉论》、《明荣辱 促廉政》、《坚持不懈地抓好领导干部作风建设》、《完善制约和监督机制 确保权力正确行使》等；在《红旗文稿》上发表的文章有《维护政治纪律 促进学术繁荣》、《壮大国有企业要有实实在在的措施》、《认真探索反腐败规律 深入开展反腐败斗争》等；在《理论动态》、《理论视野》、《紫观阁》、《社科党建》、《法制建设》、《中外法学》等50多种报刊杂志上发表的文章有《我国社会主义法律体系初探》、《党必须在宪法和法律范围内活动》、《谈社会治安综合治理》、《被告人有权获得辩护》、《依法行政与依法治国和依法执政的关系》、《树立社会主义荣辱观》、《关于构建社会主义和谐社会的理论探讨》、《关于现阶段经济社会发展问题的思考》等。其中：《科学发展观——马克思主义哲学的生动体现》一文两次被中央宣传部有关部门编辑出版的学习科学发展观的文集所选用；《联合国少年司法最低限度标准规则在中国的贯彻》一文，1987

年5月15日全文作为中华人民共和国常驻联合国代表团《关于<联合国少年司法最低限度标准规则>（北京规则）的执行问题给联合国的复照》的内容；《中国司法组织在刑事诉讼中的关系》一文，是1989年10月维也纳国际刑法协会会议印发的论文之一。

在追求真理过程中，林文肯把马克思的"最好把真理比做燧石，它受到的敲打越厉害，迸发出的光辉就越灿烂"的名言作为自己的座右铭。他不分昼夜，艰辛跋涉，刻苦学习，积极探索，独立思考，喜欢辩论，决不人云亦云，决不随风倒，在理论探讨和工作实践中敢于发表己见，勇于坚持真理、纠正错误。不过他说，回顾过去自己发表的那些文章、著作的观点，大都是平平淡淡，少数深刻，新观点不多，只有个别观点有一点儿光辉。

勤奋工作 开拓创新

林文肯随着自己职位的提升，深感到人民赋予自己的责任是沉甸甸的，要不辱使命，履行好职责，务必博学之、求真之、明辨之、笃行之、慎行之。他对每一项工作都认真负责，精益求精。在参加中共中央十五届六中全会报告起草工作中，他认真调研，并借鉴国内外有关知识，经反复思考、反复论证、反复推敲，形成一些自己的见解。他提出的"立党为公，执政为民"、"建立结构合理、配置科学、程序严密、制约有效的权力运行机制"及"把反腐败寓于决策之中"等三个观点被写进全会报告之中，为后来中央文件继续引用。

林文肯在司法部工作的几年中，主持办公厅工作期间，着重抓好整顿作风、严明纪律、健全制度、规范运作、提高效率，一年之后办公厅面貌变化很大。蔡诚部长在林文肯写的一年工作总结报告上批示："办公厅1989年间做了大量工作，成绩很显著，几条经验也很好，这是办公厅全体工作人员勤奋努力的结果，在此表示衷心地感谢。"他在中央办公厅工作的几年中，负责中央文件校核工作，认为中央文件一字重千钧，句句关乎人民利益，对校核工作要格外小心谨慎，万万不可粗心大意。他在中央政治局会议上聆听中央政治局委员对文件讨论的修改意见，负责对文件作具体修改，并从理论、政策、法律、事实、逻辑、文字等方面严格把关，一丝不苟，一点错误都不放过。尤其是发现文件中存在不妥的重要问题，他务必寻找根据，深入论证，准确修改，并报请中央领导审示同意，使一些问题得到了很好解决，纠正了一些差错。他在中央纪委工作的几年中，参与负责中央纪委全会工作报告和中央主要领导在全会上重要讲话的起草工作，还参加了其他一些重要文件的起草工作，注重深入实际调查研究，讲究实事求是。在村务公开调研中，他对实行村务公开的好处作了概括，提出"给群众一个明白，还干部一个清白"，激发广大干部推行政务公开、厂务公开、村务公开，接受群众监督的自觉性。他主持中央交办的《现阶段腐败现象滋生蔓延的原因与治理对策》课题研究。中央政治局常委、中央纪委书记尉健行同志1999年7月15日在课题研究报告上批示："这几份报告写得比较好，可先在委部干部中广泛参阅，结合三讲，进一步总结经验教训，理清今后工作思路。"

林文肯在中国社会科学院和国务院侨务办公室工作期间，努力把纪检工作与所在单位的业务工作有机地结合起来。他认真学习有关各方面知识，了解各方面的真实情况。他2002年在中国社会科学院纪检干部学习班上作了《坚持马克思主义在哲学社会科学领域的指导地位》的讲话，《社科党建》等杂志作了发表，中国纪检监察报摘要报道。他在国内调研和出国访问中的30个即席讲话，涉及领域广泛，内容丰富。中央纪委有6名领导同志、国务院侨办有4名领导同志和国务院新闻办公室1名领导同志分别对30个讲话作了批示。侨办领导把这30个讲话或批示给党组同志传阅，或批示印发给各单位学习，或批示在刊物上发表。例如，中央政治局常委、中央纪委书记吴官正同志2007年7月13日对林文肯《在机关服务中心领导班子扩大会议上的讲话》作批示："林文肯同志讲得很好，请峰岩、惠令同志参阅。他在服务中心领导班子扩大会议上的讲话，希望我们的服务中心能借鉴，我们好的坚持，不够的完善。" 国务院侨务办公室主任陈玉杰同志2006年9月18日对林文肯《关于进一步加强学校建设》作批示："请刘辉同志参阅。这是文肯同志在华大调研时的即席讲话，此件泽彭、海峰同志已阅，都认为讲得很好。"还对林文肯《在资产管理座谈会上的讲话》、《在财务管理工作座谈会上的讲话》作批示："请赵阳同志并秘行司各负责同志参阅。这是文肯同志在华大调研时的即席讲话，内容很好，值得一读。"国务院侨办主任李海峰同志2007年12月7日对林文肯《在国务院侨务办公室新任处司级干部集体廉政谈话会上的讲话》作批示："这是一篇党风廉政教育的好教材，转发给各支部党员干部学习讨论。请晓萍同志安排登在《侨务工作研究》上，供各地侨务干部学习。"对《在暨南大学和华侨大学巡视调研时的8个讲话(2008年4月15日至21日)》，国务院侨务办公室党组书记、主任李海峰同志批示："请党委印发各支部及直属单位学习"。

林文肯把"外事工作无小事"作为行为准则，在参加数十次的外事活动中严守纪律，对工作高度负责，确保正确无误。如，1983年，他作为中国司法代表团副团长（副代表）出席联合国预防犯罪和罪犯待遇大会，他针对会议动向所写的两篇发言稿，宣传了中国综合治理的经验，并澄清和驳斥了一些国家和大赦国际组织对中国司法的误解、曲解或攻击，维护了国家的荣誉。负责这次会议的联合国官员在总结报告中说："中国的'综合治理'的经验，特别是发动全社会预防犯罪的经验值得在本地区交流。"1986年、1987年，他参加两次大型的中法、中美贸易投资法律研讨会的组织工作并负责中方发言稿的审定工作，特别是他为中方起草的主旨发言赢得大会称赞。1990年，他为在北京举行的第14届世界法律大会所写的《法律应当为世界和平与发展服务》的主旨发言受到大会的一致赞同。1998年，中国经济全球化考察团（由中纪委、中办、中央研究室、中央军委办派员组成）赴美国参加"经济全球化与国家竞争力"课题的培训与考察，他作为该团负责人之一，认真做好考察组织协调工作和参加撰写工作总结。从2002年至2008年，他9次率代表团出访19个国家，在与有关政府部门、大学、研究机构、国际组织座谈、会谈和签约中，在出席学术交流会和洲际"反独促统"大会及访问华侨华人团体中，坚持把原则性与灵活性结合起来，正确阐明政策意图，增进共识，广交朋友，达到预期效果。如，2002年，他率代表团赴韩国出席中韩文化交流10周年纪念暨研讨会，作了主旨发言；在韩国统一部举行的午宴上，他在即席致词中，对韩国统一部次长致词中讲"中国不要偏袒朝鲜"的指责作了纠正的说理，并借机对韩国一名学者向会议提供的一篇鼓吹台独和恶毒诬蔑中国人民的论文作了有理有据的驳斥，下午继续开会时，这个学者只好表示自己是学者不懂政治并不以此文作为发言，使会议开得和谐，取得成功。2003年，他带代表团访问瑞典，在与瑞典隆德大学会谈并签订学术交流与合作协议之后，隆德大学校长设宴款待，并请我代表团团长题词，林文肯即席题词："友谊作桥梁，天涯若比邻。交流与合作，携手共前进。"题词受到与会人员的热烈鼓掌欢迎。在隆德大学校长的提议下，与会二十几名人员庄重地在题词下签名留念。

林文肯参加全国政协会议，积极参政议政，建言献策，他写的《关于应当加强腐败根源问题的研究的提案》被选入全国政协提案委员会编的《把握人民的意愿》一书之中，他写的《关于加强国有经济主导作用之战略思考》、《关于"国家依法保护人权"的意见》、《现阶段我国经济社会发展问题的思考》分别被登入政协第十一届全国委员会第二、三、四次大会发言材料汇编之中。他的另一提案《关于认真落实胡锦涛同志"支持海外华人社会开展华文教育"指示的提案》

的主要内容，被人民政协报和其他报纸和网络作了报道，发生一定的影响。他现在做中国华文教育基金会工作，努力推进海外华文教育，表示要为提升广大侨胞的中华文化素质和民族特性，为增强中华民族的凝聚力，实现中华民族伟大崛起而尽自己的绵薄之力。

　　林文肯认为，一个人只有与人民群众结合才能有所作为，犹如一滴水只有汇入汪洋大海才能奔腾澎湃。他回忆自己的人生历程，感慨万千，酸甜苦辣、忧喜悲乐、痛苦幸福、宠辱进退、挫折成功都在其中。他认为自己能够在崎岖坎坷、布满荆棘的道路上不屈不挠，奋力行进，离不开马克思主义和党的光辉照耀，离不开领导的指导和激励，离不开同志的关心和帮助。因而工作和生活的重担不仅没有把他压倒，反而激起他乐观主义精神。这种精神洋溢在他的行动上，也洋溢在他所写的许多诗歌之中。请看他的一首诗《登岳阳楼有感》："岳阳楼阁今不朽，眺望长江万古流。王朝代代来复去，多少往事能存留？不以物喜常铭记，不以己悲永追求。忧怀天下为己任，乐为庶民忙不休。"

附录二

作者文章发表简况

一、著作：

《经济合同格式手册》（主编，司法部政策研究室公证律师司编印1985年）

《法学基础知识》（合著，江西人民出版社1986年）

《中国法律知识普及教程》（主编主写，江西人民出版社1987年）

《共同犯罪理论与司法实践》（中国政法大学出版社1987年）

《适用经济合同格式手册》（《法律出版社》1987年）

《国际私法》（合译，法律出版社1987年）

《中外经济合同格式大全》（主编主写，沈阳出版社1988年）

《律师词典》（主编主写，沈阳出版社1990年）

《行政法和行政管理》（副主编主写，经济科学出版社1990年）

《全民普及法律知识简明读本》（主编，中国政法大学出版社1991年）

《律师公证实务指南》（合著，中国人民公安大学出版社1991年）

《企业职工普法读本》（合著，中国政法大学出版社1991年）

《中外市场经济合同大全》（主编主写，陕西人民出版社1993年）

《中国律师制度研究》（合著，法律出版社1993年）

《中华法律大词典》（参写，检察出版社1996年）

《加强和改进党的作风建设的行动纲领》（参写，中国方正出版社2001年）

《"中共中央关于加强和改进党的作风建设的决定"学习辅导本》（参写，研究出版社、党建读物出版社2001年）

《北京大学法学百科全书》（参写，北京大学出版社2003年）

《"马克思主义基础理论研究工程"调研访谈材料汇编》（参写，2003年7月中国社会科学院汇编）

《腐败现象滋生蔓延问题的调查与治理对策》（对书稿进行了统改，中国方正出版社2007年）

二、文章：

《被告人有权获得辩护》（《学习与思考》1981年第4期）

《准确地认定过失犯罪》（《光明日报》1981、6、19）

《论同过失犯罪作斗争》（《江淮论坛》1981年第4期）

《论各尽所能，按劳分配》（《经济问题》1982年第2期）

《共同犯罪中的过度行为》（《光明日报》1982、5、4）

《谈社会治安的综合治理》（中央党校《理论动态》1982年第364期）

《综合治理 预防犯罪》（《上海司法》1982年第10期）

《共同犯罪形式再研究》（《争鸣》1982年第4期）

《正确运用刑事法律同犯罪作斗争》（《河南司法》1982年第3期）

《金某行为是正当防卫》（《河南司法》1982第9期）

《我国公民基本权利的现实性》（解放军报1983、1、18）

《国际社会犯罪与预防犯罪的新领域》（《国外法学》1983年第6期）

《论我国刑法中的犯罪中止》（《福建司法》1983年第1期）

《我国社会主义法律体系初探》（《法学评论》1983年第3、4期）

《党必须在宪法和法律范围内活动》（《中州学刊》1983年第4期）

《辩护律师在刑事诉讼中的法律地位》（《政治与法律》1983年第6期）

《"辩护词"不能背离事实与法律》（《上海司法》1983年第11期）

《我国社会主义刑罚制度与封建刑罚制度的对立》（《法学杂志》1983年第3期）

《加强社会主义精神文明建设》（中国法制日报1984、3、30）

《马克思是国家与法的真正的科学创始人》（《国外法学》1984年第3期）

《社会主义制度为减少和消灭犯罪创造了条件》（《青少年犯罪研究》1984年第1期）

《论犯罪客体》（《法制建设》1984年第2期）

《论共同犯罪的构成》（《求索》1984年第2期）

《共犯者的种类及其刑事责任》（《河北法学》1984年第2期）

《联合国关于犯罪趋势和预防犯罪战略的讨论》（《中国法学》1984年第2期）

《根据发展和新的国际经济秩序拟定预防犯罪和刑事审判的指导原则》（《国外法学译丛》1984年第2期）

《正确贯彻劳改劳教工作方针》（《中国法制日报》1985、6、14）

《北京市第二毛线厂治安综合治理的调查》（《中国法制日报》1985、4、26）

《关于教唆犯罪的几个问题》（《法学季刊》1987年第3期）

《美国司法制度一瞥（上、下）》（《法律与生活》1987年第6、7期）

《当前律师管理制度改革目标刍议》（《中国律师》1988年第1期）

《美国的罪犯矫正教育和监狱工业》（《法制建设》1988年第2期）

《正确处理为外方投资担保问题》（《法制建设》1989年第5期）

《青少年犯罪的原因、实质和预防》（《现代法学》1990年第2期）

《中国司法组织在刑事诉讼中的关系》（《法制建设》1990年第2期）

《联合国少年司法最低限度标准规则在中国的贯彻》（《中外法学》1991年第2期）

《杜鹃颂》（《中国纪检监察报》1997年10月）

《加强党对依法治国的领导》（《求是》1998年第2期）

《邓小平思想是反腐败的强大思想武器》（《中国纪检监察报》1998年2月19日）

《加强党对依法治国国的领导》（《求是》1998年第2期）

《雄鹰》、《松梅颂》（《中国纪检监察报》1999年）

《标本兼治 预防和治理腐败》（《光明日报》2001年11月3日）

《严格遵守政治纪律 促进社会科学研究》（《中国纪检监察报》2002年 ）

《加强政治纪律 保障理论创新》（《中国社会科学院院报》2002）

《开创中韩文化交流与合作的新局面》（《当代韩国》2002 年第4期）

《关于第十次中韩论坛情况报告》（《世界社科交流》2002年第55期）

《奋斗者之歌》（《中国[社会科学院院报》2002年）

《石山》（《中国[社会科学院院报》2002年）

《在涉外学术交流中要积极宣传我国的国情和政策》（《社科党建》2003年第12期）

《观睡浮莲》（《中国社会科学院院报》2003、12、4）

《云蒙山怀古》（《中国社会科学院院报》2003.9.11）

《在实践中发展马克思主义》（《中国社会科学院院报》2003年）

《邓小平反腐败理论研究（上）》（《社科党建》2003年第3期）

《邓小平反腐败理论研究（下）》（《社科党建》2003年第4期）

《中华书法》（《中国社会科学院院报》2003年）

《深情怀念 继往开来（诗7首：韶山冲、井冈山、延安、西柏坡、中南海、巨星殒落、举国怀念）》（《社科党建》2003年第12期）

《学习理解"三个代表"重要思想的科学内涵》（《社科党建》2003年第8期）

《学习、宣传和捍卫马克思主义》（《邓小平理论研究动态》2003第2期）

《坚持马克思主义在哲学社会科学领域的指导地位》(《社科党建》2003年第10期)

《维护政治纪律 推动学术研究——正确处理政治纪律与学术研究的关系》(《红旗文稿》2003年19期)

《兴起学习"三个代表"重要思想新高潮》(《社科党建》2003年第9期)

《坚持和加强马克思主义在哲学社会科学领域的指导地位》(《邓小平理论研究动态》2003年第7期)

《诗的品格——纪念中国共产党诞生82周年》(136行)(《社科党建》2003年第6期)

《反腐倡廉论》(《求是》2003年第16期)

《反腐败的根本保证与基本对策》(《特区理论与实践》2003年第2期)

《科学发展观——马克思主义哲学的生动体现》(《求是》2004年第17期)

《树立和落实科学发展观》(《社科党建》2004年第6期)

《反腐败理论创新的思考》(《社科党建》2004年第4期)

《构建惩治与预防腐败制度体系的探讨》(《社科党建》2004年第11期)

《论惩治腐败与预防腐败的辩证关系》(《社科党建》2005年第8期)

《"三个代表"重要思想的科学内涵与反腐败的理论思考》(《人民》2006年第1、2期)

《反腐败:惩治与预防并举》(《人民》2005年第11期)

《我们心中的太阳——书籍的力量》(《中国纪检监察报》2006、9、23)

《大海啊,我们的母亲》(《中国纪检监察报》2006、9、23)

《关于构建成社会主义和谐社会的理论探讨》(《社科党建》2006年第8期)

《论国有经济主导作用的战略意义及对策》(《社科党建》2006年第11期)

《树立社会主义荣辱观》(《紫光阁》2006年第5期)

《明荣辱 促廉政》(《求是》2006年第9期)

《弘扬社会主义荣辱观 促进廉政文化建设》(《中国监察》2006年)

《发展壮大国有企业要有实实在在的措施》(《红旗文稿》2006年第24期)

《认真探索反腐败规律 深入开展反腐败斗争》(《红旗文稿》2007年第9期)

《坚持不懈地抓好领导干部作风建设》(《求是》2007年第5期)

《全面加强和改进领导干部的作风建设》(《社科党建》2007年第2期)

《石花洞》(《侨务工作研究》2007年第2期)

《光辉的未来——献给党的十七大》(《侨务工作研究》2007年第5期)

《雁翎队纪念馆》(《侨务工作研究》2007年第6期)

《加强对权力的制约和监督》(《人民》2007年第9、10期)

《咏水晶》、《长江红》(《中国纪检监察报》2007、8、18)

《依法行政与依法治国和依法执政的关系》(《理论动态》1740期2007年4月20日)

《坚持马克思主义的指导地位 要正确处理好几个方面的关系》(《理论视野》第2007年第3期)

《加强对权力制约和监督的思考》(《反腐败研究》2007年第7期》)

《伟大的成就 光辉的未来》(《人民》2007年第7-8期)

《加强党风廉政建设 旗帜鲜明地反对腐败》(《侨务工作研究》2007年第6期)

《发挥独特优势 做好侨务外宣工作》(《侨情》2008年第1期)

《完善制约和监督机制 确保权力正确行使》(《求是》2008年第13期)

《加强廉洁从政思想建设 打牢反腐倡廉思想基础》(《社科党建》2008年第5期)

《铸民魂》(《侨务工作研究》2008年第3期)

《树立世界眼光 开拓侨务外宣工作新局面》(中国新闻社《业务通讯》2008第3、4期)

《关于应当加强腐败根源问题的研究的提案》(《把握人民的意愿》2008年卷 新世界出版社)

《关于"国家依法保护人权"的意见》(《政协第十一届全国委员会第三次会议大会发言材料汇编》2009年)

《国庆观礼——60周年国庆观礼有感》、《国庆之夜——60周年国庆观礼有感》(《侨务工作研究》2009年第6期)

《关于现阶段经济社会发展问题的思考》(《社科党建》2010年第3期)

《大庆创业颂》(《侨务工作研究》2010年第6期)